南昌统计年鉴

NAN CHANG STATISTICAL YEARBOOK

（总第16期）

南昌市统计局
国家统计局南昌调查队 编

中国统计出版社
China Statistics Press

（京）新登字041号

图书在版编目（CIP）数据

南昌统计年鉴. 2010 / 南昌市统计局编. -- 北京：中国统计出版社, 2010.10
ISBN 978-7-5037-6092-1
Ⅰ. ①南… Ⅱ. ①南… Ⅲ. ①统计资料－南昌市－2010－年鉴 Ⅳ. ①C832.561-54
中国版本图书馆CIP数据核字(2010)第184612号

南昌统计年鉴—2010

作　者/南昌市统计局 国家统计局南昌调查队
责任编辑/佘竞雄
责任校对/熊泽荣 陈 锋
出版发行/中国统计出版社
通信地址/北京市丰台区西三环南路甲6号 中国统计出版社
邮　编/100073
电　话/（010）63376907
E—mail / yearbook@gj.stats.cn
印　刷/江西宜春资料印务有限公司
经　销/新华书店
开　本/880×1230毫米 1/16
字　数/1040千字
印　张/32
印　数/1-1000册
版　别/2010年10月第1版
版　次/2010年10月第1次印刷
书　号/ISBN 978-7-5037-6092-1/C·2430
定　价/220.00 元

《南昌统计年鉴-2010》
编撰委员会

《南昌统计年鉴-2010》
编　辑　部

编 者 说 明

一、《南昌统计年鉴-2010》是一部按年连续出版的大型统计资料书。真实记录了2009年南昌的经济和社会各方面的发展变化，以及历史重要年份和改革开放以来的主要统计数据。

二、全书内容分为17个篇目：1.综合；2.人口、劳动力；3.人民生活；4.物价；5.固定资产投资；6.城市公用事业；7.外贸和旅游；8.财政、金融；9.农业；10.工业；11.建筑业；12.运输和邮电；13.国内贸易；14.教育、文化；15.卫生、体育、其他；16.企事业调查；17.附录，在附录部分收集了2009年国家和江西省统计公报，全国各省（市）和省会城市及江西省各设区市主要经济指示。为便于读者正确使用资料，每个篇章后面附有主要统计指标解释。

三、本年鉴总量指标计算所采用的价格除注明外均为当年价格。

四、本年鉴资料主要来自年度统计报表，一部分来自抽样调查。

五、本年鉴部分数据合计数或相对数由于单位取舍不同产生的计算误差均未作机械调整。

六、本年鉴表中的符号使用说明："空格"表示该项统计数据不详或无该项数据；"#"表示其中项。

七、读者在使用历史资料时，凡与本年鉴有出入的，均以本年鉴为准。

八、《年鉴》公开出版以来，受到了广大读者的关心和支持，对此我们深表谢意。欢迎读者对年鉴内容、编排等方面提出宝贵意见，帮助我们进一步提高编辑水平，更好地为读者服务。

篇 目 索 引

一、综　　合

二、人口·劳动力

三、人民生活

四、物　价

五、固定资产投资

六、城市公用事业

七、外贸和旅游

十、工　　业

十一、建 筑 业

十二、运输和邮电

十三、国 内 贸 易

十四、教育·文化

十五、卫生·体育·其他

十六、企业调查

附　　录

一、综　　合

GENERAL　SURVEY

本篇内容包括：

1. 2009 年南昌市国民经济和社会发展统计公报
2. 自然概况　　行政区划
3. 主要年份国民经济指标及发展

资料整理	微机处理
陈　锋	陈　锋
姜同文	姜同文

全市生产总值

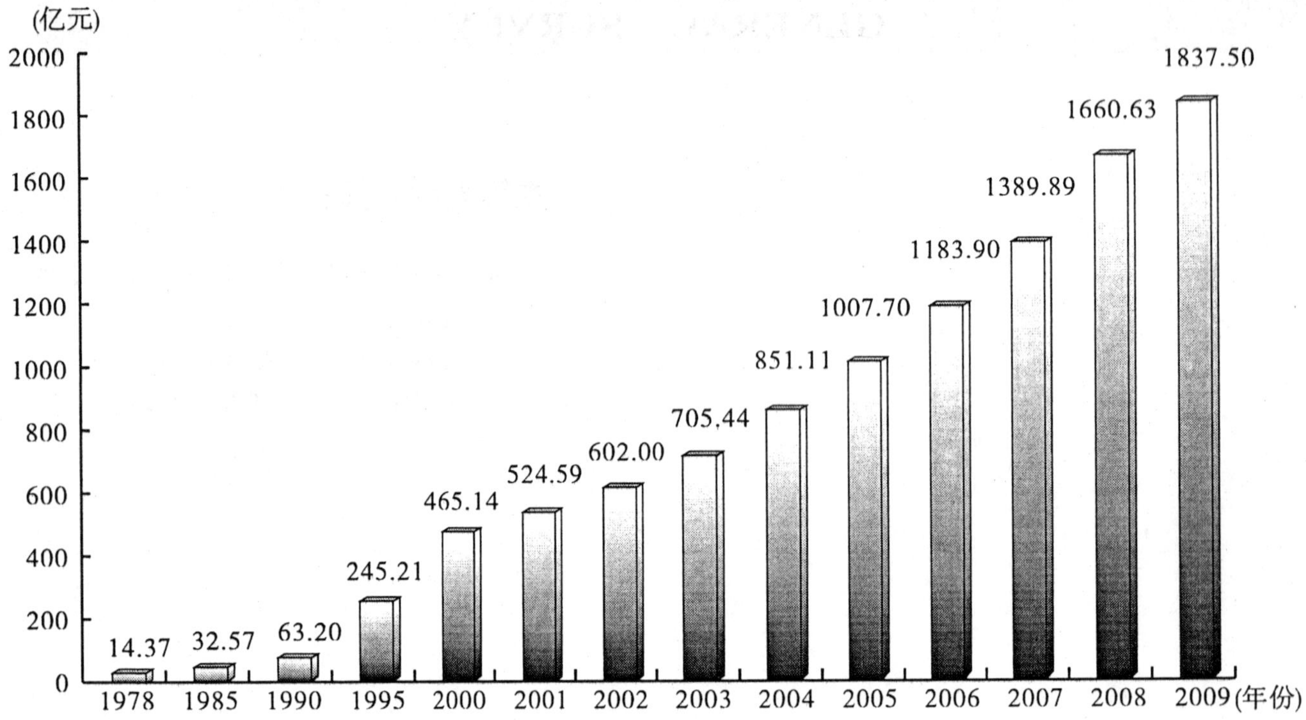

全市生产总值构成(%)

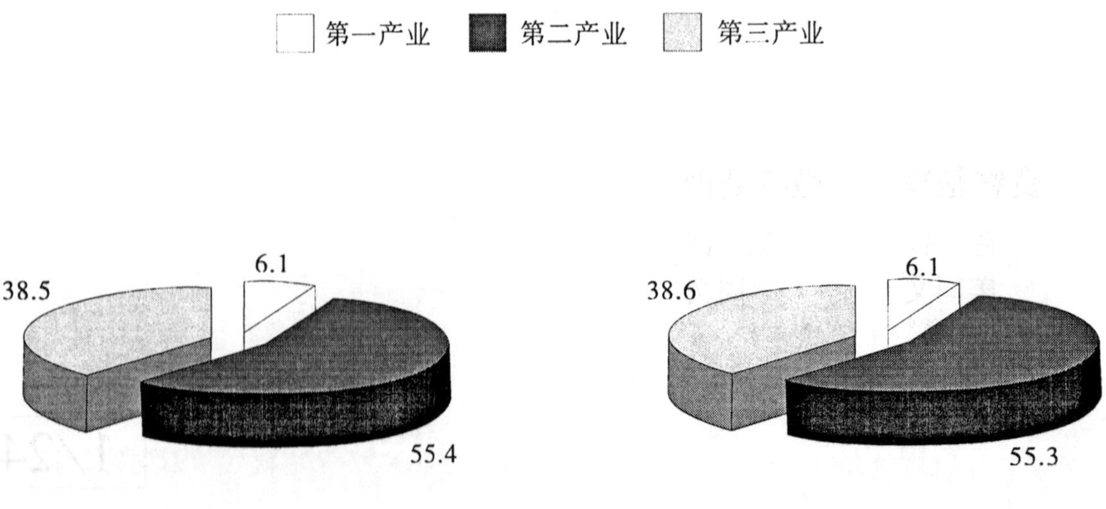

2008年

2009年

2009年南昌市国民经济和社会发展统计公报

南昌市统计局
国家统计局南昌调查队
2010年4月15日

2009年是进入新世纪以来我市经济发展最具挑战性的一年。面对前所未有的压力和挑战，在市委、市政府的坚强领导下，全市上下深入学习实践科学发展观，全面贯彻落实胡锦涛总书记提出的“三保一弘扬”重要指示精神，坚定信心，迎难而上，奋力拼搏，国民经济实现了持续回升，各项社会事业全面进步，人民生活继续改善。

一、综　　合

经济总量：据初步核算，全年实现地区生产总值1 837.50亿元，按可比价格计算，比上年增长13.1%。其中，第一产业增加值109.65亿元，增长7.7%；第二产业增加值1 018.69亿元，增长14.6%；第三产业增加值709.16亿元，增长11.7%。三次产业结构由2008年的6.1∶55.4∶38.5调整为2009年的6.0∶55.4∶38.6。人均生产总值39 669元，增长12.3%。

非公经济：在全市生产总值中，非公有制经济实现增加值1031.37亿元，增长15.5%，占全市生产总值的比重由上年的54.6%提高到56.1%。

财政收支：全年完成财政总收入249.88亿元，按同口径计算，比上年增长11.5%。其中，地方财政一般预算收入115.88亿元，增长13.4%。从收入完成情况看，完成增值税9.10亿元，增长3.1%；营业税44.96亿元，增长25.3%；企业所得税10.89亿元，增长8.0%。

全年地方财政一般预算支出181.75亿元，比上年增长22.7%。其中，交通运输支出16.25亿元，增长1.8倍；医疗卫生支出14.46亿元，增长57.1%；科学技术支出3.28亿元，增长46.1%；农业支出8.78亿元，增长31.4%；教育支出26.67亿元，增长17.1%；环境保护支出2.43亿元，增长12.6%；社会保障和就业支出26.33亿元，增长8.8%。

物价水平：全年居民消费价格总水平比上年下降0.3%（见表1），其中：消费品价格下降0.4%；服务价格下降0.1%。商品零售价格下降0.6%，工业品出厂价格下降2.0%，原材料、燃料及动力购进价格下降3.5%。

表1：2008年南昌市居民消费价格比上年上涨情况

指　　标	增　　幅（%）
居民消费价格总水平	**-0.3**
#食　　品	0.5
烟酒及用品	1.8
衣　　着	1.5
家庭设备用品及服务	1.8
医疗保健及个人用品	2.0
交通和通信	-2.1
娱乐教育文化用品及服务	-0.1
居　　住	-3.7

二、农　　业

农业生产：全年完成农林牧渔及服务业现价总产值187.20亿元，比上年增长8.9%。其中，农业产值71.22亿元，增长7.4%；林业产值2.18亿元，增长4.3%；牧业产值71.20亿元，增长12.1%；渔业产值39.04亿元，增长6.2%；服务业产值3.55亿元，增长7.6%。

图 1　农林牧渔及服务业现价总产值构成

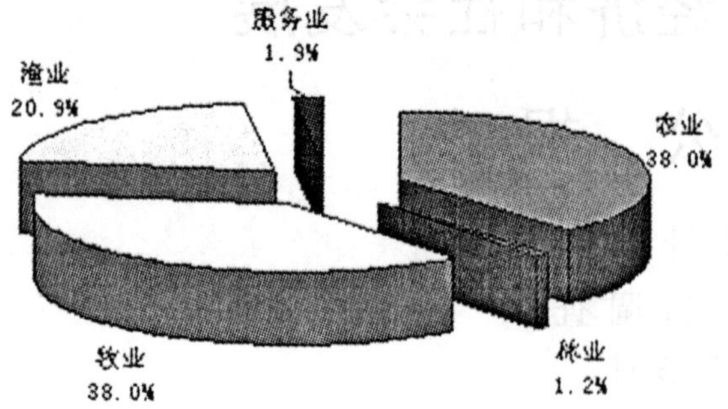

产品产量：全年粮食总产量229.21万吨，比上年增长1.9%；油料总产量10.00万吨，增长7.3%；肉类总产量32.86万吨，增长11.1%；生猪出栏数312.61万头，增长7.0%；家禽出笼3 979.21万羽，增长4.9%；禽蛋总产量14.07万吨，增长5.8%；水产品总产量34.25万吨，增长5.8%。全年造林6879公顷，零星植树1 090.35万株，比上年下降15.1%；全市森林覆盖率达到16.1%。

生产条件：年末全市农田有效灌溉面积达19.1万公顷；农业机械总动力351.55万千瓦，比上年末增长9.9%。年内完成机耕面积27.8万公顷、机播面积5.14万公顷；化肥施用量（折纯）14.60万吨，增长0.8%。

三、工业和建筑业

工业生产：全年完成工业增加值753.20亿元，比上年增长16.2%。其中，规模以上工业增加值615.10亿元，比上年增长18.0%。规模以上工业中，国有企业增长3.1%；集体企业增长6.9%；股份制企业增长18.8%；外商及港澳台商投资企业增长16.8%；股份合作企业增长13.7%；私营企业增长27.7%。分轻重工业看，轻工业增长16.6%，重工业增长19.7%。

规模以上工业分行业看，燃气生产和供应业增长43.0%，农副食品加工业增长22.8%，烟草制品业增长4.8%，医药制造业增长12.9%，专用设备制造业增长20.2%，通用设备制造业增长20.8%，交通运输设备制造业增长18.5%，通信设备、计算机及其他电子设备制造业增长78.2%，电气机械及器材制造业增长26.2%，化学原料及化学制品业上升16.2%，非金属矿物制品业上升16.0%，有色金属冶炼及压延加工业上升15.9%。

表2：主要工业产品产量及其增长速度

产品名称	单位	绝对量	比上年增长（%）
卷烟	亿支	308.60	4.0
纱	万吨	2.45	2.2
软饮料	万吨	76.84	5.0
精制食用植物油	万吨	1.48	15.7
中成药	万吨	2.83	8.9
塑料制品	万吨	2.17	21.7
服装	万件	5.53	19.6
纸制品	万件	2.46	20.2
合成洗涤剂	万吨	2.41	27.8
中型拖拉机	台	3 869	12.8
小型拖拉机	台	15 242	11.6
生铁	万吨	229.02	10.8
钢材	万吨	308.04	13.2
粗钢	万吨	252.25	4.4
汽车	万辆	12.46	20.5
铝材	万吨	9.90	46.4
工业锅炉	蒸发量吨	483	189.2
交流电动机	万千瓦	158.96	87.7
房间空调器	万台	132.72	1.6
饮料酒	万升	41 088	2.9
化学药品原药	吨	10 692.19	17.3
混配合饲料	万吨	247.39	25.6

工业园区：全市8个省级以上工业园区完成主营业务收入1 550.63亿元，比上年增长15.3%；实现利税151.85亿元，增长22.9%，其中税收收入85.11亿元，增长9.5%。高新技术开发区、经济技术开发区、昌东工业园、小蓝经济技术开发区主营业务收入分别突破500亿元、300亿元、250亿元、200亿元。

建筑业：2009年全市资质以上建筑业企业448家，全年完成施工产值628.5亿元，比上年增长41.6%；施工面积5 496.8万平方米，增长30.4%；竣工面积1 843.7万平方米，增长11.2%。以建筑业产值计算的全员劳动生产率为19.76万元/人，增长21.7%。

四、固定资产投资

投资总量：2009年，全市50万元以上项目共完成投资额 1 546.88 亿元，比上年增长 42.4%，其中城镇以上固定资产投资 1 464.90 亿元，增长 39.2%，房地产开发投资 198.25 亿元，增长 21.4%。全年全市城镇投资施工项目 3 734 个，增长 59.8%。其中，新开工项目 2 993 个，增长 95.9%。

投资结构：2009 年，全市 50 万元以上固定资产投资中第一产业完成 11.20 亿元，比上年增长 2.0 倍；第二产业完成 658.57 亿元，增长 49.3%；第三产业完成 877.10 亿元，增长 36.8%。三次产业投资比例由上年的 0.1:41.3:58.6 调整为 0.7:42.6:56.7。（见图 2）

图 2　三次产业投资比例

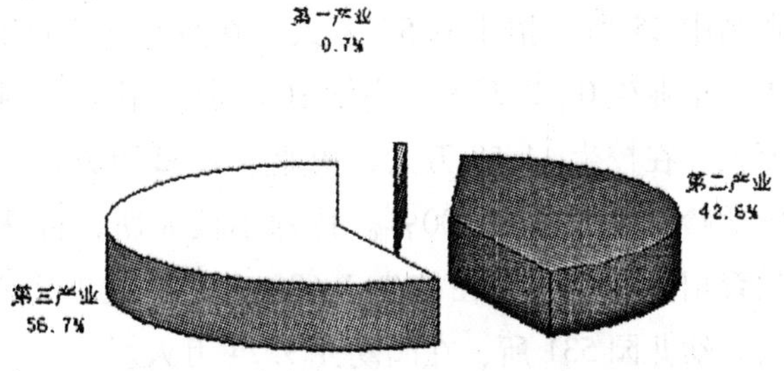

从投资主体看，2009 年，全市 50 万元以上固定资产投资中非国有经济完成投资 1 071.36 亿元，比上年增长 47.4%，增幅高于国有投资 15.0 个百分点，占全市 50 万元以上固定资产投资比重达 69.3%，比上年提高 2.4 个百分点。其中，私营个体、外商及港澳台投资分别完成 201.75 亿元、167.97 亿元，分别增长 16.4%、59.3%。

城市建设：2009 年，全市共完成城市基础设施投资 130.38 亿元，比上年增长 22.1%。英雄大桥、青山湖隧道竣工通车；“一桥一路”维修改造、紫阳大道综合改造等工程完成；昌九城际铁路全线铺轨，轨道交通 1 号线一期等工程开工；新昌电厂首台机组投产送电、青山湖污水处理厂 17 万吨扩容工程竣工。全年新开通公交线路 16 条，公交线路总数达到 147 条；城市道路总长度达 705.8 公里；城市道路总面积达 1 595.7 万平方米；自来水供水管道长度达 2502.66 公里。

五、国内贸易

消费品市场：2009 年，全市实现社会消费品零售总额 634.43 亿元，比上年增长 20.0%。分地域看，城市实现零售额 516.68 亿元，增长 20.4%；农村实现零售额 117.66 亿元，增长 17.9%。分行业看，批发和零售业实现零售额 581.10 亿元，增长 20.1%；住宿和餐饮业实现零售额 52.25 亿元，增长 17.8%。分类别看，增幅较大的建筑及装潢材料类、家俱类、化妆品类商品分别实现零售额 2.37 亿元、0.15 亿元、3.42 亿元，分别增长 15.1 倍、2.4 倍和 22.6%。

商品交易市场：2009 年末，全市共有各类商品交易市场 215 个。其中，年成交额亿元以上的商品交易市场有 32 个，成交总额 534.14 亿元，比上年增长 24.0%。其中，洪城大市场年交易额 208.37 亿元，增长 12.5%；南昌（深圳）农产品批发市场年交易额 85.66 亿元，增长 26.2%。2009 年末，我市最大的“九大商场和六大超市”共实现零售额 70.45 亿元。

六、对外经济

对外贸易：据海关统计，2009 年南昌地区内企业（含中央、省属公司）实现进出口总额 34.73 亿美元，比上年增长 2.2%。其中，出口总额 21.30 亿美元，下降 14.9%；进口总额 13.44 亿美元，增长 50.0%。

招商引资：2009 年，全市实际利用外资 15.83 亿美元，比上年增长 12.2%。其中，第二产业 6.20 亿美元，第三产业 8.70 亿美元，所占份额分别为 39.1% 和 55.0%。2009 年，全市批准外商投资企业 145 家。其中，中外合资企业占 13.8%，外商独资企业占 84.1%。全年实际利用内资 453.20 亿元，比上年增长 13.9%。其中，省外 5 000 万元以上工业项目 189.60 亿元，增长 22.3%。

七、交通、邮电和旅游

交通运输：2009 年，全市各种运输方式共完成货物运输周转量 290.54 亿吨公里，比上年下降 7.2%。其中，公路 159.27 亿吨公里，增长 2.1%；铁路 120.46 亿吨公里，下降 23.3%；水运 10.62 亿吨公里，增长 20.0%；航空 0.19 亿吨公里，下降 8.9%。全年共实现旅客周转量 112.81 亿人公里，比上年增长 5.3%。其中，公路48.96亿人公里，增长25.9%；铁路46.75亿人公里，下降10.58%；航空17.1亿人公里，增长7.4%。

邮电通信：2009年，全市完成邮电业务总量52.28亿元，比上年增长18.1%。发送特快专递291.82万件，增长16.7%；发送函件4 356.13万件，增长5.2%。年末全市固定电话用户161万户，下降11.5%；移动电话用户457万户，增长38.9%；国内互联网用户81万户，增长12.5%；年末全市电话交换机总容量达220万门，减少4万门；移动电话交换机容量达1 169万户，新增485万户。

旅游：全年共接待国内游客1 227.2万人次，比上年增长16.6%；接待入境游客10.4万人次，增长7.1%。实现国内旅游收入83.69亿元，增长13.1%；旅游创汇3 166.86万美元，增长6.0%。截止2009年末，全市拥有星级宾馆（饭店）51家；拥有旅行社156家，其中出境组团社15家。

八、金　　融

银行：2009年末，全市金融机构各项存款余额为3 263.90亿元，比年初增长32.1%。其中，企业存款1 306.44亿元，增长39.5%；居民储蓄存款1 181.82亿元，增长23.7%。金融机构各项贷款余额2 893.96亿元，比年初增长37.0%。其中，短期贷款990.55亿元，增长32.7%；中长期贷款1 795.90亿元，增长44.3%。

保险业：2009年末，全市共有保险公司26家，比上年增加1家。全年实现保费收入42.09亿元，比上年增长6.6%。其中，产险公司10.29亿元，增长27.7%；寿险公司31.80亿元，增长1.2%。全年赔款及给付11.19亿元，下降15.5%。其中产险公司5.14亿元，下降33.3%；寿险公司6.05亿元，增长9.4%。

证券业：全市证券营业部39家，全年证券机构股民累计开户数75.80万户，比上年增长13.0%。年内客户交易额结算资金62.72亿元，增长59.0%；A股交易额7 888.8亿元，增长1.1倍；B股交易额18.60亿元，增长1.1倍。

九、教育和科学技术

教育：2009年，全市拥有各级各类学校1 964所，教职工10.11万人，其中专任教师7.58万人。全年招收研究生6 264人，在校研究生15 277人，毕业研究生4 402人。全市共有普通高校44所，招生14.95万人，在校生48.49万人，毕业生20.57万人。中等专业学校29所，招生3.85万人，在校生9.53万人，毕业生3.27万人。普通高中67所，招生3.14万人，在校生7.85万人，毕业生2.91万人；普通初中196所，招生7.43万人，在校生21.81万人，毕业生6.39万人，初中阶段适龄少年入学率99.4%。职业高中25所，招生0.57万人，在校生1.76万人，毕业生0.78万人。小学1064所，招生7.34万人，在校生44.58万人，毕业生7.62万人，小学适龄儿童入学率100%。特殊学校8所，特殊教育招生277人，在校生1 630人，毕业生252人。幼儿园531所，在园幼儿9.24万人。

科技：2009年，全市专利申请量2006件，专利授权量1156件，分别比上年增长21.3%和33.0%。新认定市级以上高新技术企业30家，年末累计达74家。全市获得省级科技进步奖50项。全年登记技术合同275项，成交金额2.15亿元，比上年增长8.6%。

十、文化、卫生和体育

文化：2009年，全市文艺创作获省级以上奖项71个，其中国家级奖项2个。年末全市拥有各类专业艺术表演团体6个，公共图书馆10个，文化馆10个，博物馆、纪念馆9个，全国重点文物保护单位5处。年末全市有线电视用户64.37万户，其中数字电视33.24万户。农村广播电视“村村通”工程共完成21个村。

卫生：2009年末，全市拥有各类医疗卫生机构820个，其中医院90个；拥有床位1.8万张，其中医院床位1.4万张。拥有各类专业卫生技术人员2.62万人，其中执业医师0.95万人，注册护士0.91万人。农村卫生服务得到改善，参加新型农村合作医疗的人数达231.63万人，参保率由上年的92.4%提高到97.1%。全市婴儿死亡率及5岁以下儿童死亡率分别由上年的4.79‰、6.88‰下降到3.78‰、5.31‰，每十万孕产妇死亡人数为16.33人。

体育：2009年，我市运动员参加比赛人数3.1万人次，共获得金牌217枚，银牌102枚，铜牌106枚。全年举办单项比赛12次，举办全民健身活动54次，其中千人以上的活动54次，参加活动的人数总计20余万人。全年完成全民健身路径工程74个，总投资60万元。全年发行体育彩票1.72亿元，比上年增加0.25亿元。

十一、环境保护和安全生产

环境质量：全年空气质量优良率达到95.1%；城市生活污水集中处理率达91.6%以上；工业废水排放达标率达94.08%以上；集中式饮用水源水质达标率达到100%；区域环境噪声均值控制在56.9分贝以下；交通干线噪声均值控制在69.8分贝以下；工业固废综合利用率达到96.3%以上。

城市园林绿化：2009年末，全市拥有园林绿地面积7 430公顷，绿化覆盖面积7 893公顷，公园绿地1 816公顷，城市绿化覆盖率达到42.66%，人均公共绿地面积达到8.49平方米。

安全生产：2009年，全市发生各类事故1 890次，比上年下降31.7%；因事故死亡262人。全年亿元GDP安全生产事故死亡人数为0.12人，比上年下降29.4%。

十二、人口与就业

人口：据公安户籍统计，全市年末户籍总人口为497.33万人，比上年末净增2.6万人。其中，非农业人口234.13万人，增长4.1%。据2009年全市人口变动抽样调查结果显示，2009年全市年末常住人口464.89万人，人口出生率为13.86‰，死亡率为6.03‰，自然增长率为7.83‰。

从业人员：全市年末社会从业人员282.8万人，比上年末增加5.21万人，增长1.9%。其中，第一产业71.93万人，第二产业67.02万人，第三产业143.85万人。年末在岗职工62.06万人，其中国有单位在岗职工为41.09万人。

城镇再就业：全年城镇新增就业人员9.9万人；安置“4050”等困难群体1.12万人；城镇职业培训7.07万人；新增转移农村劳动力3.84万人。

十三、人民生活和社会保障

人民生活：2009年，据抽样调查，城镇居民人均可支配收入16472元，增长9.0%。人均消费性支出12 406元，增长7.4%。其中，家庭设备用品及服务类、交通和通讯类、衣着类、医疗保健类支出增幅较大，分别增长21.7%、12.8%、9.6%、7.5%。城镇居民家庭恩格尔系数为35.3%，比上年下降0.5个百分点。全年农民人均纯收入6 296元，增长9.1%。农民人均生活消费支出3 791元，增长9.7%。农村居民家庭恩格尔系数为46.5%，比去年下降1.0个百分点。

社会治安：全年共破获各类刑事案件19 018起，破获经济案件676起，挽回经济损失1 627.5万元。

住房公积金：2009年，全市归集公积金（未含本年利息）15.53亿元，比上年增长15.0%；发放住房公积金贷款11亿元，上升44.0%；发放户数5180户，增长10.0%；提取住房公积金8.41亿元，增长54.0%。

社会保障：全市城镇职工参加基本医疗保险人数65.08万人，比上年增加3.82万人，增长6.2%；参加失业保险人数56.66万人，比上年增加2.74万人，增长5.1%；城镇参加基本养老保险人数为105.64万人，其中参保职工78.9万人，参保离退休人员26.74万人；企业养老金社会化发放率达到100%。全市23.17万人享受最低生活保障，其中，农村12.08万人。

社会福利：2009年末，全市拥有各类社会福利单位91个，各类收养性社会福利单位床位数13 510张，收养各类人员12 085人。城镇社区便民、利民、为民服务网点883个，其中综合性社区服务中心45个。

注：

注：1. 本公报中统计数据为初步统计数，正式数据以《南昌统计年鉴－2010》为准。

2. 地区生产总值及各产业增加值绝对数按现价计算，增长速度按可比价格计算。

自然、地理、资源

位　　置

南昌市位于东经 115°27′~116°35′，北纬 28°09′~29°11′。地处江西省中部偏北，赣江、抚河下游，东北方滨临我国最大的淡水湖鄱阳湖。

地势、面积

全市以平原为主，东南地势平坦，西北丘陵起伏。全市总面积 7 402.36 平方公里，其中：平原面积 2 649.72 平方公里，岗地低丘面积 2 548.27 平方公里，水域面积 2 204.37 平方公里。南北长约 112.1 公里，东西宽为 107.6 公里。

山脉、河流、湖泊

位于西北部的西山山脉，呈东北向逶迤绵延，山脉中段的梅岭为市区最高点，其主峰洗药峰海拔 841.4 米。

全市境内江河纵横，湖泊池塘星罗棋布。主要河流有赣江、抚河、锦江和潦河等。湖泊主要有军山湖、青岚湖、金溪湖、瑶湖等，市区有青山湖、贤士湖，市中心错落着东湖、西湖、南湖、北湖等四个人工湖。

气　　候

南昌气候湿润温和，属亚热带季风区，雨量充沛，四季分明，春秋季短，冬夏季长。年平均气温 18.6℃，极端最高气温 39.2℃，极端最低气温 -6.9℃。年降水量 1 228.4 毫米，降水日为 164 天，年平均相对湿度为 76.2%。年日照时间 1 785.6 小时。年平均风速 1.9 米/秒。年无霜期 290 天。冬季多偏北风，夏季多偏南风。适合植物、花卉生长，是营造“花园城市”的理想地区。

土地资源

全市土地面积 7 402.36 平方公里，其中耕地面积 21.75 万公顷。在耕地面积中，有效灌溉面积 19.11 万公顷，占 87.9%。

水力资源

全市水力资源蕴藏量为 7.18 万千瓦，可开发的资源 3.42 万千瓦，占蕴藏量的 47.6%。

森林资源

全市林地面积 12.7 万公顷，森林覆盖率 16.05%；活立木蓄积量 323.8 万立方米。野生动、植物资源品种繁多。

矿产资源

以非金属建材矿为主，兼有燃料、矿泉水等各类矿产 28 余种。已发现矿点、矿化点 100 处，尤其以建筑用砂、砖瓦粘土、饰面石材、石英石、石灰石和矿泉水等具有较好的开发前景。花岗石、砂卵石、砖瓦粘土储量巨大，开采历史悠久。

1－1 行政区划

（2009 年）　　　　单位：个

地区	街道办事处	居委会	镇	乡	村委会
全市	**29**	**483**	**49**	**31**	**1 158**
区	29	348	14		241
东湖区	9	80			6
西湖区	10	103	1		13
青云谱区	5	54	1		12
湾里区	2	12	4		35
青山湖区	2	53	5		75
经济开发区		2	1		25
高新开发区		7	2		48
红谷滩新区	1	36			15
英雄开发区		1			9
桑海开发区					3
县		135	35	31	917
南昌县		50	9	7	255
新建县		37	10	9	294
安义县		16	7	3	105
进贤县		32	9	12	263

1-2 土地面积

（2009年） 单位：平方公里

地区	总面积	平原	岗地低丘	水域
全市	**7 402.36**	**2 649.72**	**2 548.27**	**2 204.37**
市区	617.07	283.72	249.81	83.54
南昌县	1 839.4	1 071.47	20.7	747.23
新建县	2 337.84	847.33	592.51	898
安义县	656.19	290.9	320.38	44.91
进贤县	1 951.86	156.3	1 364.87	430.69

1-3 水文、气象

项目	2008	2009
最高水位（八一桥水面，米）	20.45（6月18日）	20.04（7月7日）
最低水位（八一桥水面，米）	13.54（12月21日）	12.82（11月7日）
全年平均水位（八一桥水面，米）	16.19	15.32
全年降雨天数（天）	157	164
全年降雪天数（天）	14	6
全年降水量（毫米）	1 512.3	1 228.4
全年无霜期总天数（天）	264	290
全年日照时数（小时）	1 913.9	1 758.6
全年蒸发量（毫米）	1 357.1	1447.1
全年平均气温（度）	18.3	18.6
极端最高气温（度）	39.3（7月25日）	39.3（7月17日）
极端最低气温（度）	-5.4（2月3日）	-6.9（1月14日）
全年相对湿度（%）	72	71.2
全年平均风速（米/秒）	1.7	1.9

1-4 主要年份国民经济主要指标

项　　　目	1978	1980	1985	1990	1995	2000	2007	2008	2009
一、年末总人口（户籍，万人）	**306.82**	**317.23**	**335.31**	**372.59**	**395.16**	**432.55**	**491.31**	**494.73**	**497.33**
二、年末社会从业人数（万人）	**131.13**	**136.03**	**165.46**	**199.00**	**211.79**	**214.96**	**271.99**	**277.59**	**282.8**
#职工人数	53.14	58.51	72.22	82.04	89.04	58.77	59.04	58.98	62.06
三、地区生产总值（亿元）	**14.37**	**16.95**	**32.57**	**63.20**	**245.41**	**465.14**	**1 389.89**	**1 660.08**	**1837.5**
四、农　　业									
农业总产值（亿元）	4.50	5.56	10.77	23.65	58.50	69.44	142.84	171.14	187.2
主要农产品产量									
粮食（万吨）	117.43	120.16	160.11	170.81	153.79	156.12	216.00	224.97	229.21
棉花（万吨）	0.22	0.29	0.16	0.11	0.33	0.33	0.10	0.10	0.20
油料（折油，万吨）	0.43	0.48	0.95	1.31	3.23	2.95	2.49	2.74	2.96
水果（万吨）			0.71	0.94	0.50	0.92	1.75	1.86	2.21
水产品（万吨）	0.83	1.16	2.22	5.52	13.74	22.00	31.31	32.37	34.25
肉类总产量（万吨）			5.34	9.07	16.52	20.80	28.06	29.59	32.86
猪年末存栏（万头）	78.45	77.43	99.80	121.32	162.10	166.13	182.85	187.99	191.81
当年出栏肉猪（万头）			68.44	140.98	188.17	208.18	279.28	292.25	312.61
五、工　　业									
规模以上工业增加值（亿元）						88.77	403.14	543.4	615.10
轻工业						49.03	18.75	257.91	310.33
重工业						39.74	184.39	285.49	304.77
主要工业产品产量									
纱（万吨）			2.18	2.33	2.42	2.61	3.32	2.39	2.45
布（万米）	7 976	12 294	9 174	9 923	13 565	13 285	9 645	8 692	1 0468

1－4 续表1

项目	1978	1980	1985	1990	1995	2000	2007	2008	2009
机制纸及纸板（万吨）	2.85	4.35	5.90	6.03	8.30	8.16	34.31	34.56	34.76
发电量（亿千瓦/小时）	7.54	7.91	7.88	15.46	17.69	31.13	42.23	37.81	10.89
烧碱（万吨）	0.18	0.45	1.13	1.51	2.09	1.56	2.91	2.65	2.49
水泥（万吨）	6.65	8.64	13.77	20.85	35.31	33.00	343.73	376.29	345.32
效益指标									
流动资产全年平均余额（亿元）	7.06	7.10	10.43	39.46	89.72	188.55	447.27	607.16	
利润和税金总额（亿元）	2.07	3.25	6.14	6.12	9.73	32.93	127.69	146.96	212.04
六、邮电、运输									
货物运输量（万吨）			606	2 820	3 074	3 171	5 229	5 491	7 543
民航			0.07	0.07	0.74	0.95	2.00	2.00	2.00
铁路			235	221	201	224	425	371	435
公路	261	257	262	2 298	2 541	2 784	4 364	4 710	6620
水运	150	77	109	301	331	163	438	408	486
旅客运输量（万人）			1 733	3 297	3 101	3 983	5 531	5 816	8 672
民航			4	8	75	78	166	169	178
铁路			680	517	625	906	1 573	1 801	1 486
公路	352	634	955	2 720	2 357	2 978	3 787	3 846	7 008
水运	87	96	94	52	44	6.4	5.0		
邮电业务总量（万元）	469	596	3 262	8 252	42 100	218 524	437 184	442 718	522 819
七、固定资产投资									
全社会固定资产投资（万元）	12 209	21 075	46 575	103 225	542 553	798 684	8 198 948	10 988 484	14 793 151

1－4　续表2

项　　目	1978	1980	1985	1990	1995	2000	2007	2008	2009
八、贸　　易									
社会消费品零售总额（亿元）	5.26	7.49	15.29	29.49	82.41	161.65	436.43	545.05	634.43
实际利用外资额（万美元）			155	1 129	12 537	3 288	123 068	141 052	158 295
九、财　　政									
财政总收入（亿元）	2.55	3.42	5.57	10.19	22.04	44.59	190.61	230.05	249.88
地方财政一般预算收入（亿元）					10.14	18.30	87.22	102.15	115.88
财政支出（亿元）	0.90	1.14	2.44	5.51	10.21	23.79	116.86	147.67	181.70
十、物价指数（以上年价格为100）									
商品零售价格指数	99.7	107.4	110.5	101.8	114.4	97.8	103.5	106.2	99.4
居民消费价格指数	99.7	106.6	111.0	103.3	116.2	102.6	104.3	106.1	99.7
十一、教育、文化、卫生									
高等学校在校学生数（人）	11 989	18 359	25 809	30 939	45 934	78 252	481 107	447 868	484 890
中等专业学校在校学生数（人）	7 841	11 970	13 724	20 437	45 453	80 622	99 819	94 264	95 311
普通中学在校学生数（万人）	18.90	17.17	18.44	20.97	20.15	26.15	26.77	28.77	29.66
小学在校学生数（万人）	42.25	47.12	49.30	37.86	39.10	40.94	44.65	45.28	44.58
图书馆藏书量（万册）	208	228	314	338	366	332	390	405.9	424.4
卫生机构数（个）	918	923	818	832	790	932	860	823	821
卫生技术人员数（人）	13 470	14 830	19 267	21 658	22 259	22 477	23 511	24 949	26 187
#医　　生	5 582	6 304	8 048	9 473	9 701	9 527	9 042	9 511	9 775
医疗卫生机构病床数（张）	13 149	14 005	15 000	16 205	16 345	15 130	16 016	17 601	18 593
十二、人民生活									
在岗职工平均工资（元）	577	732	1 038	1 798	4 931	8 756	23 960	26 959	30 452
城镇居民人均可支配收入（元）		339	639	1 349	3 591	5 734	13 076	15 112	16 472
农民人均纯收入（元）	121	184	412	721	1 626	2 390	5 034	5 774	6296
城乡居民储蓄存款余额（亿元）	0.89	2.02	7.06	32.15	138.25	276.89	744.57	955.40	1181.82

1－5 国民经济主要指标发展速度

项　　目	2009年为下列各年%					平均每年增长%		
	1978	1980	1985	1990	2008	1979—2009	1986—2009	1991—2009
一、年末总人口	162.0	156.8	148.3	133.2	100.5	1.6	1.7	1.5
二、年末社会从业人数	209.3	202.3	166.5	131.8	101.9	2.4	2.1	1.5
#职　　工	111.0	100.8	81.7	71.9	105.2	0.5	-0.6	-1.5
三、国内生产总值	3 959.2	3 249.2	1 813.5	1 222.5	113.1	12.6	12.9	14.1
第一产业	586.1	582.6	373.1	234.4	107.7	5.9	5.6	4.6
第二产业	5 189.3	4 403.1	2 163.9	1 947.0	114.6	13.6	13.7	16.9
第三产业	7 034.0	4 706.9	2 794.3	1 237.6	111.7	14.7	14.9	14.2
四、农业总产值	697.8	668.7	411.4	327.1	108.9	6.5	6.1	6.4
五、运输、邮电								
货物运输量			1 244.3	267.3	137.4		11.1	5.3
旅客运输量			500.2	263.2	149.1		6.9	5.2
邮电业务总量	398 434.2	288 618.1	52 695.9	9 898.4	118.1	30.7	29.8	27.4
六、全社会固定资产投资	118 657.0	68 739.6	31 104.3	14 034.1	134.6	25.7	27.0	29.7
七、贸　　易								
社会消费品零售总额	10 782.2	7 571.7	3 709.7	2 151.3	120.0	16.3	16.2	17.5
实际利用外资			102 106.6	14 016.3	112.2		33.5	29.7
八、财　　政								
财政总收入	9 606.5	7 162.8	4 398.5	2 403.5	108.6	15.9	17.1	18.2
财政支出	20 450.2	16 145.2	7 542.2	3 440.0	123.0	18.7	19.7	20.3
九、教育、文化、卫生								
高等学校在校学生数	4 043.7	2 641.2	1 878.8	1 163.9	108.3	12.7	13.0	13.8
中等专业学校在校学生数	1 230.0	805.8	691.1	603.5	101.1	8.4	8.4	9.9
普通中学在校学生数	157.6	173.4	161.4	152.9	103.1	1.5	2.0	2.3
小学在校学生数	105.4	94.5	90.5	119.6	98.5	0.2	-0.4	0.9
图书馆藏书量	203.9	186.1	135.1	125.7	104.6	2.3	1.3	1.2
卫生机构数（不含个体）	89.7	89.2	100.6	98.9	99.8	-0.4	0.0	-0.1
卫生技术人员	194.2	176.5	135.9	122.8	105.0	2.2	1.3	1.1
#医　　生	175.2	154.8	121.3	96.4	102.8	1.8	0.8	-0.2
病床数	141.4	132.4	127.6	117.1	105.6	1.1	1.0	0.8
十、人民生活								
在岗职工平均工资	4 672.3	3 682.9	2 597.2	1 499.4	113.0	13.2	14.5	15.3
农民人均年纯收入	5 202.6	3 421.4	1 528.0	884.0	109.0	13.6	12.0	12.2

1-6 主要年份国民经济主要比例关系

单位:%

项目	1978	1980	1985	1990	1995	2000	2007	2008	2009
地区生产总值三次产业比例	**100.0**	**100.0**	**100.0**	**100.0**	**100.0**	**100.0**	**100.0**	**100.0**	**100.0**
第一产业	29.3	26.8	24.2	21.9	16.2	10.9	6.2	6.1	6.1
第二产业	49.2	48.4	52.6	39.7	45.4	45.8	54.3	55.4	55.3
第三产业	21.5	24.8	23.2	38.4	38.4	43.3	39.5	38.5	38.6
农业中农林牧副渔及服务业比例	**100.0**	**100.0**	**100.0**	**100.0**	**100.0**	**100.0**	**100.0**	**100.0**	**100.0**
农业	85.4	84.1	65.2	55.6	51.2	41.9	39.9	38.1	38.0
林业	0.9	0.9	1.5	1.1	1.7	1.5	1.1	1.2	1.2
牧业	11.8	12.6	22.4	31.2	35.2	35.2	33.7	37.7	38.0
渔业	1.4	1.3	4.6	6.4	11.9	21.4	23.2	21.1	20.9
农林牧渔服务业	0.5	1.1	6.3	5.7			2.1	1.9	1.9
规模以上工业中轻重工业增加值比例						**100.0**	**100.0**	**100.0**	**100.0**
轻工业						55.2	54.3	47.5	50.5
重工业						44.8	45.7	52.5	49.5
财政收入占地区生产总值的比例	**17.7**	**20.2**	**17.1**	**16.1**	**9.0**	**9.6**	**13.7**	**13.9**	**13.6**
科教文卫事业费占财政支出的比例	**29.9**	**31.2**	**29.1**	**24.6**	**29.6**	**22.8**	**23.5**	**24.6**	**25.8**

1－7 主要年份主要指标每人年平均水平

项　　　目	1978	1980	1985	1990	1995	2000	2007	2008	2009
一、地区生产总值（元）	474	539	977	1 718	6 074	10 774.	30 460	36 105	39 669
二、农业总产值（元）	148	176	295	648	1 492	1 609	3 130	3 722	4 041
三、规模以上工业增加值（元）						2 056	8 835	11 819	13 279
四、财政总收入（元）	84	109	167	277	562	1 033	4 177	5 003	5 394
五、主要农产品产量									
粮食（千克）	386.96	381.91	481.14	464.44	392.35	361.62	473.37	489.29	494.83
棉花（千克）	0.73	0.91	0.47	0.30	0.84	0.76	0.22	0.22	0.43
油料（折油）（千克）	1.41	1.53	2.84	3.57	8.24	6.83	5.46	5.96	6.39
水果（千克）			2.13	2.54	1.28	2.12	3.84	4.05	4.77
水产品（千克）	2.74	3.68	6.65	15.00	35.05	50.96	68.62	70.40	73.94
肉类总产量（千克）			16.03	24.67	42.15	48.18	61.49	64.36	70.95
六、主要工业产品产量									
纱（千克）			6.54	6.33	6.17	6.04	7.28	5.20	5.29
布（米）	26.28	29.07	27.52	26.98	34.61	30.77	21.14	18.90	22.60
发电量（千瓦小时）	248.42	251.39	236.26	417.08	451.35	721.06	925.49	822.33	235.10
钢材（千克）	25.53	65.69	76.17	60.63	106.87	187.27	699.77	591.78	665.01
烧碱（千克）			3.39	4.08	5.33	3.61	6.38	5.76	5.38
水泥（千克）			41.29	54.46	90.08	76.44	753.30	818.40	745.49
七、人民生活									
在岗职工平均工资（元）	577	732	1 038	1 798	4 931	6 954	23 960	26 959	30452
城镇居民人均可支配收入（元）		339	639	1 349	3 591	5 734	13 076	15 112	16 472
农民人均纯收入（元）	121	184	412	721	1 626	2 390	5 034	5 774	6 296
城乡居民储蓄存款余额（元）	29	64	210	863	3 404	6 382	16 255	20 701	23 826

1－8 主要年份平均每天主要社会经济活动

项　　目	1978	1980	1985	1990	1995	2000	2007	2008	2009
一、地区生产总值（万元）	394	464	892	1 731	6 723	12 744	38 079	45 482	50 342
二、农业总产值（万元）	123	152	385	648	1 603	1 903	3 913	4 689	5 129
三、规模以上工业增加值（万元）						2 432	11 045	14 888	16 852
四、财政总收入（万元）	70	94	153	279	604	1 222	5 222	6 303	6 846
五、主要工业产品产量									
纱（吨）			59.7	63.8	66.3	71.5	91.0	65.5	67.1
布（万米）	21.9	33.7	25.1	27.4	37.2	36.4	26.4	23.8	28.7
发电量（万千瓦小时）	207.0	217.0	216.0	424.0	485.0	852.9	1 157.0	1 035.9	298.4
烧　碱（吨）	4.9	12.3	31.0	41.4	57.3	42.7	79.7	72.6	68.2
水　泥（吨）	182.2	236.7	377.3	571.2	967.4	904.1	9 417.3	10 309.3	9 460.8
六、社会消费品零售总额（万元）	144	205	418	720	2 284	4 478	11 690	14 490	17 382
七、其他经济活动									
货物运输量（万吨）			1.66	7.73	8.42	8.69	14.33	15.04	20.67
旅客运输量（万人次）			4.75	9.03	8.50	10.91	15.15	15.93	23.76
全社会固定资产投资总额（万元）	33	58	128	283	1 486	2 188	22 463	30 105	40 529
函件（万件）	3.65	4.77	14.26	13.10	15.46	8.26	10.09	11.35	14.87

1－9　国民经济主要指标占全省比重

（2009 年）

项　　　　目	江　　西	南　　昌	南昌所占比重（%）
一、土地面积（平方公里）	166 933	7 402.36	4.4
二、年末总人口（抽样调查数，万人）	4 400	464.89	10.6
三、年末在岗职工人数（万人）	289.63	62.06	21.4
四、地区生产总值（亿元）	7 589.22	1 837.50	24.2
五、农业总产值（亿元）	1 733.82	187.20	10.8
六、规模以上工业增加值（亿元）	2 610.75	615.10	23.6
七、主要工业产品产量			
发电量（亿千瓦小时）	533	10.89	2.0
成品钢材（万吨）	1 674.40	308.04	18.4
化肥（折纯量，万吨）	48.71	4.98	10.2
汽车（万辆）	28.47	12.46	43.8
水泥（万吨）	6153.20	345.32	5.6
布（万米）	67 651	10 468	15.5
卷烟（亿支）	529	308.60	58.3
八、主要农产品产量			
粮食（万吨）	2 002.56	229.21	11.4
棉花（万吨）	12.51	0.20	1.6
油料（折油，万吨）	37.08	2.96	8.0
水产品（万吨）	205.26	34.25	16.7
肉类总产量（万吨）	300.91	32.86	10.9
九、全社会固定资产投资（亿元）	6 642.37	1 479.32	22.3
十、社会消费品零售总额（亿元）	2 484.43	634.43	25.5
十一、接待海外旅游者人数（万人次）	96.43	10.40	10.8
十二、旅游收汇（万美元）	28 975	3 167.00	10.9
十三、财政总收入（亿元）	928.73	249.88	26.9
十四、普通高等学校在校学生（万人）	79.35	48.49	61.1
中等专业学校在校学生（万人）	23.17	9.53	41.1
普通中学在校学生（万人）	266.48	29.66	11.1
职业中学在校学生（万人）	39.37	1.76	4.5
小学在校学生（万人）	422.75	44.58	10.5
十五、卫生技术人员（万人）	14.69	2.62	17.8
#医生（人）	56 276	9 775	17.4
十六、卫生机构病床数（万张）	12.30	1.86	15.1
#医院病床数（万张）	7.32	1.45	19.8
十七、在岗职工工资总额（亿元）	671.39	186.02	27.7

1-10 主要年份地区生产总值

年　份	地区生产总值（万元）	第一产业	第二产业	第三产业	人均地区生产总值（元）
1949	14 278	8 803	1 152	4 322	107
1952	21 667	13 045	2 943	5 679	154
1957	37 287	18 053	10 601	8 633	223
1962	42 877	12 109	15 716	15 052	222
1965	65 435	21 413	28 837	15 185	315
1970	93 305	22 785	51 086	19 434	389
1975	107 291	34 267	47 251	25 773	382
1978	143 727	42 065	70 744	30 918	474
1979	158 303	42 494	74 784	41 025	511
1980	169 513	45 361	82 026	42 126	538
1981	189 093	53 874	91 014	44 205	593
1982	204 423	61 052	97 054	46 317	632
1983	212 229	62 386	100 002	49 841	649
1984	257 925	79 281	116 105	62 539	781
1985	325 718	78 735	171 408	75 575	977
1986	369 492	82 109	185 935	101 448	1 093
1987	435 864	90 367	193 554	151 943	1 266
1988	518 161	96 081	231 734	190 346	1 474
1989	591 567	120 079	252 286	219 202	1 647
1990	632 034	138 479	250 705	242 850	1 719
1991	728 886	143 295	285 370	300 221	1 904
1992	946 665	178 041	395 972	372 652	2 429
1993	1 293 955	225 343	584 546	484 066	3 279
1994	1 818 436	334 901	801 503	682 032	4 550
1995	2 454 072	398 415	1 115 241	940 416	6 074
1996	3 105 911	496 539	1 394 535	1 214 837	7 610
1997	3 752 067	536 822	1 702 856	1 512 389	9 100
1998	3 992 606	440 170	1 853 634	1 698 802	9 584
1999	4 237 630	500 233	1 940 558	1 796 839	10 074
2000	4 651 411	506 973	2 128 661	2 015 777	10 774
2001	5 245 868	535 141	2 406 607	2 304 120	12 033
2002	6 019 950	571 461	2 831 427	2 617 062	13 680
2003	7 054 437	604 223	3 415 536	3 034 678	15 898
2004	8 511 066	687 834	4 293 532	3 529 700	19 042
2005	10 077 025	725 990	5 321 257	4 029 778	22 390
2006	11 838 973	772 964	6 424 463	4 641 546	26 131
2007	13 898 920	867 328	7 542 682	5 488 910	30 460
2008	16 606 317	1 014 774	9198 648	6 392895	36 117
2009	18 375 008	1 119 023	10 164 345	7 091 640	39 669

注：2008 年数据为经济普查调整数。

1－11　1978—2009年地区生产总值指数

（按可比价计算）

单位：%

年份	地区生产总值	（以1978年为100）			地区生产总值	（以上年为100）		
		第一产业	第二产业	第三产业		第一产业	第二产业	第三产业
1978	100.0	100.0	100.0	100.0	114.2	101.3	116.4	128.3
1979	115.5	101.0	105.7	148.4	115.5	101.0	105.7	148.4
1980	121.9	100.6	117.9	149.4	105.5	99.6	111.5	100.7
1981	130.4	107.0	135.9	141.1	107.0	106.4	115.3	94.4
1982	142.2	122.6	140.8	162.1	109.1	114.5	103.6	114.9
1983	154.8	135.3	162.3	174.4	108.8	110.4	115.3	107.6
1984	185.7	147.1	196.2	222.4	120.0	108.7	120.9	127.5
1985	216.2	157.1	239.8	251.7	116.4	106.8	122.2	113.2
1986	241.5	164.5	254.4	326.5	111.7	104.7	106.1	129.7
1987	256.9	185.5	233.8	416.6	106.4	112.8	91.9	127.6
1988	288.8	186.4	264.7	493.7	112.4	100.5	113.2	118.5
1989	306.7	216.8	268.1	529.2	106.2	116.3	101.3	107.2
1990	323.9	250.0	266.5	568.4	105.6	115.3	99.4	107.4
1991	366.6	260.0	315.3	647.9	113.2	104.0	118.3	114.0
1992	425.6	268.6	379.9	773.6	116.1	103.3	120.5	119.4
1993	497.1	281.2	470.7	902.8	116.8	104.7	123.9	116.7
1994	588.1	304.0	588.0	1 051.8	118.3	108.1	124.9	116.5
1995	682.8	316.1	699.1	1 251.7	116.1	104.0	118.9	119.0
1996	788.0	347.4	799.7	1 490.7	115.4	109.9	114.4	119.1
1997	891.2	371.1	901.3	1 732.2	113.1	106.8	112.7	116.2
1998	960.7	320.6	1 008.6	1 929.7	107.8	86.4	111.9	111.4
1999	1 046.2	353.3	1 094.3	2 105.3	108.9	110.2	108.5	109.1
2000	1 142.4	363.9	1 195.0	2 336.9	109.2	103.0	109.2	111.0
2001	1 280.7	378.8	1 349.1	2 652.4	112.1	104.1	112.9	113.5
2002	1 457.4	395.1	1 586.6	2 970.6	113.8	104.3	117.6	112.0
2003	1 683.3	412.5	1 886.4	3 389.5	115.5	104.4	118.9	114.1
2004	1 961.0	441.8	2 273.2	3 850.5	116.5	107.1	120.5	113.6
2005	2 290.5	463.9	2 755.1	4 366.4	116.8	105.0	121.2	113.4
2006	2 636.4	486.6	3 259.2	4 921.0	115.1	104.9	118.3	112.7
2007	3 042.4	515.3	3 803.5	5 664.0	115.4	105.9	116.7	115.1
2008	3 498.7	544.2	4 514.8	6 304.1	115.0	105.6	118.7	111.3
2009	3 955.8	586.1	5171.8	7040.3	113.1	107.7	114.6	111.7

注：2008年数据为经济普查调整数。

1－12　1978—2009 年地区生产总值构成

（以地区生产总值为 100）　　单位:%

年份	第一产业	第二产业	工业	建筑业	第三产业	# 交通运输仓储邮电业	# 批发零售住宿餐饮业	# 金融保险业
1978	29.3	49.2			21.5			
1979	26.8	47.2			26.0			
1980	26.8	48.4			24.8			
1981	28.5	48.1			23.4			
1982	29.9	47.5			22.6			
1983	29.4	47.1			23.5			
1984	30.7	45.0			24.3			
1985	24.2	52.6			23.2			
1986	22.2	50.3			27.5			
1987	20.7	44.4			34.9			
1988	18.5	44.7			36.8			
1989	20.3	42.6	40.7	1.9	37.1	6.6	11.7	10.5
1990	21.9	39.7	37.7	2.0	38.4	5.0	10.8	10.7
1991	19.6	39.2	35.1	4.1	41.2	4.0	10.6	10.4
1992	18.8	41.8	37.7	4.1	39.4	3.5	10.3	10.3
1993	17.4	45.2	41.0	4.2	37.4	5.0	7.9	5.3
1994	18.4	44.1	39.8	4.3	37.5	5.0	10.3	5.1
1995	16.2	45.4	39.0	6.4	38.4	5.4	11.9	5.1
1996	16.0	44.9	37.0	7.9	39.1	5.8	11.3	5.0
1997	14.3	45.4	34.8	10.6	40.3	6.1	11.5	4.9
1998	11.0	46.4	35.7	10.7	42.6	6.6	11.9	5.0
1999	11.8	45.8	35.1	10.7	42.4	6.7	11.7	4.8
2000	10.9	45.8	34.9	10.9	43.3	7.1	12.0	4.6
2001	10.2	45.9	35.0	10.9	43.9	7.5	11.5	4.3
2002	9.5	47.0	35.2	11.8	43.5	7.5	10.7	4.3
2003	8.6	48.4	35.9	12.5	43.0	7.8	9.7	4.0
2004	8.1	50.4	36.3	14.1	41.5	7.9	9.3	4.6
2005	7.2	52.8	37.2	15.6	40.0	9.4	8.6	4.4
2006	6.5	54.3	37.9	16.4	39.2	9.2	8.4	4.3
2007	6.2	54.3	38.4	15.9	39.5	8.3	8.3	5.2
2008	6.1	55.4	40.8	14.6	38.5	7.5	8.3	5.0
2009	6.1	55.3	41.0	14.3	38.6	7.3	8.8	5.6

注：2005—2008 年数据为经济普查调整数。

1－13 地区生产总值增长

单位：万元

项目	2008	2009	2009年比上年增长%
地区生产总值	**16 606 317**	**18 375 008**	**13.1**
第一产业	1 014 774	1 119 023	7.7
第二产业	9 198 648	10 164 345	14.6
工业	6 767 648	7 532 000	16.2
建筑业	2 431 000	2 632 345	9.8
第三产业	6 392 895	7 091 640	11.7

注：1. 绝对数为当年价，增长速度按可比价计算。
2. 2008年数据为经济普查调整数。

1－14 地区生产总值及其使用

单位：万元

项目	2009	项目	2009
一、总产出	53 24 229	一、总支出	53 242 229
二、中间投入	34 867 221	二、中间使用支出	34 867 221
三、地区生产总值	18 375 008	三、地区生产总值	18 375 008
固定资产折旧	2 875 978	最终消费	9 852 805
劳动者报酬	8 045 653	居民消费	8 702 979
生产税净额	2 684 027	政府消费	1 149 826
营业盈余	4 769 350	资本形成总额	9 063 491
		固定资本形成总额	7 767 231
		存货增加	1 296 260
		货物和服务净出口	－541 288

主要统计指标解释

地区生产总值 即GDP，是一个国家（地区）所有常住单位在一定时间内按市场价格计算的生产活动的最终成果。国内生产总值有三种表现形态，即价值形态、收入形态和产品形态。从价值形态看，它是所有常住单位在一定时间内所生产的全部货物和服务价值超过同期投入的全部非固定资产货物和服务的差额，即所有常住单位的增加值之和；从收入形态看，它是所有常住单位在一定时间内所创造并分配给常住单位和非常住单位的初次分配收入之和；从产品形态看，它是最终使用的货物和服务减去进口货物和服务。在实际核算中，生产总值的三种表现形态为三种计算方法，即生产法、收入法和支出法。三种方法分别从不同的方面反映生产总值及其构成。这项指标名称全国为国内生产总值，各省、市、县都称地区生产总值。

增加值 指各部门（单位）在一定时期内从事经济、社会活动获得最终成果的货币表现。反映生产单位和部门对国内生产总值的贡献。增加值包括固定资产折旧、劳动者报酬、生产税净额、营业盈余。

三次产业 根据社会生产活动历史发展的顺序对产业结构的划分，产品直接取自自然界的部门称为第一产业，对初级产品进行再加工的部门称为第二产业，为生产和消费提供各种服务的部门称为第三产业。它是世界上通用的产业结构分类，但各国的划分不尽一致。我国的三次产业划分是：

第一产业是指农、林、牧、渔业。

第二产业是指采矿业，制造业，电力、燃气及水的生产和供应业，建筑业。

第三产业是指除第一、第二产业以外的其他行业。第三产业包括：交通运输、仓储和邮政业，信息传输、计算机服务和软件业，批发和零售业，住宿和餐饮业，金融业，房地产业，租赁和商务服务业，科学研究、技术服务和地质勘查业，水利、环境和公共设施管理业，居民服务和其他服务业，教育，卫生、社会保障和社会福利业，文化、体育和娱乐业，公共管理和社会组织，国际组织。

总消费 是常住单位在一定时期内对于物质产品和服务的最终消费支出的合计。总消费分为居民消费和社会消费。

（1）居民消费 是常住居民在核算期内为个人最终消费需求而购买的物质产品和服务的全部支出。一是居民以货币直接购买的用于生活消费的各种物质产品。包括各种耐用消费品和非耐用消费品支出，不包括居民购买的房屋和用于生产目的的支出；二是居民直接购买的用于生活消费的各种支出，包括交通费、房租、洗理、日用品修理、医疗保健、教育、文化、家庭保姆等支出；三是居民以实物工资获得的各种生活消费，包括居民得到的免费和低于市场价格获得的各种物质产品和服务；四是居民自产自用的计入核算期社会产品中的物质产品、自有住房的虚拟房租消费等。

（2）社会消费 包括政府消费和集体消费两部分。政府消费，是财政支出中用于最终消费的部分，即政府部门总产出减去其销售收入后的余额；集体消费，是各种生产单位和团体支付与本身生产活动无关的仅供集体最终消费的物质产品和服务的支出。

总投资 是常住单位在核算期内对固定资产和库存的投资支出合计，分为固定资产形成和库存增加。

（1）固定资产形成 是常住单位在核算期内建造和购置的固定资产的全部投资。包括各类房屋、建筑物、机器设备、役畜种畜、多年经济林木和在建工程等，不包括居民拥有的耐用消费品和作为纯军事目的而使用的耐用品。具体固定资产形成包括四个部分，一是由基本建设投资所形成的固定资产价值；二是由更新改造投资增加的固定资产价值；三是通过大修理增加的固定资产价值；四是由其他资金支出形成的固定资产价值。

（2）库存增加 常住单位在核算期内库存实物量变动的市场价值。期初与期末差额为正值表示库存增加，负值表示库存减少。具体包括生产单位从其他单位购买的原材料、燃料和各种储备物资等。

二是生产单位生产的各种产成品、在制品、半成品等。

当年价格　指报告期的实际价格，如工厂的出厂价格，农产品的收购价格，商业的零售价格等。按当年价格计算，是指一些以货币表现的物量指标如工农业总产值、国内生产总值等，按照当年的实际价格来计算总量。使用当年价格计算的数字，是为了使国民经济各项指标相互衔接，便于考察当年经济效益，便于对生产和流通、生产和分配、生产和消费进行经济核算的综合平衡。

按当年价格计算的价值指标，在不同年份之间进行对比时，因为包含有各年间价格变动因素，不能确切反映实物量的增减变动。必须消除价格变动因素后，才能真实反映经济发展动态。因此，在计算增长速度时都使用按可比价格计算的数字。

可比价格　指在不同时期的价值指标对比时，扣除了价格变动的因素，以确切表示物量的变化。按可比价格计算有两种方法：一种是直接按产品产量乘其不变价格计算；一种是用物价指数换算。

不变价格　指用同类产品的年平均价格作为固定价格，来计算各年产品价值。按不变价格计算的产品价值除了价格变动因素，不同时期对比可以反映生产的发展速度。新中国成立后，随着工农业产品价格水平的变化，国家统计局先后五次制定了全国统一的工业产品不变价格和农业产品不变价格。从1949年到1957年使用1952年工（农）业产品不变价格，从1957年到1971年使用1957年不变价格，从1971年到1981年使用1970年不变价格，从1981年到1990年使用1980年不变价格，从1990年开始使用1990年不变价格。

平均每年增长速度　在我国计算平均增长速度有两种方法，一种是习惯上经常使用的"水平法"又称几何平均法，是以间隔期最后一年的水平同基期水平对比来计算平均每年增长（或下降）速度。

另一种是"累计法"，又称代数平均法或方程法，是以间隔期内各年水平的总和同基期水平对比来计算平均每年增长（或下降）速度。

在一般情况下，两种方法计算的平均每年增长速度比较接近，但在经济发展不平衡，出现大起大落时，两种方法计算的结果差别较大。

本《年鉴》内所列的从某年到某年平均增长速度的年份，均不包括基期年在内。如改革开放以来20年的平均增长速度是以1978年为基期计算的，则写为1979－1998年平均增长速度，其余类推。

大中城市划分　是根据管理工作的需要，按市区（不包括市辖县）的非农业人口总数多少对城市规模进行划分。目前我国统计工作中将城市分以下几组：

（1）100万人口以上为特大城市；

（2）50—100万人口为大城市；

（3）20—50万人口为中等城市；

（4）20万人口以下为小城市。

上述分组，随着我国的政治经济和改革的深入发展，将会调整。

国民经济行业分类　在统计工作中为取得分行业的数据资料并统一分类和编码，正确反映国民经济各行业的结构和发展状况，便于研究国民经济的各项比例关系，而制定的国民经济行业划分标准。按现行统计制度规定，我国行业划分为20大类，排列顺序如下：

（1）农、林、牧、渔业（2）采矿业（3）制造业（4）电力、燃气及水的生产和供应业（5）建筑业（6）交通运输、仓储和邮政业（7）信息传输、计算机服务和软件业（8）批发和零售业（9）住宿和餐饮业（10）金融业（11）房地产业（12）租赁和商务服务业（13）科学研究、技术服务和地质勘查业（14）水利、环境和公共设施管理业（15）居民服务和其他服务业（16）教育（17）卫生、社会保障和社会福利业（18）文化、体育和娱乐业（19）公共管理和社会组织（20）国际组织。

二、人口・劳动力

POPULATION AND LABOUR FORCE

本篇内容包括：

1. 主要年份户数和人口
2. 人口构成情况
3. 人口变动情况
4. 劳动力资源
5. 从业人员的社会分布状况

资料整理 刘　斌 姜同文

微机处理 刘　斌 夏　慧

年末总人口

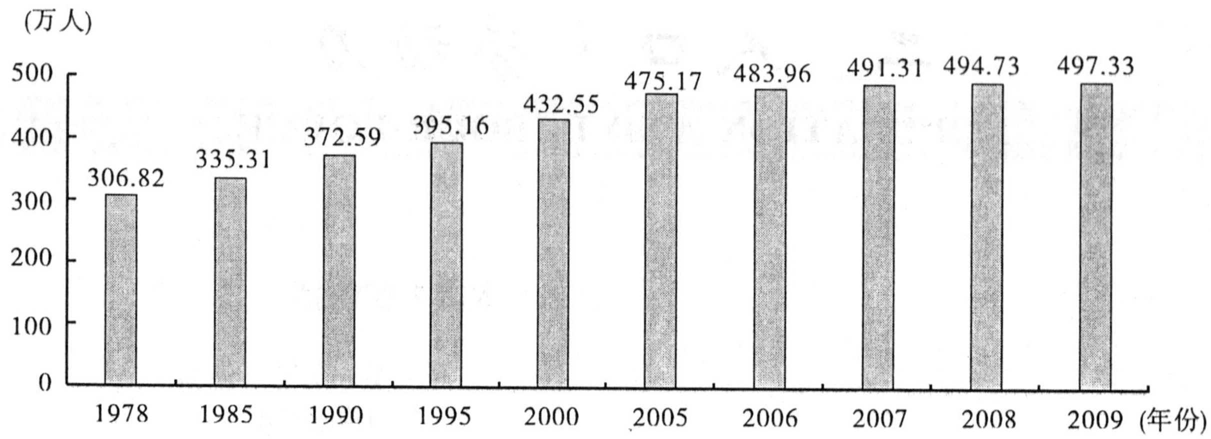

人口自然增长率

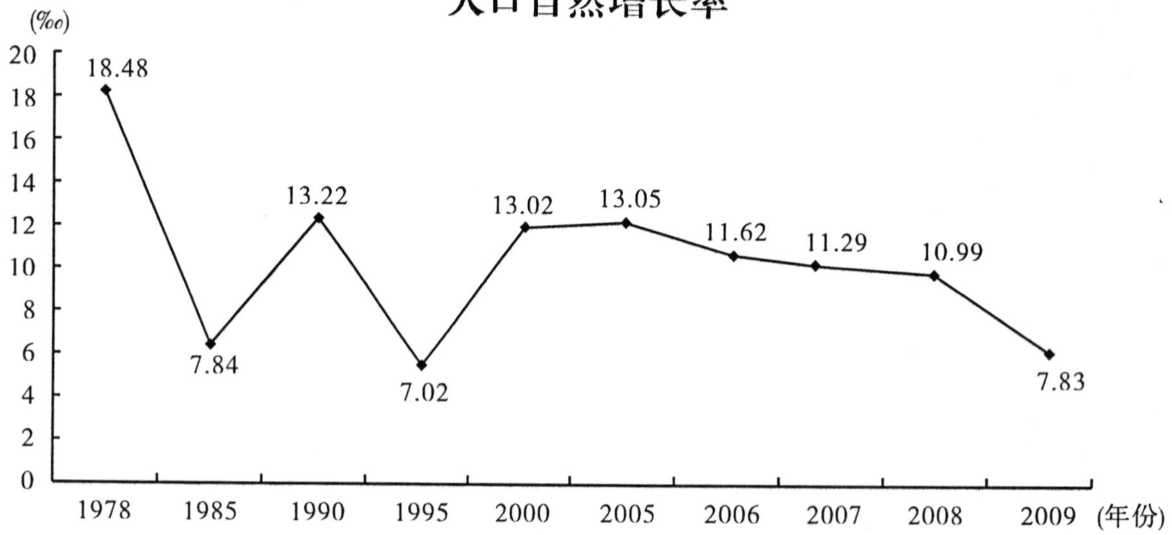

社会从业人员

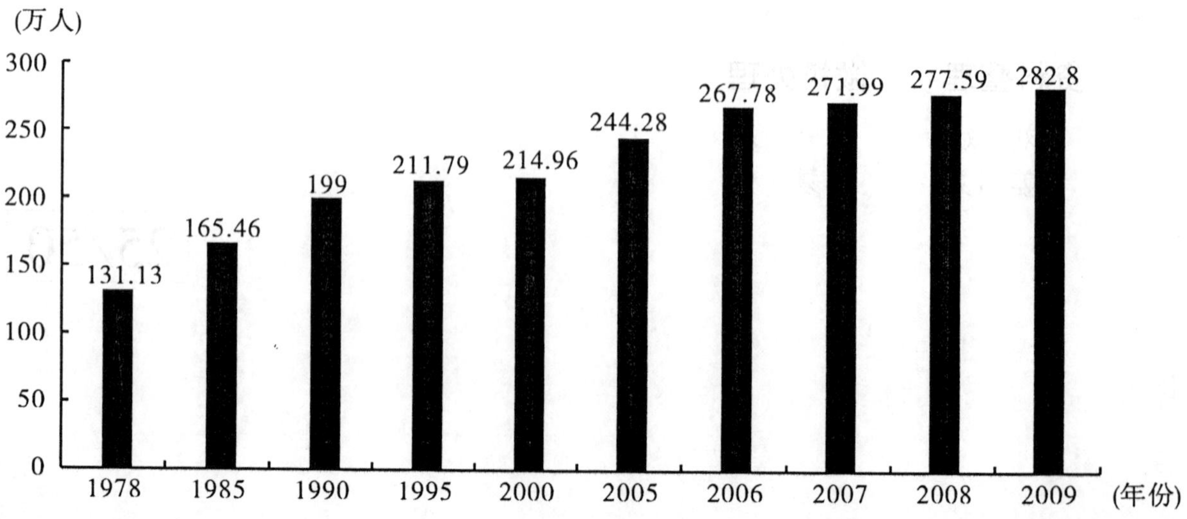

2-1 主要年份户数和人口数

年份	总户数（万户）	总人口（万人）	按性别分	
			男	女
1949	32.34	136.47	71.74	64.73
1952	34.05	143.17	74.53	68.64
1957	39.22	169.78	88.87	80.91
1962	43.16	193.77	102.59	91.18
1965	43.84	210.68	110.42	100.26
1970	50.23	243.88	127.22	116.66
1975	55.87	285.00	148.19	136.81
1978	57.32	306.82	159.69	147.13
1980	64.41	317.23	165.43	151.80
1985	71.14	335.31	174.34	160.97
1986	73.13	340.94	177.49	163.45
1987	76.21	347.76	180.93	166.83
1988	78.93	355.28	184.88	170.40
1989	82.03	362.97	188.52	174.45
1990	86.70	372.59	193.70	178.89
1991	88.34	375.42	195.33	180.09
1992	90.06	378.88	197.15	181.73
1993	91.73	382.76	199.21	183.55
1994	93.42	388.77	202.91	185.86
1995	96.25	395.16	206.43	188.73
1996	98.54	401.72	209.50	192.22
1997	100.72	407.89	212.12	195.77
1998	101.53	415.84	216.19	199.65
1999	105.50	424.23	220.92	203.31
2000	111.85	432.55	225.42	207.13
2001	114.35	440.16	231.46	208.70
2002	119.26	448.85	235.45	213.40
2003	123.57	450.77	236.77	214.00
2004	125.65	460.79	241.91	218.88
2005	127.62	475.17	250.57	224.60
2006	130.80	483.96	254.79	229.17
2007	134.87	491.31	258.07	233.24
2008	137.98	494.73	259.92	234.81
2009	140.61	497.33	260.77	236.56

2-2 主要年份农业、非农业和城镇、乡村人口数

单位：万人

年份	按农业、非农业人口分		按城镇、乡村分	
	农业人口	非农业人口	城镇人口	乡村人口
1949	101.37	35.10	37.30	99.17
1952	108.03	35.14	37.50	105.67
1957	115.17	54.61	56.07	113.71
1962	126.18	67.59	72.19	121.58
1965	137.32	73.36	81.23	129.45
1970	174.75	69.13	77.73	166.15
1975	200.09	84.91	92.13	192.87
1978	215.06	91.76	110.40	196.42
1980	216.49	100.74	116.99	200.24
1985	215.88	119.43	135.82	199.49
1986	219.34	121.60	145.81	195.13
1987	221.49	126.27	155.89	191.87
1988	225.78	129.50	157.61	197.67
1989	229.21	133.76	159.77	203.20
1990	235.79	136.80	167.14	205.45
1991	235.43	139.99	175.36	200.06
1992	237.37	141.51	180.78	198.10
1993	238.81	143.95	187.03	195.73
1994	240.08	148.69	218.42	170.35
1995	241.87	153.29	221.92	173.24
1996	244.45	157.27	264.60	137.12
1997	246.31	161.58	286.48	121.41
1998	250.86	164.98	299.44	116.40
1999	255.07	169.16	307.18	117.05
2000	256.66	175.89	311.60	120.95
2001	257.71	182.45	322.98	117.18
2002	260.93	187.92	335.40	113.45
2003	255.31	195.46	348.84	101.93
2004	255.88	204.91	365.11	95.68
2005	255.23	219.94	378.73	96.44
2006	256.25	227.71	389.18	94.78
2007	258.55	232.76	393.71	97.60
2008	261.57	233.16	390.91	103.82
2009	263.21	234.13	391.29	106.04

2-3 主要年份人口构成

（以年末总人口为100）　　单位：%

年份	男	女	农业人口	非农业人口	城镇人口	乡村人口
1949	52.6	47.4	74.3	25.7	27.3	72.7
1952	52.1	47.9	75.5	24.5	26.7	73.3
1957	52.3	47.7	67.8	32.2	33.0	67.0
1962	52.9	47.1	65.1	34.9	37.3	62.7
1965	52.4	47.6	65.2	34.8	38.6	61.4
1970	52.2	47.8	71.7	28.3	31.9	68.1
1975	52.0	48.0	70.2	29.8	32.3	67.7
1978	52.0	48.0	70.1	29.9	36.0	64.0
1980	52.1	47.9	68.2	31.8	36.9	63.1
1985	52.0	48.0	64.4	35.6	40.5	59.5
1986	52.1	47.9	64.3	35.7	42.8	57.2
1987	52.0	48.0	63.7	36.3	44.8	55.2
1988	52.0	48.0	63.5	36.5	44.4	55.6
1989	51.9	48.1	63.1	36.9	44.0	56.0
1990	52.0	48.0	63.3	36.7	44.9	55.1
1991	52.0	48.0	62.7	37.3	46.7	53.3
1992	52.0	48.0	62.7	37.3	47.7	53.3
1993	52.0	48.0	62.4	37.6	48.9	51.1
1994	52.2	47.8	61.7	38.3	56.2	43.8
1995	52.2	47.8	61.8	38.2	56.2	43.8
1996	52.2	47.8	60.9	39.1	65.9	34.1
1997	52.0	48.0	60.4	39.6	70.2	29.8
1998	52.0	48.0	60.3	39.7	72.0	28.0
1999	52.1	47.9	60.1	39.9	72.4	27.6
2000	52.1	47.9	59.3	40.7	72.0	28.0
2001	52.6	47.4	58.5	41.5	73.4	26.6
2002	52.5	47.5	58.1	41.9	74.7	25.3
2003	52.5	47.5	56.6	43.4	77.4	22.6
2004	52.5	47.5	55.4	44.5	79.2	20.8
2005	52.7	47.3	53.7	46.3	79.7	20.3
2006	52.7	47.3	53.7	46.3	79.7	20.3
2007	52.5	47.5	52.6	47.4	80.1	19.9
2008	52.5	47.5	52.9	47.1	79.0	21.0
2009	52.4	47.6	52.9	47.1	78.7	21.3

2-4 主要年份人口自然变动

年　　份	年平均人口（万人）	人口出生率（‰）	人口死亡率（‰）	人口自然增长率（‰）	人口密度（人/平方公里）
1949	134.00	31.34	21.64	9.70	184
1952	141.00	39.72	15.67	24.05	193
1957	167.51	41.35	7.97	33.38	229
1962	192.81	33.54	8.60	24.94	262
1965	207.91	33.87	7.07	26.80	285
1970	239.73	33.11	6.62	26.49	330
1975	281.10	30.81	5.89	24.92	385
1978	303.45	24.23	5.75	18.48	415
1980	315.10	12.54	5.32	7.22	429
1985	333.48	12.62	4.78	7.84	453
1986	338.12	13.85	4.79	9.06	461
1987	344.35	11.97	4.66	7.31	470
1988	351.52	14.48	4.73	9.75	480
1989	359.12	14.10	5.00	9.10	490
1990	367.78	18.24	5.02	13.22	503
1991	374.00	13.64	4.62	9.02	507
1992	377.15	11.85	4.42	7.43	512
1993	380.82	10.75	4.21	6.54	517
1994	385.76	10.95	4.09	6.86	525
1995	391.97	11.37	4.35	7.02	534
1996	398.44	13.74	3.89	9.85	543
1997	404.81	14.05	3.91	10.14	551
1998	411.86	12.57	3.83	8.74	562
1999	420.03	12.63	3.59	9.04	573
2000	428.39	18.75	5.73	13.02	584
2001	436.35	12.41	3.44	8.97	595
2002	444.51	14.58	2.73	11.85	606
2003	449.81	10.42	2.75	7.67	609
2004	455.78	12.11	5.05	7.06	616
2005	467.98	16.13	2.63	13.50	632
2006	479.56	14.28	2.66	11.62	648
2007	487.63	14.23	2.94	11.29	664
2008	493.02	13.63	2.64	10.99	666
2009	496.03	11.22	3.80	7.42	670

2-5 县区户数和人口数

(2009年)

地区	户数(户)	总人口(人)				
		合计	男	女	农业人口	非农业人口
总计	**1 406 102**	**4 973 325**	**2 607 689**	**2 365 636**	**2 632 052**	**2 341 273**
东湖区	128 405	468 185	236 170	232 015	7 925	460 260
西湖区	138 449	436 455	219 245	217 210	5 146	431 309
青云谱区	78 252	261 265	136 690	124 575	21 082	240 183
湾里区	31 575	85 725	45 684	40 041	47 893	37 832
青山湖区	127 819	434 443	226 549	207 894	153 542	280 901
南昌县	281 543	969 831	511 516	458 315	787 188	182 643
新建县	180 832	688 038	362 000	326 038	529 907	158 131
安义县	88 028	276 595	147 106	129 489	204 160	72 435
进贤县	235 450	813 513	428 213	385 300	638 990	174 523
经济开发区	31 716	165 668	93 077	72 591	45 563	120 105
高新开发区	49 775	225 340	121 009	104 331	164 855	60 485
红谷滩新区	23 750	121 172	66 446	54 726	16 869	104 303
桑海开发区	10 508	27 095	13 984	13 111	8 932	18 163

注：农业人口包含未落常住户人口23963人。

2-6 县区人口变动

(2009年)

地区	年平均人口(人)	机械变动(人)		自然变动(人)		人口出生率(‰)	人口死亡率(‰)	人口自然增长率(‰)	人口机械增长率(‰)
		迁入	迁出	出生	死亡				
总计	**4 960 296**	**88 412**	**111 120**	**55 637**	**18 831**	**11.22**	**3.80**	**7.42**	**-4.40**
东湖区	466 004	6 288	10 954	3 405	1 499	7.31	3.22	4.09	-10.06
西湖区	434 813	7 223	5 503	3 308	1 878	7.61	4.32	3.29	3.96
青云谱区	261 831	3 625	5 605	1 888	1 081	7.21	4.13	3.08	-7.56
湾里区	86 469	2 672	3 935	990	400	11.45	4.63	6.82	-14.61
青山湖区	433 658	7 164	8 822	4 501	1 583	10.38	3.65	6.73	-3.82
南昌县	963 061	11 514	10 169	13 179	5 195	13.68	5.39	8.29	1.40
新建县	688 247	5 017	6 585	10 159	1 837	14.76	2.67	12.09	-2.28
安义县	275 307	1 263	1 714	2 963	712	10.76	2.59	8.17	-1.64
进贤县	805 550	12 441	7 298	11 093	2 612	13.77	3.24	10.53	6.38
经济开发区	168 716	15 375	24 422	996	313	5.90	1.86	4.04	-53.62
高新开发区	228 957	8 109	15 832	1 933	1 444	8.44	6.31	2.13	-33.73
红谷滩新区	120 518	7 552	10 024	993	164	8.24	1.36	6.88	-20.51
桑海开发区	27 168	169	257	229	113	8.43	4.16	4.27	-3.24

补充资料：1、据2009年人口抽样调查资料推算，2009年末全市常住总人口为464.89万人，出生率为13.86‰，死亡率为6.03‰，自然增长率为7.83‰，年平均人口为463.21万人。

2-7 县辖镇户数和人口数

（2009 年）

地区	户数（户）	总人口（人）				
		合计	男	女	农业人口	非农业人口
合计	**493 731**	**1 687 530**	**889 006**	**798 524**	**1 207 329**	**480 201**
南昌县	181 200	610 712	321 507	289 205	457 001	153 711
莲塘镇	41 062	121 796	63 595	58 201	41 106	80 690
向塘镇	34 747	101 875	52 648	49 227	58 097	43 778
冈上镇	12 923	45 198	23 725	21 473	41 915	3 283
幽兰镇	22 318	72 828	39 083	33 745	66 281	6 547
武阳镇	14 814	51 500	27 482	24 018	47 779	3 721
三江镇	8 480	31 251	16 510	14 741	27 242	4 009
塘南镇	12 471	55 355	29 537	25 818	52 192	3 163
蒋巷镇	23 821	91 281	48 459	42 822	85 516	5 765
广福镇	10 564	39 628	20 468	19 160	36 873	2 755
新建县	103 997	403 226	212 737	190 489	283 217	120 009
长堎镇	26 897	99 147	52 828	46 319	15 766	83 381
望城镇	5 293	18 920	10 145	8 775	14 917	4 003
西山镇	9 038	41 362	21 576	19 786	38 482	2 880
石岗镇	12 702	51 816	27 656	24 160	46 035	5 781
松湖镇	8 527	35 622	18 872	16 750	32 546	3 076
生米镇	9 802	37 754	20 002	17 752	33 291	4 463
乐化镇	7 753	23 757	12 698	11 059	16 648	7 109
樵舍镇	10 385	37 281	19 306	17 975	31 608	5 673
溪霞镇	6 393	28 284	14 614	13 670	26 631	1 653
象山镇	7 207	29 283	15 040	14 243	27 293	1 990
安义县	75 157	232 752	123 793	108 959	163 255	69 497
龙津镇	25 414	68 541	36 290	32 251	14 307	54 234
鼎湖镇	10 921	34 465	18 330	16 135	31 013	3 452
东阳镇	7 544	23 642	12 523	11 119	20 367	3 275
长埠镇	5 919	20 466	10 849	9 617	19 368	1 098
万埠镇	8 706	28 500	15 140	13 360	24 392	4 108
石鼻镇	11 875	39 837	21 347	18 490	37 274	2 563
黄洲镇	4 778	17 301	9 314	7 987	16 534	767
进贤县	133 377	440 840	230 969	209 871	303 856	136 984
民和镇	46 127	134 401	69 891	64 510	40 733	93 668
梅庄镇	7 239	37 699	20 182	17 517	35 901	1 798
前坊镇	10 277	33 823	17 454	16 369	31 197	2 626
温圳镇	13 669	46 884	24 896	21 988	34 111	12 773
李渡镇	12 289	42 122	21 693	20 429	29 982	12 140
文港镇	16 067	50 146	26 642	23 504	41 892	8 254
架桥镇	8 568	29 445	15 458	13 987	28 009	1 436
罗溪镇	9 021	30 152	15 653	14 499	28 647	1 505
张公镇	10 120	36 168	19 100	17 068	33 384	2 784

2-8 人口和计划生育

（2008年10月-2009年9月）　　单位：人

项　　目	合　计	东湖区	西湖区	青云谱区	湾里区	青山湖区	南昌县
一、期末已婚育龄妇女	**1 064 297**	**110 315**	**119 504**	**54 746**	**17 418**	**116 150**	**190 119**
无　　孩	56 086	8 218	9 486	4 786	493	7 539	7 552
一　　孩	525 943	89 521	90 763	42 904	8 569	70 189	62 464
二　　孩	399 628	11 608	17 117	6 396	6 094	34 610	104 740
多　　孩	82 640	968	2 138	660	2 262	3 812	15 363
二、期末落实节育措施	**993 975**	**101 086**	**108 996**	**50 224**	**16 717**	**107 575**	**180 090**
结　　扎	448 249	6 802	10 622	5 104	8 011	36 017	113 968
上　　环	424 840	59 748	63 284	30 417	8 517	53 938	60 355
皮　　埋	641	96	159	18	50	94	73
药　　具	119 059	34 432	34 846	14 657	133	16 709	5 598
其　　他	1 186	8	85	28	6	817	96
三、期末领取独生子女证	**336 728**	**76 318**	**77 907**	**38 477**	**5 072**	**50 589**	**17 798**
四、期内出生人数	**52 819**	**3 736**	**3 727**	**1 943**	**926**	**4 374**	**11 756**
一　　孩	41 006	3 490	3 502	1 834	733	4 047	8 423
二　　孩	10 874	243	220	109	179	327	2 976
多　　孩	939	3	5		14		357
五、计划生育率	**87.38**	**99.17**	**99.57**	**99.13**	**89.96**	**98.29**	**80.19**

2-8 续表　　　　　　　　　　(2008年10月-2009年9月)　　　　　　　　　　单位：人

项　　目	新建县	安义县	进贤县	经济开发区	高新开发区	红谷滩新区	桑海开发区	英雄开发区
一、期末已婚育龄妇女	**144 286**	**57 107**	**182 732**	**12 757**	**35 404**	**13 886**	**5 331**	**4 542**
无　孩	5 956	2 298	6 429	858	1 316	725	217	213
一　孩	54 207	18 166	61 809	6 415	9 264	6 505	3 164	2 003
二　孩	65 518	27 575	92 997	4 222	20 725	4 536	1 531	1 959
多　孩	18 605	9 068	21 497	1 262	4 099	2 120	419	367
二、期末落实节育措施	**136 760**	**53 868**	**171 285**	**11 791**	**33 562**	**12 895**	**4 878**	**4 248**
结　扎	82 202	33 267	112 269	5 254	24 772	6 129	1 620	2 212
上　环	50 068	18 997	56 610	4 273	8 143	5 614	2 947	1 929
皮　埋	18	48	37	18	3	20	6	1
药　具	4 445	1 551	2 338	2 246	644	1 132	224	104
其　他	27	5	31				81	2
三、期末领取独生子女证	**20 822**	**10 548**	**25 170**	**3 759**	**3 509**	**3 515**	**1 985**	**1 259**
四、期内出生人数	**8 848**	**3 407**	**10 284**	**568**	**1 841**	**902**	**229**	**278**
一　孩	6 540	2 545	6 741	513	1 443	793	191	211
二　孩	2 210	768	3 196	50	392	105	36	63
多　孩	98	94	347	5	6	4	2	4
五、计划生育率	**85.64**	**84.88**	**80.85**	**95.07**	**88.43**	**94.01**	**91.27**	**88.13**

2-9 主要年份劳动力资源

年份	劳动力资源（万人）	社会从业人员（万人）	劳动力资源占人口比重（%）	劳动力资源利用率（%）
1949	79.0	47.0	57.9	59.5
1952	78.8	60.5	55.0	76.8
1957	82.4	65.3	48.5	79.2
1962	86.1	70.1	44.4	81.5
1965	91.9	76.0	43.6	82.7
1970	110.9	98.1	45.5	88.5
1975	126.4	111.5	44.4	88.2
1978	149.7	131.1	48.8	87.6
1980	152.7	136.0	48.1	89.1
1985	193.8	165.5	57.8	85.4
1986	195.0	166.5	57.2	85.4
1987	199.2	172.3	57.3	86.5
1988	211.8	182.6	59.6	86.2
1989	218.3	186.7	60.0	85.5
1990	233.6	199.0	62.7	85.2
1991	239.5	204.3	63.8	85.3
1992	241.5	206.0	63.7	85.3
1993	246.2	195.9	64.3	79.6
1994	251.4	205.3	64.7	81.6
1995	258.9	211.8	65.5	81.8
1996	261.1	211.0	65.0	80.8
1997	263.4	215.5	64.6	81.8
1998	277.9	215.4	66.8	77.5
1999	286.9	218.2	67.6	76.0
2000	296.7	215.0	68.6	72.4
2001	299.6	216.9	68.1	72.4
2002	300.4	214.5	66.9	71.4
2003	311.5	234.7	69.1	75.3
2004	319.1	239.6	69.2	75.1
2005	338.4	244.3	71.2	72.2
2006	345.2	267.8	71.3	77.6
2007	342.5	272.0	69.7	79.4
2008	352.8	277.6	71.3	78.7
2009	358.2	282.8	72.0	78.9

2－10 主要年份社会从业人员

（按产业结构分）

年份	年末从业人员（万人）			构成（%）		
	第一产业	第二产业	第三产业	第一产业	第二产业	第三产业
1949	42.2	1.7	3.1	89.7	3.7	6.6
1952	51.7	3.6	5.2	85.4	6.0	8.6
1957	49.1	8.6	7.5	75.2	13.2	11.6
1962	44.9	14.2	11.0	64.0	20.2	15.8
1965	47.7	16.0	12.4	62.7	21.1	16.2
1970	62.6	23.7	11.9	63.8	24.1	12.1
1975	67.9	28.1	15.5	61.0	25.2	13.8
1978	76.9	35.3	18.9	58.6	26.9	14.5
1980	75.8	39.6	20.6	55.8	29.1	15.1
1985	72.6	54.9	38.0	43.9	33.2	22.9
1986	72.2	56.1	38.2	43.4	33.7	22.9
1987	72.7	60.9	38.7	42.2	35.3	22.5
1988	80.7	62.4	39.5	44.2	34.2	21.6
1989	86.7	59.0	40.9	46.5	31.6	21.9
1990	94.6	61.0	43.5	47.5	30.7	21.8
1991	92.5	67.0	44.7	45.3	32.8	21.9
1992	90.1	67.5	48.4	43.7	32.8	23.5
1993	82.5	62.0	51.4	42.1	31.6	26.3
1994	86.3	63.9	55.1	42.0	31.1	26.9
1995	89.7	66.6	55.6	42.3	31.4	26.3
1996	86.2	61.8	63.0	40.9	29.3	29.8
1997	89.1	63.5	62.8	41.4	29.5	29.1
1998	88.9	59.5	67.1	41.3	27.6	31.1
1999	87.8	59.1	71.2	40.3	27.1	32.6
2000	84.8	56.3	73.8	39.5	26.2	34.3
2001	84.5	56.5	75.9	39.0	26.0	35.0
2002	84.7	57.4	72.4	39.5	26.8	33.7
2003	82.7	66.6	85.4	35.2	28.4	36.4
2004	81.5	64.4	93.7	34.0	26.9	39.1
2005	80.0	63.3	101.0	32.7	25.9	41.4
2006	80.0	56.8	131.0	29.9	21.2	48.9
2007	77.4	60.4	134.1	28.5	22.2	49.3
2008	74.7	67.3	135.6	26.9	24.3	48.8
2009	71.9	67.0	143.9	25.4	23.7	50.9

2－11 城乡劳动力资源配置

（2009年）

单位：万人

项目	合计	城镇	乡村
一、年末劳动力资源总数	**358.2**	**217.3**	**140.9**
#当年新增劳动力资源	7.2	2.8	4.4
1. 年末16岁以上全部人数	449.5	272.6	176.9
#不计入劳动力资源的人数	89.1	52.6	36.5
2. 机械变动差额跨地区调整数	－2.3	－2.7	0.5
二、经济活动人口	**290.5**	**165.2**	**125.3**
（一）从业人员	288.1	162.7	125.3
按就业者身份分			
单位就业人员	66.3	66.3	
私营业主	9.4	8.0	1.3
个体户主	9.6	8.4	1.2
私营企业和个体从业人员	42.0	19.6	22.4
乡镇企业从业人员	31.2		31.2
农村从业人员	69.2		69.2
其他	55.2	55.2	
按经济类型分			
国有	44.3	44.3	
集体	104.6	4.2	100.4
股份合作	0.3	0.3	
联营	0.3	0.3	
有限责任公司	5.6	5.6	
股份有限公司	5.1	5.1	
港澳台投资	1.3	1.3	

2－11　续表　（2009年）　单位：万人

项　　目	合　计	城　镇	乡　村
外商投资	3.7	3.7	
私　营	37.9	15.8	22.1
个　体	23.0	20.2	2.8
其　他	56.8	56.8	
按国民经济行业分			
1. 农、林、牧、渔业	71.9	2.2	69.7
2. 采　矿　业	0.2	0.2	
3. 制　造　业	45.0	29.4	15.6
4. 电力、燃气及水的生产和供应业	1.7	1.7	
5. 建　筑　业	20.1	15.1	5.1
6. 交通运输、仓储和邮政业	14.3	9.2	5.1
7 信息传输、计算机服务和软件业	1.8	1.1	0.7
8. 批发和零售业	24.4	16.9	7.5
9. 住宿和餐饮业	6.9	3.2	3.6
10 金　融　业	2.1	2.1	
11. 房地产业	0.9	0.9	
12. 租赁和商务服务业	1.7	1.7	
13 科学研究、技术服务和地质勘查业	1.7	1.7	
14 水利、环境和公共设施管理业	1.6	1.6	
15. 居民服务和其他服务业	3.1	3.1	
16. 教　育	7.3	7.3	
17. 卫生、社会保障和社会福利业	3.1	3.1	
18. 文化、体育和娱乐业	1.7	1.7	
19. 公共管理和社会组织	6.2	6.2	
20. 其　他	67.2	49.3	17.9
（二）失业人员	5.3	5.3	
三、非经济活动人口	70.1	54.6	15.5
#16岁以上在校学生	40.2	38.5	1.8
家务劳动者	15.9	5.7	10.2

2-12 社 会 从 业 人 员

（2009 年）

单位：人

项 目	合 计	城 镇	乡 村
总 计	**2 827 961**	**1 574 661**	**1 253 300**
一、按县区分			
南 昌 县	456 076	103 058	353 018
新 建 县	340 930	68 281	272 649
安 义 县	110 471	34 624	75 847
进 贤 县	394 638	46 330	348 308
市 区	1 525 846	1 322 368	203 478
#东 湖 区	94 773	91 671	3 102
西 湖 区	69 608	57 727	11 881
青云谱区	48 701	38 228	10 473
湾 里 区	37 769	15 511	22 258
青山湖区	118 769	49 268	69 501
经济开发区	57 379	34 906	22 473
高新开发区	134 020	48 129	85 891
红谷滩新区	26 223	8 255	17 968
英雄开发区	11 342	1 745	9 597
桑海开发区	15 590	9 344	6 246
二、按产业结构分			
第一产业	719 316	21 937	697 379
第二产业	670 275	463 348	206 927
第三产业	1 438 370	1 089 376	348 994
三、按国民经济行业分			
1. 农、林、牧、渔业	719 316	21 937	697 379
2. 采 掘 业	1 834	1 834	
3. 制 造 业	449 975	293 517	156 458
4. 电力、燃气及水的生产和供应业	17 288	17 288	
5. 建 筑 业	201 178	150 709	50 469
6. 交通运输、仓储和邮政业	143 301	92 172	51 129
7. 信息传输、计算机服务和软件业	18 025	10 708	7 317
8. 批发和零售业	243 734	168 553	75 181
9. 住宿和餐饮业	68 661	32 257	36 404
10. 金 融 业	21 300	21 300	
11. 房地产业	9 432	9 432	
12. 租赁和商务服务业	16 781	16 781	
13. 科学研究、技术服务和地质勘查业	16 518	16 518	
14. 水利、环境和公共设施管理业	15 834	15 834	
15. 居民服务和其他服务业	31 009	31 009	
16. 教 育	73 026	73 026	
17. 卫生、社会保障和社会福利业	30 873	30 873	
18. 文化、体育和娱乐业	16 693	16 693	
19. 公共管理和社会组织	61 645	61 645	
20. 其 他	671 538	492 575	178 963

2-13 主要年份职工人数

单位：人

年份	合计	国有单位	城镇集体单位	其他单位
1949	30 779	30 779		
1952	68 566	65 450	3 116	
1957	145 268	101 290	43 978	
1962	234 795	173 496	61 299	
1965	262 312	196 869	65 443	
1970	351 006	279 861	71 145	
1975	422 107	345 882	76 225	
1978	531 389	414 425	116 964	
1980	585 109	437 294	147 815	
1985	722 222	513 214	208 508	500
1986	739 198	528 794	209 648	756
1987	771 570	555 269	215 522	779
1988	812 780	587 106	224 765	909
1989	811 301	596 412	213 405	1 484
1990	820 382	605 161	213 470	1 751
1991	848 671	623 840	220 073	4 758
1992	867 877	642 302	218 708	6 867
1993	871 113	643 491	205 513	22 109
1994	880 313	645 110	205 874	29 329
1995	890 419	658 012	203 712	28 695
1996	810 448	618 264	161 788	30 396
1997	733 424	557 432	142 030	33 962
1998	668 806	465 179	113 001	90 626
1999	635 834	444 293	101 863	89 678
2000	587 729	402 485	92 152	93 092
2001	546 589	381 939	67 443	97 207
2002	512 654	355 989	57 248	99 417
2003	499 008	339 517	51 466	108 025
2004	513 419	338 954	48 877	125 588
2005	535 623	349 060	49 745	136 818
2006	560 564	367 100	45 740	147 724
2007	590 394	385 500	55 284	149 610
2008	589 799	384 928	49 491	155 380
2009	620 645	410 870	39 598	170 177

2－14 单位从业人员数

（2009年）

单位：人

项目	合计	#女性	在岗职工	国有	城镇集体	其他
总计	**663 117**	**211 593**	**620 645**	**410 870**	**39 598**	**170 177**
一、按隶属关系分						
中央	118 895	37 367	108 113	76 862	1 885	29 366
省属	192 514	55 929	184 976	155 632	1 573	27 771
市属	351 708	118 297	327 556	178 376	36 140	113 040
#东湖区	11 376	7 074	11 143	7 689	688	2 766
西湖区	9 785	4 940	6 786	5 534	359	893
青云谱区	13 915	5 390	10 565	3 066	183	7 316
湾里区	4 956	1 928	4 956	2 901	630	1 425
青山湖区	11 688	5 284	11 284	4 811	608	5 865
南昌县	69 913	15 293	69 672	30 219	25 943	13 510
新建县	38 134	13 002	35 530	15 067	239	20 224
安义县	17 059	6 507	16 550	6 365	637	9 548
进贤县	21 491	6 963	21 030	17 939	2 633	458
经济开发区	19 699	6 624	19 468	6 739		12 729
高新开发区	23 848	8 552	23 352	2 007	806	20 539
红谷滩新区	2 208	1 049	2 195	2 195		
英雄开发区	1 745	615	1 745	633	176	936
桑海开发区	4 289	1 572	4 271	363		3 908
二、按企业、事业、机关分						
企业	444 521	129 858	417 005	207 990	38 841	170 174
事业	166 025	70 141	154 026	153 266	757	3
机关	52 571	11 594	49 614	49 614		
三、按产业结构分						
第一产业	21 347	4 875	21 114	20 502		612
第二产业	307 894	81 848	296 694	133 777	32 130	130 787
第三产业	333 876	124 870	302 837	256 591	7 468	38 778

2－15 各行业单位从业人员数

（2009年）

单位：人

指标	合计	国有单位	城镇集体单位	其他单位
总计	**663 117**	**443 156**	**41 741**	**178 220**
1. 农、林、牧、渔业	21 347	20 720		627
2. 采矿业	30	7	23	
3. 制造业	161 473	33 082	2 541	125 850
#纺织业	7 097	1 302	122	5 673
医药制造业	21 018	5 516		15 502
黑色金属冶炼及压延加工业	9 685	2 282		7 403
通用设备制造业	7 277	3 236	887	3 154
交通运输设备制造业	33 651	5 666	36	27 949
4. 电力、燃气及水的生产和供应业	16 689	12 931		3 758
5. 建筑业	129 705	91 639	31 145	6 921
6. 交通运输、仓储和邮政业	74 138	69 221	2 010	2 907
#铁路运输业	46 040	44 597	1 443	
邮政业	3 197	3 197		
7. 信息传输、计算机服务和软件业	6 940	1 068		5 872
8. 批发和零售业	16 824	7 028	646	9 150
9. 住宿和餐饮业	3 062	1 892	1	1 169
10. 金融业	21 154	267	1 768	19 119
11. 房地产业	3 783	2 020	117	1 646
12. 租赁和商务服务业	7 557	4 305	2 184	1 068
13. 科学研究、技术服务和地质勘查业	13 954	13 954		
14. 水利、环境和公共设施管理业	15 695	15 684		11
15. 居民服务和其他服务业	1 420	1 078	342	
16. 教育	65 272	65 272		
#高等教育	29 003	29 003		
17. 卫生、社会保障和社会福利业	30 399	29 435	964	
#卫生	28 106	27 200	906	
18. 文化、体育和娱乐业	12 030	11 908		122
19. 公共管理和社会组织	61 645	61 645		
#国家机构	53 738	53 738		

2-16 各行业女性从业人数

（2009年） 单位：人

指　　　　标	合　　计	国有单位	城镇集体单位	其他单位
总　　计	**211 593**	**134 263**	**8 030**	**69 300**
1. 农、林、牧、渔业	4 875	4 671		204
2. 采矿业	7	5	2	
3. 制造业	59 597	11 451	1 112	47 034
#纺　织　业	4 825	639	28	4 158
医药制造业	9 730	2 327		7 403
黑色金属冶炼及压延加工业	2 189	541		1 648
通用设备制造业	1 796	704	415	677
交通运输设备制造业	10 287	1 750	9	8 528
4. 电力、燃气及水的生产和供应业	5 407	4 139		1 268
5. 建　筑　业	16 837	12 965	2 879	993
6. 交通运输、仓储和邮政业	18 624	16 917	811	896
#铁路运输业	10 524	9 847	677	
邮　政　业	1 417	1 417		
7 信息传输、计算机服务和软件业	2 684	332		2 352
8. 批发和零售业	7 807	2 491	380	4 936
9. 住宿和餐饮业	1 687	948	1	738
10. 金　融　业	10 861	87	1 034	9 740
11. 房 地 产 业	1 340	585	52	703
12. 租赁和商务服务业	2 802	1 381	1 045	376
13. 科学研究、技术服务和地质勘查业	4 058	4 058		
14. 水利、环境和公共设施管理业	7 805	7 802		3
15. 居民服务和其他服务业	567	387	180	
16. 教　　　育	29 985	29 985		
#高等教育	12 603	12 603		
17. 卫生、社会保障和社会福利业	17 449	16 915	534	
#卫　　　生	16 340	15 847	493	
18. 文化、体育和娱乐业	4 746	4 689		57
19. 公共管理和社会组织	14 455	14 455		
#国 家 机 构	12 242	12 242		

2－17 各行业在岗职工人数

（2009年）

单位：人

指标	合计	国有单位	城镇集体单位	其他单位
总计	**620 645**	**410 870**	**39 598**	**170 177**
1. 农、林、牧、渔业	21 114	20 502		612
2. 采矿业	29	7	22	
3. 制造业	155 278	31 877	2 382	121 019
#纺织业	6 990	1 296	121	5 573
医药制造业	20 982	5 514		15 468
黑色金属冶炼及压延加工业	9 680	2 277		7 403
通用设备制造业	7 118	3 142	828	3 148
交通运输设备制造业	28 620	4 783	29	23 808
4. 电力、燃气及水的生产和供应业	15 808	12 061		3 747
5. 建筑业	125 579	89 832	29 726	6 021
6. 交通运输、仓储和邮政业	63 141	58 601	1 674	2 866
#铁路运输业	40 309	39 200	1 109	
邮政业	1 851	1 851		
7. 信息传输、计算机服务和软件业	5 550	648		4 902
8. 批发和零售业	15 363	5 617	612	9 134
9. 住宿和餐饮业	2 912	1 743	1	1 168
10. 金融业	19 872	267	1 699	17 906
11. 房地产业	3 719	1 975	104	1 640
12. 租赁和商务服务业	7 354	4 175	2 150	1 029
13. 科学研究、技术服务和地质勘查业	13 036	13 036		
14. 水利、环境和公共设施管理业	12 647	12 636		11
15. 居民服务和其他服务业	1 197	870	327	
16. 教育	61 339	61 339		
#高等教育	27 542	27 542		
17. 卫生、社会保障和社会福利业	27 864	26 963	901	
#卫生	25 683	24 803	880	
18. 文化、体育和娱乐业	10 340	10 218		122
19. 公共管理和社会组织	58 503	58 503		
#国家机构	51 508	51 508		

2-18 在岗职工年平均人数

单位：人

指标	合计		国有单位		城镇集体单位		其他单位	
	2008	2009	2008	2009	2008	2009	2008	2009
总计	**586 543**	**610 863**	**382 385**	**404 940**	**49 969**	**38 828**	**154 189**	**167 095**
一、按隶属关系分								
中央	108 870	105 587	80 656	76 669	3 811	1 982	24 403	26 936
省属	170 616	181 409	148 143	150 886	1 168	1 509	21 305	29 014
市属	307 057	323 867	153 586	177 385	44 990	35 337	108 481	111 145
#东湖区	11 599	10 887	8 273	7 467	581	629	2 745	2 791
西湖区	7 057	6 767	5 121	5 506	1 089	359	847	902
青云谱区	10 946	10 582	3 664	3 077	176	182	7 106	7 323
湾里区	5 002	4 907	2 740	2 881	1 234	630	1 028	1 396
青山湖区	11 639	11 153	4 847	4 869	92	550	6 700	5 734
南昌县	64 397	68 758	16 418	30 052	34 580	25 259	13 399	13 447
新建县	33 594	34 754	14 862	15 097	279	268	18 453	19 389
安义县	15 496	16 315	5 581	6 346	772	592	9 143	9 377
进贤县	21 303	21 025	17 940	17 935	3 045	2 632	318	458
经济开发区	6 796	19 243	1 255	6 740			5 541	12 503
高新开发区	23 667	22 958	1 829	1 972	806	806	21 032	20 180
红谷滩新区	1 889	2 165	1 730	2 165			159	
英雄开发区	1 134	1 745	132	633	38	176	964	936
桑海开发区	4 139	4 266	284	361			3 855	3 905
二、按企业、事业、机关分								
企业	378 017	409 478	176 236	204 314	47 592	38 072	154 189	167 092
事业	168 858	151 896	166 491	151 137	2 367	756		3
机关	39 668	49 489	39 658	49 489	10			
三、按产业结构分								
第一产业	22 619	21 241	21 932	20 649	2		685	592
第二产业	271 363	291 074	107 828	130 088	40 644	31 399	122 891	129 587
第三产业	292 561	298 548	252 625	254 203	9 323	7 429	30 613	36 916

2－19 各行业在岗职工平均人数

（2009年）

单位：人

指　　标	合　计	国有单位	城镇集体单位	其他单位
总　　计	**610 863**	**404 940**	**38 828**	**167 095**
1. 农、林、牧、渔业	21 241	20 649		592
2. 采　矿　业	34	7	27	
3. 制　造　业	154 616	32 087	2 461	120 068
#纺　织　业	6 935	1 315	135	5 485
医药制造业	20 814	5 509		15 305
黑色金属冶炼及压延加工业	11 774	2 324		9 450
通用设备制造业	7 190	3 132	863	3 195
交通运输设备制造业	27 740	4 761	29	22 950
4. 电力、燃气及水的生产和供应业	15 887	12 138		3 749
5. 建筑业	120 537	85 856	28 911	5 770
6. 交通运输、仓储和邮政业	62 844	58 251	1 727	2 866
#铁路运输业	40 067	38 902	1 165	
邮　政　业	1 848	1 848		
7. 信息传输、计算机服务和软件业	5 507	645		4 862
8. 批发和零售业	15 294	5 608	583	9 103
9. 住宿和餐饮业	2 959	1 804	1	1 154
10. 金　融　业	18 042	263	1 699	16 080
11. 房 地 产 业	3 778	1 965	104	1 709
12. 租赁和商务服务业	7 294	4 133	2 150	1 011
13. 科学研究、技术服务和地质勘查业	12 981	12 981		
14. 水利、环境和公共设施管理业	12 393	12 382		11
15. 居民服务和其他服务业	1 278	950	328	
16. 教　　育	60 866	60 866		
#高 等 教 育	27 152	27 152		
17. 卫生、社会保障和社会福利业	26 691	25 854	837	
#卫　　生	24 510	23 694	816	
18. 文化、体育和娱乐业	10 285	10 165		120
19. 公共管理和社会组织	58 336	58 336		
#国 家 机 构	51 343	51 343		

2－20 单位从业人员增加情况

（2009 年）

单位：人

指　　标	合　计	从农村招　收	从城镇招　收	录用的退伍军人	录用的大、中专、技工学校毕业生	调　入	#外省、自治区、直辖区调　入	其　他
总　　计	**86 339**	**7 269**	**8 189**	**1 132**	**11 009**	**2 972**	**113**	**55 768**
一、按登记注册类型分								
1. 国有单位	41 658	605	1 407	724	5 485	2 127	75	31 310
2. 城镇集体单位	5 641	2 622	774	89	1 409	69		678
3. 其他单位	39 040	4 042	6 008	319	4 115	776	38	23 780
二、按国民经济行业分								
1. 农、林、牧、渔业	160		1	14	81	24		40
2. 采　矿　业	1							1
3. 制　造　业	27 307	4 293	4 905	278	3 306	242	15	14 283
4. 电力、燃气及水的生产和供应业	6 410		33	125	435	184	3	5 633
5. 建　筑　业	20 594	2 808	820	172	1 934	150	2	14 710
6. 交通运输、仓储和邮政业	635		413	109	51	38		24
7. 信息传输、计算机服务和软件业	238		44	14	117	62	7	1
8. 批发和零售业	1 537	23	831	28	207	111		337
9. 住宿和餐饮业	92	28	30	2	26	6		
10. 金　融　业	7 962	5	741	4	1 086	471	20	5 655
11. 房地产业	126		47	5	27	45		2
12. 租赁和商务服务业	1 661	16	73	44	100	156	4	1 272
13. 科学研究、技术服务和地质勘查业	774		83	29	353	248	2	61
14. 水利、环境和公共设施管理业	216	13	28	12	44	73		46
15. 居民服务和其他服务业	320	12	29	6	9	15	1	249
16. 教　　育	1 868	57	19	22	1 173	263	44	334
17. 卫生、社会保障和社会福利业	4 023		25	42	1 150	131	1	2 675
18. 文化、体育和娱乐业	299		24	93	95	32		55
19. 公共管理和社会组织	12 116	14	43	133	815	721	14	10 390

2-21 单位从业人员减少情况

（2009 年）

单位：人

指标	合计	离休、退休、退职	开除、除名、辞退	终止、解除合同	离开本单位仍保留劳动关系的职工	死亡	调出	#调到外省、自治区、直辖市	其他
总计	**52 535**	**10 631**	**2 151**	**17 831**	**3 139**	**460**	**2 388**	**152**	**15 935**
1. 农、林、牧、渔业	1 026	343	16	1	24	36	24		582
2. 采矿业	13								13
3. 制造业	19 455	4 381	1 466	10 415	754	112	326	37	2 001
4. 电力、燃气及水的生产和供应业	1 458	488	14	621	19	16	266	10	34
5. 建筑业	8 708	1 180	232	4 053	1 722	75	80	5	1 366
6. 交通运输、仓储和邮政业	1 062	599	38	120	16	25	79	2	185
7. 信息传输、计算机服务和软件业	358	39	15	104	1	1	50	8	148
8. 批发和零售业	1 505	436	166	608	69	19	138	1	69
9. 住宿和餐饮业	752	67	4	56	38	3	7		577
10. 金融业	1 445	40	11	841	3	8	396	23	146
11. 房地产业	515	20	1	14	10	2	17		451
12. 租赁和商务服务业	1 028	165	20	328	421	5	82		7
13. 科学研究、技术服务和地质勘查业	1 273	283	39	124	27	12	220	13	568
14. 水利、环境和公共设施管理业	286	116	12	8	6	13	44		87
15. 居民服务和其他服务业	98	37		45	2		14		
16. 教育	9 888	814	12	371	4	50	180	29	8 457
17. 卫生、社会保障和社会福利业	861	617	86	28	8	27	86	15	9
18. 文化、体育和娱乐业	1 027	106	4	61		8	40	1	808
19. 公共管理和社会组织	1 777	900	15	33	15	48	339	8	427

主 要 统 计 指 标 解 释

人口数 指在一定时点、一定地区范围内的有生命的个人的总和。

市镇人口 指市、镇区内的全部常住人口。包括市（镇）区与郊区、农业与非农业人口，但不包括市辖县人口。

乡村人口 指县（不含镇）的全部常住人口。

市 是指经国家批准成立“市”建制的城市。

镇 是指经省正式批准行政建制的镇。1963 年以前为常住人口在 2 000 人以上，非农业人口占 50% 以上的。1964 年改为常住人口在 3 000 人以上，非农业人口占 70% 以上，或常住人口在 2 500 人以上，不满 3 000 人，非农业人口占 85% 以上的。1984 年后又调整为，凡县级地方国家机关所在地；或总人口在20 000人以下的乡，乡政府驻地非农业人口超过 2 000 人的；或总人口在 20 000 人以上的乡，乡政府驻地非农业人口占全乡人口 10% 以上；或少数民族地区、人口稀少的边远地区、山区和小型工矿区、小港口、风景旅游、边境口岸等地，非农业人口虽不足 2 000 人，都可建镇。

人口密度 指一定时点一定地区的人口数与该地区的面积数之比，即一定时点的单位土地面积上的人口数，通常以每平方公里的居住人数来表示：

$$人口密度=\frac{该地区的人口数}{该地区的土地面积}$$

出生率 （又称粗出生率）指在一定时期内（通常为一年）一定地区平均每千人口所出生的人数的比率．它反映人口的出生水平，一般以千分率表示。计算公式：

$$出生率=\frac{年出生人数}{年平均人数}\times 1\,000‰$$

死亡率 （又称粗死亡率）指在一定时期内（通常为一年）一定地区的死亡人数与同期平均人数（或期中人数）之比，一般以千分率表示。计算公式：

$$死亡率=\frac{年死亡人数}{年平均人数}\times 1\,000‰$$

人口自然增长率 指在一定时期内（通常为一年）一定地区人口自然增加数（即出生人数减死亡人数）与该时期平均人数（或期中人数）之比，一般以千分率表示。计算公式：

$$人口自然增长率=\frac{本年出生人数-本年死亡人数}{年平均人数}\times 1\,000‰$$

$$人口自然增长率=人口出生率-人口死亡率$$

社会从业人员 指在劳动年龄内，有劳动能力，参加社会劳动取得劳动报酬或经营收入的人口。包括：（1）单位从业人员；（2）私营企业和个体从业人员；（3）乡镇企业从业人员；（4）农村从业人员；（5）其他共五个部份。这一指标反映了一定时期内全部劳动力资源的实际利用情况，是研究我国基本国情国力的重要指标。

单位从业人员 指在各级国家机关、政党机关、社会团体及企业、事业单位中工作，取得工资或其他形式的劳动报酬的全部人员。包括：在岗职工、再就业的离退休人员、民办教师以及在各单位中工作的外方人员和港澳台方人员、兼职人员、借用的外单位人员和第二职业者。不包括离开本单位仍保留劳动关系的职工。

在岗职工 指在本单位工作并由单位支付工资的人员。以及有工作岗位，但由于学习、病伤产假等原因暂未工作，仍由单位支付工资的人员。

离开本单位仍保留劳动关系的职工 指由于各种原因已经离开本人的生产或工作岗位，并已不在本单位从事其他工作，但仍与用人单位保留劳动关系的职工。包括停薪留职、挂编、放长假、内部退养、下岗等。

城镇个体和私营劳动者　城镇私营劳动者指在工商管理部门注册登记，其经营地址设有县城关镇及以上的私营企业的劳动者。包括私营企业投资者和雇工。城镇个体劳动者指在工商管理部门注册登记，并持有城镇户口或在城镇长期居住，经批准从事个体工商经营的劳动者。包括：个体经营者和个体工商户劳动的家庭帮工和雇工。

农村从业人员　指农村人口中经常参加社会劳动并取得劳动报酬的整半劳动力。包括在乡镇企业及其他集体经济组织和农户中参加各项生产的劳动者及外出从事个体经营的劳动者。从事家庭副业，其收入相当于当地一个社会劳动者最低收入水平或参加社会劳动累计在三个月以上的劳动者，也包括在内。

三、人民生活

PEOPLE'S LIVELIHOOD

本篇内容包括：

1. 单位从业人员劳动报酬
2. 在岗职工工资总额和平均工资
3. 居民家庭基本情况
4. 居民生活收支情况
5. 居民拥有耐用消费品数量

资料整理	微机处理
刘　斌	熊全琳
邬海文	喻　建
熊晓洪	夏　慧

51/83

职工平均工资

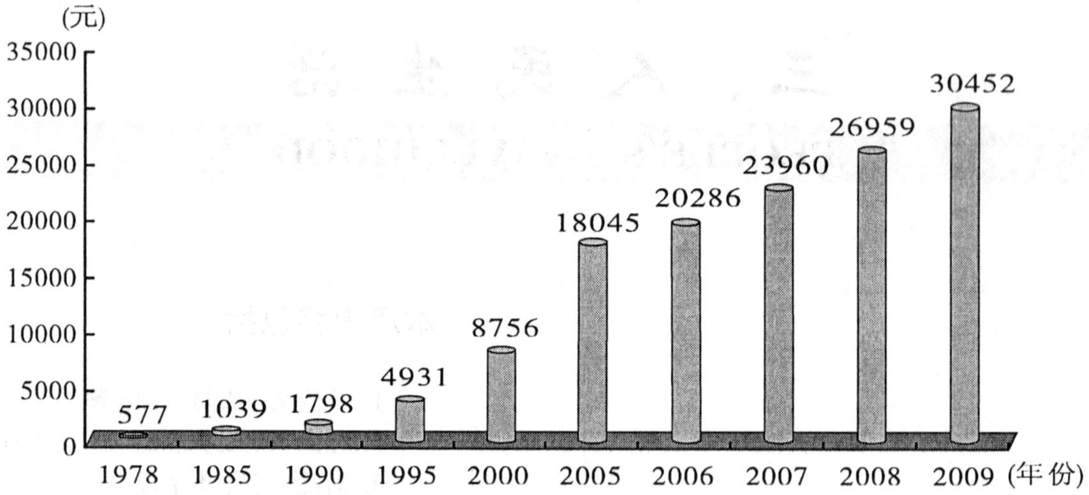

城乡居民收入水平

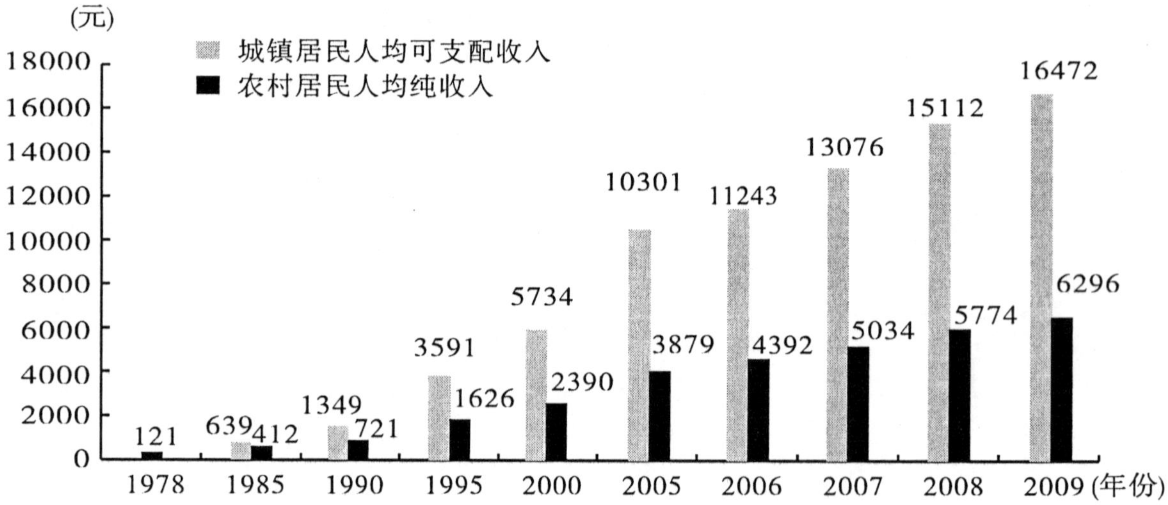

平均每百户家庭耐用消费品拥有量

(2009年)

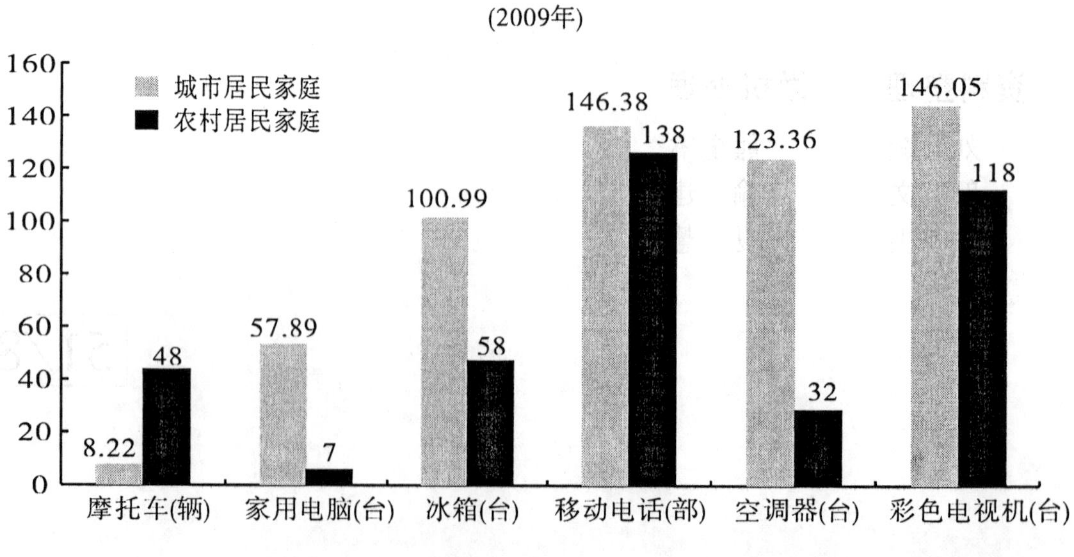

3-1 主要年份职工工资总额

单位：万元

年份	合计	国有单位	城镇集体单位	其他单位
1949	720	720		
1952	2 560	2 445	115	
1957	8 409	6 446	1 963	
1962	12 785	9 655	3 130	
1965	15 216	11 717	3 499	
1970	17 198	14 156	3 042	
1975	23 144	19 483	3 661	
1978	29 834	24 349	5 485	
1980	42 024	33 304	8 720	
1985	72 545	55 804	16 695	46
1986	84 421	65 501	18 838	82
1987	93 974	73 353	20 514	107
1988	116 949	93 072	23 737	140
1989	128 072	103 076	24 805	191
1990	145 581	117 900	27 319	362
1991	162 940	128 643	33 478	819
1992	194 962	157 180	36 184	1 598
1993	233 979	188 235	37 701	8 043
1994	330 451	267 497	47 655	15 299
1995	401 177	329 578	54 930	16 669
1996	451 032	372 044	57 761	21 227
1997	435 815	354 519	56 817	24 479
1998	430 587	310 412	49 919	70 256
1999	479 555	357 827	47 728	74 000
2000	511 784	375 482	45 363	90 939
2001	550 181	412 258	37 553	100 370
2002	600 154	442 437	37 213	120 504
2003	692 717	497 742	39 940	155 035
2004	793 173	552 485	42 712	197 976
2005	949 918	652 909	53 854	243 155
2006	1 118 148	795 918	52 840	269 390
2007	1 400 706	995 231	80 673	324 802
2008	1 581 234	1 120 677	73 682	386 875
2009	1 860 182	1 312 283	63 365	484 534

3-2 主要年份职工平均工资

单位：元

年份	合计	国有单位	城镇集体单位	其他单位
1949	255	255		
1952	412	413	400	
1957	595	555	455	
1962	553	564	520	
1965	602	625	534	
1970	521	541	445	
1975	552	568	480	
1978	577	596	504	
1980	732	779	597	
1985	1 039	1 127	823	1 002
1986	1 167	1 256	938	1 174
1987	1 247	1 350	980	1 285
1988	1 481	1 621	1 104	1 665
1989	1 610	1 751	1 206	1 733
1990	1 798	1 972	1 300	2 122
1991	1 962	2 100	1 561	2 287
1992	2 303	2 505	1 698	2 697
1993	2 724	2 956	1 869	3 960
1994	3 790	4 167	2 365	5 356
1995	4 931	5 307	3 301	6 364
1996	5 890	6 187	4 215	7 745
1997	6 340	6 405	4 765	8 391
1998	6 599	6 831	4 598	7 852
1999	7 724	8 259	4 823	8 348
2000	8 756	9 335	5 123	9 708
2001	9 953	10 650	5 637	10 129
2002	11 731	12 416	6 619	12 169
2003	13 914	14 624	7 855	14 537
2004	15 588	16 370	9 270	15 806
2005	18 045	18 794	10 784	18 840
2006	20 286	21 893	11 647	18 934
2007	23 960	26 078	14 625	21 974
2008	26 959	29 308	14 746	25 091
2009	30 452	32 407	16 320	28 998

3-3 单位从业人员劳动报酬

（2009年） 单位：万元

项目	合计	在岗职工工资总额	国有	城镇集体	其他	其他从业人员劳动报酬
总计	**1 952 121**	**1 860 182**	**1 312 283**	**63 365**	**484 534**	**91 939**
一、按隶属关系分						
中央	514 583	489 822	356 567	2 691	130 564	24 761
省属	612 328	599 960	505 289	2 695	91 976	12 368
市属	825 210	770 400	450 427	57 979	261 994	54 810
#东湖区	24 841	24 400	18 349	1 352	4 699	441
西湖区	20 718	18 306	15 465	522	2 319	2 412
青云谱区	31 798	26 076	10 303	392	15 381	5 722
湾里区	10 495	10 495	7 997	934	1 564	
青山湖区	25 378	24 852	13 633	1 156	10 063	526
南昌县	152 482	151 877	84 628	40 618	26 631	605
新建县	78 456	76 074	38 674	204	37 196	2 382
安义县	28 762	28 314	12 762	960	14 592	448
进贤县	39 239	38 623	36 182	1 742	699	616
经济开发区	61 917	61 308	20 868		40 440	609
高新开发区	57 594	55 753	5 834	1 452	48 467	1 841
红谷滩新区	7 145	7 125	7 125			20
英雄开发区	6 034	6 034	2 132	689	3 213	
桑海载发区	7 719	7 702	973		6 729	17
二、按企业、事业、机关分						
企业	1 273 185	1 203 337	656 762	62 050	484 525	69 848
事业	488 264	469 800	468 476	1 315	9	18 464
机关	190 672	187 045	187 045			3 627
三、按产业结构分						
第一产业	49 081	48 511	47 344		1 167	570
第二产业	776 098	741 658	364 219	50 120	327 319	34 440
第三产业	1 126 942	1 070 013	900 720	13 245	156 048	56 929

3－4 各行业单位从业人员劳动报酬

（2009年）

单位：万元

指　　标	合　计	国有单位	城镇集体单位	其他单位
总　　计	**1 952 121**	**1 381 890**	**66 452**	**503 779**
1. 农、林、牧、渔业	49 081	47 892		1 189
2. 采　矿　业	37	21	16	
3. 制　造　业	407 493	97 497	2 900	307 096
#纺　织　业	9 299	1 686	113	7 500
医药制造业	47 391	9 367		38 024
黑色金属冶炼及压延加工业	36 044	7 168		28 876
通用设备制造业	16 084	8 591	948	6 545
交通运输设备制造业	107 264	12 248	59	94 957
4. 电力、燃气及水的生产和供应业	66 277	53 866		12 411
5. 建　筑　业	302 291	233 596	49 420	19 275
6. 交通运输、仓储和邮政业	288 702	273 632	3 184	11 886
#铁路运输业	199 862	197 333	2 529	
邮　政　业	8 631	8 631		
7. 信息传输、计算机服务和软件业	26 297	3 896		22 401
8. 批发和零售业	42 009	21 148	535	20 326
9. 住宿和餐饮业	5 610	3 403		2 207
10. 金　融　业	105 048	901	6 341	97 806
11. 房 地 产 业	10 172	4 537	224	5 411
12. 租赁和商务服务业	18 853	14 427	808	3 618
13. 科学研究、技术服务和地质勘查业	44 079	44 079		
14. 水利、环境和公共设施管理业	23 498	23 477		21
15. 居民服务和其他服务业	3 894	3 173	721	
16. 教　　育	221 844	221 844		
#高 等 教 育	119 144	119 144		
17. 卫生、社会保障和社会福利业	86 275	83 972	2 303	
#卫　　生	80 055	77 834	2 221	
18. 文化、体育和娱乐业	34 579	34 446		133
19. 公共管理和社会组织	216 082	216 082		
#国 家 机 构	192 557	192 557		

3-5 各行业在岗职工工资总额

（2009 年）　　　　单位：万元

指　　标	合　计	国有单位	城镇集体单位	其他单位
总　　计	**1 860 182**	**1 312 283**	**63 365**	**484 534**
1. 农、林、牧、渔业	48 511	47 344		1 167
2. 采　矿　业	37	22	15	
3. 制　造　业	396 372	96 059	2 614	297 699
#纺　织　业	9 122	1 654	112	7 356
医药制造业	47 253	9 364		37 889
黑色金属冶炼及压延加工业	36 026	7 150		28 876
通用设备制造业	15 763	8 458	767	6 538
交通运输设备制造业	99 373	11 544	49	87 780
4. 电力、燃气及水的生产和供应业	64 336	52 015		12 321
5. 建　筑　业	280 912	216 122	47 491	17 299
6. 交通运输、仓储和邮政业	266 118	251 510	2 734	11 874
#铁路运输业	188 134	186 054	2 080	
邮　政　业	6 308	6 308		
7. 信息传输、计算机服务和软件业	24 089	3 310		20 779
8. 批发和零售业	40 273	19 459	509	20 305
9. 住宿和餐饮业	5 370	3 165		2 205
10. 金　融　业	98 960	901	6 299	91 760
11. 房 地 产 业	10 095	4 479	215	5 401
12. 租赁和商务服务业	18 540	14 168	802	3 570
13. 科学研究、技术服务和地质勘查业	42 226	42 226		
14. 水利、环境和公共设施管理业	20 557	20 536		21
15. 居民服务和其他服务业	3 540	2 852	688	
16. 教　　育	213 980	213 980		
#高 等 教 育	116 872	116 872		
17. 卫生、社会保障和社会福利业	82 637	80 639	1 998	
#卫　　生	76 539	74 608	1 931	
18. 文化、体育和娱乐业	31 385	31 252		133
19. 公共管理和社会组织	212 244	212 244		
#国 家 机 构	189 698	189 698		

3-6 在岗职工年工资总额

单位：万元

项目	合计		国有单位		城镇集体单位		其他单位	
	2008	2009	2008	2009	2008	2009	2008	2009
总计	**1 581 234**	**1 860 182**	**1 120 677**	**1 312 283**	**73 682**	**63 365**	**386 875**	**484 534**
一、按隶属关系分								
中央	439 274	489 822	318 581	356 567	5 946	2 691	114 747	130 564
省属	531 090	599 960	474 935	505 289	1 958	2 695	54 197	91 976
市属	610 870	770 400	327 161	450 427	65 778	57 979	217 931	261 994
#东湖区	23 182	24 400	16 919	18 349	992	1 352	5 271	4 699
西湖区	16 812	18 306	14 235	15 465	1 006	522	1 571	2 319
青云谱区	23 960	26 076	9 543	10 303	363	392	14 054	15 381
湾里区	9 433	10 495	6 561	7 997	1 375	934	1 497	1 564
青山湖区	23 757	24 852	12 338	13 633	181	1 156	11 238	10 063
南昌县	127 145	151 877	34 560	84 628	72 509	40 618	20 076	26 631
新建县	64 827	76 074	37 107	38 674	194	204	27 526	37 196
安义县	24 393	28 314	11 296	12 762	1 528	960	11 569	14 592
进贤县	35 770	38 623	33 081	36 182	2 342	1 742	347	699
经济开发区	18 220	61 308	4 699	20 868			13 521	40 440
高新开发区	50 078	55 753	5 001	5 834	1 447	1 452	43 630	48 467
红谷滩新区	5 306	7 125	5 077	7 125			229	
英雄开发区	2 898	6 034	396	2 132	91	689	2 411	3 213
桑海开发区	6 918	7 702	569	973			6 349	6 729
二、按企业、事业、机关分								
企业	967 309	1 203 337	510 491	656 762	69 943	62 050	386 875	484 525
事业	477 063	469 800	473 357	468 476	3 706	1 315		9
机关	136 862	187 045	136 829	187 045	33			
三、按产业结构分								
第一产业	48 297	48 511	47 249	47 344	2		1 046	1 167
第二产业	580 856	741 658	255 220	364 219	62 051	2 750	263 585	374 689
第三产业	952 081	1 070 013	818 208	900 720	11 629	60 615	122 244	108 678

3-7 在岗职工年平均工资

单位：元

项目	合计		国有单位		城镇集体单位		其他单位	
	2008	2009	2008	2009	2008	2009	2008	2009
总计	**26 959**	**30 452**	**29 308**	**32 407**	**14 746**	**16 320**	**25 091**	**28 998**
一、按隶属关系分								
中央	40 348	46 390	39 499	46 507	15 602	13 574	47 022	48 472
省属	31 128	33 072	32 059	33 488	16 764	17 859	25 439	31 700
市属	19 894	23 785	21 301	25 393	14 621	16 407	20 089	23 572
#东湖区	19 986	22 413	20 451	24 573	17 076	21 498	19 200	16 838
西湖区	23 823	27 052	27 797	28 088	9 235	14 526	18 482	25 715
青云谱区	21 890	24 642	26 044	33 481	20 653	21 555	18 104	21 004
湾里区	18 858	21 388	23 944	27 759	11 143	14 813	14 563	11 205
青山湖区	20 412	22 283	25 454	27 998	19 793	21 027	16 446	17 550
南昌县	19 828	22 089	20 128	28 160	20 999	16 081	18 257	19 805
新建县	19 297	21 889	24 967	25 617	6 975	7 601	14 917	19 184
安义县	15 741	17 355	20 239	20 111	19 798	16 220	12 561	15 561
进贤县	16 791	18 370	18 440	21 289	7 691	6 619	10 928	15 253
经济开发区	26 810	31 860	37 445	30 961			23 871	32 344
高新开发区	21 159	24 285	27 346	29 584	17 948	18 014	20 744	24 018
红谷滩新区	28 086	32 912	29 345	32 912			14 390	
英雄开发区	25 556	34 580	30 000	33 676	24 053	39 176	9 999	34 327
桑海开发区	16 715	18 054	20 046	26 956			16 470	17 231
二、按企业、事业、机关分								
企业	25 589	29 387	28 966	32 145	14 697	16 298	25 091	28 997
事业	28 252	30 929	28 431	30 997	15 656	17 397		31 667
机关	34 502	37 795	34 502	37 795	33 000			
三、按产业结构分								
第一产业	21 352	22 838	21 543	22 928	7 500		15 270	19 709
第二产业	21 405	25 480	23 768	27 998	15 267	15 962	21 449	25 259
第三产业	32 543	35 841	32 331	35 654	12 473	17 829	39 932	42 271

3－8 各行业在岗职工平均工资

（2009 年）

单位：元

指标	合计	国有单位	城镇集体单位	其他单位
总计	**30 452**	**32 407**	**16 320**	**28 998**
1. 农、林、牧、渔业	22 838	22 928		19 709
2. 采矿业	10 971	31 143	5 741	
3. 制造业	25 636	29 937	10 622	24 794
#纺织业	13 153	12 577	8 289	13 411
医药制造业	22 703	16 998		24 756
黑色金属冶炼及压延加工业	30 598	30 768		30 556
通用设备制造业	21 923	27 004	8 891	20 463
交通运输设备制造业	35 823	24 248	16 793	38 248
4. 电力、燃气及水的生产和供应业	40 496	42 853		32 863
5. 建筑业	23 305	25 173	16 427	29 982
6. 交通运输、仓储和邮政业	42 346	43 177	15 830	41 431
#铁路运输业	46 955	47 826	12 597	
邮政业	34 135	34 135		
7. 信息传输、计算机服务和软件业	43 742	51 318		42 737
8. 批发和零售业	26 333	34 698	8 724	22 307
9. 住宿和餐饮业	18 149	17 543		19 107
10. 金融业	54 850	34 266	37 076	57 064
11. 房地产业	26 721	22 795	20 663	31 603
12. 租赁和商务服务业	25 418	34 280	3 731	35 308
13. 科学研究、技术服务和地质勘查业	32 529	32 529		
14. 水利、环境和公共设施管理业	16 588	16 585		19 364
15. 居民服务和其他服务业	27 696	30 014	20 982	
16. 教育	35 156	35 156		
#高等教育	43 044	43 044		
17. 卫生、社会保障和社会福利业	30 960	31 190	23 867	
#卫生	31 228	31 488	23 663	
18. 文化、体育和娱乐业	30 515	30 745		11 067
19. 公共管理和社会组织	36 383	36 383		
#国家机构	36 947	36 947		

3－9　1980—2009年城市住户基本情况

年　　份	调查户数（户）	平均每户家庭人口（人）	平均每户就业人口（人）	负担人口（人）	平均每人每月实际收入（元）	平均每人每月可支配收入（元）	平均每人每月生活费支出（元）
1980	120	4.28	2.16	1.98		28.26	
1981	120	4.21	2.15	1.96	33.91	33.91	30.83
1982	120	4.21	2.17	1.94	35.83	35.88	31.38
1983	120	4.23	2.19	1.93	36.63	36.31	32.25
1984	120	4.09	2.18	1.88	43.78	43.46	38.82
1985	150	3.64	2.06	1.77	54.14	53.28	46.61
1986	150	3.66	2.05	1.79	64.29	63.99	53.46
1987	150	3.64	2.01	1.81	71.48	70.45	62.5
1988	200	3.54	1.94	1.82	83.68	83.22	75.55
1989	200	3.48	1.98	1.76	95.54	110.35	84.34
1990	200	3.34	1.88	1.77	112.92	112.39	90.45
1991	200	3.41	1.85	1.85	113.71	113.19	93.84
1992	200	3.35	1.81	1.85	129.23	128.39	110.56
1993	200	3.16	1.74	1.81	172.93	172.08	153.86
1994	200	3.11	1.74	1.79	255.84	255.36	215.54
1995	200	3.07	1.76	1.75	299.94	299.22	247.89
1996	200	3.03	1.67	1.82	333.98	333.5	267.59
1997	200	3.03	1.68	1.81	376.2	375.11	311.9
1998	200	3.09	1.76	1.75	407.7	405.89	319.98
1999	334	3.05	1.68	1.82	515.28	440.63	339.78
2000	300	3.21	1.67	1.92	481.72	477.8	327.07
2001	300	3.12	1.62	1.93	525.03	517.21	357.8
2002	300	2.99	1.55	1.93	602.63	585.05	399.1
2003	300	2.93	1.48	1.98	674.43	649.43	423.24
2004	300	2.78	1.53	1.82	761.59	728.65	488.68
2005	300	2.59	1.37	1.89	907.64	858.44	588.68
2006	300	2.61	1.43	1.83	992.08	936.9	628.98
2007	300	2.66	1.62	1.64	1144.3	1089.7	838.69
2008	300	2.81	1.63	1.72	1 326.22	1 259.36	962.61
2009	300	2.81	1.62	1.73	1 475.14	1 372.70	1 033.87

注："负担人口"指平均每个就业者所负担的人口，含就业者本人。

3－10 城市居民家庭生活基本情况

项　　目	2008	2009
家庭户数（户）	300	300
家庭人口（人）	843	843
就业人口（人）	489	486
平均每户家庭人口（人）	2.81	2.81
平均每户就业人口（人）	1.63	1.62
平均每户就业面（%）	58	57.7
平均每一就业者负担人数（含就业者本人）（人）	1.72	1.73
平均每人实际收入（元）	15 914.67	17 701.69
平均每人可支配收入（元）	15 112.34	16 472.40
平均每人生活费支出（元）	11 551.31	12 406.44
家庭常住人口（人）	843	837
居住面积（平方米）	23 292	23 377
平均每人建筑面积（平方米）	27.63	27.93
平均每户建筑面积（平方米）	77.64	77.92

3－11 城市住户基本情况

（按收入分组，2009年）

项　　目	总平均	最低收入户	低收入户	中等偏下户	中等收入户	中等偏上户	高收入户	最高收入户
调查户数（户）	300	30	30	60	60	60	30	30
家庭人口（人）	843	104	102	174	159	162	79	63
就业人口（人）	486	52	54	97	86	103	46	48
平均每户家庭人口（人）	2.81	3.45	3.4	2.88	2.62	2.7	2.64	2.11
平均每户就业人口（人）	1.62	1.75	1.79	1.62	1.44	1.72	1.51	1.62
平均每户就业面（%）	57.7	50.7	52.6	56.3	55	63.7	57.2	76.8
就业者负担人口（人）	1.73	1.97	1.9	1.78	1.82	1.57	1.75	1.3
平均每人实际收入（元）	17 701.69	8 691.61	10 793.84	13 806.03	17 098.36	21 772.99	26 808.90	36 054.54
平均每人消费性支出（元）	12 406.44	7 443.97	8 304.37	10 050.44	12 281.60	15 287.21	16 417.64	22 630.84
离退休人数（人）	174	9	15	42	43	27	25	13

3-12 城市住户平均每百户主要消费品年末拥有量

品　　名	2008	2009
摩托车（辆）	7.67	8.22
助力车（辆）	25	30.26
家用汽车（辆）	3.67	4.28
洗衣机（台）	98.67	100.33
电冰箱（台）	101.33	100.99
彩色电视（台）	144.33	146.05
淋浴热水器（架）	96	96.71
照相机（架）	46	43.42
中高档乐器（件）	4.33	4.93
空调器（台）	123.33	123.36
组合音响（台）	26	25.66
微波炉（台）	73	72.37
电话（台）	87.33	82.57
移动电话（台）	136	146.38
家用电脑（台）	53.33	57.89
摄像机（台）	6.67	7.89
消毒碗柜（台）	14	11.18

3－13 城市居民平均每人现金收支

单位：元

项　　　　目	2008	2009
一、期初手存现金	1 270.98	1 745.64
二、实 际 收 入	15 914.67	17 701.69
工资及补贴收入	10 937.62	12 086.62
个体经营劳动者收入	884.29	1 137.32
其他劳动收入	44.57	32.99
财产性收入	154.44	146.24
转移性收入	3 893.75	4 298.52
赡 养 收 入	72.50	61.54
离 退 休 金	3 304.43	3 545.41
赠 送 收 入	210.29	369.58
记 帐 补 贴	69.21	128.98
出售财物收入	0.57	0.08
三、储蓄借贷收入	1 021.29	1 682.80
#提取储蓄存款	920.62	1 639.22
借　入　款	26.32	38.59
四、实际支出	13 347.55	14 873.14
#赡 养 支 出	143.93	256.01
赠 送 支 出	710.56	740.65
五、储蓄借贷支出	2 541.05	4 283.61
#存入储蓄款	2 325.10	4 086.12
归 还 借 款	25.83	19.71
借　出　款	5.93	1.97
六、期末手存现金	2 322.54	1 979.11

3－14　城市居民平均每人现金收支

（按收入分组，2009 年）　　　　单位：元

项　　目	总平均数	最低收入户	低收入户	中等偏下户	中等收入户	中等偏上户	高收入户	最高收入户
一、期初手存现金	1 745.64	1 520.01	1 269.49	1 605.65	1 844.29	1 439.94	2 238.58	3 204.38
二、实际收入	17 701.69	8 691.61	10 793.84	13 806.03	17 098.36	21 772.99	26 808.90	36 054.54
可支配收入	16 472.40	7 562.10	10 142.23	12 824.69	15 771.23	20 447.75	25 228.75	33 897.34
工资及补贴收入	12 086.62	7 065.79	8 201.99	9 040.01	11 853.19	15 029.61	14 328.66	26 519.90
个体经营劳动者收入	1 137.32		323.53	695.46	440.92	2 256.24	3 346.15	1 825.50
其他劳动收入	32.99	30.84	12.94	1.32	38.83	36.12	75.88	84.99
财产性收入	146.24	94.28	1.67	26.48	18.51	180.63	632.21	462.92
转移性收入	4 298.52	1 500.70	2 253.71	4 042.76	4 746.91	4 270.38	8 425.99	7 161.25
离退休金	3 545.41	1 252.67	1 893.09	3 485.36	4 133.83	3 175.17	7 233.23	5 372.70
赡养收入	61.54	30.84		22.93	25.68	168.61	102.55	84.99
赠送收入	369.58	21.12	158.43	240.69	364.70	541.10	354.14	1 308.78
记帐补贴	128.98	105.79	110.49	125.22	136.10	140.63	145.12	141.59
出售财物收入	0.08	0.21			0.12	0.15		
三、储蓄借贷收入	1 682.80	1 068.22	459.80	670.81	598.48	2 535.31	2 086.33	7 969.97
提取储蓄存款	1 639.22	1 068.22	361.76	670.81	435.02	2 531.63	2 086.33	7 969.97
借入款	38.59		98.04		140.92			
四、实际支出	14 873.14	8 675.79	9 174.81	11 649.11	14 404.26	18 041.31	20 448.74	30 777.00
消费性支出	12 406.44	7 443.97	8 304.37	10 050.44	12 281.60	15 287.21	16 417.64	22 630.84
服务性消费支出	2 647.00	1 564.70	1 807.62	2 121.78	2 631.83	3 290.96	3 392.10	4 908.06
赡养支出	256.01	17.76	23.53	116.53	87.68	440.24	267.07	1 436.77
赠送支出	740.65	147.77	302.31	539.58	756.91	998.29	1 112.16	1 930.35
五、储蓄借贷支出	4 283.61	1 592.52	1 947.41	2 738.26	3 245.96	5 447.88	7 752.10	12 863.63
存入储蓄款	4 086.12	1 591.59	1 920.65	2 596.17	3 120.54	5 317.51	7 355.92	11 725.94
归还借款	1.97				10.40			
借出款	19.71					20.82	171.80	
六、期末手存现金	1 979.11	1 011.74	1 401.89	1 683.60	1 931.27	2 275.11	2 864.25	3 672.03

3－15 城市住户平均每人生活费支出及构成

项　　目	金　额（元）		构　成（%）	
	2008	2009	2008	2009
生活费支出	**11 551.31**	**12 406.44**	**100**	**100**
1. 食　品	4 131.14	4 381.73	35.76	35.32
#粮　食	330.69	336.21	8	7.67
油　脂	242.35	199.06	5.87	4.54
肉禽及其制品	939.65	1 005.77	22.75	22.95
蛋　类	91.94	88.89	2.23	2.03
水 产 类	292.03	319.33	7.07	7.29
菜　类	592.61	593.95	14.34	13.56
烟　类	209.99	244.21	5.08	5.57
酒和饮料	87.16	148.90	2.11	3.4
干鲜瓜果	309.48	330.48	7.49	7.54
奶及奶制品	214.82	229.17	5.2	5.23
2. 衣　着	1 296.34	1 420.72	11.22	11.45
#服　装	996.83	1 087.06	76.9	76.51
衣着材料	19.97	10.99	1.54	0.77
3. 家庭设备用品及服务	958.87	1 167.23	8.3	9.41
耐用消费品	300.58	352.27	31.34	30.18
4. 医疗保健	865.65	930.27	7.49	7.5
5. 交通与通讯	1 334.96	1 505.50	11.56	12.13
6. 教育文化娱乐服务	1 335.73	1 362.00	11.56	10.98
文化娱乐用品	346.81	322.44	25.96	23.67
教　育	559.24	514.10	41.87	37.75
文化娱乐服务	429.68	525.45	32.17	38.58
7. 居　住	1 056.03	1 062.78	9.14	8.57
8. 其它商品与服务	572.59	576.2	4.96	4.64

3－16　城市住户平均每人购买消费品数量

品　　　　　　名	2 0 0 8	2 0 0 9
粮食（千克）	77.15	70.66
食用植物油（千克）	16.59	16.17
鲜菜（千克）	137.37	134.11
猪肉（千克）	26.57	28.52
牛羊肉（千克）	1.72	2.9
家禽（千克）	7.9	10.17
鲜蛋（千克）	8.65	8.39
鱼（不包括虾）（千克）	16.27	17.22
白酒（千克）	1.21	1.49
啤酒（千克）	2.66	4.4
鲜瓜（千克）	13.74	15.02
鲜果（千克）	40.87	41.71
糕点（千克）	4.06	3.87
鲜奶（千克）	29.28	28.45
服装（件）	9.03	8.75
鞋（双）	2.46	2.7
液化石油气（千克）	32.25	31.14
管道煤气（立方米）	28.59	26.58

3－17 城市居民居住情况

单位：户

类　　别	2008	2009
调查户数	**300**	**300**
一、按住宅建筑式样		
四居室	5	7
三居室	82	75
二居室	181	176
一居室	26	34
普通楼房	4	7
平房及其他	2	1
二、按房屋产权		
租赁公房	5	6
租赁私房	2	2
原有私房	8	11
房改私房	236	235
商品房	49	46
三、按自来水使用情况		
独用自来水	300	300
四、按卫生设备拥有情况		
有浴室、厕所	287	288
有厕所无浴室	12	11
公用卫生设备	1	1

3－18 城市居民家庭收入结构类型

（2009 年）

项目	总平均数	最低收入户	低收入户	中等偏下	中等收入户	中等偏上	高收入户	最高收入户
一、占总调查户数的比重（%）								
2008 年	100	10	10	20	20	20	10	10
2009 年	100	10	10	20	20	20	10	10
二、1. 平均人口（人）								
2008 年	2.81	3.6	3.5	2.97	2.82	2.5	2.37	2.07
2009 年	2.81	3.45	3.4	2.88	2.62	2.7	2.64	2.11
2. 比重（%）								
2008 年	100	128.11	124.56	105.69	100.36	88.97	84.34	73.67
2009 年	100	122.78	121	102.49	93.24	96.09	93.95	75.09
三、1. 人均可支配性收入（元）								
2008 年	15 112.34	7 399.09	9 757.26	12 013.7	14 683.42	18 090.73	23 056.89	31 419.26
2009 年	16 472.4	7562.1	10 142.2	12 824.69	15 771.23	20 447.75	25 228.75	33 897.34
2. 比重（%）								
2008 年	100	48.96	64.56	79.5	97.16	119.71	152.57	207.9
2009 年	100	45.91	61.57	77.86	95.74	124.13	153.16	205.78
3. 2009 年比上年收入增长(%)	9	2.2	3.95	6.75	7.41	13.03	9.41	7.89
四、全年人均消费性支出（元）								
2008 年	11 551.31	6 731.64	7 800.61	9 426.57	11 363.55	13 203.99	17 561.74	22 057.44
2009 年	12 406.44	7 443.97	8 304.37	10 050.44	12 281.60	15 287.21	16 417.64	22 630.84
2009 年比上年增长（%）	7.4	10.58	6.46	6.62	8.08	15.78	－6.51	2.6

3－19　1985－2009年农村居民家庭基本情况

年份	调查县区（个）	调查数（户）	平均每户常住人口（人）	平均每户整半劳动力（人）	平均每个劳动力负担人口（人）	纯收入（元/人）	生活用房面积（平方米/人）
1985	6	380	5.64	3.04	1.85	412.43	15.98
1986	6	380	5.61	3.02	1.86	452.07	16.77
1987	6	390	5.41	2.82	1.91	501.34	18.36
1988	6	410	5.41	2.96	1.83	586.46	19.52
1989	6	410	5.36	3.52	1.52	660.04	20.69
1990	6	410	5.25	2.95	1.78	721.21	19.50
1991	6	410	5.02	2.79	1.80	768.19	19.78
1992	6	410	4.99	2.81	1.76	854.74	21.30
1993	6	410	4.91	2.86	1.72	968.60	19.69
1994	6	410	4.79	2.89	1.66	1 310.75	22.53
1995	6	410	4.75	2.91	1.63	1 626.36	23.71
1996	6	410	4.67	2.91	1.61	2 031.20	23.44
1997	6	410	4.55	2.84	1.60	2 358.57	25.12
1998	6	400	4.46	2.80	1.59	2 164.26	26.26
1999	6	400	4.30	2.89	1.49	2 306.86	26.77
2000	6	400	4.29	2.96	1.45	2 390.10	26.10
2001	6	400	4.28	2.93	1.46	2 517.04	27.92
2002	6	400	4.21	2.93	1.44	2 663.68	28.21
2003	6	400	4.16	2.92	1.42	2 808.10	29.46
2004	6	400	4.13	2.90	1.42	3 414.46	35.48
2005	7	400	4.14	2.92	1.42	3 878.77	38.66
2006	7	400	4.12	2.92	1.41	4 392.36	41.03
2007	7	400	4.10	2.92	1.40	5 034.49	42.32
2008	7	400	4.08	2.90	1.40	5 773.67	44.14
2009	7	400	4.04	2.89	1.40	6 296.19	45.04

3－20　农村居民家庭基本情况

（分县区，2009年）

地区	调查数（户）	平均每户常住人口（人）	平均每户劳动力（人）	7－15岁人口入学率（%）	人均经营耕地（亩）	人均经营山地（亩）	平均每人年末住房（平方米）	人均纯收入（元）
南昌市	400	4.04	2.89	98.58	1.66	0.50	45.04	6 296.19
西湖区	20	3.95	2.80	100.00			89.11	9 772.03
湾里区	50	3.98	2.70	95.83	0.85	3.15	26.72	5 121.79
青山湖区	50	4.18	3.04	100.00	0.07		72.08	7 684.69
南昌县	70	4.00	2.61	100.00	1.51		37.39	6 570.58
新建县	70	4.16	2.90	95.12	2.92	0.15	41.45	6 036.50
安义县	70	3.79	2.83	100.00	2.01	0.20	34.36	5 442.95
进贤县	70	4.17	3.26	100.00	2.35	0.28	46.85	6 053.74

3-21 农村家庭房屋使用情况

项目	2008	2009	2009年比上年增长%
一、新建房户数（户）	7	6	-14.29
二、平均每户年内新建房屋面积（平方米）	2.55	2.67	4.71
新建房屋价值（元）	1435	1625	13.24
三、平均每户年末使用房屋面积（平方米）	179.53	181.85	1.29
生活用房面积	179.53	181.85	1.29
#砖木结构	36.29	34.41	-5.18
钢筋混凝土结构	142.90	147.15	2.97
四、平均每人年末使用房屋面积（平方米）	44.14	45.04	2.04
#砖木结构	8.92	8.52	-4.48
钢筋混凝土结构	35.13	36.45	3.76

3－22 农村居民家庭总收入和构成

项目	平均每人（元）		构成（%）	
	2008	2009	2008	2009
总收入	**8 759.73**	**9 329.68**	**100.00**	**100.00**
一、工资性收入	2 189.58	2 206.46	25.00	23.65
1. 在非企业组织中劳动得到的收入	269.48	321.58	3.08	3.45
2. 在本乡地域内劳动得到的收入	733.50	806.91	8.37	8.65
#在企业得到的收入	427.60	449.70	4.88	4.82
3. 常住人口外出从业得到的收入	1 186.60	1 077.98	13.55	11.55
4. 其他				
二、家庭经营收入	5 846.81	6 283.37	66.75	67.35
1. 农业收入	2 763.84	2 983.12	31.55	31.97
#种植业收入	2 695.21	2 914.60	30.77	31.24
2. 林业收入	18.55	21.50	0.21	0.23
3. 牧业收入	1 960.51	1 916.06	22.38	20.54
4. 渔业收入	236.38	252.08	2.70	2.70
5. 工业收入	88.73	136.19	1.01	1.46
6. 建筑业收入	74.04	83.49	0.85	0.89
7. 交通、运输和邮电业收入	284.40	319.83	3.25	3.43
8. 批发和零售贸易、餐饮业收入	285.73	430.79	3.26	4.62
9. 社会服务业收入	48.79	51.22	0.56	0.55
10. 文教卫生业收入	12.57	17.23	0.14	0.18
11. 其他家庭经营收入	73.27	71.85	0.84	0.77
三、财产性收入	360.05	354.42	4.11	3.80
四、转移性收入	363.28	485.43	4.15	5.20
#家庭非常住人口寄回收入	16.90	31.99	0.19	0.34
亲人赠送	99.65	104.74	1.14	1.12
#农村外部亲友赠送	15.32	20.96	0.17	0.22

3-23 农村居民家庭总支出和构成

项 目	平均每人（元）		构 成（%）	
	2008	2009	2008	2009
总 支 出	**6 878.73**	**7 051.22**	**100.00**	**100.00**
一、家庭生产经营支出	2 768.29	2 812.23	40.24	39.88
农 业	638.35	757.11	9.28	10.74
#种 植 业	509.00	575.80	7.40	8.17
林 业	2.94	2.43	0.04	0.03
牧 业	1 628.08	1 449.67	23.67	20.56
渔 业	105.91	100.91	1.54	1.43
工 业	30.83	38.91	0.45	0.55
建 筑 业	24.89	22.87	0.36	0.32
交通运输和邮电业	88.91	88.79	1.29	1.26
批发和零售贸易、餐饮业	208.37	322.06	3.03	4.57
社会服务业	12.34	11.83	0.18	0.17
文教卫生业	7.21	6.99	0.10	0.10
其他家庭经营支出	20.46	10.64	0.30	0.15
二、购置生产性固定资产支出	367.30	158.01	5.34	2.24
三、税 费 支 出	19.35	3.95	0.28	0.06
四、生活消费支出	3 455.75	3 790.58	50.24	53.76
#文化娱乐用品及服务	201.13	255.61	2.92	3.63
五、财产性支出	17.43	33.14	0.25	0.47
六、转移性支出	249.76	253.31	3.63	3.59
#寄给或带给在外人口	8.46	23.09	0.12	0.33
赠送亲友	204.65	207.44	2.98	2.94
#赠送农村以外亲友	12.35	14.43	0.18	0.20

3-24 主要年份农村居民家庭纯收入

（按人口平均）　　单位：元

项　　目	1985	1990	1995	1997	1998	1999	2000	2001
纯　收　入	**412.43**	**731.21**	**1 626.26**	**2 358.57**	**2 164.26**	**2 306.86**	**2 390.10**	**2 517.04**
一、按纯收入来源分								
工资性收入	40.40	50.32	399.87	628.46	723.12	895.58	1012.63	938.85
家庭经营纯收入	336.73	632.06	1167.07	1576.15	1311.09	1292.65	1283.12	1434.55
第一产业	277.33	526.85	1072.06	1342.64	1077.92	1054.93	1077.35	1216.70
第二产业	10.20	24.40	32.41	60.81	38.07	57.69	96.03	91.56
第三产业	49.20	80.81	62.60	172.71	195.10	180.03	109.74	126.29
转移性收入	29.70	40.57	40.70	84.19	96.89	85.89	62.93	35.70
财产性收入	5.60	8.26	18.72	69.77	33.16	32.74	31.42	107.94
二、按纯收入性质分								
生产性纯收入	375.53	660.22	1 552.28	2 154.88	2 021.04	2 134.43	2 275.46	2 361.02
农业生产	277.33	526.85	1 072.06	1 342.64	1 077.92	1 054.93	1 077.35	1 216.70
非农业生产	98.20	133.37	480.22	812.24	943.12	1 079.50	1 198.11	1 144.32
非生产性纯收入	36.90	60.99	74.08	203.69	143.22	172.43	114.64	156.02

项　　目	2002	2003	2004	2005	2006	2007	2008	2009
纯　收　入	**2 663.68**	**2 801.10**	**3 414.46**	**3 878.77**	**4 392.36**	**5 034.49**	**5 773.67**	**6 296.19**
一、按纯收入来源分								
工资性收入	1 024.08	1 080.04	1 214.85	1 469.32	1 630.53	1 944.87	2 189.58	2 206.46
家庭经营纯收入	1 399.55	1 465.63	1 971.29	2 099.18	2 307.86	2 523.25	2 945.05	3 333.16
第一产业	1 127.72	1 170.31	1 634.03	1 733.66	1 859.85	2 115.42	2 519.64	2 772.52
第二产业	82.27	68.44	98.49	100.89	80.08	86.73	100.61	151.91
第三产业	189.56	226.88	238.78	264.62	367.93	321.10	324.80	408.73
转移性收入	31.82	44.81	56.73	161.74	171.86	219.69	278.99	402.14
财产性收入	208.23	217.61	171.59	148.52	282.1	346.68	360.05	354.42
二、按纯收入性质分								
生产性纯收入	2 394.73	2 495.24	3 128.27	3 547.59	3 907.20	4 423.41	5 094.80	5 492.39
农业生产	1 127.72	1 170.31	1 634.02	1 733.66	1 859.85	2 115.42	2 519.64	2 772.52
非农业生产	1 267.01	1 324.93	1 494.25	1 813.93	2 047.35	2 307.99	2 575.16	2 719.87
非生产性纯收入	268.95	312.86	286.19	331.18	485.16	611.08	678.87	803.80

3－25 农村住户平均每人纯收入

（分县区，2009 年）　　单位：元

地　　区	纯 收 入	生产性纯收入	农业生产	非农业生产	非生产性纯收入
南 昌 市	6 296.19	5 492.39	2 772.52	2 719.87	803.80
西 湖 区	9 772.03	5 089.96	35.79	5 054.17	4 682.07
湾 里 区	5 121.79	4 757.16	1 513.69	3 243.47	364.63
青山湖区	7 684.69	4 935.02	274.79	4 660.23	2 749.67
南 昌 县	6 570.58	5 652.50	3 007.61	2 644.89	918.08
新 建 县	6 036.50	5 658.07	3 763.05	1 895.02	378.43
安 义 县	5 442.95	4 795.10	1 190.27	3 604.83	647.85
进 贤 县	6 053.74	5 760.11	3 108.01	2 652.10	293.63

3－26 农村住户生活消费支出

项　　目	平均每人（元）		构　成（%）		商品性比重（%）	
	2008	2009	2008	2009	2008	2009
生活消费支出	**3 455.75**	**3 790.58**	**100.00**	**100.00**		
一、食　　品	1 638.90	1 760.85	47.43	46.45	76.29	72.32
#主　　食	320.16	335.31	9.26	8.85	21.04	22.69
副　　食	750.20	803.86	21.71	21.21	83.58	74.27
二、衣　　着	172.33	200.02	4.99	5.28	100.00	100.00
三、居　　住	631.62	681.63	18.28	17.98	98.35	98.54
四、家庭设备、用品及服务	162.38	186.81	4.70	4.93		
五、医疗保健	250.12	326.36	7.24	8.61		
六、交通和通讯	318.11	306.02	9.21	8.07		
七、文化娱乐用品和服务	201.13	255.61	5.82	6.74	100.00	100.00
文化教育娱乐用品	37.69	50.46	1.09	1.33	100.00	100.00
文化教育娱乐服务	129.38	165.39	3.74	4.36		
八、其他商品和服务	80.77	73.29	2.34	1.93	100.00	100.00

注：商品性比重是指生活消费品中商品性支出所占比重，不包括自产自用部分和文化及生活服务支出。

3－27 农村居民家庭现金收入和构成

项　　　目	平均每人(元)		构　成(%)	
	2008	2009	2008	2009
现金收入	**7 868.49**	**8 315.62**	**100.00**	**100.00**
一、工资性收入	2 189.58	2 206.46	27.83	26.53
在非企业组织中劳动得到的	269.48	321.58	3.42	3.87
在本乡地域内劳动得到的收入	733.50	806.91	9.32	9.70
常住人口外出从业得到	1 186.60	1 077.98	15.08	12.96
其　　他			0.00	
二、家庭经营收入	5 019.58	5 324.17	63.79	64.03
出售产品	4 072.19	4 129.41	51.75	49.66
农　　业	1 907.64	2 000.71	24.24	24.06
种植业	1 907.64	2 000.71	24.24	24.06
林　　业	18.45	21.50	0.23	0.26
牧　　业	1 928.97	1 879.04	24.52	22.60
渔　　业	228.37	243.8	2.90	2.93
工业加工费	88.73	136.19	1.13	1.64
建筑业	74.04	83.49	0.94	1.00
交通运输业	284.40	319.83	3.61	3.85
批发和零售贸易、餐饮业	285.73	430.79	3.63	5.18
社会服务业	48.79	51.22	0.62	0.62
文教卫生业	12.57	17.23	0.16	0.21
其他家庭经营	69.71	68.83	0.89	0.83
三、转移性收入	334.61	452.19	4.25	5.44
四、财产性收入	324.71	332.79	4.13	4.00

3－28 农村居民家庭现金支出和构成

项目	平均每人（元）		构成（%）	
	2008	2009	2008	2009
现金支出	**6 441.02**	**6 475.48**	**100.00**	**100.00**
一、生产费用支出	3 107.80	2 908.05	48.25	44.91
1. 家庭生产经营费用	2 739.65	2 750.04	42.53	42.47
农业	634.52	734.86	9.85	11.35
#种植业	634.52	734.86	9.85	11.35
林业	2.94	2.43	0.05	0.04
牧业	1618.41	1443.5	25.13	22.29
渔业	90.77	67.53	1.41	1.04
工业	30.83	38.91	0.48	0.60
建筑业	24.89	22.87	0.39	0.35
运输业	88.91	88.79	1.38	1.37
批发和零售贸易、餐饮业	208.37	322.06	3.24	4.97
社会服务业	12.34	11.46	0.19	0.18
文教卫生业	7.21	6.99	0.11	0.11
其他经营	20.46	10.64	0.32	0.16
2. 购置生产性固定资产支出	367.30	158.01	5.70	2.44
二、税费支出	19.35	3.95	0.30	0.06
三、财产性支出	17.43	33.14	0.27	0.51
四、转移性支出	240.75	237.16	3.74	3.66
五、生活消费支出	3 055.68	3 293.18	47.44	50.86

3-29 农村住户储蓄借贷

项目	平均每人（元）		2009年比上年	
	2008	2009	增减额（元）	增长率（%）
一、非生产所得收入	435.68	477.01	41.33	9.49
#从银行信用社得到的贷款	51.91		-51.91	
借入款	121.47	293.02	171.55	141.23
收回借出款	1.60	7.37	5.77	360.63
从银行信用社取回存款	209.04	176.61	-32.43	-15.51
收回投资款	51.67			
二、非消费性现金付出	545.09	599.58	54.49	10.00
#归还银行信用社贷款		16.37	16.37	
借出款	19.09	23.29	4.2	22.00
归还借款	129.68	200.32	70.64	54.47
存入银行信用社款	297.27	169.75	-127.52	-42.90
支出投资款				
三、年末手存现金	1 365.44	1 446.67	81.23	5.95
四、年末存款余款	3 936.45	4 439.16	502.71	12.77

3－30　1992—2009 年农村住户人均纯收入

（按收入水平分组）　　　　单位：户

分　　组	1992	1993	1994	1995	1996	1997	1998	1999	2000
调查户数	410	410	410	410	410	410	400	400	400
200 元以下		2				1	1	4	3
200－300 元			1					2	
300－400 元	7	14	1		1				2
400－500 元	16	19	3					1	5
500－600 元	37	26	7		2	2	1	1	4
600－800 元	104	82	23	15	6		4	10	12
800－1000 元	115	102	60	34	7	2	10	9	14
1000－1500 元	107	122	190	154	84	62	75	72	70
1500－2000 元	20	35	68	100	82	105	81	59	67
2000 元以上	4	18	57	107	228	238	228	242	223

分　　组	2001	2002	2003	2004	2005	2006	2007	2008	2009
调查户数	400	400	400	400	400	400	400	400	400
200 元以下	1	2	1		3	2			1
200－300 元			1						
300－400 元				1					
400－500 元		4	1				3		1
500－600 元	1	4	2	2	1		1		
600－800 元	4	3	4		2	1	1	5	1
800－1000 元	11	10	4	6	5	7	5	1	1
1000－1500 元	54	42	35	23	13	8	4	8	2
1500－2000 元	70	72	67	36	25	21	11	13	18
2000 元以上	259	263	285	332	351	361	375	373	376

3－31　主要年份农村住户平均每人主要食品消费量

单位：千克

品　　名	1985	1990	1995	1996	1997	1998	1999	2000
粮　　食	350.07	351.35	336.86	330.53	316.08	310.99	295.54	295.10
蔬　　菜	159.60	172.72	136.89	150.28	121.59	156.99	110.75	97.82
植 物 油	5.75	6.66	10.69	10.17	9.56	10.09	8.98	8.30
动 物 油	1.34	1.64	2.20	2.77	1.97	2.53	1.33	1.55
猪　　肉	10.75	10.18	10.93	12.34	11.52	11.58	11.84	10.76
牛 羊 肉	0.15	0.33	0.45	0.53	0.42	0.36	0.37	0.35
奶和奶制品		0.21	0.14	0.16	0.36	0.27	0.29	0.44
家　　禽	1.15	1.49	1.88	1.80	2.70	2.17	2.18	2.48
蛋　　类	2.70	2.96	3.73	3.84	3.24	4.88	4.47	4.57
水 产 品	2.20	3.07	4.09	5.29	6.26	6.63	5.66	5.11
食　　糖	1.10	1.36	1.23	1.25	1.20	1.30	1.06	1.05
酒	1.45	3.52	5.32	6.43	6.55	6.60	7.59	6.97
茶　　叶	0.04	0.07	0.13	0.23	1.50	1.52	0.06	
糖果、糕点	1.55	1.52	2.14	2.32	1.55	2.11	1.78	1.87
水　　果	1.70	3.13	7.31	7.99	8.81	7.80	19.97	25.56

品　　名	2001	2002	2003	2004	2005	2006	2007	2008	2009
粮　　食	283.36	331.57	278.94	240.82	208.68	216.93	207.13	178.98	189.19
蔬　　菜	104.87	93.64	86.15	92.68	99.3	106.5	95.64	86.44	160.36
植 物 油	10.07	10.65	11.27	6.87	6.81	7.57	8.16	8.99	8.67
动 物 油	1.30	1.34	0.85	0.88	0.75	0.68	0.53	0.42	0.29
猪　　肉	12.11	13.10	12.24	10.76	12.69	12.68	10.83	10.43	11.11
牛 羊 肉	0.25	0.33	0.33	0.21	0.17	0.18	0.29	0.23	0.25
奶和奶制品	0.47	0.87	4.77	3.33	1.13	2.76	1.78	3.20	3.36
家　　禽	2.82	2.81	3.04	2.80	3.33	3.01	3.63	2.80	2.78
蛋　　类	5.21	4.36	4.60	4.47	5.21	4.93	4.64	6.09	5.88
水 产 品	6.29	7.45	6.96	5.64	6.01	6.38	7.82	7.59	7.78
食　　糖	0.94	0.92	0.83	0.69	0.64	0.64	0.55	0.6	0.50
酒	7.00	7.90	8.39	9.54	9.39	10.61	11.68	12.61	12.69
茶　　叶			0.07	0.07	0.05	0.04		0.06	0.08
糖果、糕点	1.79	1.97							
水　　果	32.53	26.95	10.51	11.97	11.55	10.04	11.68	11.21	11.77

3－32 主要年份农村住户耐用物品拥有量

（按每百户年末平均拥有量计算）

品名	1985	1990	1995	1997	1998	1999	2000	2001
自行车（辆）	72.1	129	166.34	151.95	151.75	154.75	146.50	133.25
电风扇（台）	20.5	84	135.37	152.44	147.50	164.00	180.25	177.75
洗衣机（台）		1	3.66	4.63	6.25	6.50	9.25	10.50
电冰箱（台）		3	9.27	16.59	17.00	16.25	19.50	20.75
摩托车（辆）			1.46	5.61	8.50	12.25	14.00	18.75
黑白电视机（台）	16.6	56	86.59	81.46	80.25	79.00	74.00	72.25
彩色电视机（台）		6	13.17	24.39	31.25	32.25	48.75	49.25
收录机（台）	5.0	18	26.1	23.90	25.50	28.50	26.25	17.75
照相机（架）		1	0.98	2.20	2.50	2.00	3.50	4.75
空调机（台）								7.75
电话机（部）								44.75
移动电话（部）								18.00
影碟机（台）								
微波炉（台）								
热水器（台）								
家用计算机（台）								
家用汽车(生活用)(辆)								

品名	2002	2003	2004	2005	2006	2007	2008	2009
自行车（辆）	136.80	138.50	133.00	128.00	125.00	120.00	113.00	115.00
电风扇（台）	190.80	196.75	202.00	195.00	208.00			
洗衣机（台）	11.50	11.75	13.00	14.00	22.00	21.00	22.00	24.00
电冰箱（台）	21.50	22.50	23.00	27.00	31.00	45.00	47.00	58.00
摩托车（辆）	19.50	23.25	31.00	35.00	40.00	40.00	44.00	48.00
黑白电视机（台）	68.00	62.00	58.00	28.00	28.00	20.00	16.00	13.00
彩色电视机（台）	57.50	65.25	70.00	93.00	101.00	110.00	112.00	118.00
收录机（台）	20.50	16.25	10.00	10.00	10.00			
照相机（架）	4.30	2.50	3.00	5.00	5.00	7.00	7.00	7.00
空调机（台）	8.00	10.50	13.00	18.00	19.00	25.00	29.00	32.00
电话机（部）	52.50	54.25	58.00	69.00	75.00	72.00	69.00	63.00
移动电话（部）	28.25	37.75	50.00	72.00	91.00	114.00	126.00	138.00
影碟机（台）		19.00	24.00	24.00	34.00	32.00	32.00	32.00
微波炉（台）		2.50	2.00	4.00	6.00	8.00	12.00	12.00
热水器（台）		12.00	12.00	17.00	18.00	26.00	29.00	32.00
家用计算机（台）		0.75	1	3	4	5.00	6.00	7.00
家用汽车(生活用)(辆)				1.00	1.00	1.00	1	2.00

3－33 农村住户劳动力文化程度

（2009 年）

单位：百劳率（%）

地　　区	文盲或半文盲	小学程度	初中程度	高中程度	中专程度	大专以上程度
南 昌 市	**2.94**	**29.87**	**52.12**	**10.13**	**3.46**	**1.48**
西 湖 区		21.42	51.79	19.64	5.36	1.79
湾 里 区	7.41	13.33	60.00	13.33	4.44	1.49
青 山 湖 区	2.63	30.92	50.00	8.55	4.61	3.29
南 昌 县		21.86	59.56	11.48	5.46	1.64
新 建 县	0.49	44.33	42.86	6.40	4.93	0.99
安 义 县	3.03	37.37	46.97	10.61	1.01	1.01
进 贤 县	5.70	28.07	55.70	8.77	0.88	0.88

主 要 统 计 指 标 解 释

在岗职工工资总额 指各单位在一定时期内直接支付给本单位全部在岗职工的劳动报酬总额。包括：计时工资（含计时标准工资）、计件工资、计件超额工资、奖金、津贴和补贴、加班加点工资、特殊情况下支付的工资等。

津贴和补贴包括：（1）补偿职工特殊或额外劳动消耗的津贴及岗位性津贴。（2）保健性津贴。（3）技术性津贴。（4）年功性津贴（包括工龄津贴、教龄津贴和护士工龄津贴）。（5）地区津贴。（6）其他津贴。包括伙食补贴、上下班交通补贴、洗理卫生费、书报费等。以及为保证职工工资水平不受物价上涨或变动影响而支付的各种补贴，如副食品价格补贴（含肉类等价格补贴）、粮、油、蔬菜等价格补贴，煤价补贴、房贴、水电贴、房改补贴等。

在岗职工平均工资 指各单位的在岗职工在一定时期内平均每人所得的货币工资额。它表明一定时期在岗职工工资收入的高低程度。是反映在岗职工工资水平的主要指标。计算公式为：

$$在岗职工平均工资=\frac{报告期实际支付的全部在岗职工工资总额}{报告期全部在岗职工平均人数}$$

在岗职工平均实际工资　指扣除物价变动因素后的职工平均工资。计算公式为：

$$在岗职工平均实际工资=\frac{报告期在岗职工平均工资}{报告期职工生活费价格指数}$$

四、物　　　价

PRICE

本篇内容包括：

1. 居民消费价格指数
2. 商品零售价格指数
3. 工业品出厂价格指数
4. 原材料、燃料、动力购进价格指数

资料整理	微机处理
胡惠珠	刘　健
黎友娟	范　屹

85/111

居民消费价格指数

(以上年价格为100)

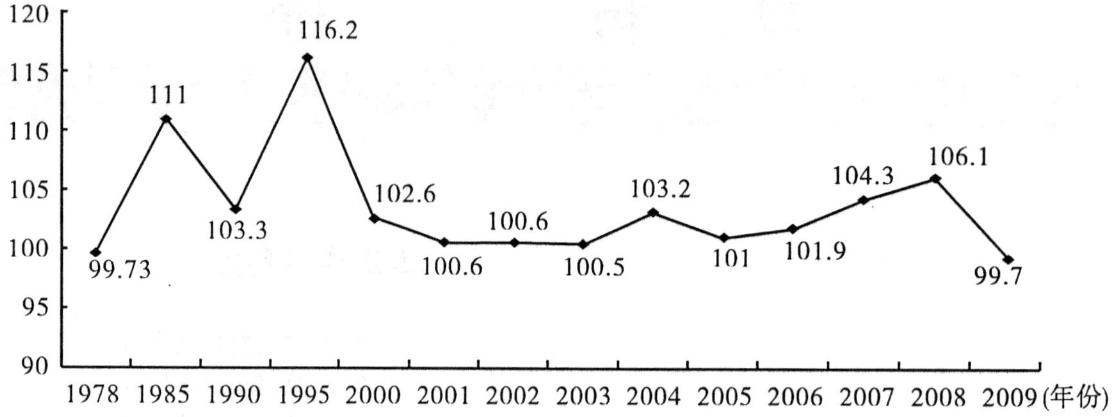

服务项目价格指数

(以上年价格为100)

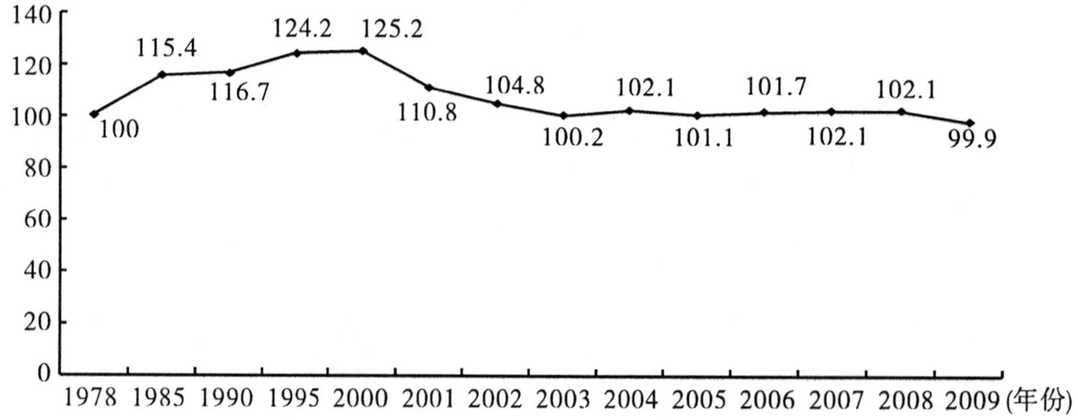

商品零售价格指数

(以上年价格为100)

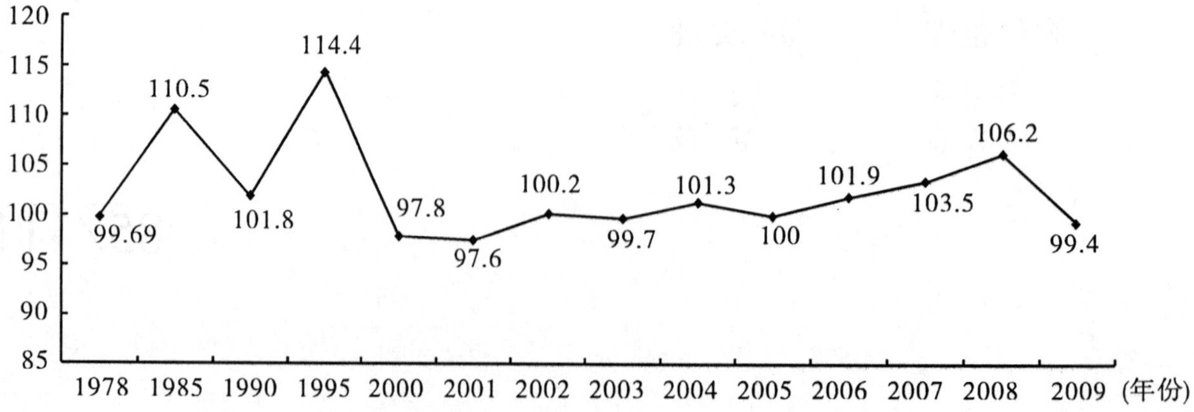

4-1 历年物价总指数

（以上年价格为100）

年份	消费价格指数	#服务项目价格指数	零售价格指数
1951			113.78
1952			98.82
1953			103.38
1954			102.73
1955	97.85	100.49	99.86
1956	100.53	100.00	100.62
1957	100.67	93.72	101.60
1958			100.21
1959			99.88
1960			100.00
1961	117.24	107.82	118.48
1962	99.20	94.40	99.96
1963	88.55	96.05	88.10
1964	95.87	98.20	95.52
1965	98.70	97.20	98.96
1972	99.68	99.64	99.69
1973	99.86	99.86	99.86
1974	99.85	100.11	99.82
1975	99.84	99.92	99.83
1976	99.99	100.00	99.99
1977	100.14	100.00	100.16
1978	99.73	100.00	99.69
1979	101.08	100.00	101.25
1980	106.57	100.20	107.44
1981	101.91	100.20	102.10
1982	102.20	103.00	102.10
1983	101.20	101.20	101.20
1984	102.20	103.70	102.20
1985	111.00	115.40	110.50
1986	105.20	107.20	105.00
1987	107.30	100.40	107.90
1988	126.80	109.80	128.40
1989	118.40	117.80	118.50
1990	103.30	116.70	101.80
1991	105.60	108.90	105.20
1992	111.80	114.80	111.40
1993	122.70	167.70	116.40
1994	126.10	123.40	123.10
1995	116.20	124.20	114.40
1996	108.80	114.40	107.10
1997	103.90	128.00	99.50
1998	100.90	104.80	98.30
1999	99.80	113.90	96.90
2000	102.60	125.20	97.80
2001	100.60	110.80	97.60
2002	100.60	104.80	100.20
2003	100.50	100.20	99.70
2004	103.20	102.10	101.30
2005	101.00	101.10	100.00
2006	101.90	101.70	101.90
2007	104.30	102.10	103.50
2008	106.10	102.10	106.20
2009	99.70	99.90	99.40

4-2 居民消费价格指数

（2009年，以上年价格为100）

项　　目	2009	项　　目	2009	项　　目	2009
居民消费价格总指数	99.7	毛　线	89.5	交　通	99.7
一、食　品	100.5	鞋	109.0	交通工具	98.5
粮　食	105.1	袜　子	100.3	车用燃料及零配件	97.1
油　脂	74.9	衣着加工服务费	98.8	车辆使用及维修费	107.2
肉禽及其制品	92.4	四、家庭设备用品及维修服务	101.8	市区公共交通费	100.0
蛋	99.8	家　具	114.6	城市间交通费	97.5
水产品	104.4	家庭设备	97.8	通　信	96.8
鲜　菜	109.9	室内装饰品	101.8	通信工具	77.3
干菜及菜制品	98.1	床上用品	103.6	通信服务	100.0
糖	102.9	家庭日用杂品	99.7	七、娱乐教育文化用品及服务	99.9
饮　料	101.4	家庭服务及加工维修服务	108.6	文娱用耐用消费品及服务	92.2
鲜瓜果	105.1	五、医疗保健和个人用品	102.0	修理服务	100.0
干（坚）果	101.1	医疗保健	103.5	教　育	100.8
糕点饼干	107.9	医疗器具及用品	93.4	教材及参考书	100.3
液体乳及乳制品	104.1	中药材及中成药	109.3	学杂托幼费	100.8
在外用膳食品	108.4	西　药	100.4	文化娱乐用品	100.5
其它食品	100.4	保健器具及用品	100.0	书报杂志	106.5
二、烟酒及用品	101.8	医疗保健服务	100.0	文娱费	101.2
烟　草	99.9	个人用品及服务	99.1	旅　游	101.3
酒	105.6	化妆美容用品	104.8	八、居　住	96.3
三、衣　着	101.5	清洁化妆用品	102.0	建房及装修材料	103.1
服　装	99.9	个人饰品	91.5	租　房	100.7
棉　布	101.8	个人服务	100.3	自有住房	93.2
棉混纺布	95.1	六、交通和通信	97.9	水、电、燃料	93.6
化纤布	100.0				

4-3 商品零售价格指数

（2009年，以上年价格为100）

项　　目	2009	项　　目	2009
商品零售价格总指数	99.4	棉混纺布	95.1
一、食　　品	100.4	化 纤 布	100.0
粮　　食	104.8	毛　　线	89.5
油　　脂	75.8	其　　它	100.0
肉禽及其制品	92.4	五、家用电器及音像器材	96.9
水 产 品	104.5	六、文化办公用品	97.9
鲜　　菜	109.9	七、日 用 品	102.7
干菜及菜制品	98.1	日用百货	102.1
食　　糖	95.7	日用杂品	102.7
鲜 瓜 果	105.1	洗涤用品	103.3
干 坚 果	101.1	八、体育娱乐用品	97.9
糕点饼干面包	105.9	体育用品	100.0
液体乳及乳制品	104.0	娱乐用品	96.3
在外用膳食品	108.3	九、交通、通信用品	92.2
二、饮料、烟酒	102.5	十、家　　具	114.5
饮　　料	101.3	十一、化 妆 品	105.6
烟　　草	99.9	十二、金银珠宝	90.2
酒	105.5	十三、中西药品及医疗保健用品	102.7
三、服装、鞋帽	101.3	中药材及中成药	108.6
服　　装	99.5	西　　药	100.4
鞋 袜 帽	107.2	保健品及器具	100.0
其　　他	100.0	十四、书报杂志及电子出版物	102.8
四、纺 织 品	100.6	十五、燃　　料	93.2
棉　　布	101.8	十六、建筑材料及五金电料类	97.0

4-4 居民消费价格分月指数

（2009年，以上年同月价格为100）

类别	1月	2月	3月	一季度平均	4月	5月	6月	二季度平均	上半年平均
居民消费价格总指数	**101.4**	**98.6**	**98.8**	**99.6**	**99.1**	**98.9**	**98.2**	**98.8**	**99.2**
一、食品	105.8	97.9	99.3	100.9	100.4	100.3	99.8	100.2	100.5
粮食	107.4	106.8	107.3	107.2	107.6	105.8	103.4	105.6	106.4
大米	109.9	106.6	106.2	107.5	106.4	104.8	102.8	104.6	106.1
淀粉	112.1	112.1	112.1	112.1	112.1	112.1	112.1	112.1	112.1
干豆类及豆制品	104.0	103.7	101.3	103.0	100.5	100.0	99.2	99.9	101.4
油脂	79.7	76.4	71.8	75.8	67.3	72.0	73.4	70.8	73.3
肉禽及其制品	100.7	94.0	93.3	95.9	90.5	86.4	84.5	87.1	91.5
蛋	92.8	94.6	94.8	94.1	100.5	101.5	100.0	100.7	97.3
水产品	115.5	108.1	107.6	110.2	108.6	108.8	109.4	108.9	109.6
菜	116.3	80.9	97.7	96.4	110.2	117.2	118.8	115.1	104.9
鲜菜	119.2	78.1	97.5	95.7	111.9	120.9	123.2	118.3	105.7
干菜及菜制品	99.5	100.2	99.7	99.8	99.7	96.2	96.2	97.4	98.6
调味品	105.7	105.9	104.9	105.5	104.9	104.1	103.3	104.1	104.8
糖	99.9	99.9	102.0	100.6	101.2	100.1	101.5	100.9	100.8
茶及饮料	101.7	101.7	101.3	101.6	101.3	101.4	101.2	101.3	101.4
干鲜瓜果	95.9	92.6	91.6	93.3	97.2	103.2	114.7	105.1	99.3
鲜瓜果	95.0	91.4	90.5	92.3	97.9	104.4	117.8	106.7	99.6
干（坚）果	99.8	97.9	96.1	97.9	94.1	97.8	100.6	97.5	97.7
糕点饼干	119.5	118.0	111.5	116.2	111.6	114.3	113.9	113.3	114.7
液体乳及乳制品	105.3	105.3	104.6	105.1	104.1	104.1	104.1	104.1	104.6
在外用膳食品	122.6	118.8	115.9	119.0	115.3	110.1	104.8	109.9	114.3
其它食品	104.4	104.4	104.4	104.4	102.2	101.0	100.0	101.1	102.7
二、烟酒及用品	104.0	103.3	102.3	103.2	102.3	102.3	102.3	102.3	102.8
烟草	98.7	100.0	100.0	99.6	100.0	100.0	100.0	100.0	99.8
酒	114.5	109.9	106.9	110.3	106.9	107.0	107.0	107.0	108.6
三、衣着	100.0	105.7	106.6	104.0	106.1	103.2	98.6	102.6	103.3
服装	95.1	105.4	104.9	101.6	100.3	101.1	100.7	100.7	101.1
衣着材料	96.4	96.4	96.4	96.4	96.4	96.4	95.6	96.1	96.2
四、家庭设备用品及维修服务	105.0	104.8	102.8	104.2	102.9	102.5	102.5	102.7	103.4
五、医疗保健和个人用品	103.9	103.2	102.3	103.1	101.4	102.3	101.0	101.5	102.3
医疗保健	105.3	105.3	105.2	105.3	103.4	103.9	102.6	103.3	104.3
中药材及中成药	114.7	114.7	114.7	114.7	109.0	110.5	106.9	108.8	111.6
西药	100.0	100.0	100.0	100.0	100.5	100.5	100.5	100.5	100.2
医疗保健服务	100.0	100.0	100.0	100.0	100.0	100.0	100.0	100.0	100.0
个人用品及服务	101.0	99.0	96.7	98.9	97.3	99.0	97.9	98.1	98.5
六、交通和通信	98.3	97.5	97.9	97.9	97.8	97.8	98.1	97.9	97.9
交通	100.2	98.3	99.3	99.3	99.5	99.1	100.0	99.6	99.4
通信	97.2	97.0	97.0	97.1	96.8	96.9	97.0	96.9	97.0
七、娱乐教育文化用品及服务	99.1	97.9	97.9	98.3	98.0	99.3	99.7	99.0	98.6
文娱用耐用消费品及服务	90.1	90.7	91.0	90.6	91.4	91.5	92.1	91.6	91.1
教育	100.3	100.0	100.0	100.1	100.0	100.0	100.0	100.0	100.1
八、居住	94.1	93.9	92.1	93.4	91.8	91.1	91.0	91.3	92.3
租房	100.0	100.0	100.0	100.0	100.0	100.0	100.0	100.0	100.0
水、电、燃料	89.7	89.7	88.4	89.3	87.6	86.1	86.4	86.7	88.0

4-4 续表 （2009年，以上年同月价格为100）

类　　别	7月	8月	9月	三季度平均	1-9月平均	10月	11月	12月	四季度平均	全年
居民消费价格总指数	**97.8**	**99.3**	**99.5**	**98.9**	**99.1**	**100.6**	**101.3**	**102.5**	**101.4**	**99.7**
一、食　品	98.4	100.7	99.3	99.5	100.2	100.5	100.4	103.2	101.4	100.5
粮　食	103.8	103.9	104.3	104.0	105.6	104.3	103.6	104.0	104.0	105.1
大　米	103.4	104.0	104.4	104.0	105.3	104.5	104.5	104.5	104.5	105.1
淀　粉	112.1	108.5	102.4	107.6	110.5	106.7	98.5	98.5	101.1	108.0
干豆类及豆制品	97.9	96.6	96.9	97.2	100.0	97.9	99.1	100.2	99.1	99.7
油　脂	73.7	69.3	72.2	71.7	72.8	75.3	83.9	89.9	82.7	74.9
肉禽及其制品	84.4	89.0	92.8	88.7	90.6	97.6	97.3	100.4	98.4	92.4
蛋	98.7	101.9	100.2	100.3	98.3	101.1	104.6	108.0	104.5	99.8
水产品	102.2	95.5	96.3	97.9	105.3	100.0	100.5	105.2	101.8	104.4
菜	105.8	114.7	114.8	111.8	107.1	111.7	108.2	118.5	112.9	108.5
鲜　菜	105.8	115.4	116.9	112.8	108.0	114.2	111.0	121.8	115.8	109.9
干菜及菜制品	96.3	97.5	97.5	97.1	98.1	97.5	97.6	98.8	98.0	98.1
调味品	101.9	100.5	100.5	100.9	103.5	100.5	100.5	100.5	100.5	102.7
糖	106.1	106.2	102.8	105.0	102.2	102.8	99.2	113.5	105.2	102.9
茶及饮料	101.2	101.0	100.0	100.7	101.2	100.1	99.9	99.9	100.0	100.9
干鲜瓜果	123.8	135.1	101.5	120.0	106.0	101.2	98.1	99.1	99.4	104.4
鲜瓜果	129.4	143.7	101.4	124.7	107.6	100.5	95.7	96.1	97.4	105.1
干（坚）果	100.5	101.0	101.9	101.1	98.9	103.8	108.4	111.9	108.0	101.1
糕点饼干	103.8	102.8	101.8	102.8	110.4	101.8	101.4	100.3	101.2	107.9
液体乳及乳制品	106.7	106.7	105.3	106.2	105.1	104.0	102.8	96.7	101.1	104.1
在外用膳食品	103.3	103.3	102.9	103.2	110.3	102.9	102.9	102.9	102.9	108.4
其它食品	100.0	100.0	99.4	99.8	101.8	97.8	95.8	95.8	96.4	100.4
二、烟酒及用品	101.9	101.3	100.8	101.4	102.3	100.2	100.6	100.6	100.5	101.8
烟　草	100.0	100.0	100.0	100.0	99.9	100.0	100.0	100.0	100.0	99.9
酒	105.8	104.0	102.4	104.0	107.0	100.7	101.9	101.9	101.5	105.6
三、衣　着	95.2	96.9	99.7	97.2	101.3	101.5	103.0	101.5	102.0	101.5
服　装	94.8	94.6	98.2	95.8	99.4	101.7	102.1	100.6	101.5	99.9
衣着材料	95.4	95.4	92.3	94.3	95.6	94.5	99.3	101.0	98.3	96.3
四、家庭设备用品及维修服务	102.8	103.0	100.7	102.2	103.0	100.4	98.6	96.6	98.5	101.8
五、医疗保健和个人用品	100.9	101.4	101.5	101.3	102.0	101.2	102.1	103.2	102.2	102.0
医疗保健	102.6	102.8	102.8	102.7	103.8	102.0	102.0	103.8	102.6	103.5
中药材及中成药	106.9	107.5	107.5	107.3	110.1	105.3	105.3	110.2	106.9	109.3
西　药	100.5	100.5	100.5	100.5	100.3	100.5	100.5	100.5	100.5	100.4
医疗保健服务	100.0	100.0	100.0	100.0	100.0	100.0	100.0	100.0	100.0	100.0
个人用品及服务	97.6	98.5	99.0	98.4	98.4	99.6	102.4	102.0	101.3	99.1
六、交通和通信	97.9	97.8	97.9	97.9	97.9	97.5	98.0	98.1	97.9	97.9
交　通	99.8	99.7	99.8	99.7	99.5	99.2	100.4	100.9	100.2	99.7
通　信	96.8	96.8	96.7	96.8	96.9	96.6	96.6	96.5	96.5	96.8
七、娱乐教育文化用品及服务	100.1	100.8	102.3	101.1	99.4	101.9	101.8	100.2	101.3	99.9
文娱用耐用消费品及服务	92.2	91.6	96.1	93.2	91.8	95.5	93.2	92.1	93.6	92.2
教　育	100.0	100.0	102.2	100.7	100.3	102.2	102.2	102.2	102.2	100.8
八、居　住	93.5	96.5	98.2	96.0	93.6	101.6	104.7	109.2	105.1	96.3
租　房	100.0	100.0	100.0	100.0	100.0	100.0	100.0	108.1	102.7	100.7
水、电、燃料	87.8	93.6	96.5	92.6	89.5	102.3	107.5	111.1	106.9	93.6

4－5 居民消费价格分月指数

（2009年，以上月价格为100）

类别	1月	2月	3月	4月	5月	6月
居民消费价格总指数	**100.6**	**99.7**	**100.0**	**99.8**	**99.8**	**99.7**
一、食品	102.1	100.2	100.2	99.4	99.5	99.7
粮食	100.2	102.0	100.1	100.0	99.2	98.9
大米	100.0	100.0	100.0	100.0	100.0	100.0
淀粉	100.0	100.0	100.0	100.0	100.0	100.0
干豆类及豆制品	99.6	100.0	100.0	99.7	100.0	100.1
油脂	99.9	100.3	97.9	92.2	104.3	100.8
肉禽及其制品	104.5	101.0	97.5	96.5	95.2	97.7
蛋	100.8	100.9	100.0	101.2	101.2	99.8
水产品	101.2	103.7	100.0	100.5	101.5	101.5
菜	106.6	97.0	106.0	99.8	97.3	94.0
鲜菜	107.0	96.0	107.0	99.6	97.2	93.0
干菜及菜制品	100.3	101.3	100.0	99.5	96.5	100.0
调味品	100.3	100.2	100.0	100.0	100.0	100.0
糖	100.0	99.9	100.1	100.0	97.9	101.5
茶及饮料	100.0	100.0	100.0	100.0	100.1	99.8
干鲜瓜果	98.3	98.9	100.0	106.8	107.4	111.0
鲜瓜果	97.8	98.7	100.3	108.9	108.2	112.4
干（坚）果	100.5	100.0	98.9	98.1	103.9	104.0
糕点饼干	96.8	99.4	99.1	101.0	102.3	101.5
液体乳及乳制品	100.2	100.0	100.0	100.0	100.0	100.0
在外用膳食品	102.7	100.0	100.3	100.0	100.0	100.0
其它食品	100.0	100.0	100.0	97.9	98.4	99.4
二、烟酒及用品	101.3	99.3	100.0	100.0	100.0	100.0
烟草	101.4	98.7	100.0	100.0	100.0	100.0
酒	101.9	100.0	100.0	100.0	100.0	100.0
三、衣着	99.3	98.9	101.5	99.3	98.8	97.1
服装	99.9	99.2	100.8	95.6	100.0	99.6
衣着材料	94.5	100.0	100.0	100.0	100.0	98.1
四、家庭设备用品及维修服务	100.3	99.0	98.0	100.2	99.9	99.8
五、医疗保健和个人用品	100.8	100.0	99.8	100.5	101.3	99.7
医疗保健	101.1	100.0	99.9	100.2	101.4	100.0
中药材及中成药	103.0	100.0	100.0	100.0	103.8	100.0
西药	100.0	100.0	100.0	100.5	100.0	100.0
医疗保健服务	100.0	100.0	100.0	100.0	100.0	100.0
个人用品及服务	100.2	100.0	99.6	101.2	101.1	99.0
六、交通和通信	99.7	99.7	99.6	99.8	99.8	100.1
交通	99.9	99.9	99.3	100.2	100.0	100.9
通信	99.6	99.6	99.8	99.6	99.6	99.6
七、娱乐教育文化用品及服务	99.7	99.6	100.1	99.9	100.4	100.3
文娱用耐用消费品及服务	96.6	99.4	100.4	99.3	99.3	99.8
教育	100.0	100.0	100.0	100.0	100.0	100.0
八、居住	99.4	99.3	99.8	100.4	100.2	100.3
租房	100.0	100.0	100.0	100.0	100.0	100.0
水、电、燃料	99.5	98.9	100.0	100.5	99.8	100.7

4－5　续表　　　　　　　　　　（2009年，以上月价格为100）

类　　　　别	7　月	8　月	9　月	10　月	11　月	12　月
居民消费价格总指数	**100.0**	**101.4**	**100.2**	**100.1**	**100.5**	**100.8**
一、食　　品	100.6	103.2	98.0	99.3	99.3	102.0
粮　　食	101.5	102.0	100.1	99.9	100.1	100.0
大　　米	101.8	102.5	100.1	100.0	100.0	100.0
淀　　粉	100.0	98.5	100.0	100.0	100.0	100.0
干豆类及豆制品	100.0	99.8	100.0	100.2	100.3	100.5
油　　脂	99.9	90.8	99.2	100.0	100.4	104.7
肉禽及其制品	100.2	106.3	101.5	100.4	98.7	101.3
蛋	98.9	104.9	100.9	99.9	99.3	100.0
水 产 品	100.4	100.1	98.8	99.0	98.5	100.0
菜	99.9	112.1	100.3	94.8	98.4	113.0
鲜　　菜	98.6	113.4	100.9	95.4	99.5	114.9
干菜及菜制品	100.1	101.2	100.0	100.0	100.0	100.0
调 味 品	100.0	100.0	100.0	100.0	100.0	100.0
糖	103.3	98.3	100.7	99.7	98.6	113.4
茶及饮料	100.0	100.0	100.0	100.0	100.0	100.0
干鲜瓜果	102.7	105.9	76.3	100.2	98.3	98.0
鲜 瓜 果	103.1	106.9	72.2	100.2	97.2	96.8
干（坚）果	100.5	100.5	99.7	100.2	102.7	102.7
糕点饼干	100.0	100.0	100.0	100.0	100.3	100.0
液体乳及乳制品	102.5	100.0	100.0	100.0	100.0	94.1
在外用膳食品	100.0	100.0	100.0	100.0	100.0	100.0
其它食品	100.0	100.0	100.0	100.0	100.0	100.0
二、烟酒及用品	100.0	100.0	100.0	99.5	100.5	100.0
烟　　草	100.0	100.0	100.0	100.0	100.0	100.0
酒	100.0	100.0	100.0	98.6	101.4	100.0
三、衣　　着	95.3	99.5	103.4	103.5	105.3	100.0
服　　装	93.5	98.0	104.2	105.2	104.9	100.3
衣着材料	100.0	100.0	101.9	100.0	105.1	101.7
四、家庭设备用品及维修服务	99.8	100.1	100.1	100.2	99.2	99.8
五、医疗保健和个人用品	100.0	100.2	100.1	99.5	100.2	101.1
医疗保健	100.0	100.2	100.0	99.2	100.0	101.7
中药材及中成药	100.0	100.6	100.0	97.9	100.0	104.7
西　　药	100.0	100.0	100.0	100.0	100.0	100.0
医疗保健服务	100.0	100.0	100.0	100.0	100.0	100.0
个人用品及服务	99.9	100.1	100.4	100.2	100.5	99.7
六、交通和通信	100.0	99.8	100.0	99.8	100.0	99.9
交　　通	100.4	99.9	100.2	99.9	100.4	100.1
通　　信	99.8	99.8	99.8	99.7	99.8	99.8
七、娱乐教育文化用品及服务	100.4	100.7	100.9	99.7	100.1	98.4
文娱用耐用消费品及服务	100.1	99.2	100.8	98.9	99.2	98.7
教　　育	100.0	100.0	102.1	100.0	100.0	100.0
八、居　　住	101.7	101.6	102.6	100.6	101.4	101.6
租　　房	100.0	100.0	100.0	100.0	100.0	108.1
水、电、燃料	98.9	102.9	105.1	101.0	102.8	100.6

4－6 商品零售价格分月指数

（2009年，以上年同期价格为100）

类别	1月	2月	3月	一季度平均	4月	5月	6月	二季度平均	上半年平均
商品零售价格总指数	**101.9**	**99.2**	**99.1**	**100.1**	**99.3**	**98.9**	**98.1**	**98.8**	**99.4**
一、食品	105.7	97.3	99.2	100.6	100.5	100.3	99.7	100.2	100.4
粮食	105.9	106.2	107.2	106.4	107.3	105.6	103.4	105.4	105.9
油脂	80.9	78.0	73.7	77.4	69.3	73.4	74.1	72.3	74.8
肉禽及其制品	101.2	93.9	93.3	96.0	90.6	86.5	84.4	87.1	91.5
水产品	115.3	108.1	107.8	110.2	108.6	108.9	109.5	109.0	109.6
鲜菜	119.2	78.1	97.5	95.7	111.9	120.9	123.2	118.3	105.7
干菜及菜制品	99.5	100.2	99.7	99.8	99.7	96.2	96.2	97.4	98.6
调味品	106.0	106.1	105.1	105.7	105.1	104.2	103.3	104.2	105.0
食糖	82.2	82.2	87.0	83.7	87.0	87.6	87.6	87.4	85.5
糖果	107.3	107.3	107.3	107.3	107.3	107.3	107.3	107.3	107.3
鲜瓜果	95.0	91.4	90.5	92.3	97.9	104.4	117.8	106.7	99.6
干（坚）果	99.8	97.9	96.1	97.9	94.1	97.8	100.6	97.5	97.7
糕点饼干面包	113.9	112.7	108.1	111.5	108.1	110.4	110.5	109.7	110.6
液体乳及乳制品	105.2	105.2	104.6	105.0	104.0	104.0	104.0	104.0	104.5
在外用膳食品	122.2	118.6	115.8	118.8	115.2	110.1	104.8	109.9	114.1
其它食品	104.4	104.4	104.4	104.4	102.2	101.0	100.0	101.1	102.7
二、饮料、烟酒	105.8	104.5	103.1	104.5	103.1	103.2	103.2	103.1	103.8
茶及饮料	101.6	101.6	101.2	101.5	101.2	101.2	101.1	101.2	101.3
烟草	98.7	100.0	100.0	99.6	100.0	100.0	100.0	100.0	99.8
酒	114.6	109.9	106.8	110.3	106.8	106.9	106.9	106.9	108.6
三、服装、鞋帽	99.1	105.6	106.6	103.7	105.5	102.6	97.9	102.0	102.8
四、纺织品	99.7	100.4	101.2	100.4	102.4	102.4	101.8	102.2	101.3
五、家用电器及音像器材	98.7	98.2	97.5	98.1	97.5	96.9	97.0	97.1	97.6
六、文化办公用品	96.1	96.6	97.0	96.6	97.0	97.3	98.2	97.5	97.0
七、日用品	108.2	108.3	106.4	107.6	104.2	103.7	101.4	103.1	105.3
八、体育娱乐用品	99.3	98.8	98.2	98.8	98.0	97.5	97.1	97.5	98.1
体育用品	100.0	100.0	100.0	100.0	100.0	100.0	100.0	100.0	100.0
娱乐用品	98.7	97.9	96.8	97.8	96.4	95.6	94.9	95.6	96.7
九、交通、通信用品	92.4	92.1	92.1	92.2	91.9	92.1	92.2	92.0	92.1
十、家具	116.0	116.0	116.0	116.0	116.0	116.0	116.0	116.0	116.0
十一、化妆品	102.5	102.8	102.8	102.7	105.2	105.2	105.9	105.4	104.1
十二、金银珠宝	93.9	91.3	84.6	89.7	82.2	83.2	84.0	83.1	86.3
十三、中西药品及医疗保健用品	104.6	104.6	104.0	104.4	102.6	103.0	101.9	102.5	103.4
十四、书报杂志及电子出版物	102.7	102.8	102.8	102.8	102.8	102.8	102.8	102.8	102.8
十五、燃料	91.8	90.1	87.9	89.9	89.4	88.4	89.1	89.0	89.4
十六、建筑材料及五金电料	100.6	99.6	95.5	98.5	95.7	94.2	93.3	94.4	96.4

4-6 续表 （2009年，以上年同期价格为100）

类 别	7月	8月	9月	三季度平均	1-9月平均	10月	11月	12月	四季度平均	全年
商品零售价格总指数	**97.1**	**98.3**	**98.6**	**98.0**	**98.9**	**99.5**	**100.6**	**101.8**	**100.6**	**99.4**
一、食 品	98.1	100.4	99.3	99.3	100.0	100.6	100.5	103.6	101.6	100.4
粮 食	103.7	103.7	104.0	103.8	105.2	104.0	103.3	103.8	103.7	104.8
油 脂	74.1	69.8	72.5	72.2	74.0	75.3	83.8	89.6	82.6	75.8
肉禽及其制品	84.3	88.9	92.6	88.6	90.6	97.4	97.1	100.2	98.2	92.4
水 产 品	102.2	95.5	96.4	98.0	105.3	100.2	100.7	105.4	102.0	104.5
鲜 菜	105.8	115.4	116.9	112.8	108.0	114.2	111.0	121.8	115.8	109.9
干菜及菜制品	96.3	97.5	97.5	97.1	98.1	97.5	97.6	98.8	98.0	98.1
调 味 品	102.0	100.5	100.5	101.0	103.6	100.5	100.5	100.5	100.5	102.8
食 糖	101.1	103.6	102.8	102.5	90.7	103.8	100.7	133.0	112.5	95.7
糖 果	107.3	107.3	107.3	107.3	107.3	107.3	100.0	100.0	102.3	106.0
鲜 瓜 果	129.4	143.7	101.4	124.7	107.6	100.5	95.7	96.1	97.4	105.1
干（坚）果	100.5	101.0	101.9	101.1	98.9	103.8	108.4	111.9	108.0	101.1
糕点饼干面包	103.4	102.4	101.6	102.5	107.7	101.6	101.2	100.3	101.0	105.9
液体乳及乳制品	106.6	106.6	105.2	106.1	105.0	103.9	102.7	96.6	101.1	104.0
在外用膳食品	103.2	103.2	102.9	103.1	110.2	102.9	102.9	102.9	102.9	108.3
其它食品	100.0	100.0	99.4	99.8	101.8	97.8	95.8	95.8	96.4	100.4
二、饮料、烟酒	102.6	101.8	100.9	101.8	103.1	100.2	100.6	100.6	100.5	102.5
茶及饮料	101.1	100.9	100.0	100.7	101.1	100.1	99.9	99.9	100.0	100.8
烟 草	100.0	100.0	100.0	100.0	99.9	100.0	100.0	100.0	100.0	99.9
酒	105.7	103.9	102.2	103.9	107.0	100.4	101.6	101.5	101.2	105.5
三、服装、鞋帽	94.5	96.8	100.3	97.2	101.0	102.0	103.3	101.8	102.4	101.3
四、纺 织 品	101.1	101.1	99.9	100.6	101.1	98.9	98.9	99.6	99.1	100.6
五、家用电器及音像器材	96.4	96.7	96.4	96.5	97.3	96.7	95.3	95.2	95.7	96.9
六、文化办公用品	98.2	97.6	100.7	98.8	97.6	100.2	98.1	98.1	98.8	97.9
七、日 用 品	100.9	101.8	100.1	101.0	103.8	99.2	99.8	98.8	99.3	102.7
八、体育娱乐用品	97.2	97.6	97.6	97.4	97.9	97.6	97.9	97.9	97.8	97.9
体育用品	100.0	100.0	100.0	100.0	100.0	100.0	99.8	99.8	99.9	100.0
娱乐用品	95.1	95.7	95.7	95.5	96.3	95.7	96.5	96.5	96.2	96.3
九、交通、通信用品	91.9	91.4	91.4	91.6	91.9	91.1	94.0	94.1	93.0	92.2
十、家 具	116.0	116.0	116.0	116.0	116.0	116.0	116.0	99.9	110.1	114.5
十一、化 妆 品	107.4	107.4	108.1	107.6	105.2	107.7	108.1	104.2	106.6	105.6
十二、金银珠宝	83.5	85.1	89.3	85.9	86.1	92.3	105.3	115.8	103.9	90.2
十三、中西药品及医疗保健用品	101.9	102.1	102.1	102.0	103.0	101.2	101.2	102.8	101.8	102.7
十四、书报杂志及电子出版物	102.8	102.8	102.8	102.8	102.8	102.8	102.8	102.8	102.8	102.8
十五、燃 料	89.4	91.5	93.8	91.6	90.2	95.8	102.6	109.5	102.5	93.2
十六、建筑材料及五金电料	93.5	95.1	95.9	94.9	95.9	99.4	100.8	101.6	100.6	97.0

4－7 价　格　指　数

（2009年，以主要年份为基期）

指　　标	居民消费价格指数	零售物价指数	服务项目价格指数
以1950年价格为100		548.6	
以1952年价格为100	648.8	487.4	1 564.1
以1957年价格为100	642.3	449.5	1 751.6
以1962年价格为100	524.0	381.4	1 294.6
以1965年价格为100	593.4	433.9	1 625.8
以1970年价格为100	629.8	455.6	1 774.2
以1975年价格为100	637.9	459.1	1 782.5
以1978年价格为100	638.8	470.6	1 782.1
以1980年价格为100	592.6	423.6	1 782.5
以1985年价格为100	496.2	355.7	1 423.4
以1989年价格为100	292.5	206.3	1 022.7
以1990年价格为100	283.4	202.6	875.9
以1992年价格为100	239.9	172.8	700.5
以1993年价格为100	195.5	148.4	417.9
以1994年价格为100	154.8	120.6	338.8
以1995年价格为100	133.5	105.7	272.4
以1996年价格为100	122.5	98.5	238.3
以1997年价格为100	118.0	99.0	186.0
以1998年价格为100	234.6	100.7	177.7
以1999年价格为100	117.2	103.9	156.0
以2000年价格为100	114.4	106.3	124.4
以2001年价格为100	113.5	108.8	112.4
以2002年价格为100	112.9	108.6	107.3
以2003年价格为100	112.4	108.7	107.1
以2004年价格为100	108.9	107.6	104.8
以2005年价格为100	107.8	107.6	103.7
以2006年价格为100	110.4	109.2	104.1
以2007年价格为100	105.8	105.6	102.0
以2008年价格为100	99.7	99.4	99.9

4-8 工业品出厂价格指数

（2009年，以上年价格为100）

项目	2009	项目	2009
工业品出厂价格总指数	**97.97**	四、按行业大类分	
一、按轻重工业分		农副食品加工业	101.43
轻 工 业	98.90	食品制造业	102.84
以农产品为原料	98.93	饮料制造业	100.40
以非农产品为原料	98.86	烟草制品业	97.01
重 工 业	97.25	纺 织 业	98.13
原 料	100.74	纺织服装、鞋、帽制造业	101.35
加 工	94.66	皮革、毛皮、羽毛（绒）及其制品业	99.35
二、按生产生活资料分		木材加工及木、竹、藤、棕、草制品业	103.70
生产资料	97.54	家具制造业	99.89
原 料	101.42	造纸及纸制品业	91.12
加 工	95.66	印刷业和记录媒介的复制	97.12
生活资料	99.06	文教体育用品制造业	99.10
食 品	99.70	化学原料及化学制品制造业	96.48
衣 着	100.19	医药制造业	100.12
一般日用品	97.42	橡胶制品业	94.05
耐用消费品	97.01	塑料制品业	90.04
三、按工业部门分		非金属矿物制品业	97.57
冶金工业	88.84	黑色金属冶炼及压延加工业	88.14
电力工业	101.34	有色金属冶炼及压延加工业	85.28
煤炭及炼焦工业	123.29	金属制品业	94.89
石油工业	0.00	通用设备制造业	100.24
化学工业	97.38	专用设备制造业	100.67
机械工业	97.32	交通运输设备制造业	98.43
建筑材料工业	97.03	电气机械及器材制造业	91.97
森林工业	102.96	通信设备、计算机及其他电子设备制造业	99.80
食品工业	99.72	仪器仪表及文化、办公用机械制造业	103.34
纺织工业	95.18	工艺品及其他制造业	105.82
缝纫工业	100.25	电力、热力的生产和供应业	101.34
皮革工业	99.35	燃气生产和供应业	123.29
造纸工业	91.12	水的生产和供应业	109.17
文教艺术用品工业	97.70		
其它工业	103.41		

4－9 原材料、燃料、动力购进价格指数

（2009年，以上年价格为100）

项 目	2009	项 目	2009
原材料、燃料、动力购进价格总指数	**96.53**	家具制造业	103.38
一、按九大类分		造纸及纸制品业	93.08
燃料、动力类	101.36	印刷业和记录媒介的复制	99.62
黑色金属材料类	84.64	文教体育用品制造业	99.90
其中：钢 材	84.57	石油加工、炼焦及核燃料加工业	94.55
其 它	87.94	化学原料及化学制品制造业	91.08
有色金属材料和电线类	86.56	医药制造业	102.66
化工原料类	84.99	化学纤维制造业	93.45
木材及纸浆类	94.45	橡胶制品业	77.08
建筑材料及非金属矿类	102.59	塑料制品业	95.97
其它工业原材料及半成品类	100.27	非金属矿物制品业	97.39
农副产品类	94.14	黑色金属冶炼及压延加工业	89.97
纺织原料类	101.66	有色金属冶炼及压延加工业	80.14
二、按工业行业分		金属制品业	88.26
非金属矿采选业	102.11	通用设备制造业	88.66
农副食品加工业	99.56	专用设备制造业	90.86
食品制造业	98.08	交通运输设备制造业	98.48
饮料制造业	98.97	电气机械及器材制造业	86.96
烟草制品业	102.15	通信设备、计算机及其他电子设备制造业	86.42
纺 织 业	99.03	仪器仪表及文化、办公用机械制造业	103.58
纺织服装、鞋、帽制造业	100.06	工艺品及其他制造业	101.09
皮革、毛皮、羽毛（绒）及其制品业	94.46	电力、热力的生产和供应业	109.52
木材加工及木、竹、藤、棕、草制品业	93.40	水的生产和供应业	115.50

4-10 工业品出厂价格分月指数

（2009年，以上年同期价格为100）

类别	1月	2月	3月	4月	5月	6月	上半年平均
工业品出厂价格指数	**98.87**	**98.75**	**97.69**	**97.84**	**97.46**	**97.18**	**97.97**
一、按轻重工业分							
轻工业	100.19	100.01	99.21	98.76	98.95	98.61	99.29
以农产品为原料	100.46	99.81	99.53	99.08	99.52	99.31	99.62
以非农产品为原料	99.76	100.33	98.68	98.23	98.01	97.46	98.75
重工业	97.86	97.79	96.51	97.14	96.30	96.06	96.94
原料	101.29	101.18	101.37	101.25	100.90	100.85	101.14
加工	95.35	95.24	92.89	94.09	92.92	92.50	93.83
二、按生产生活资料分							
生产资料	98.74	98.40	97.06	97.33	96.63	96.34	97.42
原料	101.73	101.63	102.18	102.17	101.95	101.94	101.93
加工	97.30	96.82	94.57	94.98	94.07	93.62	95.23
生活资料	99.20	99.65	99.27	99.15	99.52	99.28	99.35
食品	100.49	100.91	100.51	100.44	100.27	100.55	100.53
衣着	99.31	98.20	98.18	98.75	101.24	99.38	99.18
一般日用品	96.45	96.95	96.59	96.71	97.41	96.97	96.85
耐用消费品	97.11	99.22	98.50	96.98	96.94	96.35	97.52
三、按工业部门分							
冶金工业	94.14	96.52	86.03	85.11	79.47	79.20	86.75
电力工业	101.82	101.78	102.26	102.26	102.03	102.03	102.03
煤炭及炼焦工业	100.00	100.00	100.00	100.00	100.00	100.00	100.00
石油工业							
化学工业	97.10	98.87	97.22	97.50	97.23	96.91	97.47
机械工业	96.86	96.29	96.36	97.59	97.87	97.50	97.08
建筑材料工业	111.65	105.33	103.52	99.01	96.30	95.47	101.88
森林工业	105.97	105.98	105.15	105.35	105.56	103.08	105.18
食品工业	101.47	101.03	100.96	100.74	100.77	100.66	100.94
纺织工业	97.81	93.89	94.05	92.14	92.18	94.99	94.18
缝纫工业	99.29	98.11	98.08	98.69	101.38	99.41	99.16
皮革工业	99.73	99.75	99.73	99.73	99.10	99.10	99.52
造纸工业	98.45	94.78	92.31	89.61	89.93	89.35	92.41
文教艺术用品工业	95.41	96.87	98.10	98.16	98.20	98.09	97.47
其它工业	100.55	99.74	98.45	97.69	99.08	98.27	98.96

4-10 续表1 （2009年，以上年同期价格为100）

类 别	7 月	8 月	9 月	10 月	11 月	12 月	全 年
工业品出厂价格指数	**96.76**	**96.65**	**97.24**	**97.66**	**99.04**	**100.52**	**97.97**
一、按轻重工业分							
轻 工 业	97.45	97.24	98.71	98.40	98.98	100.33	98.90
以农产品为原料	97.52	97.19	97.51	98.31	98.90	100.03	98.93
以非农产品为原料	97.34	97.31	100.68	98.56	99.12	100.83	98.86
重 工 业	96.22	96.21	96.10	97.07	99.08	100.66	97.25
原 料	100.40	100.11	99.95	100.18	100.63	100.73	100.74
加 工	93.11	93.31	93.20	94.76	97.93	100.61	94.66
二、按生产生活资料分							
生产资料	96.36	96.28	96.73	97.09	98.94	100.57	97.54
原 料	101.37	100.86	100.82	100.76	100.76	100.81	101.42
加 工	93.92	94.05	94.73	95.31	98.05	100.45	95.66
生活资料	97.76	97.61	98.52	99.08	99.30	100.37	99.06
食 品	97.72	97.26	98.82	99.60	99.89	99.99	99.70
衣 着	99.51	100.90	100.94	101.71	101.38	102.80	100.19
一般日用品	97.01	96.92	97.27	97.11	97.87	101.83	97.42
耐用消费品	97.01	96.44	96.03	96.26	95.89	97.33	97.01
三、按工业部门分							
冶金工业	81.63	86.09	83.18	90.11	98.05	106.57	88.84
电力工业	101.48	100.95	100.95	100.20	100.15	100.15	101.34
煤炭及炼焦工业	100.00	100.00	100.00	193.15	193.15	193.15	123.29
石油工业							
化学工业	95.71	95.57	97.21	97.24	97.78	100.21	97.38
机械工业	97.59	96.58	98.26	96.67	97.94	98.27	97.32
建筑材料工业	93.75	92.45	86.30	91.82	93.62	95.15	97.03
森林工业	100.97	100.76	101.05	100.79	100.64	100.25	102.96
食品工业	98.09	97.39	97.61	98.72	99.31	99.91	99.72
纺织工业	96.26	95.20	95.46	93.92	96.72	99.55	95.18
缝纫工业	99.60	101.02	101.06	101.86	101.53	102.98	100.25
皮革工业	98.20	99.10	99.15	99.45	99.10	100.05	99.35
造纸工业	87.27	87.91	88.38	89.19	90.53	95.71	91.12
文教艺术用品工业	98.06	97.91	97.81	97.82	97.24	98.69	97.70
其它工业	98.74	98.28	111.30	111.21	112.35	115.23	103.41

4-10 续表2-1 (2009年，以上年同期价格为100)

类别	1月	2月	3月	4月	5月	6月	上半年平均
四、按工业行业分:							
农副食品加工业	102.14	101.18	101.62	100.75	100.90	101.03	101.27
食品制造业	104.65	103.92	101.61	104.14	103.08	102.08	103.25
饮料制造业	101.58	101.58	101.58	100.09	100.34	100.09	100.88
烟草制品业	100.00	100.00	100.00	100.00	100.00	100.00	100.00
纺 织 业	98.05	96.72	96.30	95.41	97.12	98.19	96.97
纺织服装、鞋、帽制造业	101.25	97.99	99.21	101.53	104.43	98.68	100.52
皮革、毛皮、羽毛（绒）及其制品业	99.73	99.75	99.73	99.73	99.10	99.10	99.52
木材加工及木、竹、藤、棕、草制品业	107.39	107.40	106.41	106.66	106.91	103.85	106.44
家具制造业	100.00	100.00	99.87	99.87	99.87	99.87	99.91
造纸及纸制品业	98.45	94.78	92.30	89.61	89.93	89.35	92.40
印刷业和记录媒介的复制	93.99	95.65	97.33	97.41	97.48	97.54	96.57
文教体育用品制造业	101.41	101.61	100.22	100.13	100.13	99.22	100.45
石油加工、炼焦及核燃料加工业							
化学原料及化学制品制造业	97.42	101.37	103.41	99.58	95.66	93.85	98.55
医药制造业	98.95	101.20	99.46	99.59	100.12	100.65	100.00
化学纤维制造业							
橡胶制品业	98.92	95.90	96.66	93.15	94.45	91.73	95.14
塑料制品业	90.37	90.61	86.44	89.87	89.78	88.44	89.25
非金属矿物制品业	104.71	101.18	99.56	96.80	96.76	95.50	99.09
黑色金属冶炼及压延加工业	92.95	97.51	84.99	83.86	78.19	77.98	85.91
有色金属冶炼及压延加工业	77.77	71.39	70.33	78.54	74.24	76.07	74.72
金属制品业	110.48	104.81	100.73	96.01	89.70	87.94	98.28
通用设备制造业	101.59	100.74	100.74	98.97	98.04	96.34	99.40
专用设备制造业	106.93	103.63	103.15	102.47	101.44	100.19	102.97
交通运输设备制造业	97.85	97.48	97.55	99.78	99.91	99.75	98.72
电气机械及器材制造业	90.81	87.93	89.53	89.51	91.24	90.79	89.97
通信设备、计算机及其他电子设备制造业	98.24	103.31	99.34	99.19	98.13	97.60	99.30
仪器仪表及文化、办公用机械制造业	104.81	104.81	104.81	104.81	104.81	104.81	104.81
工艺品及其他制造业	106.53	105.26	100.47	99.68	103.38	102.83	103.03
废弃资源和废旧材料回收加工业							
电力、热力的生产和供应业	101.82	101.78	102.26	102.26	102.03	102.03	102.03
燃气生产和供应业	100.00	100.00	100.00	100.00	100.00	100.00	100.00
水的生产和供应业	100.00	100.00	100.00	100.00	100.00	100.00	100.00

4-10 续表2-2 （2009年，以上年同期价格为100）

类 别	7 月	8 月	9 月	10 月	11 月	12 月	全 年
四、按工业行业分：							
农副食品加工业	100.62	99.09	99.85	101.69	103.32	105.01	101.43
食品制造业	101.95	100.92	100.43	103.83	103.83	103.64	102.84
饮料制造业	100.05	99.95	99.91	99.91	99.87	99.87	100.40
烟草制品业	94.02	94.02	94.02	94.02	94.02	94.02	97.01
纺 织 业	98.74	98.62	98.71	98.48	99.41	101.83	98.13
纺织服装、鞋、帽制造业	98.90	102.18	102.30	103.84	102.92	103.02	101.35
皮革、毛皮、羽毛（绒）及其制品业	98.20	99.10	99.15	99.45	99.10	100.05	99.35
木材加工及木、竹、藤、棕、草制品业	101.23	100.98	101.33	101.01	100.83	100.34	103.70
家具制造业	99.87	99.87	99.87	99.87	99.87	99.87	99.89
造纸及纸制品业	87.27	87.91	88.38	89.19	90.53	95.71	91.12
印刷业和记录媒介的复制	97.61	97.61	97.58	97.58	96.91	98.79	97.12
文教体育用品制造业	99.04	98.10	97.48	97.53	97.12	97.18	99.10
石油加工、炼焦及核燃料加工业							
化学原料及化学制品制造业	89.38	88.66	95.98	96.01	96.29	100.16	96.48
医药制造业	100.13	99.84	100.60	100.11	100.64	100.16	100.12
化学纤维制造业							
橡胶制品业	89.60	91.43	87.58	96.21	95.79	97.19	94.05
塑料制品业	88.02	88.47	88.91	88.41	89.44	101.72	90.04
非金属矿物制品业	95.01	94.06	91.89	94.45	98.27	102.60	97.57
黑色金属冶炼及压延加工业	80.93	85.55	81.66	89.32	98.09	106.59	88.14
有色金属冶炼及压延加工业	74.83	82.25	89.16	100.00	103.98	124.79	85.28
金属制品业	89.44	91.41	88.50	89.15	94.48	96.00	94.89
通用设备制造业	100.26	101.83	101.17	101.20	101.17	100.77	100.24
专用设备制造业	98.02	98.40	98.29	98.20	98.41	98.86	100.67
交通运输设备制造业	99.64	97.43	98.09	97.67	98.30	97.68	98.43
电气机械及器材制造业	90.96	92.55	92.56	92.27	96.46	99.07	91.97
通信设备、计算机及其他电子设备制造业	98.58	98.15	110.27	97.94	97.69	99.17	99.80
仪器仪表及文化、办公用机械制造业	104.81	102.82	102.82	102.82	102.82	95.15	103.34
工艺品及其他制造业	104.80	112.54	118.49	114.47	101.33	100.02	105.82
废弃资源和废旧材料回收加工业							
电力、热力的生产和供应业	101.48	100.95	100.95	100.20	100.15	100.15	101.34
燃气生产和供应业	100.00	100.00	100.00	193.15	193.15	193.15	123.29
水的生产和供应业	100.00	100.00	127.50	127.50	127.50	127.50	109.17

4－11 原材料、燃料、动力购进价格分月指数

（2009年，以上年同期价格为100）

类　　别	1月	2月	3月	4月	5月	6月	上半年平均
原材料、燃料、动力购进价格指数	**100.22**	**98.68**	**97.08**	**96.03**	**95.83**	**95.25**	**97.18**
一、按九大类分							
燃料、动力类	106.52	104.44	103.30	101.65	101.40	101.16	103.08
黑色金属材料类	95.60	91.38	88.18	83.55	80.96	78.96	86.44
#钢　材	95.74	91.33	88.17	83.48	80.85	78.80	86.40
其　它	88.80	93.80	88.50	86.85	86.36	86.58	88.48
有色金属材料和电线类	84.58	81.61	78.51	79.54	80.29	82.14	81.11
化工原料类	87.17	85.62	82.00	81.40	83.33	82.08	83.60
木材及纸浆类	99.09	96.39	95.75	92.93	93.34	92.65	95.03
建筑材料及非金属矿类	111.37	113.64	106.39	104.77	106.02	104.43	107.77
其它工业原材料及半成品类	100.33	100.06	99.93	99.49	99.26	100.01	99.85
农副产品类	96.64	94.01	92.35	94.00	94.26	91.75	93.84
纺织原料类	102.06	101.97	100.98	102.66	102.65	101.77	102.02
二、按工业行业分：							
非金属矿采选业	101.64	107.35	107.13	113.60	110.40	109.52	108.27
农副食品加工业	101.48	99.44	97.28	96.20	98.10	99.26	98.63
食品制造业	97.47	97.34	97.07	97.26	97.33	95.31	96.96
饮料制造业	100.51	97.83	97.73	97.83	96.88	98.90	98.28
烟草制品业	109.38	106.03	105.26	104.54	103.04	103.52	105.30
纺　织　业	99.32	98.00	97.66	96.52	97.72	98.45	97.95
纺织服装、鞋、帽制造业	101.92	100.33	101.40	101.31	102.51	101.22	101.45
皮革、毛皮、羽毛（绒）及其制品业	92.28	93.76	92.23	92.18	92.12	95.58	93.03
木材加工及木、竹、藤、棕、草制品业	91.41	90.64	91.50	89.86	90.86	92.25	91.09
家具制造业	104.80	105.27	104.57	104.57	104.57	104.57	104.73
造纸及纸制品业	104.13	101.08	94.20	90.80	90.60	90.05	95.14
印刷业和记录媒介的复制	103.33	97.68	99.45	97.64	99.68	98.52	99.38
文教体育用品制造业	101.62	99.31	99.47	99.41	98.48	100.21	99.75
石油加工、炼焦及核燃料加工业	95.03	96.91	93.35	91.36	90.51	86.64	92.30
化学原料及化学制品制造业	95.78	94.50	91.15	90.47	88.51	86.08	91.08
医药制造业	105.58	105.01	103.99	103.70	102.59	102.23	103.85
化学纤维制造业	85.69	92.61	88.49	92.00	90.19	89.55	89.76
橡胶制品业	98.83	87.98	85.70	85.47	81.68	69.91	84.93
塑料制品业	100.67	98.20	95.82	94.81	92.47	90.31	95.38
非金属矿物制品业	103.73	102.41	98.83	96.62	96.13	94.24	98.66
黑色金属冶炼及压延加工业	94.12	95.15	90.88	89.22	85.33	82.92	89.60
有色金属冶炼及压延加工业	72.51	74.06	61.88	78.21	74.57	78.29	73.25
金属制品业	89.83	80.90	75.69	76.08	87.86	85.44	82.63
通用设备制造业	95.40	95.11	91.06	88.88	85.15	83.07	89.78
专用设备制造业	94.41	95.25	94.01	91.27	90.45	86.44	91.97
交通运输设备制造业	102.61	100.33	101.40	99.30	99.07	102.16	100.81
电气机械及器材制造业	79.72	78.87	75.60	81.25	82.12	83.63	80.20
通信设备、计算机及其他电子设备制造业	93.00	87.31	81.20	81.74	81.08	83.45	84.63
仪器仪表及文化、办公用机械制造业	109.15	109.15	109.15	103.74	103.74	104.70	106.61
工艺品及其他制造业	99.46	98.24	97.46	105.10	104.04	105.83	101.69
电力、热力的生产和供应业	122.25	112.51	112.85	112.64	107.69	107.56	112.58
水的生产和供应业	109.17	116.07	116.07	116.07	116.07	116.07	114.92

4－11 续表 （2009年，以上年同期价格为100）

类别	7月	8月	9月	10月	11月	12月	全年
原材料、燃料、动力购进价格指数	**93.96**	**94.29**	**94.08**	**95.37**	**97.53**	**100.05**	**96.53**
一、按九大类分							
燃料、动力类	99.71	99.22	99.43	99.24	99.83	100.41	101.36
黑色金属材料类	75.69	79.34	78.03	84.81	88.39	90.79	84.64
#钢材	75.50	79.15	77.89	84.76	88.44	90.75	84.57
其它	85.16	88.37	84.73	86.96	86.19	92.93	87.94
有色金属材料和电线类	82.38	82.50	84.42	92.40	94.05	116.32	86.56
化工原料类	79.67	80.93	81.94	83.83	91.34	100.62	84.99
木材及纸浆类	91.99	94.49	93.44	92.81	93.62	96.94	94.45
建筑材料及非金属矿类	103.09	99.22	93.36	94.97	96.77	97.03	102.59
其它工业原材料及半成品类	99.60	99.99	100.17	100.83	101.50	102.04	100.27
农副产品类	92.54	89.41	90.76	92.98	97.95	102.99	94.14
纺织原料类	101.36	101.41	101.43	99.77	101.66	102.17	101.66
二、按工业行业分:							
非金属矿采选业	97.27	97.69	94.51	94.51	94.51	97.14	102.11
农副食品加工业	98.04	98.26	100.37	101.27	102.66	102.39	99.56
食品制造业	95.58	96.02	98.79	101.52	101.37	101.88	98.08
饮料制造业	96.95	100.04	99.62	99.38	100.68	101.34	98.97
烟草制品业	105.83	103.23	95.43	95.20	98.04	96.35	102.15
纺织业	100.07	98.28	98.65	98.07	100.39	105.20	99.03
纺织服装、鞋、帽制造业	97.47	97.04	97.25	98.21	99.91	102.12	100.06
皮革、毛皮、羽毛（绒）及其制品业	94.12	94.09	94.30	94.31	95.95	102.56	94.46
木材加工及木、竹、藤、棕、草制品业	91.83	92.05	93.03	93.79	98.17	105.43	93.40
家具制造业	104.57	104.57	104.57	99.33	99.33	99.78	103.38
造纸及纸制品业	89.41	90.75	88.94	90.31	90.97	95.70	93.08
印刷业和记录媒介的复制	97.69	98.90	100.05	100.23	99.29	102.99	99.62
文教体育用品制造业	97.45	103.16	96.41	97.49	102.79	103.01	99.90
石油加工、炼焦及核燃料加工业	90.23	86.45	100.00	99.78	100.43	103.95	94.55
化学原料及化学制品制造业	84.65	84.76	87.25	88.10	98.49	103.21	91.08
医药制造业	102.40	101.54	99.68	100.31	102.20	102.69	102.66
化学纤维制造业	91.32	89.03	88.88	92.97	104.76	115.90	93.45
橡胶制品业	63.07	59.42	66.66	70.72	74.01	81.46	77.08
塑料制品业	91.73	93.43	93.11	93.92	100.29	106.93	95.97
非金属矿物制品业	95.20	97.99	93.82	93.26	98.03	98.43	97.39
黑色金属冶炼及压延加工业	83.39	85.94	84.07	89.40	98.27	100.92	89.97
有色金属冶炼及压延加工业	78.37	76.25	79.97	91.99	91.71	103.90	80.14
金属制品业	85.79	88.72	87.06	95.85	99.21	106.68	88.26
通用设备制造业	81.67	85.03	82.51	87.06	93.90	95.08	88.66
专用设备制造业	88.45	87.08	87.27	88.96	91.13	95.59	90.86
交通运输设备制造业	98.08	96.78	93.04	94.86	95.65	98.44	98.48
电气机械及器材制造业	83.95	86.22	87.73	91.85	102.51	110.02	86.96
通信设备、计算机及其他电子设备制造业	83.96	88.98	89.54	89.64	86.53	90.64	86.42
仪器仪表及文化、办公用机械制造业	101.61	100.80	100.49	100.61	99.90	99.90	103.58
工艺品及其他制造业	101.31	102.13	102.46	101.49	100.87	94.72	101.09
电力、热力的生产和供应业	110.23	106.67	105.40	105.51	106.67	104.30	109.52
水的生产和供应业	116.07	116.07	116.07	116.07	116.07	116.07	115.50

4－12 工业品出厂价格分月指数

（2009年，以上月价格为100）

项目	1月	2月	3月	4月	5月	6月
工业品出厂价格指数	**99.42**	**99.62**	**99.71**	**99.96**	**99.96**	**99.97**
一、按轻重工业分						
轻工业	99.08	99.97	99.88	99.95	100.15	100.03
以农产品为原料	99.55	99.65	100.08	99.82	100.16	100.09
以非农产品为原料	98.34	100.49	99.55	100.16	100.13	99.94
重工业	99.68	99.36	99.59	99.96	99.80	99.92
原料	99.91	100.16	99.92	99.79	100.09	99.98
加工	99.52	98.76	99.35	100.09	99.59	99.88
二、按生产生活资料分						
生产资料	99.41	99.39	99.67	99.89	99.82	99.96
原料	99.79	100.17	100.03	99.99	100.00	99.99
加工	99.23	99.01	99.49	99.84	99.74	99.95
生活资料	99.46	100.22	99.84	100.13	100.28	100.00
食品	100.00	100.02	99.74	100.32	100.01	100.14
衣着	99.77	99.72	99.99	100.00	101.47	99.56
一般日用品	97.22	101.30	100.46	100.31	100.23	100.09
耐用消费品	99.78	100.20	99.22	99.12	100.28	99.72
三、按工业部门分						
冶金工业	103.72	100.11	96.90	98.27	99.14	101.19
电力工业	99.82	100.18	100.00	100.00	100.00	100.00
煤炭及炼焦工业	100.00	100.00	100.00	100.00	100.00	100.00
石油工业						
化学工业	99.50	99.73	98.35	100.83	100.01	99.84
机械工业	98.06	98.94	100.17	100.50	99.97	99.54
建筑材料工业	100.58	94.28	96.61	96.93	99.16	99.84
森林工业	100.05	99.99	99.51	99.93	100.07	100.05
食品工业	99.87	99.72	100.23	100.02	99.88	100.10
纺织工业	98.77	97.95	101.99	97.64	100.34	100.18
缝纫工业	99.76	99.70	99.99	100.00	101.57	99.53
皮革工业	100.00	100.00	100.00	100.00	100.00	100.02
造纸工业	96.86	99.16	98.60	99.21	100.13	100.34
文教艺术用品工业	95.26	101.74	101.60	100.08	100.04	100.04
其它工业	99.41	100.67	100.43	99.43	100.45	99.98

4－12 续表1　　（2009年，以上月价格为100）

项　　　目	7　月	8　月	9　月	10　月	11　月	12　月
工业品出厂价格指数	**100.31**	**100.49**	**99.91**	**100.11**	**100.48**	**100.59**
一、按轻重工业分						
轻　工　业	100.05	100.08	100.60	100.30	100.24	100.64
以农产品为原料	99.88	100.20	100.08	100.41	100.33	100.59
以非农产品为原料	100.32	99.89	101.46	100.11	100.09	100.71
重　工　业	100.52	100.80	99.37	99.97	100.66	100.55
原　　料	100.12	100.32	99.67	100.54	100.04	100.05
加　　工	100.82	101.15	99.14	99.54	101.12	100.93
二、按生产生活资料分						
生产资料	100.44	100.66	99.53	100.11	100.59	100.65
原　　料	99.99	100.01	100.01	100.63	100.01	100.02
加　　工	100.66	100.98	99.30	99.85	100.87	100.95
生活资料	99.99	100.03	100.86	100.13	100.19	100.44
食　　品	99.73	100.11	101.38	100.06	100.17	100.25
衣　　着	100.27	100.22	100.58	100.68	100.32	100.41
一般日用品	100.23	100.20	100.26	100.17	100.30	101.08
耐用消费品	100.56	99.17	99.50	99.80	99.99	100.51
三、按工业部门分						
冶金工业	103.07	104.22	95.68	97.97	101.52	103.23
电力工业	100.00	100.00	100.00	100.00	100.00	100.00
煤炭及炼焦工业	100.00	100.00	100.00	193.15	100.00	100.00
石油工业						
化学工业	99.22	100.12	99.88	100.02	100.35	101.03
机械工业	100.23	100.11	100.16	100.05	100.70	100.01
建筑材料工业	99.68	99.77	102.02	103.67	100.23	102.76
森林工业	100.21	99.84	100.26	100.08	100.02	100.07
食品工业	99.88	100.19	100.14	100.41	100.16	100.42
纺织工业	101.26	100.16	99.76	100.41	103.38	100.84
缝纫工业	100.29	100.24	100.62	100.72	100.34	100.44
皮革工业	100.00	100.00	100.05	100.00	100.00	100.00
造纸工业	98.85	100.12	99.05	100.49	99.97	102.51
文教艺术用品工业	100.00	99.87	99.85	99.93	100.00	100.19
其它工业	100.80	99.97	112.77	100.38	100.56	101.48

4－12 续表2－1 （2009年，以上月价格为100）

项目	1月	2月	3月	4月	5月	6月
四、按工业行业分						
农副食品加工业	99.66	99.28	100.64	99.68	99.65	100.72
食品制造业	100.00	99.93	99.89	101.38	100.02	98.76
饮料制造业	100.00	100.00	100.00	99.95	100.00	100.00
烟草制品业	100.00	100.00	100.00	100.00	100.00	100.00
纺织业	99.10	99.31	100.17	99.20	101.86	100.18
纺织服装、鞋、帽制造业	100.63	99.16	101.29	100.01	99.70	98.40
皮革、毛皮、羽毛(绒)及其制品业	100.00	100.00	100.00	100.00	100.00	100.01
木材加工及木、竹、藤、棕、草制品业	100.06	99.99	99.42	99.92	100.08	100.07
家具制造业	100.00	100.00	99.87	100.00	100.00	100.00
造纸及纸制品业	96.86	99.16	98.60	99.21	100.13	100.34
印刷业和记录媒介的复制	94.34	102.03	102.04	100.09	100.05	100.05
文教体育用品制造业	99.82	100.00	99.10	100.00	100.00	100.00
石油加工、炼焦及核燃料加工业						
化学原料及化学制品制造业	99.85	100.33	99.51	97.96	98.12	97.84
医药制造业	99.83	99.68	98.91	101.17	100.52	100.07
化学纤维制造业						
橡胶制品业	98.60	97.12	100.00	96.67	100.00	100.00
塑料制品业	98.61	100.29	95.11	103.62	100.02	100.91
非金属矿物制品业	99.54	98.34	99.51	98.17	100.01	99.85
黑色金属冶炼及压延加工业	103.94	100.53	96.14	97.13	99.59	101.38
有色金属冶炼及压延加工业	106.61	99.25	100.49	107.60	94.09	101.79
金属制品业	100.74	98.20	99.27	99.68	99.37	99.71
通用设备制造业	99.19	99.98	100.79	98.35	100.62	99.44
专用设备制造业	98.70	99.71	99.97	99.88	100.13	100.01
交通运输设备制造业	97.84	99.72	99.93	99.99	100.00	100.03
电气机械及器材制造业	99.01	94.63	101.30	102.64	99.69	98.02
通信设备、计算机及其他电子设备制造业	96.79	103.32	99.15	99.70	100.07	99.72
仪器仪表及文化、办公用机械制造业	102.82	100.00	100.00	100.00	100.00	100.00
工艺品及其他制造业	99.92	100.00	97.09	98.77	101.16	100.30
废弃资源和废旧材料回收加工业						
电力、热力的生产和供应业	99.82	100.18	100.00	100.00	100.00	100.00
燃气生产和供应业	100.00	100.00	100.00	100.00	100.00	100.00
水的生产和供应业	100.00	100.00	100.00	100.00	100.00	100.00

4－12　续表2－2　　（2009年，以上月价格为100）

项　　目	7月	8月	9月	10月	11月	12月
四、按工业行业分						
农副食品加工业	99.70	100.51	100.39	101.10	100.44	101.13
食品制造业	99.95	100.00	100.00	100.00	100.00	100.00
饮料制造业	100.00	100.00	99.96	100.00	99.96	100.00
烟草制品业	100.00	100.00	100.00	100.00	100.00	100.00
纺　织　业	100.57	100.29	99.92	100.38	101.11	100.76
纺织服装、鞋、帽制造业	100.40	100.02	101.70	101.35	100.93	99.95
皮革、毛皮、羽毛(绒)及其制品业	100.00	100.00	100.05	100.00	100.00	100.00
木材加工及木、竹、藤、棕、草制品业	100.26	99.80	100.33	100.10	100.03	100.09
家具制造业	100.00	100.00	100.00	100.00	100.00	100.00
造纸及纸制品业	98.85	100.12	99.05	100.48	99.97	102.51
印刷业和记录媒介的复制	100.00	100.00	99.96	99.99	100.01	100.00
文教体育用品制造业	100.00	99.17	99.03	99.56	100.00	101.17
石油加工、炼焦及核燃料加工业						
化学原料及化学制品制造业	96.78	99.16	100.09	100.07	99.99	103.17
医药制造业	99.79	99.74	100.15	99.97	100.49	100.22
化学纤维制造业						
橡胶制品业	100.00	103.53	95.44	100.45	99.55	101.51
塑料制品业	99.31	101.49	100.13	100.09	100.29	102.66
非金属矿物制品业	100.59	100.03	101.21	101.96	100.84	102.77
黑色金属冶炼及压延加工业	103.47	104.42	94.70	98.07	102.02	103.49
有色金属冶炼及压延加工业	99.98	107.03	100.84	99.78	100.95	103.47
金属制品业	102.45	101.50	98.39	96.41	98.97	101.64
通用设备制造业	100.56	101.80	98.92	100.36	99.83	100.09
专用设备制造业	99.90	99.90	99.96	100.00	100.23	100.29
交通运输设备制造业	100.00	100.00	100.01	100.00	99.97	100.00
电气机械及器材制造业	100.68	100.64	101.02	100.25	103.29	99.87
通信设备、计算机及其他电子设备制造业	100.66	99.41	99.60	99.88	100.02	100.38
仪器仪表及文化、办公用机械制造业	100.00	100.00	100.00	100.00	100.00	91.90
工艺品及其他制造业	101.48	97.02	104.99	101.46	99.56	101.50
废弃资源和废旧材料回收加工业						
电力、热力的生产和供应业	100.00	100.00	100.00	100.00	100.00	100.00
燃气生产和供应业	100.00	100.00	100.00	193.15	100.00	100.00
水的生产和供应业	100.00	100.00	127.50	100.00	100.00	100.00

4－13　原材料、燃料、动力购进价格分月指数

（2009 年，以上月价格为 100）

项　　目	1　月	2　月	3　月	4　月	5　月	6　月
原材料、燃料、动力购进价格指数	**98.77**	**99.50**	**99.59**	**99.67**	**99.92**	**100.04**
一、按九大类分						
燃料、动力类	98.84	99.54	99.78	99.99	100.01	100.35
黑色金属材料类	97.60	97.79	98.91	96.70	99.11	99.07
#钢　材	97.79	97.60	98.99	96.68	99.09	99.03
其　它	88.18	106.83	94.84	97.58	100.02	100.83
有色金属材料和电线类	94.11	100.52	99.64	103.75	100.43	100.46
化工原料类	97.92	99.35	98.06	101.22	99.14	100.12
木材及纸浆类	99.20	99.36	98.20	98.67	100.00	99.41
建筑材料及非金属矿类	99.19	99.51	95.67	97.73	100.76	99.66
其它工业原材料及半成品类	99.20	100.69	100.00	99.72	100.16	100.11
农副产品类	100.04	98.17	100.25	100.51	100.77	98.36
纺织原料类	99.89	99.90	100.77	99.93	100.03	100.87
二、按工业行业分						
非金属矿采选业	93.02	98.28	102.99	102.17	97.18	99.20
农副食品加工业	98.87	99.41	99.93	101.23	101.05	100.59
食品制造业	98.36	98.38	99.60	99.60	100.64	100.12
饮料制造业	95.29	97.39	99.93	100.44	99.67	99.91
烟草制品业	94.27	98.02	99.27	99.32	98.56	100.47
纺　织　业	99.05	99.80	100.19	99.49	100.97	100.22
纺织服装、鞋、帽制造业	99.58	100.70	100.68	100.82	100.60	99.08
皮革、毛皮、羽毛(绒)及其制品业	99.92	100.06	98.37	100.00	100.00	99.68
木材加工及木、竹、藤、棕、草制品业	98.44	99.82	100.37	99.38	100.83	99.76
家具制造业	100.00	100.45	99.33	100.00	100.00	100.00
造纸及纸制品业	97.91	98.86	95.93	99.18	98.91	99.89
印刷业和记录媒介的复制	97.87	99.85	99.19	98.40	101.13	99.13
文教体育用品制造业	100.00	100.06	100.16	100.00	100.02	100.84
石油加工、炼焦及核燃料加工业	102.95	97.12	98.10	98.51	101.52	100.00
化学原料及化学制品制造业	97.82	99.29	100.28	101.43	99.50	99.35
医药制造业	99.61	100.34	99.54	100.53	99.63	100.49
化学纤维制造业	99.25	108.57	96.31	103.49	98.04	99.18
橡胶制品业	97.84	89.02	99.39	100.70	98.34	96.41
塑料制品业	103.49	100.78	98.33	101.42	100.95	100.32
非金属矿物制品业	99.03	97.53	99.11	98.38	100.39	99.27
黑色金属冶炼及压延加工业	93.51	102.17	97.15	100.83	99.40	101.02
有色金属冶炼及压延加工业	89.57	95.35	94.86	99.54	99.59	109.23
金属制品业	98.62	95.92	95.95	102.21	101.86	99.84
通用设备制造业	97.12	99.64	98.39	99.38	96.76	99.68
专用设备制造业	97.09	98.84	98.39	99.53	99.73	99.38
交通运输设备制造业	98.98	99.26	100.40	98.94	100.30	100.57
电气机械及器材制造业	96.55	98.69	99.69	105.59	100.07	100.94
通信设备、计算机及其他电子设备制造业	95.58	96.78	94.28	99.70	100.19	101.43
仪器仪表及文化、办公用机械制造业	100.10	100.00	100.82	100.00	100.00	100.00
工艺品及其他制造业	98.33	98.92	97.83	99.14	100.52	100.33
电力、热力的生产和供应业	98.53	100.75	99.96	102.59	100.66	100.55
水的生产和供应业	100.00	100.00	100.00	100.00	100.00	100.00

4－13　续表　　（2009年，以上月价格为100）

项　　目	7　月	8　月	9　月	10　月	11　月	12　月
原材料、燃料、动力购进价格指数	**100.45**	**101.16**	**99.87**	**100.12**	**100.31**	**100.72**
一、按九大类分						
燃料、动力类	100.22	100.33	100.00	100.18	100.37	100.41
黑色金属材料类	101.45	104.56	98.61	100.18	99.58	100.06
#钢　　材	101.47	104.54	98.63	100.20	99.57	99.97
其　　它	100.71	105.76	97.51	99.41	100.25	104.17
有色金属材料和电线类	101.24	103.21	100.29	100.78	101.02	102.81
化工原料类	100.29	102.35	100.50	99.33	100.07	102.99
木材及纸浆类	99.64	103.28	99.41	100.19	99.89	100.67
建筑材料及非金属矿类	99.75	99.98	100.87	101.12	100.00	103.07
其它工业原材料及半成品类	100.16	100.18	100.23	100.05	100.29	100.29
农副产品类	101.18	100.11	99.33	101.01	102.83	101.18
纺织原料类	100.46	100.07	100.01	99.99	100.01	100.25
二、按工业行业分						
非金属矿采选业	100.81	96.55	100.00	100.00	100.00	98.15
农副食品加工业	99.93	100.29	100.34	100.71	100.58	100.25
食品制造业	100.11	100.32	99.35	100.68	101.23	101.02
饮料制造业	100.26	100.21	100.16	100.04	101.20	100.66
烟草制品业	103.36	102.89	99.21	99.76	102.81	98.70
纺　织　业	101.87	99.64	99.60	99.84	102.97	102.50
纺织服装、鞋、帽制造业	97.89	101.99	100.25	100.32	100.18	101.66
皮革、毛皮、羽毛（绒）及其制品业	100.00	100.00	100.07	100.01	100.03	99.89
木材加工及木、竹、藤、棕、草制品业	100.13	100.36	99.98	100.55	99.64	104.04
家具制造业	100.00	100.00	100.00	100.00	100.00	100.00
造纸及纸制品业	99.58	101.75	100.13	101.26	99.88	101.10
印刷业和记录媒介的复制	100.43	101.18	100.49	100.15	99.76	101.26
文教体育用品制造业	102.33	100.00	100.00	100.00	102.01	100.00
石油加工、炼焦及核燃料加工业	101.21	100.00	100.00	102.78	100.65	100.00
化学原料及化学制品制造业	99.43	100.68	101.64	99.73	99.99	103.81
医药制造业	100.37	99.80	100.10	99.97	100.83	100.84
化学纤维制造业	102.86	99.69	105.14	102.49	101.79	99.44
橡胶制品业	100.00	100.00	103.75	100.00	100.00	100.00
塑料制品业	100.16	102.11	99.88	98.16	100.46	100.96
非金属矿物制品业	101.47	102.09	100.28	98.63	100.22	101.70
黑色金属冶炼及压延加工业	102.07	103.82	96.28	99.71	101.93	101.69
有色金属冶炼及压延加工业	100.25	103.89	101.10	100.56	98.33	101.77
金属制品业	103.12	103.53	100.07	101.15	101.01	102.00
通用设备制造业	100.38	102.76	98.94	101.50	100.18	100.67
专用设备制造业	101.23	101.12	100.58	100.10	99.97	100.07
交通运输设备制造业	100.19	100.56	99.61	100.45	100.21	100.75
电气机械及器材制造业	100.91	104.15	100.22	100.31	101.59	102.11
通信设备、计算机及其他电子设备制造业	100.33	99.40	99.76	100.49	100.67	102.23
仪器仪表及文化、办公用机械制造业	100.00	100.29	98.17	99.51	100.00	100.00
工艺品及其他制造业	99.83	99.03	99.65	100.38	98.41	95.72
电力、热力的生产和供应业	100.96	101.58	99.59	100.10	100.75	98.29
水的生产和供应业	100.00	100.00	100.00	100.00	100.00	100.00

主 要 统 计 指 标 解 释

居民消费价格指数 （Consumer Price Index，简称 CPI）是反映居民购买并用于消费的一组代表性商品和服务项目价格水平的变化趋势和变动幅度的统计指标。调查内容既有城乡居民日常生活需要的各类消费品，也包括多种与人民生活密切相关的服务项目，如水、电、交通、教育、医疗等费用。该价格指数为分析和制定货币政策、价格政策、居民消费政策、工资政策以及进行国民经济核算提供科学依据。国际上通常将居民消费价格指数作为反映通货膨胀（或通货紧缩）程度的重要指标。

按照国际标准，居民消费价格的调查内容分为食品、烟酒及用品、衣着、家庭设备用品及维修服务、医疗保健和个人用品、交通和通信、娱乐教育文化用品及服务、居住等八大类。根据我国城乡居民消费模式、消费习惯，参照抽样调查原理选中的城乡居民家庭的消费支出数据，并结合其它相关资料，选取了 251 个基本分类、约 700 种商品和服务项目，作为经常性调查项目。国家统计局直属的全国调查系统采取定人、定时、定点的直接调查方式，由专职调查员到不同类型、不同规模的农贸市场和商店现场采集价格资料。对于与居民生活密切相关、价格变动比较频繁的商品，至少每五天调查一次价格，从而保证了居民消费价格指数能够及时、准确地反映市场价格的变动情况。

由于价格指数是用一定数量的代表品种反映价格总水平的变化，必须确定每一种调查商品或服务项目价格对价格总水平影响的重要程度（称为权数），用以加权计算分类价格指数直至价格总指数。随着人民消费结构不断变化，还要根据城市居民家庭消费支出结构变化，每年对权数进行调整。

商品零售价格指数 是反映城市商品零售价格变动趋势的一种经济指数。零售物价的调整变动直接影响到城市居民的生活支出和国家的财政收入，影响居民购买力和市场供需平衡，影响消费与积累的比例。因此，计算零售价格指数，可以从一个侧面对上述经济活动进行观察和分析。

工业品出厂价格指数 是反映全部工业产品出厂价格总水平的变化趋势和变动幅度的统计指标。其中包括工业企业销给商业、外贸、物资部门的产品，还包括销给工业和其他部门的生产资料，以及直接销给居民的生活消费品。其目的在于准确地反映工业产品价格的变动趋势及程度，为国民经济核算、计算工业发展速度、宏观经济分析和调控、理顺价格体系提供科学、准确的依据。

原材料、燃料、动力购进价格指数 是反映全部原材料、燃料、动力价格变化趋势和变动幅度的统计指标。其调查内容包括：燃料动力类、黑色金属材料类、有色金属材料和电线类、化工原料类、木材及纸浆类、建筑材料及非金属矿类、其它工业原材料及半成品类、农副产品类、纺织原料类。其目的在于准确反映中间投入的原材料、燃料、动力价格的变动趋势及程度，为国民经济核算、分析提供科学、准确的依据。

五、固定资产投资

INVESTMENT IN FIXED ASSETS

本篇内容包括:

1. 全社会固定资产投资
2. 分行业的固定资产投资
3. 房地产开发投资

资料整理

许卫群
胡　强
万明刚
朱伟彦

微机处理

张越峤

全社会固定资产投资

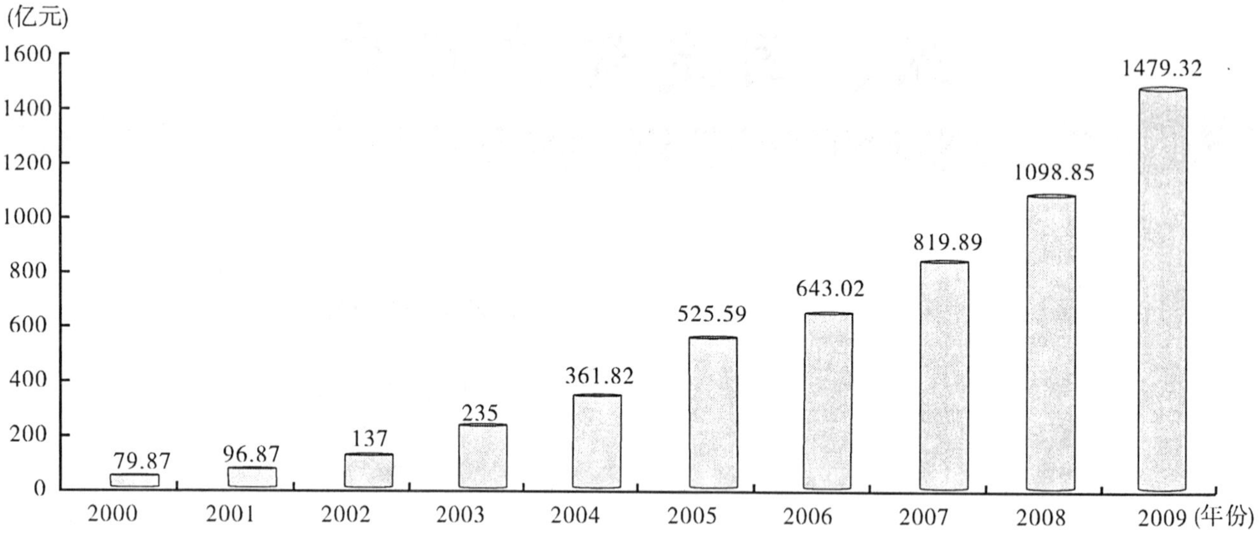

三次产业投资比重(%)

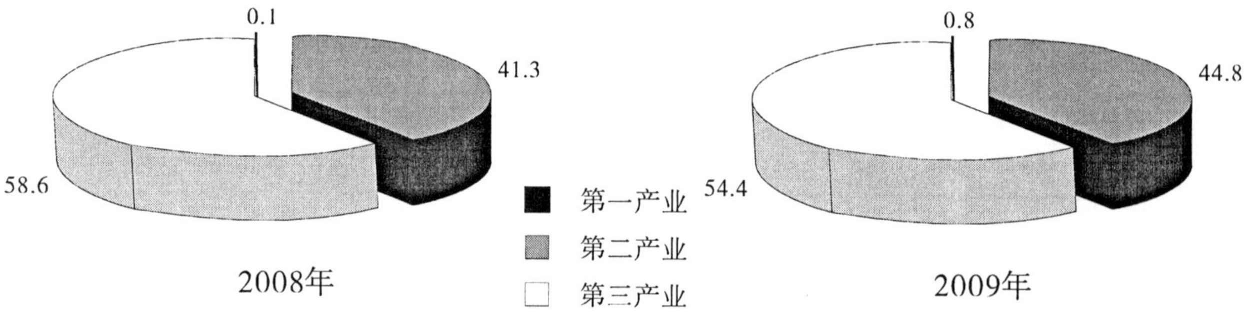

房地产开发投资

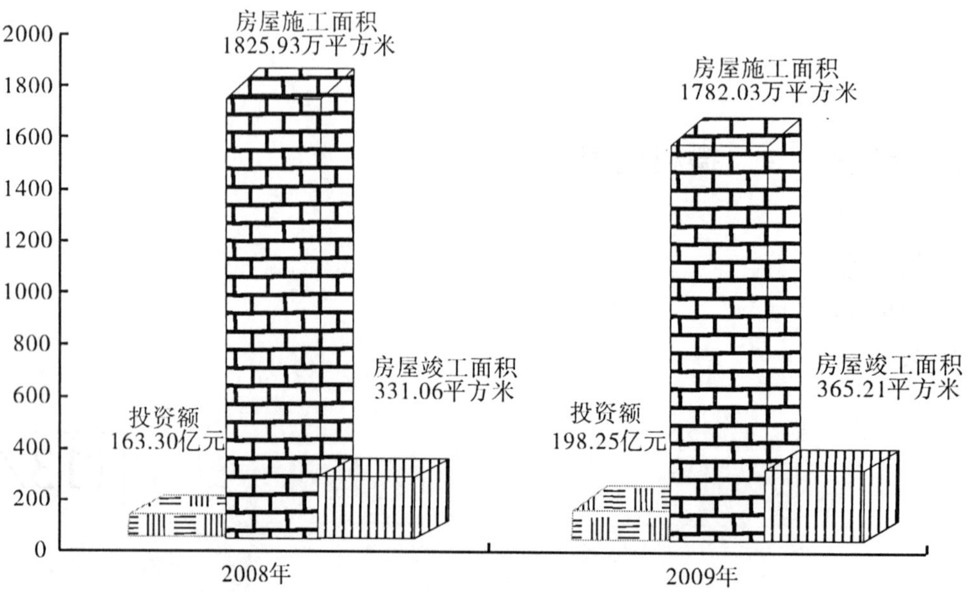

5-1 全社会固定资产投资

单位：万元

项目	2008	2009	2009年比上年增长%
总计	**10 988 484**	**14 793 151**	**34.6**
中央、省属	2 298 387	2 098 831	-8.7
市属	8 690 097	12 694 320	46.1
城镇以上固定资产投资	10 526 104	14 034 086	33.3
中央、省属	2 298 387	2 098 831	-8.7
市属	8 227 717	11 935 255	45.1
#城镇50万元投资	8 893 064	12 051 618	35.5
中央、省属	2 058 641	1 696 866	-17.6
市属	6 834 423	10 354 752	51.5
房地产开发	1 633 040	1 982 468	21.4
中央、省属	239 746	401 965	67.7
市属	1 393 294	1 580 503	13.4
农村投资	462 380	759 065	64.2
非农户	334 416	629 065	88.1
农户	127 964	130 000	1.6

5－2　主要年份全社会固定资产投资

项　　目	1978	1980	1985	1990	1995	2000	2005	2006	2007	2008	2009
一、投资总额（万元）	12 209	21 075	46 575	103 225	542 553	798 684	5 255 946	6 430 198	8 198 948	10 988 484	14 793 151
按隶属关系分											
中央、省属	7 831	9 099	23 758	37 947	120 705	238 557	972 576	1 125 266	1 181 279	2 298 387	2 098 831
市　　属	4 378	11 976	22 817	65 278	421 848	560 127	4 283 370	5 304 932	7 017 669	8 690 097	12 694 320
按经济类型分											
城镇国有	11 624	19 765	42 700	82 902	352 530	539 651	2 028 308	2 347 629	2 786 798	3 467 901	3 873 968
#房地产开发				7 792	96 396	131 968	76 486	149 223	138 148	190 680	80 247
城镇集体	325	840	1 811	2 905	5 943	17 564	81 157	76 307	95 479	110 400	424 105
其他经济类型							2 697 026	3 540 358	4 858 908	6 947 803	10 495 078
农村非农户	100	230	520	4 320	151 549	178 096	367 283	384 732	362 321	334 416	629 065
农村个人	80	120	840	8 732	25 975	53 006	82 172	87 268	95 442	127 964	130 000
二、新增固定资产（万元）	7 775	18 092	25 501	86 174	425 293	367 220	2 251 905	3 645 570	5 014 254	8 016 577	8 870 800
#房地产开发				8 147	24 396	73 626	506 388	532 651	534 654	491 862	742 886
三、竣工房屋面积（万平方米）	39.57	101.24	106.05	190.19	233.97	355.48	942.64	993.27	1042.74	1096.86	1327.27
#房地产开发				29.28	84.4	92.1	426.5	427.56	371.01	331.06	365.21
#住　　宅	22.71	57.69	61.51	131.72	160.44	265.75	485.93	398.68	454.62	411.04	458.99
#房地产开发				24.81	64.71	83.69	352.35	352.72	347.39	297.09	326.61

5-3 50万元以上固定资产投资

（2009年）　　　　单位：万元

指　　标	总　计	中　央	省	市	县	乡　镇	其　他
一、本年完成投资（万元）	14 663 151	600 178	1 514 206	1 403 949	1 782 918	322	9 361 578
#住宅投资	1 757 308	18 681	279 513	158 543	203 292	322	1 096 957
1. 按企业登记注册类型分							
内　资	12 848 518	595 414	1 472 878	1 266 503	1 738 420	322	7 774 981
国　有	3 873 968	203 331	925 416	1 121 555	1 297 082		326 584
集　体	424 105		6 782	12 235	161 304	322	243 462
股份合作	76 163		3 169	2 857	8 436		61 701
联　营	66 936				17 860		49 076
有限责任公司	4 775 764	28 066	306 880	108 029	186 583		4 146 206
股份有限公司	1 450 046	363 589	212 258	21 396	25 526		827 277
私　营	1 958 776						1 958 776
其他内资	222 760	428	18 373	431	41 629		161 899
港澳台投资	714 541		23 423	19 496	44 498		627 124
外商投资	965 160	4 764	17 905	117 950			824 541
个体经营	134 932						134 932
2. 按建设性质分							
#新　建	4 499 260	391 880	488 596	458 401	832 371		2 328 012
扩　建	974 324	2 987	251 598	324 330	64 818		330 591
改建和技术改造	4 570 577	174 498	154 746	348 236	634 111		3 258 986
3. 按构成分							
建筑工程	6 096 674	335 258	662 083	706 799	1 101 202	322	3 291 010
安装工程	1 023 241	21 957	145 417	90 609	134 911		630 347
设备工器具购置	5 533 805	227 334	429 422	299 058	220 062		4 357 929
其他费用	2 009 431	15 629	277 284	307 483	326 743		1 082 292
4. 按产业分							
第一产业	113 701		10 868	2 426	21 135		79 272
第二产业	6 576 915	422 564	365 730	304 641	196 993		5 286 987
第三产业	7 972 535	177 614	1 137 608	1 096 882	1 564 790	322	3 995 319
二、本年新增固定资产（万元）	8 872 612	91 342	563 168	822 443	1 222 391	2 154	6 171 114
三、本年资金来源合计（万元）	17 336 924	652 019	2 064 310	1 543 396	1 900 032	700	11 176 467
#本年资金来源	16 408 290	647 803	1 991 037	1 516 349	1 823 307	700	10 429 094
国家预算内资金	644 772	78 791	116 539	177 722	259 799		11 921
国内贷款	1 666 368	305 382	388 521	211 325	98 496		662 644
债　券	300				300		
利用外资	403 460			354			403 106
自筹资金	11 220 217	236 579	1 107 355	932 532	1 186 738		7 757 013
其他资金来源	2 473 173	27 051	378 622	194 416	277 974	700	1 594 410

5-4 分行业固定资产投资

单位：万元

行业	2008	2009	2009年比上年增长 %
总　计	**10 860 520**	**14 663 151**	**35.0**
农、林、牧、渔业	37 368	113 701	204.3
工　业	4 324 018	6 468 589	49.6
#采　矿　业	6 206	26 058	319.9
制　造　业	4 027 521	5 839 847	45.0
#农副食品加工业	273 452	313 557	14.7
食品制造业	183 898	197 302	7.3
饮料制造业	44 151	71 992	63.1
烟草制品业	11 678	6 827	-41.5
纺　织　业	112 188	316 320	182.0
纺织服装、鞋、帽制造业	353 057	365 697	3.6
家具制造业	67 947	94 320	38.8
造纸及纸制品业	62 148	97 493	56.9
印刷业和记录媒介的复制	160 361	185 478	15.7
文教体育用品制造业	52 300	34 402	-34.2
化学原料及化学制品制造业	153 960	204 862	33.1
医药制造业	195 180	233 455	19.6
化学纤维制造业	11 520	18 464	60.3
橡胶制品业	56 843	31 649	-44.3
塑料制品业	136 058	122 518	-10.0
非金属矿物制品业	216 927	398 942	83.9
黑色金属冶炼及压延加工业	74 187	45 730	-38.4
有色金属冶炼及压延加工业	73 413	182 529	148.6
金属制品业	215 048	315 766	46.8
通用设备制造业	156 951	333 903	112.7
专用设备制造业	207 322	368 466	77.7
交通运输设备制造业	388 654	544 975	40.2
电气机械及器材制造业	311 343	439 594	41.2
通信设备、计算机及其他电子设备	317 319	551 678	73.9
仪器仪表及文化、办公用机械制造	41 805	86 805	107.6
工艺品及其他制造业	30 042	77 568	158.2

注：本表固定资产投资是指50万元以上固定资产投资完成额，不含房地产开发和农村投资，下同。

5-4 续表 单位：万元

行业	2008	2009	2009年比上年增长 %
电力、燃气及水的生产和供应业	290 291	602 684	107.6
#电力、热力的生产和供应业	270 746	485 956	79.5
燃气生产和供应业	10 239	44 948	339.0
水的生产和供应业	9 306	71 780	671.3
建筑业	86 158	108 326	25.7
交通运输、仓储和邮政业	390 824	396 237	1.4
#铁路运输业	196 031	91 500	-53.3
道路运输业	121 474	93 335	-23.2
城市公共交通业	6 333	18 062	185.2
邮政业	256	3 513	1272.3
信息传输、计算机服务和软件业	147 212	195 627	32.9
#电信和其他信息传输服务业	88 981	138 311	55.4
批发和零售业	408 713	934 644	128.7
住宿和餐饮业	392 185	559 376	42.6
金融业	59 202	173 107	192.4
房地产业	1 941 076	2 406 790	24.0
租赁和商务服务业	223 365	342 826	53.5
科学研究、技术服务和地质勘查业	94 228	161 719	71.6
水利、环境和公共设施管理业	1 046 878	1 386 948	32.5
#水利管理业	43 665	142 782	227.0
环境管理业	8 519	29 789	249.7
公共设施管理业	994 694	1 214 377	22.1
居民服务和其他服务业	66 316	104 481	57.6
教育	718 403	475 830	-33.8
卫生、社会保障和社会福利业	93 033	153 956	65.5
#卫生	75 307	148 202	96.8
文化、体育和娱乐业	180 129	381 849	112.0
公共管理和社会组织	651 412	299 145	-54.1

5-5 分行业固定资产投资

（按登记注册类型分，2009 年）　　单位：万元

指　　标	总 计	内 资					
			国 有	集 体	股份合作	联 营	有限责任公司
总　　计	**14 663 151**	**12 848 518**	**3 873 968**	**424 105**	**76 163**	**66 936**	**4 775 764**
农、林、牧、渔业	113 701	106 537	31 569	300	1 800		21 057
工　　业	6 468 589	5 482 755	588 071	64 944	24 450	44 299	2 878 096
#采 矿 业	26 058	21 248		430			7 500
制 造 业	5 839 847	4 865 962	387 870	63 714	24 450	44 299	2 826 763
#农副食品加工业	313 557	303 102	5 502	2 906			191 676
食品制造业	197 302	194 451	6 900	2 420	2 764		121 557
饮料制造业	71 992	39 693		180			15 168
烟草制品业	6 827	6 827	6 827				
纺 织 业	316 320	314 159	2 650	2 220			252 845
纺织服装、鞋、帽制造业	365 697	337 439		2 916	770	1 775	237 319
皮革、毛皮、羽毛(绒)及其制品业	30 920	11 034					8 832
木材加工及木、竹、藤、棕、草制	124 658	124 548		1 200			81 119
家具制造业	94 320	94 320		800	2 850		62 179
造纸及纸制品业	97 493	85 593		2 456			62 973
印刷业和记录媒介的复制	185 478	184 229	48 574	3 398			98 208
文教体育用品制造业	34 402	30 402					5 740
石油加工、炼焦及核燃料加工业	22 540	22 540	8 700				800
化学原料及化学制品制造业	204 862	196 056	5 790				100 410
医药制造业	233 455	174 711		586			120 535
化学纤维制造业	18 464	18 464					2 960
橡胶制品业	31 649	31 649		456			8 715
塑料制品业	122 518	114 479	2 837	2 000			54 771
非金属矿物制品业	398 942	296 199	6 578	8 600	2 600	34 556	136 737
黑色金属冶炼及压延加工业	45 730	45 730	5 369		700		27 070
有色金属冶炼及压延加工业	182 529	172 556					95 612
金属制品业	315 766	293 152	2 639	3 617	5 746	246	188 029
通用设备制造业	333 903	319 625	44 286	5 225	7 670	2 932	164 257
专用设备制造业	368 466	362 727	13 428	7 182			221 678
交通运输设备制造业	544 975	425 846	184 838	12 582	1 350	4 790	164 742
电气机械及器材制造业	439 594	395 228	35 964	3 470			264 341
通信设备、计算机及其他电子设备	551 678	94 001	2 710				63 444
仪器仪表及文化、办公用机械制造	86 805	84 017	4 030	1 500			27 764

5-5 续表1 （按登记注册类型分，2009年） 单位：万元

指标	股份有限	私营	其他	港澳台投资	外商投资	个体经营
总计	**1 450 046**	**1 958 776**	**222 760**	**714 541**	**965 160**	**134 932**
农、林、牧、渔业	5 725	46 086		2 990		4 174
工业	985 469	847 984	49 442	229 515	746 226	10 093
#采矿业		12 119	1 199		1 760	3 050
制造业	637 358	834 365	47 143	229 362	737 480	7 043
#农副食品加工业	14 703	86 183	2 132	6 895	3 000	560
食品制造业	29 092	30 965	753	1 212	1 639	
饮料制造业	7 890	16 455		7 820	24 479	
烟草制品业						
纺织业	12 528	40 964	2 952	1 525	636	
纺织服装、鞋、帽制造业	57 594	35 465	1 600	19 368	8 890	
皮革、毛皮、羽毛(绒)及其制品业	1 682	360	160	19 886		
木材加工及木、竹、藤、棕、草制	32 373	9 856		110		
家具制造业	9 654	18 837				
造纸及纸制品业	6 943	7 502	5 719		11 900	
印刷业和记录媒介的复制	17 599	10 750	5 700		1 249	
文教体育用品制造业	4 385	20 277		4 000		
石油加工、炼焦及核燃料加工业	2 720	10 320				
化学原料及化学制品制造业	59 791	29 785	280	3 715	5 091	
医药制造业	19 444	32 746	1 400	28 800	29 944	
化学纤维制造业	15 504					
橡胶制品业	1 102	21 376				
塑料制品业	16 534	35 877	2 460	5 260	2 779	
非金属矿物制品业	38 219	67 459	1 450	8 500	91 300	2 943
黑色金属冶炼及压延加工业	9 991	2 600				
有色金属冶炼及压延加工业	48 824	28 120		4 173	5 800	
金属制品业	43 924	45 350	3 601	1 500	17 574	3 540
通用设备制造业	36 112	50 580	8 563	2 980	11 298	
专用设备制造业	54 306	65 087	1 046	5 739		
交通运输设备制造业	19 066	37 981	497	16 405	102 724	
电气机械及器材制造业	44 852	40 731	5 870	19 417	24 949	
通信设备、计算机及其他电子设备	9 952	17 895		69 269	388 408	
仪器仪表及文化、办公用机械制造	10 500	37 263	2 960	2 788		

指　　标	总 计	内 资	国 有	集 体	股 份 合 作	联 营	有 限 责任公司
工艺品及其他制造业	77 568	72 748	248				34 246
废弃资源和废旧材料回收加工业	21 437	20 437					13 036
电力、燃气及水的生产和供应业	602 684	595 545	200 201	800			43 833
#电力、热力的生产和供应业	485 956	485 956	139 803	800			7 653
燃气生产和供应业	44 948	44 795	21 102				13 308
水的生产和供应业	71 780	64 794	39 296				22 872
建 筑 业	108 326	107 226	14 729	10 606	986		48 488
交通运输、仓储和邮政业	396 237	34 818	4 619	3 690			16 008
#铁路运输业	91 500	393 337	311 923	11 236			51 886
道路运输业	93 335	91 500	91 500				
城市公共交通业	18 062	93 335	66 310	9 869			12 488
水上运输业	11 497	18 062	12 900				5 162
仓 储 业	5 760	5 760	400				3 800
邮 政 业	3 513	3 513	3 513				
信息传输、计算机服务和软件业	195 627	178 312	86 023				37 634
#电信和其他信息传输服务业	138 311	126 426	86 023				9 549
批发和零售业	934 644	873 614	30 493	25 374	1 095	14 143	478 508
住宿和餐饮业	559 376	478 355	136 375	9 946	1 817		118 900
金 融 业	173 107	170 089	121 999	300	6 489		11 560
房 地 产 业	2 406 790	1 964 623	314 998	145 262	11 748	7 773	853 749
租赁和商务服务业	342 826	193 838	30 049	24 576	3 194	123	81 186
科学研究、技术服务和地质勘查业	161 719	160 325	102 126				31 645
水利、环境和公共设施管理业	1 386 948	1 386 430	1 286 255	30 150		598	12 623
#水利管理业	142 782	142 782	137 852	2 632		598	1 700
环境管理业	29 789	29 789	20 643	1 450			1 887
公共设施管理业	1 214 377	1 213 859	1 127 760	26 068			9 036
居民服务和其他服务业	104 481	97 051	4 077	3 116			40 734
教　　育	475 830	468 060	344 475	10 052	19 400		6 043
卫生、社会保障和社会福利业	153 956	152 756	105 287	7 437	4 487		6 185
#卫　　生	148 202	147 002	99 533	7 437	4 487		6 185
文化、体育和娱乐业	381 849	336 065	163 500	10 575	697		97 470
公共管理和社会组织	299 145	299 145	202 019	70 231			

5－5　续表2－1　　　　　　　　　（按登记注册类型分，2009 年）　　　　　　　　　单位：万元

指　　　　标				港澳台投资	外商投资	个体经营
	股份有限	私　营	其　他			
工艺品及其他制造业	12 074	26 180			4 820	
废弃资源和废旧材料回收加工业		7 401			1 000	
电力、燃气及水的生产和供应业	348 111	1 500	1 100	153	6 986	
#电力、热力的生产和供应业	336 200	1 500				
燃气生产和供应业	10 385			153		
水的生产和供应业	1 526		1 100		6 986	
建　筑　业	14 335	15 006	3 076			1 100
交通运输、仓储和邮政业	6 884	2 521	1 096			1 100
#铁路运输业	7 725	9 917	650			2 900
道路运输业						
城市公共交通业	3 688	980				
水上运输业						
仓　储　业		910	650			
邮　政　业						
信息传输、计算机服务和软件业	29 701	24 954		11 885	1 795	3 635
#电信和其他信息传输服务业	19 689	11 165		11 885		
批发和零售业	58 202	249 151	16 648	13 669	17 700	29 661
住宿和餐饮业	36 142	168 476	6 699	8 300	6 233	66 488
金　融　业	24 186	4 790	765	307	2 711	
房 地 产 业	198 954	390 947	41 192	345 708	93 017	3 442
租赁和商务服务业	17 452	30 952	6 306	90 771	58 217	
科学研究、技术服务和地质勘查业	18 989	5 668	1 897	140	1 254	
水利、环境和公共设施管理业	19 161	14 208	23 435	518		
#水利管理业						
环境管理业	2 681	3 128				
公共设施管理业	16 480	11 080	23 435	518		
居民服务和其他服务业	6 335	38 854	3 935			7 430
教　　育	12 719	43 652	31 719	5 170	1 800	800
卫生、社会保障和社会福利业	6 078	12 681	10 601	1 200		
#卫　　生	6 078	12 681	10 601	1 200		
文化、体育和娱乐业	8 873	54 850	100	4 368	36 207	5 209
公共管理和社会组织		600	26 295			

5-6 分行业固定资产投资

（按技术构成分，2009年）　　单位：万元

指　　标	本年完成投资	建筑工程	安装工程	设备工器具购置	其他费用
总　计	**14 663 151**	**6 096 674**	**1 023 241**	**5 533 805**	**2 009 431**
农、林、牧、渔业	113 701	56 613	3 132	39 844	14 112
工　业	6 468 589	1 703 365	312 619	3 814 286	638 319
#采 矿 业	26 058	4 689	375	19 894	1 100
制 造 业	5 839 847	1 441 865	254 455	3 530 119	613 408
#农副食品加工业	313 557	89 221	14 370	178 694	31 272
食品制造业	197 302	56 789	10 968	113 661	15 884
饮料制造业	71 992	16 919	5 067	39 614	10 392
烟草制品业	6 827	1 084		5 523	220
纺 织 业	316 320	57 027	16 983	211 154	31 156
纺织服装、鞋、帽制造业	365 697	88 416	23 986	223 592	29 703
皮革、毛皮、羽毛（绒）及其制品业	30 920	9 546	2 287	13 628	5 459
木材加工及木、竹、藤、棕、草制	124 658	24 936	5 317	89 158	5 247
家具制造业	94 320	24 494	2 220	58 649	8 957
造纸及纸制品业	97 493	22 941	6 153	64 709	3 690
印刷业和记录媒介的复制	185 478	17 977	9 380	118 684	39 437
文教体育用品制造业	34 402	8 998	1 369	19 247	4 788
石油加工、炼焦及核燃料加工业	22 540	5 200	1 217	15 390	733
化学原料及化学制品制造业	204 862	61 917	8 844	122 497	11 604
医药制造业	233 455	84 116	10 296	117 683	21 360
化学纤维制造业	18 464	4 720	200	12 964	580
橡胶制品业	31 649	10 469	4 232	15 196	1 752
塑料制品业	122 518	27 692	6 238	79 011	9 577
非金属矿物制品业	398 942	131 036	16 838	199 837	51 231
黑色金属冶炼及压延加工业	45 730	16 471	2 295	20 601	6 363
有色金属冶炼及压延加工业	182 529	51 404	3 608	98 595	28 922
金属制品业	315 766	79 677	17 753	190 909	27 427
通用设备制造业	333 903	71 109	10 201	221 041	31 552
专用设备制造业	368 466	72 983	15 564	250 650	29 269
交通运输设备制造业	544 975	128 687	16 497	336 120	63 671
电气机械及器材制造业	439 594	108 995	17 775	287 848	24 976
通信设备、计算机及其他电子设备	551 678	149 776	13 590	301 562	86 750
仪器仪表及文化、办公用机械制造	86 805	9 663	5 358	59 562	12 222

5－6 续表 （按技术构成分，2009 年） 单位：万元

指标	本年完成投资	建筑工程	安装工程	设备工器具购置	其他费用
工艺品及其他制造业	77 568	5 467	5 132	55 741	11 228
废弃资源和废旧材料回收加工业	21 437	4 135	717	8 599	7 986
电力、燃气及水的生产和供应业	602 684	256 811	57 789	264 273	23 811
#电力、热力的生产和供应业	485 956	199 331	36 963	230 305	19 357
燃气生产和供应业	44 948	10 682	13 536	19 117	1 613
水的生产和供应业	71 780	46 798	7 290	14 851	2 841
建筑业	108 326	11 674	6 973	83 539	6 140
交通运输、仓储和邮政业	396 237	219 204	4 673	72 298	100 062
#铁路运输业	91 500	91 500			
道路运输业	93 335	73 087	605	17 405	2 238
城市公共交通业	18 062	4 004	80	12 034	1 944
水上运输业	11 497	1 100	780	9 617	
仓储业	5 760	4 430	43	1 287	
邮政业	3 513			3 513	
信息传输、计算机服务和软件业	195 627	25 762	26 499	131 116	12 250
#电信和其他信息传输服务业	138 311	13 612	19 173	100 727	4 799
批发和零售业	934 644	290 543	105 488	427 389	111 224
住宿和餐饮业	559 376	230 931	90 407	155 789	82 249
金融业	173 107	76 152	31 503	54 418	11 034
房地产业	2 406 790	6 096 674	1 023 241	5 533 805	2 009 431
租赁和商务服务业	342 826	201 260	23 302	80 921	37 343
科学研究、技术服务和地质勘查业	161 719	64 054	22 981	41 934	32 750
水利、环境和公共设施管理业	1 386 948	820 659	72 771	102 912	390 606
#水利管理业	142 782	129 756	3 381	7 875	1 770
环境管理业	29 789	17 747	1 690	8 303	2 049
公共设施管理业	1 214 377	673 156	67 700	86 734	386 787
居民服务和其他服务业	104 481	24 376	14 547	54 995	10 563
教育	475 830	237 402	39 042	166 216	33 170
卫生、社会保障和社会福利业	153 956	61 453	9 229	75 384	7 890
#卫生	148 202	58 072	8 929	74 814	6 387
文化、体育和娱乐业	381 849	224 052	23 192	70 069	64 536
#新闻出版业	13 510	9 564	58	3 719	169
公共管理和社会组织	299 145	148 817	18 845	89 821	41 662

5－7 分行业固定资产投资

（按建设性质分，2009 年）

单位：万元

指标	本年完成投资	#新建	#扩建	#改建和技术改造
总计	**14 663 151**	**4 499 260**	**974 324**	**4 570 577**
农、林、牧、渔业	113 701	69 909	1 905	15 720
工业	6 468 589	2 190 486	349 873	2 194 078
#采矿业	26 058	9 369		
制造业	5 839 847	1 777 876	267 399	2 124 704
#农副食品加工业	313 557	60 126	21 353	142 640
食品制造业	197 302	27 674	13 470	110 423
饮料制造业	71 992	33 340	5 508	23 765
烟草制品业	6 827		2 445	4 382
纺织业	316 320	33 116	10 147	176 793
纺织服装、鞋、帽制造业	365 697	74 234	910	212 400
皮革、毛皮、羽毛（绒）及其制品业	30 920	2 850	2 936	24 774
木材加工及木、竹、藤、棕、草制	124 658	18 328	2 640	37 632
家具制造业	94 320	23 822		37 395
造纸及纸制品业	97 493	15 690		47 259
印刷业和记录媒介的复制	185 478	38 665	5 000	92 254
文教体育用品制造业	34 402	13 675		17 678
石油加工、炼焦及核燃料加工业	22 540	8 300	220	2 600
化学原料及化学制品制造业	204 862	74 496	4 216	64 150
医药制造业	233 455	72 586	260	92 188
化学纤维制造业	18 464	5 760		
橡胶制品业	31 649	18 280		8 211
塑料制品业	122 518	40 620	799	36 037
非金属矿物制品业	398 942	177 077	29 756	71 898
黑色金属冶炼及压延加工业	45 730	22 170		20 259
有色金属冶炼及压延加工业	182 529	130 022	11 800	12 752
金属制品业	315 766	95 183	14 062	108 435
通用设备制造业	333 903	55 226	24 875	124 892
专用设备制造业	368 466	77 176	8 738	130 617
交通运输设备制造业	544 975	83 397	74 166	275 162
电气机械及器材制造业	439 594	115 573	27 578	125 243
通信设备、计算机及其他电子设备	551 678	444 063	3 869	29 715
仪器仪表及文化、办公用机械制造	86 805	3 687		53 028
工艺品及其他制造业	77 568	11 740	2 651	38 202
废弃资源和废旧材料回收加工业	21 437	1 000		3 920

指　　标	本年完成投资	#新　建	#扩　建	#改建和技术改造
电力、燃气及水的生产和供应业	602 684	403 241	82 474	69 374
#电力、热力的生产和供应业	485 956	361 098	59 756	36 710
燃气生产和供应业	44 948	17 463		10 102
水的生产和供应业	71 780	24 680	22 718	22 562
建 筑 业	108 326	6 636	500	43 321
交通运输、仓储和邮政业	396 237	27 670	164 980	138 362
#铁路运输业	91 500			91 500
道路运输业	93 335	15 906	26 410	35 306
城市公共交通业	18 062	3 268		2 856
水上运输业	11 497			2 680
仓 储 业	5 760	3 910		
邮 政 业	3 513			
信息传输、计算机服务和软件业	195 627	24 305	1 457	99 219
#电信和其他信息传输服务业	138 311	14 730		62 421
批发和零售业	934 644	197 419	51 773	487 787
住宿和餐饮业	559 376	146 570	22 902	362 540
金 融 业	173 107	6 757	9 167	149 654
房 地 产 业	2 406 790	295 384	50 237	43 988
租赁和商务服务业	342 826	225 802	3 850	60 145
科学研究、技术服务和地质勘查业	161 719	105 906	2 123	35 369
水利、环境和公共设施管理业	1 386 948	616 000	141 643	573 054
#水利管理业	142 782	55 415	3 300	84 067
环境管理业	29 789	10 398	470	15 960
公共设施管理业	1 214 377	550 187	137 873	473 027
居民服务和其他服务业	104 481	9 398	3 691	68 885
教　　育	475 830	137 056	89 893	115 462
卫生、社会保障和社会福利业	153 956	55 784	7 385	38 825
#卫　　生	148 202	51 085	6 385	38 825
文化、体育和娱乐业	381 849	213 447	58 815	87 475
#新闻出版业	13 510	9 909		
公共管理和社会组织	299 145	170 731	14 130	56 693

5-8 分行业新增固定资产和项目

（2009年）

指　　标	本年完成投　资（万元）	本年新增固定资产（万元）	施工项目（个）	#本　年新开工	本年投产项　目（个）
总　　计	**14 663 151**	**8 872 612**	**3 716**	**2 978**	**2 979**
农、林、牧、渔业	113 701	79 520	60	50	42
工　　业	6 468 589	3 865 796	1 394	1 036	1 159
#采矿业	26 058	25 478	4	3	4
制造业	5 839 847	3 720 936	1 339	1 000	1 124
#农副食品加工业	313 557	213 145	99	71	87
食品制造业	197 302	146 054	60	44	49
饮料制造业	71 992	55 083	19	16	17
烟草制品业	6 827	4 382	2	1	1
纺　织　业	316 320	277 378	86	68	82
纺织服装、鞋、帽制造业	365 697	321 502	128	109	119
皮革、毛皮、羽毛（绒）及其制品业	30 920	25 984	10	7	10
木材加工及木、竹、藤、棕、草制	124 658	64 140	26	19	25
家具制造业	94 320	64 901	22	16	20
造纸及纸制品业	97 493	76 807	24	22	21
印刷业和记录媒介的复制	185 478	145 554	48	42	46
文教体育用品制造业	34 402	25 633	15	10	13
石油加工、炼焦及核燃料加工业	22 540	14 570	5	3	4
化学原料及化学制品制造业	204 862	106 975	56	43	43
医药制造业	233 455	198 613	57	42	45
化学纤维制造业	18 464	8 333	2	2	2
橡胶制品业	31 649	27 661	10	9	9
塑料制品业	122 518	75 179	39	34	32
非金属矿物制品业	398 942	172 811	79	65	64
黑色金属冶炼及压延加工业	45 730	26 390	12	8	9
有色金属冶炼及压延加工业	182 529	105 160	27	18	11
金属制品业	315 766	243 003	93	75	86
通用设备制造业	333 903	171 392	82	55	67
专用设备制造业	368 466	193 918	74	51	58
交通运输设备制造业	544 975	352 935	101	65	85
电气机械及器材制造业	439 594	320 972	79	54	66
通信设备、计算机及其他电子设备	551 678	131 800	41	22	13
仪器仪表及文化、办公用机械制造	86 805	73 017	20	15	19
工艺品及其他制造业	77 568	59 315	20	12	20
废弃资源和废旧材料回收加工业	21 437	16 517	3	2	1

（2009年）

指标	本年完成投资（万元）	本年新增固定资产（万元）	施工项目（个）	#本年新开工	本年投产项目（个）
电力、燃气及水的生产和供应业	602 684	121 194	51	33	31
#电力、热力的生产和供应业	485 956	76 512	23	15	14
燃气生产和供应业	44 948	500	7	4	1
水的生产和供应业	71 780	44 182	21	14	16
建筑业	108 326	93 378	24	22	24
交通运输、仓储和邮政业	396 237	131 673	68	59	53
#铁路运输业	91 500		1		
道路运输业	93 335	85 496	50	45	39
城市公共交通业	18 062	13 064	3	3	2
水上运输业	11 497	7 230	1	1	1
仓储业	5 760	5 050	4	2	3
邮政业	3 513	3 513			
信息传输、计算机服务和软件业	195 627	159 780	64	49	38
#电信和其他信息传输服务业	138 311	113 730	23	17	15
批发和零售业	934 644	861 070	391	350	377
住宿和餐饮业	559 376	411 599	274	248	263
金融业	173 107	150 135	65	41	62
房地产业	2 406 790	996 380	158	130	104
租赁和商务服务业	342 826	213 757	88	82	76
科学研究、技术服务和地质勘查业	161 719	67 183	38	27	29
水利、环境和公共设施管理业	1 386 948	1 027 932	558	451	344
#水利管理业	142 782	140 690	79	44	66
环境管理业	29 789	27 259	19	17	17
公共设施管理业	1 214 377	859 983	460	390	261
居民服务和其他服务业	104 481	97 100	69	64	63
教育	475 830	189 863	159	132	111
卫生、社会保障和社会福利业	153 956	123 134	72	56	57
#卫生	148 202	111 366	66	53	52
文化、体育和娱乐业	381 849	171 090	92	71	65
#新闻出版业	13 510	3 601	4	1	0
公共管理和社会组织	299 145	233 222	142	110	112

5－9 分行业固定资产投资资金来源

（2009 年）

单位：万元

指　　　标	本年累计资金来源	#本年到位资金	国家预算内资金	国内贷款	债券	利用外资	自筹资金	其他
总　　计	**17 336 924**	**16 408 290**	**644 772**	**1 666 368**	**300**	**403 460**	**11 220 217**	**2 473 173**
农、林、牧、渔业	122 344	121 454	9 258	390		4 000	99 946	7 860
工　　业	6 641 350	6 521 502	83 280	501 797		359 634	5 445 298	131 493
#采 矿 业	26 118	26 118				1 760	21 608	2 750
制造业	5 979 926	5 871 078	5 475	213 805		357 874	5 175 411	118 513
#农副食品加工业	318 548	318 548	450	3 240		4 200	305 498	5 160
食品制造业	196 188	196 188		4 500		200	190 833	655
饮料制造业	71 992	71 992		120		3 661	65 656	2 555
烟草制品业	12 351	12 351					12 351	
纺　织　业	317 123	316 023		100		3 658	306 165	6 100
纺织服装、鞋、帽制造业	364 531	364 531		850		8 250	352 683	2 748
皮革、毛皮、羽毛(绒)及其制品业	30 920	30 920		90		14 100	16 430	300
木材加工及木、竹、藤、棕、草制	124 518	124 518					122 218	2 300
家具制造业	94 320	94 320		510			93 810	
造纸及纸制品业	97 193	97 193		740			92 653	3 800
印刷业和记录媒介的复制	191 521	191 261		1 200		1 247	187 814	1 000
文教体育用品制造业	34 382	33 382		1 500			31 882	
石油加工、炼焦及核燃料加工业	22 590	22 590		900			21 490	200
化学原料及化学制品制造业	216 892	195 173		1 300		1 068	191 355	1 450
医药制造业	237 957	236 858		4 066		4 087	228 427	278
化学纤维制造业	18 464	18 464					18 464	
橡胶制品业	31 649	31 649		4 900			26 243	506
塑料制品业	123 124	123 097		20		748	120 849	1 480
非金属矿物制品业	374 211	338 140	1 222	24 729		26 951	280 553	4 685
黑色金属冶炼及压延加工业	47 730	47 730					47 730	
有色金属冶炼及压延加工业	230 304	223 359		12 000			211 159	200
金属制品业	316 618	314 125				15 105	296 714	2 306
通用设备制造业	331 760	331 098		1 730		12 780	311 780	4 808
专用设备制造业	371 469	368 654	560	8 704			358 250	1 140
交通运输设备制造业	540 057	540 057	258	7 700		10 900	514 846	6 353
电气机械及器材制造业	452 226	446 320	1 965	15 470		8 569	416 520	3 796
通信设备、计算机及其他电子设备	625 565	597 914		107 436		241 550	185 585	63 343
仪器仪表及文化、办公用机械制造	87 486	86 386		3 000			83 386	

指标	本年累计资金来源	#本年到位资金	国家预算内资金	国内贷款	债券	利用外资	自筹资金	其他
工艺品及其他制造业	77 520	77 520	20				76 910	590
废弃资源和废旧材料回收加工业	20 717	20 717	1 000	9 000		800	7 157	2 760
电力、燃气及水的生产和供应业	635 306	624 306	77 805	287 992			248 279	10 230
#电力、热力的生产和供应业	514 574	506 074	56 755	283 212			162 577	3 530
燃气生产和供应业	48 522	48 522	11 300				37 222	
水的生产和供应业	72 210	69 710	9 750	4 780			48 480	6 700
建筑业	108 341	107 705		50			106 395	1 260
交通运输、仓储和邮政业	643 993	642 859	135 545	224 237			281 327	1 750
#铁路运输业	91 500	91 500	61 118	30 382				
道路运输业	122 215	121 400	41 571	200			77 879	1 750
城市公共交通业	46 713	46 394	32 856				13 538	
水上运输业	11 497	11 497					11 497	
仓储业	12 460	12 460					12 460	
邮政业	3 513	3 513					3 513	
信息传输、计算机服务和软件业	223 516	216 984	1 410	6 760		1 435	177 396	29 983
#电信和其他信息传输服务业	140 197	139 860	300	2 000			111 751	25 809
批发和零售业	931 911	927 344	436	5 110		8 970	881 713	31 115
住宿和餐饮业	565 591	550 109	5 080	1 880		1 206	528 551	13 392
金融业	173 860	136 390	26 177				104 528	5 685
房地产业	4 401 561	3 720 714	5 338	654 145		26 810	1 007 468	2 026 953
租赁和商务服务业	390 819	380 381	11 672	4 470			346 439	17 800
科学研究、技术服务和地质勘查业	173 050	170 937	5 075	2 000			162 102	1 760
水利、环境和公共设施管理业	1 388 022	1 384 022	210 035	149 163	300		925 177	99 347
#水利管理业	162 555	161 306	74 992				82 514	3 800
环境管理业	29 819	29 819	4 749				24 400	670
公共设施管理业	1 195 648	1 192 897	130 294	149 163	300		818 263	94 877
居民服务和其他服务业	110 874	110 547	1 600			60	103 533	5 354
教育	570 039	546 644	19 674	57 046		345	441 135	28 444
卫生、社会保障和社会福利业	169 795	161 559	18 608	12 590			128 372	1 989
#卫生	164 136	155 900	18 093	12 590			124 528	689
文化、体育和娱乐业	413 710	402 954	55 838	45 100		1 000	247 802	53 214
#新闻出版业	18 886	13 516	345				13 171	
公共管理和社会组织	308 148	306 185	55 746	1 630			233 035	15 774

5-10 分县区固定资产投资

（按技术构成分，2009年）　　　　单位：万元

指　　标	本年完成投资	建筑工程	安装工程	设备工器具购置	其他费用
南昌市	**14 663 151**	**6 096 674**	**1 023 241**	**5 533 805**	**2 009 431**
东湖区	358 586	167 814	36 196	120 357	34 219
西湖区	11 434 347	454 513	146 294	378 255	155 285
青云谱区	1 160 937	427 988	36 913	518 195	177 841
湾里区	100 101	56 875	12 096	16 552	14 578
青山湖区	2 342 726	654 816	192 044	1 237 823	258 043
南昌县	2 449 458	1 193 826	174 845	752 789	327 998
新建县	1 062 410	578 095	37 194	265 489	181 632
安义县	264 175	139 919	25 449	53 488	45 319
进贤县	352 445	198 286	13 098	106 079	34 982
经济开发区	1 867 433	608 089	6 364	1 223 711	29 269
高新开发区	1 557 820	502 943	70 978	620 157	363 742
红谷滩新区	1 529 465	847 245	205 498	150 790	325 932
桑海开发区	42 577	26 924	7 390	3 496	4 767
英雄开发区	68 979	38 148	6 928	9 970	13 933
跨区项目	371 692	201 193	51 954	76 654	41 891

5－11 分县区固定资产投资

（按登记注册类型分，2009 年）

单位：万元

指标	总计	内资					
			国有	集体	股份合作	联营	有限责任公司
南昌市	**14 663 151**	**12 848 518**	**3 873 968**	**424 105**	**76 163**	**66 936**	**4 775 764**
东湖区	358 586	328 062	154 306	3 272	2 282	123	87 026
西湖区	1 134 347	890 525	191 020	76 729	8 199	1 775	335 082
青云谱区	1 160 937	1 103 219	325 086	53 609	20 936	9 819	315 995
湾里区	100 101	89 821	29 700	2 940	19 400		3 406
青山湖区	2 342 726	2 189 085	188 018	151 621	5 674		1 514 870
南昌县	2 449 458	2 271 629	528 338	41 967	10 236	20 065	924 330
新建县	1 062 410	1 007 566	390 121	4 695		31 620	70 677
安义县	264 175	250 864	27 110	1 450		598	26 649
进贤县	352 445	333 229	74 0415	9 962	8 310		104 494
经济开发区	1 867 433	1 705 248	406 449	21 410	700	2 966	865 815
高新开发区	1 557 820	934 788	504 377	30 649			156 560
红谷滩新区	1 529 465	1 273 119	762 228	25 801	426		229 223
桑海开发区	42 577	42 577	26 514				9 588
英雄开发区	68 979	68 979	2 490				36 438
跨区项目	371 692	359 807	264 196				95 611

5－11 续表

（按登记注册类型分，2009 年）

单位：万元

指标				港澳台投资	外商投资	个体经营
	股份有限	私营	其他			
南昌市	**1 450 046**	**1 958 776**	**222 760**	**714 541**	**965 160**	**134 932**
东湖区	52 453	28 500	100	14 359	7 946	8 219
西湖区	18 878	252 526	6 316	135 978	9 927	97 917
青云谱区	89 375	154 814	133 585	41 542	11 542	4 634
湾里区	15 737	11 948	6 690	4 230	5 050	1 000
青山湖区	268 057	54 746	6 099	126 913	26 728	
南昌县	39 213	696 003	11 477	111 599	61 950	4 280
新建县	367 518	139 135	3 800	23 544	31 300	
安义县	38 017	152 160	4 880	10 561		2 750
进贤县	23 525	111 423	1 500	14 716	3 000	1 500
经济开发区	317 750	83 988	6 200	58 144	103 841	200
高新开发区	72 673	136 919	33 610	76 374	538 863	7 795
红谷滩新区	136 258	111 780	7 403	84 696	165 013	6 637
桑海开发区	2 692	2 683	1 100			
英雄开发区	7 900	22 151				
跨区项目				11 885		

5－12 分县区工业投资

（2009年）

单位：万元

指标	总计	采矿业	制造业	电力、燃气及水的生产和供应业
南昌市	**6 468 589**	**26 058**	**5 839 847**	**602 684**
东湖区	54		54	
西湖区	64 219		63 763	456
青云谱区	484 302	2 959	480 483	860
湾里区	15 724		13 272	2 452
青山湖区	1 244 231		1 242 705	1 526
南昌县	1 232 569	3 280	1 186 553	42 736
新建县	584 729	4 550	220 909	359 270
安义县	202 297		196 843	5 454
进贤县	196 842	1 900	190 542	4 400
经济开发区	1 388 410	10 579	1 346 616	31 215
高新开发区	913 934	2 790	840 687	70 457
红谷滩新区	18 600		14 002	4 598
桑海开发区	7 735		6 435	1 300
英雄开发区	39 473		36 983	2 490
跨区项目	75 470			75 470

5－13 分县区施工项目和资金到位情况

（2009 年）

指　标	本年新增固定资产（万元）	本年施工项目（个）	#本年新开工	本年投产项目（个）	本年累计到位资金（万元）	#本年实际到位
南昌市	**8 872 612**	**3 723**	**2 978**	**2 980**	**17 336 924**	**16 408 290**
东湖区	254 169	147	138	137	475 559	428 218
西湖区	897 658	346	344	332	1 432 413	1 376 283
青云谱区	953 525	544	528	514	1 294 936	1 205 329
湾里区	66 080	76	60	59	261 854	254 345
青山湖区	1 987 765	570	553	545	2 487 854	2 372 880
南昌县	1 914 924	651	269	602	2 730 227	2 560 883
新建县	469 006	218	202	189	1 380 923	1 367 424
安义县	114 413	217	173	72	273 755	271 853
进贤县	326 754	173	130	141	431 436	411 233
经济开发区	426 926	215	202	133	1 935 443	1 925 634
高新开发区	642 989	373	268	156	1 975 802	1 790 312
红谷滩新区	494 343	139	88	84	2 108 882	1 904 803
桑海开发区	2 042	22	14		65 264	60 854
英雄开发区	11 747	12	5	5	80 469	76 132
跨区项目	310 271	20	4	11	402 107	402 107

5-14 新增生产能力

（2009年）

指标	建设规模	本年施工规模	#本年新开工	累计新增生产能力	#本年新增
润滑油（综合能力）（万吨/年）	0.5	0.5	0.5	0.5	0.5
生铁（万吨/年）	0.5	0.5	0.5		
锻压、挤压、旋压钢材（万吨/年）	165	165			
铜冶炼（吨/年）	2 500	2 500	2 200	2 000	2 000
铝加工（万吨/年）	205 200	205 200	197 200	7 200	7 200
火力发电（万千瓦）	332	132	132	132	132
输电线路长度（11万伏及以上）（公里）	553.01	355.67	348.17	294.02	294.02
水泥（万吨/年）	415	415	415	15	15
平板玻璃（万重量箱/车）	60	60	60	60	60
石墨及炭素制品（吨/年）	3 100	3 100	3 100	3 000	3 000
化学农药原药（吨/年）	9 930	9 930	9 930	5 850	5 850
塑料树脂及共聚物（吨/年）	3 700	3 700	3 700		
轿车制造（辆/年）	300 000	19 112	19 112	86 223	19 112
化学纤维（吨/年）	1 112	1 112	1 112	612	612
毛纺锭（锭/年）	3 700	3 700	3 700	2 000	2 000
白酒（万吨/年）	0.2	0.2	0.2		
卷烟（万箱/年）	138	8	8	138	8
房间空气调节器（万台/年）	200	200	200	200	200
新建公路（公里）	2061.1	1875.1	1875.1	18.1	18.1
二级公路	2061.1	1875.1	1875.1	18.1	18.1
改建公路（公里）	1003.82	999.14	999.14	746.94	746.94
其中：高速公路					
一级公路	11.68	7	7		
二级公路	992.14	992.14	992.14	746.94	746.94
新（扩）建公路客、货运站（个）	1	1	1	1	1
新（扩）建公路客、货运站（平方米）	1100	1100	1100	1100	1100
民航机场跑道（条）	1	1	1		
民航机场跑道（米）	400	400	400		
候机楼（座）	1	1	1		
候机楼（平方米）	93 000	93 000	93 000		
城市自来水供水能力（万吨/日）	135.5	32	32	2	2
城市公共交通车辆购置（辆）	200	200	200	200	200
城市污水处理能力（万吨/日）	213	107.21	107.21	129	93.21

5－15 房 地 产 开 发 情 况

（2009 年）

分 组 指 标	企 业 数 （个）	计划总投资 （万元）	自开始建设 累计完成投资 （万元）
按登记注册类型分	**508**	**10 669 571**	**7 408 142**
内资企业	431	8 283 817	5 463 846
国有企业	46	533 007	365 713
集体企业	5	4 012	5 827
股份合作企业	5	36 100	15 983
国有与集体联营企业	1	80 000	56 237
国有独资公司	5	59 538	57 642
其他有限责任公司	221	4 322 679	2 849 023
股份有限公司	41	1 281 261	834 990
私营独资企业	11	43 300	37 100
私营合伙企业	4	46 000	33 924
私营有限责任公司	67	1 595 563	994 717
私营股份有限公司	17	229 527	173 207
其他企业	8	52 830	39 483
港澳台商投资企业	56	1 671 154	1 412 758
与港澳台商合资经营企业	22	556 140	426 921
与港澳台商合资合作经营企业	2		
港澳台商独资经营企业	30	1 066 372	938 991
港澳台商投资股份有限公司	2	48 642	46 846
外商投资企业	21	714 600	531 538
中外合资经营企业	11	562 500	408 790
外资企业	7	92 100	63 773
外商投资股份有限公司	3	60 000	58 975
按控股情况分	**508**	**10 669 571**	**7 408 142**
国有控股	87	2 116 608	1 469 395
集体控股	26	1 089 028	552 228
私人控股	268	4 373 026	2 856 902
港澳台商控股	58	1 685 154	1 424 958
外商控股	22	714 600	531 538
其 他	47	691 155	573 121
按资质等级分	**508**	**10 669 571**	**7 408 142**
一 级	3	597 136	636 304
二 级	92	4 284 137	3 308 808
三 级	199	2 871 066	1 934 387
四 级	44	118 351	85 110
暂 定	138	2 781 681	1 423 583
其 他	32	17 200	19 950
按隶属关系分	**508**	**10 669 571**	**7 408 142**
中 央	2	190 000	209 392
省	35	1 856 366	1 081 772
市	41	556 871	409 164
县（区）	54	869 824	434 544
镇	3	2 000	2 000
乡	1		
村委会	2	22 000	22 000
其 他	370	7 172 510	5 249 270

（2009年）　　单位：万元

分组指标	本年完成投资	建筑工程	安装工程	设备工器具购置	其他费用
按登记注册类型分	**1 982 468**	**1 400 284**	**185 999**	**38 039**	**358 146**
内资企业	1 546 133	1 073 826	151 096	28 030	293 181
国有企业	128 986	105 941	9 264	731	13 050
集体企业	1 494	322	1 172		
股份合作企业	11 748	4 080			7 668
国有与集体联营企业	7 773	7 174			599
国有独资公司	7 667	6 891	438		338
其他有限责任公司	810 137	544 733	61 008	25 233	179 163
股份有限公司	196 501	118 232	45 489	108	32 672
私营独资企业	11 720	11 420			300
私营合伙企业	9 624	9 424	200		
私营有限责任公司	303 824	224 543	29 969	1 958	47 354
私营股份有限公司	45 646	34 866	3 556		7 224
其他企业	11 013	6 200			4 813
港澳台商投资企业	343 318	269 398	26 371	8 832	38 717
与港澳台商合资经营企业	127 299	97 709	14 210	2 477	12 903
与港澳台商合资合作经营企业					
港澳台商独资经营企业	204 454	162 580	9 705	6 355	25 814
港澳台商投资股份有限公司	11 565	9 109	2 456		
外商投资企业	93 017	57 060	8 532	1 177	26 248
中外合资经营企业	68 076	39 658	5 532		22 886
外资企业	12 353	8 000	2 000	1 000	1 353
外商投资股份有限公司	12 588	9 402	1 000	177	2 009
按控股情况分	**1 982 468**	**1 400 284**	**185 999**	**38 039**	**358 146**
国有控股	312 479	245 034	14 175	731	52 539
集体控股	216 013	118 633	24 805	22 601	49 974
私人控股	903 528	627 351	102 799	3 778	169 600
港澳台商控股	345 718	269 698	28 471	8 832	38 717
外商控股	93 017	57 060	8 532	1 177	26 248
其　　他	111 713	82 508	7 217	920	21 068
按资质等级分	**1 982 468**	**1 400 284**	**185 999**	**38 039**	**358 146**
一　　级	93 627	77 249	3 168	4 532	8 678
二　　级	726 932	537 845	95 250	5 363	88 474
三　　级	464 051	356 781	29 140	2 387	75 743
四　　级	27 170	20 530	5 658		982
暂　　定	662 420	400 198	52 465	25 757	184 000
其　　他	8 268	7 681	318		269
按隶属关系分	**1 982 468**	**1 400 284**	**185 999**	**38 039**	**358 146**
中　　央	21 681	21 681			
省	380 284	224 298	65 807	21 664	68 515
市	129 485	94 577	13 584	200	21 124
县（区）	117 367	91 415	12 552	2 360	11 040
镇	322	322			
乡					
村委会	22 000	22 000			
其　　他	1 311 329	945 991	94 056	13 815	257 467

指　　标	本年完成投资				
	其他费用		#配套工程投资	#土地开发投资额	住宅投资
	#旧建筑物购置费	#土地购置费			
按登记注册类型分	**78**	**182 368**	**41 699**	**25 440**	**1 586 647**
内资企业	78	165 276	32 543	18 461	1 208 948
国有企业		6 985	3 000	23	109 403
集体企业					1 294
股份合作企业		7 368		300	11 748
国有与集体联营企业					7 174
国有独资公司			307		7 603
其他有限责任公司	53	126 130	6 409	5 249	583 452
股份有限公司		11 840	1 477	4 970	167 145
私营独资企业			2 820	600	8 900
私营合伙企业					9 230
私营有限责任公司	25	12 788	15 435	4 935	266 849
私营股份有限公司		165	3 095	2 384	30 650
其他企业					5 500
港澳台商投资企业		14 342	6 276	5 679	290 601
与港澳台商合资经营企业		4 691		966	116 274
与港澳台商合资合作经营企业					
港澳台商独资经营企业		9 651	6 276	4 713	162 762
港澳台商投资股份有限公司					11 565
外商投资企业		2 750	2 880	1 300	87 098
中外合资经营企业		2 750	2 880	1 300	63 010
外资企业					11 500
外商投资股份有限公司					12 588
按控股情况分	**78**	**182 368**	**41 699**	**25 440**	**1 586 647**
国有控股		30 000	3 632	863	245 889
集体控股		43 428	980	513	147 989
私人控股	75	84 848	25 422	17 085	728 672
港澳台商控股		14 342	7 476	5 679	293 001
外商控股		2 750	2 880	1 300	87 098
其　　他	3	7 000	1 309		83 998
按资质等级分	**78**	**182 368**	**41 699**	**25 440**	**1 586 647**
一　　级		3 039	161		64 744
二　　级		23 581	8 046	8 567	651 167
三　　级	28	38 995	21 795	6 143	378 796
四　　级			50	440	22 305
暂　　定	50	116 627	11 647	10 267	467 035
其　　他		126		23	2 600
按隶属关系分	**78**	**182 368**	**41 699**	**25 440**	**1 586 647**
中　　央					18 681
省		48 560		2 300	272 502
市		12 099	4 460	1 053	116 791
县（区）		2 382	1 603	188	108 018
镇					322
乡					
村委会					
其　　他	78	119 327	35 636	21 899	1 070 333

5－15　续表3　　　　　　　　　　（2009年）　　　　　　　　　　单位：万元

指　　　标	本年完成投资					
	住宅投资				办公楼	商业营业用房
	#90平米以下住房	#140平米以上住房	#经济适用房	#别墅、高档公寓		
按登记注册类型分	**568 768**	**185 553**	**51 992**	**54 202**	**83 366**	**210 192**
内资企业	448 729	158 764	51 992	41 105	79 588	170 603
国有企业	74 304	2 673	40 334		500	18 095
集体企业	840					100
股份合作企业	8 697		210			
国有与集体联营企业	983	232				
国有独资公司	7 603		7 603			
其他有限责任公司	179 203	109 382	3 845	36 660	73 505	82 395
股份有限公司	38 660	20 956		3 462	250	25 332
私营独资企业	7 300	150				
私营合伙企业	3 438	1 569				394
私营有限责任公司	106 418	15 044		903		29 221
私营股份有限公司	21 283	8 758		80	20	14 966
其他企业					5 313	100
港澳台商投资企业	103 569	21 646		13 097	3 778	38 436
与港澳台商合资经营企业	62 051	5 872			1 098	4 190
与港澳台商合资合作经营企业						
港澳台商独资经营企业	36 232	15 774		6 818	2 680	34 246
港澳台商投资股份有限公司	5 286			6 279		
外商投资企业	16 470	5 143				1 153
中外合资经营企业	8 670	1 443				300
外资企业	7 800	3 700				853
外商投资股份有限公司						
按控股情况分	**568 768**	**185 553**	**51 992**	**54 202**	**83 366**	**210 192**
国有控股	134 108	35 649	47 937	25 125	5 817	42 912
集体控股	22 354	60 110	210	300	17 040	6 571
私人控股	269 414	56 316	100	15 680	46 471	104 227
港澳台商控股	105 569	22 046		13 097	3 778	38 436
外商控股	16 470	5 143				1 153
其　他	20 853	6 289	3 745		10 260	16 893
按资质等级分	**568 768**	**185 553**	**51 992**	**54 202**	**83 366**	**210 192**
一　级	10 430	3 130		4 750	3 000	25 883
二　级	211 506	71 965	33 457	25 382	3 857	57 610
三　级	187 575	30 933	10 985	5 182	19 451	45 129
四　级	16 854	1 852			1 098	3 376
暂　定	139 803	77 673	7 550	18 888	50 292	78 194
其　他	2 600				5 668	
按隶属关系分	**568 768**	**185 553**	**51 992**	**54 202**	**83 366**	**210 192**
中　央	9 180				3 000	
省	44 301	71 467			17 952	34 374
市	85 153	8 673	29 657	5 581	1 905	5 003
县（区）	55 265	6 608	17 951	9 978	7 320	1 427
镇	225					
乡						
村委会					6 820	15 180
其　他	374 644	98 805	4 384	38 643	46 369	154 208

5－15　续表 4　　　　　　　　（2009 年）

指　　标	本年完成投资 其　他 （万元）	本年新增 固定资产 （万元）	本年完成 开发土地 面　积 （平方米）	待开发 土地面积 （平方米）	本年购置 土地面积 （平方米）	本年土地 成交价款 （万元）
按登记注册类型分	**102 263**	**742 886**	**912 696**	**3 510 570**	**1 532 717**	**178 416**
内资企业	86 994	577 623	586 010	2 594 311	1 328 062	158 937
国有企业	988	34 718	17 113	158 428	103 882	1 985
集体企业	100	12 388				
股份合作企业		300	60 031	36 686	96 717	7 368
国有与集体联营企业	599	28 988		34 732		
国有独资公司	64	48 840				
其他有限责任公司	70 785	214 509	150 139	1 402 679	698 041	117 213
股份有限公司	3 774	25 447	155 780	127 241	177 940	11 840
私营独资企业	2 820	21 100	31 000	46 500		
私营合伙企业						
私营有限责任公司	7 754	114 858	113 398	748 045	243 686	20 366
私营股份有限公司	10	33 822	58 549	40 000	7 796	165
其他企业	100	42 653				
港澳台商投资企业	10 503	149 911	197 573	557 239	75 542	16 729
与港澳台商合资经营企业	5 737	21 196	67 573	87 400	9 400	5 756
与港澳台商合资合作经营企业						
港澳台商独资经营企业	4 766	122 677	130 000	469 839	66 142	10 973
港澳台商投资股份有限公司		6 038				
外商投资企业	4 766	15 352	129 113	359 020	129 113	2 750
中外合资经营企业	4 766	15 352	129 113	258 300	129 113	2 750
外资企业				100 720		
外商投资股份有限公司						
按控股情况分	**102 263**	**742 886**	**912 696**	**3 510 570**	**1 532 717**	**178 416**
国有控股	17 861	139 242	93 819	244 597	209 585	25 000
集体控股	44 413	51 259	68 898	412 830	366 194	43 428
私人控股	24 158	293 089	423 293	1 917 162	732 561	83 509
港澳台商控股	10 503	149 911	197 573	557 239	75 542	16 729
外商控股	4 766	15 352	129 113	359 020	129 113	2 750
其　他	562	94 033		19 722	19 722	7 000
按资质等级分	**102 263**	**742 886**	**912 696**	**3 510 570**	**1 532 717**	**178 416**
一　级		27 107		19 288	19 288	4 339
二　级	14 298	244 428	216 842	1 070 748	187 346	18 603
三　级	20 675	255 771	250 366	874 187	583 937	45 657
四　级	391	8 370	17 333	10 187		
暂　定	66 899	207 187	411 042	1 536 160	725 033	109 691
其　他		23	17 113		17 113	126
按隶属关系分	**102 263**	**742 886**	**912 696**	**3 510 570**	**1 532 717**	**178 416**
中　央		13 244				
省	55 456	65 783	55 000	422 474	306 940	48 560
市	5 786	21 652	85 573	53 435	121 675	12 099
县（区）	602	87 790	33 913	76 340	50 447	401
镇		2 154				
其　他	40 419	552 263	738 210	2 958 321	1 053 655	117 356

5-16 房地产面积及销售情况

（2009 年）

指　　标	合　计	住　宅	#90 平米以下住房	#经济适用房	办公楼	商业营业用房	其　他
房屋施工面积（平方米）	17 820 255	14 839 854	4 725 014	1 136 391	384 964	1 737 627	857 810
其中:本年新开工面积(平方米)	3 598 739	2 795 854	1 083 895	204 612	208 720	446 303	147 862
房屋竣工面积（平方米）	3 652 067	3 266 146	1 119 398	413 077	771	321 958	63 192
其中：不可销售面积（平方米）	25 225	4 843	4 680			269	20 113
商品住宅竣工套数（套）		31 845	13 633	5 079			
竣工房屋价值（万元）	544 160	483 371	158 750	46 985	120	51 267	9 402
出租房屋面积（平方米）	133 660	8 604				125 056	
商品房销售面积（平方米）	4 946 856	4 636 258	1 551 725	214 728	57 857	198 376	54 365
现房销售面积（平方米）	1 209 198	1 069 838	479 988	109 068	52 962	77 920	8 478
期房销售面积（平方米）	3 737 658	3 566 420	1 071 737	105 660	4 895	120 456	45 887
商品房销售额（万元）	1 867 205	1 686 391	480 635	41 008	32 896	126 338	21 580
现房销售额（万元）	412 635	338 471	141 090	20 478	31 147	41 962	1 055
期房销售额（万元）	1 454 570	1 347 920	339 545	20 530	1 749	84 376	20 525
商品住宅销售套数（套）		44 870	19 895	3 051			
现房销售套数（套）		10 667	5 995	1 440			
期房销售套数（套）		34 203	13 900	1 611			
空置面积（平方米）	399 225	338 029	123 578	3 972		59 028	2 168
其中：空置1-3年面积(平方米)	248 980	237 387	109 727	3 972		11 523	70
空置3年以上面积(平方米)	32 663	7 123				25 540	

5－17 房地产企业财务指标

（2009年）　　　　单位：万元

分组指标	年初存货	流动资产合计	其中：存货
按登记注册类型分	**40 297 440**	**86 252 322**	**45 124 616**
内资企业	29 897 221	63 576 739	32 130 422
国有企业	4 390 983	10 214 397	5 012 269
集体企业	64 314	260 894	90 300
股份合作企业	54 367	162 900	122 136
国有与集体联营企业	378 718	573 023	437 116
国有独资公司	2 708 184	6 598 644	2 810 608
其他有限责任公司	11 074 696	25 032 131	12 127 911
股份有限公司	4 270 536	6 691 617	3 300 860
私营独资企业	184 539	470 590	301 661
私营合伙企业	128 353	459 599	185 607
私营有限责任公司	5 947 195	11 585 882	6 929 883
私营股份有限公司	581 713	1 318 197	676 657
其他企业	113 623	208 865	135 414
港澳台商投资企业	8 616 353	18 386 774	10 241 638
与港澳台商合资经营企业	1 651 795	5 265 470	2 147 305
与港澳台商合资合作经营企业	4	91 611	4
港澳台商独资经营企业	6 879 310	12 684 730	7 951 115
港澳台商投资股份有限公司	85 244	344 963	143 214
外商投资企业	1 783 866	4 288 809	2 752 556
中外合资经营企业	1 449 721	3 074 886	2 042 844
外资企业	333 790	464 237	294 183
外商投资股份有限公司	355	749 686	415 529
按控股情况分	**40 297 440**	**86 252 322**	**45 124 616**
国有控股	11 867 683	24 486 856	12 741 099
集体控股	1 082 446	3 834 684	585 010
私人控股	14 549 915	30 522 566	16 697 825
港澳台商控股	8 708 068	18 745 061	10 354 997
外商控股	1 792 638	4 290 323	2 752 644
其　他	2 296 690	4 372 832	1 993 041
按资质等级分	**40 297 440**	**86 252 322**	**45 124 616**
一　级	3 840 547	5 814 108	4 056 721
二　级	15 841 752	34 487 869	17 560 617
三　级	10 341 293	19 702 823	10 886 943
四　级	568 905	1 910 606	738 757
暂　定	9 434 118	23 584 792	11 633 987
其　他	270 825	752 124	247 591
按隶属关系分	**40 297 440**	**86 252 322**	**45 124 616**
中　央	407 767	459 905	179 871
省	4 237 952	9 077 268	3 534 875
市	4 487 990	8 291 433	5 109 459
县（区）	4 342 167	10 344 188	5 101 943
镇	7 053	144 371	9 249
乡		2 959	
村委会	6 530	13 213	9 496
其　他	26 807 981	57 918 985	31 179 723

5－17 续表1　　（2009年）　　单位：万元

分组指标	固定资产原价	固定资产累计折旧	#本年折旧	资产总计
按登记注册类型分	**6 042 087**	**994 530**	**168 631**	**105 366 559**
内资企业	4 781 231	707 258	117 964	80 026 412
国有企业	897 053	80 152	12 119	15 732 715
集体企业	32 038	3 489	288	423 772
股份合作企业	107 765	21 068	274	295 927
国有与集体联营企业	888	285	44	603 894
国有独资公司	648 520	58 018	19 143	8 325 032
其他有限责任公司	2 231 742	291 951	44 418	31 329 250
股份有限公司	297 635	58 578	21 570	7 622 720
私营独资企业	88 526	3 715	1 241	716 069
私营合伙企业	1 919	318	140	482 356
私营有限责任公司	334 618	78 443	15 808	12 413 643
私营股份有限公司	127 019	107 110	2 104	1 719 416
其他企业	13 508	4 131	815	361 618
港澳台商投资企业	909 156	235 092	42 710	20 526 150
与港澳台商合资经营企业	195 664	86 879	13 955	5 760 774
与港澳台商合资合作经营企业	5 325	2 700	368	116 660
港澳台商独资经营企业	707 149	144 995	28 387	14 114 368
港澳台商投资股份有限公司	1 018	518		534 348
外商投资企业	351 700	52 180	7 957	4 813 997
中外合资经营企业	100 793	26 912	2 565	3 327 702
外资企业	245 379	23 079	4 811	727 114
外商投资股份有限公司	5 528	2 189	581	759 181
按控股情况分	**6 042 087**	**994 530**	**168 631**	**105 366 559**
国有控股	1 904 849	213 354	41 380	33 085 201
集体控股	202 727	34 099	1 794	5 132 541
私人控股	2 168 855	412 175	68 653	35 132 588
港澳台商控股	917 560	237 150	42 971	20 893 083
外商控股	352 284	52 252	7 963	4 829 616
其　他	495 812	45 500	5 870	6 293 530
按资质等级分	**6 042 087**	**994 530**	**168 631**	**105 366 559**
一　级	326 784	57 020	15 286	6 323 856
二　级	1 851 396	373 178	41 461	40 495 727
三　级	2 046 941	288 426	49 875	24 876 292
四　级	201 357	33 381	7 841	2 793 023
暂　定	1 223 483	184 251	48 675	29 308 556
其　他	392 126	58 274	5 493	1 569 105
按隶属关系分	**6 042 087**	**994 530**	**168 631**	**105 366 559**
中　央	48 464	10 633	1 926	538 738
省	389 213	62 221	4 982	10 469 654
市	813 967	93 426	10 740	12 176 139
县（区）	1 032 374	111 834	30 400	15 528 492
镇	25 796	1 987	98	301 009
乡				2 959
村委会	47	18	6	13 242
其　他	3 732 226	714 411	120 479	66 336 326

5－17 续表2 （2009年） 单位：万元

分组指标	负债合计	所有者权益合计	#实收资本	国家资本
按登记注册类型分	**75 222 293**	**30 144 266**	**15 560 580**	**1 966 157**
内资企业	54 614 218	25 412 194	11 318 008	1 960 157
国有企业	8 248 827	7 483 888	1 399 450	939 459
集体企业	210 648	213 124	213 634	
股份合作企业	205 249	90 678	100 472	
国有与集体联营企业	571 664	32 230	21 800	9 200
国有独资公司	4 221 910	4 103 122	877 786	876 886
其他有限责任公司	23 555 528	7 773 722	5 219 946	84 612
股份有限公司	5 473 610	2 149 110	1 314 317	50 000
私营独资企业	434 129	281 940	273 900	
私营合伙企业	451 718	30 638	27 638	
私营有限责任公司	9 867 432	2 546 211	1 301 128	
私营股份有限公司	1 211 212	508 204	436 984	
其他企业	162 291	199 327	130 953	
港澳台商投资企业	16 986 220	3 539 930	3 180 107	6 000
与港澳台商合资经营企业	4 600 542	1 160 232	898 757	6 000
与港澳台商合资合作经营企业	84 602	32 058	32 058	
港澳台商独资经营企业	11 942 015	2 172 353	2 119 292	
港澳台商投资股份有限公司	359 061	175 287	130 000	
外商投资企业	3 621 855	1 192 142	1 062 465	
中外合资经营企业	2 611 667	716 035	545 685	
外资企业	460 166	266 948	303 822	
外商投资股份有限公司	550 022	209 159	212 958	
按控股情况分	**75 222 293**	**30 144 266**	**15 560 580**	**1 966 157**
国有控股	19 412 218	13 672 983	3 561 479	1 939 745
集体控股	3 545 238	1 587 303	1 121 957	20 412
私人控股	27 085 277	8 047 311	5 120 802	
港澳台商控股	17 188 909	3 704 174	3 344 351	6 000
外商控股	3 631 243	1 198 373	1 070 465	
其　他	4 359 408	1 934 122	1 341 526	
按资质等级分	**75 222 293**	**30 144 266**	**15 560 580**	**1 966 157**
一　级	5 950 803	373 053	258 438	50 000
二　级	27 363 505	13 132 222	4 641 958	312 144
三　级	19 184 594	5 691 698	4 431 562	395 107
四　级	1 976 520	816 503	713 662	150 000
暂　定	19 913 621	9 394 935	4 779 346	938 425
其　他	833 250	735 855	735 614	120 481
按隶属关系分	**75 222 293**	**30 144 266**	**15 560 580**	**1 966 157**
中　央	293 556	245 182	108 421	8 000
省	7 577 484	2 892 170	1 825 762	37 232
市	5 582 166	6 593 973	1 045 543	361 238
县（区）	9 147 180	6 381 312	2 242 716	1 445 088
镇	106 137	194 872	192 384	1 200
乡	1 557	1 402	4 400	
村委会	10 376	2 866	2 866	
其　他	52 503 837	13 832 489	10 138 488	113 399

5－17 续表3 （2009年） 单位：万元

分组指标	所有者权益合计				
	#实收资本				
	集体资本	法人资本	个人资本	港澳台资本	外商资本
按登记注册类型分	**347 139**	**7 897 241**	**2 550 099**	**2 346 989**	**452 955**
内资企业	343 934	6 546 992	2 466 925		
国有企业		337 111	122 880		
集体企业	191 346	12 238	10 050		
股份合作企业		80 472	20 000		
国有与集体联营企业	10 600		2 000		
国有独资公司		900			
其他有限责任公司	70 188	3 897 010	1 168 136		
股份有限公司		916 208	348 109		
私营独资企业		203 100	70 800		
私营合伙企业		8 000	19 638		
私营有限责任公司	71 800	645 266	584 062		
私营股份有限公司		323 602	113 382		
其他企业		123 085	7 868		
港澳台商投资企业	3 205	948 197	52 174	2 170 531	
与港澳台商合资经营企业	3 205	527 752		361 800	
与港澳台商合资合作经营企业		16 229		15 829	
港澳台商独资经营企业		324 216	27 174	1 767 902	
港澳台商投资股份有限公司		80 000	25 000	25 000	
外商投资企业		402 052	31 000	176 458	452 955
中外合资经营企业		299 640	31 000		215 045
外资企业		67 912			235 910
外商投资股份有限公司		34 500		176 458	2 000
按控股情况分	**347 139**	**7 897 241**	**2 550 099**	**2 346 989**	**452 955**
国有控股	31 600	1 443 954	146 180		
集体控股	228 934	734 561	138 050		
私人控股	83 400	3 234 575	1 802 827		
港澳台商控股	3 205	1 112 441	52 174	2 170 531	
外商控股		410 052	31 000	176 458	452 955
其　他		961 658	379 868		
按资质等级分	**347 139**	**7 897 241**	**2 550 099**	**2 346 989**	**452 955**
一　级		100 421		108 017	
二　级	182 946	2 771 448	651 810	606 139	117 471
三　级	120 788	2 385 704	1 059 876	380 291	89 796
四　级	3 205	327 069	117 622	104 317	11 449
暂　定	40 200	1 826 852	699 605	1 137 225	137 039
其　他		485 747	21 186	11 000	97 200
按隶属关系分	**347 139**	**7 897 241**	**2 550 099**	**2 346 989**	**452 955**
中　央		100 421			
省	21 000	1 584 450	183 080		
市		536 905	147 400		
县（区）		597 831	154 768	45 029	
镇	182 946	8 238			
乡	4 400				
村委会			2 866		
其　他	138 793	5 069 396	2 061 985	2 301 960	452 955

分组指标	主营业务收入	土地转让收入	商品房屋销售收入	房屋出租收入	其他收入
按登记注册类型分	**16 357 277**	**5 267**	**15 805 504**	**31 821**	**514 685**
内资企业	12 414 088	5 267	12 203 636	4 797	200 388
国有企业	936 545		911 254		25 291
集体企业	7 789		3 220		4 569
股份合作企业	3 200		3 200		
国有与集体联营企业	31 904		31 904		
国有独资公司	137 305	432	133 980		2 893
其他有限责任公司	5 813 145	4 835	5 693 422	4 030	110 858
股份有限公司	2 465 254		2 436 357	520	28 377
私营独资企业	67 093		67 093		
私营合伙企业	20 442		20 442		
私营有限责任公司	2 748 915		2 721 718	247	26 950
私营股份有限公司	146 316		146 316		
其他企业	36 180		34 730		1 450
港澳台商投资企业	2 993 896		2 670 599	9 000	314 297
与港澳台商合资经营企业	1 081 468		802 804		278 664
与港澳台商合资合作经营企业	6 859		5 659		1 200
港澳台商独资经营企业	1 880 251		1 836 818	9 000	34 433
港澳台商投资股份有限公司	25 318		25 318		
外商投资企业	949 293		931 269	18 024	
中外合资经营企业	657 815		657 815		
外资企业	110 538		92 514	18 024	
外商投资股份有限公司	180 940		180 940		
按控股情况分	**16 357 277**	**5 267**	**15 805 504**	**31 821**	**514 685**
国有控股	3 032 360	432	2 991 325		40 603
集体控股	1 264 325		1 259 157		5 168
私人控股	6 962 030	4 835	6 823 940	4 797	128 458
港澳台商控股	3 015 896		2 692 599	9 000	314 297
外商控股	949 293		931 269	18 024	
其　他	1 133 373		1 107 214		26 159
按资质等级分	**16 357 277**	**5 267**	**15 805 504**	**31 821**	**514 685**
一　级	1 330 434		1 321 434	9 000	
二　级	7 171 002	4 835	7 050 596	767	114 804
三　级	5 613 280	432	5 238 462	4 030	370 356
四　级	369 520		362 711	364	6 445
暂　定	1 808 150		1 796 152		11 998
其　他	64 891		36 149	17 660	11 082
按隶属关系分	**16 357 277**	**5 267**	**15 805 504**	**31 821**	**514 685**
中　央	344 000		344 000		
省	3 182 307		3 171 985		10 322
市	1 148 267		1 082 052		66 215
县（区）	880 839	5 267	868 755		6 817
镇	7 789		3 220		4 569
乡					
村委会					
其　他	10 794 075		10 335 492	31 821	426 762

分组指标	主营业务成本	主营业务税金及附加	主营业务利润	其他业务收入	其他业务利润
按登记注册类型分	**11 406 722**	**1 309 058**	**3 447 307**	**51 374**	**28 769**
内资企业	8 866 786	989 620	2 414 915	38 024	27 327
国有企业	729 653	46 857	142 347	182	－482
集体企业	4 435	885	2 469		
股份合作企业	2 536	201	311	12	12
国有与集体联营企业	22 439	2 647	5 512		
其他联营企业	120 166	7 272	9 840	2 893	－2 872
国有独资公司	4 227 290	449 222	1 081 370	2 868	664
其他有限责任公司	1 571 910	274 222	577 880	31 426	29 367
股份有限公司	54 768	3 730	7 997		
私营独资企业	15 330	1 500	3 612		
私营合伙企业	1 997 134	189 103	547 437	643	638
私营有限责任公司	92 521	10 923	31 731		
私营股份有限公司	28 604	3 058	4 409		
其他企业	1 951 274	236 107	761 448	13 016	1 089
港澳台商投资企业	890 531	61 061	124 151	150	150
与港澳台商合资经营企业	3 738	277	2 844		
与港澳台商合资合作经营企业	1 041 800	172 642	626 467	12 866	939
港澳台商独资经营企业	15 205	2 127	7 986		
港澳台商投资股份有限公司	588 662	83 331	270 944	334	353
外商投资企业	409 280	63 311	185 224		
中外合资经营企业	86 190	5 545	18 803	334	330
外资企业	93 192	14 475	66 917		23
外商投资股份有限公司	11 406 722	1 309 058	3 447 307	51 374	28 769
按控股情况分	**2 293 574**	**211 688**	**473 621**	**31 910**	**23 773**
国有控股	950 507	87 518	223 328	1 710	148
集体控股	4 785 648	589 423	1 517 299	3 652	2 886
私人控股	1 966 274	238 107	766 448	13 016	1 089
港澳台商控股	588 662	83 331	270 942	334	353
外商控股	822 057	98 991	195 669	752	520
其　他	11 406 722	1 309 058	3 447 307	51 374	28 769
按资质等级分	**718 754**	**114 088**	**474 092**	**12 254**	**501**
一　级	4 796 826	698 535	1 564 408	34 860	29 246
二　级	4 321 771	371 360	900 647	796	1 180
三　级	274 664	19 834	56 534		
四　级	1 253 941	91 517	445 733	2 985	－2 625
暂　定	40 766	13 724	5 893	479	467
其　他	11 406 722	1 309 058	3 447 307	51 374	28 769
按隶属关系分	**257 926**	**28 015**	**53 423**	**442**	**355**
中　央	2 173 916	324 637	644 343	31 874	28 096
省	836 765	70 887	218 589	424	－779
市	675 069	55 029	149 692	2 985	－2 289
县（区）	4 435	885	2 469		
镇					
乡			－209		
村委会	7 458 611	829 605	2 379 000	15 649	3 386
其　他	709 677	75 208	219 285	5 705	8 046

分组指标	销售费用	管理费用	#税金	#差旅费	#工会经费
按登记注册类型分	**537 097**	**685 859**	**52 453**	**21 233**	**2 306**
内资企业	384 325	532 631	44 616	19 245	1 987
国有企业	29 384	60 957	667	885	136
集体企业	296	2 768	10	327	22
股份合作企业	352	1 834	1	12	
国有与集体联营企业	1 306	3 857	2 366	422	46
国有独资公司	27	46 843	6 054	196	69
其他有限责任公司	187 874	237 097	23 425	12 408	983
股份有限公司	46 155	57 753	3 354	2 391	160
私营独资企业	1 751	4 271	1 309	221	42
私营合伙企业	2 289	1 671		113	8
私营有限责任公司	98 654	104 145	7 297	2 225	505
私营股份有限公司	15 831	9 152	130	45	16
其他企业	406	2 283	3		
港澳台商投资企业	109 743	97 064	3 778	1 191	149
与港澳台商合资经营企业	29 766	34 666	1 831	644	31
与港澳台商合资合作经营企业	1 903	611	2	42	
港澳台商独资经营企业	71 902	57 016	1 945	505	118
港澳台商投资股份有限公司	6 172	4 771			
外商投资企业	43 029	56 164	4 059	797	170
中外合资经营企业	30 671	37 337	3 586	449	146
外资企业	6 002	8 119	473	348	24
外商投资股份有限公司	6 356	10 708			
按控股情况分	**537 097**	**685 859**	**52 453**	**21 233**	**2 306**
国有控股	81 967	174 043	16 203	3 713	582
集体控股	24 141	15 850	610	852	142
私人控股	233 483	291 006	23 561	11 224	1 105
港澳台商控股	110 112	98 604	3 881	1 271	149
外商控股	43 031	56 679	4 059	797	170
其　　他	44 363	49 677	4 139	3 376	158
按资质等级分	**537 097**	**685 859**	**52 453**	**21 233**	**2 306**
一　　级	23 500	25 951	2 111	49	146
二　　级	259 017	267 996	20 240	6 549	880
三　　级	146 069	199 763	12 850	9 784	937
四　　级	21 233	23 723	2 811	1 314	41
暂　　定	81 224	156 676	13 888	3 169	262
其　　他	6 054	11 750	553	368	40
按隶属关系分	**537 097**	**685 859**	**52 453**	**21 233**	**2 306**
中　　央	4 636	13 598	1 986	13	135
省	54 956	54 217	6 741	2 196	224
市	27 789	50 242	601	704	66
县（区）	26 876	95 717	10 564	3 490	261
镇		2 312	10	296	15
乡		36			
村委会	209	60	6	4	
其　　他	422 631	469 677	32 545	14 530	1 605

分组指标	财务费用	#利息支出	营业利润	投资收益
按登记注册类型分	**272 514**	**189 635**	**2 174 796**	**－680**
内资企业	229 020	173 956	1 439 033	－680
国有企业	4 845	1 468	64 367	
集体企业	76	40	－671	
股份合作企业	271	271	－1 982	
国有与集体联营企业	48		1 607	190
国有独资公司	66 403	63 628	－106 278	
其他有限责任公司	91 687	75 023	620 639	－667
股份有限公司	6 843	3 518	537 738	
私营独资企业	1 440	1 382	1 133	
私营合伙企业	866	473	－1 214	
私营有限责任公司	48 948	22 661	311 569	－203
私营股份有限公司	7 665	5 571	10 224	
其他企业	－72	－79	1 901	
港澳台商投资企业	33 853	7 676	566 944	
与港澳台商合资经营企业	10 771	5 873	54 823	
与港澳台商合资合作经营企业	5	－9	325	
港澳台商独资经营企业	23 128	1 863	514 702	
港澳台商投资股份有限公司	－51	－51	－2 906	
外商投资企业	9 641	8 003	168 819	
中外合资经营企业	1 597	－16	115 619	
外资企业	8 179	8 154	－3 167	
外商投资股份有限公司	－135	－135	56 367	
按控股情况分	**272 514**	**189 635**	**2 174 796**	**－680**
国有控股	80 409	72 416	214 452	822
集体控股	5 013	1 420	181 444	－1 299
私人控股	133 289	90 921	932 067	－203
港澳台商控股	34 041	7 668	569 847	
外商控股	9 641	8 003	168 302	
其　　他	10 121	9 207	108 684	
按资质等级分	**272 514**	**189 635**	**2 174 796**	**－680**
一　　级	16 507	－104	432 135	
二　　级	55 449	28 459	1 122 425	1 322
三　　级	92 483	67 044	483 014	－203
四　　级	8 732	8 086	21 334	－690
暂　　定	83 968	72 141	138 199	－1 109
其　　他	15 375	14 009	－22 311	
按隶属关系分	**272 514**	**189 635**	**2 174 796**	**－680**
中　　央	－104	－104	40 284	
省	3 296	1 777	599 381	1 322
市	10 551	2 985	151 254	
县（区）	108 481	103 269	－82 622	－1 299
镇	11		146	
乡			－36	
村委会			－269	
其　　他	150 279	81 708	1 466 658	－703

分组指标	营业外收入	营业外支出	利润总额	应缴所得税
按登记注册类型分	**255 706**	**96 643**	**2 333 859**	**551 004**
内资企业	229 254	83 273	1 585 014	453 354
国有企业	59 945	1 490	122 822	69 932
集体企业	7		-664	
股份合作企业			-1 982	1
国有与集体联营企业	24	211	1 420	1 217
国有独资公司	150 000	159	43 563	8 306
其他有限责任公司	4 756	31 809	593 586	177 678
股份有限公司	9 337	32 827	514 248	135 838
私营独资企业		8	1 125	521
私营合伙企业		7	-1 221	
私营有限责任公司	5 185	15 852	300 902	55 653
私营股份有限公司		888	9 336	3 778
其他企业		22	1 879	430
港澳台商投资企业	24 518	7 201	584 261	76 748
与港澳台商合资经营企业	20 010	4 130	70 703	18 809
与港澳台商合资合作经营企业		161	164	
港澳台商独资经营企业	4 508	2 910	516 300	57 939
港澳台商投资股份有限公司			-2 906	
外商投资企业	1 934	6 169	164 584	20 902
中外合资经营企业	1 894	2 451	115 062	7 598
外资企业	28	3 530	-6 669	
外商投资股份有限公司	12	188	56 191	13 304
按控股情况分	**255 706**	**96 643**	**2 333 859**	**551 004**
国有控股	218 629	34 960	398 121	138 025
集体控股	11	343	181 112	29 891
私人控股	9 894	34 854	907 107	245 989
港澳台商控股	24 518	7 201	587 164	76 748
外商控股	1 934	6 169	164 067	20 902
其　他	720	13 116	96 288	39 449
按资质等级分	**255 706**	**96 643**	**2 333 859**	**551 004**
一　级	5 119	30 966	406 288	53 027
二　级	68 233	16 385	1 174 273	339 358
三　级	27 673	23 304	487 383	121 593
四　级	486	5 030	16 790	3 811
暂　定	154 057	14 193	278 063	33 211
其　他	138	6 765	-28 938	4
按隶属关系分	**255 706**	**96 643**	**2 333 859**	**551 004**
中　央	6	929	39 361	15 167
省	4 128	658	602 851	158 064
市	64 002	32 515	182 741	79 296
县（区）	170 317	4 967	82 728	22 847
镇	7		153	
乡			-36	
村委会			-269	
其　他	17 246	57 574	1 426 330	275 630

分组指标	劳动失业、保险费（万元）	住房公积金及住房补贴（万元）	本年应付工资总额（万元）	本年应付福利费总额（万元）	全部从业人员年平均人数（人）
按登记注册类型分	**8 964**	**4 429**	**423 617**	**50 665**	**13 373**
内资企业	6 589	4 026	278 696	33 716	9 128
国有企业	2 993	1 793	32 092	3 753	1 136
集体企业			2 263	222	102
股份合作企业	43		2 074	241	71
国有与集体联营企业			2 950	228	29
国有独资公司	116	114	3 648	937	279
其他有限责任公司	2 067	1 744	132 143	16 187	4 306
股份有限公司	1 077	353	30 780	3 089	932
私营独资企业			3 699	258	174
私营合伙企业			809	84	70
私营有限责任公司	281	22	57 414	7 259	1 557
私营股份有限公司	12		7 693	688	353
其他企业			3 131	770	119
港澳台商投资企业	1 778	385	115 562	13 279	3 672
与港澳台商合资经营企业	823	218	65 044	8 718	2 422
与港澳台商合资合作经营企业			1 140	146	67
港澳台商独资经营企业	955	167	48 777	4 348	1 164
港澳台商投资股份有限公司			601	67	19
外商投资企业	597	18	29 359	3 670	573
中外合资经营企业	241	18	19 938	1 549	347
外资企业	45		7 252	2 004	147
外商投资股份有限公司	311		2 169	117	79
按控股情况分	**8 964**	**4 429**	**423 617**	**50 665**	**13 373**
国有控股	4 239	3 394	71 581	7 621	2 463
集体控股	193	42	18 332	1 040	503
私人控股	1 086	238	152 003	21 557	5 159
港澳台商控股	1 778	385	116 809	13 508	3 693
外商控股	597	18	29 501	3 686	583
其　他	1 071	352	35 391	3 253	972
按资质等级分	**8 964**	**4 429**	**423 617**	**50 665**	**13 373**
一　级	**74**	**995**	**15 030**	**381**	**654**
二　级	**5 800**	**2 021**	**153 044**	**15 352**	**3 401**
三　级	**2 447**	**1 018**	**160 530**	**18 516**	**6 005**
四　级	**27**	**66**	**14 871**	**1 754**	**428**
暂　定	**581**	**329**	**72 253**	**12 139**	**2 595**
其　他	**35**		**7 889**	**2 523**	**290**
按隶属关系分	**8 964**	**4 429**	**423 617**	**50 665**	**13 373**
中　央	225	974	7 395	291	373
省	1 257	951	35 331	3 247	710
市	1 421	787	22 223	2 790	917
县（区）	969	403	29 127	3 516	1 411
镇			1 289	208	81
乡			36	2	2
村委会			954	22	24
其　他	5 092	1 314	327 262	40 589	9 855

5-18 房地产企业资金情况

(2009年)　　单位：万元

分组指标	本年资金来源合计	上年末结余资金	本年资金来源小计	国内贷款	银行贷款
按登记注册类型分	**3 983 003**	**680 420**	**3 302 583**	**612 814**	**596 682**
内资企业	2 979 456	475 114	2 504 342	466 059	450 927
国有企业	204 749	12 925	191 824	51 800	51 800
集体企业	1 872	1 172	700		
股份合作企业	7 675	450	7 225	3 875	3 875
国有与集体联营企业	24 467	1 734	22 733		
国有独资公司	58 022	2 527	55 495	36 700	36 700
其他有限责任公司	1 351 890	196 552	1 155 338	202 911	194 476
股份有限公司	409 604	58 214	351 390	75 630	75 630
私营独资企业	12 637	3 512	9 125	2 500	2 500
私营合伙企业	64 479	16 352	48 127	1 997	
私营有限责任公司	572 876	141 898	430 978	77 096	72 496
私营股份有限公司	232 829	10 271	222 558	13 100	13 100
其他企业	38 356	29 507	8 849	450	350
港澳台商投资企业	717 324	178 452	538 872	88 555	88 555
与港澳台商合资经营企业	203 503	57 693	145 810	31 700	31 700
港澳台商独资经营企业	489 330	118 859	370 471	56 855	56 855
港澳台商投资股份有限公司	24 491	1 900	22 591		
外商投资企业	286 223	26 854	259 369	58 200	57 200
中外合资经营企业	179 612	20 999	158 613	22 000	22 000
外资企业	92 803	4 570	88 233	30 200	29 200
外商投资股份有限公司	13 808	1 285	12 523	6 000	6 000
按控股情况分	**3 983 003**	**680 420**	**3 302 583**	**612 814**	**596 682**
国有控股	667 944	83 322	584 622	185 755	185 055
集体控股	299 489	9 457	290 032	65 075	65 075
私人控股	1 745 688	306 991	1 438 697	165 279	156 947
港澳台商控股	720 383	179 142	541 241	88 555	88 555
外商控股	286 223	26 854	259 369	58 200	57 200
其　他	263 276	74 654	188 622	49 950	43 850
按资质等级分	**3 983 003**	**680 420**	**3 302 583**	**612 814**	**596 682**
一　级	157 904	15 898	142 006	40 500	40 500
二　级	1 474 397	217 646	1 256 751	220 226	218 510
三　级	855 102	158 783	696 319	178 656	168 037
四　级	95 418	26 164	69 254	5 450	5 350
暂　定	1 374 811	259 424	1 115 387	161 482	158 785
其　他	25 371	2 505	22 866	6 500	5 500
按隶属关系分	**3 983 003**	**680 420**	**3 302 583**	**612 814**	**596 682**
中　央	30 958	3 706	27 252	15 000	15 000
省	614 154	45 929	568 225	127 040	126 340
市	188 467	14 457	174 010	40 015	40 015
县（区）	215 120	15 974	199 146	34 740	33 930
镇	700		700		
村委会	22 000		22 000		
其　他	2 911 604	600 354	2 311 250	396 019	381 397

分组指标	本年资金来源小计 国内贷款 非银行金融机构贷款	利用外资	#外商直接投资	自筹资金	#自有资金
按登记注册类型分	**16 132**	**26 810**	**26 810**	**680 438**	**261 072**
内资企业	15 132			485 391	191 828
国有企业				44 122	23 792
集体企业					
股份合作企业				3 350	
国有与集体联营企业					
国有独资公司				275	75
其他有限责任公司	8 435			262 915	136 160
股份有限公司				65 545	8 363
私营独资企业				1 400	1 400
私营合伙企业	1 997			1 255	
私营有限责任公司	4 600			42 605	13 919
私营股份有限公司				56 105	300
其他企业	100			7 819	7 819
港澳台商投资企业		16 810	16 810	68 289	36 575
与港澳台商合资经营企业				44 480	34 250
港澳台商独资经营企业		16 810	16 810	19 181	2 325
港澳台商投资股份有限公司				4 628	
外商投资企业	1 000	10 000	10 000	126 758	32 669
中外合资经营企业		10 000	10 000	87 613	
外资企业	1 000			39 145	32 669
外商投资股份有限公司					
按控股情况分	**16 132**	**26 810**	**26 810**	**680 438**	**261 072**
国有控股	700			85 234	49 867
集体控股				56 691	38 060
私人控股	8 332			307 031	85 766
港澳台商控股		16 810	16 810	68 289	36 575
外商控股	1 000	10 000	10 000	126 758	32 669
其　　他	6 100			36 435	18 135
按资质等级分	**16 132**	**26 810**	**26 810**	**680 438**	**261 072**
一　　级				9 234	8 300
二　　级	1 716	8 000	8 000	242 715	86 269
三　　级	10 619			126 931	53 916
四　　级	100			30 863	2 990
暂　　定	2 697	18 810	18 810	268 829	107 731
其　　他	1 000			1 866	1 866
按隶属关系分	**16 132**	**26 810**	**26 810**	**680 438**	**261 072**
中　　央				8 300	8 300
省	700			68 821	55 937
市				24 506	18 072
县（区）	810			32 339	8 858
镇					
村委会				22 000	
其　　他	14 622	26 810	26 810	524 472	169 905

分组指标	本年资金来源小计			本年各项	
	其他资金来源	#定金及预付款	#个人按揭贷款	应付款合计	#工程款
按登记注册类型分	**1 982 521**	**1 249 177**	**478 207**	**348 913**	**199 692**
内资企业	1 552 892	996 853	379 963	268 682	177 222
国有企业	95 902	70 240	22 782	16 808	12 309
集体企业	700	700		514	
股份合作企业				7 764	7 764
国有与集体联营企业	22 733	10 121	12 612	133	91
国有独资公司	18 520	16 906	1 614	15 385	14 385
其他有限责任公司	689 512	355 696	198 594	139 193	79 447
股份有限公司	210 215	144 689	30 876	28 426	8 190
私营独资企业	5 225	912	2 222	2 239	2 239
私营合伙企业	44 875	34 072	10 803	2 359	1 624
私营有限责任公司	311 277	215 557	94 649	43 059	39 882
私营股份有限公司	153 353	147 542	5 811	12 802	11 291
其他企业	580	418			
港澳台商投资企业	365 218	240 985	91 862	72 859	20 804
与港澳台商合资经营企业	69 630	34 550	29 108	36 121	2 639
与港澳台商合资合作经营企业					
港澳台商独资经营企业	277 625	198 858	54 733	27 933	12 293
港澳台商投资股份有限公司	17 963	7 577	8 021	8 805	5 872
外商投资企业	64 411	11 339	6 382	7 372	1 666
中外合资经营企业	39 000			4 504	1 300
外资企业	18 888	4 816	6 382	2 868	366
外商投资股份有限公司	6 523	6 523			
按控股情况分	**1 982 521**	**1 249 177**	**478 207**	**348 913**	**199 692**
国有控股	313 633	182 204	101 203	85 443	49 753
集体控股	168 266	53 118		13 568	12 254
私人控股	966 387	694 775	248 461	138 981	99 793
港澳台商控股	367 587	241 956	93 260	74 829	22 458
外商控股	64 411	11 339	6 382	7 372	1 666
其　他	102 237	65 785	28 901	28 720	13 768
按资质等级分	**1 982 521**	**1 249 177**	**478 207**	**348 913**	**199 692**
一　级	92 272	92 272		3 229	3 187
二　级	785 810	516 208	178 465	91 265	39 557
三　级	390 732	196 329	148 766	120 585	104 915
四　级	32 941	15 518	14 427	3 879	3 879
暂　定	666 266	421 950	131 549	127 426	48 127
其　他	14 500	6 900	5 000	2 529	27
按隶属关系分	**1 982 521**	**1 249 177**	**478 207**	**348 913**	**199 692**
中　央	3 952	3 952		3 229	3 187
省	372 364	181 868	41 260	38 224	17 288
市	109 489	97 064	7 108	35 786	23 363
县（区）	132 067	74 812	49 890	40 846	25 813
镇	700	700			
村委会					
其　他	1 363 949	890 781	379 949	230 828	130 041

5-19 分县区房地产开发情况

（2009年）

指　　标	计划总投资（万元）	本年完成投资（万元）	#建筑工程	#安装工程	#设备工器具购置
南昌市	**10 669 571**	**1 982 468**	**1 400 284**	**185 999**	**38 039**
东湖区	1 309 739	109 193	68 622	22 498	
西湖区	558 272	144 079	115 318	2 113	
青云谱区	906 477	192 798	139 624	8 076	200
湾里区	188 715	23 549	16 945	468	
青山湖区	1 228 411	296 219	184 686	17 456	7 009
南昌县	2 391 109	366 289	283 055	28 066	5 308
新建县	217 243	61 847	42 527	1 692	798
安义县	105 710	14 400	12 485	697	20
进贤县	178 709	28 001	25 048	1 404	810
经济开发区	416 793	55 762	45 240	2 600	820
高新开发区	291 220	36 399	28 468	2 702	625
红谷滩新区	2 621 428	546 178	395 489	83 799	14 949
桑海开发区	13 920	8 328	4 077		
英雄开发区	241 825	29 426	18 700	6 928	

5-19　续表1　　　　（2009年）

指　　标	住宅投资（万元）	#经济适用房	房屋施工面积（平方米）	#住宅施工面积	#本年新开工面积
南昌市	**1 586 647**	**51 992**	**17 820 255**	**14 839 854**	**3 598 739**
东湖区	69 424	100	1 055 722	609 477	47 000
西湖区	71 786	794 766	570 345	357 736	
青云谱区	159 094	29 841	2 155 385	1 852 865	543 039
湾里区	19 465	519 632	507 142	20 000	
青山湖区	245 925	3 600	1 423 662	1 207 765	342 837
南昌县	333 795	4 712	3 586 148	3 225 574	640 208
新建县	59 021	5 965	915 800	885 684	286 150
安义县	13 387	736	263 919	233 714	25 419
进贤县	25 171	785 131	718 812	240 885	
经济开发区	43 714	4 100	979 003	583 738	143 314
高新开发区	29 631	433 310	404 695	101 178	
红谷滩新区	440 683	2 938	4 256 358	3 569 559	680 923
桑海开发区	7 696	70 194	60 598		
英雄开发区	26 605	581 225	409 886	170 000	

5－19　续表2　　(2009年)

指　　标	#住　宅新开工面积	房屋竣工面　积(平方米)	#住　宅竣工面积	商品房销售面积(平方米)	#住　宅销售面积
南昌市	**2 795 854**	**3 652 067**	**3 266 146**	**4 946 856**	**4 636 258**
东湖区	35 000	117 599	97 594	297 363	292 379
西湖区	286 254	33 032	20 956	293 599	186 494
青云谱区	320 923	707 973	655 804	469 427	438 661
湾里区	20 000	66 000	66 000	68 811	68 811
青山湖区	315 944	248 816	160 926	254 098	197 680
南昌县	565 631	1 556 524	1 365 780	1 403 075	1 359 780
新建县	273 922	104 742	100 284	83 747	82 890
安义县	23 419	10 900	8 900	155 998	146 697
进贤县	218 079	50 732	48 832	262 624	252 769
经济开发区	139 114	283 129	283 129	6 803	6 803
高新开发区	84 378			312 889	301 713
红谷滩新区	513 190	472 620	457 941	1 182 011	1 148 384
桑海开发区				48 245	45 031
英雄开发区				108 166	108 166

5－19　续表3　　(2009年)

指　　标	商品房销售额(万元)	#住宅销售额	空置面积(平方米)	#住　宅空置面积	#1年以上空置面积
南昌市	**1 867 205**	**1 686 391**	**399 225**	**338 029**	**281 643**
东湖区	153 556	148 102	20 803	20 803	20 803
西湖区	169 005	100 566	23 083	3 616	3 616
青云谱区	190 545	165 861	41 311	19 311	41 311
湾里区	13 414	13 414	17 258	17 258	17 258
青山湖区	132 825	99 429	9 403	9 403	9 403
南昌县	418 680	402 659	145 675	140 587	90 585
新建县	23 447	23 141	28 233	26 582	28 233
安义县	36 667	30 890	6 563	1 967	1 121
进贤县	47 526	44 081	15 207	6 813	15 207
经济开发区	1 605	1 605			
高新开发区	112 808	109 999	505	505	505
红谷滩新区	534 518	516 837	44 100	44 100	11 343
桑海开发区	10 049	8 027			
英雄开发区	22 560	21 780	47 084	47 084	42 258

主 要 统 计 指 标 解 释

全社会固定资产投资 固定资产投资额（又称固定资产投资完成额）是以货币形式表现的在一定时期内建造和购置固定资产的工作量以及与此有关的费用的总称。它是反映固定资产投资规模、结构和发展速度的综合性指标，又是观察工程进度和考核投资效果的重要依据。

全社会固定资产投资包括国有经济单位投资、城乡集体经济制单位投资、其他各种经济类型的单位投资和城乡居民个人投资。城乡居民个人投资包括城市、县城、镇、工矿区所辖范围内的个人建房和农村个人建房及购买生产性固定资产（使用年限在二年以上，单位价值在50元以上的生产资料）的投资。

房地产开发投资 是指各种登记注册类型的房地产开发公司、商品房建设公司及其他房地产开发单位统一开发的统代建、拆迁还建的商品住宅、厂房、仓库、饭店、度假村、写字楼、办公楼等房屋建筑物和配套的服务设施、土地开发工程，，如通路、给水、排水、供电、供热、通讯、平整场地等（也称七通一平）基础设施工程。包括实际从事房地产开发经营活动的附营房地产开发单位。

固定资产按国民经济行业分 国民经济行业类别是按企业、事业、事业、行政单位所从事的生产或其他社会经济活动性质的同一性进行的分类。固定资产投资统计中的国民经济行业分类，基本建设项目按项目建成投产后主要产品种类或主要用途及社会活动种类来划分。一般情况下，一个基本建设项目只能属于一种国民经济行业；更新改造、其他固定资产投资根据整个企、事业单位所属的行业来划分，一般情况下，一个企、事业单位只能属于一种国民经济行业。为了更准确地反映国民经济和行业之间的比例关系，联合企业（总厂）所属分厂属于不同行业的，原则上按分厂划分行业。

固定资产投资按建设性质分 建设项目的性质一般分为新建、扩建、改建、单纯建造生活设施、迁建、恢复、单纯购置。是指固定资产再生产的性质。基本建设根据整个建设项目的情况确定；更新改造和其他固定资产投资按整个企业、事业、行政单位的情况确定。一般情况下，一个基本建设项目或企业、事业、行政单位只能有一种建设性质。目前基本建设和更新改造是根据我国现行的计划管理体制区分的，所以基本建设和更新改造都可以分别按新建、扩建和改建等划分。

（1）新建 一般是指从无到有，“平地起家”开始建设的企业、事业和行政单位或独立的工程。现有企业、事业、行政单位一般不属于新建。但如有的单位原有基础很小，经过建设后新增的固定资产价值超过该企业、事业、行政单位原有固定资产价值（原值）三倍以上的也应作为新建。

（2）扩建 是指在厂内或其他地点，为扩大原有产品的生产能力（或效益）或增加新的产品生产能力，而增建主要的生产车间（或主要工程）、分厂、独立的生产线的企业、事业单位。行政、事业单位在原单位增建业务用房（如学校增建教学用房、医院增建门诊部、病房等）也作为扩建。

（3）改建 是指原有设施进行技术改造或更新（包括相应配套的辅助性生产、生活福利设施），没有增建主要生产车间、分厂等的企业、事业单位。现有企业、事业单位为适应市场变化的需要，而改变企业的主要产品种类，或原有产品生产作业线由于各工序（车间）之间能力不平衡，为填平补充充分发挥原有生产能力而增建不增加本企业主要产品设计能力的车间，也应作为改建。

（4）单纯建造生活设施 是指在不扩建、改建生产性工程和业务用房的情况下，单纯建造职工住宅、托儿所、子弟学校、医务室、浴室、食堂等生活福利设施的企业、事业及行政单位。

（5）迁建 是指为改变生产力布局或由于城市环境保护和安全生产的需要等原因而搬迁到另地建设的企业、事业单位。在搬迁另地建设过程中，不论是维持原来规模还是扩大规模都按迁建统计。

（6）恢复 是指因自然灾害、战争等原因，使原有的固定资产全部或部分报废，以后又投资恢复建设的单位。不论是按原规模恢复还是在恢复的同时进行扩建的都按恢复统计。尚未建成投产的基本建设项目或企业、事业单位，因自然灾害而损坏的，不作为恢复项目，仍按原有建设性质划分。

（7）单纯购置 是指现有企业、事业、行政单位单纯购置不需要安装的设备、工具、器具，而不进行工程建设的单位。有些单位当年虽然只从事一些购置活动，但其设计中规定有建筑安装活动，应根据文件的内容来确定建设性质，不得作为单纯购置统计。

固定资产投资按构成分　固定资产投资活动按其工作内容和实现方式分为建筑工程、安装工程、设备、工具、器具购置、用于更新的设备、购置旧设备、其他费用、其中：土地购置费、旧建筑物购置费。

（1）建筑工程　是指各种房屋、建筑物的建造工程，又称建筑工作量。这部分投资额必须兴工动料，通过施工活动才能实现，是固定资产投资额的重要组成部分。

（2）安装工程　是指各种设备、装置的安装工程，又称安装工作量。安装工程包括：①生产、动力、起重、运输、传动和医疗、实验等各种需要安装设备的装配和安装，与设备相连的工作台、梯子、栏杆等装设工程，附属于被安装设备的管线敷设工程，被安装设备的绝缘、附腐、保温、油漆等工作；②为测定安装工程质量，对单个设备、系统设备进行单机试运、系统联动无负荷试运工作（投料试运工作台不包括在内）。

在安装工程中，不包括被安装设备本身价值。

（3）设备、工具、器具购置　是指建设单位或企、事业单位购置或自制的，达到固定资产标准的设备、工具、器具的价值。①设备：指各种生产设备、传导设备、动力设备、运输设备等。分为需要安装的设备和不需要安装的设备两种。②工具、器具：是指具有独立用途的各种生产用具、工作工具和仪器。

（4）用于更新的设备　是指为更换陈旧设备而购置的设备。用于更新的设备与原有设备在台数和价值上不一定相等。

（5）购置旧设备　是指从外单位购入的，已经使用过的各种设备，不包括从国外购进的旧设备。

（6）其他费用　是指在固定资产建造和购置过程中发生的。

（7）其中：土地购置费　是指建设项目通过划拨方式或出让方式取得土地使用权而支付的各项费用。

（8）旧建筑物购置费　是指购置已使用过的各种旧房屋及其他建筑物的费用。

施工项目　是指报告期内进行过建筑或安装施工活动的项目。凡是报告期内施过工的建设项目，不论施工时间长短，均作为施工项目统计。施工项目个数可以反映一定时期固定资产投资的实际规模，与同期建成投产的建设项目个数相比，可以从建设速度的角度反映固定资产投资的效果。根据建设项目施工活动的不同性质，施工项目又分为：本年正式施工项目、本年收尾项目和以前年度全部停缓建项目。

全部建成投产项目　工业项目是指设计文件规定形成能力的主体工程及其相应配套的辅助设施全部建成，经负荷试运转，证明具备生产设计规定合格产品的条件，并经过验收鉴定合格或达到竣工验收标准，与生产性工程配套的生活福利设施可满足近期正常生产的需要，正式移交生产的建设项目；非工业项目是指设计文件规定的主体工程和相应配套工程全部建成，能够发挥设计规定的工程效益，经验收鉴定合格或达到竣工标准，正式移交使用的建设项目。

新增生产能力　是指通过固定资产投资活动而增加的设计能力（或工程效益），是以实物形态表现的固定资产投资成果的指标，也是考核投资经济效果的重要依据之一。新增生产能力的计算，是以能独立发挥生产能力或效益的单项工程（或项目）为对象。当单项工程（或项目）建成，经有关部门鉴定合格、正式移交投入生产，即可计算新增生产能力。新增生产能力的数量一般按设计能力计算。设计文件中规定的在正常情况下能够达到的生产能力，而不论投产后的实际产量如何。以设备数量、建筑物容积、面积、长度等表示为新增生产能力（或效益），则按建成的实际数量计算。

施工和竣工房屋建设面积　房屋建筑面积是从房屋建筑物勒脚以上外墙外围的水平截面积，包括房屋建筑物的有效面积和结构面积。包括房屋结构（如柱、墙）占用的面积和地下室面积。多层建筑按各自然层面积计算，包括房屋内的楼隔层，突出墙面的眺望间、门斗、有柱雨罩的面积。不包括突出墙面结构的构件、艺术装饰等所占的面积。如台阶等。凹阳台、挑台按其水平投影面积一半计算建筑面积。

施工面积　是指报告期内施工的全部房屋建筑面积。包括本期新开工的面积和上期开工跨入本期继续施工的房屋面积，以及上期已停建在本期恢复施工的房屋面积。以及上期已停建在本期继续施工的房屋建筑面积。

竣工面积 是指在报告期内房屋建筑按照设计要求已经全部完工，达到住人和使用条件，经验收鉴定合格（或达到竣工验收标准），正式移交使用单位的各栋房屋建设面积的总和。

新增固定资产 新增固定资产（又称交付使用的固定资产），是指已经完成建造和购置过程，并已交付生产或使用单位的固定资产的价值。新增固定资产是表示固定资产投资成果的价值指标，也是反映建设进度，计算固定资产投资效果的重要数据。

六、城市公用事业

URBAN PUBLIC UTKITIES

本篇内容包括：

1. 城市自来水供应
2. 市政公共设施
3. 城市公共交通
4. 园林绿化
5. 环境保护，环境卫生
6. 用电情况

资料整理

姜同文
万明刚

微机处理

许卫群
姜同文

城市供水

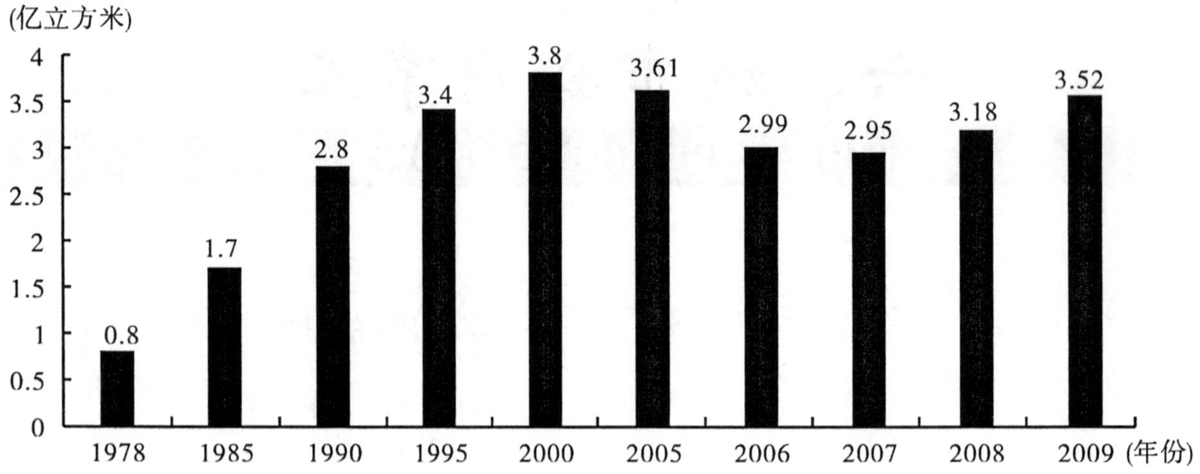

城市用电

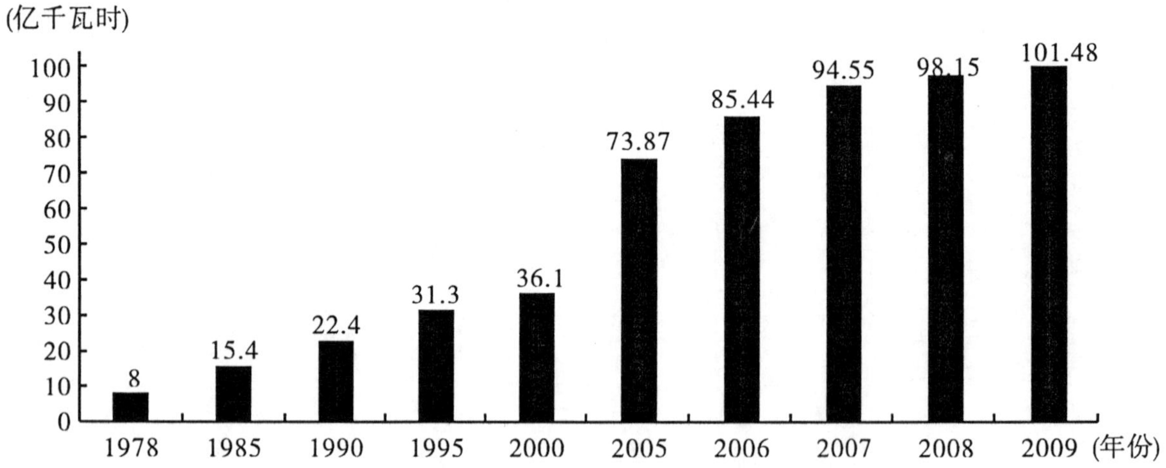

市政道路面积

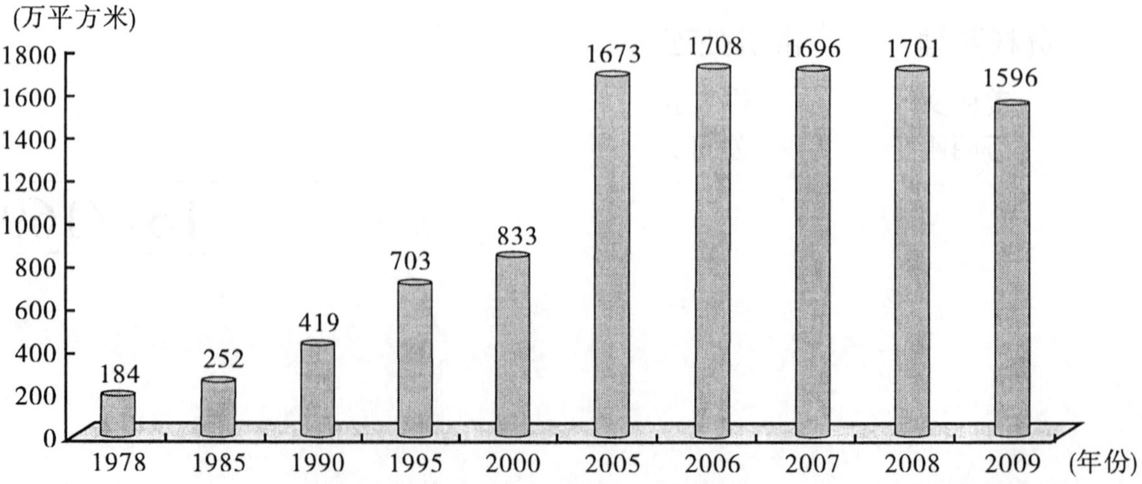

6-1 市 政 公 用 设 施

项　　　　　目	2008	2009
一、道路总长度（公里）	919.9	705.8
二、道路总面积（万平方米）	1 701	1 595.7
三、人行道总面积（万平方米）	505	371
四、桥　梁（座）	133	132
#立　交　桥	12	13
五、排水管长度（公里）	1 131	1 288
六、城镇路灯盏数（盏）	52 828	55 253
七、液化气储气能力（万立方米）	1 961.5	1 971.5
八、液化气供应总量（吨）	60 043	54 699.86
#家 庭 用 量	58 009.59	52 599.47
九、液化气用气户数（万户）	352 143	322 346
#家　庭　户	352 108	322 309
十、液化气用气人口（万人）	123.24	112.81
十一、煤气供应总量（万立方米）	9 723.2	10 739
#家 庭 用 量	4 228.34	5 100.93
十二、煤气用气户数（万户）	196 310	217 369
#家　庭　户	195 744	216 383
十三、天然气用气户数（万户）	18 162	29 714
#家　庭　户	17 997	29 458
十四、煤气用气人口（万人）	68.51	75.89

6－2 城 市 自 来 水 供 应

（2009 年）

项　　　　　目	城　　区	公共供水公司	自建设施供水单位
水厂个数（个）	8		
综合生产能力（万立方米/日）	154	134	20
年末供水管长度（公里）	2 601.66	2 502.66	89
全年供水总量（万立方米）	35 166.1	32 392.6	2 773.5
#生产用水（万立方米）	5 303.19	3 382.49	1 920.7
生活用水（万立方米）	13 971	12 600	1 371
用水人口（万人）	227	214	13
平均每人每天生活用水（升）	268		
自来水普及率（%）	100		
实际利润（万元）	4 193	4 193	

6－3 城 市 公 共 交 通

项　　　　　目	2008	2009
一、年末实有营运车辆（辆）	2 518	2 606
公共汽车	2 484	2 606
标台总数（标台）	3 538	3 304
二、运营线路网长度（公里）	2 883	3 485
三、全年客运量（万人次）	52 297	52 560
公 共 汽 车	52 297	52 560
四、公交换乘系数	1.2	1.2
五、市民出行系数（次/天人）	2.5	2.5
六、全年实现利润总额（万元）	701.24	994.25
七、年末出租汽车营运车数（辆）	3 673	3 703

6-4 城 市 园 林 绿 化

（2009 年）

项目	城区	城建系统内	城建系统外
城市园林绿地面积（公顷）	7 430.00	3 028.86	4 401.25
公共绿地面积（公顷）	1 816.20		
人均公共绿地面积（平方米）	8.49		
城市绿化覆盖面积（公顷）	7 893.00	3 352.06	4 541.30
城区绿化覆盖率（%）	42.66		
苗圃面积（公顷）	66.60		
公园（含动物园，个）	26.00	19.00	7.00
公园面积（公顷）	736.00	736.00	

6-5 城 市 环 境 卫 生

(2009 年)

项 目	城 区
全年清扫面积（万平方米）	2 333
全年清运生活垃圾（万吨）	72.84
生活垃圾无害化处理（万吨）	72.84
公共厕所数（座）	294
粪便无害化处理（万吨）	0.6
环卫机械数量（辆）	154
清洁卫生工作人员（人）	7 563
垃圾中转站（座）	75
果 壳 箱（个）	6 600

6-6 全 社 会 用 电 量

单位：万千瓦小时

项 目	1-12月 累 计 用 电 量	
	2008 年	2009 年
全社会用电总计	**981 525**	**1 014 799**
全行业用电	802 947	820 952
第一产业	21 533	17 496
第二产业	589 185	583 961
工 业	583 298	577 449
建筑业	5 887	6 513
第三产业	192 229	219 496
居民生活用电	178 578	193 846
城 镇	132 679	138 313
乡 村	45 899	55 532

6-7 环　境　保　护

（2009年）

项　　目	全　市
一、环 境 质 量	
可吸入颗粒物年日平均值（毫克/立方米）	0.079
二氧化硫年日平均值（毫克/立方米）	0.054
二氧化氮年日平均值（毫克/立方米）	0.037
降　　尘（吨/月、平方公里）	7.58
城市交通干线噪声平均值（分贝）	69.8
区域环境噪声（分贝）	56.9
饮用水源水质达标率（%）	100
污水集中处理率（%）	86.07
二、"三废"排放、处理及综合利用情况	
废水排放总量（万吨）	30 927.16
#工业废水（万吨）	10 237.72
工业废水排放达标率（%）	93.33
工业废气排放总量（亿标立方米）	660.11
#燃料燃烧过程中废气排放量（亿标立方米）	244.95
工艺废气排放量（亿标立方米）	415.16
工业二氧化硫排放量（吨）	22 514.10
工业烟尘排放量（吨）	8 103.75
工业固废产生量（吨）	117.84
工业固废综合利用量（万吨）	144.20
工业固废综合利用率（%）	96.88
三、污染治理情况	
工业企业用于污染治理资金（万元）	10 773.6
#治理废水（万元）	7 083.6
治理固体废弃物（万元）	3 690
当年竣工的污染治理项目设计处理利用"三废"能力	
1. 废　　水（吨/日）	66 030
2. 废　　气（万标立方米/时）	
3. 治理固体废弃物（吨/日）	500

主 要 统 计 指 标 解 释

年末自来水生产能力 指年末城建部门管理的自来水厂和社会单位自备水源的取水、净化、送水出厂输水干管等环节的实际生产能力。

年末供水管道长度 指从送水泵至用户水表之间所有管道的长度。

全年供水总量 指公用自来水厂和社会单位自备水源全年的供水总量，包括有效供水量及损失水量。

生活用水量 指居民日常生活与公共福利设施的用水量。包括饮食店、旅馆、医院、理发店、浴池、洗衣店、游泳池、商店、学校、机关、部队等单位的用水量。

年末实有铺装道路长度 指除土路外，路面经过铺装宽度在3.5米以上的道路，包括高级、次高级道路和普通道路。

城市下水道总长度 指所有排水总管、干管、支管及暗渠、检查井、连接井进出水口等长度之和。

年末实有公共汽（电）车辆 指年底可参加营运的全部车辆数。包括年底营运车辆数和库存查封未参加营运的车辆，不包括非营运车辆，如架线车、油罐车、工程车、货车及其他专用车辆和借入的客运车辆。

营运线路长度 指设置的固定营运线路长度，包括郊区营运线路长度。不包括临时行驶的线路长度。

城市园林绿地面积 指城市公共绿地、专用绿地、生活绿地、防护绿地、郊区风景名胜区的全部面积。

公共绿地 指供游览休息的各种公园、动物园、植物园、陵园以及花园、游园和供游览休息用的林荫道绿地、广场绿地。不包括一般栽植的行道树及林荫道的面积。

废水排放总量 包括生产废水和生活污水。生产废水指企、事业单位在生产、科研过程中向外环境排放的所有排放口的废水量总和。生活污水指城镇居民区和企事业单位职工集中居住区排放的污水量。

工业废水排放量 指经过企业所有排放口排到企业外的生产废水总量，包括外排的直接冷却水和矿区超标排放的有毒有害矿井地下水，但不包括外排的间接冷却水（清污不分流的应计算在内）。

符合排放标准的工业废水量 指全面达到国家排放标准的外排工业废水量（包括经过处理和未经过处理的），但不包括虽经处理仍未达到国家排放标准的工业废水。国家尚未正式颁布标准的，以地方制定的标准为准。

工业废水处理量 指报告期内各种水治理设施实际处理的工业废水量，包括处理后外排的和处理后回用的工业废水量。虽经处理但未达到国家或地方排放标准的废水量也应计算在内。计算时，如遇有车间和厂排放口均有治理设施，并对同一废水分级处理时，不应重复计算工业废水处理量。

工业废气排放量 指企业厂区燃料燃烧和生产工艺过程中产生的各种排入空气的含有污染物的气体的总量，以标准状态［273K，101325Pa］计。

工业粉尘排放量 指企业在生产工艺过程中排放的颗粒物重量。如钢铁企业的耐火材料粉尘、焦化企业的筛焦系统粉尘、烧结机的粉尘、石灰窑的粉尘、建材企业的水泥粉尘等。不包括电厂排入大气的烟尘。

工业粉尘回收量 指经过各种回收处理装置回收的工业粉尘和尘泥量（包括干法和湿法）。

工业固体废物产生量 指企业在生产过程中产生的固体状、半固体状和高浓度液体状废弃物的总量，包括危险废物、冶炼废渣、粉煤灰、炉渣、煤矸石、尾矿、放射性废物和其他废物等；不包括矿山开采的剥离废石和掘进废石（煤矸石和呈酸性或碱性的废石除外）。酸性或碱性废石是指采掘的废石其流经水、雨淋水的PH值小于4或PH值大于10.5。

工业固体废物处置量 指将固体废物焚烧或者最终置于符合环境保护规定要求的场所并不再回取的工业固体废物量（包括当年处置往年的工业固体废物累计贮存量）。处置方法如：填埋（其中危险废物应安全填埋）、焚烧、专业贮存场（库）封场处理、深层灌注、回填矿井等。

工业固体废物排放量 指将所产生的固体为物排到固体废物污染防治设施、场所以外的量。不包括矿山开采的剥离为石和掘进废石（煤矸石和呈酸性或碱性的废石除外）。

二氧化硫排放量 指企业在燃烧和生产工艺过程中排入大气的二氧化硫量。

工业固体废物综合利用量 指通过回收、加工、循环、交换等方式，从固体废物中提取或者使其转化为可以利用的资源、能源和其他原材料的固体废物量（包括当年利用往年的工业固体废物累计贮存量）。如用作农业肥料、生产建筑材料、筑路等。综合利用量由原产生固体废物的单位统计。

“三废”综合利用产品产值 指利用“三废”（废液、废气、废渣）作为主要原料生产的产品产值（现价），已经销售或准备销售的，应计算产品产值；但留作生产上自用的，不应计算产品产值。

七、外贸和旅游

FOREIGN ECONOMIC TRANE AND TOURISM RELATIONS

本篇内容包括：

1、海关进出口情况
2、利用外资情况
3、接待入境旅游、国内旅游情况
4、星级饭店住宿接待入境旅游情况
5、星级饭店一览表

资料整理	微机处理
罗小云	褚艳红
褚艳红	罗小云

海关出口总值

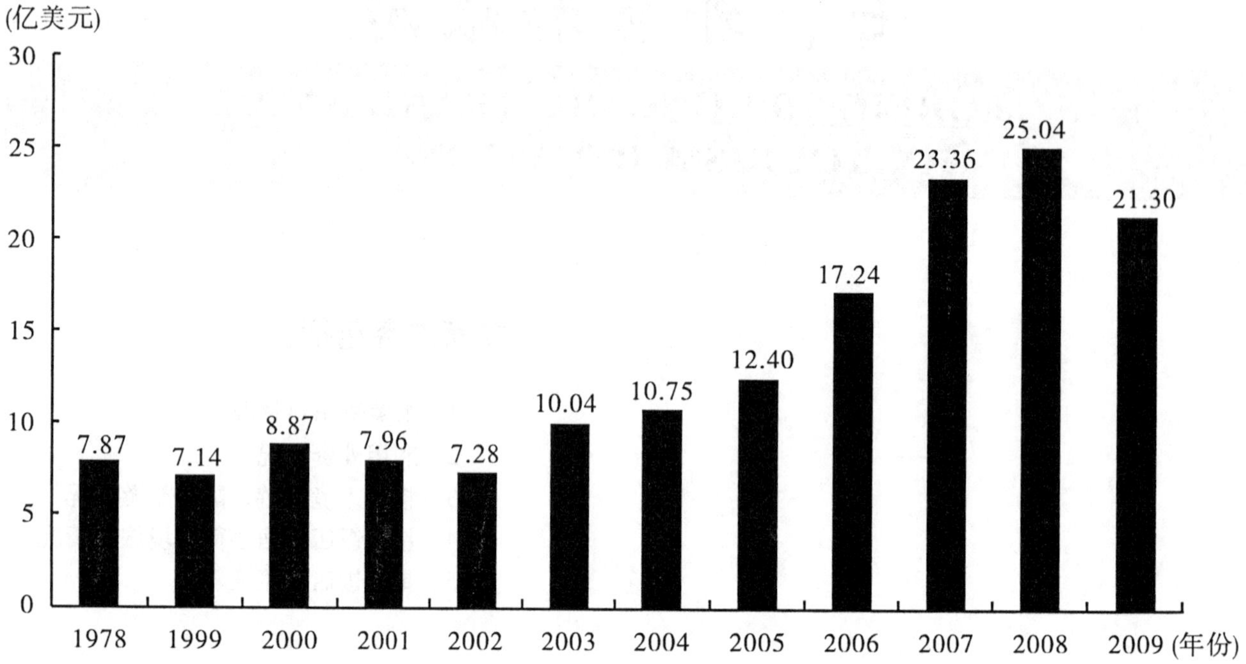

实际利用外资

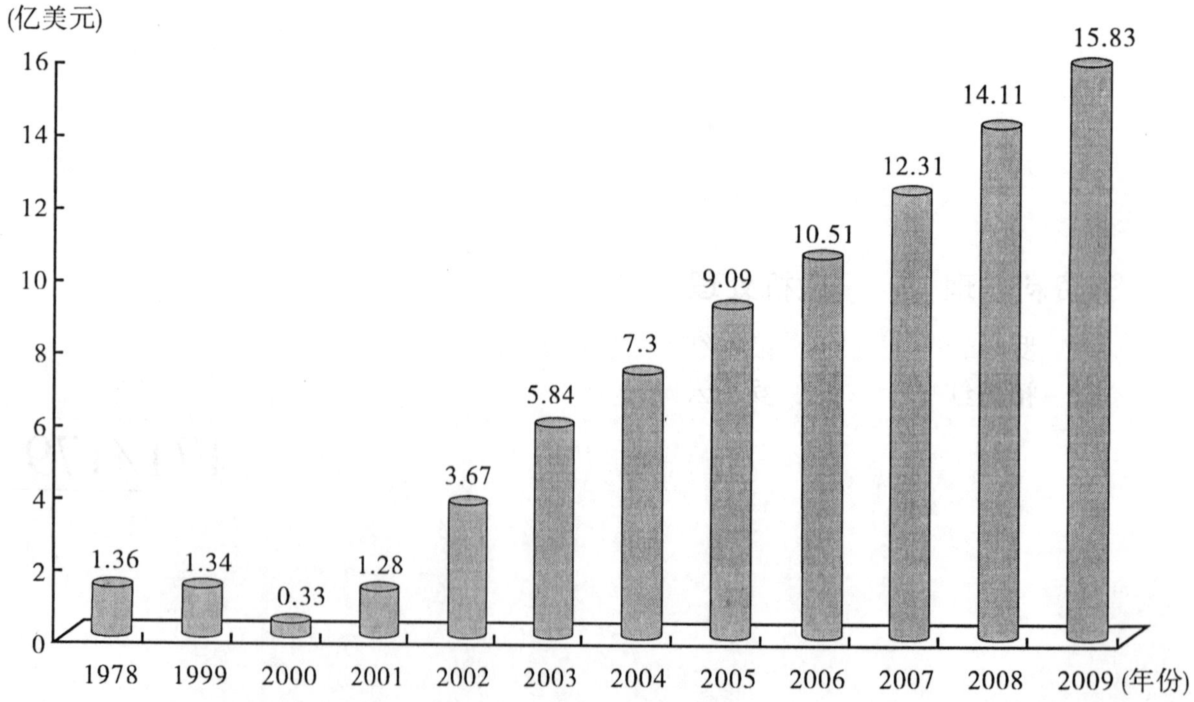

7-1 海关进出口总值

单位：万美元

年份	海关进出口总值		出口总值		进口总值	
	绝对量	比上年增长 %	绝对量	比上年增长 %	绝对量	比上年增长 %
1998	93 140		78 707		14 433	
1999	98 680	5.9	71 407	-9.3	27 273	89.0
2000	111 555	13.0	88 728	24.3	22 827	-16.3
2001	97 169	-12.9	79 593	-10.3	17 576	-23.0
2002	90 931	-6.4	72 758	-8.6	18 173	3.4
2003	134 153	47.5	100 441	38.0	33 712	85.5
2004	165 946	23.7	107 503	7.0	58 443	73.4
2005	174 536	5.2	124 036	15.4	50 500	-13.6
2006	248 952	42.6	172 370	39.0	76 582	51.6
2007	319 472	28.3	233 559	35.5	85 913	12.2
2008	339 898	6.4	250 336	7.2	89 562	4.2
2009	347 313	2.2	212 951	-14.9	134 362	50.0

7-2 实际利用外资

单位：万美元

项目	1990	1992	1994	1995	1998	1999	2000	2001
合计	**1 129**	**4 242**	**13 578**	**12 537**	**13 635**	**13 360**	**3 288**	**12 767**
一、对外借款	634	376	2 139	5 115				
二、外商直接投资	393	3 866	11 439	7 422	13 635	13 209	3 141	12 767
合资经营	149	3 137	6 030	4 132	7 059	9 493	2 654	7 288
合作经营	203	203	1 769	720	1 103	600	2	17
独资经营	41	526	3 640	2 570	5 473	3 116	485	5 462
外商投资股份制								
三、无偿援助						151	147	

7-2 续表

单位：万美元

项目	2002	2003	2004	2005	2006	2007	2008	2009
合计	**36 733**	**58 350**	**73 032**	**90 865**	**105 084**	**123 068**	**141 052**	**158 295**
一、对外借款								
二、外商直接投资	36 733	58 350	73 032	90 865	105 084	123 068	141 052	158 295
合资经营	19 978	17 337	21 207	17 321	13 773	16 464	9 777	19 513
合作经营	1 149	6 990	4 295	2 898	6 538	5 958	1 333	2 964
独资经营	15 606	34 023	47 530	70 646	84 773	100 592	12 933	135 818
外商投资股份制						54	609	
三、无偿援助								

7－3　1994—2009 年签订利用外资协议（合同）

年份		合计	对外借款	外商直接投资					无偿援助
					合资经营	合作经营	独资经营	外商投资股份制	
1994	项目（个）	212		212	136	11	65		
	金额（万美元）	15324		15324	7086	3695	4543		
1995	项目（个）	106	2	104	59	1	44		
	金额（万美元）	7579	1195	6384	2696	325	3363		
1996	项目（个）	64		64	40	1	23		
	金额（万美元）	12419		12419	8615	540	3264		
1997	项目（个）	64		64	24	5	35		
	金额（万美元）	13610		13610	2798	7033	3779		
1998	项目（个）	74		74	41	3	30		
	金额（万美元）	11740		11740	6642	1510	3588		
1999	项目（个）	52	1	50	22		28		1
	金额（万美元）	12518	360	12007	6252	590	5165		151
2000	项目（个）	43		43	23	2	18		
	金额（万美元）	2 856		2 856	1 932	42	882		
2001	项目（个）	65		65	28	1	36		
	金额（万美元）	17 381		17 381	3 395	83	13 903		
2002	项目（个）	149		149	66	8	75		
	金额（万美元）	53 239		53 239	22 033	3 092	28 114		
2003	项目（个）	172		172	69	10	93		
	金额（万美元）	73 579		73 579	13 377	8 884	51 318		
2004	项目（个）	195		195	67	9	119		
	金额（万美元）	104 743		104 743	20 278	8 461	76 004		
2005	项目（个）	187		187	57	4	126		
	金额（万美元）	111 479		111 479	20 694	7 005	83 780		
2006	项目（个）	174		174	58	4	112		
	金额（万美元）	120 976		120 976	17 386	5 473	98 117		
2007	项目（个）	155		155	34	3	117	1	
	金额（万美元）	148 992		148 992	12 417	763	135 758	54	
2008	项目（个）	137		137	24	1	112		
	金额（万美元）	134 407		134 407	9 166	1 894	122 711	636	
2009	项目（个）	145		145	20	3	122		
	金额（万美元）	152 387		152 387	13 645	1 532	137 341	－131	

7－4 1991－2009年接待入境旅游和国内旅游情况

年份	入境旅游情况				国内旅游情况			
	旅游外汇收入（万美元）		接待入境旅游者人数（人次）		国内旅游收入（亿元）		接待国内旅游者人数（万人次）	
	绝对值	比上年增长%	绝对值	比上年增长%	绝对值	比上年增长%	绝对值	比上年增长%
1991	250	40.5	21 330	19.2				
1992	405	62.0	19 370	－9.2				
1993	633	56.3	16 287	－15.9				
1994	981	54.9	15 432	－5.3				
1995	888	－9.5	19 871	28.8				
1996	1 171	31.9	23 832	19.9				
1997	1 478	26.2	30 018	26.0				
1998	1 743	17.9	28 722	－4.3				
1999	2 155	23.6	34 141	18.9				
2000	2 578	19.6	37 010	8.4	22		391.78	
2001	2 913	13.0	41 430	11.9	27.16	13.0	446.86	14.1
2002	1 643	－43.6	44 840	8.2	32.76	20.6	507.68	13.6
2003	1 103	－31.2	34 549	－23.0	33.4	2.0	510.0	0.5
2004	1 723	56.8	54 282	58.1	37.77	13.1	587.15	15.1
2005	1 807	4.9	65 154	20.0	44.79	18.6	718.45	22.4
2006	2 316	28.2	75 062	15.2	53.51	19.5	829.2	15.4
2007	2 555	10.3	89 052	18.6	64.78	21.1	936.59	13.0
2008	2 989	17.0	97 152	9.1	74.03	14.3	1 052.21	12.3
2009	3 167	6.0	104 047	7.1	83.69	13.0	1 227.2	16.6

7-5 星级饭店住宿接待入境旅游者人数和人天数

项目	接待总人数（人次）		接待人天数（人天）	
	2008	2009	2008	2009
合计	**97 152**	**104 047**	**180 254**	**195 478**
外国人	**67 752**	**82 644**	**124 355**	**150 919**
亚洲小计	**18 274**	**25 239**		
日本	4 478	4 819		
韩国	4 208	4 920		
蒙古	176	109		
印度尼西亚	799	1 574		
马来西亚	1 328	2 426		
菲律宾	957	1 911		
新加坡	1 896	2 630		
泰国	1 231	1 989		
印度	1 098	1 678		
越南	111	72		
缅甸	6	35		
朝鲜	69	18		
巴基斯坦	269	831		
其他	1 648	2 227		
欧洲小计	**14 625**	**21 639**		
英国	2 565	3 129		
法国	1 679	2 541		
德国	1 744	2 684		
意大利	1 281	2 245		
瑞士	819	1 314		
瑞典	974	1 551		
俄罗斯	1 539	2 452		
西班牙	1 790	2 718		
其他	2 234	3 005		
美洲小计	**27 284**	**26 758**		
美国	24 814	22 493		
加拿大	1 220	2 505		
其他	1 250	1 760		
大洋洲小计	**2 331**	**4 274**		
澳大利亚	1 365	2 200		
新西兰	613	1 349		
其他	353	725		
非洲小计	**3 590**	**3 785**		
其他小计	**1 648**	**949**		
港澳同胞	**15 480**	**11 029**	**29 418**	**23 024**
#香港同胞	14 030	10 097	26 776	21 226
台湾同胞	13 920	10 374	26 481	21 535

7-6 星级饭店一览表

项目	客房数（间）	床位数（床）	电话	地址	邮编
五星级（6个）					
江西宾馆	241	381	6206666	八一大道368号	330006
南昌凯莱大饭店	327	490	6738855	沿江北路88号	330008
锦峰大酒店	260	388	8867777	站前西路281号	330002
嘉莱特和平国际酒店	390	600	6111118	广场南路110号	330002
园中源大酒店	189	292	8863333	高新开发区火炬大街539号	330096
泰耐克国际大酒店	220	310	8828888	红谷滩新府路2号	330038
四星级（18个）					
瑞都大酒店	108	206	6201888	广场南路399号	330003
赣江宾馆	316	568	6221159	八一大道138号	330006
江西饭店	302	540	6206666	八一大道356号	330006
锦江皇冠酒店	229	348	6429999	洪城路99号	330002
皇廷大酒店	221	360	6208888	站前路176号	330002
民航花园酒店	153	264	8898888	洪城路587号	330025
华悦国际大酒店	108	146	6316666	丁公路117号	330002
江西泽源大酒店	67	128	7493600	湖滨东路66号	330077
洪都宾馆	298	535	8829999	阳明路249号	330006
师大白鹿会所	91	200	8121888	师大瑶湖校区	330022
鑫峰假日酒店	142	242	8822222	红谷滩会展路29号	330038
富豪大酒店	234	374	6408888	洪城路160号	330002
江西七星商务酒店	240	368	8866666	南京西路225号	330006
鄱阳湖大酒店	220	388	8856666	井冈山大道1128号	330002
国贸酒店	243	409	8855555	洪城路2号	330002
京西宾馆	178	331	8850666	省府大院南一路9号	330046
玉泉岛酒店	140	252	7366888	文博路33号	330077
百瑞四季酒店	246	670	8688198	洪都北大道10号	330046
三星级（23个）					
青山湖宾馆	180	356	8863888	福州路169号	330006
富洲大饭店	120	218	6232666	孺子路37号	330003
锦昌大酒店	153	244	6128888	站前西路107号	330002
南昌铁路大酒店	207	416	6108108	二七南路238号	330006
明园大酒店	152	300	7038993	二七南路527号	330002
金袁州宾馆	131	23	8861666	叠山路248号	330006
金悦宾馆	70	130	6233333	系马桩326号	330003
核工宾馆	159	297	6351023	北京西路134号	330046
东城宾馆	138	237	8355999	京东大道777号	330009
莫泰168连锁商务酒店	390	690	8168168	洛阳路70号	330002
银龙大酒店	117	206	8456888	洪都大道312号	330001
新天地大酒店	181	349	2188888	二七南路184号	330002
环湖宾馆	262	415	8855888	环湖路99号	330006
君来大酒店	223	456	6200333	北京西路259号	330046
北京宾馆	112	204	8308888	北京东路35号	330029
南昌县桂花村大酒店	181	333	5761999	南昌县迎宾大道1089号	330200
华宇商务酒店	167	278	8456666	井冈山大道685号	330002
进贤军山湖大酒店	150	260	5680888	进贤县胜利中路	331700
体育宾馆	138	284	6203288	福州路28号	330002
旺辉酒店	190	300	2288888	建设西路口333号	330001
春都商务酒店	96	172	3729999	红谷滩丽景路666号	330038
阳光假日酒店	116	160	2108888	二七北路520号	330002
百胜酒店	125	224	8226999	顺外路578号	330029
二星级（4个）					
江铃宾馆	122	214	5200988	迎宾大道290号	330001
惠苑宾馆	119	214	6221140	福州路4号	330006
江西华昌宾馆	79	152	6120003	广场南路11号	330003
南昌洪禾宾馆	71	103	7100538	站前路106号	330002

主 要 统 计 指 标 解 释

进出口总额 是指从国外（境外）进入国境的进口商品和从国内运出国境的出口商品的总金额，包括一般贸易（含进料加工）、技术成套设备进口和出口、补偿贸易、加工装配、易货贸易以及中外合资、合作和外商独资企业的进口和出口等。我国规定进口按到岸价格（CIF）计算，出口按离岸价格（FOB）计算。

利用外资 是指我国各级政府、部门、企业、中国银行和其他单位通过对外借款、吸收外商直接投资和用其他方式的境外现汇、设备、技术等。

对外借款 是我国利用外资的主要部分，包括我国通过外国政府贷款、国际金融组织贷款、外国银行商业贷款、出口信贷以及对外发行证券等方式，从国外和港澳地区筹措的资金。

外商直接投资 是指外国企业和经济组织或个人（包括华侨、港澳同胞以及我国在境外注册的企业）按我国有关政策、法规，用现汇、实物、技术等在我国境内开办外商独资企业、与我国境内的企业或经济组织共同举办中外合资经营企业、合作经营企业或合作开发资源的投资（包括外商投资收益的再投资）以及政府有关部门批准的项目投资总额内，企业从境外借入的资金。

外商其他投资 指对外借款和外商直接投资以外，用其他方式吸收的外资，包括补偿贸易、加工装配以及国际租赁等。

入境旅游者 指来中国（大陆）观光、度假、探亲访友、就医疗养、购物、参加会议或从事经济、文化、体育、宗教活动的外国人、港澳台同胞等游客（即入境旅游人数）中在中国（大陆）的旅游住宿设施内至少停留一夜的外国人、港澳台同胞。

入境旅游者不包括下列人员：

（1）应邀来华访问的政府部长以上官员及其随行人员；

（2）外国驻华使领官员、外交人员以及随行的家庭服务人员和受赡养者；

（3）常驻中国（大陆）一年以上的外国专家、留学生、记者、商务机构人员等；

（4）乘坐国际航班过境不需要通过护照检查进入中国（大陆）口岸的中转旅客；

（5）边境地区往来的边民；

（6）回大陆定居的港澳台同胞；

（7）已在中国（大陆）定居的外国人和原已出境又返回在中国（大陆）定居的外国侨民；

（8）归国的中国（大陆）出国人员。

国内旅游者 指中国（大陆）居民离开惯常居住地在境内其他地方的旅游住宿设施内至少停留一夜，最长不超过12个月的国内游客。

国内旅游者应包括在中国（大陆）境内常住一年以上的外国人、港澳台同胞。但不包括到各地巡视工作的部以上领导、驻外地办事机构的临时工作人员、调遣的武装人员、到外地学习的学生、到基层锻炼的干部、到境内其他地区定居的人员和无固定居住地的无业游民。

旅游收入 游客（入境游客和国内游客）在旅游过程中（由游客或游客的代表为游客）支付的一切旅游支出就是国家（省、区、市）的旅游收入。旅游支出应包括（过夜）旅游者和一日游游客在整个游程中食、住、行、游、购、娱，以及为亲友、家人购买纪念品、礼品等方面的旅游支出，不包括为商业目的购物、购买房、地、车、船等资本性或交易性的投资、馈赠亲友的现金及给公共机构的捐赠。旅游收入包括国际旅游（外汇）收入和国内旅游收入。

国际旅游（外汇）收入 入境游客在中国（大陆）境内旅行、游览过程中用于交通、参观游览、住宿、餐饮、购物、娱乐等全部花费。

国内旅游收入 指国内游客在国内旅行、游览过程中用于交通、参观游览、住宿、餐饮、购物、娱乐等全部花费。

人天数 指旅游者在旅游目的地停留天数之和，天数按过夜数统计。一个旅游者过一夜为一人天。计算公式为：人天数 = 人数 * 逗留（过夜）天数

星级宾馆 指符合中华人民共和国《旅游饭店星级的划分与评定国家标准》暨《旅游涉外饭店星级的划分与评定国家标准 1997 年版》并经过有关旅游管理权威部门评定（验收）后授予“星级”称号的宾馆、饭店。

八、财政·金融

PUBLIC FINANCE，BANKING AND INSURANCE

本篇内容包括：

1. 财政收支
2. 金融机构存贷款及居民储蓄
3. 商业保险概况

资料整理
钟晓强

微机处理
钟晓强

财政收入

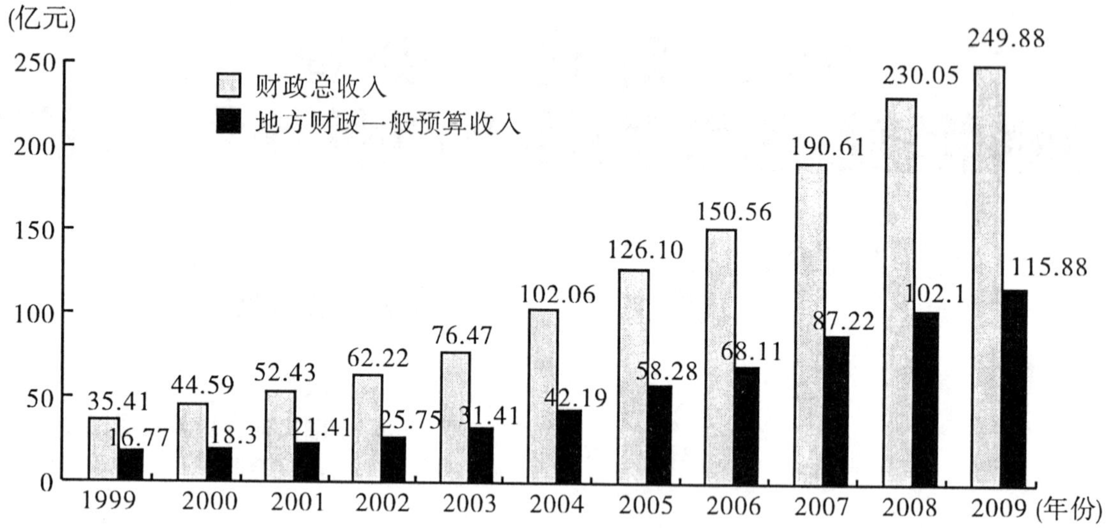

财政总收入年增长率

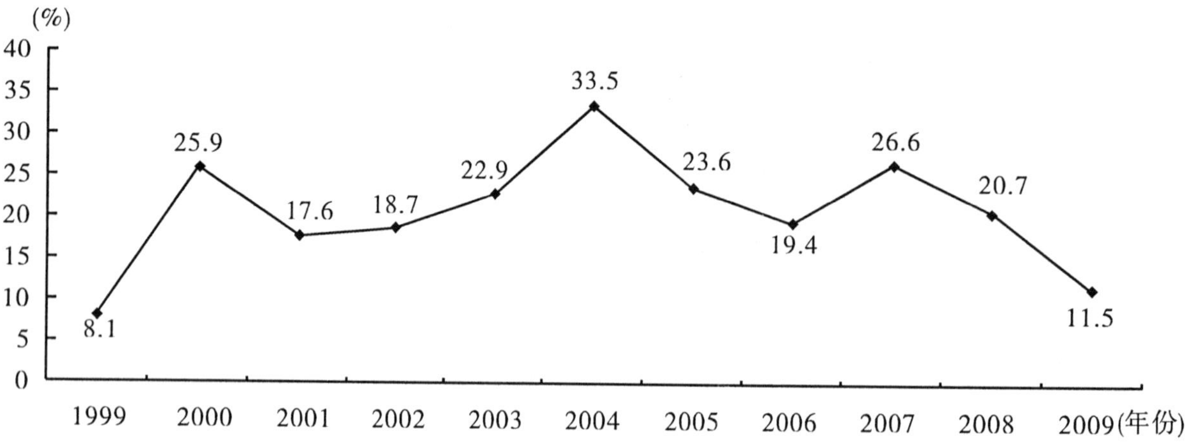

金融机构贷款余额

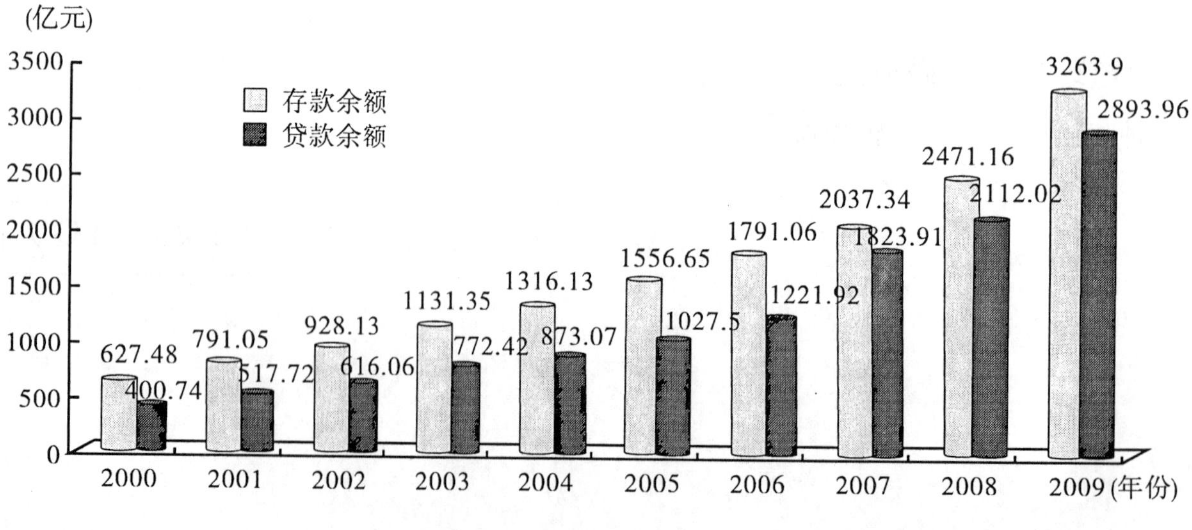

8－1 历年财政总收入和财政支出

单位：万元

年份	财政总收入					财政支出		
	合计	企业收入	各项税收	#工商税收类	其他收入	合计	#文教、科学、卫生事业费支出	#行政管理费支出
1949	56	1	54		1	18		18
1950	1 910	4	1 303		233	149		80
1951	2 357	23	1 696	1 427	207	428		84
1952	3 653	46	3 111	1 865	395	804		314
1953	4 571	71	3 784	3 112	194	933	377	366
1954	4 363	85	3 518	3 069	139	1 086	515	361
1955	5 341	98	4 578	3 914	166	1 335	686	402
1956	6 800	140	5 825	5 242	139	1 791	764	559
1957	7 779	262	7 225	6 153	293	1 776	838	491
1958	9 871	1 004	8 556	7 486	59	3 658	720	458
1959	15 333	4 767	10 546	9 575	20	5 170	803	553
1960	18 113	6 827	10 665	9 576	48	5 421	1 224	557
1961	9 740	2 497	7 203	6 463	40	1 895	985	611
1962	9 689	1 514	8 112	7 485	64	1 806	904	512
1963	10 157	1 543	8 551	7 691	61	2 890	878	393
1964	10 985	1 343	9 588	8 713	53	3 135	961	424
1965	11 911	1 596	10 232	9 317	85	3 022	968	569
1966	12 860	2 299	10 515	9 514	37	3 162	1 125	642
1967	10 922	2 988	7 823	7 169	24	3 004	1 256	399
1968	13 413	4 370	8 944	8 860	98	2 880	1 157	578
1969	21 420	10 101	11 216	11 170	110	5 685	1 178	519
1970	29 507	13 830	15 588	14 684	89	10 408	947	661
1971	28 261	12 680	15 508	14 585	35	9 639	1 196	847
1972	26 081	11 087	14 912	13 957	83	9 360	1 484	880
1973	23 132	6 076	17 022	16 275	34	5 429	1 676	943
1974	12 875	－131	12 980	12 054	24	5 696	1 954	979
1975	16 089	966	15 090	14 207	32	6 078	2 032	951
1976	9 320	－3 001	12 262	11 351	60	6 178	2 045	978
1977	19 231	1 779	17 395	16 504	56	6 761	2 235	989
1978	25 486	4 316	21 091	19 505	78	9 046	2 703	1 036
1979	29 645	6 283	23 329	22 331	31	12 452	3 180	1 034
1980	34 194	7 639	24 194	23 509	31	11 411	3 563	1 040
1981	37 608	8 805	27 216	25 545	106	12 589	3 904	1 399
1982	37 864	7 165	28 969	28 086	311	12 449	4 411	1 450
1983	39 338	6 632	31 038	30 101	420	13 456	4 707	1 692
1984	42 362	6 605	34 388	33 250	368	17 687	5 467	2 315
1985	55 665	1 285	53 337	55 887	1 043	24 455	6 402	2 262
1986	62 807	8 366	55 240	54 833	1 265	33 970	8 066	2 753
1987	66 114	4 801	58 355	56 597	2 320	34 442	8 430	2 970
1988	77 380	6 832	68 521	66 709	1 668	42 103	10 543	3 073
1989	88 600	3 796	81 364	78 903	2 868	49 048	11 962	5 206
1990	101 910	6 642	88 528	86 039	3 225	55 090	13 563	5 856
1991	106 250	8 238	98 136	95 441	2 386	62 186	14 015	6 426
1992	123 700	14 284	111 605	108 538	2 975	69 867	16 993	8 500
1993	163 492	9 916	145 662	142 394	4 681	71 828	19 990	7 115
1994	189 576	9 220	174 639	169 135	5 492	81 546	26 140	14 018
1995	220 392	10 644	200 734	179 762	9 014	102 101	30 186	18 828
1996	268 553	8 325	244 437	232 149	15 764	119 608	34 884	26 744
1997	290 225	13 856	248 346	238 888	28 023	145 353	39 320	14 486
1998	327 654	5 325	290 549	285 944	31 780	160 993	42 114	15 361
1999	354 125	5 755	314 022	309 045	34 348	218 821	46 863	18 886
2000	445 896	16 096	409 558	397 984	20 261	237 928	54 255	21 499
2001	524 268	30 603	444 056	444 056	49 609	283 229	65 106	25 644
2002	622 242					347 114	78 716	35 478
2003	764 711					395 944	88 017	41 808
2004	1 020 556					521 873	104 387	51 335
2005	1 261 018					757 947	130 092	69 547
2006	1 505 612					933 749	160 836	82 821
2007	1 906 072					1 168 596	274 923	158 991
2008	2 300 480					1 476 667	362 536	189 199
2009	2 498 755					1 817 014	467 953	207 851

8-2 地 方 财 政 收 入

(2009年) 单位：万元

项 目	实 际 收 入
一般预算收入合计	**1 158 800**
工商税收类	834 695
农牧业税和耕地占用税类	12 128
企业所得税类	108 902
国有资产经营收益	27 750
国有资源（资产）有偿使用收入	7 498
罚没收入	21 703
行政性收费收入	102 643
专项收入	33 579
其他收入	9 902
基金收入	**704 995**

8-3 地 方 财 政 支 出

(2009年) 单位：万元

项 目	实际支出数	项 目	实际支出数
合 计	**1 817 014**	医疗卫生	144 527
一般公共服务	207 851	环境保护	23 332
国 防	2 773	城乡社区事物	200 534
公共安全	115 856	农林水事物	150 224
教 育	266 697	交通运输	162 532
科学技术	32 812	金融监管支出	645
文化体育与传媒	23 917	其他支出	72 160
社会保障和就业	263 675	**基金支出**	**655 843**

8-4 县区财政收入与支出

单位：万元

地区	财政收入		财政支出	
	2008	2009	2008	2009
全市	**1 021 477**	**1 158 800**	**1 476 667**	**1 817 014**
市本级	543 053	594 801	518 550	680 479
东湖区	33 923	38 266	63 881	66 719
西湖区	36 300	40 830	66 041	77 646
青云谱区	22 077	27 160	41 914	47 065
湾里区	16 144	17 605	30 745	35 575
青山湖区	44 225	52 593	74 226	87 437
南昌县	104 721	122 051	207 402	239 633
新建县	55 001	66 947	132 996	173 494
安义县	30 028	20 248	103 853	70 244
进贤县	16 633	34 541	50 901	134 285
经济开发区	32 960	38 051	51 977	58 001
高新开发区	35 898	40 493	58 877	72 037
红谷滩新区	43 168	55 711	63 514	62 891
桑海开发区	1 854	2 430	3 089	4 473
英雄开发区	5 492	7 073	8 701	7 035

8-5 1978-2009 年金融机构存款与贷款

单位：万元

年 份	年末存款余额	#企业存款	年末贷款余额	#工业贷款	#商业贷款	#农业贷款
1978	27 496	19 370	99 214	48 701	46 288	4 226
1979	36 590	24 829	109 026	53 071	51 808	4 146
1980	79 069	48 804	124 495	57 121	34 142	4 134
1981	118 722	50 109	158 491	68 155	81 466	4 061
1982	127 706	55 480	178 328	73 572	90 758	5 166
1983	104 543	43 164	122 963	70 602	51 841	5 237
1984	148 283	60 799	180 938	84 498	57 074	6 064
1985	212 594	85 489	280 325	102 072	126 745	9 512
1986	279 120	111 091	395 046	144 164	156 847	14 820
1987	326 295	128 210	467 779	166 560	182 686	18 240
1988	365 653	150 960	542 327	192 165	215 193	22 057
1989	411 551	151 482	671 863	242 878	270 014	26 567
1990	547 088	197 074	821 966	309 931	331 201	32 956
1991	697 950	245 715	982 895	354 253	40 042	42 145
1992	877 537	298 643	1 180 044	403 147	486 634	50 005
1993	1 120 739	349 387	1 426 183	475 958	558 854	60 746
1994	1 462 587	589 639	1 721 185	553 347	582 808	55 316
1995	1 912 127	759 818	2 043 053	672 039	627 058	70 696
1996	2 484 361	1 062 407	2 430 659	787 246	738 668	86 713
1997	2 990 353	1 299 735	2 908 996	897 179	921 886	100 710
1998	4 538 105	1 848 596	3 563 115	1 138 465	990 572	123 813
1999	5 447 080	2 350 951	4 054 545	1 218 517	1 034 144	130 735
2000	6 274 761	2 834 300	4 007 426	1 176 822	763 782	91 349
2001	7 910 545	3 204 758	5 177 210	1 176 305	861 226	166 788
2002	9 281 268	3 659 167	6 160 553	1 185 852	935 022	188 104
2003	11 313 454	4 451 774	7 724 164	1 375 382	979 089	215 149
2004	13 161 269	5 112 340	8 730 715	1 179 665	883 896	255 082
2005	15 566 474	5 451 296	10 274 984	1 330 594	864 938	405 711
2006	17 910 593	6 516 270	12 219 189	1 632 791	846 007	457 768
2007	20 373 375	8 044 979	18 239 126	2 080 069	1 026 011	569 720
2008	24 711 609	9 368 129	21 120 225	2 285 003	1 098 708	705 929
2009	32 639 025	13 064 437	28 939 631	2 700 934	1 455 521	1 040 423

注：1978 年-2000 年数据为银行存款与贷款。

8－6　金融机构信贷资金（资金来源）

单位：万元

项　　　目	2009	比年初增减额	
		2008	2009
资金来源合计	**35 177 296**	**5 663 004**	**9 646 076**
一、各项存款	32 639 025	4 329 488	7 936 155
1. 企业存款	13 064 437	1 321 955	3 697 498
#定　　期	5 320 044	1 146 015	1 951 407
2. 财政存款	1 919 199	－133 288	373 909
3. 机关团体存款	2 478 597	425 895	610 308
4. 储蓄存款	11 818 238	2 108 185	2 264 368
#定　　期	6 965 388	1 483 131	1 102 357
5. 农业存款	516 709	19 800	238 907
6. 委托存款	136 306	38 775	92 753
7. 其他存款	2 705 539	548 165	658 413
二、金融债券			－1
三、应付及暂收款	511 667	106 326	66 668
#应付利息	275 677	122 702	26 940
四、同业往来	1 506 979	－28 663	515 564
五、各项准备	348 341	94 640	47 831
#贷款损失准备金	326 901	94 872	49 645
六、所有者权益	1 201 636	267 049	212 212
#实收资本	495 798	83 639	44 244
七、其　　他	－1 030 352	894 164	867 647

8－7　金融机构信贷资金（资金运用）

（年末余额）　　单位：万元

项　　目	2009	比年初增减额	
		2008	2009
资金运用合计	**35 177 296**	**5 663 004**	**9 646 076**
一、各项贷款	28 939 631	2 879 107	7 821 394
1. 短期贷款	9 905 483	965 480	2 442 892
工业贷款	2 700 934	210 972	414 214
商业贷款	1 455 521	85 683	346 378
建筑业贷款	308 995	25 526	11 269
农业贷款	1 040 423	136 566	334 494
乡镇企业贷款			
三资企业贷款	108 778	28 553	14 505
私营企业及个体贷款	430 181	84 494	206 800
其他短期贷款	3 860 649	393 687	1 115 232
2. 中长期贷款	17 958 991	1 633 593	5 515 602
基本建设贷款	9 163 373	679 712	1 893 298
技术改造贷款	160 693	－29 943	78 819
其他中长期贷款	8 634 926	983 824	3 543 485
3. 信托贷款			
4. 委托贷款	4 800	－705	4 800
5. 票据融资	1 056 547	271 411	－143 547
6. 各项垫款	13 811	9 328	1 647
二、有价证券及投资	1 216 317	302 014	214 300
三、应收及预付款	357 913	438 427	106 743
#应收利息	97 029	19 367	27 791
四、同业往来	136 333	120 261	－156 514
五、行内资金往来	3 984 532	1 890 729	1 558 976
六、外汇占款	21 001	－7 833	19 585
七、固定资产	376 735	38 723	66 919
八、库存现金	144 833	1 576	14 674

8-8 农村合作金融机构信贷资金

单位：万元

项目	2009	比年初增减额	
		2008	2009
资金来源合计	**2 297 670**	**669 955**	**439 948**
一、各项存款	2 037 428	383 904	650 126
1. 企业存款	155 720	49 194	64 957
2. 储蓄存款	1 286 288	303 855	290 352
定　期	630 014	158 899	114 714
活　期	656 274	144 956	175 638
3. 机关团体存款	14 262	3 613	5 102
4. 农业存款	484 500	16 840	223 896
5. 其他存款	96 658	10 402	65 819
二、代理财政性存款	151	76 094	-77 153
三、应付及暂收款	30 794	4 801	-2 034
#应付及预提利息	11 694	-159	-692
四、同业往来		-105 260	-101
五、委托存款及委托投资基金（净）	-20 172	662	-20 833
六、代理金融机构委托贷款基金	20 938	1 553	19 375
七、各项准备	64 790	22 965	8 566
八、所有者权益	154 234	69 359	41 840
九、其　他	9 507	215 877	-179 838
资金运用合计	**2 297 670**	**669 955**	**439 948**
一、各项贷款	1 433 891	269 749	439 215
1. 短期贷款	1 196 185	127 437	366 925
农业贷款	968 284	183 122	313 418
私营企业及个体贷款	93 977	13 870	36 850
其他短期贷款	133 924	-69 555	16 657
2. 中长期贷款	234 154	138 231	72 819
二、有价证卷及投资	50 267	4 267	23 364
三、应收及预付款	107 717	22 039	64 755
#应收利息	4 800	3 457	-1 453
四、存放中央准备金存款	433 935	140 642	151 491
五、存放中央银行特种存款		-22 489	
六、缴存中央银行财政性存款	106	47	55
七、同业往来	170 391	-7 550	124 910
八、行内资金往来	68 061	257 411	-367 390
九、库存现金	33 302	5 839	3 548

8－9 1978—2009年城乡居民储蓄种类

单位：万元

年份	城乡居民储蓄余额	城镇居民储蓄存款余额	定期	活期	农民储蓄存款余额	定期	活期
1978	8 947	8 281			666		
1979	11 610	10 877			1 033		
1980	17 596	15 675	8 145	7 530	1 921		
1981	21 868	18 908	14 792	4 116	2 960		
1982	29 154	24 381	18 711	5 670	4 773		
1983	38 824	31 960	25 768	6 192	6 864	3 991	2 893
1984	51 655	44 110	35 194	8 906	7 546	3 805	3 740
1985	70 563	60 019	47 204	12 815	10 550	6 099	4 451
1986	100 067	85 442	69 831	15 611	14 625	9 613	5 012
1987	136 269	116 939	94 212	22 727	19 330	12 820	6 510
1988	165 215	140 921	110 979	29 942	24 294	15 323	8 971
1989	230 534	200 275	170 660	29 615	30 259	21 825	6 744
1990	321 481	281 214	243 425	37 789	40 267	30 920	7 815
1991	421 877	368 485	317 413	51 072	53 392	40 184	11 916
1992	538 803	471 670	396 592	75 078	67 133	51 422	15 113
1993	706 424	619 431	505 154	114 277	86 993	64 430	22 075
1994	966 108	843 982	690 928	153 054	122 126	84 321	37 805
1995	1 259 559	1 103 752	920 136	183 616	155 807	120 745	35 062
1996	1 563 937	1 373 462	1 141 716	231 746	190 475	150 723	39 752
1997	1 824 475	1 608 930	1 310 741	298 189	215 545	172 936	42 609
1998	2 400 626	2 171 193	1 704 976	466 217	229 433	184 878	44 555
1999	2 640 460	2 206 159	1 656 006	550 153	434 301	344 132	90 169
2000	2 768 864	2 367 121	1 659 329	707 792	401 743	303 382	98 361
2001	3 239 324	2 799 586	1 872 405	927 181	439 738	317 703	122 035
2002	4 010 363	3 510 109	2 258 942	1 251 167	500 254	340 113	160 141
2003	4 828 029	4 222 067	2 625 906	1 596 161	605 962	392 260	213 702
2004	5 584 094	4 874 705	3 035 819	1 838 886	709 389	446 562	262 827
2005	6 437 518	5 616 704	3 582 116	2 034 588	820 814	503 740	317 074
2006	7 338 474	6 348 853	4 000 373	2 348 480	989 621	575 276	414 345
2007	7 445 682	6 228 622	3 774 322	2 454 300	1 217 060	603 038	614 022
2008	9 554 016	7 927 839	5 026 630	2 901 209	1 626 177	831 290	794 887
2009	11 818 238	9 724 991	5 957 372	3 767 620	2 093 247	1 008 016	1 085 231

8－10 城 乡 居 民 储 蓄

单位：万元

项 目	2009	比上年增长%
年末储蓄存款余额	**11 818 238**	**23.7**
城镇居民储蓄存款	9 724 991	22.7
定 期	5 957 372	18.4
活 期	3 767 620	30.1
农村存款	2 093 247	28.7
定 期	1 008 016	21.2
活 期	1 085 231	32.1

8－11 商 业 保 险 业 务 概 况

单位：万元

项 目	2008	2009
保 费 收 入	**394 910**	**420 931**
财 产 险	80 569	102 900
人 寿 险	314 341	318 031
财产险赔款支出	**132 383**	**111 870**
财 产 险	77 131	51 426
人 寿 险	55 252	60 444

主要统计指标解释

财政收入　国家财政参与社会产品分配所得的收入，是实现国家职能的财力保证。财政收入所包括的内容几经变化，目前主要包括：

（1）各项税收　包括增值税、营业税、消费税、土地增值税、城市维护建设税、资源税、城镇土地使用税、印花税、固定资产投资方向调节税、个人所得税、企业所得税、关税、农牧业税和耕地占用税等。

（2）专项收入　包括征收排污费、征收城市水资源费收入、教育费附加收入等。

（3）其他收入　包括基本建设贷款归还收入、国家能源交通重点建设基金收入、国家预算调节基金收入等。

（4）国有企业计划亏损补贴　这项为负收入，冲减财政收入。

财政支出　国家财政将筹集起来的资金进行分配使用，以满足经济建设和各项事业的需要，主要包括一般公共服务、国防、公共安全、教育、科学技术、文化体育与传媒、社会保障和就业、医疗卫生、环境保护、城乡社区事务、农林水事务、交通运输、工业商业金融事务等支出。

中央财政收入和地方财政收入　按财政体制划分的中央本级收入和地方本级收入。1994 年分税制财政体制以后，属于中央财政的收入包括关税、海关代征消费税和增值税，消费税，中央企业所得税，地方银行和外资银行及非银行金融企业所得税，铁道、银行总行、保险总公司等集中缴纳的营业税、所得税、利润和城市维护建设税，增值税的 75% 部分，海洋石油资源税和证券（印花）税 50% 部分。属于地方财政的收入包括营业税，地方企业所得税，个人所得税，城镇土地使用税，固定资产投资方向调节税，城镇维护建设税，房产税，车船使用税，印花税，屠宰税，农牧业税，农业特产税，耕地占用税，契税，增值税的 25% 部分，证券交易税（印花税）的 50% 部分和除海洋石油资源税以外的其他资源税。

中央财政支出和地方财政支出　根据政府在经济和社会活动中的不同职责，划分中央和地方政府的事权，按照政府的事权划分确定的支出。中央财政支出包括国防支出，武装警察部队支出，中央级行政管理费和各项事业费，重点建设支出以及中央政府调整国民经济结构、协调地区发展，实施宏观调控的支出。地方财政支出主要包括地方行政管理和各项事业费，地方统筹的基本建设、技术改造支出，支援农村生产支出，城市维护和建设经费等。

信贷资金　国家银行用于发放贷款的资金叫信贷资金。中国人民银行信贷资金的来源有各项存款、对国际金融机构负债、流通中货币、银行自有资金及当年结益等。信贷资金的运用有各项贷款、黄金占款、外汇占款、财政借款及在国际金融机构中的资产等。

存款　企业、机关、团体或居民根据可以收回的原则，把货币资金存入银行或其他信用机构保管并取得一定利息的一种信用活动形式。根据存款对象的不同可划分：企业存款、财政存款、机关团体存款、信托、城乡居民储蓄存款、农村存款等科目。

贷款　银行或其他信用机构根据必须归还的原则，按一定利率，为企业、个人等提供资金的一种信用活动形式。我国银行贷款，分流动资金贷款、中短期设备贷款以及农户贷款等科目。

九、农　　业

AGRICULTURE

本篇内容包括：

资料整理	微机处理
谢晓灿	谢晓灿
黄　菲	孔莉莉
孔莉莉	黄　菲
蔡争玉	蔡争玉

193/230

农业总产值

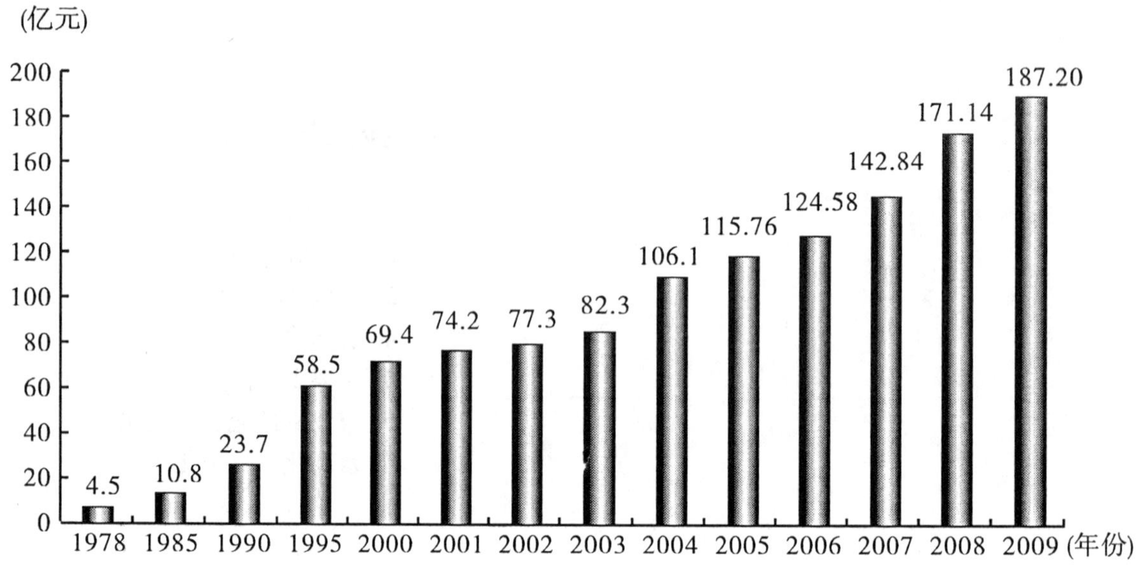

农林牧渔各业所占总产值比重(%)

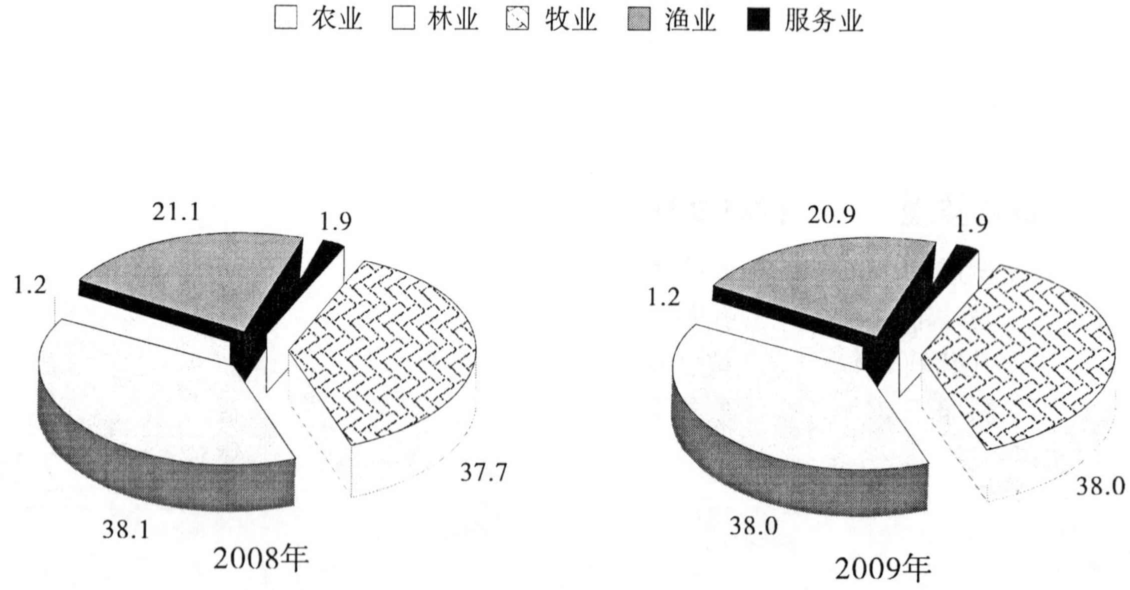

9-1 农村乡镇基本情况

项　　目	2008	2009	项　　目	2008	2009
一、乡镇政府（个）	76	76	占村委会总个数比重（%）	100	100
#镇　政　府	43	43	八、自来水受益村委会个数(个)	298	329
二、村民委员会（个）	1 183	1 180	占村委会总个数比重（%）	25.2	27.9
三、村民小组（个）	9 739	9 690	九、通电话的村委会个数（个）	1 183	1 180
四、乡村总户数（万户）	64.20	66.35	占村委会总个数比重（%）	100	100
五、乡村总人口（万人）	270.21	271.70	十、通广播的村委会个数（个）	680	686
六、乡村从业人员（万人）	133.72	135.33	占村委会总个数比重（%）	57.5	58.1
#女　　性	62.38	63.37	十一、通电的村委会个数（个）	1 183	1 180
七、通汽车的村委会个数（个）	1 183	1 180	占村委会总个数比重(%)	100	100

注：本表“乡镇政府”个数不包括莲塘镇、长埈镇、龙津镇、民和镇等4个城关镇。

9-2 县区乡镇组织

(2009年)

地　　区	乡镇政府（个）	#镇政府	村民委员会（个）	村民小组（个）	乡村总户数（户）	乡村总人口（人）
合　　计	**76**	**43**	**1 180**	**9 690**	**663 545**	**2 717 019**
东湖区			6	24	2 105	8 651
西湖区	1	1	13	65	7 539	26 411
青云谱区	1	1	12	69	5 858	22 745
湾里区	4	3	40	247	12 124	46 762
青山湖区	5	4	75	368	36 404	153 695
南昌县	15	8	256	2 274	181 638	737 750
新建县	18	9	306	2 048	125 060	552 854
安义县	9	6	105	1 230	52 749	200 900
进贤县	20	8	263	2 720	164 238	672 686
经济开发区	1	1	26	182	10 993	46 471
高新开发区	2	2	48	298	46 236	178 307
红谷滩新区			18	99	9 993	40 320
桑海开发区			3	21	4 011	11 456
英雄开发区			9	45	4 597	18 011

9-3 主要年份耕地面积变化

项　　目	1985	1990	1995	2000	2005
一、当年增加耕地（公顷）	129	170	306	201	3 911
新开荒地	24	161	91	158	350
其　　他	105	9	215	43	3 561
二、当年减少耕地（公顷）	1 072	318	702	1 984	1 243
（1）国家基建	194	146	453	326	709
（2）其他基建占地					278
（3）其他减少耕地	878	172	249	1 658	256
三、年末耕地面积（万公顷）	21.81	21.58	21.30	22.17	21.04
水　　田	17.86	17.72	17.58	18.45	17.79
旱　　地	3.95	3.86	3.72	3.72	3.25

9-3　续表

项　　目	2006	2007	2008	2009
一、当年增加耕地（公顷）	3 611	1 639	4 842	4 799
新开荒地	806	21	855	2 235
其　　他	2 805	1 618	3 987	2 564
二、当年减少耕地（公顷）	1 279	585	1 433	1 514
（1）国家基建	427	186	170	376
（2）其他基建占地	566	139	512	168
（3）其他减少耕地	286	260	751	970
三、年末耕地面积（万公顷）	21.28	21.38	21.58	21.75
水　　田	18.00	18.16	18.43	18.55
旱　　地	3.28	3.22	3.15	3.20

注：本表1985-2007年“年末耕地面积”数为年末实有耕地面积数，2008年以后为年末常用耕地面积数。

9-4 县区耕地面积变化

（分区域，2009 年）　　单位：公顷

项目	全市	东湖区	西湖区	青云谱区	湾里区	青山湖区	南昌县
一、当年增加耕地	4 799					600	1
新开荒地	2 235					600	1
其他	2 564						
二、当年减少耕地	1 514		160	52	46		161
（1）国家基建	376		35	31	13		133
（2）其他基建占地	168			21	33		14
（3）其他减少耕地	970		125				14
三、年末常用耕地	217 490	11	51	198	2 376	3 153	70 688
水田	185 461			120	2 111	2 813	66 119
旱地	32 029	11	51	78	265	340	4 569

9-4　续表　　（分区域，2009 年）　　单位：公顷

项目	新建县	安义县	进贤县	经济开发区	高新开发区	红谷滩新区	桑海开发区	英雄开发区
一、当年增加耕地	1 064		1 861	690	483			100
新开荒地	922		261		451			
其他	142		1 600	690	32			100
二、当年减少耕地	822		212		44	17		
（1）国家基建	55		51		41	17		
（2）其他基建占地	77		23					
（3）其他减少耕地	690		138		3			
三、年末常用耕地	54 592	16 908	56 243	1 512	8 314	1 077	1 086	1 281
水田	47 757	15 153	39 750	1 314	8 031	799	825	669
旱地	6 835	1 755	16 493	198	283	278	261	612

9-5 乡村从业人员

（2009年）

单位：人

项目	全市	东湖区	西湖区	青云谱区	湾里区	青山湖区	南昌县
总计	**1 353 300**	**3 942**	**11 885**	**11 704**	**22 495**	**72 402**	**373 784**
第一产业	697 379	190	1 482	1 521	12 281	11 155	212 388
第二产业	296 927	1 846	1 379	4 344	4 674	28 587	75 637
工业	176 458	1 425	1 092	3 707	2 548	18 731	39 890
建筑业	120 469	421	287	637	2 126	9 856	35 747
第三产业	358 994	1 906	9 024	5 839	5 540	32 660	85 759
交通运输、仓储及邮政业	51 129	359	1 261	683	818	6 473	14 701
信息与计算机和软件业	7 317	319	146	106	216	565	2 086
批发与零售业	75 181	448	2 481	1 451	1 033	11 686	18 025
住宿餐饮业	36 404	467	561	958	902	6 204	8 936
其他行业	188 963	313	4 575	2 641	2 571	7 732	42 011

9-5 续表 (2009年) 单位：人

项目	新建县	安义县	进贤县	经济开发区	高新开发区	红谷滩新区	桑海开发区	英雄开发区
总计	**277 674**	**82 050**	**351 073**	**23 343**	**88 918**	**18 013**	**6 251**	**9 766**
第一产业	201 528	31 202	155 556	8 877	41 978	6 840	4 426	7 955
第二产业	27 009	23 361	100 594	7 299	18 120	2 003	1 250	824
工业	16 897	7 706	67 306	5 442	9 927	430	1 020	337
建筑业	10 112	15 655	33 288	1 857	8 193	1 573	230	487
第三产业	49 137	27 487	94 923	7 167	28 820	9 170	575	987
交通运输、仓储及邮政业	6 409	3 997	9 285	1 432	3 612	1 943	25	131
信息与计算机和软件业	712	87	1 598	232	1 124	91	25	10
批发与零售业	7 370	2 097	20 267	1 317	7 341	1 458	50	157
住宿餐饮业	3 795	1 429	6 433	1 073	4 191	1 296	73	86
其他行业	30 851	19 877	57 340	3 113	12 552	4 382	402	603

9－6 县区农村劳动力资源及构成

（2009年）　　单位：人

项　　目	全　市	东湖区	西湖区	青云谱区	湾里区	青山湖区	南昌县
一、乡村劳动力资源总数	1 599 752	4 381	14 398	13 401	23 747	88 468	408 226
劳动年龄内的劳动力	1 440 089	3 602	12 826	12 980	22 459	79 501	369 290
二、乡村从业人员合计	1 353 300	3 942	11 885	11 704	22 495	72 402	373 784
按性别分							
男　性	719 619	2 016	6 514	6 273	12 081	38 969	200 018
女　性	633 681	1 926	5 371	5 431	10 414	33 433	173 766
按部门分							
农、林、牧、渔业	697 379	190	1 482	1 521	12 281	11 155	212 388
工　业	176 458	1 425	1 092	3 707	2 548	18 731	39 890
建筑业	120 469	421	287	637	2 126	9 856	35 747
交通运输仓储及邮政业	51 129	359	1 261	683	818	6 473	14 701
信息与计算机和软件业	7 317	319	146	106	216	565	2 086
批发与零售业	75 181	448	2 481	1 451	1 033	11 686	18 025
住宿和餐饮业	36 404	467	561	958	902	6 204	8 936
其他行业	188 963	313	4 575	2 641	2 571	7 732	42 011

9－6 续表 (2009年) 单位：人

项目	新建县	安义县	进贤县	经济开发区	高新开发区	红谷滩新区	桑海开发区	英雄开发区
一、乡村劳动力资源总数	353 109	91 132	431 977	27 051	104 639	21 958	6 491	10 774
劳动年龄内的劳动力	303 183	82 297	397 004	25 683	97 070	17 540	6 423	10 231
二、乡村从业人员合计	277 674	82 050	351 073	23 343	88 918	18 013	6 251	9 766
按性别分								
男性	145 996	43 635	185 443	12 633	47 134	9 791	4 020	5 096
女性	131 678	38 415	165 630	10 710	41 784	8 222	2 231	4 670
按部门分								
农、林、牧、渔业	201 528	31 202	155 556	8 877	41 978	6 840	4 426	7 955
工业	16 897	7 706	67 306	5 442	9 927	430	1 020	337
建筑业	10 112	15 655	33 288	1 857	8 193	1 573	230	487
交通运输仓储及邮政业	6 409	3 997	9 285	1 432	3 612	1 943	25	131
信息与计算机和软件业	712	87	1 598	232	1 124	91	25	10
批发与零售业	7 370	2 097	20 267	1 317	7 341	1 458	50	157
住宿和餐饮业	3 795	1 429	6 433	1 073	4 191	1 296	73	86
其他行业	30 851	19 877	57 340	3 113	12 552	4 382	402	603

9－7 1978－2009年农林牧渔业总产值

单位：万元

年　　份	农林牧渔业总产值	农　业	林　业	牧　业	渔　业	农林牧渔服务业
			（按1970年不变价格计算）			
1978	38 044	32 654	359	4 496	535	
1979	41 652	36 236	315	4 522	579	
1980	39 708	33 738	384	4 869	717	
1981	39 716	33 483	340	5 060	833	
			（按1980年不变价格计算）			
1981	52 669	43 701	665	6 765	1 538	
1982	65 998	53 402	739	10 077	1 780	
1983	69 500	54 930	722	11 451	2 397	
1984	79 743	62 354	737	14 090	2 562	
1985	85 660	64 748	1 225	16 637	3 050	
1986	87 508	64 261	1 224	18 534	3 489	
1987	94 921	69 147	1 252	19 941	4 581	
1988	96 786	66 038	1 234	23 858	5 656	
1989	101 911	69 984	1 305	24 346	6 276	
1990	107 574	73 863	1 323	25 591	6 797	
			（按1990年不变价格计算）			
1990	245 082	151 599	2 920	66 455	24 108	
1991	261 761	161 070	4 662	70 645	25 384	
1992	272 671	163 763	4 716	76 580	27 612	
1993	299 558	159 471	7 396	96 440	36 251	
1994	337 755	171 376	7 563	112 900	45 916	
1995	353 335	161 630	7 392	125 616	58 697	
1996	393 885	173 170	8 452	134 784	77 479	
1997	427 930	177 088	8 169	150 544	92 129	
1998	385 144	132 277	8 673	144 753	99 441	
1999	438 549	163 811	7 556	149 796	117 386	
2000	451 772	167 752	7 696	154 143	122 181	
2001	472 010	170 510	7 770	162 108	131 622	
2002	496 260	167 228	7 874	169 937	151 221	
2003	509 871	145 964	8 987	177 024	161 903	15 994
2004	559 355	169 985	10 094	185 422	176 081	17 773
2005	587 449	175 943	9 825	192 029	190 403	19 249
2006	614 796	182 422	10 179	195 451	204 288	22 456
			（按可比价格计算）			
2006	1 225 912	503 626	14 369	384 271	296 120	27 526
2007	1 329 801	536 199	15 549	435 321	313 811	28 921
2008	1 533 839	607 373	19 225	530 156	345 629	31 456
2009	1 863 394	699 662	21 119	724 099	383 667	34 847

9－8 县区农林牧渔业总产值

（2009年，按当年价格计算）

单位：万元

地　　区	农林牧渔业总产值	农业产值	林业产值	牧业产值	渔业产值	农林牧渔服务业产值
合　　计	**1 871 995**	**712 237**	**21 813**	**712 034**	**390 411**	**35 500**
东湖区	117	77		40		
西湖区	3 824	2 105		1 143	576	
青云谱区	10 932	1 922		6 855	1 913	242
湾里区	36 204	10 604	2 951	20 100	465	2 084
青山湖区	30 330	13 974	162	13 402	2 692	100
南昌县	593 699	214 627	2 501	268 250	97 760	10 561
新建县	518 281	223 698	7 237	169 087	108 790	9 469
安义县	110 867	44 364	4 040	37 519	22 314	2 630
进贤县	484 032	162 802	4 380	165 437	142 845	8 568
经济开发区	15 561	5 968	418	7 763	697	715
高新开发区	50 573	26 449	106	11 124	11 978	916
红谷滩新区	4 818	2 465		2 023	130	200
桑海开发区	3 049	1 366	18	1 486	179	
英雄开发区	9 708	1 816		7 805	72	15

9－9 县区农林牧渔业总产值

（2009年，按可比价格计算）

单位：万元

地　　区	农林牧渔业总产值	农业产值	林业产值	牧业产值	渔业产值	农林牧渔服务业产值
合　　计	**1 863 394**	**699 662**	**21 119**	**724 099**	**383 667**	**34 847**
东湖区	119	78		41		
西湖区	3 741	2 063		1 120	558	
青云谱区	10 275	1 641		6 927	1 474	233
湾里区	35 907	10 555	2 922	19 902	460	2 068
青山湖区	26 304	12 865	149	10 775	2 423	92
南昌县	602 909	213 441	2 443	279 558	97 034	10 433
新建县	509 495	219 681	6 908	166 139	107 298	9 469
安义县	108 602	43 002	4 010	36 720	22 270	2 600
进贤县	484 170	159 174	4 149	173 247	139 439	8 161
经济开发区	15 285	5 952	415	7 548	658	712
高新开发区	49 253	25 673	106	10 927	11 678	869
红谷滩新区	4 701	2 407		1 973	126	195
桑海开发区	2 975	1 318	17	1 462	178	
英雄开发区	9 658	1 812		7 760	71	15

9-10 农林牧渔业总产值

单位：万元

项目	按当年价格计算		按可比价格计算		2009年比上年增长%
	2008年	2009年	2008年	2009年	
农林牧渔业总产值	**1 711 388**	**1 871 995**	**1 533 839**	**1 863 394**	**8.9**
一、农业产值	651 495	712 237	607 373	699 662	7.4
粮食作物	410 951	447 897	392 435	445 092	8.3
经济作物	49 786	54 721	39 683	53 849	8.2
蔬菜园艺	154 468	160 554	141 188	153 856	-0.4
水果、坚果、饮料和香料	13 855	16 248	13 049	15 447	11.5
中药材	169	164	169	164	-3.0
其他农作物	22 266	32 653	20 849	31 254	40.4
#饲料、绿肥	770	793	760	789	2.5
二、林业产值	20 247	21 813	19 225	21 119	4.3
营林	11 139	14 169	10 707	13 641	22.5
林产品	4 058	3 752	3 748	3 730	-8.1
竹木采运	5 050	3 892	4 770	3 748	-25.8
三、牧业产值	645 939	712 034	530 156	724 099	12.1
牲畜饲养	33 194	38 936	30 731	36 547	10.1
#牛	14 456	24 540	12 622	22 677	56.9
羊	679	734	622	709	4.4
猪的饲养	441 486	469 674	335 286	491 584	11.3
家禽的饲养	168 813	200 974	161 881	193 661	14.7
狩猎和捕捉动物	13	15	13	15	15.4
其他动物饲养	2 433	2 435	2 245	2 292	-5.8
四、渔业产值	361 329	390 411	345 629	383 667	6.2
五、农林牧渔服务业产值	32 378	35 500	31 456	34 847	7.6

注：增长速度系按可比价格（即上年价格）计算。

9－11 主要年份农林牧渔业商品产值和商品率

年　份	农林牧渔业商品产值（万元）	农　业	林　业	牧　业	渔　业	农林牧渔服务业	农林牧渔业商品率（%）
1985	58 668	37 717	276	16 913	3 762		54.4
1990	142 005	75 753	595	52 649	13 008		59.8
1991	147 586	77 843	538	51 600	17 605		59.1
1992	166 601	82 149	1 381	63 478	19 593		62.0
1993	204 552	92 328	2 353	82 146	27 725		61.0
1994	327 304	155 047	3 072	126 689	42 496		66.5
1995	374 221	161 098	2 876	148 702	61 545		64.0
1996	439 645	179 197	3 414	170 823	86 211		63.9
1997	485 310	176 708	3 115	200 714	104 773		63.9
1998	409 560	110 587	3 840	185 659	109 474		64.5
1999	459 893	149 329	3 391	181 458	125 715		66.8
2000	472 610	151 913	3 397	190 211	127 089		68.1
2001	507 406	164 577	3 791	202 918	136 120		68.4
2002	542 584	159 442	4 014	219 980	159 148		70.2
2003	587 501	152 034	4 164	245 738	167 943	17 622	71.4
2004	787 246	256 953	4 794	296 814	211 431	17 254	74.2
2005	865 753	278 405	5 526	320 617	237 625	23 580	74.8
2006	945 397	312 998	5 783	329 242	271 229	26 145	75.9
2007	1 090 594	349 141	6 222	415 189	300 335	19 707	76.4
2008	1 304 098	397 589	7 458	546 326	330 913	21 812	76.2
2009	1 436 608	447 136	6 226	605 545	354 141	23 560	76.7

9－12 农林牧渔业商品产值和商品率

（分县区，2009 年）

地　区	农林牧渔业商品产值（万元）	农　业	林　业	牧　业	渔　业	农林牧渔服务业	农林牧渔业商品率（%）
合　计	**1 436 608**	**447 136**	**6 226**	**605 545**	**354 141**	**23 560**	**76.7**
东湖区	76	50		26			65.0
西湖区	2 558	1 427		757	374		66.9
青云谱区	7 775	1 365		4 980	1 288	142	71.1
湾里区	25 799	5 649	520	17 922	358	1 350	71.3
青山湖区	22 502	9 391		10 347	2 692	72	74.2
南昌县	453 828	127 688	93	226 132	89 354	10 561	76.4
新建县	410 571	152 455	2 153	154 637	101 326		79.2
安义县	90 169	30 682	2 690	34 641	20 406	1 750	81.3
进贤县	366 688	93 008	631	135 716	129 173	8 160	75.8
经济开发区	10 208	4 291	125	4 672	405	715	65.6
高新开发区	33 319	17 035		7 252	8 437	595	65.9
红谷滩新区	3 941	1 941		1 670	130	200	81.8
桑海开发区	2 078	875	14	1 059	130		68.2
英雄开发区	7 096	1 279		5 734	68	15	73.1

9-13 农林牧渔业总产出、中间消耗和增加值

项目	绝对数（万元）		构成（%）	
	2008	2009	2008	2009
一、农林牧渔业总产出	1 711 388	1 871 995	100.0	100.0
农业	651 495	712 237	38.1	38.0
林业	20 247	21 813	1.2	1.2
牧业	645 939	712 034	37.7	38.0
渔业	361 329	390 411	21.1	20.9
农林牧渔服务业	32 378	35 500	1.9	1.9
二、农林牧渔业中间消耗	696 614	752 972	100.0	100.0
农业	239 732	259 582	34.4	34.5
林业	5 677	6 199	0.8	0.8
牧业	314 966	336 908	45.2	44.7
渔业	123 165	135 333	17.7	18.0
农林牧渔服务业	13 074	14 950	1.9	2.0
三、农林牧渔业增加值	1 014 774	1 119 023	100.0	100.0
农业	411 763	452 655	40.6	40.5
林业	14 570	15 614	1.4	1.4
牧业	330 973	375 126	32.6	33.5
渔业	238 164	255 078	23.5	22.8
农林牧渔服务业	19 304	20 550	1.9	1.8

9-14 农林牧渔业总产出、中间消耗和增加值

（分县区，2009 年）

地区	农林牧渔业总产出（万元）	农林牧渔业中间消耗（万元）	农林牧渔业增加值（万元）	占总产出比重（%）	
				中间消耗	增加值
合计	**1 871 995**	**752 972**	**1 119 023**	**40.2**	**59.8**
东湖区	117	43	74	36.8	63.2
西湖区	3 824	1 604	2 220	41.9	58.1
青云谱区	10 932	4 631	6 301	42.4	57.6
湾里区	36 204	13 988	22 216	38.6	61.4
青山湖区	30 330	11 530	18 800	38.0	62.0
南昌县	593 699	247 008	346 691	41.6	58.4
新建县	518 281	213 097	305 184	41.1	58.9
安义县	110 867	44 338	66 529	40.0	60.0
进贤县	484 032	184 020	300 012	38.0	62.0
经济开发区	15 561	5 283	10 278	34.0	66.0
高新开发区	50 573	20 222	30 351	40.0	60.0
红谷滩新区	4 818	1 813	3 005	37.6	62.4
桑海开发区	3 049	1 220	1 829	40.0	60.0
英雄开发区	9 708	4 175	5 533	43.0	57.0

9－15 农林牧渔业中间消耗

项　　目	绝对数（万元）		构成（%）	
	2008	2009	2008	2009
总　　额	**696 614**	**752 972**	**100.0**	**100.0**
一、物质消耗	631 142	681 508	90.6	90.5
#用种量	96 051	101 670	13.8	13.5
饲料、饲草	319 627	339 465	45.9	45.1
肥　　料	73 982	81 230	10.6	10.8
燃　　料	29 583	32 896	4.2	4.4
农　　药	10 626	11 238	1.5	1.5
用电量	37 054	40 443	5.3	5.4
小农具购置	2 213	2 331	0.3	0.3
办公用品购置	818	821	0.1	0.1
其他物质消耗	61 188	71 414	8.9	9.4
二、生产服务支出	65 472	71 464	9.4	9.5

9－16 农林牧渔业中间消耗率

（分县区，2009年）

单位:%

地　　区	农　业	林　业	牧　业	渔　业	农林牧渔服务业
合　　计	**36.4**	**28.4**	**47.3**	**34.7**	**42.1**
东湖区	31.2		47.5		
西湖区	31.7		55.3	52.8	
青云谱区	31.1		48.6	31.1	43.4
湾里区	37.9	28.2	41.2	34.2	33.7
青山湖区	35.7	25.9	41.3	33.9	50.0
南昌县	30.0	31.5	52.5	37.4	41.5
新建县	42.4	32.1	41.6	38.0	46.2
安义县	40.0	27.4	45.5	34.7	25.6
进贤县	35.7	21.1	47.4	29.9	45.2
经济开发区	25.8	31.3	40.3	34.4	34.0
高新开发区	40.1	37.7	41.0	38.0	51.4
红谷滩新区	39.3		36.0	33.8	36.0
桑海开发区	39.7	55.6	39.6	44.1	
英雄开发区	33.6		45.3	33.3	20.0

9－17 农作物播种面积和产量

项目	播种面积（万公顷）		单产（千克/公顷）		总产量（万吨）		
	2008	2009	2008	2009	2008	2009	2009年比上年增长%
合计	**53.46**	**54.01**					
一、粮食作物	36.03	36.38	6 244	6 301	224.97	229.21	1.9
1. 谷物	34.41	34.81	6 418	6 465	220.86	225.05	1.9
稻谷	34.30	34.64	6 431	6 475	220.59	224.30	1.7
早稻	15.33	15.44	6 086	6 146	93.28	94.91	1.7
晚稻	18.97	19.20	6 709	6 739	127.30	129.39	1.6
一晚	2.68	2.47	7 325	7 312	19.63	18.06	－8.0
二晚	16.29	16.73	6 608	6 654	107.67	111.33	3.4
小麦	0.07	0.04	885	1 104	0.06	0.04	－28.0
杂谷	0.04	0.13	5 155	5 605	0.21	0.71	237.9
2. 豆类	1.13	1.10	1 448	1 431	1.64	1.57	－4.4
#大豆	1.01	0.97	1 463	1 442	1.47	1.40	－4.8
3. 薯类	0.48	0.47	5 121	5 506	2.47	2.59	4.9
二、经济作物	8.47	8.75					
#棉花	0.09	0.12	1 076	1 681	0.10	0.20	101.5
油料	8.28	8.52	1 125	1 173	9.32	10.00	7.3
花生	1.54	1.55	2 991	2 888	4.59	4.47	－2.8
油菜籽	6.01	6.25	698	806	4.20	5.04	20.0
芝麻	0.74	0.73	716	679	0.53	0.49	－6.3
甘蔗	0.09	0.10	40 656	39 675	3.81	3.84	0.8
三、其他农作物	8.96	8.89					
#蔬菜	3.18	3.16	29 678	29 883	94.31	94.52	0.2
瓜果类	0.37	0.37	22 811	22 669	8.35	8.47	1.5

9-18 农作物播种面积

(分县区，2009年)

单位：公顷

项目	全市	东湖区	西湖区	青云谱区	湾里区	青山湖区	南昌县
合计	**540 121**	**21**	**252**	**437**	**4 155**	**8 468**	**172 750**
一、粮食作物	363 757		29	116	2 711	6 000	122 293
1. 谷物	348 082		29	116	2 559	6 000	120 793
稻谷	346 421		29	116	2 559	6 000	120 681
早稻	154 411		14	58	458	2 308	55 275
晚稻	192 010		15	58	2 101	3 692	65 406
一晚	24 699				1 633	350	3 568
二晚	167 311		15	58	468	3 342	61 838
小麦	396						
杂谷	1 265						112
2. 豆类	10 967				88		818
#大豆	9 740				8		519
3. 薯类	4 708				64		682
二、经济作物	87 474				144	18	9 466
#棉花	1 188						
油料	85 188				126	18	9 110
花生	15 464				56		762
油菜籽	62 463				60	18	8 247
芝麻	7 261				10		101
甘蔗	968						356
三、其他农作物	88 890	21	223	321	1 300	2 450	40 991
#蔬菜	31 629	21	223	238	393	2 156	12 637
瓜果类	3 737			5	10		563

9－18 续表　　（分县区，2009年）　　单位：公顷

项目	新建县	安义县	进贤县	经济开发区	高新开发区	红谷滩新区	桑海开发区	英雄开发区
合计	**133 651**	**45 729**	**144 692**	**3 891**	**20 061**	**2 077**	**1 781**	**2 156**
一、粮食作物	97 234	26 605	86 369	2 263	15 937	1 473	1 240	1 487
1. 谷物	92 488	25 758	78 333	2 087	15 819	1 430	1 190	1 480
稻谷	92 355	25 591	77 166	2 062	15 819	1 430	1 190	1 423
早稻	41 293	8 812	36 151	551	7 717	669	470	635
晚稻	51 062	16 779	41 015	1 511	8 102	761	720	788
一晚	7 065	7 240	3 428	643	152	338	215	67
二晚	43 997	9 539	37 587	868	7 950	423	505	721
小麦	133		263					
杂谷		167	904	25				57
2. 豆类	2 150	539	7 152	113	67	11	27	2
#大豆	1 967	312	6 860	35	12	11	14	2
3. 薯类	2 596	308	884	63	51	32	23	5
二、经济作物	22 142	12 882	40 426	885	463	398	419	231
#棉花	119	639	392				38	
油料	21 979	12 162	39 478	885	444	398	357	231
花生	4 520	1 370	7 948	505	45	85	98	75
油菜籽	16 769	10 646	25 299	359	374	280	255	156
芝麻	690	146	6 231	21	25	33	4	
甘蔗	44	14	539		15			
三、其他农作物	14 275	6 242	17 897	743	3 661	206	122	438
#蔬菜	4 690	3 156	6 681	89	1 056	129	68	92
瓜果类	572	431	1 477	381	103	20	45	130

9－19 主要农作物总产量

（分县区，2009 年）

单位：吨

项目	全市	东湖区	西湖区	青云谱区	湾里区	青山湖区	南昌县
一、粮食作物	2 292 119		164	650	14 822	34 000	817 062
1. 谷物	2 250 501		164	650	14 574	34 000	810 953
稻谷	2 242 974		164	650	14 574	34 000	810 410
早稻	949 075		74	314	2 181	12 463	342 654
晚稻	1 293 899		90	336	12 393	21 537	467 756
一晚	180 606				9 741	2 065	29 677
二晚	1 113 293		90	336	2 652	19 472	438 079
小麦	437						
杂谷	7 090						543
2. 豆类	15 695				92		2 171
#大豆	14 042				12		1 563
3. 薯类	25 923				156		3 938
二、经济作物							
#棉花	1 997						
油料合计	99 961				138	21	10 884
花生	44 659				71		2 772
油菜籽	50 370				59	21	7 897
芝麻	4 932				8		215
甘蔗	38 405						17 119
三、其他农作物							
#蔬菜	945 163	653	7 312	5 269	5 946	76 075	507 843
瓜果类	84 715			158	140		18 854

9－19 续表 （分县区，2009年） 单位：吨

项目	新建县	安义县	进贤县	经济开发区	高新开发区	红谷滩新区	桑海开发区	英雄开发区
一、粮食作物	645 672	153 777	483 288	14 502	102 710	8 440	8 164	8 868
1. 谷物	627 053	151 078	471 686	12 973	102 336	8 297	7 986	8 751
稻谷	626 853	150 093	466 142	12 943	102 336	8 297	7 986	8 526
早稻	267 399	45 971	215 712	3 461	48 522	3 970	2 851	3 503
晚稻	359 454	104 122	250 430	9 482	53 814	4 327	5 135	5 023
一晚	56 286	50 320	23 092	4 427	1 138	1 925	1 465	470
二晚	303 168	53 802	227 338	5 055	52 676	2 402	3 670	4 553
小麦	200		237					
杂谷		985	5 307	30				225
2. 豆类	3 670	857	8 589	124	114	19	55	4
#大豆	3 444	634	8 272	45	19	19	30	4
3. 薯类	14 949	1 842	3 013	1 405	260	124	123	113
二、经济作物								
#棉花	99	1 600	243				55	
油料合计	28 421	13 944	42 973	1 736	516	476	558	294
花生	15 495	2 395	21 756	1 490	92	230	201	157
油菜籽	12 289	11 446	17 317	233	409	210	352	137
芝麻	637	103	3 900	13	15	36	5	
甘蔗	1 761	901	18 113		511			
三、其他农作物								
#蔬菜	93 794	68 694	146 225	2 060	25 975	2 138	2 019	1 160
瓜果类	10 289	11 210	29 370	6 747	3 215	322	1 594	2 816

9－20 茶叶、蚕茧、水果生产情况

项　　　　　　目	2008	2009	2009年比上年增长%
一、产　量（吨）			
茶　叶	993	1 192	20.0
#红毛茶	12	13	8.3
绿毛茶	972	1 171	20.5
蚕　茧	9	8	－11.1
水　果	18 626	22 102	18.7
#柑　桔	14 556	17 387	19.4
梨　子	1 129	1 238	9.7
桃　子	1 436	1 388	－3.3
二、年末茶园面积（公顷）	1 327	1 379	3.9
#当年采摘	945	1 049	11.0
当年新增	372	97	－73.9
三、年末果园面积（公顷）	5 552	5 697	2.6
#当年新增	135	251	85.9

9－21 茶叶、蚕茧、水果产量

（分县区，2009 年）

单位：吨

地区	茶叶	#红毛茶	#绿毛茶	蚕茧	水果	#柑桔	#梨
合计	**1 192**	**13**	**1 171**	**8**	**22 102**	**17 387**	**1 238**
湾里区	21		21		792	455	
南昌县	659		659	8	4 112	3 652	301
新建县	68	1	61		1 516	1 334	89
安义县	4		2		4 971	3 418	337
进贤县	440	12	428		10 677	8 495	511
高新开发区					18	17	
桑海开发区					16	16	

9－22 茶园、果园面积

（分县区，2009 年）

单位：公顷

地区	茶园	果园	#柑桔	#梨
合计	**1 379**	**5 697**	**3 633**	**605**
湾里区	360	135	37	
南昌县	360	426	325	42
新建县	118	648	452	106
安义县	3	1 454	660	233
进贤县	538	3 018	2 143	224
高新开发区		5	5	
桑海开发区		11	11	

9－23 林 业 生 产 情 况

项 目	2008	2009	2009年比上年增长%
一、当年造林面积（公顷）	26 842	6 879	－74.4
用 材 林	6 554	877	－86.6
经 济 林	9 322	828	－91.1
防 护 林	10 430	5 055	－51.5
二、迹地更新面积（公顷）		20	
#人 工 更 新		20	
三、封山育林面积（公顷）	10 344	6 695	－35.3
#本 年 新 封			
四、零星（四旁）植树（万株）	1 283.81	1 090.35	－15.1
五、育 苗 面 积（公顷）	12 027	1 839	－84.7
#本 年 新 育	4 102	355	－91.3
六、幼林抚育作业面积（公顷次）	23 787	19 817	－16.7
七、成林抚育面积（公顷）	6 353	6 886	8.4
八、低产林改造面积（公顷）	1 033	387	－62.5
九、抚育改造出材量（万立方米）	0.04	0.80	1900.0
十、主要产品产量			
油 桐 籽（吨）	31	11	－64.5
油 茶 籽（吨）	2 648	2 007	－24.2
板 栗（吨）	823	822	－0.1
棕 片（吨）	2		
松 脂（吨）	750	70	－90.7
木 材 采 伐（万立方米）	33.08	2.55	－92.3
竹 材 采 伐（万根）	105.68	10.35	－90.2

9-24 牧业生产情况

项目	2008	2009	2009年比上年增长%
一、肉猪出栏数（万头）	292.25	312.61	7.0
出售和自宰肉用牛（万头）	4.61	5.48	18.8
出售和自宰肉用羊（只）	22 413	23 576	5.2
出售和自宰肉用兔（只）	16 665	20 866	25.2
出售和自宰肉用禽（万只）	3 791.61	3 979.20	4.9
二、肉类总量（万吨）	29.59	32.86	11.1
猪肉（万吨）	23.92	26.68	11.5
牛肉（吨）	6 096	6 304	3.4
羊肉（吨）	441	447	1.4
兔肉（吨）	41	34	-17.1
禽肉（万吨）	4.92	5.29	7.6
三、牛奶产量（万吨）	4.08	4.65	14.0
四、年底养蜂数（箱）	3 743	3 137	-16.2
蜂蜜产量（吨）	210	233	11.0
五、禽蛋产量（万吨）	13.29	14.07	5.8
六、牛年底数（万头）	22.68	23.31	2.8
#能繁殖母牛	11.51	11.82	2.7
当年生仔牛	4.20	5.05	20.2
#肉牛	3.43	4.19	22.4
奶牛	1.64	1.52	-7.2
役用牛	17.61	17.59	-0.1
七、猪年底数（万头）	187.99	191.81	2.0
#能繁殖母猪	19.37	21.28	9.9
八、羊年底数（只）	24 928	24 238	-2.8
九、兔年底数（只）	9 532	10 839	13.7
十、家禽年底数（万只）	2 773.46	2 887.69	4.1

9－25 牧 业 生 产 情 况

（分县区，2009 年）

项目	全市	东湖区	西湖区	青云谱区	湾里区	青山湖区	南昌县
一、出栏肉猪头数（万头）	312.61	0.03	0.76	0.69	11.49	9.35	112.24
出售和自宰肉用牛（头）	54 820				563	180	15 808
出售和自宰肉用羊（只）	23 576				989	146	6 434
出售和自宰肉用兔（只）	20 866						6 320
出售和自宰肉用禽（万只）	3979.20		0.23	41.27	14.07	54.52	2247.10
二、肉类总产量（吨）	328 634	33	676	870	10 122	7 721	130 359
猪肉	266 772	33	673	583	9 830	7 068	98 569
牛肉	6 304				79	19	1 878
羊肉	447				26	3	140
兔肉	34						8
禽肉	52 918		3	287	187	631	27 688
三、牛奶产量（吨）	46 533			6 654		529	8 412
四、年底养蜂数（箱）	3 137						380
蜂蜜产量（吨）	233						39
五、禽蛋产量（吨）	140 656			838	620	1 821	91 318
六、牛年底数（头）	233 065		25	2 264	1 512	1 935	43 121
#能繁殖母牛	118 208		20	2 098	431	1 112	20 259
当年生仔牛	50 458			150	123	823	12 929
#肉牛	41 918				297	276	15 942
奶牛	15 224			2 250		337	2 312
役用牛	175 923		25	14	1 215	1 322	24 867
七、生猪年底数（万头）	191.81	0.01	0.47	0.43	8.01	5.20	64.30
#能繁殖母猪（头）	212 820		508	460	15 191	5 594	68 864
八、羊年底数（只）	24 238				841		5 507
九、兔年底数（只）	10 839						2 539
十、家禽年底数（万只）	2 887.69		0.08	7.69	9.62	34.27	1 332.34

9－25 续表 （分县区，2009年）

项目	新建县	安义县	进贤县	经济开发区	高新开发区	红谷滩新区	桑海开发区	英雄开发区
一、出栏肉猪头数（万头）	75.25	21.46	71.88	0.60	4.38	1.02	1.37	2.08
出售和自宰肉用牛（头）	9 950	5 891	19 127	710	1 444	125	22	1 000
出售和自宰肉用羊（只）	3 990	10 676	691	233	398		19	
出售和自宰肉用兔（只）	1 896	12 650						
出售和自宰肉用禽（万只）	430.13	272.73	860.59	1.88	47.43	3.42	2.00	3.83
二、肉类总产量（吨）	74 295	21 550	72 813	862	4 532	1 210	1 203	2 388
猪肉	67 432	16 973	56 982	738	3 609	1 151	1 171	1 960
牛肉	1 399	597	1 949	78	172	16	2	115
羊肉	75	180	10	5	8			
兔肉	3	23						
禽肉	5 386	3 700	13 872	41	737	43	30	313
三、牛奶产量（吨）	10 934		1 119		446			18 439
四、年底养蜂数（箱）	200	1 347	1 210					
蜂蜜产量（吨）	1	136	57					
五、禽蛋产量（吨）	11 243	8 683	21 410	17	3 919	52	60	675
六、牛年底数（头）	73 809	29 504	66 536	712	4 968	1 692	326	6 661
#能繁殖母牛	41 383	13 538	33 462	135	865	430	97	4 378
当年生仔牛	12 062	7 402	15 478	52	263	168	48	960
#肉牛	9 696	5 900	8 122	107	1 578			
奶牛	3 534		390		166			6 235
役用牛	60 579	23 604	58 024	605	3 224	1 692	326	426
七、生猪年底数（万头）	43.27	14.88	44.90	0.28	5.89	0.81	0.74	2.61
#能繁殖母猪（头）	47 021	11 966	50 291	1 676	4 331	1 536	852	4 530
八、羊年底数（只）	4 121	12 454	452	180	655		28	
九、兔年底数（只）	1 800	6 500						
十、家禽年底数（万只）	418.22	173.07	832.00	2.92	57.70	1.99	2.61	15.18

9-26 渔业生产情况

项　　　　目	2008	2009	2009年比上年增长 %
一、渔　业　村（个）	36	38	5.6
二、渔　业　户（万户）	3.32	3.35	0.8
三、渔业人口（万人）	13.59	13.67	0.6
四、渔业从业人员（万人）	7.94	7.88	-0.7
专业从业人员（万人）	4.39	4.46	1.5
#捕　　捞	0.83	0.81	-2.2
养　　殖	3.15	3.22	2.3
兼业从业人员（万人）	2.32	2.31	-0.5
五、已养殖面积（万公顷）	5.57	5.61	0.7
#池　　塘	1.28	1.56	22.1
水　　库	0.53	0.53	0.6
湖　　泊	3.16	3.18	0.6
六、养殖单产（千克/公顷）	4 893	5 214	6.6
#池　　塘	9 811	10 068	2.6
水　　库	5 808	7 275	25.3
湖　　泊	2 476	2 415	-2.5
七、水产品总产量（万吨）	32.37	34.25	5.8
#养　　殖	27.27	29.25	7.3
#池　　塘	12.53	15.70	25.3
水　　库	3.06	3.85	26.0
湖　　泊	7.82	7.68	-1.9
#鱼　　类	26.48	28.32	6.9
甲　壳　类	2.61	2.62	0.1
贝　　类	2.90	2.85	-1.8
八、珍珠产量（吨）	91	87	-4.4
九、鱼苗产量（亿尾）	28.44	28.00	-1.5
十、鱼种产量（吨）	28 841	30 376	5.3

注：根据农业部门2009年报表制度规定，本表2009年“池塘养殖面积”和“池塘养殖产量”包括了以往统计在“其他”养殖类型中的“农渔两用”池塘养殖面积和养殖产量。

9－27 渔　业　生　产　情　况

（分县区，2009 年）

项　　目	全　市	西 湖 区	青云谱区	湾 里 区	青山湖区	南 昌 县
一、渔　业　村（个）	38	2	2		1	5
二、渔　业　户（户）	33 494	154	163	21	303	16 846
三、渔 业 人 口（人）	136 681	701	400	191	1 214	55 194
四、渔业从业人员（人）	78 815	321	129	152	1 090	33 391
专业从业人员（人）	44 575	321	114	61	593	24 523
#捕　　捞	8 080				166	2 442
养　　殖	32 185	321	94	41	427	20 221
兼业从业人员（人）	23 053		15	81	497	6 653
五、已养殖面积（公顷）	56 100	72	267	154	242	10 838
#池　　塘	15 592	72	35	22	210	7 779
水　　库	5 295			132		105
湖　　泊	31 784		200			1 247
六、养殖单产（千克/公顷）	5 214	7 917	5 442	2 792	11 124	11 093
#池　　塘	10 068	7 917	10 914	6 545	11 457	10 639
水　　库	7 275			2 129		6 019
湖　　泊	2 415		4 055			6 249
七、水产品总产量（吨）	342 490	570	1 453	430	2 692	120 230
#养　　殖	292 517	570	1 453	425	2 594	103 020
#池　　塘	156 981	570	382	144	2 406	82 761
水　　库	38 522			281		632
湖　　泊	76 764		811			7 792
#鱼　　类	283 170	570	1 418	421	2 689	98 909
甲　壳　类	26 162		35		3	9 252
贝　　类	28 455					11 350
八、珍 珠 产 量（吨）	87					6
九、鱼 苗 产 量（亿尾）	28					10
十、鱼 种 产 量（吨）	30 376	73		20		18 221

注：本表数据来源于农业部门。

9－27　续表　　（分县区，2009年）

项　　目	新建县	安义县	进贤县	经济开发区	高新开发区	红谷滩新区	桑海开发区	英雄开发区
一、渔业村（个）	7		18	1	2			
二、渔业户（户）	4 050	1 368	8 834	150	1 600	5		
三、渔业人口（人）	13 900	5 446	54 138	613	4 860	24		
四、渔业从业人员（人）	8 432	4 560	28 099	337	2 280	24		
专业从业人员（人）	4 944	2 452	9 992	285	1 280	10		
#捕　捞	1 500	186	3 451	15	320			
养　殖	2 314	1 965	5 967	120	710	5		
兼业从业人员（人）	3 000	1 938	10 139	40	680	10		
五、已养殖面积（公顷）	8 016	2 813	30 693	320	2 510	10	80	85
#池　塘	2 539	1 717	2 143	180	743	10	57	85
水　库	2 225	1 004	1 746	60			23	
湖　泊	2 106		26 464		1 767			
六、养殖单产（千克/公顷）	7 734	7 605	2 943	5 213	3 268	6 800	7 000	2 859
#池　塘	10 327	8 888	10 255	7 167	6 904	6 800	9 316	2 859
水　库	9 895	5 861	5 451	2 700			1 261	
湖　泊	4 003		2 141		1 739			
七、水产品总产量（吨）	73 590	24 100	107 368	1 776	9 410	68	560	243
#养　殖	61 995	21 393	90 326	1 668	8 202	68	560	243
#池　塘	26 219	15 261	21 976	1 290	5 130	68	531	243
水　库	22 016	5 884	9 518	162			29	
湖　泊	8 430		56 659		3 072			
#鱼　类	61 826	20 181	85 180	1 775	9 330	68	560	243
甲壳类	8 413	409	7 989	1	60			
贝　类	2 185	2 496	12 424					
八、珍珠产量（吨）	49	2	30					
九、鱼苗产量（亿尾）	5	2	10		1			
十、鱼种产量（吨）	3 980	3 796	4 286					

注：本表数据来源于农业部门。

9－28 农 业 经 济 效 益

（2009年）

项目	全市	东湖区	西湖区	青云谱区	湾里区	青山湖区	南昌县
农业劳动力创造农林牧渔业总产值（元/人）	26 843	6 158	25 803	71 874	29 480	27 190	27 954
农业劳动力创造农林牧渔业增加值（元/人）	16 046	3 895	14 980	41 427	18 090	16 853	16 323
农业劳动力创造农林牧渔业商品产值(元/人)	20 600	4 000	17 260	51 118	21 007	20 172	21 368
农业劳动力生产农产品（千克/人）							
粮　　食	3 287		111	427	1 207	3 048	3 847
棉　　花	2.86						
油　　料	143.34				11.24	1.88	51.25
肉　　类	471.24	173.68	456.14	571.99	824.20	692.16	613.78
水 产 品	491.11		384.62	955.29	35.01	241.33	566.09
每公顷耕地产出农业产值（元/公顷）	32 748	70 000	412 745	97 071	44 630	44 320	30 363

9－28　续表

项目	新建县	安义县	进贤县	经济开发区	高新开发区	红谷滩新区	桑海开发区	英雄开发区
农业劳动力创造农林牧渔业总产值（元/人）	25 718	35 532	31 116	17 530	12 048	7 044	6 889	12 204
农业劳动力创造农林牧渔业增加值（元/人）	15 144	21 322	19 286	11 578	7 230	4 393	4 132	6 955
农业劳动力创造农林牧渔业商品产值(元/人)	20 373	28 898	23 573	11 499	7 937	5 762	4 695	8 920
农业劳动力生产农产品（千克/人）								
粮　　食	3 204	4 928	3 107	1 634	2 447	1 234	1 845	1 115
棉　　花	0.49	51.28	1.56				12.43	
油　　料	141.03	446.89	276.25	195.56	12.29	69.59	126.07	36.96
肉　　类	368.66	690.66	468.08	97.10	107.96	176.90	271.80	300.19
水 产 品	365.16	772.39	690.22	200.07	224.17	9.94	126.53	30.55
每公顷耕地产出农业产值（元/公顷）	40 976	26 238	28 946	39 471	31 813	22 888	12 578	14 176

9－29 主要农业机械年末拥有量

项　　　　　　目	2008	2009	2009年比上年增长%
农业机械总动力（万千瓦）	320.00	351.55	9.9
大中型农用拖拉机（混合台）	10 700	4 129	－61.4
（万千瓦）	23.75	14.35	－39.6
小型及手扶拖拉机（混合台）	33 100	48 650	47.0
（万千瓦）	35.99	49.55	37.7
农用排灌动力机械（台）	116 200	116 756	0.5
（万千瓦）	85.40	85.48	0.1
#柴　油　机（台）	79 400	80 674	1.6
（万千瓦）	48.40	48.02	－0.8
电　动　机（台）	36 800	36 082	－2.0
（万千瓦）	37.00	37.46	1.2
农用水泵（台）	95 700	106 323	11.1
动力脱粒机（台）	128 500	135 433	5.4
机动喷（雾）粉机（部）	600	1 070	78.3
饲草料加工机械（台）	3 672	4 366	18.9

9-30 农业机耕、水电、化肥、水利情况

项　　目	2008	2009	2009年比上年增长%
一、农业机械化情况			
当年实际机耕面积（千公顷）	262.00	278.00	6.1
机耕面积占耕地面积比重（%）	121.38	127.82	6.4
当年实际机播面积（千公顷）	26.00	51.41	97.7
当年实际机收面积（千公顷）	210.00	226.00	7.6
当年实际机电灌溉面积（千公顷）	118.70	120.76	1.7
二、农业电气化情况			
农村用电量（万千瓦小时）	84 850	102 199	20.4
乡镇村办水电站个数（个）	8	12	50.0
发电能力（千瓦）	845	1 565	85.2
三、农业化学化情况			
化肥施用量（实物量）（万吨）	37.08	38.18	3.0
氮　　肥（万吨）	11.88	11.36	-4.4
磷　　肥（万吨）	9.07	8.97	-1.1
钾　　肥（万吨）	5.22	5.66	8.4
复合肥（万吨）	10.91	12.19	11.8
化肥施用量（折纯量）（万吨）	14.48	14.60	0.8
氮　　肥（万吨）	4.03	3.64	-9.8
磷　　肥（万吨）	2.93	2.85	-2.5
钾　　肥（万吨）	2.57	2.67	3.9
复合肥（万吨）	4.96	5.44	9.8
每亩耕地用化肥（实物量）（千克）	114.51	117.04	2.2
每亩耕地用化肥（折纯量）（千克）	44.74	44.75	0.0
农用塑料薄膜使用量（吨）	2 022	2 033	0.5
#地膜使用量（吨）	1 199	1 174	-2.1
地膜覆盖面积（公顷）	9 817	9 595	-2.3
农药使用量（吨）	8 889	8 966	0.9
农用柴油使用量（吨）	28 990	29 389	1.4
四、农业水利化情况			
有效灌溉面积（千公顷）	190.47	191.06	0.3
有效灌溉面积占耕地面积比重（%）	88.24	87.85	-0.4
旱涝保收面积（千公顷）	160.02	160.25	0.1
旱涝保收面积占耕地面积比重（%）	74.14	73.68	-0.6

9－31 农业电气化情况

（分县区，2009年）

地区	农村用电量（万千瓦小时）	每亩耕地用电量（千瓦小时）	乡镇村办水电站个数（个）	水电站发电能力（千瓦）
合计	**102 199**	**313**	**12**	**1 565**
东湖区	71	4 303		
西湖区	490	6 405		
青云谱区	1 680	5 657		
湾里区	1 546	434	2	115
青山湖区	18 696	3 953		
南昌县	30 937	292		
新建县	13 853	169	4	205
安义县	2 989	118	2	375
进贤县	21 219	252		
经济开发区	922	407	4	870
高新开发区	8 895	713		
红谷滩新区	207	128		
桑海开发区	218	134		
英雄开发区	476	248		

9－32 农业水利化情况

（分县区，2009年）

地区	有效灌溉面积（千公顷）	有效灌溉面积占耕地面积比重（%）	旱涝保收面积（千公顷）	旱涝保收面积占耕地面积比重（%）
合计	**191.06**	**87.85**	**160.25**	**73.68**
湾里区	2.82	118.69	3.00	126.26
青山湖区	3.60	114.18	3.60	114.18
南昌县	71.54	101.21	61.73	87.33
新建县	48.47	87.68	39.96	72.28
安义县	18.72	110.72	14.64	86.59
进贤县	44.52	79.16	36.24	64.43
经济开发区	0.23	27.98	0.23	27.98
桑海开发区	1.16	106.81	0.85	78.27

9-33 农业化学化情况

（分县区，2009年） 单位：吨

地区	化肥施用量（实物量）	氮肥	磷肥	钾肥	复合肥
合计	**381 814**	**113 634**	**89 688**	**56 555**	**121 937**
东湖区	5				5
西湖区	274	52	74	43	105
青云谱区	48	3	2	2	41
湾里区	2 146	415	376	283	1 072
青山湖区	3 250	1 630	445	563	612
南昌县	135 775	37 769	26 252	19 991	51 763
新建县	96 019	30 059	26 202	16 451	23 307
安义县	35 317	9 904	9 877	5 747	9 789
进贤县	84 082	27 058	18 921	9 671	28 432
经济开发区	6 075	902	3 099	689	1 385
高新开发区	8 354	2 386	1 728	1 308	2 932
红谷滩新区	2 301	577	699	359	666
桑海开发区	6 449	2 410	1 505	1 148	1 386
英雄开发区	1 719	469	508	300	442

9-33 续表 （分县区，2009年） 单位：吨

地区	化肥施用量（折纯量）	氮肥	磷肥	钾肥	复合肥
合计	**145 986**	**36 368**	**28 528**	**26 663**	**54 427**
东湖区	2				2
西湖区	129	24	35	20	50
青云谱区	16	1	1	1	13
湾里区	892	146	77	139	530
青山湖区	1 167	490	93	280	304
南昌县	59 895	11 331	12 688	9 995	25 881
新建县	32 126	8 547	5 574	7 321	10 684
安义县	16 879	4 663	4 474	2 855	4 887
进贤县	26 893	9 069	3 939	4 497	9 388
经济开发区	1 218	181	620	138	279
高新开发区	3 181	716	347	653	1 465
红谷滩新区	674	184	201	87	202
桑海开发区	2 312	845	301	573	593
英雄开发区	602	171	178	104	149

9－34 水 利 灌 溉 设 施

（年末数）

项 目	2008	2009
一、工程座数		
蓄水工程（座）	6 323	6 323
中型水库（座）	7	7
小（一）型水库（座）	68	68
小（二）型水库（座）	417	417
塘 坝（座）	5 831	5 831
引水工程（处）	205	207
机电灌站（处）	1 783	2 137
机电井（眼）	68	68
二、蓄水工程总库容（万立方米）	47 856	48 416
中型水库（万立方米）	13 612	13 612
小（一）型水库（万立方米）	18 029	18 589
小（二）型水库（万立方米）	11 342	11 342
塘坝蓄水量（万立方米）	4 873	4 873
三、工程有效灌溉面积		
蓄水工程（千公顷）	38.02	38.51
引水工程（千公顷）	58.68	58.78

9－35 主要年份农作物受灾情况

单位：公顷

年份	受灾面积	旱灾	水灾	病虫灾	其他
1985	89 460	21 227	14 320	51 873	2 040
1990	212 673	115 160	70 073	4 767	22 673
1995	131 915		98 186		33 729
1996	23 510		10 700		
1997	65 000		56 000	4 000	
1998	164 148		164 000		148
1999	57 826		57 826		
2000	36 968	13 403	4 917		18 648
2001	32 824	12 658	15 143	5 023	
2002	93 116	11 265	23 170	36 248	22 433
2003	160 679	7 999	152 680		
2004	22 479	4 228	6 190		12 061
2005	179 541	15 748	110 699	23 000	30 094
2006	85 440	11 626	34 227	7 550	32 037
2007	77 991	12 013	33 404	8 370	24 204
2008	184 326	6 520	5 350	7 560	164 896
2009	64 977	52 157	10 613	90	2 117

9－35 续表

单位：公顷

年份	成灾面积	旱灾	水灾	病虫灾	其他
1985	41 420	6 980	8 040	25 753	647
1990	105 327	62 280	33 860	2 287	6 900
1995	92 340		78 730		13 610
1996	16 430		7 490		
1997	43 000		38 000	2 000	
1998	164 148		164 000		148
1999	43 904		43 904		
2000	30 974	11 402	3 044		16 528
2001	30 181	10 963	14 207	5 011	
2002	64 686	9 020	16 960	27 825	10 881
2003	126 215	6 835	119 380		
2004	16 250	3 120	4 020		9 110
2005	78 684	13 977	13 321	22 300	29 086
2006	35 301	11 167	6 787	7 550	9 797
2007	27 532	10 768	1 361	3 070	7 333
2008	111 872	3 613	4 410	7 560	96 289
2009	42 024	31 661	6 252	90	4 021

注：本表数据来源于市民政部门年报核定数。

主要统计指标解释

农林牧渔业总产值 指以货币表现的农、林、牧、渔业全部产品和对农林牧渔业生产活动进行的各种支持性服务活动的价值总量，它反映一定时期内农林牧渔业生产总规模和总成果。1957 年以前的农林牧渔业总产值中包括了厩肥和农民自给性手工业（如农民自制衣服、鞋、袜，自己从事粮食初步加工等）。1958 年及以后，林业中增加了村及村以下竹木采伐产值；牧业中取消了厩肥产值；副业中取消了农民自给性手工业产值，增加了村及村以下办的工业产值；渔业中增加了海洋捕捞水产品产值。1980 年及以后，在副业中增加了农民家庭兼营工业商品部分的产值。从 1984 年起村及村以下工业产值划归工业。从 1993 年起取消副业，将野生动物的捕猎划入牧业、野生植物采集和农民家庭兼营商品性工业划归农业。从 2003 年起，执行新的国民经济行业分类标准，农林牧渔业总产值中包括了农林牧渔服务业产值。林业中增加了森林采运业产值。农业中取消了家庭兼营商品性工业产值，将野生林产品的采集划归林业。

农林牧渔业总产值的计算方法通常是按农、林、牧、渔业产品及其副产品的产量分别乘以各自单位产品价格求得；少数生产周期较长，当年没有产品或产品产量不易统计的，则采用间接方法匡算其产值；然后将四业产品产值相加即为农林牧渔业总产值。

农林牧渔业中间消耗 指各种经济类型的农业生产单位和农户，在农业生产经营过程中消耗的各种物质产品和劳务价值的总和。包括物质消耗和生产服务支出两个部分。计入中间消耗必须具备以下两个条件：一是与总产值相对应的生产过程中所消耗的物质产品和劳务；二是本期消耗的不属于固定资产的低值易耗品。

农林牧渔业增加值 指各种经济类型的农业生产单位和农户从事农业生产经营活动所提供的社会最终产品的货币表现。增加值的计算方法有两种，一是生产法：农林牧渔业增加值 = 农林牧渔业总产值 - 农林牧渔业中间消耗；二是分配法：农林牧渔业增加值 = 固定资产折旧 + 劳动者报酬 + 生产税净额 + 营业盈余。

粮食产量 指全社会的产量。包括国有经济经营的、集体统一经营的和农民家庭经营的粮食产量，还包括工矿企业办的农场和其他生产单位的产量。粮食除包括稻谷、小麦、玉米、高粱、谷子及其他杂粮外，还包括薯类和豆类。其产量计算方法，豆类按去豆荚后的干豆计算；薯类（包括甘薯和马铃薯，不包括芋头和木薯）1963 年以前按每 4 公斤鲜薯折 1 公斤粮食计算，从 1964 年开始改为按 5 公斤鲜薯折 1 公斤粮食计算。城市郊区作为蔬菜的薯类（如马铃薯等）按鲜品计算，并且不作粮食统计。其他粮食一律按脱粒后的原粮计算。

油料产量 指全部油料作物的生产量。包括花生、油菜籽、芝麻、向日葵籽、胡麻籽（亚麻籽）和其他油料。不包括大豆、木本油料和野生油料。花生以带壳干花生计算。

水产品产量 指人工养殖的水产品和天然生长的水产品的捕捞量。包括海水的鱼类、虾蟹类、贝类和藻类以及内陆水域的鱼类、虾蟹类和贝类，不包括淡水生植物。水产品产量是通过各级水产和统计部门逐级上报取得数据。1995 年及以前，贝类中牡蛎按鲜肉计算；蚶、蛤、蛏 5 公斤鲜品折 1 斤计算。1996 年以后则统一按鲜品计算。

猪、牛、羊肉产量 指当年出栏并已屠宰、除去头蹄下水后带骨肉（即胴体重）的重量。包括全社会范围内的产量。

期初（末）畜禽存栏头（只）数 指报告期初（末）农村各种合作经济组织和国营农场、农民个人、机关、团体、学校、工矿企业、部队等单位以及城镇居民饲养的大牲畜、猪、羊、家禽等畜禽的存栏数。

耕地面积 指可以用来种植农作物、经常进行耕锄的田地，包括熟地、当年新开荒地、连续撂荒未满三年的耕地和当年的休闲地（轮歇地），还包括以种植农作物为主并附带种植桑树、茶树、果树和其他林木的土地，以及沿海、沿湖地区已围垦利用的“海涂”、“湖田”等面积。但不包括属于专业性的桑园、茶园、果园、果木苗圃、林地、芦苇地、天然或人工草地面积。

农作物播种面积 指实际播种或移植有农作物的面积。凡是实际种植有农作物的面积，不论种植在耕地上还是种植在非耕地上，均包括在农作物播种面积中。在播种季节基本结束后，因遭灾而重新改种和补种的农作物面积，也包括在内。它是反映耕地面积利用情况的一个重要指标。

有效灌溉面积 指具有一定的水源，地块比较平整，灌溉工程或设备已经配套，在一般年景下当年能够进行正常灌溉的耕地面积。在一般情况下，有效灌溉面积应等于灌溉工程或设备已经配套，能够进行正常灌溉的水田和水浇地面积之和。它是反映耕地抗旱能力的一个重要指标。

农用化肥施用量 指本年内实际用于农业生产的化肥数量，包括氮肥、磷肥、钾肥和复合肥。化肥施用量要求按折纯量计算数量。折纯量是指把氮肥、磷肥、钾肥分别按含氮、含五氧化二磷、含氧化钾的百分之一百成份进行折算后的数量。复合肥按其所含主要成分折算。公式为：

折纯量 = 实物量 × 某种化肥有效成分含量的百分比

农业机械总动力 指主要用于农、林、牧、渔业的各种动力机械的动力总和。包括耕作机械、排灌机械、收获机械、农用运输机械、植物保护机械、牧业机械、林业机械、渔业机械和其他农业机械〔内燃机按引擎马力折成瓦（特）计算、电动机按功率折成瓦（特）计算〕。不包括专门用于乡、镇、村、组办工业、基本建设、非农业运输、科学试验和教学等非农业生产方面用的动力机械与作业机械。这个指标的统计数据主要来源于农机部门。

乡村从业人员 指乡村人口中劳动年龄（16 周岁）以上实际参加生产经营活动并取得实物或货币收入的人员，包括劳动年龄内经常参加劳动的人员，也包括超过劳动年龄但经常参加劳动的人员。但不包括户口在家的在外学生、现役军人和丧失劳动能力的人，也不包括待业人员和家务劳动者。从业人员按从事主业时间最长（时间相同按收入）分为农业从业人员、工业从业人员、建筑业从业人员、交运仓储及邮政业从业人员、批零贸易和餐饮业从业人员、其他从业人员。

十、工　　业

INDUSTRY

本篇内容包括：

1. 工业总产值、增加值
2. 支柱产业主要指标
3. 主要工业产品产量
4. 规模以上工业企业主要经济指标
5. 规模以上工业企业主要能源指标
6. 工业园区主要指标

资料整理

焦　安
张志萍
王　娟
黄　赟
袁　方
邓　超

微机处理

张志萍
袁　方

全部工业增加值

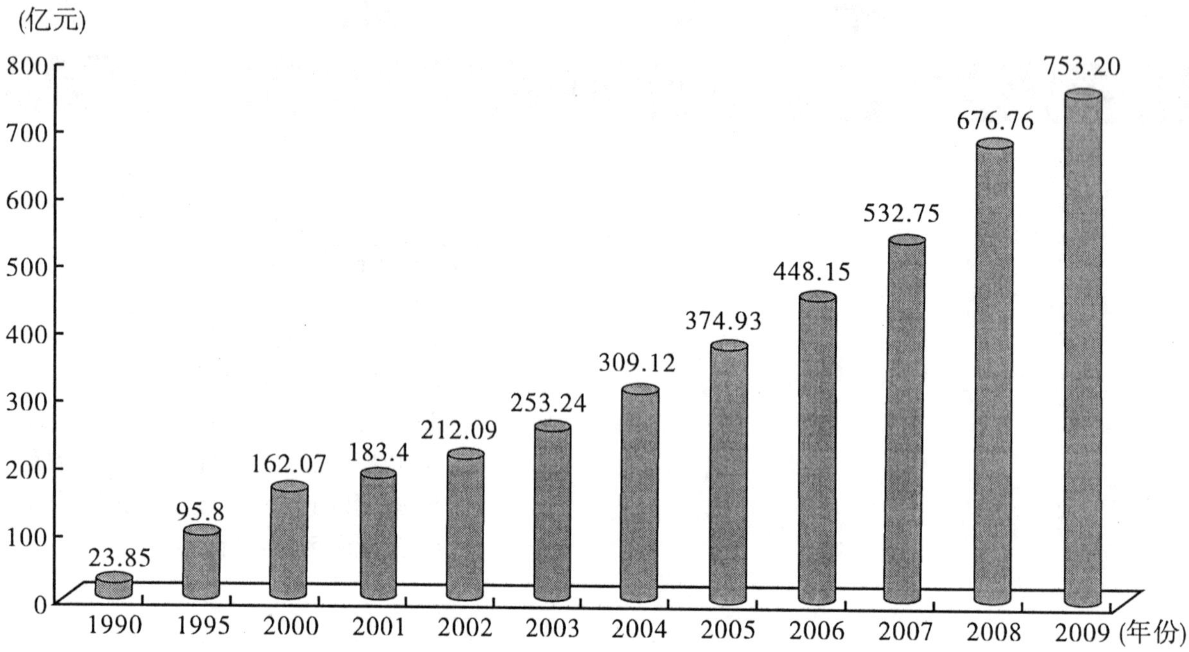

工业增加值构成(%)

(规模以上)

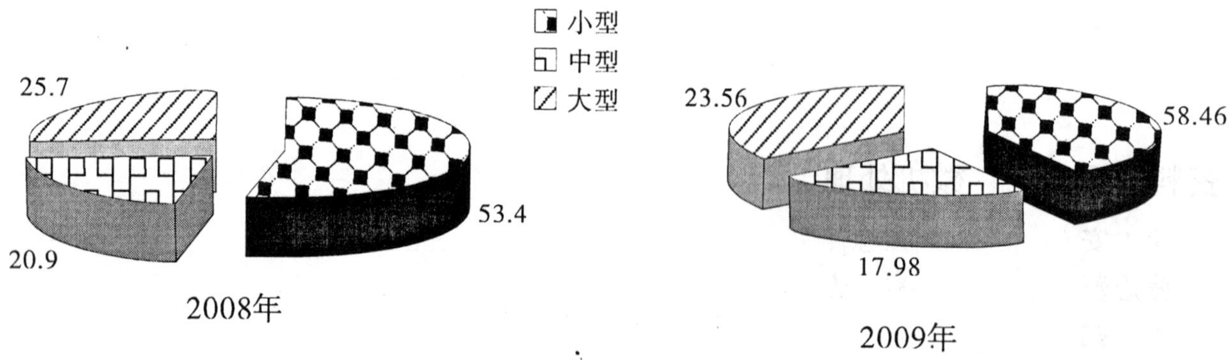

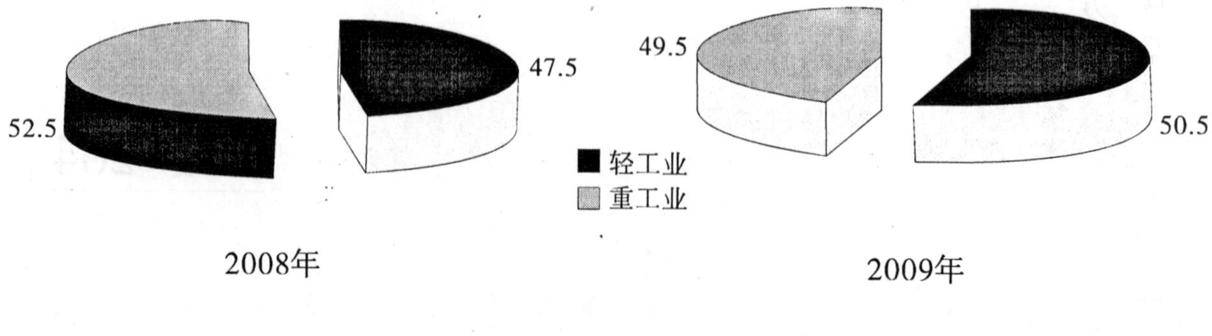

10－1　规模以上工业总产值和增加值

（2009 年）　　单位：万元

分类	总产值		增加值	
	绝对数	比上年增长%	绝对数	比上年增长%
规模以上工业	**21 048 258**	**26.88**	**6 151 043**	**18.01**
1. 按经济类型分				
#国有企业	1 576 518	10.49	638 621	3.14
集体企业	210 592	7.03	66 289	6.93
股份合作企业	380 286	17.51	119 475	13.69
有限责任公司企业	7 827 988	26.25	1 983 527	18.98
股份有限企业	1 634 312	4.25	494 470	1.93
私营企业	4 391 157	38.74	1 405 920	27.73
港澳台及外商企业	5 020 592	22.94	1 440 863	16.83
2. 按轻、重工业分				
轻工业	9 268 740	23.35	3 103 325	16.55
重工业	1 1779 519	29.39	3 047 718	19.12
3. 大中型工业	11 496 269	12.05	2 555 292	8.42

10－2　2002—2009 年规模以上工业总产值

单位：万元

指标	2002 年	2003 年	2004 年	2005 年	2006 年	2007 年	2008 年	2009 年
工业总产值	**3 299 897**	**4 149 169**	**5 543 352**	**7 262 572**	**9 659 689**	**12 717 987**	**17 830 623**	**21 048 258**
国有经济	785 496	837 606	1 117 698	1 207 621	1 257 256	1 612 146	1 383 395	1 576 518
集体经济	126 400	100 616	105 645	97 611	140 601	196 757	211 486	210 592
其他经济	2 388 001	3 210 947	4 320 009	5 957 340	8 261 832	10 909 084	16 235 742	19 261 148
#外商及港澳台投资企业	813 284	1 082 109	670 462	2 132 028	2 677 131	3 509 866	4 389 383	5 020 592

10－3　2002—2009年规模以上工业企业主要指标

指　　　　标	2002年	2003年	2004年	2005年	2006年	2007年	2008年	2009年
单　位　数（个）	504	500	794	769	902	939	940	1 116
从 业 人 员（人）	191 899	195 487	206 053	215 277	218 724	227 621	246 243	285 943
工业总产值（万元）	3 299 897	4 149 169	5 543 352	7 262 572	9 659 689	12 717 987	17 830 623	21 048 258
主营业务收入（万元）	3 191 313	4 088 976	5 647 538	7 094 866	9 594 223	12 691 776	18 147 581	21 198 359
利 润 总 额（万元）	141 251	232 231	272 558	341 750	383 342	532 297	539 416	967 280
税 金 总 额（万元）	285 893	344 125	412 082	483 500	585 125	744 578	930 140	1 153 117
固定资产原价（万元）	2 339 926	2 623 086	2 974 318	3 811 439	4 351 797	5 400 247		10 303 608
固定资产净值（万元）	1 563 057	1 687 007	1 950 107	3 058 447	3 100 634	3 983 674		6 529 985

10－3　续表　　　　单位：万元

指　　　　标	2002年	2003年	2004年	2005年	2006年	2007年	2008年	2009年
工业销售产值	3 217 833	4 099 999	5 443 377	7 141 936	9 574 880	12 485 055	17 587 952	20 655 288
出口交货值	175 922	213 238	381 037	493 841	752 418	1 008 804	1 357 219	1 257 491
工业增加值	1 072 538	1 356 247	1 720 611	2 311 874	3 071 629	4 031 456	5 434 040	6 151 043
固定资产净值年平均余额	1 563 262	1 665 369	1 888 683	2 493 399	2 980 186	3 918 113		
流动资产合计	2 241 100	2 629 367	2 904 511	3 610 821	4 175 216	5 012 135		7 025 769
流动资产年平均余额	2 194 459	2 478 593	2 773 573	3 499 803	3 958 762	4 472 713	6 071 637	
年末资产总计	4 562 298	5 281 145	6 415 476	7 577 563	8 681 856	10 985 418	14 067 603	16 915 391
年末负债合计	2 762 553	3 196 767	3 486 661	4 424 764	4 980 976	6 151 429	8 458 812	9 738 016
流动负债合计	2 290 174	2 666 410	2 961 408	3 536 357	4 180 827	5 245 399		7 356 956
年末所有者权益	1 606 669	1 848 433	2 843 094	2 854 041	3 411 435	4 832 832	5 608 791	6 728 155
成本费用总额	2 933 772	3 700 154	5 230 028	6 372 184	8 751 667	11 371 185	16 551 265	19 726 673

10－4　县区规模以上工业主要指标

（2009年）

项　　目	企业数（个）	#大中型	工业总产值（现价，万元）	工业增加值（现价，万元）
总　　计	**1 116**	**104**	**21 048 258**	**6 151 043**
东 湖 区	5	1	24 296	11 243
西 湖 区	18	4	120 149	40 098
青云谱区	65	14	2 435 682	646 317
湾 里 区	23		78 453	20 088
青山湖区	301	20	4 059 738	1 240 441
南 昌 县	190	19	2 615 369	854 853
新 建 县	97	8	1 407 090	412 113
安 义 县	70	4	469 529	154 201
进 贤 县	113	9	1 148 007	366 017
经济开发区	92	17	2 624 445	772 762
高新开发区	134	18	3 404 374	1 360 603
红谷滩新区	3	2	47 419	12 310
桑海开发区	12	2	108 201	26 610
英雄开发区	7		47 867	12 945

10－4　续表　　（2009年）　　单位：万元

项　　目	年平均从业人员（人）	负债合计（万元）	主营业务收入（万元）	利税总额（万元）
总　　计	**285 943**	**9 738 016**	**21 198 359**	**2 120 397**
东 湖 区	982	68 430	25 471	2 569
西 湖 区	5 932	193 334	119 365	8 538
青云谱区	34 960	1 278 133	2 391 733	308 054
湾 里 区	1 700	20 285	73 896	2 719
青山湖区	56 739	990 952	4 215 180	317 698
南 昌 县	41 804	669 633	2 618 052	189 249
新 建 县	17 233	468 886	1 395 736	120 297
安 义 县	8 007	119 161	464 963	25 533
进 贤 县	23 136	171 289	1 077 518	95 272
经济开发区	24 684	1 240 248	2 650 852	231 543
高新开发区	46 019	1 844 841	3 410 525	714 222
红谷滩新区	1 569	100 132	41 960	8 038
桑海开发区	4 744	58 438	91 592	6 483
英雄开发区	664	14 654	46 635	9 363

注：本表总计数为集团公司按总部所在地统计，县区数据为集团公司按子公司所在地统计。

10－5　规模以上工业支柱产业主要指标

（2009 年）

指标名称	企业单位数（个）	工业总产值（万元）	工业增加值（万元）	工业销售产值（万元）	#出口交货值
总　　计	**1 116**	**21 048 258**	**6 151 043**	**20 655 288**	**1 257 491**
农副食品加工业	88	1 531 352	419 953	1 506 232	7 080
食品制造业	50	492 468	148 742	481 139	776
方便食品制造	11	103 576	24 603	99 965	
液体乳及乳制品制造	3	50 599	21 707	49 244	
饮料制造业	18	299 269	102 315	302 858	2 684
烟草制品业	1	829 411	424 891	845 502	
纺　织　业	157	1 401 738	479 525	1 374 552	274 026
纺织服装、鞋、帽制造业	48	374 581	144 910	363 978	72 260
造纸及纸制品业	20	394 920	113 662	388 682	48 666
印刷业和记录媒介的复制	48	492 263	190 067	482 718	15 798
化学原料及化学制品制造业	61	514 842	178 294	502 452	33 315
医药制造业	75	1 519 151	486 062	1 492 116	29 465
化学药品原药制造	6	68 892	65 442	68 628	10 678
中成药制造	21	755 443	193 976	750 063	512
橡胶制品业	9	198 676	46 966	185 739	52 160
塑料制品业	43	350 187	115 592	343 774	9 720
非金属矿物制品业	84	814 966	254 423	801 623	21 415
水泥、石灰和石膏的制造	8	126 934	42 701	125 186	
黑色金属冶炼及压延加工业	8	1 049 882	131 652	1 048 764	16 805
钢压延加工	8	1 049 882	128 500	1 048 764	16 805
有色金属冶炼及压延加工业	32	808 962	245 069	793 136	35 249
有色金属合金制造	2	34 895	3 620	34 012	17 109
有色金属压延加工	28	739 707	226 143	725 642	14 470
通用设备制造业	41	450 874	200 489	443 355	33 735
锅炉及原动机制造	5	118 335	31 702	117 294	3 942
专用设备制造业	44	529 638	174 339	520 944	45 239
交通运输设备制造业	49	2 697 599	608 720	2 607 633	186 978
汽车制造	36	2 111 579	492 830	2 076 267	143 205
航空航天器制造	2	518 922	89 561	469 311	42 947
电气机械及器材制造业	66	1 488 103	422 418	1 423 001	106 755
电机制造	5	290 076	61 352	283 741	20 321
输配电及控制设备制造	23	299 525	98 862	292 638	31 028
电线、电缆、光缆及电工器材制造	18	363 810	119 354	356 007	1 555
家用电力器具制造	5	318 046	68 571	317 286	17 149
通信设备、计算机及其他电子设备制造业	29	997 879	360 622	964 024	151 798
电子器件制造	8	316 775	91 111	307 706	45 507
家用视听设备制造	3	154 222	50 569	141 391	
电力、热力的生产和供应业	14	2 486 512	448 387	2 485 833	
水的生产和供应业	6	76 876	39 230	76 833	

10－5 续表 (2009年)

指标名称	资产总计（万元）	主营业务收入（万元）)	利税总额（万元）	本年应交增值税（万元）	全部从业人员年平均人数（人）
总计	**16 915 391**	**21 198 359**	**2 120 397**	**665 201**	**285 943**
农副食品加工业	599 009	1 595 791	90 972	15 366	17 978
食品制造业	218 589	485 657	51 498	10 776	7 193
方便食品制造	57 085	102 644	11 660	3 854	1 870
液体乳及乳制品制造	52 448	48 089	12 507	1 041	1 287
饮料制造业	336 960	307 356	62 506	13 227	4 688
烟草制品业	670 000	844 766	544 313	90 478	4 763
纺织业	480 511	1 372 215	97 569	35 208	27 740
纺织服装、鞋、帽制造业	172 728	364 387	33 444	8 767	6 981
造纸及纸制品业	389 854	396 584	41 894	15 691	2 766
印刷业和记录媒介的复制	374 396	500 736	66 154	18 135	8 782
化学原料及化学制品制造业	310 367	506 244	32 645	9 842	9 223
医药制造业	1 131 746	1 520 810	150 838	57 655	26 054
化学药品原药制造	75 938	68 576	2 827	2 684	2 896
中成药制造	506 314	769 391	89 921	38 461	15 439
化学纤维制造业					
橡胶制品业	170 763	192 981	17 161	5 734	2 591
塑料制品业	128 746	343 984	25 203	7 064	4 344
非金属矿物制品业	342 916	796 824	70 137	18 574	9 706
水泥、石灰和石膏的制造	56 889	118 574	11 530	3 950	1 160
黑色金属冶炼及压延加工业	818 501	1 256 024	39 246	30 283	12 642
钢压延加工	818 501	1 256 024	39 246	30 283	12 642
有色金属冶炼及压延加工业	418 320	786 122	39 828	19 944	5 489
有色金属合金制造	53 352	33 413	1 054	501	830
有色金属压延加工	342 715	718 717	38 075	19 008	4 266
通用设备制造业	402 230	449 772	40 243	14 705	8 271
锅炉及原动机制造	128 250	111 080	1 997	2 343	3 240
专用设备制造业	480 010	520 798	37 210	15 105	16 258
交通运输设备制造业	3 044 612	2 804 772	287 712	98 211	38 556
汽车制造	1 985 720	2 257 068	256 308	93 012	26 469
航空航天器制造	949 264	482 213	26 538	3 775	10 537
电气机械及器材制造业	1 298 376	1 413 445	101 865	39 329	17 730
电机制造	471 810	283 773	25 899	7 763	4 156
输配电及控制设备制造	239 964	299 640	22 314	8 866	6 447
电线、电缆、光缆及电工器材制造	117 109	346 905	19 216	4 809	2 585
家用电力器具制造	135 919	309 682	28 397	15 298	2 744
通信设备、计算机及其他电子设备制造业	643 599	951 710	49 135	13 973	12 110
电子器件制造	379 202	290 915	22 097	5 383	8 775
家用视听设备制造	121 475	149 527	16 268	7 590	567
电力、热力的生产和供应业	3 578 956	2 486 170	123 518	93 905	18 815
水的生产和供应业	258 200	78 005	12 560	4 311	2 657

10－6 主要工业产品生产量与销售量

（2009 年）

产品名称	计量单位	生产量	销售量
精制食用植物油	吨	14 774	14 774
配混合饲料	吨	2 473 916	2 424 525
乳制品	吨	124 400	124 369
白酒（折65度，商品量）	千升	15 384	15 304
啤酒	千升	395 492	395 162
软饮料	吨	768 398	767 996
卷烟	万支	3 085 999	5 346 305
化学纤维	吨	210	550
合成纤维	吨	210	550
纱	吨	24 454	19 245
布	万米	10 468	10 640
棉布	万米	5 888	6 031
棉混纺布（混纺交织布）	万米	4 287	4 316
化学纤维布（纯化纤布）	万米	293	293
服装	万件	55 332	55 332
机制纸及纸板	吨	347 579	363 188
润滑油	吨	27 179	27 179
焦炭	吨	851 491	
合成氨	吨	33 797	2 863
农用氮磷钾化学肥料总计（折纯）	吨	49 791	50 584
#氮肥（折含 N100%）	吨	25 337	26 126
尿素	吨	25 337	26 126
初级形态的塑料（塑料树脂及共聚物）	吨		64
合成洗涤剂	吨	24 123	24 128
化学药品原药（化学原料药）	吨	10 692	10 703
橡胶轮胎外胎（轮胎外胎）	条	3 455 906	3 432 464
塑料制品	吨	21 686	21 521
水泥	吨	3 453 229	3 448 570
生铁	吨	2 290 209	
粗钢	吨	2 522 525	20 290
钢材	吨	3 080 403	2 860 363
#中小型型钢	吨	138	130

10－6　续表　(2009年)

产品名称	计量单位	生产量	销售量
棒　　材	吨	674 737	659 722
钢　　筋	吨	1 428 669	1 425 044
热轧窄钢带	吨	93 708	62 713
无缝钢管	吨	323 512	157 515
焊接钢管	吨	50 745	50 223
铝　　材	吨	98 966	98 806
工业锅炉	蒸发量吨	483	483
金属切削机床	台	324	334
数控机床	台	45	45
大中型拖拉机	台	3 869	3 671
小型拖拉机	台	15 242	14 994
汽　　车	辆	124 623	121 973
载货汽车	辆	81 996	79 440
公路客车	辆	34 162	33 534
轿　　车	辆	60	801
排气量1.0~1.6升（含1.6升）	辆	60	801
民用钢质船舶	总吨	3 662	3 662
发电设备	千瓦	1 611 580	1 617 620
交流电动机	千瓦	1 589 641	1 603 134
家用电冰箱	台	311 361	310 564
冷柜（含冷冻箱、冷藏箱、展示柜）	台	91 615	91 151
房间空气调节器	台	1 327 249	1 313 522
程控交换机	线	9 436	9 436
数字程控交换机	线	9 436	9 436
彩色电视机	台	357 681	357 635

10－7 全市规模以上工业主要经济指标

（2009 年）

项目	企业单位数（个）	#亏损企业	工业总产值（现价,万元）	新产品产值（现价,万元）	工业销售产值（现价,万元）	#出口交货值	全部从业人员年平均人数（人）
总计	**1 116**	**90**	**21 048 258**	**1 892 349**	**20 655 288**	**1 257 491**	**285 943**
一、按登记注册类型分							
内资企业	967	71	16 027 666	742 436	15 779 567	589 608	213 353
国有企业	55	14	1 576 518	100 322	1 581 962	63 645	28 261
集体企业	20	2	210 592		208 239	12 342	3 231
股份合作企业	32	2	380 286	75	372 014	19 585	3 852
联营企业	2		6 814		6 347	606	101
集体联营企业	1		1 196		1 010	606	40
其他联营企业	1		5 618		5 337		61
有限责任公司	361	34	7 827 988	347 361	7 743 752	211 154	94 540
国有独资公司	6		3 586 489	146 555	3 566 387	22 507	32 418
其他有限责任公司	355	34	4 241 499	200 806	4 177 364	188 647	62 122
股份有限公司	56	4	1 634 312	292 832	1 581 098	84 877	27 264
私营企业	441	15	4 391 157	1 847	4 286 156	197 398	56 104
私营独资企业	83	3	791 262	1 696	769 487	30 529	11 922
私营合伙企业	16		112 713		110 848	1 847	1 359
私营有限责任公司	258	10	2 763 721	151	2 698 699	105 782	32 621
私营股份有限公司	84	2	723 461		707 122	59 239	10 202
港、澳、台商投资企业	63	5	1 241 585	2 945	1 200 279	269 825	20 529
合资经营企业（港或澳、台资）	36	1	705 972	8	686 909	43 696	8 740
合作经营企业（港或澳、台资）	2		57 551		58 678		486
港澳台商独资企业	24	4	430 007	2 936	406 637	191 696	6 814
港澳台商投资股份有限公司	1		48 055		48 055	34 433	4 489
外商投资企业	86	14	3 779 007	1 146 968	3 675 443	398 058	52 061
中外合资经营企业	49	6	1 545 016	34 061	1 518 772	156 483	21 498
中外合作经营企业	2	1	47 214		47 000	5	932
外资企业	32	6	569 840	1 088	521 057	179 913	8 335
外商投资股份有限公司	3	1	1 616 937	1 111 819	1 588 614	61 657	21 296
二、按经济组织类型分							
独资企业	214	29	3 578 219	106 042	3 487 382	478 126	58 563
国有企业	55	14	1 576 518	100 322	1 581 962	63 645	28 261
集体企业	20	2	210 592		208 239	12 342	3 231
私营独资企业	83	3	791 262	1 696	769 487	30 529	11 922
港澳台商独资经营企业	24	4	430 007	2 936	406 637	191 696	6 814
外资企业	32	6	569 840	1 088	521 057	179 913	8 335
合作、合伙企业	54	3	604 578	75	594 887	22 044	6 730
股份合作企业	32	2	380 286	75	372 014	19 585	3 852
集体联营企业	1		1 196		1 010	606	40
其他联营企业	1		5 618		5 337		61
私营合伙企业	16		112 713		110 848	1 847	1 359
港或澳、台资合作经营企业	2		57 551		58 678		486
中外合作经营企业	2	1	47 214		47 000	5	932
股份有限公司	144	7	4 022 764	1 404 651	3 924 889	240 207	63 251
股份有限公司（内资）	56	4	1 634 312	292 832	1 581 098	84 877	27 264
私营股份有限公司	84	2	723 461		707 122	59 239	10 202
港澳台商投资股份有限公司	1		48 055		48 055	34 433	4 489
外商投资股份有限公司	3	1	1 616 937	1 111 819	1 588 614	61 657	21 296
有限责任公司	704	51	12 842 698	381 581	12 648 131	517 115	157 399
国有独资公司	6		3 586 489	146 555	3 566 387	22 507	32 418
私营有限责任公司	258	10	2 763 721	151	2 698 699	105 782	32 621
港澳台合资经营企业	36	1	705 972	8	686 909	43 696	8 740

10－7　续表1　　　　　　　　　　（2009年）

项　　　　目	企　业单位数（个）	#亏　损企　业	工　业总产值（现价，万元）	新产品产　值（现价，万元）	工业销售产　值（现价，万元）	#出　口交货值	全部从业人员年平均人数（人）
中外合资经营企业	49	6	1 545 016	34 061	1 518 772	156 483	21 498
其他有限责任公司	355	34	4 241 499	200 806	4 177 364	188 647	62 122
三、总　计　中							
亏 损 企 业	90	90	699 959	31 213	644 732	116 686	22 201
国有控股企业	103	24	8 476 925	1 755 469	8 382 014	287 128	118 685
农 村 工 业	7		64 811		63 118	11 811	1 427
四、按轻重工业分							
轻　工　业	649	40	9 268 740	106 621	9 091 995	621 693	142 688
重　工　业	467	50	11 779 519	1 785 727	11 563 293	635 798	143 255
五、按企业规模分							
大 型 企 业	16		7 707 075	1 753 367	7 617 344	176 322	93 829
中 型 企 业	88	15	3 789 194	110 180	3 715 088	550 110	77 045
小 型 企 业	1 012	75	9 551 989	28 803	9 322 857	531 059	115 069
六、按工业行业大类分							
非金属矿采选业	3		35 680		35 077		239
农副食品加工业	88	2	1 531 352	151	1 506 232	7 080	17 978
食品制造业	50	3	492 468		481 139	776	7 193
饮料制造业	18	3	299 269	720	302 858	2 684	4 688
烟草制品业	1		829 411	20 548	845 502		4 763
纺　织　业	157	7	1 401 738	12 736	1 374 552	274 026	27 740
纺织服装、鞋、帽制造业	48		374 581		363 978	72 260	6 981
皮革、毛皮、羽毛（绒）及其制品业	13	1	120 026		119 017	34 579	5 576
木材加工及木、竹、藤、棕、草制品业	13		156 053	21 562	154 397	5 071	1 778
家具制造业	6		37 281		36 472		367
造纸及纸制品业	20	1	394 920		388 682	48 666	2 766
印刷业和记录媒介的复制	48	6	492 263	108	482 718	15 798	8 782
文教体育用品制造业	18	1	130 176		126 503	8 193	2 686
石油加工、炼焦及核燃料加工业	2		40 716		39 765		198
化学原料及化学制品制造业	61	6	514 842	4 404	502 452	33 315	9 223
医药制造业	75	6	1 519 151	69 705	1 492 116	29 465	26 054
橡胶制品业	9		198 676		185 739	52 160	2 591
塑料制品业	43	3	350 187		343 774	9 720	4 344
非金属矿物制品业	84	9	814 966	360	801 623	21 415	9 706
黑色金属冶炼及压延加工业	8	1	1 049 882	56 571	1 048 764	16 805	12 642
有色金属冶炼及压延加工业	32	5	808 962	22 248	793 136	35 249	5 489
金属制品业	54	4	600 349	1 088	582 586	44 522	7 719
通用设备制造业	41	3	450 874	81 171	443 355	33 735	8 271
专用设备制造业	44	4	529 638	7 892	520 944	45 239	16 258
交通运输设备制造业	49	3	2 697 599	1 393 980	2 607 633	186 978	38 556
电气机械及器材制造业	66	11	1 488 103	137 346	1 423 001	106 755	17 730
通信设备、计算机及其他电子设备制造业	29	7	997 879	60 653	964 024	151 798	12 110
仪器仪表及文化、办公用机械制造业	9	2	21 578		22 107		441
工艺品及其他制造业	3		51 446	1 108	50 607	21 203	799
废弃资源和废旧材料回收加工业	3		38 894		37 960		334
电力、热力的生产和供应业	14	1	2 486 512		2 485 833		18 815
燃气生产和供应业	1		15 913		15 913		469
水的生产和供应业	6	1	76 876		76 833		2 657

项目	工业增加值（现价）	流动资产合计	固定资产合计	固定资产原价	固定资产净值
总　　计	**6 151 043**	**7 025 769**	**7 586 111**	**10 303 608**	**6 529 985**
一、按登记注册类型分					
内资企业	4 710 180	4 745 016	5 437 328	8 306 525	5 091 526
国有企业	638 621	893 662	772 936	1 003 737	670 046
集体企业	66 289	16 660	22 185	31 952	20 779
股份合作企业	119 475	41 136	35 188	50 460	34 809
联营企业	1 879	1 514	240	742	240
集体联营企业	469	29	30	35	30
其他联营企业	1 410	1 485	210	707	210
有限责任公司	1 983 527	2 152 338	3 084 787	5 129 600	2 976 981
国有独资公司	613 931	1 204 674	2 230 304	3 890 181	2 208 584
其他有限责任公司	1 369 596	947 664	854 483	1 239 419	768 397
股份有限公司	494 470	1 158 028	721 907	959 842	681 777
私营企业	1 405 920	481 679	800 086	1 130 192	706 894
私营独资企业	262 896	85 715	128 616	212 949	122 217
私营合伙企业	39 049	9 197	17 472	35 361	17 256
私营有限责任公司	857 149	302 035	472 470	577 154	399 938
私营股份有限公司	246 827	84 732	181 529	304 728	167 484
港、澳、台商投资企业	382 462	419 054	548 193	657 409	419 569
合资经营企业（港或澳、台资）	211 016	244 098	176 273	310 728	172 604
合作经营企业（港或澳、台资）	23 931	19 148	10 124	8 349	4 594
港澳台商独资企业	131 095	143 194	348 770	327 651	232 577
港澳台商投资股份有限公司	16 420	12 614	13 027	10 682	9 794
外商投资企业	1 058 401	1 861 699	1 600 590	1 339 674	1 018 890
中外合资经营企业	450 979	590 081	748 392	745 857	537 750
中外合作经营企业	14 654	11 697	16 065	22 018	7 936
外资企业	194 539	207 107	409 066	180 981	132 768
外商投资股份有限公司	398 229	1 052 815	427 067	390 818	340 437
二、按经济组织类型分					
独资企业	1 293 440	1 346 337	1 681 572	1 757 269	1 178 386
国有企业	638 621	893 662	772 936	1 003 737	670 046
集体企业	66 289	16 660	22 185	31 952	20 779
私营独资企业	262 896	85 715	128 616	212 949	122 217
港澳台商独资经营企业	131 095	143 194	348 770	327 651	232 577
外资企业	194 539	207 107	409 066	180 981	132 768
合作、合伙企业	198 987	82 691	79 089	116 930	64 835
股份合作企业	119 475	41 136	35 188	50 460	34 809
集体联营企业	469	29	30	35	30
其他联营企业	1 410	1 485	210	707	210
私营合伙企业	39 049	9 197	17 472	35 361	17 256
港或澳、台资合作经营企业	23 931	19 148	10 124	8 349	4 594
中外合作经营企业	14 654	11 697	16 065	22 018	7 936
股份有限公司	1 155 946	2 308 189	1 343 529	1 666 070	1 199 492
股份有限公司（内资）	494 470	1 158 028	721 907	959 842	681 777
私营股份有限公司	246 827	84 732	181 529	304 728	167 484
港澳台商投资股份有限公司	16 420	12 614	13 027	10 682	9 794
外商投资股份有限公司	398 229	1 052 815	427 067	390 818	340 437
有限责任公司	3 502 671	3 288 552	4 481 922	6 763 339	4 087 273
国有独资公司	613 931	1 204 674	2 230 304	3 890 181	2 208 584
私营有限责任公司	857 149	302 035	472 470	577 154	399 938
港澳台合资经营企业	211 016	244 098	176 273	310 728	172 604

项　　　　目	工　业 增加值 （现价）	流动资产 合　计	固定资产 合　计	固定资产 原　价	固定资产 净　值
中外合资经营企业	450 979	590 081	748 392	745 857	537 750
其他有限责任公司	1 369 596	947 664	854 483	1 239 419	768 397
三、总　计　中					
亏损企业	243 106	420 725	953 630	789 393	601 730
国有控股企业	2 384 228	4 567 928	4 222 442	6 412 065	3 972 832
农村工业	23 612	4 437	7 072	20 656	7 072
四、按轻重工业分					
轻　工　业	3 103 325	2 411 572	2 794 248	3 515 966	2 139 729
重　工　业	3 047 718	4 614 197	4 791 863	6 787 642	4 390 256
五、按企业规模分					
大型企业	1 449 199	3 867 828	3 223 809	5 156 265	3 112 705
中型企业	1 106 093	1 571 875	1 683 197	2 093 271	1 362 473
小型企业	3 595 751	1 586 066	2 679 105	3 054 072	2 054 808
六、按工业行业大类分					
非金属矿采选业	11 022	4 980	5 662	6 031	4 362
农副食品加工业	419 953	297 271	243 199	294 502	226 624
食品制造业	148 742	84 980	77 634	119 238	71 075
饮料制造业	102 315	137 274	184 809	214 769	158 717
烟草制品业	424 891	511 932	140 917	264 770	127 677
纺　织　业	479 525	134 476	271 587	522 782	264 135
纺织服装、鞋、帽制造业	144 910	45 927	87 312	164 486	85 449
皮革、毛皮、羽毛（绒）及其制品业	40 575	18 175	20 234	21 349	16 918
木材加工及木、竹、藤、棕、草制品业	51 970	18 049	37 087	48 458	33 370
家具制造业	11 775	4 143	6 690	6 590	5 482
造纸及纸制品业	113 662	100 624	283 746	239 025	161 475
印刷业和记录媒介的复制	190 067	126 588	185 148	326 663	179 896
文教体育用品制造业	39 594	11 581	16 567	18 793	15 367
石油加工、炼焦及核燃料加工业	14 163	779	2 376	2 231	1 476
化学原料及化学制品制造业	178 294	136 964	145 570	189 864	115 608
医药制造业	486 062	568 288	440 628	619 560	383 254
橡胶制品业	46 966	68 053	95 410	144 273	95 206
塑料制品业	115 592	39 084	74 821	148 740	73 175
非金属矿物制品业	254 423	144 185	167 405	202 061	141 896
黑色金属冶炼及压延加工业	131 652	376 927	441 432	1 039 807	441 205
有色金属冶炼及压延加工业	245 069	216 868	183 767	227 302	160 728
金属制品业	193 196	147 948	139 950	170 322	115 275
通用设备制造业	200 489	242 180	129 912	170 996	105 423
专用设备制造业	174 339	136 290	319 007	272 328	194 760
交通运输设备制造业	608 720	1 852 348	772 668	839 302	627 554
电气机械及器材制造业	422 418	695 609	547 478	410 820	311 315
通信设备、计算机及其他电子设备制造业	360 622	236 212	318 774	320 271	228 240
仪器仪表及文化、办公用机械制造业	8 152	11 440	2 403	4 490	2 399
工艺品及其他制造业	16 103	1 696	2 914	3 853	2 914
废弃资源和废旧材料回收加工业	14 150	9 847	20 304	21 805	19 424
电力、热力的生产和供应业	448 387	595 064	2 050 757	3 022 345	1 995 793
燃气生产和供应业	14 019	12 373	40 772	49 539	40 772
水的生产和供应业	39 230	37 617	129 173	196 245	123 025

项　　目	资产总计	流动负债合计	长期负债合计	负债合计	所有者权益合计
总　　计	**16 915 391**	**7 356 956**	**2 178 728**	**9 738 016**	**6 728 155**
一、按登记注册类型分					
内资企业	12 005 525	5 250 278	1 623 945	7 045 412	4 957 913
国有企业	1 743 608	927 461	155 193	1 090 105	653 503
集体企业	45 420	32 744	3 892	36 825	8 595
股份合作企业	86 960	32 533	2 319	35 118	51 842
联营企业	1 885	812		812	1 073
集体联营企业	102	82		82	20
其他联营企业	1 783	730		730	1 053
有限责任公司	6 520 046	2 873 471	1 267 007	4 277 535	2 242 511
国有独资公司	4 530 364	2 003 796	1 199 343	3 319 281	1 211 083
其他有限责任公司	1 989 682	869 675	67 664	958 254	1 031 428
股份有限公司	2 096 689	909 375	150 710	1 069 709	1 024 780
私营企业	1 510 916	473 882	44 824	535 307	975 609
私营独资企业	242 876	66 886	2 439	73 115	169 760
私营合伙企业	32 990	9 424	346	10 039	22 951
私营有限责任公司	935 646	337 880	39 397	387 506	548 140
私营股份有限公司	299 405	59 692	2 643	64 647	234 757
港、澳、台商投资企业	1 073 362	425 085	25 113	453 283	620 080
合资经营企业（港或澳、台资）	477 158	249 507	6 416	256 376	220 782
合作经营企业（港或澳、台资）	31 989	11 479	8 609	20 088	11 901
港澳台商独资企业	536 599	151 927	10 089	162 055	374 544
港澳台商投资股份有限公司	27 617	12 172		14 764	12 853
外商投资企业	3 836 503	1 681 594	529 669	2 239 322	1 150 162
中外合资经营企业	1 441 322	555 412	221 027	780 741	660 579
中外合作经营企业	29 899	14 134		14 134	15 765
外资企业	651 945	193 970	207 408	425 136	226 809
外商投资股份有限公司	1 713 338	918 078	101 235	1 019 312	247 008
二、按经济组织类型分					
独资企业	3 220 448	1 372 987	379 021	1 787 235	1 433 212
国有企业	1 743 608	927 461	155 193	1 090 105	653 503
集体企业	45 420	32 744	3 892	36 825	8 595
私营独资企业	242 876	66 886	2 439	73 115	169 760
港澳台商独资经营企业	536 599	151 927	10 089	162 055	374 544
外资企业	651 945	193 970	207 408	425 136	226 809
合作、合伙企业	183 723	68 382	11 274	80 190	103 533
股份合作企业	86 960	32 533	2 319	35 118	51 842
集体联营企业	102	82		82	20
其他联营企业	1 783	730		730	1 053
私营合伙企业	32 990	9 424	346	10 039	22 951
港或澳、台资合作经营企业	31 989	11 479	8 609	20 088	11 901
中外合作经营企业	29 899	14 134		14 134	15 765
股份有限公司	4 137 048	1 899 316	254 587	2 168 433	1 519 398
股份有限公司（内资）	2 096 689	909 375	150 710	1 069 709	1 024 780
私营股份有限公司	299 405	59 692	2 643	64 647	234 757
港澳台商投资股份有限公司	27 617	12 172		14 764	12 853
外商投资股份有限公司	1 713 338	918 078	101 235	1 019 312	247 008
有限责任公司	9 374 172	4 016 271	1 533 846	5 702 158	3 672 012
国有独资公司	4 530 364	2 003 796	1 199 343	3 319 281	1 211 083
私营有限责任公司	935 646	337 880	39 397	387 506	548 140
港澳台合资经营企业	477 158	249 507	6 416	256 376	220 782

项　　目	资产总计	流动负债合　计	长期负债合　计	负债合计	所有者权益合计
中外合资经营企业	1 441 322	555 412	221 027	780 741	660 579
其他有限责任公司	1 989 682	869 675	67 664	958 254	1 031 428
三、总　计　中					
亏损企业	1 473 117	792 917	367 559	1 169 539	303 576
国有控股企业	10 413 857	5 042 965	1 604 438	6 774 871	3 189 970
农村工业	11 509	1 844	124	2 440	9 069
四、按轻重工业分					
轻　工　业	5 819 485	2 209 245	530 790	2 773 248	3 046 238
重　工　业	11 095 906	5 147 712	1 647 937	6 964 769	3 681 917
五、按企业规模分					
大型企业	8 568 447	3 964 850	1 415 794	5 497 979	2 621 451
中型企业	3 633 106	1 781 516	291 907	2 093 519	1 539 587
小型企业	4 713 837	1 610 591	471 027	2 146 518	2 567 117
六、按工业行业大类分					
非金属矿采选业	10 777	42		643	10 134
农副食品加工业	599 009	207 919	54 192	263 840	335 169
食品制造业	218 589	62 274	4 516	68 010	150 579
饮料制造业	336 960	217 110	10 608	228 362	108 598
烟草制品业	670 000	317 233		317 233	352 767
纺　织　业	480 511	158 167	19 178	190 220	290 291
纺织服装、鞋、帽制造业	172 728	32 394	635	35 364	137 364
皮革、毛皮、羽毛（绒）及其制品业	41 431	15 296	303	18 676	22 756
木材加工及木、竹、藤、棕、草制品业	85 234	17 175	7 224	24 700	60 534
家具制造业	11 665	2 800	800	3 612	8 054
造纸及纸制品业	389 854	58 502	132 612	191 134	198 720
印刷业和记录媒介的复制	374 396	91 701	23 100	116 075	258 321
文教体育用品制造业	36 348	11 061	335	12 834	23 514
石油加工、炼焦及核燃料加工业	3 838	182	783	965	2 873
化学原料及化学制品制造业	310 367	151 752	5 257	161 016	149 351
医药制造业	1 131 746	511 068	52 756	567 910	563 836
橡胶制品业	170 763	48 057	5 261	54 852	115 911
塑料制品业	128 746	47 581	6 843	55 071	73 675
非金属矿物制品业	342 916	121 900	11 636	135 287	207 429
黑色金属冶炼及压延加工业	818 501	442 534	1 207	561 370	257 131
有色金属冶炼及压延加工业	418 320	223 907	17 685	242 400	175 919
金属制品业	307 494	152 096	3 713	161 746	145 749
通用设备制造业	402 230	210 649	5 542	216 675	185 555
专用设备制造业	480 010	151 144	8 470	160 087	319 923
交通运输设备制造业	3 044 612	1 662 809	227 095	1 891 767	705 827
电气机械及器材制造业	1 298 376	579 436	271 132	856 618	439 755
通信设备、计算机及其他电子设备制造业	643 599	299 828	25 700	350 525	293 074
仪器仪表及文化、办公用机械制造业	16 538	5 835	101	6 630	9 908
工艺品及其他制造业	6 480	2 269	1 493	3 762	2 719
废弃资源和废旧材料回收加工业	55 004	2 700		2 815	52 189
电力、热力的生产和供应业	3 578 956	1 379 443	1 263 336	2 644 652	934 304
燃气生产和供应业	71 195	52 373	1 917	54 290	16 905
水的生产和供应业	258 200	119 720	15 299	138 878	119 322

项　　目	实收资本	国家资本	集体资本	法人资本	个人资本	港澳台资本	外商资本
总　计	**3 648 329**	**975 235**	**28 590**	**1 217 725**	**544 008**	**418 824**	**463 947**
一、按登记注册类型分							
内资企业	2 282 224	829 350	28 590	903 733	509 447	4 798	6 306
国有企业	295 848	156 904		135 951	423	2 570	
集体企业	17 285		16 631	300	354		
股份合作企业	22 466	493	3 306	13 369	5 297		
联营企业	620	240		380			
集体联营企业	20			20			
其他联营企业	600	240		360			
有限责任公司	1 175 161	617 906	7 021	374 206	168 113	1 610	6 306
国有独资公司	591 366	553 120	75	37 870	301		
其他有限责任公司	583 795	64 786	6 946	336 336	167 812	1 610	6 306
股份有限公司	305 999	53 733		162 561	89 705		
私营企业	464 845	74	1 634	216 965	245 555	618	
私营独资企业	87 428	48		45 453	41 927		
私营合伙企业	15 216			11 498	3 718		
私营有限责任公司	276 515	26	1 634	109 649	165 188	18	
私营股份有限公司	85 687			50 365	34 722	600	
港、澳、台商投资企业	473 326	250		109 438	628	362 662	348
合资经营企业（港或澳、台资）	150 887	250		78 327	628	71 334	348
合作经营企业（港或澳、台资）	6 500					6 500	
港澳台商独资企业	301 519			16 691		284 828	
港澳台商投资股份有限公司	14 421			14 421			
外商投资企业	892 779	145 635		204 554	33 933	51 364	457 293
中外合资经营企业	471 291	8 791		183 854	33 933	24 214	220 499
中外合作经营企业	10 310	746		94			9 471
外资企业	265 667			20 606		27 150	217 910
外商投资股份有限公司	145 512	136 099					9 413
二、按经济组织类型分							
独资企业	967 745	156 952	16 631	219 001	42 704	314 548	217 910
国有企业	295 848	156 904		135 951	423	2 570	
集体企业	17 285		16 631	300	354		
私营独资企业	87 428	48		45 453	41 927		
港澳台商独资经营企业	301 519			16 691		284 828	
外资企业	265 667			20 606		27 150	217 910
合作、合伙企业	55 111	1 479	3 306	25 341	9 015	6 500	9 471
股份合作企业	22 466	493	3 306	13 369	5 297		
集体联营企业	20			20			
其他联营企业	600	240		360			
私营合伙企业	15 216			11 498	3 718		
港或澳、台资合作经营企业	6 500					6 500	
中外合作经营企业	10 310	746		94			9 471
股份有限公司	551 619	189 832		227 347	124 427	600	9 413
股份有限公司（内资）	305 999	53 733		162 561	89 705		
私营股份有限公司	85 687			50 365	34 722	600	
港澳台商投资股份有限公司	14 421			14 421			
外商投资股份有限公司	145 512	136 099					9 413
有限责任公司	2 073 854	626 972	8 654	746 036	367 862	97 176	227 153
国有独资公司	591 366	553 120	75	37 870	301		
私营有限责任公司	276 515	26	1 634	109 649	165 188	18	
港澳台合资经营企业	150 887	250		78 327	628	71 334	348

项目	实收资本	国家资本	集体资本	法人资本	个人资本	港澳台资本	外商资本
中外合资经营企业	471 291	8 791		183 854	33 933	24 214	220 499
其他有限责任公司	583 795	64 786	6 946	336 336	167 812	1 610	6 306
三、总计中							
亏损企业	403 804	77 871	1 500	149 034	40 970	32 923	101 506
国有控股企业	1 484 863	965 232	75	417 384	65 158	10 197	26 817
农村工业	7 367		195	3 372	3 800		
四、按轻重工业分							
轻工业	1 562 921	146 415	8 753	633 589	332 690	218 156	223 317
重工业	2 085 408	828 820	19 837	584 136	211 318	200 667	240 630
五、按企业规模分							
大型企业	1 004 700	774 937	75	129 714	82 974		17 000
中型企业	920 632	105 786	12 090	370 991	88 788	144 979	197 998
小型企业	1 722 996	94 512	16 426	717 019	372 245	273 845	248 949
六、按工业行业大类分							
非金属矿采选业	1 934			604	1 330		
农副食品加工业	150 212	2 619	210	43 091	59 713	5 153	39 426
食品制造业	83 994	1 355	5 247	25 246	29 463	16 795	5 888
饮料制造业	79 317	8 523	156	29 985	5 939	5 591	29 123
烟草制品业	60 734	60 734					
纺织业	170 120	9 717	1 015	93 468	53 554	11 786	579
纺织服装、鞋、帽制造业	80 068	259		55 909	15 578	3 253	5 069
皮革、毛皮、羽毛（绒）及其制品业	21 319	110	5	17 691	1 035	847	1 632
木材加工及木、竹、藤、棕、草制品业	10 729			2 000	8 729		
家具制造业	5 265			1 565	3 700		
造纸及纸制品业	161 925	846		79 532	7 705	559	73 282
印刷业和记录媒介的复制	125 319	11 471	1 520	88 070	9 900	12 706	1 652
文教体育用品制造业	11 242			7 630	2 100	312	1 200
石油加工、炼焦及核燃料加工业	1 100				1 100		
化学原料及化学制品制造业	67 713	3 254	2 314	27 660	27 636	6 849	
医药制造业	266 731	42 343	526	106 811	62 592	13 229	41 230
橡胶制品业	104 372		520	48 500	1 455	53 897	
塑料制品业	54 672	1 659	5 075	24 590	9 690	10 000	3 658
非金属矿物制品业	100 595	9 200		50 434	24 132	14 279	2 551
黑色金属冶炼及压延加工业	76 551	51 968	363	22 535	1 685		
有色金属冶炼及压延加工业	122 271	5 337	120	80 940	18 608	7 650	9 616
金属制品业	122 379	875	268	42 608	28 271	30 049	20 308
通用设备制造业	103 919	26 176	2 833	51 107	8 031	10 550	5 224
专用设备制造业	253 462	48 921	500	16 477	42 328	129 467	15 770
交通运输设备制造业	327 791	220 440	327	57 045	17 304	1 618	31 057
电气机械及器材制造业	205 815	3 565	7 049	94 783	64 050	12 788	23 581
通信设备、计算机及其他电子设备制造业	288 569	19 655	470	21 797	32 009	64 434	150 205
仪器仪表及文化、办公用机械制造业	4 390	500		2 170	1 720		
工艺品及其他制造业	2 299			1 001	900		398
废弃资源和废旧材料回收加工业	3 061			1 060	2 001		
电力、热力的生产和供应业	535 203	443 425		87 828	1 450		2 500
燃气生产和供应业	10 000			10 000			
水的生产和供应业	35 261	2 285	75	25 589	301	7 011	

10－7　续表5－1　（2009年）　单位：万元

项　　　　目	主营业务收　入	主营业务成　本	主营业务税　金及附加	营业费用	管理费用	财务费用
总　　计	**21 198 359**	**17 841 218**	**487 916**	**649 688**	**1 019 939**	**215 829**
一、按登记注册类型分						
内 资 企 业	16 034 983	13 590 260	443 672	383 314	770 117	159 385
国 有 企 业	1 552 634	904 718	384 861	45 491	114 051	11 940
集 体 企 业	199 676	175 329	1 229	4 159	3 522	408
股份合作企业	368 692	322 629	1 396	5 191	5 429	1 241
联 营 企 业	6 992	6 505	2	125	116	16
集体联营企业	1 421	1 202	2	4	14	
其他联营企业	5 571	5 303		121	102	16
有限责任公司	8 015 822	7 286 680	28 056	122 797	435 140	93 877
国有独资公司	3 812 216	3 624 810	9 995	13 566	299 034	71 612
其他有限责任公司	4 203 606	3 661 870	18 061	109 231	136 106	22 265
股份有限公司	1 600 503	1 269 228	8 664	112 838	88 227	27 829
私 营 企 业	4 290 665	3 625 171	19 464	92 712	123 632	24 074
私营独资企业	760 467	650 698	3 535	20 962	28 866	4 554
私营合伙企业	110 882	97 635	352	3 100	3 841	502
私营有限责任公司	2 706 969	2 274 800	12 029	49 411	66 540	13 688
私营股份有限公司	712 347	602 039	3 548	19 239	24 385	5 330
港、澳、台商投资企业	1 202 077	1 028 296	3 821	46 349	39 555	12 964
合资经营企业（港或澳、台资）	692 178	588 669	1 446	25 747	21 462	8 445
合作经营企业（港或澳、台资）	53 532	38 316	76	6 073	2 813	179
港澳台商独资企业	407 965	356 134	2 290	14 203	13 813	4 207
港澳台商投资股份有限公司	48 403	45177	9	326	1 467	133
外商投资企业	3 961 298	3 222 662	40 423	220 025	210 266	43 480
中外合资经营企业	1 622 644	1 353 469	10 376	80 385	60 183	23 055
中外合作经营企业	47 000	31 337		10 031	2 894	－4
外 资 企 业	525 532	460 340	2 771	9 916	23 036	6 105
外商投资股份有限公司	1 766 122	1 377 517	27 276	119 693	124 153	14 323
二、按经济组织类型分						
独 资 企 业	3 446 274	2 547 219	394 687	94 731	183 287	27 214
国 有 企 业	1 552 634	904 718	384 861	45 491	114 051	11 940
集 体 企 业	199 676	175 329	1 229	4 159	3 522	408
私营独资企业	760 467	650 698	3 535	20 962	28 866	4 554
港澳台商独资经营企业	407 965	356 134	2 290	14 203	13 813	4 207
外 资 企 业	525 532	460 340	2 771	9 916	23 036	6 105
合作、合伙企业	587 097	496 421	1 826	24 520	15 094	1 934
股份合作企业	368 692	322 629	1 396	5 191	5 429	1 241
集体联营企业	1 421	1 202	2	4	14	
其他联营企业	5 571	5 303		121	102	16
私营合伙企业	110 882	97 635	352	3 100	3 841	502
港或澳、台资合作经营企业	53 532	38 316	76	6 073	2 813	179
中外合作经营企业	47 000	31 337		10 031	2 894	－4
股份有限公司	4 127 375	3 293 961	39 496	252 096	238 233	47 616
股份有限公司（内资）	1 600 503	1 269 228	8 664	112 838	88 227	27 829
私营股份有限公司	712 347	602 039	3 548	19 239	24 385	5 330
港澳台商投资股份有限公司	48 403	45 177	9	326	1 467	133
外商投资股份有限公司	1 766 122	1 377 517	27 276	119 693	124 153	14 323
有限责任公司	13 037 613	11 503 617	51 907	278 341	583 325	139 065
国有独资公司	3 812 216	3 624 810	9 995	13 566	299 034	71 612
私营有限责任公司	2 706 969	2 274 800	12 029	49 411	66 540	13 688
港澳台合资经营企业	692 178	588 669	1 446	25 747	21 462	8 445

项　　目	主营业务收　入	主营业务成　本	主营业务税　金及附加	营业费用	管理费用	财务费用
中外合资经营企业	1 622 644	1 353 469	10 376	80 385	60 183	23 055
其他有限责任公司	4 203 606	3 661 870	18 061	109 231	136 106	22 265
三、总计中						
亏损企业	636 895	588 656	5 373	31 526	56 264	18 026
国有控股企业	8 789 991	7 273 915	427 615	291 895	633 558	132 067
农村工业	63 388	53 111	289	1 531	2 019	250
四、按轻重工业分						
轻　工　业	9 250 569	7 281 219	429 383	384 673	358 694	69 981
重　工　业	11 947 790	10 559 999	58 533	265 014	661 245	145 848
五、按企业规模分						
大型企业	8 104 014	6 672 100	422 388	300 047	562 359	109 464
中型企业	3 749 312	3 133 133	21 747	145 018	173 426	52 055
小型企业	9 345 032	8 035 985	43 781	204 623	284 154	54 310
六、按工业行业大类分						
非金属矿采选业	32 975	29 059	77	481	270	131
农副食品加工业	1 595 791	1 409 068	5 409	37 940	39 524	8 005
食品制造业	485 657	384 799	1 433	18 902	12 990	1 896
饮料制造业	307 356	216 638	9 193	32 872	10 732	1 573
烟草制品业	844 766	307 500	381 753	20 198	55 416	5 900
纺织业	1 372 215	1 176 973	7 957	36 725	55 856	9 548
纺织服装、鞋、帽制造业	364 387	301 627	3 251	13 576	19 286	2 994
皮革、毛皮、羽毛（绒）及其制品业	119 763	107 715	616	1 666	3 161	520
木材加工及木、竹、藤、棕、草制品业	154 142	131 234	877	3 083	4 929	1 955
家具制造业	36 474	30 651	415	1 131	1 151	394
造纸及纸制品业	396 584	322 830	3 239	4 919	12 152	8 388
印刷业和记录媒介的复制	500 736	400 652	2 395	10 374	31 243	2 335
文教体育用品制造业	128 429	112 708	787	2 664	1 913	129
石油加工、炼焦及核燃料加工业	39 765	29 029	159	279	266	45
化学原料及化学制品制造业	506 244	436 669	2 804	8 696	14 650	4 204
医药制造业	1 520 810	1 157 744	7 215	178 171	70 847	16 387
橡胶制品业	192 981	167 934	169	6 127	5 857	1 735
塑料制品业	343 984	296 687	1 101	9 030	9 392	1 490
非金属矿物制品业	796 824	678 301	4 314	16 139	17 023	3 940
黑色金属冶炼及压延加工业	1 256 024	1 178 265	3 386	9 646	40 577	9 695
有色金属冶炼及压延加工业	786 122	735 328	1 793	7 445	12 578	8 694
金属制品业	582 675	494 089	2 607	9 146	16 073	3 498
通用设备制造业	449 772	385 084	2 009	15 031	22 637	3 877
专用设备制造业	520 798	459 737	2 350	10 502	23 532	2 796
交通运输设备制造业	2 804 772	2 267 339	26 459	130 743	190 502	17 570
电气机械及器材制造业	1 413 445	1 206 290	6 028	45 290	50 283	19 790
通信设备、计算机及其他电子设备制造业	951 710	845 622	1 530	12 667	43 627	8 610
仪器仪表及文化、办公用机械制造业	21 665	16 176	301	1 043	1 712	－17
工艺品及其他制造业	50 893	40 136	368	258	515	187
废弃资源和废旧材料回收加工业	37 953	32 064	168	1 235	2 290	295
电力、热力的生产和供应业	2 486 170	2 409 991	6 806	451	238 941	66 097
燃气生产和供应业	18 475	14 262	241	651	2 057	102
水的生产和供应业	78 005	59 019	706	2 609	7 959	3 068

项目	营业利润	投资收益	补贴收入	营业外收入	利润总额	应交所得税
总计	**1 087 423**	**12 861**	**3 969**	**61 623**	**967 280**	**143 902**
一、按登记注册类型分						
内资企业	757 691	12 483	1 743	34 053	659 119	95 349
国有企业	106 007	1 050	135	1 003	93 472	29 123
集体企业	11 981		21	350	11 436	540
股份合作企业	16 700	－362	101	45	15 073	1 838
联营企业	61				61	17
集体联营企业						
其他联营企业	61				61	17
有限责任公司	266 143	941	946	16 024	216 497	36 846
国有独资公司	35 543	6 436		11 440	32 395	10 863
其他有限责任公司	230 600	－5 495	946	4 583	184 102	25 983
股份有限公司	101 440	16 164	114	11 889	107 755	14 368
私营企业	255 359	－5 311	426	4 743	214 827	12 618
私营独资企业	42 133	－1 499		960	35 807	1 502
私营合伙企业	4 781				4 021	597
私营有限责任公司	159 260	－1 853	426	3 034	137 346	7 787
私营股份有限公司	49 185	－1 959		749	37 653	2 733
港、澳、台商投资企业	83 218	－24	23	12 199	70 613	9 262
合资经营企业（港或澳、台资）	54 619	－24	8	1 613	47 286	7 205
合作经营企业（港或澳、台资）	6 419			448	6 860	1 072
港澳台商独资企业	20 876		15	10 091	15 126	985
港澳台商投资股份有限公司	1 304			47	1 340	
外商投资企业	246 515	402	2 204	15 371	237 548	39 290
中外合资经营企业	95 439	－336	343	4 761	87 749	12 074
中外合作经营企业	3 205				3 198	1 654
外资企业	34 506	880	33	2 308	30 175	1 527
外商投资股份有限公司	113 366	－142	1 827	8 302	116 427	24 036
二、按经济组织类型分						
独资企业	215 503	432	204	14 712	186 015	33 676
国有企业	106 007	1 050	135	1 003	93 472	29 123
集体企业	11 981		21	350	11 436	540
私营独资企业	42 133	－1 499		960	35 807	1 502
港澳台商独资经营企业	20 876		15	10 091	15 126	985
外资企业	34 506	880	33	2 308	30 175	1 527
合作、合伙企业	31 166	－362	101	494	29 213	5 178
股份合作企业	16 700	－362	101	45	15 073	1 838
集体联营企业						
其他联营企业	61				61	17
私营合伙企业	4 781				4 021	597
港或澳、台资合作经营企业	6 419			448	6 860	1 072
中外合作经营企业	3 205				3 198	1 654
股份有限公司	265 294	14 062	1 941	20 988	263 175	41 136
股份有限公司（内资）	101 440	16 164	114	11 889	107 755	14 368
私营股份有限公司	49 185	－1 959		749	37 653	2 733
港澳台商投资股份有限公司	1 340			47	1 340	
外商投资股份有限公司	113 366	－142	1 827	8 302	116 427	24 036
有限责任公司	575 461	－1 271	1 723	25 431	488 877	63 912
国有独资公司	35 543	6 436		11 440	32 395	10 863
私营有限责任公司	159 260	－1 853	426	3 034	137 346	7 787
港澳台合资经营企业	54 619	－24	8	1 613	47 286	7 205

项　　　目	营业利润	投资收益	补贴收入	营业外收入	利润总额	应交所得税
中外合资经营企业	95 439	－336	343	4 761	87 749	12 074
其他有限责任公司	230 600	－5 495	946	4 583	184 102	25 983
三、总　计　中						
亏 损 企 业	－49 236	709	517	2 525	－57 688	1 832
国有控股企业	340 920	23 796	2 009	23 883	322 655	77 921
农 村 工 业	4 718	－326			3 212	100
四、按轻重工业分						
轻　工　业	613 943	－6 995	746	31 564	549 556	77 486
重　工　业	473 480	19 856	3 223	30 059	417 725	66 416
五、按企业规模分						
大 型 企 业	309 419	17 121	1 827	24 173	305 045	68 228
中 型 企 业	209 294	7 691	264	9 246	195 938	25 445
小 型 企 业	568 711	－11 952	1 878	28 205	466 297	50 229
六、按工业行业大类分						
非金属矿采选业	4 302				1 720	217
农副食品加工业	83 272	－608	115	4 552	70 197	6 267
食品制造业	34 671	－168	55	9 136	39 289	3 346
饮料制造业	38 595			1 587	40 086	6 586
烟草制品业	74 587			115	72 082	20 921
纺　织　业	70 388	－2 864	368	3 967	54 404	4 672
纺织服装、鞋、帽制造业	26 817	－1 483	45	75	21 426	1 254
皮革、毛皮、羽毛（绒）及其制品业	5 959			417	5 002	42
木材加工及木、竹、藤、棕、草制品业	12 281				10 930	676
家具制造业	1 807				851	16
造纸及纸制品业	30 329	－490		22	22 964	894
印刷业和记录媒介的复制	45 644	32	8	2 039	45 624	10 965
文教体育用品制造业	9 296				7 638	431
石油加工、炼焦及核燃料加工业	1 583				1 583	13
化学原料及化学制品制造业	25 593	－994	8	14	19 999	3 585
医药制造业	91 650	702	141	1 338	85 968	15 171
橡胶制品业	12 694	－833	19	4	11 258	1 274
塑料制品业	22 889	－1 961		111	17 039	3 105
非金属矿物制品业	50 654	－593	344	3 148	47 250	6 340
黑色金属冶炼及压延加工业	17 693			5	5 576	677
有色金属冶炼及压延加工业	20 667	－294	96	894	18 090	2 318
金属制品业	33 881	843	33	1 402	31 778	2 518
通用设备制造业	26 844	29	14	242	23 529	3 365
专用设备制造业	25 381	－420		7 786	19 755	1 325
交通运输设备制造业	160 143	7 609	2 129	10 967	163 042	27 528
电气机械及器材制造业	65 662	－824	213	514	56 508	5 727
通信设备、计算机及其他电子设备制造业	57 388	3 140	382	3 731	33 632	3 053
仪器仪表及文化、办公用机械制造业	2 185			189	2 312	328
工艺品及其他制造业	2 836			3	2 830	29
废弃资源和废旧材料回收加工业	2 267			5	2 272	22
电力、热力的生产和供应业	19 660	10 914		8 861	22 806	9 755
燃气生产和供应业	2 323	129		19	2 298	578
水的生产和供应业	7 482	1 058		480	7 543	905

项目	亏损企业亏损总额	利税总额	本年应付工资总额	本年应付福利费总额	本年应交增值税
总计	**57 688**	**2 120 397**	**1 198 287**	**72 826**	**665 201**
一、按登记注册类型分					
内资企业	39 600	1 606 237	883 365	54 671	503 446
国有企业	20 967	602 817	114 794	5 942	124 485
集体企业	381	15 267	13 241	667	2 602
股份合作企业	30	28 048	13 299	862	11 579
联营企业		74	236	13	11
集体联营企业		7	72	10	5
其他联营企业		67	164	3	6
有限责任公司	11 244	475 426	443 624	27 431	230 873
国有独资公司		158 125	238 126	11 291	115 736
其他有限责任公司	11 244	317 301	205 499	16 140	115 138
股份有限公司	4 285	161 173	130 803	7 368	44 754
私营企业	2 693	323 432	167 367	12 388	89 141
私营独资企业	373	56 624	38 860	2 056	17 282
私营合伙企业		6 982	2 690	179	2 609
私营有限责任公司	1 979	204 105	95 350	7 954	54 730
私营股份有限公司	341	55 720	30 468	2 199	14 520
港、澳、台商投资企业	2 894	105 002	72 572	4 314	30 569
合资经营企业（港或澳、台资）	793	66 307	36 524	2 210	17 575
合作经营企业（港或澳、台资）		10 130	2 224	91	3 194
港澳台商独资企业	2 101	24 457	25 342	1 466	7 040
港澳台商投资股份有限公司		4109	8 482	547	2760
外商投资企业	15 195	409 158	242 351	13 841	131 187
中外合资经营企业	6 650	142 954	123 515	7 794	44 830
中外合作经营企业	701	5 145	5 471	272	1 947
外资企业	4 342	45 727	30 805	2 522	12 781
外商投资股份有限公司	3 502	215 332	82 560	3 253	71 629
二、按经济组织类型分					
独资企业	28 164	744 892	223 041	12 653	164 189
国有企业	20 967	602 817	114 794	5 942	124 485
集体企业	381	15 267	13 241	667	2 602
私营独资企业	373	56 624	38 860	2 056	17 282
港澳台商独资经营企业	2 101	24 457	25 342	1 466	7 040
外资企业	4 342	45 727	30 805	2 522	12 781
合作、合伙企业	731	50 380	23 921	1 417	19 341
股份合作企业	30	28 048	13 299	862	11 579
集体联营企业		7	72	10	5
其他联营企业		67	164	3	6
私营合伙企业		6 982	2 690	179	2 609
港或澳、台资合作经营企业		10 130	2 224	91	3 194
中外合作经营企业	701	5 145	5 471	272	1 947
股份有限公司	8 128	436 334	252 313	13 367	133 663
股份有限公司（内资）	4 285	161 173	130 803	7 368	44 754
私营股份有限公司	341	55 720	30 468	2 199	14 520
港澳台商投资股份有限公司		4109	8 482	547	2760
外商投资股份有限公司	3 502	215 332	82 560	3 253	71 629
有限责任公司	20 666	888 792	699 013	45 389	348 008
国有独资公司		158 125	238 126	11 291	115 736
私营有限责任公司	1 979	204 105	95 350	7 954	54 730
港澳台合资经营企业	793	66 307	36 524	2 210	17 575

项　　目	亏损企业亏损总额	利税总额	本年应付工资总额	本年应付福利费总额	本年应交增值税
中外合资经营企业	6 650	142 954	123 515	7 794	44 830
其他有限责任公司	11 244	317 301	205 499	16 140	115 138
三、总　计　中					
亏 损 企 业	57 688	－42 174	59 775	3 774	10 142
国有控股企业	31 654	1 108 816	595 293	29 972	358 545
农 村 工 业		5 457	4 851	195	1 955
四、按轻重工业分					
轻　工　业	18 441	1 299 135	512 669	34 236	320 197
重　工　业	39 248	821 263	685 619	38 590	345 005
五、按企业规模分					
大 型 企 业		1 044 944	530 920	19 812	317 511
中 型 企 业	30 498	355 557	301 507	25 724	137 872
小 型 企 业	27 190	719 897	365 861	27 290	209 819
六、按工业行业大类分					
非金属矿采选业		2 096	591	29	299
农副食品加工业	33	90 972	95 016	4 465	15 366
食品制造业	132	51 498	21 975	1 202	10 776
饮料制造业	4 205	62 506	14 887	1 171	13 227
烟草制品业		544 313	30 119	1 592	90 478
纺　织　业	5 277	97 569	70 428	3 921	35 208
纺织服装、鞋、帽制造业		33 444	17 440	1 288	8 767
皮革、毛皮、羽毛（绒）及其制品业	12	9 477	11 086	797	3 859
木材加工及木、竹、藤、棕、草制品业		20 448	7 047	786	8 641
家具制造业		1 683	799	111	417
造纸及纸制品业	67	41 894	16 781	2 633	15 691
印刷业和记录媒介的复制	2 590	66 154	31 831	2 132	18 135
文教体育用品制造业	8	9 205	13 231	611	780
石油加工、炼焦及核燃料加工业		2 421	834	226	679
化学原料及化学制品制造业	6 422	32 645	28 184	2 704	9 842
医药制造业	1 820	150 838	95 692	6 848	57 655
橡胶制品业		17 161	8 812	617	5 734
塑料制品业	178	25 203	15 561	872	7 064
非金属矿物制品业	2 140	70 137	29 508	1 868	18 574
黑色金属冶炼及压延加工业	3	39 246	40 318	80	30 283
有色金属冶炼及压延加工业	4 664	39 828	23 882	1 903	19 944
金属制品业	1 101	45 521	32 398	2 762	11 135
通用设备制造业	3 013	40 243	32 858	2 125	14 705
专用设备制造业	7 373	37 210	50 797	2 908	15 105
交通运输设备制造业	899	287 712	165 886	9 527	98 211
电气机械及器材制造业	9 595	101 865	79 007	5 847	39 329
通信设备、计算机及其他电子设备制造业	4 580	49 135	51 897	2 181	13 973
仪器仪表及文化、办公用机械制造业	73	3 035	1 653	124	422
工艺品及其他制造业		3 772	2 125	249	574
废弃资源和废旧材料回收加工业		4 503	503	29	2 063
电力、热力的生产和供应业	3 367	123 518	196 520	10 366	93 905
燃气生产和供应业		2 589	3 499	201	50
水的生产和供应业	136	12 560	7 123	651	4 311

10－8　规模以上工业企业经济效益指数

（2009 年）

项　　目	工业经济效益综合指数（%）	总资产贡献率（%）	资本保值增值率（%）	资产负债率（%）	流动资产周转率（次）	成本费用利润率（%）	全员劳动生产率（元/人）	工业产品销售率（%）
总　　计	**246.28**	**13.79**	**127.97**	**57.57**	**3.02**	**4.9**	**215 114**	**98.13**
一、按登记注册类型分								
内资企业	254.40	14.65	135.93	58.68	3.38	4.42	220 769	98.45
国有企业	297.02	35.27	135.80	62.52	1.74	8.69	225 972	100.35
集体企业	357.92	34.34	100.00	81.08	11.99	6.23	205 166	98.88
股份合作企业	407.50	33.28	228.97	40.38	8.96	4.51	310 163	97.82
联营企业	236.50	4.48	109.82	43.09	4.62	0.9	186 010	93.15
集体联营企业	310.49	7.06	100.00	80.39	10.00		117 300	84.45
其他联营企业	225.26	4.34	111.70	40.95	3.75	1.09	231 082	95
有限责任公司	233.84	8.71	126.21	65.61	3.72	2.73	209 808	98.92
国有独资公司	200.23	5.1	102.05	73.27	3.16	0.81	189 380	99.44
其他有限责任公司	272.99	16.92	174.83	48.16	4.44	4.69	220 469	98.49
股份有限公司	205.49	9.04	109.46	51.02	1.38	7.19	181 364	96.74
私营企业	353.47	22.6	226.23	35.43	8.91	5.56	250 592	97.61
私营独资企业	348.32	24.69	319.62	30.1	8.87	5.08	220 513	97.25
私营合伙企业	420.52	22.17	390.73	30.43	12.06	3.83	287 333	98.35
私营有限责任公司	357.98	22.91	183.07	41.42	8.96	5.71	262 760	97.65
私营股份有限公司	349.28	19.98	322.30	21.59	8.41	5.78	241 940	97.74
港、澳、台商投资企业	225.83	11.02	141.37	42.23	2.87	6.26	186 303	96.67
合资经营企业（港或澳、台资）	276.17	15.8	155.34	53.73	2.84	7.34	241 436	97.3
合作经营企业（港或澳、台资）	564.65	32.22	730.51	62.8	2.80	14.48	492 403	101.96
港澳台商独资企业	205.07	5.29	127.03	30.2	2.85	3.89	192 391	94.57
港澳台商投资股份有限公司	223.42	15.19	100.00	53.46	3.84	2.85	36 579	100
外商投资企业	229.51	11.87	105.00	58.37	2.13	6.43	203 300	97.26
中外合资经营企业	234.42	11.43	96.19	54.17	2.75	5.78	209 777	98.3
中外合作经营企业	232.33	17.28	111.50	47.27	4.02	7.23	157 231	99.55
外资企业	257.10	7.97	206.17	65.21	2.54	6.04	233 400	91.44
外商投资股份有限公司	220.46	13.63	97.71	59.49	1.68	7.12	186997	98.25
二、按经济组织类型分								
独资企业	273.16	23.94	152.92	55.5	2.56	6.52	220 863	97.46
国有企业	297.02	35.27	135.80	62.52	1.74	8.69	225 972	100.35
集体企业	375.92	34.34	100.00	81.08	11.99	6.23	205 166	98.88
私营独资企业	348.32	24.69	319.62	30.1	8.87	5.08	220 513	97.25
港澳台商独资经营企业	205.07	5.29	127.03	30.2	2.85	3.89	192 391	94.57
外资企业	257.10	7.97	206.17	65.21	2.54	6.04	233400	91.44
合作、合伙企业	375.04	28.2	228.92	43.65	7.10	5.43	295671	98.4
股份合作企业	407.50	33.28	228.97	40.38	8.96	4.51	310 163	97.82
集体联营企业	310.49	7.06	100.00	80.39	10.00		117 300	84.45
其他联营企业	225.26	4.34	111.70	40.95	3.75	1.09	231 082	95
私营合伙企业	420.52	22.17	390.73	30.43	12.06	3.83	287 333	98.35
港或澳、台资合作经营企业	564.65	32.22	730.51	62.8	2.80	14.48	492 403	101.96
中外合作经营企业	232.33	17.28	111.50	47.27	4.02	7.23	157 231	99.55
股份有限公司	215.27	11.77	114.37	52.41	1.79	6.87	182 755	97.57
股份有限公司（内资）	205.49	9.04	109.46	51.02	1.38	7.19	18 364	96.74
私营股份有限公司	349.28	19.98	322.30	21.59	8.41	5.78	241 940	97.74
港澳台商投资有限公司	223.42	15.19	100.00	53.46	3.84	2.85	36 579	100
外商投资股份有限公司	220.46	13.63	97.71	59.49	1.68	7.12	186 997	98.25
有限责任公司	251.50	10.91	126.4	60.83	3.96	3.91	222 534	98.49
国有独资公司	200.32	5.1	102.05	73.27	3.16	0.81	189380	99.44
私营有限责任公司	357.98	22.91	183.07	41.42	8.96	5.71	262 760	97.65
港澳台合资经营企业	276.17	15.8	155.34	53.73	2.84	7.34	241 436	97.3

项目	工业经济效益综合指数(%)	总资产贡献率(%)	资本保值增值率(%)	资产负债率(%)	流动资产周转率(次)	成本费用利润率(%)	全员劳动生产率(元/人)	工业产品销售率(%)
中外合资经营企业	234.42	11.43	96.19	54.17	2.75	5.78	209 777	98.3
其他有限责任公司	272.99	16.92	174.83	48.16	4.44	4.69	220 469	98.49
三、总计中								
亏损企业	78.62	-1.64	25.43	79.39	1.51	-8.31	109 502	92.11
国有控股企业	218.36	11.98	106.65	65.06	1.92	3.87	200 887	98.88
农村工业	381.99	48.76	81.52	21.2	14.29	5.64	165 464	97.39
四、按轻重工业分								
轻工业	281.83	23.41	149.79	47.65	3.84	6.79	217 490	98.09
重工业	225.63	8.74	115.55	62.77	2.59	3.59	212 748	98.16
五、按企业规模分								
大型企业	197.46	13.54	124.47	64.17	2.10	3.99	154 451	98.84
中型企业	192.46	11.2	113.11	57.62	2.39	5.59	143 565	98.04
小型企业	339.94	16.23	144.17	45.54	5.89	5.44	312 487	97.6
六、按工业行业大类分								
非金属矿采选业	461.80	20.33	321.03	5.96	6.62	5.74	461 155	98.31
农副食品加工业	286.37	16.28	161.45	44.05	5.37	4.7	233 593	98.36
食品制造业	307.47	24.31	190.70	31.11	5.71	9.39	206 787	97.7
饮料制造业	289.39	19.02	108.29	67.77	2.24	15.31	218 248	101.2
烟草制品业	818.88	82.2	113.26	47.35	1.65	18.53	892 067	101.94
纺织业	321.60	21.86	285.28	39.59	10.20	4.25	172 864	98.06
纺织服装、鞋、帽制造业	315.79	20.57	240.22	20.47	7.93	6.35	207 578	97.17
皮革、毛皮、羽毛(绒)及其制品业	230.61	23.7	285.44	45.08	6.59	4.42	72 766	99.16
木材加工及木、竹、藤、棕、草制品业	388.98	26.14	227.2	28.98	8.54	7.74	292 294	98.94
家具制造业	390.23	16.54	366.89	30.96	8.80	2.55	320 842	97.83
造纸及纸制品业	374.70	12.79	111.42	49.03	3.94	6.59	410 926	98.42
印刷业和记录媒介的复制	286.58	18.17	181.65	31	3.96	10.26	216 428	98.06
文教体育用品制造业	309.11	25.62	132.43	35.31	11.09	6.51	147 409	97.18
石油加工、炼焦及核燃料加工业	1 127.85	64.26	239.04	25.15	51.07	5.34	715 318	97.66
化学原料及化学制品制造业	235.87	11.73	153.44	51.88	3.70	4.31	193 314	97.59
医药制造业	229.39	14.73	121.90	50.18	2.68	6.04	186 559	98.22
橡胶制品业	220.36	10.86	148.06	32.12	2.84	6.2	181 264	93.49
塑料制品业	357.83	20.55	218.57	42.77	8.80	5.38	266 095	98.17
非金属矿物制品业	317.74	21.32	137.81	39.45	5.53	6.6	262 129	98.36
黑色金属冶炼及压延加工业	151.07	5.97	112.27	68.59	3.33	0.45	104 138	99.89
有色金属冶炼及压延加工业	380.78	11.8	139.15	57.95	3.62	2.37	446 474	98.04
金属制品业	286.33	15.81	147.17	52.6	3.94	6.08	250 286	97.04
通用设备制造业	255.22	10.74	187.45	53.87	1.86	5.52	242 400	98.33
专用设备制造业	171.96	8.29	140.69	33.35	3.82	3.98	107 233	98.36
交通运输设备制造业	192.50	10.23	102.09	62.13	1.51	6.26	157 879	96.66
电气机械及器材制造业	245.60	9.3	161.03	65.98	2.03	4.28	238 251	95.63
通信设备、计算机及其他电子设备制造业	289.95	9	112.44	54.46	4.03	3.69	297 789	96.61
仪器仪表及文化、办公用机械制造业	240.55	18.25	57.82	40.09	1.89	12.22	184 859	102.45
工艺品及其他制造业	594.61	59.46	107.53	58.05	30.00	6.89	201 539	98.37
废弃资源和废旧材料回收加工业	1 508.03	8.63	8 692.37	5.12	3.85	6.33	423 638	97.6
电力、热力的生产和供应业	239.70	5.3	94.85	73.89	4.18	0.84	238 314	99.97
燃气生产和供应业	296.33	3.77	103.54	76.25	1.49	13.46	298 910	100
水的生产和供应业	197.78	6.03	98.22	53.79	2.07	10.38	147 647	99.94

10－9　规模以上工业企业能源购进、消费与库存

（2009 年）　　　　单位：吨

项目	年初库存	购进量		消费量					年末库存
		实物量	金额（万元）	合计	工业生产消费	#用于原材料	非工业生产消费	#运输工具消费	
原煤	74 771	1 103 603	62 581	1 119 739	1 112 050	162 751	7 689		90 630
洗精煤	18 604	1 247 655	127 551	1 227 226	1 227 226				39 043
其他洗煤	5 456	301 674	23 303	293 273	293 273				13 856
型煤									
焦炭	7 546	367 030	56 991	1 194 983	1 194 983				31 114
焦炉煤气（万立方米）		10 841	12 600	33 714	23 583		10 131		
液化天然气		511	259	511	511				
汽油	55	12 433	8 197	12 448	11 757	6	691	9 152	46
煤油	4	1 353	935	1 353	1 352		1		2
柴油	648	35 227	19 623	35 558	33 921		1 637	15 849	581
燃料油	3 612	9 872	2 600	10 838	10 838				1 911
液化石油气	81	6 273	2 562	6 229	6 229				125
热力（百万千焦）		1 430 261	10 684	2 838 082	2 838 082				
电力（万千瓦时）		5 551 059	2 011 254	744 424	737 362		7 061		
其他燃料（吨标准煤）		85 494	5 845	98 474	98 474				

10－10　规模以上工业企业水消费量

（2009 年）

项目	水消费数量（万立方米）	水消费金额（万元）
工业取水总量	**49 381**	**7 835**
地表水	38 869	1 765
地下水	1 003	383
自来水	3 677	5 687
重复用水	**24 376**	

10－11　规模以上工业企业主要能源库存量

（2009 年末，按行业分）　　单位：吨

项　　目	原　煤	洗精煤	其他洗煤	型　煤	焦　炭	汽　油	煤　油	柴　油	燃料油	液化石油气
总　　计	**90 630**	**39 043**	**13 856**		**31 114**	**46**	**2**	**581**	**1 911**	**125**
农副食品加工业	880							4		
食品制造业	2 030					5		15		
饮料制造业	2 628							15		
烟草制品业		90								
纺　织　业	809					2		27		
纺织服装、鞋、帽制造业	1									
皮革、毛皮、羽毛(绒)及其制品业										
木材加工及木、竹、藤、棕、草制品业										
家具制造业										
造纸及纸制品业	41 993							42		123
印刷业和记录媒介的复制						8	2	2		
文教体育用品制造业	2									
化学原料及化学制品制造业	4 555									
医药制造业	2 715							12		
化学纤维制造业										
橡胶制品业	7					13		13	1 911	
塑料制品业	2					13				
非金属矿物制品业	383							4		
黑色金属冶炼及压延加工业	777	38 742	13 856		30 666	3		43		
有色金属冶炼及压延加工业	54	23			14			27		2
金属制品业	140									
通用设备制造业					112			7		
专用设备制造业	1							1		
交通运输设备制造业	154	140			322	1		1		
电气机械及器材制造业	48	48						31		
通信设备、计算机及其他电子设备制造业								10		
工艺品及其他制造业								1		
电力、热力的生产和供应业	33 451							328		

10－12　规模以上工业企业主要能源消费量

（2009年，按行业分）　　单位：吨

项　　目	原　煤	洗精煤	其他洗煤	型　煤	焦　炭	焦炉煤气（万立方米）	液化天然气
总　　计	**1 112 050**	**1 227 226**	**293 273**		**1 194 983**	**23 583**	**511**
农副食品加工业	68 838		578				
食品制造业	22 277	495					
饮料制造业	58 035						
烟草制品业	6 073	7 389				301	
纺　织　业	14 670		4				
纺织服装、鞋、帽制造业	711						
皮革、毛皮、羽毛（绒）及其制品业	1 595						
木材加工及木、竹、藤、棕、草制品业	1 760						
造纸及纸制品业	338 723						
印刷业和记录媒介的复制	565						
文教体育用品制造业	1 641						
石油加工、炼焦及核燃料加工业							
化学原料及化学制品制造业	113 442	325					8
医药制造业	81 216					17	
化学纤维制造业							
橡胶制品业	16 656		150				
塑料制品业	4 155						
非金属矿物制品业	147 785		84				474
黑色金属冶炼及压延加工业	37 162	1 211 938	291 914		1 186 993	23 264	
有色金属冶炼及压延加工业	28 205	4 216	332		658		23
金属制品业	4 955	282	3				
通用设备制造业	1 225	68			967		6
专用设备制造业	2 992				264		
交通运输设备制造业	48 614	1 901			6 100		
电气机械及器材制造业	8 429	612	209				
废弃资源和废旧材料回收加工业	143						
电力、热力的生产和供应业	102 184						

10－12 续表 （2009 年，按行业分） 单位：吨

项目	汽油	煤油	柴油	燃料油	液化石油气	热力（百万千焦）	电力（万千瓦时）	其他燃料（吨标煤）
总计	**11 757**	**1 352**	**33 921**	**10 838**	**6 229**	**2 838 082**	**737 362**	**98 474**
非金属矿采选业			32				1 182	
农副食品加工业	843		1 367	114			17 650	13 022
食品制造业	279		129	40			5 421	3 251
饮料制造业	242		471				10 192	
烟草制品业			1 733				4 630	
纺织业	696	35	1 295	69		48 398	28 067	25 486
纺织服装、鞋、帽制造业	531		442	45			4 127	
皮革、毛皮、羽毛（绒）及其制品业	92		18				1 236	
木材加工及木、竹、藤、棕、草制品业	32		16				1 894	
家具制造业	20		4				331	
造纸及纸制品业	67		602		4 918	1 407 821	49 939	
印刷业和记录媒介的复制	501	78	447				6 309	
文教体育用品制造业	55		4				888	
石油加工、炼焦及核燃料加工业	12						153	
化学原料及化学制品制造业	398		1 984	146		1 030 185	27 857	1 232
医药制造业	360		643	62		351 679	17 719	8 599
化学纤维制造业								
橡胶制品业	300		530	8 929			4 703	
塑料制品业	125		84				6 691	
非金属矿物制品业	429		3 092		805		27 048	
黑色金属冶炼及压延加工业	165		2 308	13			112 671	
有色金属冶炼及压延加工业	368		4 166	225	95		22 317	
金属制品业	195	24	891	54			8 637	
通用设备制造业	152		306	698			6 042	
专用设备制造业	327	2	373	35			12 216	
交通运输设备制造业	1 192	1 213	9 423		410		35 842	
电气机械及器材制造业	430		1 226	354			19 465	
通信设备、计算机及其他电子设备制造业	238		241				8 490	
仪器仪表及文化、办公用机械制造业	17						291	
工艺品及其他制造业	76		337	39			135	
废弃资源和废旧材料回收加工业	7		94	15			376	
电力、热力的生产和供应业	3 315		1 462				283 096	46 884
燃气生产和供应业	98		50				317	
水的生产和供应业	195		152				11 432	

10－13 工业园区主要经济指标

（2009年）

项目	开发面积（平方公里）	投产工业企业数（个）		招商实际到位资金（万元）		工业增加值（万元）		出口交货值（万元）	
		本年	上年	本年	比上年增长%	本年	比上年增长%	本年	比上年增长%
总计	**47.57**	**1 513**	**1 475**	**2 033 903**	**－5.2**	**5 034 366**	**14.8**	**1 163 194**	**－7.2**
南昌昌南工业园区	1.95	44	44			58 524	18.9	24 076	12.6
南昌昌东工业园区	7.41	397	396	332 851	8.7	949 086	16.1	234 960	5.9
江西南昌小蓝经济开发区	6.60	261	247	511 271	6.3	702 298	19.0	108 129	50.6
江西新建长堎工业园区	3.50	121	120	113 005	－15.5	397 093	25.4	35 418	202.2
江西安义工业园区	3.00	83	69	167 799	16.0	116 283	25.2	12 874	－28.1
南昌经济技术开发区	9.80	274	274	398 106	－19.6	972 199	12.1	374 301	－24.6
南昌高新技术产业开发区	11.70	319	311	438 461	6.1	1 824 803	11.4	373 437	－9.4
南昌英雄经济技术开发区	3.61	14	14	72 410	－57.9	14 080	7.8		

10－13 续表

项目	主营业务收入（万元）		利润总额（万元）		税金总额（万元）		从业人员（人）	
	本年	比上年增长%	本年	比上年增长%	本年	比上年增长%	本年	比上年增长%
总计	**15 506 260**	**15.3**	**667 359**	**45.7**	**851 111**	**9.5**	**230 495**	**5.5**
南昌昌南工业园区	185 644	23.4	1 076	－43.6	3 358	37.7	5 063	－3.0
南昌昌东工业园区	2 763 903	17.5	172 742	244.7	106 845	69.8	44 838	19.3
江西南昌小蓝经济开发区	2 182 601	20.3	71 663	72.9	53 099	－8.8	41 171	6.0
江西新建长堎工业园区	1 245 273	30.7	78 347	22.1	26 468	111.6	16 402	1.4
江西安义工业园区	446 564	27.0	17 086	13.6	7 883	39.9	7 819	20.2
南昌经济技术开发区	3 256 762	13.8	112 777	12.1	78 576	－23.1	40 540	0.5
南昌高新技术产业开发区	5 377 929	9.3	204 396	11.0	574 659	7.9	73 842	1.5
南昌英雄经济技术开发区	47 584	9.1	9 273	1151.42	224	－53.9	820	－22.8

主 要 统 计 指 标 解 释

工业 指从事自然资源的开采,对采掘品和农产品进行加工再加工的物质生产部门,具体包括:(1)对自然资源的开采,如采矿、晒盐、森林采伐等(但不包括禽兽捕猎和水产捕捞);(2)对农副产品的加工、再加工,如粮油加工、食品加工、轧花、缫丝、纺织、制革等;(3)对采掘品的加工、再加工,如炼铁、炼钢、炼焦、化工生产、机器制造、木材加工以及自来水、煤气的生产和电力的生产及供应;(4)对工业品的修理、翻新,如修理机械设备、交通运输工具等。

1984年以前农村的村及村以下办工业归属农业,1984年及以后划归工业。

工业统计调查单位 工业统计调查单位分为两类:独立核算法人工业企业和工业活动单位。

(1)独立核算法人工业企业 是指从事工业生产经营活动的单位。独立核算法人工业应同时具备以下条件:①依法成立,有自己的名称、组织机构和场所,能够承担民事责任;②独立拥有和使用资产,承担负债,有权与其他单位签订合同;③独立核算盈亏,并能够编制资产负债表。

(2)工业活动单位是指在一个场所从事一种或主要从事一种工业生产活动的经济单位。它包括独立核算工业企业按主营业务活动(即工业生产活动)划分的主营业务活动单位和非工业企业所属的工业生产活动单位(即原非独立核算工业生产单位)。工业活动单位,一般应同时具备以下三个条件:①具有一个场所,从事一种或主要从事一种工业活动;②单独组织工业生产、经营或业务活动;③单独核算收人和支出。

工业企业经济类型 是按企业生产资料和产品归属对象划分企业类型。1992年以前,执行的是由国家统计局和国家工商行政管理局于1980年联合颁发的《关于统计上划分经济类型的暂行规定》及近几年来的补充规定,将我国经济类型划分为:全民所有制、集体所有制、全民与集体合营、全民与大陆私人合营、全民与华侨或港澳台工商业者合营、集体与大陆私人合营、集体与华侨或港澳台工商业者合营、中外合营、华侨或港澳台工商业者经营、外资经营、个体经营、其他等十二种。随着经济体制改革的不断深化和社会经济的发展,我国国民经济结构发生了新的变化,出现了一些新的经济成份,原有的分类已不能反映我国体制格局发展变化的新情况。为此。国家统计局和国家工商行政管理局在调查研究的基础上,联合颁发了修订后的《关于经济类型划分暂行规定》,将我国经济成份划分为儿种类型。

1. 国有经济工业 是指生产资料归国家所有的一种经济类型,是社会主义公有制经济的重要组成部分。包括中央和地方各级国家机关、事业单位和社会团体使用国有资产投资举办的企业,也包括实行企业化经营,国家不再核拨经费或核拨部分经费的事业单位和从事经营性活动的社会团体,以及上述企业、事业单位和社会团体使用自有资金投资举办的企业。

2. 集体经济工业 是指生产资料归公民集体所有的一种经济类型,是社会主义公有制经济的组成部分。包括城乡所有用集体投资举办的企业,以及部分个人通过集资自愿放弃所有权并依法经工商行政管理机关认定为集体所有制的企业。

3. 私营经济工业 是生产资料归公民私人所有,以雇佣劳动力为基础的一种经济类型。包括所有按国家法律、规定登记注册的私营独资企业、私营合伙企业和私营有限责任公司。

4. 个体经济工业 是指生产资料归劳动者个人所有,以个体劳动为基础,劳动成果归劳动者个人占有和支配的一种经济类型。包括所有按国家有关规定登记注册的个体工商户和个人合伙经营者。

5. 联营经济工业 是指不同所有制性质的企业之间或者企业、事业单位之间共同投资组成新的经济实体的一种经济类型。联营经济只包括具备法人条件的紧密型联营企业。

6. 股份制经济工业 是指全部注册资本由全体股东共同出资,并以股份形式投资举办企业而形成的一种经济类型。股份制经济主要有股份有限公司和有限责任公司两种组织形式。国有、集体、联营、私营企业等经济组织虽然以股份制形式经营,但不以股份有限公司或有限责任公司登记注册的,仍按原有所有制性质划归经济类型。

7. 外商投资经济工业　是指国外投资者根据我国有关涉外经济的法律、法规，以合资、合作或独资的形式在大陆境内开办企业而形成的一种经济类型。外商投资经济包括中外合资经营企业、中外合作经营企业和外资企业的三种形式。

8. 港、澳、台投资经济工业　是指港、澳、台地区投资者依照中华人民共和国有关涉外经济的法律、法规，以合资、合作或独资的形式在大陆举办企业而形成的一种经济类型。港、澳、台投资经济参照外商投资经济，可分为合资经营企业、合作经营企业和独资企业三种形式。

9. 其他经济工业　是指以上八种类型之外的其他经济类型。随着经济体制改革的深化，可能会出现新的经济形式，或遇到不易划清的，可列入其他经济类型。

轻工业　指主要提供生活消费品和制作手工工具的工业。按其所使用的原料不同，可分为两大类：(1)以农产品为原料的轻工业，是指直接或间接以农产品为基本原料的轻工业。主要包括食品制造、饮料制造、烟草加工、纺织、缝纫、皮革和毛皮制作、造纸以及印刷等工业；(2)以非农产品为原料的轻工业，是指以工业品为原料的轻工业。主要包括文教体育用品、化学药品制造、合成纤维制造、日用化学制品、日用玻璃制品、日用金属制品、手工工具制造、医疗器械制造、文化和办公用机械制造等工业。

重工业　是指为国民经济各部门提供物质技术基础的主要生产资料的工业。按其生产性质和产品用途，可以分为下列三类：(1)采掘(伐)工业，是指对自然资源的开采，包括石油开采、煤炭开采、金属矿开采、非金属矿开采和木材采伐等工业；(2)原材料工业，指向国民经济各部门提供基本材料、动力和燃料的工业。包括金属冶炼及加工、炼焦及焦炭化学、化工原料、水泥、人造板以及电力、石油和煤炭加工等工业；(3)加工工业，是指对工业原材料进行再加工制造的工业。包括装备国民经济各部门的机械设备制造工业、金属结构、水泥制品等工业，以及为农业提供的生产资料如化肥、农药等工业。

根据上述划分原则，修理业中以重工业产品为修理作业对象的划为重工业，反之划为轻工业。

大、中、小型企业划分　根据国家经贸委、国家计委、财政部、国家统计局《关于印发中小企业标准暂行规定的通知》(国经贸中小企[2003]143号)，结合统计工作的实际情况，2003年制定了统计上大中小型企业划分办法(暂定)。它以法人企业或单位作为对企业规模的划分对象，以从业人员数、销售额和资产总额三项指标为划分依据。企业规模的具体划分标准见附表。

指标名称	计算单位	大型	中型	小型
从业人员数	人	2000及以上	300－2000以下	300以下
销售额	万元	30000及以上	3000－30000以下	3000以下
资产总额	万元	40000及以上	4000－40000以下	4000以下

1. 表中的"工业企业"包括采矿业，制造业，电力、燃气及水的生产和供应业三个行业的企业。

2. 工业企业的销售额以现行统计制度中的年产品销售收入代替；资产总额以现行统计制度中的资产合计代替。

3. 大型和中型企业须同时满足所列各项条件的下限指标，否则下划一档。

4. 企业规模由政府综合统计部门根据上年统计年报每年划分一次。企业规模一经确认，月度统计原则上不进行调整。

工业总产值　是以货币表现的工业企业在一定时期内生产的已出售或可供出售工业产品总量，它反映一定时间内工业生产的总规模和总水平。它包括：在本企业内不再进行加工，经检验、包装入库(规定不需包装的产品除外)的成品价值，工业性作业价值，自制半成品、在产品期末初差额价值。工业总产值采用"工厂法"计算，即以工业企业作为一个整体，按企业工业生产活动的最终成果来计算，企业内部不允许重复计算，不能把企业内部各个车间(分厂)生产的成果相加。但在企业之间、行业之间、地区之间存在着重复计算。

轻重工业总产值的划分也是按"工厂法"计算的，即一个工业企业在正常情况下生产的主要产品的性质属于轻工业，则该企业的全部总产值作为轻工业总产值；一个工业企业生产的主要产品的性质属于重工业，则该企业的全部总产值作为重工业总产值。

工业销售产值　是以货币表现的工业企业是一定时期内销售的本企业生产的工业产品总量。包括已销售的成品、半成品价值，对外提供的工业性作业价值和对本企业基本建设部门、生活福利部门等提供的产品和工业性作业及自制设备的价值。

工业增加值 是指工业企业在报告期内以货币形式表现的工业生产活动的最终成果，是企业全部生产活动的总成果扣除了在生产过程中消耗或转换的物质产品和劳务价值后的余额，即企业生产过程中新增加的价值。

所有者权益 是指企业投资人对企业净资产的所有权，包括企业投资者对企业的投入资本以及形成的资本公积金、盈余公积金和未分配利润等的所有权。

固定资产原值 指企业在建造、购置、安装、改建、扩建、技术改造某项固定资产时所支出的全部货币总额。它一般包括买价、包装费、运杂费和安装费等。

固定资产净值 是指固定资产原价减去历年已提折旧额后的净额。

流动资产 是指可以在一年或者超过一年的一个营业周期内变现或者耗用的资产，包括现金及各种存款、短期投资、应收及预付货款、存货等。

流动负债 是指将在一年或者超过一年的一个营业周期内偿还的债务。包括短期借款、应付票据、应付帐款、预收货款、应付工资、应交税金、应付利润、其他应付款、预提费用等。

产品销售收入 指企业销售产品的销售收人和提供劳务等主要经营业务取得的业务总额。1994 年实施新的税制后，取消了产品税，开征消费税，增值税由价内税改为价外税，因此，产品销售收人中不再含增值税。

利润总额 是指企业实现的利润总额，等于盈利企业的利润额减亏损企业的亏损额。

利税总额 指企业利润总额、产品销售税金及附加和应交增值税之和。

工业经济效益综合指数 是综合衡量工业经济效益各方面在数量上总体水平的一种特殊相对数，是反映工业经济运行质量的总量指标。它是以各项工业经济效益指标实际数值分别除以该项指标的全国标准值并乘以各自权数，加总后除以总权数求得。

工业经济效益综合指数的计算方法：

$$\text{工业经济效益综合指数}=\Sigma(\frac{\text{某项经济效益指标报告期数值}}{\text{该项指标全国标准值}}\times\text{权数})\div\text{总权数}$$

权数是根据上述各项工业经济效益指标在综合经济效益中的重要程度，由专家调查确定的，各项权数之和即是总权数。

工业产品销售率 指报告期销售产值与同期全部工业总产值之比，反映工业产品生产已实现销售的程度。计算公式为：

$$\text{工业产品销售率}(\%)=\frac{\text{报告期现价工业销售产值}}{\text{报告期现价工业总产值}}\times100\%$$

工业资金利税率 指报告期已实现的利润、税金总额与同期的资产（流动资产和固定资产净值）之比，反映企业资金运用的经济效益指标。

计算公式为：

$$\text{工业资金利税率}(\%)=\frac{\text{报告期累计实现利税总额}}{\text{报告期平均流动资产}+\text{固定资产净值平均余额}}\times\frac{12}{\text{累计数}}100\%$$

工业增加值率 指报告期工业增加值与同期工业总产值之比，反映降低中间消耗的经济效益指标。

计算公式为：

$$\text{工业增加值率}(\%)=\frac{\text{报告期工业增加值}}{\text{报告期现价工业总产值(新规定)}+\text{报告期销项税额}}\times100\%$$

工业成本费用利润率 指报告期实现利润与成本费用之比，反映降低成本的经济效益的指标。计算公式为

$$\text{工业成本费用利润率}(\%)=\frac{\text{利润总额}}{\text{成本费用总额}}\times100\%$$

成本费用总额 指企业的产品销售成本、产品销售费用、管理费用和财务费用之和。由于 1994 年工业财务统计年报中没有财务费用指标，故用利息支出代替（1993 年全省利息支出占财务费用的 91.7%）。

工业全员劳动生产率 指根据产品的价值量指标计算的平均每一个职工在单位时间内的产品生产量。是考核企业经济活动的重要指标，是企业生产技术水平、经营管理水平、职工技术熟练程度和劳动积极性的综合表现。目前我国的全员劳动生产率是将工业企业的工业增加值除以同一时期全部职工的平均人数来计算的。计算公式：

$$全员劳动生产率(元/人)=\frac{工业增加值}{全部职工平均人数}\times\frac{12}{累计月数}$$

流动资产周转次数　指一定时期内流动资产完成的周转次数，是反映工业企业投入流动资产的周转速度的指标。计算公式为：

$$流动资产周转次数(次)=\frac{报告期累计产品销售收入}{报告期流动资产平均余额}\times\frac{12}{累计月数}$$

资本金　指企业在工商行政管理部门登记的注册资金合计。企业资本金按投资主体可分为国家资本金、法人资本金、个人资本金和外商资本金等。资本金会计包括企业各种投资主体注册的全部资本金。

总资产　指企业拥有或控制的全部资产。包括流动资产、长期投资、固定资产、无形及递延资产、其他长期资产、递延税项等，即为企业资产负债表的资产总计项。

(1)流动资产　指企业可以在一年内或者超过一年的一个生产周期内变现或耗用的资产合计。包括现金及各种存款、短期投资、应收及预付款项、存货等。

(2)固定资产　指企业固定资产净值、固定资产清理、在建工程、待处理固定资产损失所占用的资金合计。

(3)无形资产　指企业长期使用而没有实物形态的资产。包括专利权、非专利技术、商标权、著作权、土地使用权、商誉等。

总负债　指企业承担并需要偿还的全部债务。包括流动负债和长期负债、递延税项等，即为企业资产负债表的负债合计项。

(1)流动负债　指企业在一年内或者超过一年的一个营业周期内需要偿还的债务合计，其中包括短期借款、应付及预收款项、应付工资、应交税金和应交利润等。

(2)长期负债　指企业在一年以上或者超过一年的一个生产周期以上需要偿还的债务合计，其中包括长期借款、应付债务、长期应付款项等。

所有者权益　指企业投资人对企业净资产的所有权。企业净资产等于企业全部资产减去全部负债后的余额，其中包括投资者对企业的最初投入，以及资本公积金、盈余公积金和未分配利润。对股份制企业即为股东权益。

工业企业能源消费　工业企业能源消费指独立核算的法人工业企业在报告期内实际使用的能源数量。能源消费数量分别用价值量和实物量表示。

能源消费　能源消费指独立核算的法人企业在报告期内实际使用的能源的数量，包括主营活动和附营活动实际使用能源数量；并包括由本企业(作为投资单位)代填的乡镇建筑企业为完成本企业建筑项目而实际使用的能源数量。能源消费数量用价值量和实物量表示。

消费的核算原则："谁消费谁统计"，即能源在哪个企业使用，就由哪个企业统计消费。

消费的核算方法：能源进入第一道生产工序，改变了原来的形态或性能，或者已经实际投入使用，即作消费统计。

能源库存　能源库存是指独立核算法人企业在报告期初、期末实际结存的能源的数量和价值。

库存的核算原则："谁支配谁统计"，即凡是本企业有权支配动用的能源，不论存放何处，都应作本企业库存统计；反之，本企业无权支配动用的能源，即使存在本企业仓库，也不能作为本企业库存统计。

库存的核算方法：凡属本企业有权支配动用的某一时点实际结存的能源，都应作本企业库存统计。

全国工业经济效益综合指数标准

单位：%

总资产贡献率	资本保值增值率	资产负债率	流动资产周转率(次)	成本费用利润率	劳动生产率(元/人)	产品销售率
10.7	120	≤60	1.52	3.71	16500	96.0

十一、建　筑　业

CONSTRUCTION

本篇内容包括：

1. 建筑业企业生产情况
2. 建筑业企业财务状况

资料整理

许卫群
胡　强
朱伟彦

微机处理

许卫群
胡　强
朱伟彦

11－1 建筑业企业生产情况

（总承包和专业承包资质企业，2009 年）

项目	企业个数（个）	#有工作量的企业	建筑业合同情况		
			签订的合同额（万元）	上年结转	本年新签
总计	**419**	**382**	**11 793 800**	**4 782 704**	**7 011 096**
#国有及国有控股企业	99	93	6 835 655	2 883 888	3 951 767
一、按登记注册类型分					
内资企业	413	376	11 682 054	4 764 454	6 917 600
国有企业	67	63	4 618 308	2 063 028	2 555 280
集体企业	45	43	1 720 993	641 353	1 079 640
股份合作企业	12	11	125 352	52 344	73 008
有限责任公司	157	142	3 796 018	1 459 610	2 336 408
国有独资公司	4	3	834 113	378 901	455 211
其他有限责任公司	153	139	2 961 905	1 080 708	1 881 196
股份有限公司	35	33	648 991	301 606	347 385
私营企业	95	83	772 391	246 514	525 877
私营独资企业	3	3	23 579	15 720	7 859
私营合伙企业	1	1	87		87
私营有限责任公司	79	69	523 088	149 023	374 065
私营股份有限公司	12	10	225 637	81 771	143 866
其他企业	2	1	2		2
港、澳、台商投资企业	5	5	110 913	17 895	93 018
合资经营企业（港或澳、台资）	4	4	107 481	15 083	92 398
港、澳、台商投资股份有限公司	1	1	3 432	2 812	620
外商投资企业	1	1	833	355	478
中外合资经营企业	1	1	833	355	478
二、按国民经济行业分					
房屋和土木工程建筑业	180	173	10 033 500	4 084 796	5 948 704
房屋工程建筑	103	101	4 579 160	1 703 417	2 875 743
土木工程建筑业	77	72	5 454 341	2 381 379	3 072 962
建筑安装业	102	91	1 302 520	627 725	674 795
建筑装饰业	103	87	244 626	48 671	195 955
其他建筑业	34	31	213 153	21 511	191 642
工程准备	5	4	94 133	13 676	80 457
提供施工设备服务	2	2	1 470	221	1 249
其他未列明的建筑活动	27	25	117 550	7 614	109 936

11－1　续表1　（总承包和专业承包资质企业，2009年）

项　　　目	企业个数（个）	#有工作量的企业	建筑业合同情况		
			签订的合同额（万元）	上年结转	本年新签
三、按隶属关系分					
中央	12	12	1 627 700	811 420	816 280
省	71	66	4 860 790	1 951 691	2 909 100
市	65	59	1 383 597	616 059	767 538
县（区）	42	39	1 237 290	425 592	811 697
街道	1	1	110		110
镇	11	11	335 098	97 428	237 670
乡	2	2	382 100	147 230	234 870
村委会	1	1	1 067	6	1 061
其他	214	191	1 966 048	733 278	1 232 770
四、按企业资质等级分					
施工总承包	209	200	11 137 175	4 628 551	6 508 624
特级	1	1	316 437	136 437	180 000
一级	55	55	9 055 762	3 859 333	5 196 429
二级	83	81	1 415 769	541 409	874 360
三级及以下	70	63	349 207	91 372	257 835
专业承包	210	182	656 625	154 153	502 472
一级	27	27	344 646	71 273	273 373
二级	60	51	132 948	39 108	93 840
三级及以下	123	104	179 032	43 773	135 259
五、按营业状态分					
营业	376	374	11 783 481	4 775 559	7 007 921
停业（歇业）	37	5	7 100	6 505	596
筹建	1	1	16		16
当年关闭	5	2	3 203	640	2 563
六、按控股情况分					
国有控股	99	93	6 835 655	2 883 888	3 951 767
集体控股	69	65	1 949 199	725 159	1 224 040
私人控股	229	204	2 718 414	1 085 751	1 632 663
港澳台商控股	5	5	110 913	17 895	93 018
外商控股	1	1	833	355	478
其他	16	14	178 786	69 656	109 130

项　　　　目	承包工程完成情况			
	直接从建设单位承揽工程产值	自行完成施工产值	分包出去工程产值	从建设单位以外承揽工程完成的产值
总　　计	**6 332 650**	**6 225 849**	**106 801**	**137 503**
#国有及国有控股企业	3 523 978	3 441 756	82 222	66 729
一、按登记注册类型分				
内资企业	6 292 912	6 186 111	106 801	137 503
国有企业	2 564 879	2 482 657	82 222	64 486
集体企业	1 039 190	1 028 252	10 938	4 719
股份合作企业	82 692	82 692		
有限责任公司	1 761 430	1 761 130	300	7 837
国有独资公司	374 126	374 126		
其他有限责任公司	1 387 304	1 387 004	300	7 837
股份有限公司	310 992	299 187	11 805	33 569
私营企业	533 727	532 191	1 536	26 892
私营独资企业	10 527	10 527		
私营合伙企业	87	87		
私营有限责任公司	332 401	330 865	1 536	26 892
私营股份有限公司	190 712	190 712		
其他企业	2	2		
港、澳、台商投资企业	39 133	39 133		
合资经营企业（港或澳、台资）	35 701	35 701		
港、澳、台商投资股份有限公司	3 432	3 432		
外商投资企业	606	606		
中外合资经营企业	606	606		
二、按国民经济行业分				
房屋和土木工程建筑业	5 244 689	5 163 124	81 565	104 407
房屋工程建筑	2 744 124	2 743 908	215	29 493
土木工程建筑业	2 500 565	2 419 216	81 349	74 914
建筑安装业	704 727	681 028	23 700	22 332
建筑装饰业	194 780	194 780		
其他建筑业	188 454	186 918	1 536	10 764
工程准备	88 409	88 409		640
提供施工设备服务	4 658	4 658		
其他未列明的建筑活动	95 387	93 851	1 536	10 124

项目	承包工程完成情况			
	直接从建设单位承揽工程产值	自行完成施工产值	分包出去工程产值	从建设单位以外承揽工程完成的产值
三、按隶属关系分				
中央	870 411	811 681	58 730	32 480
省	2 235 616	2 214 196	21 420	34 201
市	754 430	738 277	16 154	9 203
县（区）	787 071	783 449	3 622	6 185
街道	110	110		
镇	203 836	203 836		
乡	221 733	221 733		
村委会	982	982		
其他	1 258 461	1 251 586	6 875	55 435
四、按企业资质等级分				
施工总承包	5 755 975	5 658 287	97 687	115 641
特级	139 222	139 222		
一级	4 652 258	4 574 681	77 577	67 380
二级	729 500	722 644	6 856	25 848
三级及以下	234 995	221 742	13 254	22 413
专业承包	576 675	567 562	9 113	21 862
一级	288 968	288 968		10 831
二级	103 653	96 606	7 048	7 905
三级及以下	184 054	181 989	2 066	3 126
五、按营业状态分				
营业	6 325 371	6 218 570	106 801	136 863
停业（歇业）	7 100	7 100		
筹建	16	16		
当年关闭	163	163		640
六、按控股情况分				
国有控股	3 523 978	3 441 756	82 222	66 729
集体控股	1 217 511	1 206 272	11 238	5 019
私人控股	1 455 679	1 447 377	8 302	60 583
港澳台商控股	39 133	39 133		
外商控股	606	606		
其他	95 744	90 705	5 039	5 173

（总承包和专业承包资质企业，2009年）

单位：万元

项目	建筑业总产值	#装饰装修产值	#在外省完成产值	按构成分			竣工产值
				建筑工程	安装工程	其他产值	
总计	**6 363 352**	**282 346**	**1 952 881**	**5 466 920**	**516 087**	**380 346**	**3 603 449**
#国有及国有控股企业	3 508 485	63 567	1 512 154	2 992 911	314 446	201 128	1 723 996
一、按登记注册类型分							
内资企业	6 323 614	275 943	1 952 881	5 432 384	510 885	380 346	3 584 771
国有企业	2 547 143	53 057	1 166 334	2 081 443	287 286	178 413	1 265 586
集体企业	1 032 971	13 243	183 440	988 749	22 633	21 590	628 487
股份合作企业	82 692	1 940	10 565	79 806	1 779	1 107	90 965
有限责任公司	1 768 967	115 291	513 362	1 555 957	84 446	128 565	1 043 573
国有独资公司	374 126		140 788	374 126			64 642
其他有限责任公司	1 394 841	115 291	372 574	1 181 831	84 446	128 565	978 931
股份有限公司	332 756	45 820	43 969	220 814	96 324	15 618	220 769
私营企业	559 083	46 590	35 212	505 614	18 416	35 053	335 389
私营独资企业	10 527			8 454	2 073		9 374
私营合伙企业	87			87			87
私营有限责任公司	357 757	29 002	30 762	321 575	12 587	23 595	252 693
私营股份有限公司	190 712	17 588	4 449	175 498	3 755	11 459	73 236
其他企业	2	2		2			2
港、澳、台商投资企业	39 133	6 404		34 536	4 597		18 073
合资经营企业（港或澳、台资）	35 701	2 972		31 104	4 597		14 641
港、澳、台商投资股份有限公司	3 432	3 432		3 432	–		3 432
外商投资企业	606				606		606
中外合资经营企业	606				606		606
二、按国民经济行业分							
房屋和土木工程建筑业	5 267 531	84 786	1 701 466	4 862 142	130 291	275 097	2 913 722
房屋工程建筑	2 773 401	69 327	575 304	2 646 813	26 825	99 764	1 688 160
土木工程建筑业	2 494 130	15 460	1 126 162	2 215 330	103 467	175 333	1 225 563
建筑安装业	703 360	56 271	172 043	282 609	359 837	60 914	396 331
建筑装饰业	194 780	140 531	6 147	135 943	23 902	34 935	132 758
其他建筑业	197 682	758	73 226	186 225	2 057	9 399	160 638
工程准备	89 049		66 912	83 849		5 200	70 233
提供施工设备服务	4 658			2 719		1 939	1 939
其他未列明的建筑活动	103 975	758	6 314	99 657	2 057	2 261	88 467

项目	建筑业总产值						竣工产值
		#装饰装修产值	#在外省完成产值	按构成分			
				建筑工程	安装工程	其他产值	
三、按隶属关系分							
中央	844 160		524 503	710 270	87 995	45 896	239 756
省	2 248 397	78 081	733 119	1 850 066	226 894	171 437	1 300 928
市	747 480	34 941	128 938	639 426	51 214	56 839	439 581
县（区）	789 634	14 884	231 336	767 775	9 657	12 203	396 981
街道	110	110		110			110
镇	203 836	5 136	42 453	190 603	765	12 468	201 186
乡	221 733			221 733			221 734
村委会	982			982			676
其他	1 307 020	149 195	292 532	1 085 954	139 562	81 504	802 497
四、按企业资质等级分							
施工总承包	5 773 928	150 523	1 825 368	5 117 792	332 334	323 802	3 175 359
特级	139 222		63 794	135 097	4 125		116 514
一级	4 642 060	119 819	1 712 996	4 118 928	275 118	248 015	2 398 141
二级	748 492	16 860	39 488	643 200	36 674	68 618	503 515
三级及以下	244 155	13 845	9 090	220 568	16 417	7 170	157 190
专业承包	589 424	131 823	127 514	349 127	183 754	56 543	428 091
一级	299 798	69 159	113 009	197 257	95 026	7 516	228 228
二级	104 511	29 955	11 483	46 884	28 410	29 218	79 676
三级及以下	185 115	32 709	3 021	104 987	60 318	19 810	120 187
五、按营业状态分							
营业	6 355 433	281 875	1 952 241	5 459 091	516 087	380 256	3 602 368
停业（歇业）	7 100	456		7 010		90	426
筹建	16	16		16			16
当年关闭	803		640	803			640
六、按控股情况分							
国有控股	3 508 485	63 567	1 512 154	2 992 911	314 446	201 128	1 723 996
集体控股	1 211 292	22 219	234 819	1 076 200	108 635	26 456	789 609
私人控股	1 507 960	145 318	189 680	1 295 732	63 962	148 266	1 018 234
港澳台商控股	39 133	6 404		34 536	4 597		18 073
外商控股	606				606		606
其他	95 878	44 839	16 228	67 541	23 842	4 495	52 932

11－1　续表4－1　（总承包和专业承包资质企业，2009年）

项　　目	房屋建筑施工面积（平方米）	#本年新开工面积	#实行投标承包面积	#本年新开工	年末自有施工机械设备		
					净值（万元）	总台数（台）	总功率（千瓦）
总　　计	**55 696 865**	**21 264 289**	**38 527 452**	**18 213 115**	**175 308**	**47 120**	**745 066**
#国有及国有控股企业	29 264 120	8 354 868	17 708 142	6 935 801	81 407	17 277	325 237
一、按登记注册类型分							
内资企业	55 669 777	21 237 201	38 500 364	18 186 027	170 428	46 492	744 847
国有企业	24 269 930	6 460 448	12 778 452	5 064 581	64 560	12 766	256 448
集体企业	14 161 850	7 416 048	12 922 804	6 970 042	25 386	11 831	108 061
股份合作企业	1 447 836	687 669	873 443	454 869	1 851	796	12 570
有限责任公司	9 053 912	4 176 061	7 928 467	3 918 094	54 884	16 550	260 356
国有独资公司	3 471		3 471		3 626	522	11 565
其他有限责任公司	9 050 441	4 176 061	7 924 996	3 918 094	51 258	16 028	248 791
股份有限公司	1 853 548	744 142	1 442 498	628 875	8 782	2 091	26 421
私营企业	4 882 701	1 752 833	2 554 700	1 149 566	14 966	2 458	80 991
私营独资企业	278 911	79 716	278 911	79 716	77	125	1 090
私营合伙企业	4 887	4 887					
私营有限责任公司	3 666 986	1 035 633	1 343 872	437 253	11 299	1 687	72 540
私营股份有限公司	931 917	632 597	931 917	632 597	3 590	646	7 361
其他企业							
港、澳、台商投资企业	27 088	27 088	27 088	27 088	4 880	628	219
合资经营企业（港或澳、台资）	27 088	27 088	27 088	27 088	4 880	628	219
二、按国民经济行业分							
房屋和土木工程建筑业	53 025 557	20 350 359	37 106 672	17 596 723	142 566	38 393	569 001
房屋工程建筑	36 512 857	16 675 583	31 455 404	14 883 637	52 843	20 466	267 593
土木工程建筑业	16 512 700	3 674 776	5 651 268	2 713 086	89 724	17 927	301 408
建筑安装业	860 547	340 218	747 394	311 180	21 942	5 292	69 550
建筑装饰业					1 998	1 552	43 486
其他建筑业	1 810 761	573 712	673 386	305 212	8 802	1 883	63 029
工程准备					3 743	733	34 670
其他未列明的建筑活动	1 810 761	573 712	673 386	305 212	5 059	1 150	28 359

11－1　续表4－2　　　　　　　　（总承包和专业承包资质企业，2009年）

项　　目	房屋建筑施工面积（平方米）	#本年新开工面积	#实行投标承包面积	#本年新开工	年末自有施工机械设备 净值（万元）	总台数（台）	总功率（千瓦）
三、按隶属关系分							
中央	1 082 531	571 962	741 849	167 855	24 607	4 444	72 281
省	12 059 934	5 564 384	11 388 957	5 376 907	66 201	16 232	240 122
市	19 159 782	4 155 498	7 993 322	3 255 898	11 747	3 793	88 041
县（区）	10 223 678	5 152 596	9 581 238	4 754 075	25 839	9 850	103 304
街道					11	75	260
镇	3 647 150	2 004 711	3 076 864	1 826 765	6 267	2 079	32 539
乡	2 270 136	1 205 400	1 623 000	1 200 000	4 827	2 529	10 706
村委会	7 500						
其他	7 246 154	2 609 738	4 122 222	1 631 615	35 810	8 118	197 813
四、按企业资质等级分							
施工总承包	53 450 159	20 426 034	37 576 678	17 710 254	162 587	42 926	624 491
特级	2 077 616	673 435	2 077 616	673 435	5		
一级	39 724 944	14 463 311	27 646 912	13 404 447	127 210	34 855	517 407
二级	8 903 142	4 067 224	6 070 264	2 915 932	27 739	6 286	87 374
三级及以下	2 744 457	1 222 064	1 781 886	716 440	7 633	1 784	19708
专业承包	2 246 706	838 255	950 774	502 861	12 721	4 194	120 575
一级	787 860				8 564	2 170	83 296
二级	659 950	521 731	488 693	186 337	1 624	938	22 639
三级及以下	798 896	316 524	462 081	316 524	2 533	1 086	14 640
五、按营业状态分							
营业	55 677 925	21 263 505	38 527 452	18 213 115	174 636	46 995	742 009
停业（歇业）	18 156						
当年关闭	784	784			672	125	3 057
六、按控股情况分							
国有控股	29 264 120	8 354 868	17 708 142	6 935 801	81 407	17 277	325 237
集体控股	15 609 686	8 103 717	13 796 247	7 424 911	28 153	12 978	129 930
私人控股	10 403 512	4 701 424	6 603 516	3 748 123	53 340	15 524	282 112
港澳台商控股	27 088	27 088	27 088	27 088	4 880	628	219
其他	392 459	77 192	392 459	77 192	7 527	713	7 568

（总承包和专业承包资质企业，2009年）

项目	从业人员（人）				补充资料	
	计算劳动生产率的平均人数	年末从业人数	#管理人员	#工程技术人员	企业总产值（万元）	境外营业额（万元）
总计	**334 034**	**305 268**	**29 472**	**32 855**	**6 938 390**	**100 048**
#国有及国有控股企业	164 329	155 155	16 841	15 986	3 816 985	95 343
一、按登记注册类型分						
内资企业	331 983	303 075	29 057	32 537	6 898 652	100 048
国有企业	124 963	112 481	10 549	10 575	2 776 385	95 343
集体企业	76 303	67 170	5 191	5 217	1 046 848	
股份合作企业	9 138	4 503	699	1 054	83 578	
有限责任公司	76 921	79 232	9 844	10 813	1 804 968	1 200
国有独资公司	5 792	5 150	1 244	1 043	383 077	
其他有限责任公司	71 129	74 082	8 600	9 770	1 421 892	1 200
股份有限公司	14 349	8 617	669	1 477	625 709	
私营企业	30 281	31 040	2 102	3 383	561 161	3 505
私营独资企业	557	554	42	173	10 527	
私营合伙企业	11	11	4	6	87	
私营有限责任公司	21 301	20 760	1 461	2 420	359 803	2 905
私营股份有限公司	8 412	9 715	595	784	190 744	600
其他企业	28	32	3	18	2	
港、澳、台商投资企业	1 976	2 121	391	318	39 133	
合资经营企业（港或澳、台资）	1 838	2 065	391	318	35 701	
港、澳、台商投资股份有限公司	138	56			3 432	
外商投资企业	75	72	24		606	
中外合资经营企业	75	72	24		606	
二、按国民经济行业分						
房屋和土木工程建筑业	273 939	249 124	24 445	25 747	5 539 338	72 703
房屋工程建筑	185 126	169 125	16 623	16 375	2 796 182	8 098
土木工程建筑业	88 813	79 999	7 822	9 372	2 743 156	64 605
建筑安装业	40 571	36 090	3 516	4 444	1 005 091	27 346
建筑装饰业	9 987	10 393	1 146	1 307	194 832	
其他建筑业	9 537	9 661	365	1 357	199 128	
工程准备	4 042	4 052	243	594	89 069	
提供施工设备服务	299	297		9	4 658	
其他未列明的建筑活动	5 196	5 312	122	754	105 402	

项　　目	从业人员（人）				补充资料	
	计算劳动生产率的平均人数	年末从业人数	#管理人员	#工程技术人员	企业总产值（万元）	境外营业额（万元）
三、按隶属关系分						
中央	27 891	21 786	2 591	3 412	856 414	
省	114 421	111 142	12 145	10 915	2 375 345	93 788
市	41 639	36 672	3 490	4 940	932 296	1 200
县（区）	54 471	51 985	4 707	4 336	790 921	
街道	23	23	16	7	110	
镇	25 737	25 173	1 942	1 819	206 738	
乡	9 070	3 890		150	221 733	
村委会	81	81		4	982	
其他	60 701	54 516	4 581	7 272	1 553 851	5 060
四、按企业资质等级分						
施工总承包	302 126	276 104	27 469	28 953	6 159 271	100 048
特级	11 468	13 367	1 360	200	146 165	5 943
一级	223 242	204 909	21 653	19 663	4 945 597	94 105
二级	50 053	42 010	3 179	6 512	806 053	
三级及以下	17 363	15 818	1 277	2 578	261 457	
专业承包	31 908	29 164	2 003	3 902	779 119	
一级	11 366	11 023	961	1 695	480 896	
二级	7 974	8 034	485	931	107 152	
三级及以下	12 568	10 107	557	1 276	191 071	
五、按营业状态分						
营业	333 063	303 926	29 376	32 725	6 930 416	100 048
停业（歇业）	690	896	66	60	7 155	
筹建	15	15			16	
当年关闭	266	431	30	70	803	
六、按控股情况分						
国有控股	164 329	155 155	16 841	15 986	3 816 985	95 343
集体控股	87 788	73 292	6 071	6 750	1 407 133	
私人控股	73 173	70 355	5 944	9 212	1 516 185	4 705
港澳台商控股	1 976	2 121	391	318	39 133	
外商控股	75	72	24		606	
其他	6 693	4 273	201	589	158 349	

（总承包和专业承包资质企业，2009年）

项目	主要建筑材料消耗量					
	钢材（吨）	木材（立方米）	水泥（吨）	平板玻璃 重量箱	平板玻璃 平方米	铝材（吨）
总计	**2 685 297**	**2 016 160**	**10 640 917**	**362 190**	**3 970 634**	**82 444**
#国有及国有控股企业	1 375 574	1 098 897	5 884 134	168 932	1 462 740	37 160
一、按登记注册类型分						
内资企业	2 666 060	2 014 737	10 533 902	348 196	3 903 912	82 444
国有企业	1 070 057	740 322	4 340 913	119 441	1 014 309	22 341
集体企业	661 639	485 448	2 390 508	80 171	878 102	11 749
股份合作企业	82 872	86 429	155 139	2 704	213 198	2 000
有限责任公司	576 895	483 072	2 550 214	84 620	997 465	30 985
国有独资公司	71 814	5 032	420 400	123	12 340	534
其他有限责任公司	505 081	478 040	2 129 814	84 497	985 125	30 451
股份有限公司	105 882	92 899	291 898	41 316	310 284	10 260
私营企业	168 715	126 567	805 230	19 944	490 554	5 109
私营独资企业	3 748	311	23 392	260	7 810	736
私营合伙企业						
私营有限责任公司	137 261	87 296	663 289	12 206	430 063	3 845
私营股份有限公司	27 706	38 960	118 549	7 478	52 681	528
港、澳、台商投资企业	19 237	1 423	107 015	13 994	66 722	
合资经营企业（港或澳、台资）	19 237	1 423	107 015	13 994	66 722	
二、按国民经济行业分						
房屋和土木工程建筑业	2 433 968	1 761 150	9 885 084	312 380	3 434 384	67 727
房屋工程建筑	1 789 741	1 511 466	7 246 872	251 235	2 935 164	53 988
土木工程建筑业	644 227	249 684	2 638 212	61 145	499 220	13 739
建筑安装业	119 851	117 345	487 941	22 946	63 160	11 480
建筑装饰业	16 896	19 909	31 071	23 539	200 410	1 901
其他建筑业	114 582	117 756	236 821	3 325	272 680	1 336
工程准备	20 715	115 934	103 493	115	1 070	
其他未列明的建筑活动	93 867	1 822	133 328	3 210	271 610	1 336

项　　　　目	主要建筑材料消耗量					
	钢　材（吨）	木　材（立方米）	水　泥（吨）	平板玻璃		铝　材（吨）
				重量箱	平方米	
三、按隶属关系分						
中央	206 049	11 461	701 247	2 495	42 196	645
省	1 008 148	860 761	3 453 395	121 425	1 293 600	28 128
市	286 356	227 652	1 414 932	21 226	162 842	20 480
县（区）	560 402	287 632	2 798 361	134 250	1 267 842	7 799
镇	78 304	77 080	325 312	7 618	158 032	5 046
乡	158 839	240 065	90 816	203	16 055	
村委会	60		1 650			
其他	387 139	311 509	1 855 204	74 973	1 030 067	20 346
四、按企业资质等级分						
施工总承包	2 524 177	1 871 080	10 386 204	335 199	3 519 199	79 928
特级	287 550	186 000	821 060	2 627	262 710	2 235
一级	1 730 475	1 261 467	7 539 660	277 936	2 300 861	55 943
二级	420 539	281 565	1 470 507	40 528	605 978	11 144
三级及以下	85 613	142 048	554 977	14 108	349 650	10 606
专业承包	161 120	145 080	254 713	26 991	451 435	2 516
一级	75 713	121 604	208 355	11 947	349 690	2 124
二级	40 179	2 111	25 210	14 253	79 305	150
三级及以下	45 228	21 365	21 148	791	22 440	242
五、按营业状态分						
营业	2 683 030	1 998 077	10 621 023	361 932	3 966 312	82 303
停业（歇业）	99	17 988	3 581	143	3 252	141
当年关闭	2 168	95	16 313	115	1 070	
六、按控股情况分						
国有控股	1 375 574	1 098 897	5 884 134	168 932	1 462 740	37 160
集体控股	744 683	573 337	2 546 509	83 435	1 096 800	13 756
私人控股	487 671	271 681	2 042 200	74 073	1 278 384	25 515
港澳台商控股	19 237	1 423	107 015	13 994	66 722	
其他	58 132	70 822	61 059	21 756	65 988	6 013

11－2 建筑业企业财务状况

（总承包和专业承包资质企业，2009 年） 单位：万元

项目	流动资产 合计	#存货	长期投资	固定资产 合计	固定资产 原价	#生产 经营用	累计折旧	#本年 折旧
总计	**3 316 610**	**574 614**	**225 870**	**765 310**	**928 779**	**506 448**	**291 678**	**52 674**
#国有及国有控股企业	2 167 444	304 556	150 763	446 484	572 565	294 493	210 987	38 510
一、按登记注册类型分								
内资企业	3 277 678	563 353	225 557	757 370	913 459	491 878	284 297	49 681
国有企业	1 376 937	262 328	120 101	321 810	404 391	189 198	154 738	21 087
集体企业	252 686	69 104	40 656	94 159	83 630	37 419	13 160	2 767
股份合作企业	79 444	51 048	102	7 073	9 861	5 658	2 950	223
有限责任公司	1 189 230	109 379	44 100	237 890	302 300	189 323	87 579	21 136
国有独资公司	284 383	10 707	20 867	75 337	102 568	67 531	32 231	7 733
其他有限责任公司	904 847	98 672	23 233	162 553	199 733	121 792	55 348	13 403
股份有限公司	202 381	26 691	8 230	39 077	45 009	34 084	9 388	1 502
私营企业	176 939	44 789	12 368	57 341	68 245	36 175	16 481	2 965
私营独资企业	2 751	180		170	358	221	187	33
私营合伙企业	328	29		16	16		2	1
私营有限责任公司	143 107	37 891	12 357	47 374	52 124	28 321	10 263	1 868
私营股份有限公司	30 753	6 689	11	9 781	15 748	7 633	6 029	1 064
其他企业	61	13		20	22	22	3	1
港、澳、台商投资企业	38 057	11 262	313	7 440	14 720	14 070	7 280	2 983
合资经营企业（港或澳、台资）	32 441	11 262	313	6 990	14 040	13 390	7 050	2 753
港、澳、台商投资股份有限公司	5 616			450	680	680	230	230
外商投资企业	875			500	600	500	100	10
中外合资经营企业	875			500	600	500	100	10
二、按国民经济行业分								
房屋和土木工程建筑业	2 608 776	444 843	202 125	587 598	716 141	392 455	231 125	39 319
房屋工程建筑	1 255 203	249 449	121 283	209 811	216 393	101 383	39 272	5 231
土木工程建筑业	1 353 573	195 394	80 842	377 787	499 748	291 072	191 853	34 088
建筑安装业	506 321	88 148	15 272	107 204	134 160	84 238	42 498	9 758
建筑装饰业	105 249	16 391	4 005	24 797	29 313	12 801	7 322	1 511
其他建筑业	96 264	25 233	4 468	45 710	49 165	16 955	10 734	2 086
工程准备	46 995	7 210	1 308	16 986	17 755	4 477	4 609	448
提供施工设备服务	3 500			660	684		25	5
其他未列明的建筑活动	45 769	18 022	3 160	28 065	30 726	12 478	6 100	1 634

项　　目	流动资产合计	#存货	长期投资	固定资产合计	固定资产原价	#生产经营用	累计折旧	#本年折旧
三、按隶属关系分								
中央	470 533	94 855	13 738	105 430	147 018	86 227	75 362	9 421
省	1 485 443	178 008	126 996	304 654	400 620	212 977	123 040	25 489
市	400 581	79 787	27 167	102 791	105 702	42 213	30 673	4 089
县（区）	242 480	60 047	9 551	68 892	61 993	38 163	12 969	4 229
街道	80			11	17	7	6	2
镇	36 056	5 451	30 652	16 625	18 214	11 165	3 049	269
乡	5 788	2 596		23 474	19 763	1 915	1 449	155
村委会	240	26		364	443		89	10
其他	675 410	153 845	17 766	143 070	175 010	113 783	45 041	9 011
四、按企业资质等级分								
施工总承包	2 906 995	504 445	215 712	649 079	788 666	431 529	254 849	46 253
特级	96 352	3 867	65 526	9 694	10 340	1 206	646	77
一级	2 243 083	387 007	118 553	494 027	616 636	332 273	209 912	35 154
二级	396 112	80 102	27 050	103 311	120 636	69 249	33 833	8 655
三级以下	171 448	33 468	4 583	42 047	41 055	28 801	10 458	2 357
专业承包	409 615	70 169	10 158	116 231	140 113	74 919	36 829	6 421
一级	202 741	33 368	4 884	47 436	53 306	33 530	15 046	2 523
二级	85 590	22 342	2 114	25 816	31 682	15 886	7 489	1 232
三级以下	121 283	14 460	3 160	42 979	55 125	25 503	14 293	2 666
五、按营业状态分								
营业	3 306 869	573 883	225 870	763 183	925 650	504 973	290 356	52 608
停业（歇业）	6 355	46		249	256	22	7	4
筹建	499			500	600	600	100	5
当年关闭	2 886	686		1 378	2 273	853	1 215	57
六、按控股情况分								
国有控股	2 167 444	304 556	150 763	446 484	572 565	294 493	210 987	38 510
集体控股	434 641	131 138	41 188	119 520	114 836	62 590	21 621	4 047
私人控股	584 210	114 732	28 092	173 716	205 497	116 995	46 209	6 172
港澳台商控股	38 057	11 262	313	7 440	14 720	14 070	7 280	2 983
外商控股	875			500	600	500	100	10
其他	91 383	12 927	5 515	17 651	20 561	17 800	5 481	952

项　　　目	在建工程	无形及递延资产小　计	#无形资产	其他资产	资产合计	流动负债合　计	长期负债合　计
总　　计	**64 422**	**77 160**	**77 160**	**12 509**	**4 417 749**	**2 794 640**	**112 304**
#国有及国有控股企业	42 246	41 920	41 920	10 656	2 831 090	1 983 133	86 244
一、按登记注册类型分							
内资企业	64 422	77 160	77 160	12 495	4 370 552	2 770 842	112 304
国有企业	34 190	35 973	35 973	3 319	1 870 490	1 272 889	75 837
集体企业	7 701	15 149	15 149	418	408 487	215 257	1 986
股份合作企业	2	1 691	1 691		88 313	66 840	
有限责任公司	14 825	13 716	13 716	5 429	1 492 602	980 471	24 837
国有独资公司	5 000	2 222	2 222	4 800	388 730	246 598	8 714
其他有限责任公司	9 825	11 494	11 494	629	1 103 872	733 872	16 123
股份有限公司	2 719	6 201	6 201	3 225	259 279	140 120	2 800
私营企业	4 985	4 430	4 430	104	251 301	95 265	6 843
私营独资企业		368	368		3 290	473	
私营合伙企业					344	44	
私营有限责任公司	4 923	3 957	3 957	104	207 012	82 585	6 843
私营股份有限公司	62	105	105		40 655	12 164	
其他企业					81		
港、澳、台商投资企业				13	45 822	23 424	
合资经营企业（港或澳、台资）				13	39 757	20 924	
港、澳、台商投资股份有限公司					6 066	2 500	
外商投资企业					1 375	375	
中外合资经营企业					1 375	375	
二、按国民经济行业分							
房屋和土木工程建筑业	48 701	61 859	61 859	10 752	3 485 680	2 283 146	73 297
房屋工程建筑	13 905	20 305	20 305	1 000	1 616 758	1 075 974	9 819
土木工程建筑业	34 796	41 555	41 555	9 752	1 868 922	1 207 172	63 478
建筑安装业	6 743	12 184	12 184	944	647 475	389 773	24 217
建筑装饰业	2 007	251	251	57	134 369	59 066	1 498
其他建筑业	6 971	2 866	2 866	756	150 226	62 656	13 292
工程准备	3 568			412	65 702	36 202	6 931
提供施工设备服务					4 160		
其他未列明的建筑活动	3 403	2 866	2 866	343	80 364	26 455	6 361

11－2　续表2－2　　（总承包和专业承包资质企业，2009年）　　单位：万元

项　　目	在建工程	无形及递延资产小计	#无形资产	其他资产	资产合计	流动负债合计	长期负债合计
三、按隶属关系分							
中央	20 057	5 183	5 183	1 058	598 779	491 432	12 824
省	16 451	11 316	11 316	4 221	1 943 870	1 304 615	60 225
市	7 266	1 282	1 282	4 962	536 854	319 765	13 737
县（区）	9 197	34 833	34 833	593	360 651	181 170	14 088
街道					91	2	
镇	1 192	10 899	10 899	10	95 000	28 694	
乡		105	105		29 366	7 906	
村委会					604	404	
其他	10 259	13 541	13 541	1 664	852 533	460 654	11 430
四、按企业资质等级分							
施工总承包	53 586	64 840	64 840	6 696	3 859 383	2 498 002	95 164
特级				119	171 754	98 670	34
一级	42 022	44 308	44 308	3 510	2 914 763	2 053 932	70 020
二级	8 259	19 531	19 531	3 042	550 927	234 121	12 473
三级以下	3 305	1 000	1 000	25	221 939	111 280	12 637
专业承包	10 836	12 320	12 320	5 813	558 366	296 638	17 140
一级	8 844	7 559	7 559	1 101	263 820	154 872	7 761
二级	1 049	2 089	2 089	50	119 546	57 800	3 086
三级以下	943	2 673	2 673	4 662	174 999	83 966	6 294
五、按营业状态分							
营业	64 392	77 160	77 160	12 509	4 405 881	2 792 003	112 304
停业（歇业）					6 605	59	
筹建					999	399	
当年关闭	30				4 265	2 180	
六、按控股情况分							
国有控股	42 246	41 920	41 920	10 656	2 831 090	1 983 133	86 244
集体控股	10 118	22 521	22 521	1 123	624 501	366 059	2 186
私人控股	11 455	10 158	10 158	716	797 847	348 239	12 778
港澳台商控股				13	45 822	23 424	
外商控股					1 375	375	
其他	603	2 561	2 561		117 114	73 411	11 095

项目	负债合计	所有者权益合计	#实收资本	国家资本	集体资本	法人资本	个人资本
总计	2 906 944	1 510 805	1 082 156	501 479	216 043	194 692	158 530
#国有及国有控股企业	2 069 377	761 713	502 080	500 534	50	1 037	460
一、按登记注册类型分							
内资企业	2 883 145	1 487 407	1 064 743	500 879	216 043	189 192	158 530
国有企业	1 348 726	521 764	375 523	375 523			
集体企业	217 243	191 244	160 162		160 162		
股份合作企业	66 840	21 473	18 367		17 819		548
有限责任公司	1 005 308	487 294	296 318	112 074	7 366	119 674	57 104
国有独资公司	255 313	133 417	35 535	35 535			
其他有限责任公司	749 995	353 877	260 784	76 540	7 366	119 674	57 104
股份有限公司	142 920	116 359	97 123	13 282	30 696	31 769	21 377
私营企业	102 108	149 192	117 171			37 670	79 501
私营独资企业	473	2 817	2 608			2 303	305
私营合伙企业	44	300	300				300
私营有限责任公司	89 429	117 584	88 866			27 467	61 399
私营股份有限公司	12 164	28 491	25 396			7 900	17 496
其他企业		80	80			80	
港、澳、台商投资企业	23 424	22 398	16 613	600		5 500	
合资经营企业（港或澳、台资）	20 924	18 833	13 047	600		5 500	
港、澳、台商投资股份有限公司	2 500	3 566	3 566				
外商投资企业	375	1 000	800				
中外合资经营企业	375	1 000	800				
二、按国民经济行业分							
房屋和土木工程建筑业	2 356 442	1 129 237	777 801	415 306	166 270	96 713	98 712
房屋工程建筑	1 085 793	530 965	423 490	146 655	153 752	49 592	72 691
土木工程建筑业	1 270 649	598 272	354 311	268 651	12 518	47 121	26 021
建筑安装业	413 990	233 485	189 557	58 837	44 257	60 796	19 367
建筑装饰业	60 563	73 806	59 181	5 774	5 154	24 705	19 237
其他建筑业	75 949	74 277	55 617	21 562	362	12 479	21 214
工程准备	43 133	22 569	16 160	14 600			1 560
提供施工设备服务		4 160	4 160			4 160	
其他未列明的建筑活动	32 816	47 549	35 298	6 962	362	8 319	19 654

项目	负债合计	所有者权益合计	#实收资本	国家资本	集体资本	法人资本	个人资本
三、按隶属关系分							
中央	504 256	94 523	55 259	54 919		340	
省	1 364 840	579 030	383 863	321 576	13 990	33 881	13 768
市	333 501	203 353	127 040	66 786	20 104	21 831	18 318
县（区）	195 257	165 394	130 386	48 480	66 105	1 588	14 213
街道	2	89	86		46		40
镇	28 694	66 306	61 183	2	52 097	5 618	3 466
乡	7 906	21 460	17 781		17 781		
村委会	404	200	200		200		
其他	472 084	380 450	306 359	9 715	45 719	131 434	108 725
四、按企业资质等级分							
施工总承包	2 593 166	1 266 217	882 661	460 506	177 046	131 979	106 930
特级	98 704	73 050	71 485	71 485			
一级	2 123 951	790 812	517 591	320 758	102 729	53 995	40 109
二级	246 594	304 333	220 341	48 294	52 193	60 346	53 308
三级以下	123 917	98 022	73 245	19 969	22 124	17 639	13 513
专业承包	313 778	244 588	199 495	40 973	38 996	62 713	51 600
一级	162 633	101 188	74 521	19 796	31 890	5 149	17 586
二级	60 886	58 660	52 081	14 212	3 662	22 808	10 652
三级以下	90 260	84 740	72 893	6 965	3 444	34 756	23 362
五、按营业状态分							
营业	2 904 307	1 501 574	1 072 993	500 079	212 009	190 963	158 530
停业（歇业）	59	6 546	6 544		4 033	2 511	
筹建	399	600	600			600	
当年关闭	2 180	2 085	2 019	1 400		619	
六、按控股情况分							
国有控股	2 069 377	761 713	502 080	500 534	50	1 037	460
集体控股	368 245	256 256	213 616	100	211 123	654	1 739
私人控股	361 017	436 830	321 019	2	4 470	160 619	155 828
港澳台商控股	23 424	22 398	16 613	600		5 500	
外商控股	375	1 000	800				
其他	84 506	32 609	28 028	243	400	26 883	502

11－2 续表4－1　（总承包和专业承包资质企业，2009年）　单位：万元

项　　目	所有者权益		工程结算收入	工程结算成本	工程结算税金及附加	工程结算利润
	#实收资本					
	港澳台资本	外商资本				
总　　计	**10 613**	**800**	**5 458 364**	**4 891 977**	**187 723**	**343 654**
#国有及国有控股企业			2 979 859	2 693 001	96 416	173 791
一、按登记注册类型分						
内资企业	100		5 418 470	4 857 861	186 644	338 962
国有企业			2 134 183	1 915 645	68 810	141 386
集体企业			943 367	862 014	35 391	41 271
股份合作企业			41 316	36 948	1 794	2 397
有限责任公司	100		1 543 957	1 393 652	50 442	87 967
国有独资公司			330 623	294 815	10 404	19 940
其他有限责任公司	100		1 213 334	1 098 838	40 038	68 028
股份有限公司			245 938	209 107	8 108	24 965
私营企业			509 709	440 495	22 098	40 976
私营独资企业			7 946	7 373	274	260
私营合伙企业			87	67	9	11
私营有限责任公司			317 260	262 729	15 784	32 970
私营股份有限公司			184 416	170 326	6 031	7 735
其他企业			2		1	1
港、澳、台商投资企业	10 513		39 288	33 543	1 071	4 667
合资经营企业（港或澳、台资）	6 947		35 856	30 173	1 045	4 631
港、澳、台商投资股份有限公司	3 566		3 432	3 370	26	36
外商投资企业		800	606	573	8	25
中外合资经营企业		800	606	573	8	25
二、按国民经济行业分						
房屋和土木工程建筑业	800		4 527 278	4 094 761	154 633	253 351
房屋工程建筑	800		2 382 983	2 188 957	85 604	97 315
土木工程建筑业			2 144 295	1 905 805	69 029	156 036
建筑安装业	5 500	800	596 760	509 629	22 849	56 555
建筑装饰业	4 313		159 939	141 111	4 745	13 459
其他建筑业			174 387	146 476	5 496	20 289
工程准备			76 400	66 649	2 510	6 957
提供施工设备服务			1 442	1 264	129	49
其他未列明的建筑活动			96 545	78 563	2 856	13 283

项目	所有者权益 #实收资本 港澳台资本	所有者权益 #实收资本 外商资本	工程结算收入	工程结算成本	工程结算税金及附加	工程结算利润
三、按隶属关系分						
中央			751 632	674 200	24 057	51 762
省	647		1 994 769	1 801 419	61 187	119 383
市			485 450	423 671	17 707	41 069
县（区）			661 750	602 274	23 244	31 735
街道			110	96	4	10
镇			237 609	221 073	8 591	6 531
乡			221 683	207 370	11 479	1 738
村委会			994	785	66	115
其他	9 966	800	1 104 367	961 089	41 388	91 312
四、按企业资质等级分						
施工总承包	6 200		4 947 144	4 466 520	170 188	282 657
特级			113 690	107 852	3 736	2 098
一级			4 000 290	3 625 696	137 509	217 390
二级	6 200		594 493	520 056	19 873	47 424
三级以下			238 671	212 916	9 070	15 744
专业承包	4 413	800	511 220	425 458	17 534	60 997
一级	100		281 918	240 661	8 238	28 997
二级	747		86 382	67 354	3 161	14 904
三级以下	3 566	800	142 921	117 443	6 136	17 096
五、按营业状态分						
营业	10 613	800	5 448 541	4 888 911	187 599	337 027
停业（歇业）			9 007	2 339	104	6 564
筹建			16	11	2	4
当年关闭			800	717	18	60
六、按控股情况分						
国有控股			2 979 859	2 693 001	96 416	173 791
集体控股			1 076 740	973 108	40 071	55 648
私人控股	100		1 302 181	1 144 427	48 247	99 344
港澳台商控股	10 513		39 288	33 543	1 071	4 667
外商控股		800	606	573	8	25
其他			59 690	47 325	1 910	10 178

项　　目	其他业务收　入	其他业务利　润	经营费用	管理费用	#税　金	#财　产保险费	#差旅费	#工　会经　费
总　　计	**39 557**	**17 257**	**35 010**	**173 137**	**10 750**	**797**	**9 355**	**2 593**
#国有及国有控股企业	29 947	13 672	16 651	108 857	5 117	471	6 221	2 102
一、按登记注册类型分								
内资企业	39 556	17 256	35 003	171 530	10 743	797	9 347	2 592
国有企业	23 714	8 311	8 342	90 602	3 485	385	5 516	1 539
集体企业	2 471	2 189	4 691	15 835	1 954	39	529	114
股份合作企业	11	9	176	1 203	43		79	6
有限责任公司	10 829	6 280	11 895	41 061	2 769	320	1 887	698
国有独资公司	2 225	1 611	5 465	5 148	1 049	29	208	22
其他有限责任公司	8 604	4 670	6 430	35 913	1 720	291	1 680	676
股份有限公司	1 077	222	3 759	8 156	573	32	314	26
私营企业	1 454	244	6 140	14 662	1 919	22	1 021	210
私营独资企业			40	85	5		4	2
私营合伙企业				10	1		7	
私营有限责任公司	513	158	5 777	12 716	1 813	21	880	144
私营股份有限公司	942	85	324	1 851	100		130	64
其他企业				10				
港、澳、台商投资企业	1	1	7	1 596	7		7	1
合资经营企业（港或澳、台资）	1	1	7	1 577	6		7	1
港、澳、台商投资股份有限公司				19			1	
外商投资企业				11			1	
中外合资经营企业				11			1	
二、按国民经济行业分								
房屋和土木工程建筑业	28 758	13 672	24 533	123 897	6 563	433	6 636	2 059
房屋工程建筑	7 340	3 377	11 108	39 453	2 839	28	1 720	363
土木工程建筑业	21 417	10 295	13 426	84 444	3 724	405	4 916	1 696
建筑安装业	7 508	2 691	7 726	34 268	2 131	332	1 382	315
建筑装饰业	1 354	285	623	7 302	1 372	14	489	42
其他建筑业	1 937	609	2 127	7 669	684	18	848	178
工程准备	41	22	284	3 483	79	3	392	101
提供施工设备服务			1	2	1		2	
其他未列明的建筑活动	1 896	587	1 843	4 185	604	15	455	77

项目	其他业务收入	其他业务利润	经营费用	管理费用	#税金	#财产保险费	#差旅费	#工会经费
三、按隶属关系分								
中央	11 379	2 509	1 612	38 703	409	61	1 596	440
省	17 560	11 586	12 781	68 813	3 886	567	4 716	1 526
市	3 222	820	3 004	18 691	1 704	99	487	130
县（区）	1 542	1 354	4 496	11 315	1 350	14	518	52
街道			1	9				
镇	10	10	1 413	2 214	119		123	33
乡			1 097	1 278	506		8	
村委会			28	58	1			
其他	5 845	978	10 578	32 056	2 775	57	1 907	413
四、按企业资质等级分								
施工总承包	32 838	15 831	27 779	145 466	8 230	627	7 465	2 307
特级	1 190	898	3	2 404	18		78	8
一级	25 790	12 709	19 696	113 700	6 415	545	6 049	1 889
二级	3 219	1 151	7 140	194 513	999	48	616	212
三级以下	2 639	1 073	940	9 849	798	34	723	198
专业承包	6 719	1 425	7 231	27 671	2 520	171	1 890	286
一级	455	12	4 022	11 285	1 456	30	739	143
二级	2 435	555	963	6 925	200	15	731	82
三级以下	3 829	859	2 247	9 461	864	126	421	62
五、按营业状态分								
营业	39 547	17 247	35 004	173 030	10 746	797	9 344	2 593
停业（歇业）			1	32			2	
筹建				1				
当年关闭	10	10	5	73	3		9	
六、按控股情况分								
国有控股	29 947	13 672	16 651	108 857	5 117	471	6 221	2 102
集体控股	2 978	2 065	7 913	20 990	2 102	53	801	142
私人控股	5 174	1 342	10 163	37 489	3 193	265	2 235	342
港澳台商控股	1	1	7	1 596	7		7	1
外商控股				11			1	
其他	1 457	177	277	4 194	332	8	91	6

项　　目	财务费用	#利息支出	营业利润	营业外收入	营业外支出	利润总额
总　　计	**42 316**	**16 138**	**145 458**	**2 985**	**5 071**	**130 462**
#国有及国有控股企业	25 864	9 672	52 742	1 760	4 203	50 588
一、按登记注册类型分						
内资企业	40 781	15 753	143 907	2 985	5 070	128 894
国有企业	16 897	5 356	42 198	229	3 011	38 818
集体企业	663	205	26 962	147	55	17 003
股份合作企业	286	199	917	2	23	873
有限责任公司	20 339	8 741	32 848	2 255	1 909	32 827
国有独资公司	8 274	4 095	8 129	49	309	7 863
其他有限责任公司	12 065	4 646	24 719	2 207	1 600	24 964
股份有限公司	1 359	886	15 672	337	44	16 486
私营企业	1 237	366	25 321	15	29	22 896
私营独资企业	12	12	163			161
私营合伙企业			1			3
私营有限责任公司	1 040	278	19 373	15	27	17 249
私营股份有限公司	185	76	5 784		1	5 484
其他企业			－10			－10
港、澳、台商投资企业	1 534	385	1 537			1 554
合资经营企业（港或澳、台资）	1 532	385	1 522			1 539
港、澳、台商投资股份有限公司	2		15			15
外商投资企业	1		14			14
中外合资经营企业	1		14			14
二、按国民经济行业分						
房屋和土木工程建筑业	30 794	13 165	112 332	2 514	4 506	95 573
房屋工程建筑	3 189	1 754	58 050	571	664	44 872
土木工程建筑业	27 605	11 411	54 282	1 943	3 841	50 701
建筑安装业	10 236	2 491	14 743	47	508	15 818
建筑装饰业	428	199	6 014	290	23	7 204
其他建筑业	859	283	12 370	134	34	11 867
工程准备	283	49	3 213	5		3 113
提供施工设备服务	1		46			
其他未列明的建筑活动	575	234	9 111	129	34	8 753

项　　目	财务费用	#利息支出	营业利润	营业外收入	营业外支出	利润总额
三、按隶属关系分						
中央	5 937	3 000	9 631	117	152	9 459
省	22 910	8 493	39 245	2 197	3 719	39 446
市	7 269	1 837	15 929	79	550	13 804
县（区）	745	88	21 029	135	46	17 806
街道						
镇	222	105	4 106	12	3	3 369
乡	75	36	385			385
村委会	12		45			45
其他	5 146	2 579	55 088	445	601	46 148
四、按企业资质等级分						
施工总承包	39 766	14 738	113 256	2 037	4 848	97 104
特级	－295	－295	888	53	5	937
一级	35 592	13 842	80 807	984	4 014	77 751
二级	3 883	880	25 179	937	813	12 566
三级以下	586	313	6 383	62	16	5 851
专业承包	2 550	1 399	32 202	948	223	33 358
一级	1 092	595	16 632	549	42	18 316
二级	874	655	7 661	141	53	6 765
三级以下	584	149	7 909	258	128	8 277
五、按营业状态分						
营业	42 366	16 189	138 877	2 985	5 071	130 418
停业（歇业）	2		6 530			－7
筹建			2			2
当年关闭	－52	－52	49			49
六、按控股情况分						
国有控股	25 864	9 672	52 742	1 760	4 203	50 588
集体控股	1 333	767	35 391	433	96	24 913
私人控股	12 005	4 599	51 192	720	692	48 688
港澳台商控股	1 534	385	1 537			1 554
外商控股	1		14			14
其他	1 579	715	4 583	72	79	4 705

项　目	应交所得税	应付利润	劳动、失业保险费	住房公积金及住房补贴	本年应付工资总额	#主营业务应付工资总额
总　计	**26 405**	**54 547**	**17 013**	**10 615**	**595 254**	**572 377**
#国有及国有控股企业	10 101	13 443	13 949	9 161	322 251	305 591
一、按登记注册类型分						
内资企业	26 033	54 546	17 007	10 613	591 872	568 995
国有企业	7 639	5 637	10 682	7 012	241 104	230 360
集体企业	4 460	8 871	317	406	121 311	119 016
股份合作企业	237	424	284	189	7 663	7 573
有限责任公司	7 414	17 260	5 221	2 578	166 535	159 932
国有独资公司	1 591	5 370	754	528	14 317	8 928
其他有限责任公司	5 823	11 890	4 467	2 050	152 218	151 004
股份有限公司	3 035	9 521	406	335	16 256	15 864
私营企业	3 248	12 834	97	94	38 997	36 244
私营独资企业	112	60			864	864
私营合伙企业	2				12	12
私营有限责任公司	2 694	12 368	87	84	28 168	25 460
私营股份有限公司	440	405	11	10	9 954	9 908
其他企业					6	6
港、澳、台商投资企业	372	1	6	2	3 365	3 365
合资经营企业（港或澳、台资）	372	1	5	2	3 323	3 323
港、澳、台商投资股份有限公司	1		1		42	42
外商投资企业					18	18
中外合资经营企业					18	18
二、按国民经济行业分						
房屋和土木工程建筑业	19 268	36 896	12 635	8 175	512 970	494 171
房屋工程建筑	9 382	22 146	5 819	1 888	306 059	300 038
土木工程建筑业	9 887	14 750	6 817	6 287	206 911	194 133
建筑安装业	3 710	7 905	3 800	1 878	52 105	48 819
建筑装饰业	1 353	1 424	110	90	12 312	12 147
其他建筑业	2 074	8 322	468	472	17 867	17 241
工程准备	1 015	336	457	393	10 223	10 064
提供施工设备服务					100	100
其他未列明的建筑活动	1 059	7 986	11	79	7 545	7 077

项目	应交所得税	应付利润	劳动、失业保险费	住房公积金及住房补贴	本年应付工资总额	#主营业务应付工资总额
三、按隶属关系分						
中央	1 260	3 596	2 077	2 906	59 053	53 169
省	8 921	11 582	11 978	5 851	243 617	234 314
市	3 722	4 023	904	700	58 663	56 803
县（区）	3 969	11 057	1 161	606	106 448	105 879
街道			1	1	25	25
镇	696	646	6	14	46 693	44 868
乡	42	28			2 163	2 163
村委会	1				123	123
其他	7 795	23 615	885	537	78 470	75 034
四、按企业资质等级分						
施工总承包	20 361	35 561	15 588	9 469	548 369	528 130
特级	100	836	697	137	20 403	19 792
一级	16 919	26 763	14 377	8 584	437 410	421 166
二级	2 259	6 292	421	354	64 969	62 167
三级以下	1 083	1 669	94	394	25 586	25 004
专业承包	6 044	18 987	1 424	1 146	46 885	44 247
一级	3 346	9 759	898	612	22 422	22 233
二级	1 641	2 785	220	136	7 236	6 720
三级以下	1 057	6 442	307	398	17 227	15 294
五、按营业状态分						
营业	26 402	54 536	17 012	10 614	594 451	571 574
停业（歇业）		2			593	593
筹建					3	3
当年关闭	3	9	1	1	207	207
六、按控股情况分						
国有控股	10 101	13 443	13 949	9 161	322 251	305 591
集体控股	5 775	15 130	1 000	903	133 959	131 575
私人控股	9 342	24 954	2 019	508	127 459	123 847
港澳台商控股	372	1	6	2	3 365	3 365
外商控股					18	18
其他	815	1 019	39	41	8 203	7 982

11－2　续表8－1　　（总承包和专业承包资质企业，2009年）

项目	本年应付福利费总额（万元）	#主营业务应付福利费总额	建筑业增加值（万元）	应收工程款（万元）	#竣工工程	全部从业人员年平均人数（人）
总　　计	**55 682**	**53 827**	**1 075 168**	**694 495**	**364 243**	**345 309**
#国有及国有控股企业	31 927	30 547	570 073	511 598	267 769	168 673
一、按登记注册类型分						
内资企业	55 254	53 398	1 065 721	691 903	364 243	343 251
国有企业	24 265	23 215	418 645	388 208	198 238	128 185
集体企业	10 832	10 607	199 939	32 728	16 469	78 228
股份合作企业	354	352	11 466	2 572	1 832	9 343
有限责任公司	16 615	16 216	298 144	188 204	97 508	79 213
国有独资公司	1 258	988	44 172	60 239	38 331	5 823
其他有限责任公司	15 358	15 228	253 972	127 965	59 177	73 390
股份有限公司	898	802	43 748	56 596	37 502	17 370
私营企业	2 290	2 207	93 780	23 595	12 695	30 884
私营独资企业	59	59	1 397			557
私营合伙企业			23			11
私营有限责任公司	1 794	1 714	68 970	19 874	11 623	21 782
私营股份有限公司	437	434	23 391	3 722	1 071	8 534
其他企业			－2			28
港、澳、台商投资企业	427	427	9 397	2 592		1 983
合资经营企业（港或澳、台资）	425	425	9 081	2 592		1 845
港、澳、台商投资股份有限公司	2	2	316			138
外商投资企业	1	1	51			75
中外合资经营企业	1	1	51			75
二、按国民经济行业分						
房屋和土木工程建筑业	48 759	47 587	895 385	521 337	257 536	28 085
房屋工程建筑	27 853	27 443	493 342	176 691	92 800	189 774
土木工程建筑业	20 906	20 143	402 043	344 646	164 736	91 111
建筑安装业	4 221	3 629	111 485	125 906	81 071	44 256
建筑装饰业	890	872	27 044	40 239	22 939	10 415
其他建筑业	1 812	1 739	41 254	7 014	2 697	9 753
工程准备	1 330	1 308	18 652	1 230	1 095	4 042
提供施工设备服务	8	8	287			229
其他未列明的建筑活动	474	423	22 314	5 784	1 602	5 412

项　　目	本年应付福利费总额（万元）	#主营业务应付福利费总额	建筑业增加值（万元）	应收工程款（万元）	#竣工工程	全部从业人员年平均人数（人）
三、按隶属关系分						
中央	6 372	5 936	113 925	187 202	77 314	29 611
省	24 644	23 752	415 897	300 917	182 507	115 380
市	4 614	4 546	104 310	81 085	40 348	44 150
县（区）	10 742	10 632	168 810	27 439	9 782	55 597
街道			33			23
镇	4 608	4 426	64 405	2 448	1 467	26 603
乡			14 687	521	521	9 220
村委会	17	17	262			102
其他	4 685	4 518	192 839	94 883	52 304	64 623
四、按企业资质等级分						
施工总承包	52 161	50 464	963 514	597 149	300 740	310 492
特级	2 504	2 504	28 461	12 212	9 290	11 468
一级	43 939	42 390	764 194	493 220	258 797	229 158
二级	4 073	3 996	124 533	60 800	15 276	51 238
三级以下	1 645	1 575	46 326	30 917	17 378	18 628
专业承包	3 521	3 363	111 654	97 347	63 503	34 817
一级	2 083	2 055	54 864	77 578	52 408	13 112
二级	613	554	20 458	6 119	4 331	8 680
三级以下	824	754	36 332	13 650	6 765	13 025
五、按营业状态分						
营业	55 633	53 778	1 067 540	694 132	363 975	344 498
停业（歇业）	41	41	7 272			528
筹建			12			15
当年关闭	8	8	344	363	268	268
六、按控股情况分						
国有控股	31 927	30 547	570 073	511 598	267 769	168 673
集体控股	11 435	11 207	228 907	73 761	48 161	91 365
私人控股	11 554	11 306	250 344	86 307	40 912	75 322
港澳台商控股	427	427	9 397	2 592		1 983
外商控股	1	1	51			75
其他	338	338	16 397	20 237	7 402	7 891

11－3 建筑业企业房屋建筑竣工面积

（2009 年）

单位：平方米

项目	总计	厂房、仓库	住宅	办公用房	批发和零售用房	住宿和餐饮用房
总计	**19 158 406**	**3 314 037**	**12 196 908**	**1 504 577**	**344 652**	**60 939**
#国有及国有控股企业	6 088 936	1 018 335	3 441 559	816 823	20 000	14 871
一、按登记注册类型分						
内资企业	19 158 406	3 314 037	12 196 908	1 504 577	344 652	60 939
国有企业	4 334 059	710 117	2 487 444	534 937	20 000	14 871
集体企业	5 882 189	105 338	5 347 846	83 225	104 752	8 298
股份合作企业	688 623	68 785	423 546	30 281	107 818	15 683
有限责任公司	3 845 768	631 777	2 217 159	482 167	27 391	19 600
国有独资公司	3 471					
其他有限责任公司	3 842 297	631 777	2 217 159	482 167	27 391	19 600
股份有限公司	1 103 067	358 576	536 818	48 966	9 691	2 487
私营企业	3 304 700	1 439 444	1 184 095	325 001	75 000	
私营独资企业	187 500		187 500			
私营有限责任公司	2 630 573	1 370 396	654 016	325 001		
私营股份有限公司	486 627	69 048	342 579		75 000	
二、按国民经济行业分						
房屋和土木工程建筑业	17 293 724	1 764 507	12 117 540	1 455 354	344 652	60 939
房屋工程建筑	15 081 376	1 250 407	10 991 907	1 028 300	325 200	44 339
土木工程建筑业	2 212 348	514 100	1 125 633	427 054	19 452	16 600
建筑安装业	213 418	79 827	79 368	49 223		
其他建筑业	1 651 264	1 469 703				
三、按隶属关系分						
中央	403 507	269 101	71 466	54 800		2 600
省	4 202 874	557 653	2 254 499	523 198	127 818	34 954
市	2 369 340	243 396	1 549 079	358 304	123 204	14 000
县（区）	3 927 557	573 652	2 918 242	110 299	10 691	3 785
其他	4 466 937	1 597 074	1 939 337	390 552	75 000	5 600
四、按企业资质等级分						
施工总承包	17 150 440	1 678 036	12 062 934	1 503 397	324 652	60 939
特级	931 444	67 668	386 971	115 592		12 271
一级	10 481 881	1 123 205	7 425 523	931 451	286 570	19 581
二级	4 239 915	394 166	3 054 053	417 280	38 082	23 487
三级及以下	1 497 200	92 997	1 196 387	39 074		5 600
专业承包	2 007 966	1 636 001	133 974	1 180	20 000	
一级	714 400	571 520				
二级	581 792	479 302	76 220	1 180	20 000	
三级及以下	711 774	585 179	57 754			
五、按营业状态分						
营业	19 158 406	3 314 037	12 196 908	1 504 577	344 652	60 939
六、按控股情况分						
国有控股	6 088 936	1 018 335	3 441 559	816 823	20 000	14 871
集体控股	6 570 812	174 123	5 771 392	113 506	212 570	23 981
私人控股	6 421 466	2 121 579	2 960 693	574 248	112 082	22 087
其他	77 192		23 264			

11－3　续表　　　　（2009 年）　　　　单位：平方米

项　　目	居民服务业用房	教育用房	文化、体育和娱乐用房	卫生医疗用房	科研用房	其他用房
总　　计	**511 844**	**501 074**	**70 456**	**90 467**	**625**	**562 827**
#国有及国有控股企业	386 772	193 932	20 605	34 300		141 739
一、按登记注册类型分						
内资企业	511 844	501 074	70 456	90 467	625	562 827
国有企业	378 572	63 362	2 686	34 300		87 770
集体企业	6 000	158 752	8 518	16 800	625	42 035
股份合作企业	18 000	5 010	9 500	2 000		8 000
有限责任公司	107 169	191 042	32 826	5 187		131 450
国有独资公司						3 471
其他有限责任公司	107 169	191 042	32 826	5 187		127 979
股份有限公司	2 103	52 870	16 926	4 050		70 580
私营企业		30 038		28 130		222 992
私营独资企业						
私营有限责任公司		30 038		28 130		222 992
私营股份有限公司						
二、按国民经济行业分						
房屋和土木工程建筑业	511 844	501 074	70 456	90 467	625	376 266
房屋工程建筑	511 844	463 432	69 786	80 267	625	315 269
土木工程建筑业		37 642	670	10 200		60 997
建筑安装业						5 000
其他建筑业						181 561
三、按隶属关系分						
中央		2 069				3 471
省	423 510	143 870	28 089	30 500		78 783
市		61 380	2 016			17 961
县（区）	12 537	129 869	16 926	26 650	625	124 281
其他	65 258	64 478	12 227	28 130		289 281
四、按企业资质等级分						
施工总承包	511 844	495 984	70 456	90 467	625	351 106
特级	347 242	1 700				
一级	87 598	303 738	28 089	53 100		223 026
二级	71 004	71 091	22 816	32 967	625	114 344
三级及以下	6 000	119 455	19 551	4 400		13 736
专业承包		5 090				211 721
一级						142 880
二级		5 090				
三级及以下						68 841
五、按营业状态分						
营业	511 844	501 074	70 456	90 467	625	562 827
六、按控股情况分						
国有控股	386 772	193 932	20 605	34 300		141 739
集体控股	24 000	163 762	18 018	18 800	625	50 035
私人控股	47 144	143 380	31 833	37 367		371 053
其他	53 928					

11－4　建筑业企业房屋建筑竣工造价

（2009 年）

单位：万元

项　　　　目	总　计	厂房、仓库	住　宅	办公用房	批发和零售用房	住宿和餐饮用房
总　　计	**1 752 376**	**270 193**	**1 124 304**	**163 019**	**28 337**	**16 349**
#国有及国有控股企业	658 287	137 269	347 655	104 366	1 500	2 403
一、按登记注册类型分						
内资企业	1 752 376	270 193	1 124 304	163 019	28 337	16 349
国有企业	498 643	119 517	257 566	77 335	1 500	2 403
集体企业	527 995	9 301	471 885	9 429	10 228	724
股份合作企业	86 047	8 327	48 195	4 352	8 886	11 207
有限责任公司	361 561	41 866	215 624	47 979	1 786	1 437
国有独资公司	259					
其他有限责任公司	361 302	41 866	215 624	47 979	1 786	1 437
股份有限公司	77 741	19 276	45 874	4 821	432	577
私营企业	200 389	71 906	85 160	19 104	5 505	
私营独资企业	7 500		7 500			
私营有限责任公司	151 824	65 906	48 101	19 104		
私营股份有限公司	41 065	6 000	29 560		5 505	
二、按国民经济行业分						
房屋和土木工程建筑业	1 662 292	198 174	1 117 189	161 550	28 337	16 349
房屋工程建筑	1 402 516	138 116	995 188	96 729	27 037	15 038
土木工程建筑业	259 776	60 058	122 002	64 821	1 300	1 311
建筑安装业	14 629	5 745	7 115	1 469		
其他建筑业	75 455	66 275				
三、按隶属关系分						
中央	58 058	37 253	12 678	6 814		490
省	421 498	76 745	216 542	53 858	10 386	13 720
市	268 984	28 732	164 542	55 296	10 437	821
县（区）	314 029	28 042	244 876	13 128	1 523	701
其他	328 887	92 116	161 018	26 268	5 505	616
四、按企业资质等级分						
施工总承包	1 653 861	194 358	1 114 592	162 789	26 837	16 349
特级	94 669	36 210	40 540	10 406		1 913
一级	1 109 785	123 961	728 057	124 076	23 528	11 821
二级	339 557	26 109	262 107	24 923	3 309	1 998
三级及以下	109 849	8 077	83 889	3 384		616
专业承包	98 515	75 835	9 712	230	1 500	
一级	38 939	31 151				
二级	30 084	21 964	5 680	230	1 500	
三级及以下	29 492	22 720	4 032			
五、按营业状态分						
营业	1 752 376	270 193	1 124 304	163 019	28 337	16 349
六、按控股情况分						
国有控股	658 287	137 269	347 655	104 366	1 500	2 403
集体控股	614 043	17 628	520 080	13 781	19 114	11 931
私人控股	476 187	115 296	255 380	44 873	7 723	2 014
其他	3 860		1 189			

11－4　续表　　（2009年）　　单位：万元

项　　目	居民服务业用　房	教育用房	文化、体育和娱乐用房	卫生医疗用　房	科研用房	其他用房
总　计	**24 107**	**58 784**	**5 679**	**10 431**	**1**	**51 171**
#国有及国有控股企业	11 676	28 381	2 498	4 186		18 352
一、按登记注册类型分						
内资企业	24 107	58 784	5 679	10 431	1	51 171
国有企业	10 692	12 849	327	4 186		12 267
集体企业	300	17 971	1 276	1 972	1	4 908
股份合作企业	2 756	400	808	150		966
有限责任公司	10 249	21 837	2 586	288		17 909
国有独资公司						259
其他有限责任公司	10 249	21 837	2 586	288		17 650
股份有限公司	111	2 807	682	232		2 928
私营企业		2 920		3 603		12 191
私营独资企业						
私营有限责任公司		2 920		3 603		12 191
二、按国民经济行业分						
房屋和土木工程建筑业	24 107	58 784	5 679	10 431	1	41 690
房屋工程建筑	24 107	55 424	5 579	9 795	1	35 502
土木工程建筑业		3 360	100	636		6 189
建筑安装业						300
其他建筑业						9 180
三、按隶属关系分						
中央		565				259
省	15 983	18 346	3 079	3 920		8 919
市		6 761	227			2 168
县（区）	591	12 480	682	2 620	1	9 384
其他	7 000	11 543	265	3 603		20 953
四、按企业资质等级分						
施工总承包	24 107	58 074	5 679	10 431	1	40 643
特级	4 101	1 499				
一级	16 211	41 408	3 079	6 308		31 336
二级	3 495	3 990	1 165	3 903	1	8 556
三级及以下	300	11 178	1 436	220		751
专业承包		710				10 528
一级						7 788
二级		710				
三级及以下						2 740
五、按营业状态分						
营业	24 107	58 784	5 679	10 431	1	51 171
六、按控股情况分						
国有控股	11 676	28 381	2 498	4 186		18 352
集体控股	3 056	18 371	2 084	2 122	1	5 874
私人控股	6 705	12 032	1 098	4 123		26 944
其他	2 671					

11－5 建筑业企业主要指标

（2009年，不含劳务分包企业）

项目	建筑业增加值（万元）	劳动生产率（元/人）		房屋建筑面积竣工率（%）	产值利税率（%）
		按总产值计算	按增加值计算		
总计	**1 075 168**	**190 500**	**32 187**	**34.4**	**5.0**
#国有及国有控股企业	570 073	213 504	34 691	20.8	4.2
一、按登记注册类型分					
内资企业	1 065 721	190 480	32 102	34.4	5.0
国有企业	418 645	203 832	33 502	17.9	4.2
集体企业	199 939	135 378	26 203	41.5	5.1
股份合作企业	11 466	90 492	12 548	47.6	3.2
有限责任公司	298 144	229 972	38 760	42.5	4.7
国有独资公司	44 172	645 936	76 264	100.0	4.9
其他有限责任公司	253 972	196 100	35 706	42.5	4.7
股份有限公司	43 748	231 902	30 489	59.5	7.4
私营企业	93 780	184 632	30 970	67.7	8.0
私营独资企业	1 397	188 993	25 084	67.2	4.1
私营合伙企业	23	79 000	20 455		12.8
私营有限责任公司	68 970	167 953	32 379	71.7	9.2
私营股份有限公司	23 391	226 714	27 806	52.2	6.0
其他企业	－2	643	－750		－500.0
港、澳、台商投资企业	9 397	198 039	47 556		6.7
合资经营企业	9 081	194 236	49 406		7.2
港、澳、台商投资股份有限公司	316	248 696	22 906		1.2
外商投资企业	51	80 747	6 733		3.6
中外合资经营企业	51	80 747	6 733		3.6
二、按国民经济行业分					
房屋和土木工程建筑业	895 385	192 288	32 686	32.6	4.7
房屋工程建筑	493 342	149 812	26 649	41.3	4.7
土木工程建筑业	402 043	280 829	45 268	13.4	4.8

11－5　续表1　　（2009年，不含劳务分包企业）

项　　目	建筑业增加值（万元）	劳动生产率（元/人）		房屋建筑面积竣工率（%）	产值利税率（%）
		按总产值计算	按增加值计算		
建筑安装业	111 485	173 365	27 479	24.8	5.5
建筑装饰业	27 044	195 033	27 079		6.1
其他建筑业	41 254	207 279	43 256	91.2	8.8
工程准备	18 652	220 310	46 146		6.3
提供施工设备服务	287	155 773	9 612		2.8
其他未列明的建筑活动	22 314	200 106	42 945	91.2	11.2
三、按隶属关系分					
中央	113 925	302 664	40 847	37.3	4.0
省	415 897	196 502	36 348	34.8	4.5
市	104 310	179 514	25 051	12.4	4.2
县及县以下	168 810	144 964	30 991	38.4	5.2
四、按企业资质等级分					
施工总承包	963 514	191 110	31 891	32.1	5
特级	28 461	121 400	24 818	44.8	3
一级	764 194	207 938	34 232	26.4	5
二级	124 533	149 540	24 880	47.6	4
三级及以下	46 326	140 618	26 681	54.6	6
专业承包	111 654	184 726	34 993	89.4	9
一级	54 864	263 768	48 270	90.7	9
二级	20 458	131 064	25 656	88.2	9
三级及以下	36 332	147 290	28 908	89.1	8
五、按营业状态分					
营业	1 067 540	190 818	31 959	34.4	5.0
停业	7 272	102 901	105 386		1.4
筹建	12	10 467			24.2
当年关闭	344	30 188	4 987		8.3
六、按控股情况分					
国有控股	570 073	213 504	34 691	20.8	4.2
集体控股	228 907	137 979	26 075	42.1	5.4
私人控股	250 344	206 081	34 213	61.7	6.4
港澳台商控股	9 397	198 039	47 556		6.7
其他	16 397	143 251	24 499	19.7	6.9

（不含劳务分包企业，2009年）

项　　　　目	人均利润（元/人）	人均利税（元/人）	资产负债率（%）	技术装备率（元/人）	动力装备率（千瓦/人）
总　　计	**3 906**	**9 526**	**65.8**	**5 248**	**2.2**
#国有及国有控股企业	3 078	8 946	73.1	4 954	2.0
一、按登记注册类型分					
内资企业	3 883	9 505	66.0	5 134	2.2
国有企业	3 106	8 613	72.1	5 166	2.1
集体企业	2 228	6 867	53.2	3 327	1.4
股份合作企业	955	2 919	75.7	2 026	1.4
有限责任公司	4 268	10 825	67.4	7 135	3.4
国有独资公司	13 575	31 539	65.7	6 260	2.0
其他有限责任公司	3 510	9 139	67.9	7 206	3.5
股份有限公司	11 489	17 140	55.1	6 120	1.8
私营企业	7 561	14 859	40.6	4 942	2.7
私营独资企业	2 890	7 810	14.4	1 379	2.0
私营合伙企业	2 273	10 091	12.7		
私营有限责任公司	8 098	15 507	43.2	5 304	3.4
私营股份有限公司	6 519	13 689	29.9	4 267	0.9
其他企业	－3 393	－3 214	0.5		
港、澳、台商投资企业	7 866	13 286	51.1	24 697	0.1
合资经营企业	8 374	14 061	52.6	26 552	0.1
港、澳、台商投资股份有限公司	1 049	2 964	41.2		
外商投资企业	1 827	2 867	27.3		
中外合资经营企业	1 827	2 867	27.3		
二、按国民经济行业分					
房屋和土木工程建筑业	3 489	9 134	67.6	5 204	2.1
房屋工程建筑	2 424	7 048	67.2	2 854	1.4
土木工程建筑业	5 709	13 481	68.0	10 103	3.4

项　　目	人均利润（元/人）	人均利税（元/人）	资产负债率（%）	技术装备率（元/人）	动力装备率（千瓦/人）
建筑安装业	3 899	9 531	63.9	5 408	1.7
建筑装饰业	7 213	11 964	45.1	2 000	4.4
其他建筑业	12 443	18 205	50.6	9 230	6.6
工程准备	7 703	13 913	65.6	9 261	8.6
提供施工设备服务		4 308			
其他未列明的建筑活动	16 846	22 343	40.8	9 737	5.5
三、按隶属关系分					
中央	3 391	12 017	84.2	8 823	2.6
省	3 447	8 795	70.2	5 786	2.1
市	3 315	7 568	62.1	2 821	2.1
县及县以下	3 269	7 536	54.1	4 744	1.9
四、按企业资质等级分					
施工总承包	3 214	8 847	67.2	5 381	2.1
特级	817	4 075	57.5	4	
一级	3 483	9 642	72.9	5 698	2.3
二级	2 511	6 481	44.8	5 542	1.7
三级及以下	3 370	8 594	55.8	4 .96	1.1
专业承包	10 454	15 950	56.2	3 987	3.8
一级	16 115	23 362	61.6	7 535	7.3
二级	8 483	12 448	50.9	2 037	2.8
三级及以下	6 586	11 467	51.6	2 015	1.2
五、按营业状态分					
营业	3 916	9 548	65.9	5 243	2.2
停业	－106	1 396	0.9		
筹建	1 533	2 533	39.9		
当年关闭	1 823	2 511	51.1	25 263	11
六、按控股情况分					
国有控股	3 078	8 946	73.1	4 954	2.0
集体控股	2 838	7 402	59.0	3 207	1.5
私人控股	6 654	13 247	45.2	7 290	3.9
港澳台商控股	7 866	13 286	51.1	24 697	0.1
其他	7 030	9 884	72.2	11 246	1.1

11-6 分县区建筑业企业生产情况

（总承包和专业承包资质，2009 年）

项目	企业（个）	#有工作量	签订的合同额（亿元）	建筑业总产值（亿元）	#装饰装修产值	#在外省完成的产值	按构成分		
							建筑工程产值	安装工程产值	其他产值
总计	**419**	**382**	**1 179.38**	**636.34**	**28.23**	**195.29**	**546.69**	**51.61**	**38.03**
东湖区	84	69	89.47	37.67	5.23	3.25	33.29	3.03	1.34
西湖区	92	81	391.24	193.79	4.22	79.41	178.27	5.14	10.38
青云谱区	58	56	253.96	132.71	6.90	63.93	118.83	12.46	1.41
湾里区	3	3	20.21	17.91		0.29	16.75	0.01	1.15
青山湖区	52	52	46.10	34.61	3.53	1.74	16.21	11.13	7.28
南昌县	35	33	133.87	83.91	0.65	16.16	72.87	5.06	5.97
新建县	10	9	8.82	4.94	0.03	0.04	4.89	0.01	0.05
安义县	5	4	3.50	1.72	0.01		1.64		0.07
进贤县	26	26	31.57	24.64	1.06	1.35	23.34	0.51	0.79
经济开发区	9	9	77.61	32.70	1.87	4.31	28.12		4.58
高新开发区	31	26	73.15	44.91	0.47	18.68	29.51	12.67	2.73
红谷滩新区	8	8	48.65	25.87	4.27	6.12	22.07	1.57	2.24
桑海开发区	1	1	0.73	0.47			0.47		
英雄开发区	5	5	0.51	0.49			0.43	0.02	0.04

11－6 续表1 （总承包和专业承包资质，2009年）

项目	竣工产值（亿元）	房屋建筑施工面积（万平方米）	#本年新开工	#实行投标承包面积	#本年新开工	从业人员情况（万人）平均人数	年末从业人数	企业总产值（亿元）
总计	**360.34**	**5 569.69**	**2 126.43**	**3 852.75**	**1 821.31**	**33.39**	**30.49**	**693.83**
东湖区	19.26	63.11	32.72	16.97	8.94	1.72	1.62	40.15
西湖区	114.07	1 588.57	576.83	1 469.35	523.57	9.52	8.96	201.98
青云谱区	74.07	661.75	279.55	621.35	269.48	7.16	7.12	133.28
湾里区	5.59	83.49	48.13	83.49	48.13	0.72	0.83	17.91
青山湖区	23.84	327.90	192.10	237.32	122.21	2.50	2.24	34.61
南昌县	55.99	733.08	397.78	639.60	378.33	5.67	4.06	86.12
新建县	4.00	80.61	40.40	80.61	40.40	0.35	0.33	4.94
安义县	1.02	34.30	5.30	5.30	4.15	0.11	0.11	1.72
进贤县	22.92	427.02	141.00	195.52	114.15	2.07	2.08	24.66
经济开发区	7.74	107.65	75.21	106.59	74.88	0.36	0.46	32.70
高新开发区	19.74	190.44	147.13	135.69	91.79	1.82	1.54	64.74
红谷滩新区	11.33	1 259.28	185.28	256.96	145.28	1.30	1.05	50.05
桑海开发区	0.45	8.77	3.01	3.01		0.04	0.04	0.47
英雄开发区	0.31	3.72	1.98	0.99		0.05	0.05	0.49

项目	房屋建筑竣工面积											
	合计	厂房、仓库	住宅	办公用房	批发和零售用房	住宿和餐饮用房	居民服务业用房	教育用房	文化、体育用房	卫生医疗用房	科研用房	其他用房
总计	**1 915.84**	**331.40**	**1219.69**	**150.46**	**34.47**	**6.09**	**51.18**	**50.11**	**7.05**	**9.05**	**0.06**	**56.28**
东湖区	47.41	0.32	39.83	4.75	2.00			0.51				
西湖区	561.57	64.44	364.14	35.92	23.10	4.33	39.30	16.06	0.95	4.13		9.19
青云谱区	194.82	44.43	88.72	34.12		0.70	2.82	13.49	1.79	2.85		5.91
湾里	46.10	7.09	28.56		7.50			2.95				
青山湖区	95.70	1.54	83.03	1.53	0.10			7.31	0.53		0.06	1.61
南昌县	407.26	8.55	390.52	2.45				2.30	0.39	0.70		2.35
新建县	51.35	6.62	37.68	4.94				0.83		0.44		0.84
安义县	12.29	4.23	4.76	1.03		0.56			1.22			0.49
进贤县	363.47	163.45	114.91	34.15	1.76	0.25	6.06	6.22	1.96	0.92		33.78
经济开发区	38.85		30.81	5.03			3.01					
高新开发区	56.14	23.89	28.90	0.54		0.26		0.43				2.11
红谷滩新区	32.64	6.64		26.00								
桑海开发区	4.60	0.22	4.18						0.20			
英雄开发区	3.64		3.64									

项目	竣工房屋价值											
	合计	厂房、仓库	住宅	办公用房	批发和零售用房	住宿和餐饮用房	居民服务业用房	教育用房	文化、体育用房	卫生医疗用房	科研用房	其他用房
总计	**175.24**	**27.02**	**112.43**	**16.30**	**2.83**	**1.63**	**2.41**	**5.88**	**0.57**	**1.04**		**5.12**
东湖区	4.26	0.02	3.87	0.15	0.15			0.07				
西湖区	57.85	8.94	35.83	3.96	1.93	1.41	1.20	2.55	0.08	0.55		1.41
青云谱区	18.71	3.46	8.46	3.68		0.06	0.32	1.59	0.22	0.38		0.54
湾里	3.66	0.61	2.21		0.55			0.29				
青山湖区	8.54	0.19	7.00	0.19	0.11			0.70	0.09			0.26
南昌县	38.37	0.66	36.99	0.24				0.19	0.04	0.05		0.20
新建县	3.96	0.76	2.49	0.52				0.07		0.02		0.10
安义县	1.02	0.42	0.41	0.08		0.06			0.03			0.01
进贤县	20.90	7.57	7.84	2.13	0.09	0.06	0.30	0.35	0.08	0.05		2.42
经济开发区	4.33		3.14	0.60			0.59					
高新开发区	7.06	3.17	3.52	0.07		0.05		0.07				0.18
红谷滩新区	5.88	1.20		4.68								
桑海开发区	0.45	0.02	0.41						0.02			
英雄开发区	0.25		0.25									

11－7　分县区建筑业企业主要财务指标

（总承包和专业承包资质，2009年）

项目	建筑业企业（个）	#有工作量	建筑业总产值（亿元）	建筑业增加值（亿元）	工程结算收入（亿元）	工程结算税金及附加（亿元）	其他业务收入（亿元）
总计	**419**	**382**	**636.34**	**107.52**	**545.84**	**18.77**	**3.96**
东湖区	84	69	37.67	5.14	27.76	1.37	0.06
西湖区	92	81	193.79	31.52	166.67	5.39	0.85
青云谱区	58	56	132.71	27.39	119.12	4.04	1.46
湾里	3	3	17.91	1.84	17.91	0.63	
青山湖区	52	52	34.61	4.33	21.93	0.74	0.07
南昌县	35	33	83.91	13.93	78.05	3.12	0.35
新建县	10	9	4.94	1.26	4.73	0.21	0.04
安义县	5	4	1.72	0.24	1.74	0.06	
进贤县	26	26	24.64	5.72	22.77	0.74	
经济开发区	9	9	32.70	4.65	24.66	0.77	0.39
高新开发区	31	26	44.91	8.41	45.83	1.12	0.58
红谷滩新区	8	8	25.87	2.86	13.53	0.50	0.16
桑海开发区	1	1	0.47	0.04	0.52	0.03	
英雄开发区	5	5	0.49	0.17	0.62	0.05	

11－7　续表1　（总承包和专业承包资质，2009年）　单位：亿元

项　　目	经营费用	管理费用	#税　金	#差旅费	#工　会经　费	财务费用	营业利润	利润总额	本年固定资产折旧
总　　计	**3.50**	**17.31**	**1.07**	**0.94**	**0.26**	**4.23**	**14.55**	**13.05**	**5.27**
东湖区	0.56	1.11	0.16	0.02		1.05	1.25	1.22	0.79
西湖区	0.73	3.97	0.24	0.19	0.09	1.41	3.42	3.28	1.26
青云谱区	0.80	4.60	0.23	0.27	0.03	0.84	2.09	2.25	1.30
湾　　里		0.05				0.01	0.43	0.43	0.02
青山湖	0.06	0.76	0.01	0.03	0.02	0.03	1.20	0.02	0.08
南昌县	0.55	2.05	0.18	0.10	0.03	0.22	2.02	1.82	0.31
新建县	0.04	0.26	0.01	0.01		0.01	0.26	0.25	0.01
安义县	0.02	0.02					0.03	0.03	
进贤县	0.35	0.42	0.06	0.05		0.05	1.43	1.38	0.16
经济开发区		0.97	0.01	0.03	0.01	0.30	0.47	0.47	0.61
高新开发区	0.37	2.39	0.12	0.23	0.08	0.23	1.74	1.72	0.51
红谷滩新区		0.68	0.04	0.01	0.01	0.06	0.18	0.14	0.20
桑海开发区		0.02							
英雄开发区	0.01	0.02	0.01			0.01	0.03	0.03	0.01

11－7　续表2　　（总承包和专业承包资质，2009年）　　单位：亿元

项　　目	主营业务应付工资	主营业务应付福利费	劳动、失业保险费	住房公积金及住房补贴	资产总计	负债合计	所有者权益合计	应收工程款	#竣工拖欠
总　　计	**57.24**	**5.38**	**1.70**	**1.06**	**441.77**	**290.69**	**151.08**	**69.45**	**36.42**
东湖区	1.30	0.12	0.06	0.04	41.93	22.05	19.88	5.04	2.13
西湖区	18.08	1.73	0.52	0.22	138.33	86.57	51.76	18.92	12.08
青云谱区	16.45	1.83	0.81	0.34	102.55	83.20	19.35	21.39	6.96
湾　　里	0.76				1.99	0.29	1.70	1.29	0.29
青山湖区	2.15	0.11	0.01	0.01	20.01	9.42	10.59	3.31	2.22
南昌县	6.95	0.69	0.04	0.10	40.29	23.12	17.16	4.59	2.84
新建县	0.66	0.08			2.40	0.71	1.69	0.18	0.18
安义县	0.14				2.29	1.74	0.55	0.04	
进贤县	2.89	0.20			11.02	3.36	7.65	0.64	0.55
经济开发区	2.11	0.26	0.08	0.18	22.82	17.22	5.59	2.03	1.52
高新开发区	3.98	0.26	0.17	0.15	46.74	35.09	11.65	10.84	6.85
红谷滩新区	1.68	0.10		0.02	10.60	7.49	3.11	0.73	0.36
桑海开发区	0.01				0.35	0.22	0.14	0.45	0.45
英雄开发区	0.06	0.01			0.46	0.20	0.26		

11－8 劳务分包建筑业企业生产经营情况

（2009年）

项目	企业个数（个）	#有工作量的企业个数	建筑业总产值（万元）	从业人员情况（人）		
				计算劳动生产率的平均人数	年末从业人数	#工程技术人员
总计	**29**	**11**	**7 276**	**792**	**768**	**73**
#国有及国有控股企业	1			1	2	
一、按登记注册类型分						
内资企业	29	11	7 276	792	768	73
国有企业	1			1	2	
集体企业	4	3	365	67	23	2
有限责任公司	10	2	400	121	119	2
其他有限责任公司	10	2	400	121	119	2
股份有限公司	3	2	308	33	25	3
私营企业	11	4	6 202	570	599	66
私营有限责任公司	9	3	6 171	559	592	66
私营股份有限公司	2	1	31	11	7	
二、按国民经济行业分						
房屋和土木工程建筑业	13	6	696	201	165	9
房屋工程建筑	6	2	31	13	7	
土木工程建筑业	7	4	664	188	158	9
水利和港口工程建筑	1	1	112	23	15	3
其他土木工程建筑	6	3	551	165	143	6
建筑安装业	8	5	6 580	581	592	64
建筑装饰业	2			3	4	
其他建筑业	6			7	7	
提供施工设备服务	1					
其他未列明的建筑活动	5			7	7	
三、按隶属关系分						
省	4	1	112	29	20	3
市	4	1		4	4	
县（区）	4	2	272	50	18	1
其他	17	7	6 891	709	726	69
四、按企业资质等级分						
劳务分包	29	11	7 276	792	768	73
一级						
二级						
三级及以下	6	3	6 298	536	568	63
五、按营业状态分						
营业	11	11	7 276	759	736	73
停业（歇业）	15			30	29	
六、按控股情况分						
国有控股	1			1	2	
集体控股	7	4	478	110	56	5
私人控股	21	7	6 798	681	710	68

项　　目	固定资产原价	本年折旧	资产总计	负债合计	实收资本	营业收入合计	#工程结算收入
总　　计	**94**	**94**	**10 926**	**5 965**	**4 428**	**6 299**	**6 141**
#国有及国有控股企业			125		120		
一、按登记注册类型分							
内资企业	94	94	10 926	5 965	4 428	6 299	6 141
国有企业			125		120		
集体企业	1	1	194	107	75	365	365
有限责任公司			1 585	183	1 346	200	200
其他有限责任公司			1 585	183	1 346	200	200
股份有限公司	2	2	1 405	683	640	409	409
私营企业	90	90	7 616	4 992	2 247	5 325	5 167
私营有限责任公司	90	90	7 086	4 980	1 830	5 294	5 136
私营股份有限公司			530	12	417	31	31
二、按国民经济行业分							
房屋和土木工程建筑业	2	2	1 949	789	1 033	597	597
房屋工程建筑			175	43	87	32	32
土木工程建筑业	2	2	1 774	746	946	565	565
水利和港口工程建筑	1	1	1 345	673	600	214	214
其他土木工程建筑	1	1	429	74	346	352	352
建筑安装业	91	91	7 981	5 146	2 555	5 700	5 544
建筑装饰业			425		400	2	
其他建筑业			571	30	440		
提供施工设备服务							
其他未列明的建筑活动			571	30	440		
三、按隶属关系分							
省	1	1	1 565	703	770	214	214
市			121	30	60	1	1
县（区）			121	48	71	272	272
其他	92	92	9 120	5 184	3 527	5 813	5 655
四、按企业资质等级分							
劳务分包	94	94	10 926	5 965	4 428	6 299	6 141
一级							
二级							
三级及以下	91	91	6 889	4 989	1 621	5 420	5 262
五、按营业状态分							
营业	93	93	8 516	5 855	2 287	6 297	6 141
停业（歇业）			2 109	110	1 860		
六、按控股情况分							
国有控股			125		120		
集体控股	2	2	2 894	859	1 925	579	579
私人控股	92	92	7 907	5 105	2 383	5 720	5 562

项目	工程结算成本	工程结算税金及附加	费用合计	营业利润	利润总额	从业人员劳动报酬	劳动、失业保险费
总计	**5 634**	**219**	**923**	**156**	**181**	**696**	**24**
#国有及国有控股企业			1	－1	－1	1	
一、按登记注册类型分							
内资企业	5 634	219	923	156	181	696	24
国有企业			1	－1	－1	1	
集体企业	335	14	10	9	2	88	4
有限责任公司	208	12	72	109	152	109	2
其他有限责任公司	208	12	72	109	152	109	2
股份有限公司	326	13	51	19	12	29	1
私营企业	4 765	180	788	20	16	469	17
私营有限责任公司	4 742	180	784	17	16	455	17
私营股份有限公司	23	1	4	3		14	
二、按国民经济行业分							
房屋和土木工程建筑业	499	32	119	146	175	215	8
房屋工程建筑	23	1	6	4		14	
土木工程建筑业	476	31	114	142	175	201	7
水利和港口工程建筑	130	12	50	22	12	23	
其他土木工程建筑	346	19	64	121	163	178	7
建筑安装业	5 135	187	790	22	17	472	15
建筑装饰业			3	－1	－1	2	
其他建筑业			11	－11	－10	6	1
提供施工设备服务							
其他未列明的建筑活动			11	－11	－10	6	1
三、按隶属关系分							
省	130	12	53	20	11	27	
市			11	－10	－10	4	1
县（区）	254	9	4	8	2	55	3
其他	5 250	199	856	137	179	610	20
四、按企业资质等级分							
劳务分包	5 634	219	923	156	181	696	24
一级							
二级							
三级及以下	4 878	176	782	15	17	399	12
五、按营业状态分							
营业	5 634	219	905	169	194	672	23
停业（歇业）			16	－14	－13	23	1
六、按控股情况分							
国有控股			1	－1	－1	1	
集体控股	465	26	62	31	14	125	4
私人控股	5 169	193	859	127	169	569	19

主 要 统 计 指 标 解 释

建筑施工企业 指从事房屋、构筑物和设备安装生产活动的独立施工单位，分为建筑安装企业和自营施工单位两种组织形式。建筑安装企业是指行政上有独立组织、经济上实行独立核算的企业。一般称为建筑公司、安装公司、工程公司、工程局（处）等。自营施工单位是指附属于现有生产企业、事业内部或行政单位的，为建造和修理本单位固定资产而自行组织的。并同时具备下述条件：(1) 对内独立核算；(2) 有固定组织和施工队伍；(3) 全年施工期在半年以上。

建筑业总产值 建筑总产值是以货币表现的建筑安装企业在一定时期内生产的建筑业产品的总和。按现行报表制度规定，具体包括：建筑工程产值、设备安装工程产值和其他产值。

建筑业增加值 是建筑业企业在报告期内以货币表现的建筑业生产经营活动的最终成果。建筑业增加值有两种计算方法：一是生产法，即建筑业总产出减去建筑业中间消耗后的余额；二是分配法（收入法），即从收入的角度出发，根据生产要素在生产过程中应得到的收入份额计算，具体构成项目有固定资产折旧、劳动者报酬、生产税净额、营业盈余。

年末自有机械设备价值 指年末本单位自有施工机械、生产设备、运输设备的全部机械价值，分别按原值和净值计算，不包括非生产用的机械设备价值。

利润总额 指建筑业企业在一定时期内所实现的利润。包括营业利润、投资收益和营业外收入与营业外支出的差额。

工程结算收入 指本企业承包实现的工程价额结算收入以及向发包单位收取的除工程价款以外按规定列作营业收入的各种款项，如临时设施费、劳动保险费、施工机构调迁等以及向发包单位收取的各种索赔款。

十二、运输和邮电

TRANSPORTATION, POSTS AND TELECOMMUNICATIONS SERVICES

本篇内容包括：

1. 交通运输业资料
2. 邮电通信业资料

资料整理　　微机处理

袁　方　　袁　方

货物、旅客运输量

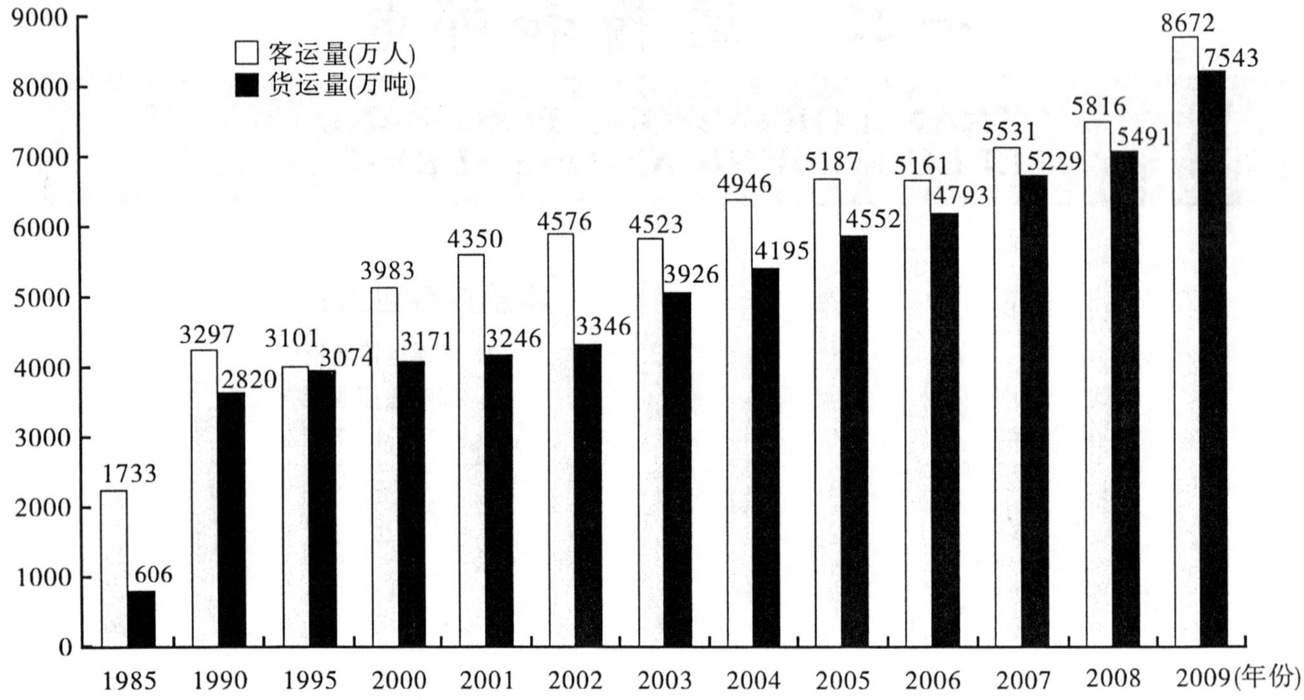

邮电业务总量

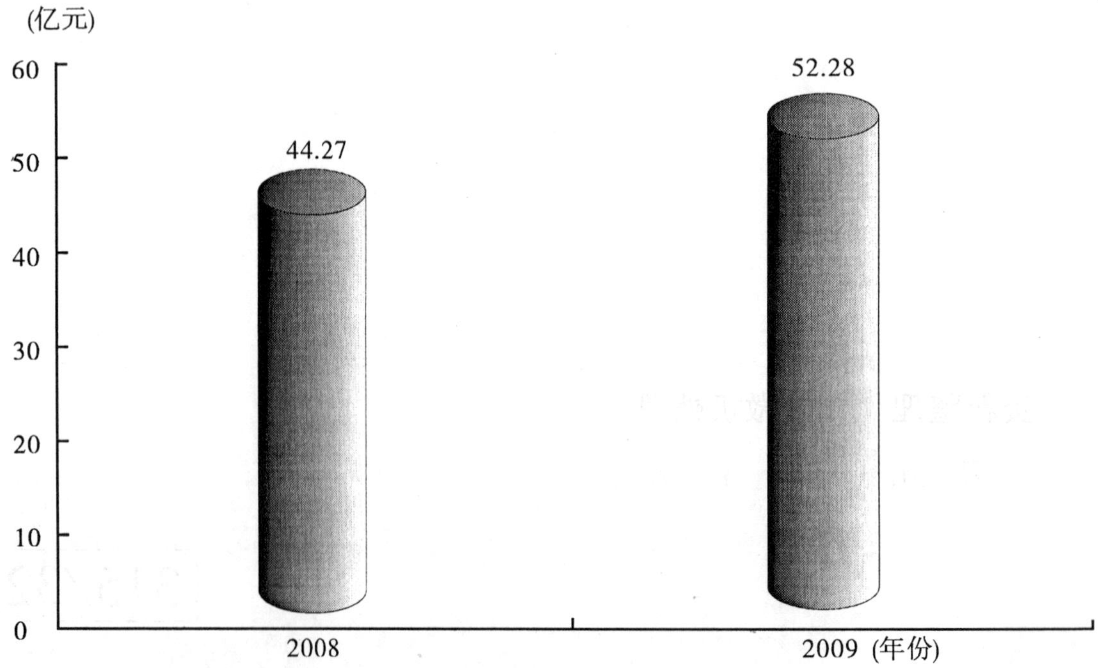

12-1 主要年份交通运输工具拥有量

项　　目	1985	1990	1995	2000	2005	2007	2008	2009
一、汽　　车（辆）	**14 953**	**21 050**	**24 697**	**41 707**	**161 899**	**205 508**	**238 139**	**297 967**
#载货汽车	10 719	11 150	11 688	20 827	44 565	49 382	53 286	59 741
载客汽车	3 758	8 051	10 829	18 280	103 965	144 185	173 552	228 201
特种汽车	476	1 849	2 172	2 600	2 014	2 453		
二、其他机动车（辆）	**9 636**	**11 883**	**31 733**	**118 248**	**174 215**	**188 976**	**196 995**	**190 984**
#摩托车	2 837	7 202	23 936	102 505	154 055	157 036	152 493	138 284
拖拉机	5 144	4 681	3 833	9 314	20 160	31 940	43 824	52 700
三、船　　舶（艘）								
#机动船	505	771	800	334	338	418	400	241
客货轮	12	11	11	6				
推拖船	54		40	29	14	14	10	9
驳船	240	211	161	141	37	33	12	10
四、汽车挂车（辆）	389		455	114	594	658	674	814
附：年末汽车驾驶员（万人）			7.12	13.7	35.6	59.7	66.64	74.76

注：2007年起，民用汽车拥有量全部划入南昌市车管所统计，与以前年度的口径发生改变。

12-2 主要年份旅客运输量及周转量

项　　目	1985	1990	1995	2000	2005	2007	2008	2009
一、旅客运输总量（万人）	**1 733**	**3 297**	**3 101**	**3 983**	**5 187**	**5 531**	**5 816**	**8 672**
1. 民　　航	4	8	75	78	136	166	169	178
2. 铁　　路	680	517	625	906	1 346	1 573	1 801	1 486
3. 公　　路	955	2 720	2 357	2 978	3 687	3 787	3 846	7 008
#交通部门	955	1 114	719	558				
非交通部门		1 606	1 638	2 420				
4. 水　　运	94	52	44	20	18	5		
#交通部门	94	50	31	15	1			
非交通部门		2	13	5	17	5		
二、旅客运输周转量（万人公里）		**239 480**	**314 305**	**609 103**	**887 779**	**925 096**	**934 490**	**1 128 082**
1. 民　　航	1 133	7 306	38 608	86 356	137 257	165 371	159 193	170 974
2. 铁　　路		113 319	153 674	325 371	512 379	513 006	522 794	467 481
3. 公　　路	53 959	115 521	118 451	195 477	237 793	246 612	252 503	489 627
#交通部门	53 959	61 649	48 667	79 393				
非交通部门		53 871	69 784	116 084				
4. 水　　运	5 292	3 335	3 572	1 899	350	107		
#交通部门	5 292	3 255	3 227	1 811	72			
非交通部门		80	345	88	278	107		

注：2009年起，公路数据与以前年度的口径发生改变，故数据变动较大。

12－3　主要年份货物运输量及周转量

项　　　　目	1985	1990	1995	2000	2005	2007	2008	2009
一、货物运输总量（万吨）	**606**	**2 820**	**3 074**	**3 171**	**4 552**	**5 229**	**5 491**	**7 543**
1. 民　　航	0	0	1	1	2	2	2	2
2. 铁　　路	235	221	201	224	392	425	371	435
3. 公　　路	262	2 298	2 541	2 784	3 890	4 364	4 710	6 620
#交通部门	262	194	91	23				
非交通部门		2 104	2 450	2 761				
4. 水　　运	109	301	331	163	268.5	438	408	486
#交通部门	109	71	61	35	40.1	30	34	27
非交通部门		230	271	128	228.4	408	374	459
二、货物运输周转量（万吨公里）		**218 157**	**223 886**	**282 129**	**1 577 125**	**2 286 243**	**1 892 175**	**2 905 498**
1. 民　　航	19	56	423	1 697	1 654.17	2 163	2 089	1 903
2. 铁　　路		65 573	61 491	99 691	1 282 042	1 936 118	1 570 885	1 204 635
3. 公　　路	12 607	96 686	116 418	148 211	210 546	224 282	231 041	1 592 733
#交通部门	12 607	15 007	9 452	7 710				
非交通部门		81 679	106 966	140 501				
4. 水　　运	39 174	55 843	45 554	32 531	82 883	123 680	88 160	106 227
#交通部门	39 174	41 313	33 457	21 330	19 018	11 771	12 926	8 119
非交通部门		14 530	12 097	11 201	63 865	111 909	75 234	98 108

注：2009 年起，公路数据与以前年度的口径发生改变，故数据变动较大。

12－4　主要年份电信网络及主要设备拥有量

项　　目	1978	1980	1985	1990	1995
电报电路总数（路）	57	65	81	162	287
长话业务电路总数（路）	197	248	419	1 629	15 105
自备火车邮箱（辆）	6	3	13	17	18
邮政汽车车辆（辆）	25	26	38	52	87
市内电话交换机总容量（万门）	0.7	0.7	1.5	4.5	52.6
#自动交换机容量			1.4	4.4	50.8
市内电话总数（万部）	1	1.5	2.3	5.3	27
#接入局用交换机的话机	0.5	0.6	0.9	2.8	21.2

项　　目	2005	2006	2007	2008	2009
自备火车邮箱（辆）	9	9	9	10	10
邮政汽车车辆（辆）	312	287	322	334	346
市内电话交换机总容量（万门）	197.27	201	221	224	220
市内电话总数（万部）	154	167	177	182	161
小灵通用户数（万户）	39.11	41.6	50	48	32
移动通信交换机容量（万门）	340.44	341	413	684	1 169
移动电话用户数（万户）	218	255	328	329	457
因特网用户数（万户）	64	69	70	72	81

12－5 主要年份邮电业务量

项　　　　目	1985	1990	1995	2000	2005	2007	2008	2009
一、邮电业务总量（万元）	**3 262**	**8 252**	**42 100**	**218 524**	**334 822**	**423 184**	**442 718**	**522 819**
二、邮电业务量								
函　　件（万件）	5 205	4 781	5 642	3 016	3 728	3 683	4 142	5 428
包　　裹（万件）	36	85	185	60	59	66	62	52
汇　　票（万件）	82	74	74	57	45	44	60	64
报纸累计（万份）	13 207	6 579	7 044	7 468	8 364	11 195	13 541	14 836
杂志累计（万份）		532	9 778	802	672	765	746	659
特快专递（万件）				72	138	194	250	292
机要文件（万件）	16	13	16	12	19	14	18	18
长途电话（万个）	152	576	4 401	9 804	18 741	15 878	16 551	20 474
城乡电话用户数（户）	14 121	31 513	195 781	740 813	1 543 241	1 773 627	1 821 436	1 612 312
#市话年末到户数	12 598	29 892	195 781	603 010	1 282 773	1 458 678	1 546 495	1 144 389
#农话年末到达户数	1 523	1 621		137 803	260 468	314 949	264 941	247 543

12－6 主要年份邮电邮路

项　　　　目	1985	1990	1995	2000	2005	2007	2008	2009
一、邮路总条数（条）	**213**		**177**	**100**	**103**	**124**	**105**	**105**
#一级邮路				51	31	51	51	51
二、邮路单程总长度（公里）	**8 021**	**10 229**	**10 637**	**85 324**	**38 703**	**36 986**	**43 030**	**32 538**
1. 航　　空	481	4 215	3 788	73 487	23 431	23 508	26 892	16 231
2. 铁　　路	4 895	4 174	5 262	3 351	3 778	4 225	3 813	3 813
3. 汽　　车	1 614	1 092	1 104	8 470	11 478	9 227	12 325	12 468
4. 水路邮路	275	210	140					
5. 摩　　托	4	45						
6. 其它邮路	751	440	343	16	16	26	26	26
三、农村投递路线单程长度（公里）		**8 110**	**7 985**	**8 564**	**7 395**	**8 004**	**8 004**	**9 472**

注：2009 年，航空邮路单程总长度减少的原因是企业计算口径发生变化。

主 要 统 计 指 标 解 释

货（客）运量 指运输业实际运送的货物（旅客）数量。货运按吨计算，客运按人计算。货物不论运输距离长短，货物类别，均按实际重量统计：旅客不论行程远近或票价多少、均按一人一次作为客运量统计。半价票、小孩票，也按一人统计。货（客）运量是反映运输业为国民经济和人民生活服务的数量指标，也是制定和检查运输生产计划、研究运输发展规模和速度的重要指标。

货物（旅客）周转量 指运输业运送的货物（旅客）数量与其相应运输距离的乘积之总和，常以吨公里和人公里为计算单位。计算货物周转量通常按发出站与到达站之间的最短距离，也就是计费距离计算。它是反映运输业生产总成果的重要指标，也是编制和检查运输生产计划、计算运输效率、劳动生产率以及核算运输单位成本的主要基础资料。

邮电业务总量 指以货币表现的邮电部门为用户传递信息和提供其他邮电服务的总量。它用各种邮电分类业务量，如函件件数、电报份数、长话张数、市内电话和农村电话年均户数、订销报刊累计份数等，分别乘以相应的平均单价（不变价格）加总后再加上出租电路和设备的收入、代用户维护电话交换机和线路等设备的收入、其它业务收入求得。邮电业务量综合反映了一定时期邮电工作的总成果，是研究邮电业务量构成和发展趋势的重要指标。

十三、国 内 贸 易

DOMESTIC TRADE

本篇内容包括：

1. 社会消费品零售总额情况
2. 批发和零售业商品销售情况及限额以上企业（单位）分类销售
3. 限额以上批发和零售业法人企业商品公司销存及主要财务状况
4. 限额以上住宿和餐饮业法人企业经营情况及主要财务状况
5. 限额以上餐饮业企业能源消费情况
6. 成品油批发企业能源购进、销售与库存
7. 成品油零售企业（单位）能源商品销售与库存
8. 亿元以上商品交易市场主要经济指标
9. 零售企业（单位）排位和亿元以上市场排位
10. 个体工商业基本情况和生产经营情况
11. 私营企业基本情况和生产经营情况
12. 商品交易市场个数概况

资料整理	微机处理
罗小云	褚艳红
褚艳红	罗小云

社会消费品零售总额

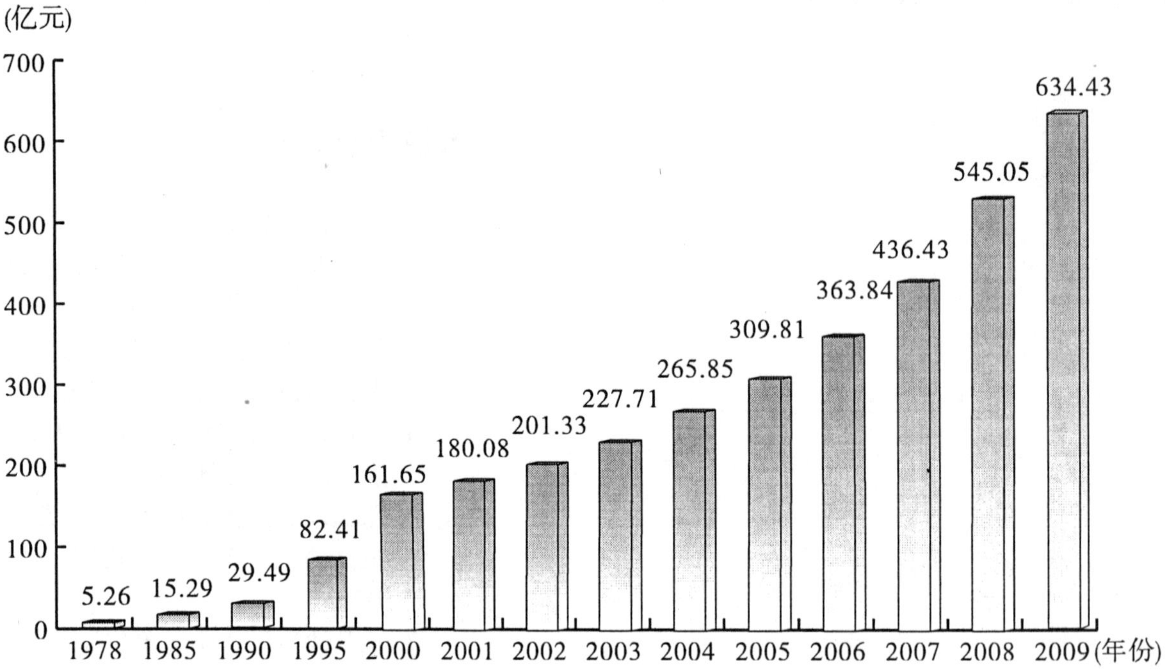

社会消费品零售总额构成(%)

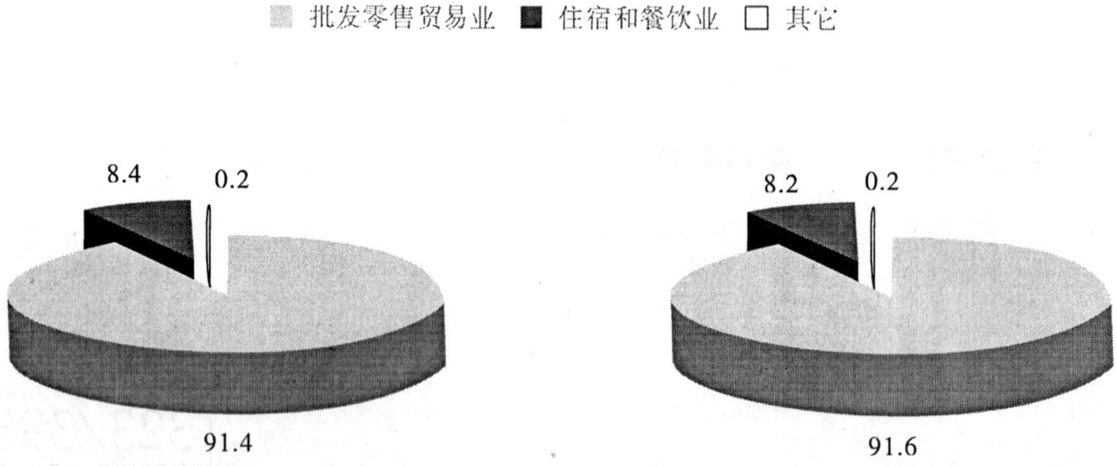

2008年

2009年

13－1 社会消费品零售总额

单位：万元

项　　目	2008	2009	比上年增长（%）
社会消费品零售总额	**5 288 858**	**6 344 337**	**20.0**
按销售地区分			
市	4 290 237	5 167 738	20.5
县	404 923	482 947	19.3
县以下	593 698	693 652	16.8
按行业分			
批发和零售业	4 836 469	5 810 996	20.1
#限额以上企业（单位）	2 097 021	2 625 809	25.2
限额以下企业（单位）和个体户	2 739 448	3 185 187	16.3
住宿和餐饮业	443 629	522 482	17.8
#限额以上企业（单位）	175 973	196 971	11.9
限额以下企业（单位）和个体户	267 656	325 511	21.6
其　他	8 760	10 859	24.0
按地区分			
东湖区	1 480 644	1 731 580	16.9
西湖区	1 629 140	1 918 164	17.7
青云谱区	320 202	420 706	31.4
湾里区	30 059	34 878	16.0
青山湖区	479 272	575 068	20.0
南昌县	406 917	480 978	18.2
新建县	277 754	328 548	18.3
安义县	74 089	86 873	17.3
进贤县	239 080	280 200	17.2
经济开发区	75 769	101 559	34.0
高新开发区	63 140	83 624	32.4
红谷滩新区	206 561	294 677	42.7
桑海开发区	1 281	1 537	20.0
英雄开发区	4 950	5 945	20.1

注：该表数据为快报数。

13－2　各县区社会消费品零售总额

（2009年）

单位：万元

地　　区	社会消费品零售总额	按销售地区分			按行业分		
		市	县	县以下	批发和零售业	住宿和餐饮业	其　他
全　　市	**6 344 337**	**5 167 738**	**482 947**	**693 652**	**5 810 996**	**522 482**	**10 859**
东 湖 区	1 731 580	1 731 580			1 569 796	161 784	
西 湖 区	1 918 164	1 918 164			1 763 031	146 434	8 699
青云谱区	420 706	420 706			396 631	24 075	
湾 里 区	34 878	34 878			26 462	8 416	
青山湖区	575 068	575 068			517 639	57 429	
南 昌 县	480 978		197 694	283 284	449 678	30 432	868
新 建 县	328 548		134 668	193 880	299 920	28 192	436
安 义 县	86 873		35 989	50 884	81 439	5 077	357
进 贤 县	280 200		114 596	165 604	251 705	27 996	499
经济开发区	101 559	101 559			94 069	7 490	
高新开发区	83 624	83 624			78 830	4 794	
红谷滩新区	294 677	294 677			275 332	19 345	
桑海开发区	1 537	1 537			1 278	259	
英雄开发区	5 945	5 945			5 186	759	

注：该表数据为快报数。

13－3　1990—2009年社会消费品零售总额

单位：万元

年　份	社会消费品零售总额	比上年增长（%）	按销售地区分：市　区	按销售地区分：县及县以下	按行业分：批发和零售业	按行业分：住宿和餐饮业	按行业分：其　它
1990	294 909	1.2	179 447	115 462	280 964	12 866	1 079
1991	335 311	13.7	208 060	127 251	320 869	13 278	1 164
1992	393 991	17.5	259 531	134 460	375 937	16 212	1 842
1993	499 975	26.9	328 597	171 378	470 804	27 172	1 999
1994	651 968	30.4	435 680	216 288	615 112	34 237	2 619
1995	824 087	26.4	565 612	258 475	775 761	44 919	3 407
1996	1 030 933	25.1	727 912	303 021	961 935	64 818	4 180
1997	1 226 810	19.0	901 320	325 490	1 129 974	91 912	4 924
1998	1 342 130	9.4	999 284	342 846	1 232 472	104 320	5 338
1999	1 464 264	9.1	1 105 970	358 294	1 338 750	119 551	5 963
2000	1 616 548	10.4	1 236 238	380 310	1 476 586	133 778	6 184
2001	1 800 835	11.4	1 392 613	408 222	1 643 529	151 035	6 271
2002	2 013 334	11.8	1 565 829	447 505	1 837 801	169 914	5 619
2003	2 277 081	13.1	1 784 430	492 651	2 080 380	190 474	6 227
2004	2 658 498	16.8	2 095 676	562 822	2 415 251	236 473	6 774
2005	3 098 086	16.5	2 465 359	632 727	2 815 423	277 010	5 653
2006	3 638 369	17.4	2 915 080	723 289	3 305 602	326 420	6 347
2007	4 364 343	20.0	3 523 270	841 073	3 978 292	378 133	7 918
2008	5 450 461	24.9	4 421 327	1 029 134	4 984 517	457 184	8 760
2009	6 344 337	16.4	5 167 738	1 176 599	5 810 996	522 482	10 859

注：1990－2004年社会消费品零售总额为第一次经济普查后的修正数据；2005－2008年社会消费品总额为第二次经济普查修正后的快报数据。

13－4 社会消费品零售总额分月数

（2009年）

单位：万元

项目	一月	二月	三月	四月	五月	六月	七月
社会消费品零售总额	**639 769**	**477 975**	**418 564**	**392 964**	**548 695**	**462 926**	**398 126**
按销售地区分							
市	519 722	390 537	340 111	321 942	446 292	372 611	322 737
县	49 118	36 463	31 669	29 103	41 163	36 874	30 725
县以下	70 929	50 975	46 784	41 919	61 240	53 441	44 664
按行业分							
批发和零售业	592 500	435 156	381 613	353 786	503 440	422 257	358 293
#限额以上企业（单位）	235 709	187 177	188 469	188 283	211 229	213 922	198 583
限额以下企业（单位）和个体户	356 791	247 979	193 144	165 503	292 211	208 335	159 710
住宿和餐饮业	46 522	41 945	36 054	38 305	44 360	39 773	38 947
#限额以上企业（单位）	18 466	15 132	14 727	14 781	15 956	15 243	15 350
限额以下企业（单位）和个体户	28 056	26 813	21 327	23 524	28 404	24 530	23 597
其他	747	874	897	873	895	896	886

13－4 续表

（2009年）

单位：万元

项目	八月	九月	十月	十一月	十二月	全年
社会消费品零售总额	**498 689**	**528 249**	**631 510**	**670 069**	**676 801**	**6 344 337**
按销售地区分						
市	405 048	433 140	514 691	550 688	550 218	5 167 738
县	38 010	39 283	50 070	48 844	51 625	482 947
县以下	55 631	55 826	66 749	70 537	74 958	693 652
按行业分						
批发和零售业	455 978	483 217	580 534	622 717	621 505	5 810 996
#限额以上企业（单位）	207 505	226 225	241 438	252 707	274 562	2 625 809
限额以下企业（单位）和个体户	248 473	256 992	339 096	370 010	346 943	3 185 187
住宿和餐饮业	41 823	44 129	49 832	46 406	54 386	522 482
#限额以上企业（单位）	15 738	16 413	18 335	18 688	18 142	196 971
限额以下企业（单位）和个体户	26 085	27 716	31 497	27 718	36 244	325 511
其他	888	903	1 144	946	910	10 859

注：该表数据为快报数。

13－5　各县区社会消费品零售总额分月数

（2009年）　　单位：万元

地区	一月	二月	三月	四月	五月	六月	七月
东湖区	173 024	141 053	114 566	106 941	154 814	118 209	107 784
西湖区	209 511	138 879	119 512	111 590	165 700	124 974	109 612
青云谱区	34 316	28 670	28 952	30 554	36 115	37 382	31 120
湾里区	4 314	2 341	2 292	1 879	3 371	2 401	1 826
青山湖区	53 397	45 537	39 671	38 404	50 541	46 249	37 799
南昌县	48 374	35 521	31 994	28 664	40 453	37 798	31 643
新建县	34 467	24 528	22 126	19 853	28 508	24 212	20 538
安义县	8 753	6 312	5 866	5 289	8 301	6 588	5 384
进贤县	28 454	21 077	18 466	17 216	25 139	21 717	17 823
经济开发区	9 112	8 333	6 875	6 419	8 282	10 650	6 734
高新开发区	6 281	6 663	6 011	5 593	5 944	6 464	6 412
红谷滩新区	29 323	18 640	21 743	20 058	20 861	25 726	20 924
桑海开发区	107	116	95	108	132	100	117
英雄开发区	336	305	395	396	534	456	410

13－5　续表　　（2009年）　　单位：万元

地区	八月	九月	十月	十一月	十二月	全年
东湖区	136 304	143 752	171 667	181 586	181 880	1 731 580
西湖区	148 454	156 909	209 929	216 753	206 341	1 918 164
青云谱区	33 670	37 435	35 793	39 436	47 263	420 706
湾里区	2 805	3 044	3 227	4 216	3 162	34 878
青山湖区	42 600	47 493	55 380	56 643	61 354	575 068
南昌县	37 630	39 624	48 024	48 884	52 369	480 978
新建县	26 319	26 462	31 692	33 234	36 609	328 548
安义县	6 932	6 780	8 950	8 838	8 880	86 873
进贤县	22 760	22 243	28 154	28 426	28 725	280 200
经济开发区	8 420	9 533	9 082	10 089	8 030	101 559
高新开发区	7 528	9 385	8 773	7 620	6 950	83 624
红谷滩新区	24 723	24 951	19 951	33 362	34 415	294 677
桑海开发区	133	114	135	229	151	1 537
英雄开发区	411	524	753	753	672	5 945

注：该表数据为快报数。

13－6 批发和零售业商品销售情况及限额以上企业(单位)分类销售

单位：万元

指标名称	销售总额		批发额		零售额	
	2008年	2009年	2008年	2009年	2008年	2009年
合计	**13 808 983**	**17 255 944**	**8 964 627**	**11 444 898**	**4 844 356**	**5 811 046**
一、按行业分						
批发业	9 363 477	11 931 970	8 575 705	10 969 093	787 772	962 877
零售业	4 445 506	5 323 974	388 922	475 805	4 056 584	4 848 169
二、按规模分						
限额以上企业（单位）	6 044 158	7 788 292	3 947 138	5 162 483	2 097 022	2 625 809
食品、饮料、烟酒类	644 297	723 645	416 821	474 622	227 476	249 023
食品类	223 886	234 312	56 632	53 824	167 254	180 488
#粮油类	40 190	45 595	10 744	6 209	29 446	39 386
肉禽蛋类	26 526	36 297	6 180	6 356	20 346	29 941
饮料类	78 590	102 742	57 046	73 773	21 544	28 969
烟酒类	341 821	386 591	303 144	347 025	38 677	39 566
服装、鞋帽、针纺织品类	409 308	449 886	177 082	187 721	232 226	262 165
服装类	259 984	293 281	113 868	138 700	146 116	154 581
鞋帽类	59 764	77 885	7 844	8 710	51 920	69 175
针、纺织品类	89 561	78 720	57 283	40 311	32 278	38 409
化妆品类	30 381	36 161	2 467	1 941	27 914	34 220
金银珠宝类	47 124	51 844	2 368	3 383	44 756	48 461
日用品类	124 331	136 764	43 381	47 766	80 950	88 998
#洗涤用品类	36 716	33 981	10 952	4 609	25 764	29 372
儿童玩具类	12 313	11 575		17	12 313	11 558
五金、电料类	13 167	8 634	8 808	3 714	4 359	4 920
体育、娱乐用品类	3 458	3 087	140	10	3 318	3 077
书报杂志类	94 332	168 992	72 720	139 131	21 612	29 861
电子出版物及音像制品类	15 461	18 390	13		15 448	18 390
家用电器和音像器材类	597 193	923 489	387 280	721 860	209 913	201 629
中西药品类	562 404	829 709	414 989	617 011	147 415	212 698
#西药	257 833	378 457	148 309	218 385	109 524	160 072
中草药及中成药	300 457	430 372	262 698	378 887	37 759	51 485
文化办公用品类	148 397	141 373	71 122	74 442	77 275	66 931
家俱类	5 128	17 563			5 128	17 563
通讯器材类	98 794	73 890	38 601	18 775	60 193	55 115
煤炭及制品类	330 019	347 048	330 019	347 048		
木材及制品类	3 039	5 217	3 039	5 217		
石油及制品类	755 049	924 494	467 794	574 547	287 255	349 947
化工材料及制品类	299 130	114 720	299 090	114 720	40	
#化肥类	260 987	76 977	260 987	76 977		
金属材料类	635 975	954 485	635 975	954 485		
建筑及装璜材料类	26 188	53 455	24 718	29 790	1 470	23 665
机电产品及设备类	126 161	226 553	126 161	223 452		3 101
#农机类	3 637	16 499	3 637	16 499		
汽车类	866 480	1 230 732	244 656	307 444	621 824	923 288
种子饲料类	5 526	9 737	5 526	9 737		
棉麻类	2 847	16 852	2 847	16 852		
其他类	199 971	321 572	171 523	288 815	28 448	32 757
限额以下企业（单位）及个体户	7 764 825	9 467 652	5 017 490	6 192 415	2 747 335	3 185 237

注：该表数据为快报数。

13－7　限额以上批发和零售业法人企业商品购销存

（2009年）　　单位：万元

指标名称	法人企业数（个）	年末从业人员数（个）	商品购进总额	#进口额
总　计	**317**	**35 437**	**6 471 912**	**113 979**
一、批　发　业	156	13 327	4 257 601	77 155
1. 按批发行业小类分				
农畜产品批发	3	135	22 129	
种子、饲料批发	2	100	7 571	
棉、麻批发	1	35	14 558	
食品、饮料及烟草制品批发	11	2 239	342 712	
糕点、糖果及糖批发	2	31	5 289	
肉、禽、蛋及水产品批发	2	180	6 593	
盐及调味品批发	2	227	6 588	
饮料及茶叶批发	4	840	69 711	
烟草制品批发	1	961	254 532	
其他食品批发				
纺织、服装及日用品批发	21	505	137 361	27 251
纺织品、针织品及原料批发	4	107	32 337	
服装批发	15	375	100 674	27 251
鞋帽批发	1	10	3 063	
其他日用品批发	1	13	1 287	
文化、体育用品及器材批发	4	419	109 349	
图书批发	4	419	109 349	
医药及医疗器材批发	20	4 013	562 166	
西药批发	12	783	135 890	
中药材及中成药批发	8	3 230	426 276	
矿产品、建材及化工产品批发	49	2 730	2 235 524	49 903
煤炭及制品批发	6	228	353 862	
石油及制品批发	10	1 633	749 904	
非金属矿及制品批发	2	19	3 865	
金属及金属矿批发	22	533	1 029 604	43 066
建材批发	4	139	22 851	692
化肥批发	2	79	25 034	4 560
农药批发	1	21	4 219	
其他化工产品批发	2	78	46 185	1 586
机械设备、五金交电及电子产品批发	46	3 106	718 885	
汽车、摩托车及零配件批发	10	484	142 536	
五金、交电批发	3	51	8 881	
家用电器批发	11	1 294	347 559	
计算机、软件及辅助设备批发	10	675	83 914	
通讯及广播电视设备批发	2	37	6 341	
其他机械设备及电子产品批发	10	565	129 654	
其他批发	2	180	129 475	
再生物资回收与批发	1	132	4 803	
其他未列明的批发	1	48	124 672	
2. 按登记注册类型分				
内资企业	153	12 410	4 131 640	77 155
国有企业	14	1 228	1 074 152	7 591
集体企业				
股份合作企业	4	236	54 610	
有限责任公司	88	7 193	1 851 072	68 864
国有独资公司	2	966	280 693	
其他有限责任公司	86	6 227	1 570 379	68 864

注：该表数据为法人口径年报。

13－7 续表1

指标名称	法人企业数（个）	年末从业人员数（个）	商品购进总额	#进口额
股份有限公司	12	1 850	655 415	
私营企业	32	1 663	453 727	700
私营独资企业	2	35	55 675	
私营有限责任公司	28	1 601	389 216	700
私营股份有限公司	2	27	8 836	
其他企业	3	240	42 663	
港、澳、台商投资企业	1	88	29 686	
港、澳、台商投资股份有限公司	1	88	29 686	
外商投资企业	2	829	96 276	
中外合资经营企业	1	198	51 890	
外资企业	1	631	44 385	
3. 按控股情况分				
国有控股	34	6 366	2 592 163	42 982
集体控股	1	280	66 507	
私人控股	105	5 328	1 404 523	34 172
港澳台商控股	1	88	29 686	
外商控股	1	631	44 385	
其他	14	634	120 337	
4. 按经营形式分				
独立门店	36	1 767	455 796	
连锁总店	4	2 210	333 973	
其他	116	9 350	3 467 832	77 155
二、零售业	161	22 110	2 214 311	36 824
1. 按零售行业小类分				
综合零售	28	9 347	688 393	
百货零售	11	6 746	561 095	
超级市场零售	17	2 601	127 298	
食品、饮料及烟草制品专门零售	4	192	10 280	
肉、禽、蛋及水产品零售	2	145	5 482	
饮料及茶叶零售				
烟草制品零售	1	35	1 543	
其他食品零售	1	12	3 255	
纺织、服装及日用品专门零售	7	1 055	53 533	
服装零售	3	873	25 722	
鞋帽零售	1	46	5 716	
化妆品及卫生用品零售	1	53	3 462	
其他日用品零售	2	83	18 632	
文化、体育用品及器材专门零售	12	972	64 532	20 509
图书零售	7	716	33 856	
报刊零售	1	20	4 606	
珠宝首饰零售	3	179	25 461	20 509
工艺美术品及收藏品零售	1	57	608	
医药及医疗器材专门零售	9	3 332	201 229	
药品零售	9	3 332	201 229	
汽车、摩托车、燃料及零配件专门零售	73	4 209	980 683	16 315
汽车零售	62	3 745	906 218	16 315
机动车燃料零售	11	464	74 465	
家用电器及电子产品专门零售	23	1 988	172 659	
家用电器零售	4	938	98 071	

注：该表数据为法人口径年报。

指标名称	法人企业数（个）	年末从业人员数（个）	商品购进总额	#进口额
计算机、软件及辅助设备零售	12	794	51 192	
通信设备零售	6	246	22 065	
其他电子产品零售	1	10	1 332	
五金、家具及室内装修材料专门零售	3	995	38 967	
家具零售	2	984	31 550	
其他室内装修材料零售	1	11	7 417	
无店铺及其他零售	2	20	4 036	
其他未列明的零售	2	20	4 036	
2. 按登记注册类型分				
内资企业	150	20 213	2 036 289	33 196
国有企业	11	928	46 760	
股份合作企业	2	59	4 371	
有限责任公司	81	10 810	1 157 799	33 196
其他有限责任公司	81	10 810	1 157 799	33 196
股份有限公司	10	5 122	276 012	
私营企业	44	3 217	545 159	
私营独资企业	10	1 121	172 409	
私营合伙企业	2	71	12 769	
私营有限责任公司	28	1 735	345 846	
私营股份有限公司	4	290	14 136	
其他企业	2	77	6 188	
港、澳、台商投资企业	3	201	9 349	
港、澳、台商合资经营企业	2	110	4 326	
港、澳、台商独资经营企业	1	91	5 023	
外商投资企业	8	1 696	168 674	3 629
中外合资经营企业	2	442	64 421	
外资企业	6	1 254	104 253	3 629
3. 按控股情况分				
国有控股	23	4 052	309 730	
私人控股	107	11 139	1 364 620	21 628
港澳台商控股	2	144	8 485	
外商控股	5	1 158	102 357	3 629
其他	24	5 617	429 118	11 567
4. 按经营形式分				
独立门店	123	9 767	1 225 566	15 196
连锁总店	27	11 313	762 338	21 628
连锁门店	1	89	4 605	
其他	10	941	221 802	
5. 按零售业态分				
有店铺零售	159	22 090	2 210 827	36 824
超市	16	1 390	34 506	
大型超市	5	1 527	99 049	
百货店	9	6 576	559 205	
专业店	55	6 592	493 690	20 509
专卖店	70	4 976	986 550	16 315
家居建材商店	2	984	31 550	
厂家直销中心	2	45	6 278	
无店铺零售	2	20	3 484	
电话购物	2	20	3 484	

注：该表数据为法人口径年报。

13－7　续表2

指标名称	商品销售总额	批发额	#出口额	零售额	年末商品库存总额	年末零售营业面积（平方米）
总　计	**7 241 121**	**4 472 637**	**297 494**	**2 768 484**	**450 378**	**1 224 435**
一、批　发　业	4 707 470	4 187 820	295 149	519 650	234 581	225 721
1. 按批发行业小类分						
农畜产品批发	26 588	26 588			1 560	
种子、饲料批发	9 737	9 737			1 560	
棉、麻批发	16 852	16 852				
食品、饮料及烟草制品批发	440 963	435 413	14	5 549	19 761	672
糕点、糖果及糖批发	5 588	5 588			390	
肉、禽、蛋及水产品批发	6 647	6 355	14	292	5	
盐及调味品批发	10 662	10 662			600	
饮料及茶叶批发	80 520	78 406		2 114	1 912	
烟草制品批发	337 545	334 401		3 144	16 854	672
其他食品批发						
纺织、服装及日用品批发	175 560	167 738	110 662	7 822	13 560	
纺织品、针织品及原料批发	37 698	37 698	32 046		355	
服装批发	132 361	125 353	78 616	7 008	13 046	
鞋帽批发	3 312	3 312				
其他日用品批发	2 188	1 375		813	158	
文化、体育用品及器材批发	127 430	127 430			28 235	
图书批发	127 430	127 430			28 235	
医药及医疗器材批发	617 443	585 084	22 818	32 359	25 055	3 500
西药批发	144 956	132 632	22 818	12 324	5 967	
中药材及中成药批发	472 488	452 452		20 036	19 088	3 500
矿产品、建材及化工产品批发	2 365 409	2 063 506	79 218	301 903	113 090	219 949
煤炭及制品批发	366 819	366 819			1 483	
石油及制品批发	859 175	557 453		301 722	58 073	219 949
非金属矿及制品批发	6 379	6 379	3 578		1 557	
金属及金属矿批发	1 031 397	1 031 231	57 784	166	34 362	
建材批发	24 798	24 783	13 013	15	1 383	
化肥批发	25 402	25 402			10 067	
农药批发	4 265	4 265			391	
其他化工产品批发	47 175	47 175	4 843		5 774	
机械设备、五金交电及电子产品批发	816 412	644 394	82 437	172 017	31 313	1 200
汽车、摩托车及零配件批发	148 006	135 330	57 864	12 676	9 092	1 200
五金、交电批发	10 234	8 749	4 217	1 485	355	
家用电器批发	365 283	245 721		119 561	7 820	
计算机、软件及辅助设备批发	107 126	69 815		37 311	4 287	
通讯及广播电视设备批发	6 679	6 679			345	
其他机械设备及电子产品批发	179 084	178 100	20 356	984	9 414	
其他批发	137 666	137 666			2 007	400
再生物资回收与批发	7 545	7 545			222	
其他未列明的批发	130 120	130 120			1 786	400
2. 按登记注册类型分						
内资企业	4 565 420	4 045 770	243 148	519 650	232 590	225 721
国有企业	1 095 978	1 094 258	33 765	1 720	41 937	400
集体企业						
股份合作企业	57 683	57 683			3 253	
有限责任公司	2 068 724	1 901 231	143 069	167 494	104 970	1 872
国有独资公司	364 204	361 060		3 144	16 854	672
其他有限责任公司	1 704 521	1 540 171	143 069	164 350	88 116	1 200

注：该表数据为法人口径年报。

13－7 续表2－1

指标名称	商品销售总额	批发额	#出口额	零售额	年末商品库存总额	年末零售营业面积（平方米）
股份有限公司	778 178	452 381	2 569	325 797	53 444	223 449
私营企业	518 625	493 985	63 744	24 640	27 601	
私营独资企业	57 674	57 674			1 598	
私营有限责任公司	451 946	427 306	59 527	24 640	25 462	
私营股份有限公司	9 005	9 005	4 217		542	
其他企业	46 232	46 232			1 385	
港、澳、台商投资企业	32 295	32 295			454	
港、澳、台商投资股份有限公司	32 295	32 295			454	
外商投资企业	109 754	109 754	52 001		1 537	
中外合资经营企业	59 423	59 423	52 001			
外资企业	50 332	50 332			1 537	
3. 按控股情况分						
国有控股	2 852 163	2 546 148	88 307	306 015	139 311	221 021
集体控股	69 542	69 542			17	
私人控股	1 520 826	1 309 235	196 695	211 592	86 282	4 700
港澳台商控股	32 295	32 295			454	
外商控股	50 332	50 332			1 537	
其他	182 312	180 269	10 147	2 043	6 980	
4. 按经营形式分						
独立门店	494 247	468 853	1 039	25 394	51 103	3 500
连锁总店	788 094	479 946		308 148	32 812	221 821
其他	3 425 129	3 239 021	294 110	186 108	150 666	400
二、零售业	2 533 651	284 817	2 345	2 248 834	215 797	998 714
1. 按零售行业小类分						
综合零售	788 365	87 095		701 270	60 909	596 169
百货零售	658 647	87 095		571 552	45 596	472 280
超级市场零售	129 718			129 718	15 313	123 889
食品、饮料及烟草制品专门零售	11 065			11 065	867	3 247
肉、禽、蛋及水产品零售	5 540			5 540	306	2 047
饮料及茶叶零售						
烟草制品零售	2 304			2 304	288	400
其他食品零售	3 221			3 221	273	800
纺织、服装及日用品专门零售	62 169	10 023		52 147	9 984	21 502
服装零售	29 210	9 756		19 454	7 823	16 709
鞋帽零售	6 076			6 076	946	1 200
化妆品及卫生用品零售	3 397			3 397	297	951
其他日用品零售	23 487	267		23 220	919	2 642
文化、体育用品及器材专门零售	75 377	5 420	2 345	69 957	6 682	22 340
图书零售	35 096			35 096	818	17 440
报刊零售	5 561			5 561	270	500
珠宝首饰零售	33 984	5 420	2 345	28 565	5 549	3 702
工艺美术品及收藏品零售	735			735	46	698
医药及医疗器材专门零售	218 350	23 286		195 064	19 379	53 583
药品零售	218 350	23 286		195 064	19 379	53 583
汽车、摩托车、燃料及零配件专门零售	1 159 729	140 167		1 019 563	102 242	183 452
汽车零售	1 072 963	140 167		932 797	98 478	154 528
机动车燃料零售	86 766			86 766	3 765	28 924
家用电器及电子产品专门零售	173 597	18 827		154 770	14 808	61 469
家用电器零售	95 737	2 012		93 725	7 489	52 331

注：该表数据为法人口径年报。

指　标　名　称	商品销售总额	批发额	#出口额	零售额	年末商品库存总额	年末零售营业面积（平方米）
计算机、软件及辅助设备零售	53 859	8 320		45 539	4 601	7 338
通信设备零售	22 556	8 495		14 061	2 692	1 400
其他电子产品零售	1 445			1 445	25	400
五金、家具及室内装修材料专门零售	40 605			40 605	836	56 528
家具零售	33 283			33 283	741	56 378
其他室内装修材料零售	7 322			7 322	95	150
无店铺及其他零售	4 392			4 392	91	424
其他未列明的零售	4 392			4 392	91	424
2. 按登记注册类型分						
内资企业	2 323 910	281 455	2 345	2 042 455	203 768	909 681
国有企业	53 582	3 209		50 373	2 227	28 513
股份合作企业	4 296			4 296	670	1 620
有限责任公司	1 328 765	150 250	2 345	1 178 515	98 964	481 423
其他有限责任公司	1 328 765	150 250	2 345	1 178 515	98 964	481 423
股份有限公司	366 292	67 198		299 094	36 998	199 990
私营企业	564 233	60 798		503 435	63 843	195 785
私营独资企业	173 865	5 156		168 709	10 776	124 170
私营合伙企业	13 402			13 402	908	5 825
私营有限责任公司	361 880	55 343		306 537	50 602	63 880
私营股份有限公司	15 085	299		14 787	1 557	1 910
其他企业	6 743			6 743	1 067	2 350
港、澳、台商投资企业	11 745			11 745	680	1 701
港、澳、台商合资经营企业	4 746			4 746	444	1 181
港、澳、台商独资经营企业	6 999			6 999	236	520
外商投资企业	197 996	3 362		194 633	11 349	87 332
中外合资经营企业	60 273	3 362		56 911	4 523	18 350
外资企业	137 723			137 723	6 825	68 982
3. 按控股情况分						
国有控股	349 567	30 603		318 964	25 921	105 794
私人控股	1 515 935	174 999	2 345	1 340 936	124 947	519 704
港澳台商控股	10 396			10 396	533	1 471
外商控股	111 766			111 766	5 468	68 622
其　　他	545 987	79 215		466 772	58 929	303 123
4. 按经营形式分						
独立门店	1 371 472	131 309		1 240 163	134 016	435 786
连锁总店	925 133	121 614	2 345	803 519	65 992	537 234
连锁门店	4 035			4 035	569	9 279
其　　他	233 011	31 894		201 117	15 220	16 415
5. 按零售业态分						
有店铺零售	2 529 704	284 817	2 345	2 244 887	215 726	998 379
超　　市	36 968			36 968	4 461	53 281
大型超市	98 854			98 854	11 777	80 779
百货店	656 795	87 095		569 699	45 039	466 060
专业店	525 745	50 609	2 345	475 135	47 707	138 728
专卖店	1 166 085	147 113		1 018 972	103 937	201 574
家居建材商店	33 283			33 283	741	56 378
厂家直销中心	11 975			11 975	2 065	1 579
无店铺零售	3 947			3 947	71	335
电话购物	3 947			3 947	71	335

注：该表数据为法人口径年报。

13－8 限额以上批发和零售业法人企业主要财务状况

（2009年）　　　　单位：万元

指标名称	法人企业数（个）	#执行《2006年企业会计准则》企业数（个）	年初存货	流动资产			流动资产年平均余额
				合计	#应收帐款	#存货	
总计	**317**	**123**	**383 209**	**2 079 682**	**264 319**	**365 487**	**1 104 872**
一、批发业	156	53	210 388	1 266 851	183 160	201 370	739 182
1. 按批发行业小类分							
农畜产品批发	3		4 638	17 418	7 876	7 386	6 720
谷物、豆及薯类批发							
种子、饲料批发	2		2 344	6 059	675	3 787	6 720
棉、麻批发	1		2 294	11 359	7 201	3 598	
食品、饮料及烟草制品批发	11	5	16 129	123 158	2 967	20 007	116 663
糕点、糖果及糖批发	2		238	803	467	96	589
肉、禽、蛋及水产品批发	2	1	7	1 180	333	3	393
盐及调味品批发	2	2	551	9 329	344	978	9 734
饮料及茶叶批发	4	1	3 158	10 942	1 390	2 068	11 193
烟草制品批发	1	1	12 175	100 904	433	16 863	94 753
纺织、服装及日用品批发	21	6	8 266	61 068	19 339	5 777	16 264
纺织品、针织品及原料批发	4	2	321	14 683	4 468	264	2 288
服装批发	15	3	7 798	45 539	14 630	5 353	13 428
鞋帽批发	1	1		129	96		92
其他日用品批发	1		147	718	145	160	456
文化、体育用品及器材批发	4	1	30 567	45 170	4 732	13 570	26 107
图书批发	4	1	30 567	45 170	4 732	13 570	26 107
医药及医疗器材批发	20	9	30 994	166 295	73 322	22 784	90 060
西药批发	12	4	11 581	43 814	20 722	5 454	56 512
中药材及中成药批发	8	5	19 413	122 481	52 600	17 330	33 547
矿产品、建材及化工产品批发	49	16	82 428	458 448	40 465	100 813	215 141
煤炭及制品批发	6	3	2 587	110 606	19 657	1 382	8 790
石油及制品批发	10	8	39 173	98 988	2 898	49 336	78 473
非金属矿及制品批发	2		1 645	2 809	383	1 557	2 283
金属及金属矿批发	22	3	24 052	193 788	15 689	31 888	78 953
建材批发	4	1	2 062	5 384	486	1 450	6 899
化肥批发	2	1	9 954	17 329	223	9 499	16 467
农药批发	1		172	837	17	391	780
其他化工产品批发	2		2 784	28 707	1 113	5 310	22 496
机械设备、五金交电及电子产品批发	46	15	33 032	336 951	32 122	29 319	217 997
汽车、摩托车及零配件批发	10	6	11 103	68 986	2 526	9 482	35 355
五金、交电批发	3		1 974	6 115	2 812	344	3 006
家用电器批发	11	3	6 946	174 165	7 772	6 227	117 474
计算机、软件及辅助设备批发	10	2	5 261	34 650	10 102	4 983	22 905
通讯及广播电视设备批发	2		623	1 352	233	345	1 051
其他机械设备及电子产品批发	10	4	7 125	51 684	8 677	7 938	38 206
其他批发	2	1	4 335	58 343	2 337	1 716	50 232
再生物资回收与批发	1		66	1 117		189	966
其他未列明的批发	1	1	4 270	57 226	2 337	1 526	49 266
2. 按登记注册类型分							
内资企业	153	53	207 123	1 229 290	182 672	198 490	730 971
国有企业	14	7	45 759	170 126	14 623	27 183	132 728
股份合作企业	4		6 991	9 756	991	3 131	7 737
有限责任公司	88	28	85 888	793 776	101 010	92 526	433 284
国有独资公司	2	2	12 175	104 494	511	16 863	94 753
其他有限责任公司	86	26	73 713	689 283	100 499	75 664	338 530

注：该表数据为法人口径年报。

13－8　续表 1－1

指标名称	法人企业数（个）	#执行《2006年企业会计准则》企业数（个）	年初存货	流动资产			流动资产年平均余额
				合计	#应收帐款	#存货	
股份有限公司	12	6	39 025	104 403	13 784	46 812	81 747
私营企业	32	11	27 662	139 041	48 614	25 226	68 587
私营独资企业	2		2 017	13 608	589	2 473	5 444
私营有限责任公司	28	10	23 485	123 034	48 010	22 262	61 809
私营股份有限公司	2	1	2 160	2 399	15	491	1 334
其他企业	3	1	1 799	12 187	3 650	3 613	6 888
港、澳、台商投资企业	1		454				
港、澳、台商投资股份有限公司	1		454				
外商投资企业	2		2 812	37 561	489	2 880	8 211
中外合资经营企业	1		29	31 311	96	1 343	1 500
外资企业	1		2 783	6 251	392	1 537	6 711
3. 按控股情况分							
国有控股	34	19	110 170	570 215	43 850	110 791	379 492
集体控股	1	1	1 216	1 824	1 402	17	2 576
私人控股	105	28	87 924	655 379	130 611	80 737	319 816
港澳台商控股	1		454				
外商控股	1		2 783	6 251	392	1 537	6 711
其他	14	5	7 842	33 181	6 904	8 288	30 588
4. 按经营形式分							
独立门店	36	5	54 895	123 208	37 511	35 797	67 090
连锁总店	4	4	17 377	122 306	433	30 617	117 699
其他	116	44	138 116	1 021 337	145 217	134 957	554 393
二、零售业	161	70	172 821	812 831	81 159	164 117	365 690
1. 按零售行业小类分							
综合零售	28	13	63 130	225 926	8 389	37 741	75 627
百货零售	11	6	52 127	175 640	7 698	27 384	65 226
超级市场零售	17	7	11 004	50 287	692	10 357	10 401
食品、饮料及烟草制品专门零售	4	2	669	2 978	398	830	2 288
肉、禽、蛋及水产品零售	2	2	306	1 615	189	350	1 328
烟草制品零售	1		173	287	10	246	
其他食品零售	1		189	1 076	199	234	961
纺织、服装及日用品专门零售	7	3	8 091	16 572	2 582	8 943	14 237
服装零售	3	1	7 234	13 271	2 086	7 723	11 550
鞋帽零售	1	1	93	142	14	66	155
化妆品及卫生用品零售	1		122	661		297	
其他日用品零售	2	1	643	2 497	482	857	2 532
文化、体育用品及器材专门零售	12	4	7 530	26 891	8 998	6 609	21 329
图书零售	7	3	1 906	10 126	4 581	459	10 115
报刊零售	1		760	2 183	65	270	2 056
珠宝首饰零售	3	1	4 310	13 837	4 352	5 435	8 947
工艺美术品及收藏品零售	1		554	745		446	210
医药及医疗器材专门零售	9	3	11 552	69 921	26 094	17 730	64 224
药品零售	9	3	11 552	69 921	26 094	17 730	64 224
汽车、摩托车、燃料及零配件专门零售	73	33	59 719	311 615	23 248	76 764	153 608
汽车零售	62	30	58 119	304 343	22 745	74 420	150 508
机动车燃料零售	11	3	1 600	7 272	503	2 345	3 100
家用电器及电子产品专门零售	23	9	15 960	153 816	10 350	14 814	29 301
家用电器零售	4	1	8 094	126 167	35	7 440	9 117
计算机、软件及辅助设备零售	12	6	5 288	21 299	8 409	4 329	17 768

注：该表数据为法人口径年报。

13－8　续表1－2

指　标　名　称	法人企业数（个）	#执行《2006年企业会计准则》企业数（个）	年初存货	流动资产合计	#应收帐款	#存货	流动资产年平均余额
通信设备零售	6	1	2 556	5 827	1 769	3 024	1 906
其他电子产品零售	1	1	21	523	136	21	510
五金、家具及室内装修材料专门零售	3	2	6 158	3 651	161	605	3 749
家具零售	2	1	6 063	3 421	26	511	3 557
其他室内装修材料零售	1	1	95	230	135	95	191
无店铺及其他零售	2	1	13	1 462	939	81	1 326
其他未列明的零售	2	1	13	1 462	939	81	1 326
2. 按登记注册类型分							
内资企业	150	66	161 501	753 226	78 598	152 794	334 356
国有企业	11	4	2 229	12 027	4 214	1 336	13 076
股份合作企业	2		540	1 193		661	76
有限责任公司	81	38	97 575	492 520	58 798	97 426	202 633
其他有限责任公司	81	38	97 575	492 520	58 798	97 426	202 633
股份有限公司	10	4	20 427	81 329	6 641	20 771	22 360
私营企业	44	18	40 616	165 985	8 931	32 515	96 026
私营独资企业	10	4	16 090	46 063	1 165	7 578	51 639
私营合伙企业	2	1	928	3 250	59	764	2 864
私营有限责任公司	28	12	20 612	107 410	4 472	22 427	33 495
私营股份有限公司	4	1	2 987	9 262	3 236	1 746	8 028
其他企业	2	2	114	173	14	85	186
港、澳、台商投资企业	3		1 109	4 824	967	812	2 386
港、澳、台商合资经营企业	2		507	1 860	171	812	1 183
港、澳、台商独资经营企业	1		602	2 964	796		1 203
外商投资企业	8	4	10 211	54 781	1 594	10 511	28 948
中外合资经营企业	2	1	4 017	18 075	934	3 898	1 529
外资企业	6	3	6 194	36 706	659	6 613	27 419
3. 按控股情况分							
国有控股	23	8	16 429	88 939	29 987	22 422	78 204
私人控股	107	47	116 515	555 834	36 520	96 278	230 117
港澳台商控股	2		724	3 625	796	297	1 203
外商控股	5	2	4 674	34 174	474	5 281	25 387
其他	24	13	34 479	130 259	13 381	39 839	30 779
4. 按经营形式分							
独立门店	123	47	81 040	393 610	31 551	88 995	196 696
连锁总店	27	17	81 138	344 528	16 818	61 255	101 065
连锁门店	1		681	760	10	569	
其他	10	6	9 962	73 934	32 781	13 298	67 929
5. 按零售业态分							
有店铺零售	159	69	172 821	811 016	80 173	164 056	364 149
超市	16	4	2 762	8 774	607	3 288	4 988
大型超市	5	3	8 426	43 812	87	7 994	6 697
百货店	9	6	52 127	174 146	7 695	26 826	64 092
专业店	55	21	38 149	272 374	50 077	43 893	132 444
专卖店	70	32	65 273	305 471	21 359	79 778	149 366
家居建材商店	2	1	6 063	3 421	26	511	3 557
厂家直销中心	2	2	21	3 018	322	1 766	3 005
无店铺零售	2	1		1 815	986	61	1 541
电话购物	2	1		1 815	986	61	1 541

注：该表数据为法人口径年报。

13－8　续表2－1

指　标　名　称	长期投资合　计	固定资产合　计	固定资产原　价	累计折旧	#本　年折　旧	资产总计	流动负债合　计	#应　付帐　款
总　　计	**258 993**	**353 651**	**443 400**	**114 883**	**22 116**	**2 902 161**	**1 959 610**	**379 511**
一、批　发　业	158 852	120 615	149 662	45 597	8 077	1 693 255	1 138 696	226 765
1. 按批发行业小类分								
农畜产品批发	274	2 003	3 970	1 967	146	41 045	35 115	26 417
谷物、豆及薯类批发								
种子、饲料批发		87	246	160	19	7 278	3 407	613
棉、麻批发	274	1 916	3 724	1 808	127	33 767	31 708	25 804
食品、饮料及烟草制品批发	66 444	26 419	34 246	10 696	2 009	221 221	43 143	7 351
糕点、糖果及糖批发		17	17	2	1	1 019	775	405
肉、禽、蛋及水产品批发		628	512	64	17	1 809	1 093	154
盐及调味品批发	64 703	4 151	7 507	3 356	345	80 277	20 421	1 011
饮料及茶叶批发		130	318	188	32	11 181	13 362	4 540
烟草制品批发	1 741	21 493	25 892	7 086	1 614	126 936	7 491	1 240
纺织、服装及日用品批发	1 769	3 042	3 655	811	156	69 905	53 261	9 026
纺织品、针织品及原料批发		1 061	997	117	6	15 744	12 820	1 117
服 装 批 发	1 769	1 969	2 622	671	144	53 302	39 808	7 653
鞋 帽 批 发		1	4	3	1	130	77	66
其他日用品批发		12	31	20	5	729	556	190
文化、体育用品及器材批发	16 679	14 112	3 249	1 218	424	83 079	32 115	21 690
图 书 批 发	16 679	14 112	3 249	1 218	424	83 079	32 115	21 690
医药及医疗器材批发	40 542	12 364	16 638	4 424	874	230 275	143 553	65 768
西 药 批 发	2 188	7 371	9 546	2 223	347	53 529	26 638	10 525
中药材及中成药批发	38 354	4 993	7 092	2 201	527	176 746	116 915	55 242
矿产品、建材及化工产品批发	25 282	53 338	74 447	22 274	3 550	629 474	451 797	46 748
煤炭及制品批发		727	1 023	503	81	111 345	112 186	8 863
石油及制品批发	3 547	46 846	65 730	18 889	2 931	240 574	110 463	6 417
非金属矿及制品批发		26	30	4	4	2 835	2 091	269
金属及金属矿批发	19 859	5 266	6 505	2 182	394	219 626	178 369	25 912
建 材 批 发	1 148	170	516	347	57	6 702	5 347	126
化 肥 批 发	55	109	281	177	30	17 957	16 180	3 959
农 药 批 发		28	64	36	22	866	529	122
其他化工产品批发	672	167	299	136	32	29 571	26 632	1 081
机械设备、五金交电及电子产品批发	7 477	8 382	12 018	3 723	854	358 322	322 315	47 210
汽车、摩托车及零配件批发	3 837	2 777	4 094	1 333	247	76 557	64 370	4 578
五金、交电批发	80	89	220	130	18	6 284	5 533	1 144
家用电器批发	690	174	463	289	56	175 340	180 443	11 355
计算机、软件及辅助设备批发	2 620	2 279	3 117	838	197	43 582	26 897	7 059
通讯及广播电视设备批发		4	7	3	1	1 356	914	4
其他机械设备及电子产品批发	250	3 059	4 117	1 129	335	55 204	44 158	23 070
其 他 批 发	386	956	1 439	483	64	59 935	57 397	2 555
再生物资回收与批发		350	513	164	21	1 467	667	
其他未列明的批发	386	607	926	320	42	58 468	56 730	2 555
2. 按登记注册类型分								
内 资 企 业	157 314	119 898	148 373	45 025	8 029	1 652 917	1 104 334	222 822
国 有 企 业	78 772	26 868	28 307	13 586	1 585	280 129	149 187	36 462
股份合作企业	631	369	810	443	95	11 327	14 641	4 814
有限责任公司	18 693	43 489	55 074	15 781	3 314	902 791	655 833	113 245
国有独资公司	1 741	21 505	25 916	7 098	1 618	130 537	10 603	1 845
其他有限责任公司	16 952	21 984	29 158	8 683	1 697	772 254	645 230	111 400

注：该表数据为法人口径年报。

13－8 续表2－2

指 标 名 称	长期投资合计	固定资产合计	固定资产原价	累计折旧	#本年折旧	资产总计	流动负债合计	#应付帐款
股份有限公司	4 002	41 836	53 307	11 553	2 139	242 203	122 027	13 113
私营企业	55 217	7 268	10 708	3 564	886	202 780	152 691	51 831
私营独资企业	13 862	117	223	106	13	27 588	21 271	243
私营有限责任公司	41 355	7 042	10 340	3 422	858	172 685	129 198	51 526
私营股份有限公司		109	145	36	15	2 507	2 222	62
其他企业		68	168	100	10	13 688	9 956	3 358
港、澳、台商投资企业		17	54	37	3	322		
港、澳、台商投资股份有限公司		17	54	37	3	322		
外商投资企业	1 538	700	1 234	535	45	40 017	34 361	3 943
中外合资经营企业	1 538	600	991	390	23	33 658	27 795	3 637
外资企业		99	244	144	22	6 358	6 566	305
3. 按控股情况分								
国有控股	88 893	98 682	116 806	34 233	5 807	859 928	447 797	61 126
集体控股						1 824	1 752	402
私人控股	69 959	20 412	30 552	10 510	2 086	788 898	654 204	157 995
港澳台商控股		17	54	37	3	322		
外商控股		99	244	144	22	6 358	6 566	305
其他		1 405	2 007	673	160	35 925	28 377	6 937
4. 按经营形式分								
独立门店	956	11 669	21 574	10 970	1 086	174 815	119 515	70 377
连锁总店	1 741	60 555	74 356	16 488	3 272	203 063	43 029	1 373
其他	156 155	48 391	53 732	18 139	3 718	1 315 378	976 151	155 015
二、零售业	100 141	233 036	293 738	69 286	14 039	1 208 905	820 915	152 747
1. 按零售行业小类分								
综合零售	73 931	146 679	181 637	41 976	7 385	478 555	270 408	75 893
百货零售	73 727	135 984	169 406	38 458	5 618	413 864	228 382	60 809
超级市场零售	205	10 695	12 231	3 518	1 767	64 692	42 026	15 084
食品、饮料及烟草制品专门零售	68	378	633	255	15	3 503	1 375	425
肉、禽、蛋及水产品零售		296	401	105	3	1 977	531	215
烟草制品零售		24	47	23	2	311	39	9
其他食品零售	68	58	185	127	10	1 215	805	200
纺织、服装及日用品专门零售		954	1 448	547	181	20 025	17 671	10 301
服装零售		626	865	291	102	15 750	16 165	9 663
鞋帽零售		102	123	21	6	251	84	63
化妆品及卫生用品零售		62	71	9	8	926	234	108
其他日用品零售		163	390	227	66	3 098	1 187	468
文化、体育用品及器材专门零售	36	22 880	26 504	3 624	409	59 561	16 790	4 822
图书零售	36	5 343	6 364	1 021	106	24 647	5 234	2 149
报刊零售		228	412	184	89	2 411	2 170	2 101
珠宝首饰零售		17 080	19 144	2 064	186	31 529	9 294	573
工艺美术品及收藏品零售		229	585	356	28	975	92	
医药及医疗器材专门零售	984	23 308	29 163	5 939	1 314	95 942	78 050	35 486
药品零售	984	23 308	29 163	5 939	1 314	95 942	78 050	35 486
汽车、摩托车、燃料及零配件专门零售	21 537	33 257	46 010	14 168	4 063	377 460	294 495	18 484
汽车零售	21 537	31 141	42 356	12 626	3 807	366 981	288 529	18 104
机动车燃料零售		2 116	3 654	1 542	256	10 479	5 966	380
家用电器及电子产品专门零售	3 585	4 792	7 476	2 692	613	167 236	137 039	6 840
家用电器零售	2 445	540	1 206	667	190	130 404	118 317	3 791
计算机、软件及辅助设备零售	1 104	4 077	5 784	1 712	379	30 259	15 156	2 048

注：该表数据为法人口径年报。

13－8　续表2－3

指　标　名　称	长期投资合　计	固定资产合　计	固定资产原　价	累计折旧	#本年折旧	资产总计	流动负债合　计	#应付帐款
通信设备零售	36	175	486	314	44	6 049	3 546	1 001
其他电子产品零售						523	20	
五金、家具及室内装修材料专门零售		732	783	57	53	4 929	4 174	98
家具零售		680	727	53	52	4 648	4 089	37
其他室内装修材料零售		52	56	4	1	282	85	61
无店铺及其他零售		56	84	28	8	1 695	914	399
其他未列明的零售		56	84	28	8	1 695	914	399
2. 按登记注册类型分								
内资企业	99 231	219 646	274 238	61 825	12 099	1 125 345	773 500	138 730
国有企业	163	5 640	6 919	1 297	192	27 130	7 608	1 555
股份合作企业		158	276	117	17	1 351	1 254	115
有限责任公司	47 995	82 762	99 588	23 258	5 522	646 751	485 661	89 787
其他有限责任公司	47 995	82 762	99 588	23 258	5 522	646 751	485 661	89 787
股份有限公司	17 600	54 361	75 266	21 081	4 113	168 324	113 573	35 039
私营企业	33 474	76 546	91 985	16 045	2 246	281 426	165 269	12 142
私营独资企业	28 641	64 893	75 242	10 402	1 088	142 067	61 242	7 806
私营合伙企业	46	575	428	140	3	3 881	2 375	38
私营有限责任公司	4 678	10 035	14 951	5 181	1 045	124 800	97 487	4 114
私营股份有限公司	110	1 043	1 364	323	109	10 679	4 166	183
其他企业		178	205	27	9	362	136	93
港、澳、台商投资企业	666	368	1 126	761	151	8 332	5 432	320
港、澳、台商合资经营企业	36	138	281	146	17	2 244	1 201	300
港、澳、台商独资经营企业	630	230	845	615	134	6 088	4 231	21
外商投资企业	244	13 022	18 374	6 700	1 789	75 229	41 982	13 697
中外合资经营企业	244	1 407	124	53	16	21 244	6 248	3 466
外资企业		11 614	18 250	6 647	1 773	53 985	35 734	10 231
3. 按控股情况分								
国有控股	901	30 041	37 782	7 848	1 235	130 728	93 264	39 238
私人控股	82 079	130 769	154 917	30 757	5 891	790 981	541 642	56 580
港澳台商控股	630	292	916	623	142	7 014	4 465	129
外商控股		9 273	15 224	5 964	1 489	49 111	33 663	9 061
其　　他	16 531	62 661	84 900	24 094	5 282	231 072	147 881	47 739
4. 按经营形式分								
独立门店	14 089	79 900	100 812	27 999	7 871	516 094	381 728	40 574
连锁总店	82 404	134 878	169 985	36 305	5 400	595 694	374 229	80 684
连锁门店		34	499	465	35	830	3 631	3 631
其　　他	3 648	18 224	22 442	4 516	734	96 289	61 328	27 858
5. 按零售业态分								
有店铺零售	100 141	232 980	293 664	69 266	14 033	1 207 035	819 648	151 703
超　　市	7	3 823	5 125	1 830	436	13 055	16 085	5 489
大型超市	198	7 696	8 013	1 823	1 393	55 068	27 542	10 000
百货店	73 727	135 486	168 868	38 418	5 579	411 871	227 016	60 511
专业店	4 908	54 075	67 533	13 848	2 717	349 033	253 866	46 910
专卖店	21 302	30 114	42 271	13 274	3 837	369 190	288 492	28 724
家居建材商店		680	727	53	52	4 648	4 089	37
厂家直销中心		1 107	1 127	20	20	4 171	2 558	32
无店铺零售		55	75	20	6	1 871	1 267	1 044
电话购物		55	75	20	6	1 871	1 267	1 044

注：该表数据为法人口径年报。

13－8 续表 3－1

指 标 名 称	长期负债合计	负债合计	所有者权益合计	#实收资本	1. 国家资本	2. 集体资本	3. 法人资本	4. 个人资本
总 计	**116 672**	**2 100 501**	**801 660**	**498 289**	**191 080**	**10 644**	**56 254**	**227 594**
一、批 发 业	50 741	1 191 258	501 998	292 782	180 072	5 262	15 851	90 717
1. 按批发行业小类分								
农畜产品批发		35 115	5 930	4 600		3 000	280	1 321
谷物、豆及薯类批发								
种子、饲料批发		3 407	3 871	4 000		3 000		1 000
棉、麻批发		31 708	2 059	600			280	321
食品、饮料及烟草制品批发	2 000	45 143	176 078	29 228	28 066			1 063
糕点、糖果及糖批发		775	243	243				243
肉、禽、蛋及水产品批发		1 093	715	577	77			500
盐及调味品批发	2 000	22 421	57 856	26 775	26 775			
饮料及茶叶批发		13 362	－2 181	420				320
烟草制品批发		7 491	119 445	1 214	1 214			
纺织、服装及日用品批发		53 261	16 644	16 666	1 326	609	659	14 072
纺织品、针织品及原料批发		12 820	2 924	2 450	151	499		1 800
服 装 批 发		39 808	13 494	14 016	1 175	110	659	12 072
鞋 帽 批 发		77	53	50				50
其他日用品批发		556	173	150				150
文化、体育用品及器材批发	14 862	46 977	36 102	29 347	29 347			
图 书 批 发	14 862	46 977	36 102	29 347	29 347			
医药及医疗器材批发	4 596	148 149	82 126	60 539	28 000		355	32 184
西 药 批 发		26 638	26 891	27 729	21 000		355	6 374
中药材及中成药批发	4 596	121 511	55 236	32 810	7 000			25 810
矿产品、建材及化工产品批发	25 501	479 118	150 355	119 894	90 203	843	6 642	22 206
煤炭及制品批发		112 196	－851	8 286	4 500		2 000	1 786
石油及制品批发	23 700	135 930	104 644	72 505	69 923		982	1 600
非金属矿及制品批发		2 124	710	700			700	
金属及金属矿批发	1 791	180 160	39 466	33 268	14 092		2 400	16 776
建 材 批 发		5 347	1 355	900				900
化 肥 批 发		16 180	1 777	1 400		843		557
农 药 批 发		529	337	300	153			147
其他化工产品批发	11	26 653	2 918	2 535	1 535		560	440
机械设备、五金交电及电子产品批发	3 782	326 098	32 225	31 350	1 972	810	7 915	19 872
汽车、摩托车及零配件批发		64 371	12 187	10 972		98	935	9 938
五金、交电批发	16	5 549	735	1 080				1 080
家用电器批发		180 443	－5 103	4 080		30	100	3 450
计算机、软件及辅助设备批发	1 165	28 062	15 520	8 826		500	5 220	3 106
通讯及广播电视设备批发		914	442	580			300	280
其他机械设备及电子产品批发	2 602	46 760	8 444	5 812	1 972	182	1 360	2 018
其 他 批 发		57 397	2 538	1 158	1 158			
再生物资回收与批发		667	800	800	800			
其他未列明的批发		56 730	1 738	358	358			
2. 按登记注册类型分								
内 资 企 业	50 741	1 156 896	496 021	289 829	180 072	5 262	15 851	88 364
国 有 企 业	6 236	155 424	124 705	62 753	62 753			
股份合作企业		14 641	3 314	2 182		98	1 017	1 067
有限责任公司	21 926	677 812	224 980	124 472	59 716	1 991	5 204	57 521
国有独资公司		10 603	119 934	1 714	1 714			
其他有限责任公司	21 926	667 209	105 045	122 758	58 002	1 991	5 204	57 521

注：该表数据为法人口径年报。

指标名称	长期负债合计	负债合计	所有者权益合计	#实收资本				
					1.国家资本	2.集体资本	3.法人资本	4.个人资本
股份有限公司	20 697	144 491	97 712	67 053	57 603		5 370	4 080
私营企业	1 882	154 573	48 206	29 759		163	4 260	25 096
私营独资企业		21 271	6 317	6 000			2 000	4 000
私营有限责任公司	1 867	131 065	41 620	23 159		163	2 260	20 496
私营股份有限公司	16	2 238	270	600				600
其他企业		9 956	3 732	3 610		3 010		600
港、澳、台商投资企业			322	500				
港、澳、台商投资股份有限公司			322	500				
外商投资企业		34 361	5 656	2 453				2 353
中外合资经营企业		27 795	5 863	2 353				2 353
外资企业		6 566	－207	100				
3. 按控股情况分								
国有控股	44 965	492 772	367 156	181 462	178 841	499	2 000	122
集体控股		1 752	73	10		10		
私人控股	5 776	661 758	127 140	103 290	1 210	941	10 841	90 257
港澳台商控股			322	500				
外商控股		6 566	－207	100				
其他		28 410	7 515	7 420	20	3 812	3 010	338
4. 按经营形式分								
独立门店	8 620	129 935	44 880	38 333	9 565	3 098	1 170	24 000
连锁总店	8 385	51 414	151 648	5 553	4 553			1 000
其他	33 737	1 009 908	305 470	248 897	165 954	2 164	14 681	65 717
二、零售业	65 931	909 243	299 662	205 507	11 009	5 382	40 403	136 877
1. 按零售行业小类分								
综合零售	51 914	340 008	138 548	91 444	129	4 842	22 045	59 891
百货零售	50 842	296 474	117 390	52 124		4 842	8 692	37 740
超级市场零售	1 072	43 534	21 158	39 320	129		13 353	22 151
食品、饮料及烟草制品专门零售		1 421	2 082	1 195	100		100	995
肉、禽、蛋及水产品零售		577	1 400	650			100	550
烟草制品零售		39	272	100	100			
其他食品零售		805	410	445				445
纺织、服装及日用品专门零售		19 465	560	1 678			203	1 225
服装零售		16 460	－710	1 180			100	1 080
鞋帽零售		84	167	50				50
化妆品及卫生用品零售		234	692	150				
其他日用品零售		2 687	411	298			103	95
文化、体育用品及器材专门零售	11 607	28 397	31 165	9 720	4 825	51	49	4 795
图书零售	11 607	16 841	7 806	4 725	4 625	51	49	
报刊零售		2 170	241	200	200			
珠宝首饰零售		9 294	22 235	4 119				4 119
工艺美术品及收藏品零售		92	882	677				677
医药及医疗器材专门零售	600	80 873	15 069	5 610	2 000		2 900	710
药品零售	600	80 873	15 069	5 610	2 000		2 900	710
汽车、摩托车、燃料及零配件专门零售	390	295 193	82 266	71 562	3 350	490	13 193	50 077
汽车零售	390	288 927	78 054	68 602	2 210	490	12 848	48 602
机动车燃料零售		6 266	4 213	2 960	1 140		345	1 475
家用电器及电子产品专门零售	1 020	138 398	28 838	22 398	605		1 562	17 633
家用电器零售		118 320	12 085	5 959				5 959
计算机、软件及辅助设备零售	1 020	16 188	14 072	13 605	605		650	9 975

注：该表数据为法人口径年报。

指标名称	长期负债合计	负债合计	所有者权益合计	#实收资本	1.国家资本	2.集体资本	3.法人资本	4.个人资本
通信设备零售		3 871	2 178	2 334			912	1 199
其他电子产品零售		20	503	500				500
五金、家具及室内装修材料专门零售	400	4 574	355	1 100			50	1 050
家具零售	400	4 490	158	1 050			50	1 000
其他室内装修材料零售		85	197	50				50
无店铺及其他零售		914	780	800			300	500
其他未列明的零售		914	780	800			300	500
2. 按登记注册类型分								
内资企业	65 931	860 329	265 016	177 315	11 009	5 382	24 745	136 179
国有企业	11 607	19 229	7 901	5 533	5 533			
股份合作企业		1 254	97	130				130
有限责任公司	3 213	506 190	140 562	104 413	3 975	541	9 733	90 164
其他有限责任公司	3 213	506 190	140 562	104 413	3 975	541	9 733	90 164
股份有限公司	32 342	147 991	20 333	21 057	1 500	4 842	7 692	7 023
私营企业	18 770	185 529	95 898	46 082			7 320	38 762
私营独资企业	18 500	80 051	62 016	13 795			100	13 695
私营合伙企业		2 375	1 507	1 120				1 120
私营有限责任公司	270	98 805	25 995	25 481			7 220	18 261
私营股份有限公司		4 299	6 380	5 686				5 686
其他企业		136	226	100				100
港、澳、台商投资企业		5 432	2 900	2 596				223
港、澳、台商合资经营企业		1 201	1 043	596				223
港、澳、台商独资经营企业		4 231	1 858	2 000				
外商投资企业		43 482	31 746	25 596			15 657	475
中外合资经营企业		6 248	14 995	14 853			14 003	475
外资企业		37 234	16 751	10 743			1 654	
3. 按控股情况分								
国有控股	12 207	107 562	23 166	11 838	11 009	490		340
私人控股	19 962	580 402	210 579	140 290			4 701	134 992
港澳台商控股		4 465	2 549	2 150				
外商控股		35 163	13 948	9 089				
其他	33 762	181 652	49 420	42 139		4 893	35 702	1 545
4. 按经营形式分								
独立门店	12 440	396 640	119 454	118 380	6 466	541	35 138	64 774
连锁总店	52 891	447 045	148 648	72 676	3 242	4 842	5 153	59 064
连锁门店		3 631	－2 801	100	100			
其他	600	61 928	34 361	14 350	1 200		112	13 038
5. 按零售业态分								
有店铺零售	65 931	907 977	299 058	204 987	11 009	5 382	40 391	136 369
超市	150	16 965	－3 910	4 223	29			4 044
大型超市	922	28 464	26 604	36 037	100		13 353	18 897
百货店	50 842	295 108	116 763	51 414		4 842	8 692	37 030
专业店	13 227	270 000	79 034	42 979	7 515	51	4 314	28 502
专卖店	390	290 393	78 798	67 783	2 365	490	13 981	46 396
家居建材商店	400	4 490	158	1 050			50	1 000
厂家直销中心		2 558	1 612	1 500	1 000			500
无店铺零售		1 267	604	520			12	508
电话购物		1 267	604	520			12	508

注：该表数据为法人口径年报。

指标名称	5. 港澳台资本	6. 外商资本	主营业务收入	主营业务成本	主营业务税金及附加	主营业务利润	其他业务收入	其他业务利润
总　　计	**2 913**	**9 804**	**6 408 237**	**5 890 105**	**27 453**	**476 442**	**27 312**	**21 458**
一、批　发　业	540	340	4 176 128	3 856 427	18 293	280 271	5 270	2 985
1. 按批发行业小类分								
农畜产品批发			22 565	20 524	1	2 040	402	112
谷物、豆及薯类批发								
种子、饲料批发			8 161	6 391		1 770		
棉、麻批发			14 403	14 133	1	270	402	112
食品、饮料及烟草制品批发		100	388 933	298 614	10 831	79 487	184	135
糕点、糖果及糖批发			5 486	5 320	1	165		
肉、禽、蛋及水产品批发			6 114	5 288	2	824		
盐及调味品批发			12 911	6 495	93	6 324	31	9
饮料及茶叶批发		100	76 922	68 813	39	8 070	1	
烟草制品批发			287 501	212 698	10 697	64 105	152	126
纺织、服装及日用品批发			168 003	158 590	508	7 542	322	34
纺织品、针织品及原料批发			35 311	32 779	12	1 363		
服装批发			127 280	120 624	494	5 955	322	34
鞋帽批发			3 312	3 213		99		
其他日用品批发			2 100	1 974	2	124		
文化、体育用品及器材批发			116 416	98 911	243	17 263	2	
图书批发			116 416	98 911	243	17 263	2	
医药及医疗器材批发			558 657	492 095	760	54 397	1 083	1 081
西药批发			126 700	123 346	60	3 167	3	1
中药材及中成药批发			431 957	368 749	700	51 231	1 080	1 080
矿产品、建材及化工产品批发			2 065 569	2 008 971	5 163	73 480	2 251	1 045
煤炭及制品批发			311 782	303 125	73	1 683	173	
石油及制品批发			759 091	733 819	484	54 855	258	72
非金属矿及制品批发			6 379	6 040	3	336		
金属及金属矿批发			894 691	879 588	4 354	11 332	1 335	547
建材批发			23 018	20 540	194	2 284		
化肥批发			25 402	22 556	27	1 118		
农药批发			4 165	4 041	11	114		
其他化工产品批发			41 041	39 263	18	1 760	485	426
机械设备、五金交电及电子产品批发	540	240	738 323	663 653	645	43 611	972	533
汽车、摩托车及零配件批发			136 954	127 461	131	9 146	219	54
五金、交电批发			9 945	8 904	13	1 028		
家用电器批发	500		316 980	303 046	184	13 750	243	123
计算机、软件及辅助设备批发			97 870	91 643	160	5 870	194	187
通讯及广播电视设备批发			6 786	6 616	2	168		
其他机械设备及电子产品批发	40	240	169 788	125 983	156	13 650	316	169
其他批发			117 663	115 070	143	2 451	55	45
再生物资回收与批发			6 449	5 389	40	1 020		
其他未列明的批发			111 214	109 681	103	1 431	55	45
2. 按登记注册类型分								
内资企业	40	240	4 039 582	3 734 909	18 244	265 291	5 269	2 985
国有企业			961 102	925 729	1 144	34 811	513	481
股份合作企业			53 080	51 835	13	1 232	49	41
有限责任公司	40		1 840 945	1 660 409	15 158	177 907	3 636	1 522
国有独资公司			310 286	235 315	10 700	64 095	152	126
其他有限责任公司	40		1 530 659	1 425 094	4 458	113 812	3 484	1 396

注：该表数据为法人口径年报。

13－8　续表 4－2

指标名称	5. 港澳台资本	6. 外商资本	主营业务收入	主营业务成本	主营业务税金及附加	主营业务利润	其他业务收入	其他业务利润
股份有限公司			672 646	645 782	683	23 952	139	9
私营企业		240	472 265	414 773	1 223	24 251	932	931
私营独资企业			50 084	48 743	14	1 327		
私营有限责任公司		240	413 522	357 779	1 201	22 524	932	931
私营股份有限公司			8 658	8 251	8	400		
其他企业			39 544	36 381	24	3 139		
港、澳、台商投资企业	500		27 793	25 373		2 420		
港、澳、台商投资股份有限公司	500		27 793	25 373		2 420		
外商投资企业		100	108 754	96 146	48	12 559	1	
中外合资经营企业			59 423	51 890	48	7 484		
外资企业		100	49 331	44 256		5 075	1	
3. 按控股情况分								
国有控股			2 497 460	2 312 125	14 486	194 578	2 666	1 400
集体控股			59 437	56 844	64	2 530		
私人控股	40		1 369 322	1 289 232	3 672	61 751	2 562	1 584
港澳台商控股	500		27 793	25 373		2 420		
外商控股		100	49 331	44 256		5 075	1	
其他		240	172 785	128 598	72	13 918	41	
4. 按经营形式分								
独立门店	500		439 187	409 124	1 567	17 184	771	481
连锁总店			672 586	580 326	11 015	81 246	447	171
其他	40	340	3 064 355	2 866 978	5 711	181 842	4 053	2 333
二、零售业	2 373	9 464	2 232 109	2 033 678	9 161	196 171	22 042	18 474
1. 按零售行业小类分								
综合零售		4 537	678 872	606 382	4 644	80 441	9 715	9 180
百货零售		850	561 262	507 119	4 403	62 959	7 061	6 611
超级市场零售		3 687	117 610	99 264	240	17 482	2 654	2 569
食品、饮料及烟草制品专门零售			10 652	9 285	10	1 331		
肉、禽、蛋及水产品零售			5 461	4 833	3	600		
烟草制品零售			1 969	1 492	8	470		
其他食品零售			3 221	2 959		262		
纺织、服装及日用品专门零售	150	100	57 043	47 263	437	9 344	328	286
服装零售			28 268	23 755	53	4 460	51	50
鞋帽零售			5 582	5 275	14	293		
化妆品及卫生用品零售	150		2 810	1 922	368	521		
其他日用品零售		100	20 384	16 311	2	4 070	277	236
文化、体育用品及器材专门零售			65 116	52 782	916	10 464	553	481
图书零售			29 791	23 980	64	5 747	386	314
报刊零售			5 097	4 399	14	684		
珠宝首饰零售			29 531	23 795	837	3 945	167	167
工艺美术品及收藏品零售			697	608	1	88		
医药及医疗器材专门零售			189 165	167 189	436	21 188	869	807
药品零售			189 165	167 189	436	21 188	869	807
汽车、摩托车、燃料及零配件专门零售		4 451	1 026 171	967 254	941	55 348	2 625	1 135
汽车零售		4 451	951 749	899 546	833	48 743	2 503	1 105
机动车燃料零售			74 423	67 708	109	6 606	122	31
家用电器及电子产品专门零售	2 223	375	163 499	146 297	614	14 218	7 952	6 584
家用电器零售			94 840	87 498	176	7 166	7 039	6 139
计算机、软件及辅助设备零售	2 000	375	47 672	38 888	392	6 112	618	150

注：该表数据为法人口径年报。

指标名称	5. 港澳台资本	6. 外商资本	主营业务收入	主营业务成本	主营业务税金及附加	主营业务利润	其他业务收入	其他业务利润
通信设备零售	223		19 752	18 773	44	936	296	294
其他电子产品零售			1 235	1 138	2	4		
五金、家具及室内装修材料专门零售			37 814	33 892	1 159	3 663		
家具零售			31 556	27 773	1 141	3 542		
其他室内装修材料零售			6 258	6 119	18	121		
无店铺及其他零售			3 776	3 335	5	174		
其他未列明的零售			3 776	3 335	5	174		
2. 按登记注册类型分								
内资企业			2 050 861	1 883 692	8 486	165 583	18 592	15 271
国有企业			47 375	39 958	136	7 281	396	314
股份合作企业			4 163	3 790	19	354		
有限责任公司			1 176 230	1 079 808	4 100	90 886	13 121	10 320
其他有限责任公司			1 176 230	1 079 808	4 100	90 886	13 121	10 320
股份有限公司			317 840	282 972	840	33 775	4 006	3 767
私营企业			499 102	471 426	3 369	32 896	1 069	870
私营独资企业			155 144	147 974	2 840	17 550	613	613
私营合伙企业			11 638	10 998	15	625	157	
私营有限责任公司			318 300	302 988	414	12 549	300	258
私营股份有限公司			14 020	9 467	101	2 173		
其他企业			6 152	5 738	22	391		
港、澳、台商投资企业	2 373		9 679	7 411	421	1 847	39	37
港、澳、台商合资经营企业	373		3 680	2 531	374	775	39	37
港、澳、台商独资经营企业	2 000		5 999	4 880	48	1 071		
外商投资企业		9 464	171 569	142 575	253	28 741	3 411	3 166
中外合资经营企业		375	51 553	41 089	28	10 436	87	11
外资企业		9 089	120 016	101 486	225	18 306	3 325	3 155
3. 按控股情况分								
国有控股			304 482	272 224	558	31 700	1 958	1 428
私人控股	223	375	1 362 380	1 265 517	6 786	97 101	12 387	10 049
港澳台商控股	2 150		8 809	6 802	415	1 592		
外商控股		9 089	97 831	82 193	225	15 413	3 325	3 155
其他			458 608	406 942	1 177	50 366	4 373	3 841
4. 按经营形式分								
独立门店	2 373	9 089	1 204 312	1 102 822	3 548	95 591	7 206	5 475
连锁总店		375	818 555	739 071	5 237	86 159	14 179	12 342
连锁门店			4 035	3 623	13	399	168	168
其他			205 207	188 162	363	14 022	489	489
5. 按零售业态分								
有店铺零售	2 373	9 464	2 228 568	2 030 578	9 155	195 999	22 042	18 474
超市	150		34 290	28 705	541	4 420	82	2
大型超市		3 687	88 532	74 293	85	14 154	2 575	2 569
百货店		850	559 630	505 813	4 398	62 638	7 059	6 609
专业店	2 223	375	466 570	413 122	1 847	48 015	8 315	7 077
专卖店		4 551	1 037 745	970 948	1 143	63 002	3 971	2 214
家居建材商店			31 556	27 773	1 141	3 542		
厂家直销中心			10 245	9 924	2	228	41	3
无店铺零售			3 541	3 101	5	172		
电话购物			3 541	3 101	5	172		

注：该表数据为法人口径年报。

指标名称	营业费用	管理费用	#税　金	#差旅费	#工会经费	财务费用	#利息支出	营业利润
总　　计	**240 052**	**120 952**	**5 580**	**5 193**	**1 389**	**22 239**	**15 831**	**94 110**
一、批　发　业	129 624	50 763	2 381	2 908	1 037	6 973	6 139	70 906
1. 按批发行业小类分								
农畜产品批发	837	202	1	19	1	38	38	1 075
谷物、豆及薯类批发								
种子、饲料批发	770	141	1	19	1	6	6	853
棉、麻批发	67	61				33	33	222
食品、饮料及烟草制品批发	17 249	12 890	402	395	183	288	273	49 209
糕点、糖果及糖批发	162	5		1		13		-16
肉、禽、蛋及水产品批发	357	412	2	28	8	1	1	37
盐及调味品批发	1 909	2 675	64	82	39	1 198	1 197	550
饮料及茶叶批发	7 272	888	27	166	2	-5	-6	-54
烟草制品批发	7 549	8 910	309	119	134	-919	-919	48 691
纺织、服装及日用品批发	5 252	2 696	75	347	18	811	704	-890
纺织品、针织品及原料批发	879	548	32	140	3	10	8	12
服装批发	4 209	2 088	40	167	16	799	696	-901
鞋帽批发	63	39	3	21		1	1	-3
其他日用品批发	100	21		19				3
文化、体育用品及器材批发	4 998	6 610	190	74	42	529	529	5 133
图书批发	4 998	6 610	190	74	42	529	529	5 133
医药及医疗器材批发	49 568	6 365	305	303	80	1 258	1 150	1 414
西药批发	1 002	2 158	140	79	8	305	229	-170
中药材及中成药批发	48 566	4 206	165	224	72	953	921	1 584
矿产品、建材及化工产品批发	25 129	11 252	707	752	129	3 618	3 379	5 147
煤炭及制品批发	1 417	1 468	48	71	12	-145	-170	5 759
石油及制品批发	15 996	3 752	211	324	87	2 407	2 389	-2 873
非金属矿及制品批发	178	138	6	7		3		17
金属及金属矿批发	4 614	4 553	404	255	16	1 290	1 129	872
建材批发	1 730	233	3	31	1	4	3	318
化肥批发	365	193	10	21	4	-14	-14	574
农药批发	72	37	6	7				5
其他化工产品批发	757	879	20	36	8	74	42	475
机械设备、五金交电及电子产品批发	26 336	10 271	650	993	570	99	-81	8 388
汽车、摩托车及零配件批发	6 784	2 489	103	153	16	174	137	330
五金、交电批发	175	306	7	19	4	62	58	484
家用电器批发	12 951	2 610	27	285	501	-528	-637	-1 160
计算机、软件及辅助设备批发	2 256	1 770	66	93	5	39	27	2 113
通讯及广播电视设备批发	131	33	5	1	1	-1	-1	4
其他机械设备及电子产品批发	4 039	3 063	443	443	43	353	336	6 617
其他批发	256	478	51	27	15	332	147	1 430
再生物资回收与批发	31	55	1	20	9	2	1	932
其他未列明的批发	225	423	50	7	7	330	146	498
2. 按登记注册类型分								
内资企业	117 175	48 532	2 317	2 690	1 023	7 178	6 350	70 402
国有企业	11 586	9 926	664	397	145	2 416	2 229	11 075
股份合作企业	1 323	381	6	21	1	46	41	-477
有限责任公司	76 648	29 223	816	1 378	798	-439	-903	54 065
国有独资公司	7 599	8 920	309	122	134	-803	-803	48 681
其他有限责任公司	69 048	20 302	507	1 256	663	364	-99	5 384

注：该表数据为法人口径年报。

13－8　续表 5－2

指　标　名　称	营业费用	管理费用	#税　金	#差旅费	#工会经费	财务费用	#利息支出	营业利润
股份有限公司	14 135	3 381	255	307	53	2 180	2 178	－1 090
私 营 企 业	10 901	5 142	566	528	25	2 978	2 812	6 749
私营独资企业	547	174	4	34	1	877	877	－271
私营有限责任公司	10 063	4 839	561	424	24	2 038	1 876	7 102
私营股份有限公司	290	129	2	70	1	63	59	－82
其 他 企 业	2 582	480	10	59	1	－4	－6	80
港、澳、台商投资企业	2 279	1				6		134
港、澳、台商投资股份有限公司	2 279	1				6		134
外商投资企业	10 170	2 230	63	219	14	－211	－211	370
中外合资经营企业	5 614	1 617	62	64	13	－189	－189	443
外资企业	4 557	614	2	155	1	－22	－22	－73
3. 按控股情况分								
国 有 控 股	72 208	29 082	1 372	969	390	3 666	3 280	61 523
集 体 控 股	2 202	278	5	34		2		49
私 人 控 股	43 025	18 453	708	1 421	642	2 414	1 998	3 466
港澳台商控股	2 279	1				6		134
外 商 控 股	4 557	614	2	155	1	－22	－22	－73
其　　他	5 354	2 337	295	329	5	907	884	5 807
4. 按经营形式分								
独 立 门 店	11 747	5 100	230	385	90	568	528	3 598
连 锁 总 店	12 251	10 826	428	196	166	－915	－921	53 317
其　　他	105 626	34 837	1 723	2 328	782	7 320	6 532	13 991
二、零售业	110 427	70 190	3 200	2 285	351	15 266	9 692	23 205
1. 按零售行业小类分								
综 合 零 售	49 954	30 081	2 252	103	87	7 638	4 774	2 798
百 货 零 售	31 237	24 341	2 182	79	74	7 343	4 606	6 796
超级市场零售	18 717	5 740	70	23	13	295	167	－3 997
食品、饮料及烟草制品专门零售	722	312	30	12	5	33	26	290
肉、禽、蛋及水产品零售	359	89	9	2				178
烟草制品零售	214	150	1	4	3	7		99
其他食品零售	149	74	20	6	2	26	26	13
纺织、服装及日用品专门零售	8 694	416	13	4	6	128	4	392
服 装 零 售	5 498	263	9	4	1	5	－1	－1 256
鞋 帽 零 售	240	7	1			8	8	38
化妆品及卫生用品零售	369	1				9		142
其他日用品零售	2 588	145	3		5	106	－3	1 468
文化、体育用品及器材专门零售	3 515	4 816	131	125	61	801	238	2 777
图 书 零 售	1 816	3 444	92	64	46	479	－29	332
报 刊 零 售	191	474		56	2			18
珠宝首饰零售	1 354	795	39	5	12	322	268	2 596
工艺美术品及收藏品零售	154	104				－1	－1	－169
医药及医疗器材专门零售	10 388	10 088	80	810	98	951	252	956
药 品 零 售	10 388	10 088	80	810	98	951	252	956
汽车、摩托车、燃料及零配件专门零售	24 319	16 886	534	694	69	4 887	4 144	13 097
汽 车 零 售	21 777	16 106	478	683	64	4 806	4 065	9 866
机动车燃料零售	2 543	781	56	11	5	81	79	3 231
家用电器及电子产品专门零售	10 484	6 145	155	419	25	805	233	2 613
家用电器零售	9 033	2 166	12	51	8	111	－12	886
计算机、软件及辅助设备零售	1 123	3 098	136	359	14	640	233	1 717

注：该表数据为法人口径年报。

13－8　续表5－3

指标名称	营业费用	管理费用	#税　金	#差旅费	#工会经费	财务费用	#利息支出	营业利润
通信设备零售	271	847	6	9	3	55	12	6
其他电子产品零售	57	34						4
五金、家具及室内装修材料专门零售	2 290	1 184		22	1	13	13	177
家具零售	2 285	1 153		6	1	－3	－3	108
其他室内装修材料零售	5	31		16		16	16	69
无店铺及其他零售	60	261	6	98	1	10	10	105
其他未列明的零售	60	261	6	98	1	10	10	105
2. 按登记注册类型分								
内资企业	92 403	62 839	3 194	2 244	336	14 745	9 806	15 265
国有企业	2 490	3 841	114	73	52	508	－1	766
股份合作企业	274	48	27	5		5	3	28
有限责任公司	57 996	30 513	2 143	1 689	112	4 684	1 724	9 318
其他有限责任公司	57 996	30 513	2 143	1 689	112	4 684	1 724	9 318
股份有限公司	17 984	11 982	690	282	147	4 077	3 301	3 752
私营企业	13 372	16 440	217	193	24	5 462	4 770	1 323
私营独资企业	5 521	9 705	70	39	16	3 175	2 886	－3
私营合伙企业	310	190	6	7		45	5	236
私营有限责任公司	7 050	5 662	131	144	8	2 100	1 738	206
私营股份有限公司	491	883	10	4	1	142	142	973
其他企业	287	15	3	1		10	10	79
港、澳、台商投资企业	594	738		5	3	438	24	113
港、澳、台商合资经营企业	459	221		5	3	26	12	106
港、澳、台商独资经营企业	135	518				413	12	6
外商投资企业	17 430	6 612	6	37	12	83	－138	7 827
中外合资经营企业	5 895	1 427	3	16	1	80		3 044
外资企业	11 536	5 185	3	21	12	3	－138	4 783
3. 按控股情况分								
国有控股	13 232	14 417	192	934	147	1 546	304	3 942
私人控股	54 238	37 338	2 405	912	125	9 894	6 991	9 011
港澳台商控股	503	519				422	12	149
外商控股	10 279	4 677	3	12	10	－52	－193	3 664
其他	32 175	13 239	599	429	69	3 457	2 578	6 439
4. 按经营形式分								
独立门店	51 291	32 933	977	1 029	122	7 000	4 872	13 444
连锁总店	53 095	29 847	2 190	301	193	7 720	5 000	8 020
连锁门店	734	32	4			7		－206
其他	5 308	7 377	30	955	36	539	－180	1 947
5. 按零售业态分								
有店铺零售	110 371	69 889	3 194	2 187	350	15 268	9 694	23 124
超市	4 008	4 433	64	32	7	195	179	－3 510
大型超市	15 370	1 449	6	2	8	112	－8	－208
百货店	31 110	24 231	2 182	69	71	7 339	4 603	6 712
专业店	23 968	21 810	451	1 452	187	3 082	1 365	6 713
专卖店	33 522	16 756	490	624	76	4 534	3 550	13 161
家居建材商店	2 285	1 153		6	1	－3	－3	108
厂家直销中心	108	57	1	2		9	9	149
无店铺零售	56	301	6	99	1	－2	－2	81
电话购物	56	301	6	99	1	－2	－2	81

注：该表数据为法人口径年报。

指 标 名 称	投资收益	#执行《2006企业会计准则》企业的投资收益	补贴收入	营业外收入	利润总额	应交所得税	劳动、失业保险费	养老保险和医疗保险费
总 计	**10 046**	**10 046**	**7 976**	**4 482**	**115 879**	**26 974**	**3 432**	**9 537**
一、批 发 业	553	553	7 925	2 304	82 272	19 972	607	5 466
1. 按批发行业小类分								
农畜产品批发			192	1	1 347	81	6	33
谷物、豆及薯类批发								
种子、饲料批发			192		1 048	12	6	19
棉、麻批发				1	299	69		13
食品、饮料及烟草制品批发	54	54	183	778	55 315	13 056	214	1 871
糕点、糖果及糖批发					－16			
肉、禽、蛋及水产品批发				391	37	1		153
盐及调味品批发					4 322	253	107	248
饮料及茶叶批发				288	2 001	273	26	193
烟草制品批发	54	54	183	99	48 971	12 529	81	1 277
纺织、服装及日用品批发			21	146	22	60	6	277
纺织品、针织品及原料批发				2	－2	4		53
服 装 批 发			21	144	25	56	5	214
鞋 帽 批 发					－3		1	7
其他日用品批发					3			4
文化、体育用品及器材批发				23	6 461	984	22	47
图 书 批 发				23	6 461	984	22	47
医药及医疗器材批发				94	1 997	630	120	1 010
西 药 批 发				15	588	50	17	110
中药材及中成药批发				79	1 409	581	103	900
矿产品、建材及化工产品批发	499	499	132	539	5 840	2 615	156	1 500
煤炭及制品批发				1	5 331	2	9	115
石油及制品批发	468	468		263	－4 150	1 958	97	1 076
非金属矿及制品批发					17	4		4
金属及金属矿批发	31	31	108	267	3 013	497	19	213
建 材 批 发				6	330	93	3	20
化 肥 批 发			25		605	51	11	33
农 药 批 发					5	4		3
其他化工产品批发				2	690	7	19	36
机械设备、五金交电及电子产品批发			7 351	720	9 982	2 309	29	668
汽车、摩托车及零配件批发			7 351	524	1 553	282	4	122
五金、交电批发				1	480	6	1	28
家用电器批发				37	－573	68	18	300
计算机、软件及辅助设备批发				158	2 270	253	2	81
通讯及广播电视设备批发					1	5	1	26
其他机械设备及电子产品批发				1	6 251	1 696	4	112
其他批发			47	3	1 308	237	53	60
再生物资回收与批发			47		946	237	52	
其他未列明的批发				3	362		1	60
2. 按登记注册类型分								
内 资 企 业	553	553	590	1 547	81 022	19 701	584	5 228
国 有 企 业	485	485	53	426	15 893	1 877	191	742
股份合作企业				172	－283	76	3	41
有限责任公司	69	69	312	625	60 271	13 654	262	3 116
国有独资公司	54	54	183	99	48 960	12 529	82	1 282
其他有限责任公司	15	15	129	526	11 311	1 126	180	1 834

注：该表数据为法人口径年报。

13－8 续表6－2

指　标　名　称	投资收益	#执行《2006企业会计准则》企业的投资收益	补贴收入	营业外收入	利润总额	应交所得税	劳动、失业保险费	养老保险和医疗保险费
股份有限公司			3	250	－2 351	1 968	91	963
私营企业			30	69	7 210	2 105	23	278
私营独资企业				1	31	17	1	18
私营有限责任公司			30	69	7 267	2 088	21	253
私营股份有限公司					－88			7
其他企业			192	6	281	21	14	89
港、澳、台商投资企业					134	6		
港、澳、台商投资股份有限公司					134	6		
外商投资企业			7 335	756	1 116	266	23	238
中外合资经营企业			7 335	522	1 116	266	1	82
外资企业				235			22	156
3. 按控股情况分								
国有控股	553	553	323	673	65 584	16 374	478	3 925
集体控股				12	61			59
私人控股			7 405	1 372	10 838	2 034	87	1 146
港澳台商控股					134	6		
外商控股				235			22	156
其　　他			197	12	5 655	1 558	20	179
4. 按经营形式分								
独立门店	483	483	239	23	4 053	796	69	365
连锁总店	54	54	183	139	52 643	14 165	124	1 778
其　　他	17	17	7 504	2 142	25 576	5 011	414	3 323
二、零售业	9 492	9 492	51	2 179	33 607	7 002	2 825	4 070
1. 按零售行业小类分								
综合零售	9 492	9 492	7	847	14 148	2 934	1 425	2 021
百货零售	9 492	9 492		664	16 620	2 839	1 379	1 834
超级市场零售			7	183	－2 472	95	46	187
食品、饮料及烟草制品专门零售					235	25	6	24
肉、禽、蛋及水产品零售					156		3	
烟草制品零售					79	20	3	24
其他食品零售						5		
纺织、服装及日用品专门零售				27	385	261	15	183
服装零售				26	－1 262		9	123
鞋帽零售					38	10		
化妆品及卫生用品零售					142		1	13
其他日用品零售				1	1 467	251	4	48
文化、体育用品及器材专门零售				30	3 043	656	48	540
图书零售				23	495	16	36	427
报刊零售					14	6		4
珠宝首饰零售				7	2 535	634	10	77
工艺美术品及收藏品零售							3	32
医药及医疗器材专门零售			6	127	957	26	1 215	364
药品零售			6	127	957	26	1 215	364
汽车、摩托车、燃料及零配件专门零售				297	11 354	2 870	98	579
汽车零售				295	8 375	2 072	92	498
机动车燃料零售				2	2 979	798	6	81
家用电器及电子产品专门零售			39	850	3 265	197	16	356
家用电器零售			9	27	899	57	12	144
计算机、软件及辅助设备零售			30	822	2 322	134	4	177

注：该表数据为法人口径年报。

指 标 名 称	投资收益	#执行《2006企业会计准则》企业的投资收益	补贴收入	营业外收入	利润总额	应交所得税	劳动、失业保险费	养老保险和医疗保险费
通信设备零售				1	41	5		35
其他电子产品零售					4	1		
五金、家具及室内装修材料专门零售					117	33	2	3
家具零售					49	33		
其他室内装修材料零售					69		2	3
无店铺及其他零售					102	1		
其他未列明的零售					102	1		
2. 按登记注册类型分								
内资企业	9 492	9 492	51	2 032	24 245	5 292	2 793	3 835
国有企业				33	618	44	37	450
股份合作企业					28	4		
有限责任公司			51	578	9 325	3 640	764	1 243
其他有限责任公司			51	578	9 325	3 640	764	1 243
股份有限公司				157	1 921	852	1 934	1 522
私营企业	9 492	9 492		1 265	12 274	734	58	620
私营独资企业	9 492	9 492		399	9 650	363	47	395
私营合伙企业					236	8		
私营有限责任公司				133	659	270	11	185
私营股份有限公司				733	1 729	93		40
其他企业					79	19		
港、澳、台商投资企业					142		1	25
港、澳、台商合资经营企业					142		1	25
港、澳、台商独资经营企业								
外商投资企业				147	9 220	1 710	32	211
中外合资经营企业				16	3 026	7		16
外资企业				131	6 194	1 703	32	195
3. 按控股情况分								
国有控股				146	3 674	679	1 260	849
私人控股	9 492	9 492	21	1 704	17 833	3 206	225	1 467
港澳台商控股					142		1	13
外商控股				131	5 106	1 425	32	162
其他			30	198	6 853	1 692	1 308	1 580
4. 按经营形式分								
独立门店			36	694	14 336	3 887	200	1 185
连锁总店	9 492	9 492	16	750	16 863	3 025	2 044	2 826
连锁门店					－206		1	19
其他				734	2 615	90	581	41
5. 按零售业态分								
有店铺零售	9 492	9 492	51	2 179	33 532	7 002	2 825	4 069
超市					－3 478	100	10	115
大型超市			7	183	1 245	23	38	97
百货店	9 492	9 492		664	16 577	2 811	1 379	1 824
专业店			44	1 008	7 732	1 134	1 292	1 237
专卖店				324	11 260	2 864	106	790
家居建材商店					49	33		
厂家直销中心					149	37	1	6
无店铺零售					75			2
电话购物					75			2

注：该表数据为法人口径年报。

13－8 续表 7－1

指标名称	住房公积金和住房补贴	本年应付工资总额	#主营业务应付工资总额	本年应付福利费总额	#主营业务应付福利费总额	本年应交增值税	全部从业人员年平均人数（人）	资产减值损失
总计	**3 304**	**85 342**	**74 585**	**5 735**	**5 372**	**95 103**	**3 556**	**1 303**
一、批发业	2 002	45 851	40 473	3 474	3 268	52 415	1 335	1 282
1. 按批发行业小类分								
农畜产品批发	5	411	341	6	4	129	14	
谷物、豆及薯类批发								
种子、饲料批发		341	341	4	4	123	11	
棉、麻批发	5	70		2		6	4	
食品、饮料及烟草制品批发	699	11 465	11 434	1 282	1 282	15 921	207	31
糕点、糖果及糖批发		49	49			9	3	
肉、禽、蛋及水产品批发		205	203	22	22	34	18	
盐及调味品批发	134	1 744	1 744	242	242	872	22	1
饮料及茶叶批发	47	2 773	2 744	369	369	3 294	75	30
烟草制品批发	518	6 694	6 694	649	649	11 713	90	
纺织、服装及日用品批发	50	1 863	1 464	57	53	3 634	50	
纺织品、针织品及原料批发	18	228	165	5	5	121	11	
服装批发	31	1 593	1 258	47	43	3 494	37	
鞋帽批发	1	26	26	2	2		1	
其他日用品批发		15	15	3	3	19	1	
文化、体育用品及器材批发	114	2 410	1 132	212	94	1 293	42	
图书批发	114	2 410	1 132	212	94	1 293	42	
医药及医疗器材批发	114	10 953	9 409	471	433	11 564	392	
西药批发	10	1 062	1 039	98	98	3 648	79	
中药材及中成药批发	105	9 891	8 371	373	335	7 915	313	
矿产品、建材及化工产品批发	859	8 581	8 291	1 019	1 011	14 786	299	1 172
煤炭及制品批发	75	957	912	129	126	1 682	22	
石油及制品批发	619	4 549	4 457	563	559	10 139	192	201
非金属矿及制品批发		41	22			4	2	
金属及金属矿批发	108	2 117	1 986	257	255	2 650	52	971
建材批发	2	271	270	7	7	115	14	
化肥批发	11	159	159	11	11	2	9	
农药批发	3	44	44	5	5	12	2	
其他化工产品批发	40	443	443	49	49	181	8	
机械设备、五金交电及电子产品批发	129	9 028	7 755	364	352	4 382	312	
汽车、摩托车及零配件批发	84	1 194	1 142	93	93	195	48	
五金、交电批发	4	226	212			63	5	
家用电器批发	10	4 696	3 629	113	113	1 805	131	
计算机、软件及辅助设备批发	7	1 384	1 341	50	45	791	68	
通讯及广播电视设备批发		80	47			23	4	
其他机械设备及电子产品批发	24	1 448	1 384	108	100	1 506	57	
其他批发	33	1 140	646	62	40	707	19	80
再生物资回收与批发		646	646	40	40	386	15	
其他未列明的批发	33	494		22		320	5	80
2. 按登记注册类型分								
内资企业	1 888	42 404	37 951	3 050	2 844	51 726	1 254	1 282
国有企业	349	7 259	6 177	701	626	3 981	123	1 223
股份合作企业	3	497	356	60	60	284	24	
有限责任公司	1 017	26 278	24 564	1 602	1 518	32 066	701	59
国有独资公司	519	6 718	6 694	649	649	11 742	90	
其他有限责任公司	499	19 560	17 870	954	869	20 324	611	59

注：该表数据为法人口径年报。

指标名称	住房公积金和住房补贴	本年应付工资总额	#主营业务应付工资总额	本年应付福利费总额	#主营业务应付福利费总额	本年应交增值税	全部从业人员年平均人数（人）	资产减值损失
股份有限公司	492	4 430	4 234	406	406	10 207	215	
私营企业	27	3 107	1 926	269	224	4 854	166	
私营独资企业		118	118	5	5	140	4	
私营有限责任公司	26	2 926	1 760	264	219	4 640	159	
私营股份有限公司	1	63	49			74	3	
其他企业		833	694	11	11	333	26	
港、澳、台商投资企业		925				406	9	
港、澳、台商投资股份有限公司		925				406	9	
外商投资企业	115	2 522	2 522	424	424	284	73	
中外合资经营企业	78	664	664	63	63	7	19	
外资企业	36	1 858	1 858	361	361	277	54	
3. 按控股情况分								
国有控股	1 721	27 114	25 214	2 330	2 177	28 746	649	1 252
集体控股	8	1 152	1 152	3	3	48	28	
私人控股	222	12 957	10 469	644	594	21 699	532	30
港澳台商控股		925				406	9	
外商控股	36	1 858	1 858	361	361	277	54	
其他	16	1 845	1 779	137	133	1 240	64	
4. 按经营形式分								
独立门店	138	5 737	4 192	316	305	8 495	178	230
连锁总店	655	8 793	8 741	923	923	15 071	244	
其他	1 209	31 321	27 540	2 234	2 040	28 850	914	1 052
二、零售业	1 301	39 491	34 113	2 261	2 104	42 687	2 220	21
1. 按零售行业小类分								
综合零售	817	11 995	9 419	693	612	17 108	945	4
百货零售	790	8 085	6 309	503	455	13 819	676	3
超级市场零售	28	3 910	3 110	190	157	3 289	269	
食品、饮料及烟草制品专门零售	17	342	342	21	18	91	20	
肉、禽、蛋及水产品零售		149	149	2		10	15	
烟草制品零售	17	145	145	18	18	76	4	
其他食品零售		48	48			6	2	
纺织、服装及日用品专门零售	27	2 058	2 007	85	85	1 201	93	
服装零售	7	1 489	1 489	60	60	201	77	
鞋帽零售		50	50	7	7	106	5	
化妆品及卫生用品零售	4	51				164	3	
其他日用品零售	16	468	468	18	18	730	8	
文化、体育用品及器材专门零售	153	3 331	3 244	318	305	1 671	98	
图书零售	101	2 294	2 207	188	175	730	72	
报刊零售		139	139	2	2	69	2	
珠宝首饰零售	42	802	802	107	107	859	19	
工艺美术品及收藏品零售	10	95	95	21	21	13	5	
医药及医疗器材专门零售	161	8 162	7 439	347	330	3 256	359	
药品零售	161	8 162	7 439	347	330	3 256	359	
汽车、摩托车、燃料及零配件专门零售	88	10 516	9 429	622	586	17 433	414	2
汽车零售	48	9 440	8 436	536	514	16 445	369	
机动车燃料零售	39	1 076	993	87	72	988	45	2
家用电器及电子产品专门零售	39	2 705	1 850	168	160	1 818	191	15
家用电器零售	22	715	715	103	103	960	95	
计算机、软件及辅助设备零售	16	1 623	844	51	43	712	72	15

注：该表数据为法人口径年报。

指标名称	住房公积金和住房补贴	本年应付工资总额	#主营业务应付工资总额	本年应付福利费总额	#主营业务应付福利费总额	本年应交增值税	全部从业人员年平均人数（人）	资产减值损失
通信设备零售		349	273	12	12	131	24	
其他电子产品零售		17	17	2	2	15	1	
五金、家具及室内装修材料专门零售		340	340	7	7	75	99	
家具零售		315	315	3	3	63	98	
其他室内装修材料零售		25	25	4	4	12	1	
无店铺及其他零售		43	43	2	2	34	2	
其他未列明的零售		43	43	2	2	34	2	
2. 按登记注册类型分								
内资企业	1 281	35 835	30 510	2 114	1 957	36 350	2 023	21
国有企业	118	2 751	2 664	217	193	992	93	
股份合作企业	1	75	49	3	3	39	6	
有限责任公司	271	18 614	14 282	834	722	11 321	1 070	21
其他有限责任公司	271	18 614	14 282	834	722	11 321	1 070	21
股份有限公司	861	8 788	8 699	508	495	13 403	529	
私营企业	31	5 524	4 733	541	532	10 480	317	
私营独资企业	25	1 215	1 215	323	323	1 407	121	
私营合伙企业		158	158	11	11	53	7	
私营有限责任公司	5	3 568	3 240	193	185	8 818	167	
私营股份有限公司	2	583	120	13	13	201	22	
其他企业		84	84	12	12	116	8	
港、澳、台商投资企业	4	338	287			323	18	
港、澳、台商合资经营企业	4	203	152			203	9	
港、澳、台商独资经营企业		135	135			121	9	
外商投资企业	16	3 318	3 316	147	147	6 015	179	
中外合资经营企业		390	390	11	11	1 183	54	
外资企业	16	2 928	2 925	137	136	4 831	125	
3. 按控股情况分								
国有控股	316	11 168	10 149	462	435	4 592	432	2
私人控股	188	16 451	14 367	1 205	1 155	20 790	1 110	15
港澳台商控股	4	186	135			285	13	
外商控股	16	2 671	2 668	55	55	4 231	116	
其他	777	9 015	6 793	538	459	12 789	550	3
4. 按经营形式分								
独立门店	216	18 155	16 326	1 185	1 098	29 348	980	15
连锁总店	994	16 861	14 434	1 058	987	11 472	1 136	6
连锁门店		103				38	9	
其他	91	4 373	3 353	18	18	1 829	95	
5. 按零售业态分								
有店铺零售	1 301	39 450	34 071	2 260	2 102	42 636	2 218	21
超市	32	1 931	1 628	171	139	639	135	
大型超市		2 294	1 745	41	40	2 849	163	
百货店	790	7 980	6 204	503	455	13 788	659	3
专业店	371	14 696	13 218	846	792	6 569	675	15
专卖店	106	12 182	10 908	694	671	18 713	484	2
家居建材商店		315	315	3	3	63	98	
厂家直销中心	3	54	54	2	2	16	5	
无店铺零售		41	41	2	2	51	2	
电话购物		41	41	2	2	51	2	

注：该表数据为法人口径年报。

13－9　限额以上住宿和餐饮业法人企业经营情况

（2009 年）

单位：万元

指　标　名　称	法人企业数（个）	年末从业人员数（人）	营业额	客房收入	餐费收入	商品销售收入	其他收入
总　　计	**211**	**25 469**	**262 331**	**62 185**	**158 383**	**35 597**	**6 166**
一、住　宿　业	70	10 574	105 314	60 034	31 437	8 049	5 794
1. 按住宿行业小类分							
旅游饭店	43	7 476	80 951	45 285	24 941	5 790	4 935
一般旅馆	27	3 098	24 363	14 749	6 496	2 259	859
2. 按登记注册类型分							
内资企业	64	9 246	90 896	51 475	27 838	7 245	4 339
国有企业	9	2 066	21 630	12 147	5 120	2 542	1 821
集体企业	1	68	511	511			
股份合作企业	1	178	660	387	240	33	
有限责任公司	27	4 695	46 956	25 999	16 372	2 447	2 138
其他有限责任公司	27	4 695	46 956	25 999	16 372	2 447	2 138
股份有限公司	3	619	3 523	1 969	1 088	336	130
私营企业	23	1 620	17 616	10 462	5 017	1 887	251
私营独资企业	4	405	4 584	1 821	1 865	819	79
私营合伙企业	2	66	1 225	435	468	307	15
私营有限责任公司	14	979	10 476	7 286	2 365	677	147
私营股份有限公司	3	170	1 332	919	319	83	10
港、澳、台商投资企业	2	370	2 377	1 988	301	3	85
港、澳、台商合作经营企业	1	220	1 280	1 231	34	3	11
港、澳、台商独资经营企业	1	150	1 097	756	266		75
外商投资企业	4	958	12 041	6 572	3 299	801	1 370
中外合资经营企业	1	210	4 489	2 381	1 147	486	475
中外合作经营企业	1	191	948	385	145	62	355
外资企业	1	367	4 974	2 649	1 642	143	540
外商投资股份有限公司	1	190	1 630	1 156	364	110	
3. 按控股情况分							
国有控股	18	3 732	35 947	19 081	10 371	3 792	2 703
集体控股	1	68	511	511			
私人控股	41	5 160	49 098	28 493	15 546	3 462	1 597
港澳台商控股	2	370	2 377	1 988	301	3	85
外商控股	3	767	11 094	6 187	3 154	739	1 014
其　　他	5	477	6 288	3 775	2 066	53	395
4. 按经营形式分							
独立门店	65	10 080	98 977	54 872	30 709	7 724	5 672
连锁总店	2	372	3 994	3 721	184	27	62
连锁门店	1	38	863	747	54	4	58
其　　他	2	84	1 481	694	490	295	2
5. 按星级分							
五　　星	4	1 501	19 073	8 821	8 368	402	1 483

注：该表数据为法人口径年报。

13－9　续表1

指标名称	法人企业数（个）	年末从业人员数（人）	营业额	客房收入	餐费收入	商品销售收入	其他收入
四　　星	17	3 506	41 140	23 702	11 650	3 373	2 414
三　　星	20	2 080	13 996	9 441	3 087	999	470
二　　星	2	41	464	401			63
一　　星	2	774	9 659	4 338	3 017	1 211	1 095
其　　他	25	2 672	20 982	13 331	5 316	2 065	270
二、餐饮业	141	14 895	157 017	2 151	126 946	27 547	373
1. 按餐饮行业小类分							
正餐服务	135	11 857	117 729	2 151	88 131	27 171	276
快餐服务	6	3 038	39 288		38 815	376	97
2. 按登记注册类型分							
内资企业	126	10 738	103 400	2 151	76 306	24 575	367
国有企业	1	285	876	289	468	119	
股份合作企业	3	232	2 045		1 529	516	
有限责任公司	22	1 513	15 526	105	11 932	3 367	122
其他有限责任公司	22	1 513	15 526	105	11 932	3 367	122
私营企业	89	8 017	78 978	1 693	58 181	18 859	245
私营独资企业	56	5 025	50 981	1 106	37 948	11 855	72
私营合伙企业	13	1 072	8 542		6 377	1 997	168
私营有限责任公司	19	1 616	17 609	588	12 326	4 690	6
私营股份有限公司	1	304	1 847		1 530	317	
其他企业	11	691	5 975	64	4 197	1 714	
港、澳、台商投资企业	9	1 177	14 691		12 366	2 325	
港、澳、台商合资经营企业	6	756	7 799		6 195	1 604	
港、澳、台商独资经营企业	1	218	3 286		3 089	197	
港、澳、台商投资股份有限公司	2	203	3 606		3 083	523	
外商投资企业	6	2 980	38 926		38 273	647	6
中外合资经营企业	1	30	238		144	95	
外资企业	3	2 908	37 925		37 478	447	
外商投资股份有限公司	2	42	763		652	105	6
3. 按控股情况分							
国有控股	1	285	876	289	468	119	
私人控股	125	10 461	102 905	1 781	76 129	24 654	342
港澳台商控股	8	1 013	13 561		11 496	2 065	
外商控股	5	2 950	38 688		38 130	552	6
其　　他	2	186	987	81	723	158	25
4. 按经营形式分							
独立门店	135	11 321	114 142	2 151	85 525	26 093	373
连锁总店	5	3 493	42 403		41 056	1 347	
其　　他	1	81	472		365	107	

注：该表数据为法人口径年报。

13－9 续表2－1

指标名称	客房间数（间）	床位数（个）	餐位数（位）	年末餐饮营业面积（平方米）
总计	**12 400**	**21 384**	**108 585**	**355 489**
一、住宿业	11 666	20 088	29 644	85 011
1. 按住宿行业小类分				
旅游饭店	7 962	13 853	21 853	60 676
一般旅馆	3 704	6 235	7 791	24 335
2. 按登记注册类型分				
内资企业	10 387	17 945	26 879	76 629
国有企业	1 629	2 925	5 280	17 128
集体企业	112	204		
股份合作企业	153	244	262	300
有限责任公司	5 261	8 875	12 645	38 689
其他有限责任公司	5 261	8 875	12 645	38 689
股份有限公司	400	708	1 080	4 620
私营企业	2 832	4 989	7 612	15 892
私营独资企业	296	500	2 840	4 188
私营合伙企业	121	161		
私营有限责任公司	2 187	3 915	4 104	10 204
私营股份有限公司	228	413	668	1 500
港、澳、台商投资企业	234	394	760	3 300
港、澳、台商合作经营企业	126	248	520	2 320
港、澳、台商独资经营企业	108	146	240	980
外商投资企业	1 045	1 749	2 005	5 082
中外合资经营企业	240	368	325	860
中外合作经营企业	180	356	600	800
外资企业	327	490	600	1 422
外商投资股份有限公司	298	535	480	2 000
3. 按控股情况分				
国有控股	2 950	5 180	10 155	35 008
集体控股	112	204		
私人控股	6 780	11 759	15 818	36 841
港澳台商控股	234	394	760	3 300
外商控股	865	1 393	1 405	4 282
其他	725	1 158	1 506	5 580
4. 按经营形式分				
独立门店	10 461	18 224	28 674	81 944
连锁总店	909	1 355	796	2 567
连锁门店	155	260	74	200
其他	141	249	100	300
5. 按星级分				
五星	1 040	1 583	3 575	12 000

注：该表数据为法人口径年报。

13－9 续表2－2

指　标　名　称	客房间数（间）	床位数（个）	餐位数（位）	年末餐饮营业面积（平方米）
四　　星	3 422	6 100	11 519	36 195
三　　星	2 949	5 349	6 804	14 342
二　　星	150	255		
一　　星	587	878	1 110	4 712
其　　他	3 518	5 923	6 636	17 762
二、餐 饮 业	734	1 296	78 941	270 478
1. 按餐饮行业小类分				
正餐服务	734	1 296	71 192	249 350
快餐服务			7 749	21 128
2. 按登记注册类型分				
内资企业	734	1 296	67 277	180 593
国有企业	174	337	900	1 700
股份合作企业			1 289	4 720
有限责任公司	72	119	9 312	27 228
其他有限责任公司	72	119	9 312	27 228
私营企业	460	784	51 196	137 349
私营独资企业	162	296	33 737	84 490
私营合伙企业			5 336	15 320
私营有限责任公司	298	488	10 141	28 179
私营股份有限公司			1 982	9 360
其他企业	28	56	4 580	9 596
港、澳、台商投资企业			4 820	69 789
港、澳、台商合资经营企业			3 210	62 260
港、澳、台商独资经营企业			610	2 509
港、澳、台商投资股份有限公司			1 000	5 020
外商投资企业			6 844	20 096
中外合资经营企业			220	300
外资企业			6 298	18 936
外商投资股份有限公司			326	860
3. 按控股情况分				
国有控股	174	337	900	1 700
私人控股	518	870	66 667	177 733
港澳台商控股			4 190	66 789
外商控股			6 624	19 796
其　　他	42	89	560	4 460
4. 按经营形式分				
独立门店	734	1 296	67 252	243 010
连锁总店			11 419	27 058
其　　他			270	410

注：该表数据为法人口径年报。

13－10　限额以上住宿和餐饮业法人企业主要财务状况

（2009 年）　　单位：万元

指标名称	法人企业数（个）	#执行《2006企业会计准则》企业数（个）	年初存货	流动资产合计	#应收帐款	#存货	流动资产年平均余额
总计	**211**	**55**	**9 667**	**163 451**	**12 687**	**10 483**	**97 499**
一、住宿业	70	28	4 501	115 336	7 798	5 666	73 528
1. 按住宿行业小类分							
旅游饭店	43	19	3 420	66 244	5 577	3 100	41 872
一般旅馆	27	9	1 081	49 092	2 221	2 566	31 656
2. 按登记注册类型分							
内资企业	64	27	3 885	104 986	6 243	5 065	61 659
国有企业	9	5	857	7 681	617	838	4 876
集体企业	1		5	261		6	
股份合作企业	1	1	24	43		13	43
有限责任公司	27	12	2 290	74 977	2 119	1 830	45 784
其他有限责任公司	27	12	2 290	74 977	2 119	1 830	45 784
股份有限公司	3	1	209	1 081	301	201	135
私营企业	23	8	500	20 943	3 206	2 177	10 821
私营独资企业	4	1	106	8 774	1 487	144	7 254
私营合伙企业	2		3	42	15	3	43
私营有限责任公司	14	5	314	11 790	1 612	1 911	3 339
私营股份有限公司	3	2	78	337	93	119	185
港、澳、台商投资企业	2	1	115	5 078	514	114	5 435
港、澳、台商合作经营企业	1	1	75	3 376	28	87	3 300
港、澳、台商独资经营企业	1		40	1 702	487	27	2 136
外商投资企业	4		501	5 273	1 041	487	6 434
中外合资经营企业	1		75	1 149	93	82	1 654
中外合作经营企业	1		128	339	82	112	361
外资企业	1		226	844	77	222	1 478
外商投资股份有限公司	1		71	2 941	789	71	2 941
3. 按控股情况分							
国有控股	18	8	1 534	13 147	1 139	1 487	8 826
集体控股	1		5	261		6	
私人控股	41	15	2 012	86 185	4 844	3 335	47 521
港澳台商控股	2	1	115	5 078	514	114	5 435
外商控股	3		373	4 934	959	375	6 072
其他	5	4	462	5 732	342	349	5 674
4. 按经营形式分							
独立门店	65	27	4 282	113 014	7 739	5 623	71 683
连锁总店	2	1	44	1 819	36	37	1 785
连锁门店	1		4	261	8	3	10
其他	2		171	242	16	3	50
5. 按星级分							
五星	4	3	807	9 572	394	697	3 040

注：该表数据为法人口径年报。

13－10　续表1

指标名称	法人企业数（个）	#执行《2006企业会计准则》企业数（个）	年初存货	流动资产合计	#应收帐款	#存货	流动资产年平均余额
四星	17	7	1 414	24 234	2 902	1 280	14 206
三星	20	8	786	29 658	2 337	663	22 938
二星	2	2	28	557	1	31	536
一星	2	1	537	2 318	105	590	1 478
其他	25	7	928	48 997	2 059	2 405	31 331
二、餐饮业	141	27	5 166	48 115	4 889	4 817	23 971
1. 按餐饮行业小类分							
正餐服务	135	26	3 762	46 216	4 779	3 765	23 102
快餐服务	6	1	1 404	1 899	111	1 052	870
2. 按登记注册类型分							
内资企业	126	25	2 741	37 676	3 798	2 940	18 346
国有企业	1		13	127	112	15	81
股份合作企业	3		88	2 311	155	29	364
有限责任公司	22	3	487	6 138	638	799	3 090
其他有限责任公司	22	3	487	6 138	638	799	3 090
私营企业	89	13	2 025	28 617	2 764	1 975	14 494
私营独资企业	56	5	898	12 791	1 402	951	5 225
私营合伙企业	13	2	207	1 742	471	359	1 072
私营有限责任公司	19	6	869	13 778	868	565	7 891
私营股份有限公司	1		51	306	23	100	306
其他企业	11	9	127	483	130	123	316
港、澳、台商投资企业	9	1	796	7 258	934	424	3 811
港、澳、台商合资经营企业	6	1	166	3 597	516	212	1 741
港、澳、台商独资经营企业	1		117	2 504	52	156	1 643
港、澳、台商投资股份有限公司	2		513	1 157	365	55	427
外商投资企业	6	1	1 630	3 181	157	1 453	1 815
中外合资经营企业	1		9	140	80	14	125
外资企业	3	1	1 614	2 979	68	1 422	1 639
外商投资股份有限公司	2		7	63	9	17	51
3. 按控股情况分							
国有控股	1		13	127	112	15	81
私人控股	125	25	2 704	36 505	3 691	2 864	17 370
港澳台商控股	8		770	6 813	934	359	3 811
外商控股	5	1	1 620	3 042	77	1 439	1 690
其他	2	1	59	1 629	76	140	1 020
4. 按经营形式分							
独立门店	135	25	3 672	41 038	4 794	3 735	17 965
连锁总店	5	2	1 491	7 043	86	1 078	5 988
其他	1		3	33	9	4	19

注：该表数据为法人口径年报。

指标名称	长期投资合计	固定资产合计	固定资产原价	累计折旧	#本年折旧	资产总计
总　　计	**21 865**	**221 274**	**297 810**	**101 175**	**14 332**	**469 691**
一、住宿业	6 493	177 309	238 574	82 985	11 222	346 173
1. 按住宿行业小类分						
旅游饭店	6 122	117 730	192 467	77 623	8 222	229 992
一般旅馆	371	59 579	46 108	5 362	3 000	116 181
2. 按登记注册类型分						
内资企业	6 442	151 552	186 283	55 355	9 394	298 322
国有企业	543	50 111	59 316	22 009	2 452	62 360
集体企业		56	155	99	99	539
股份合作企业		300	198	169	29	412
有限责任公司	5 861	76 618	101 979	26 591	3 800	181 838
其他有限责任公司	5 861	76 618	101 979	26 591	3 800	181 838
股份有限公司		14 362	12 660	3 293	2 229	17 102
私营企业	38	10 106	11 975	3 195	786	36 071
私营独资企业		2 568	2 722	351	177	11 540
私营合伙企业		282	330	49	3	355
私营有限责任公司	38	6 073	7 723	2 677	523	21 537
私营股份有限公司		1 184	1 199	119	83	2 639
港、澳、台商投资企业		7 178	7 957	1 874	266	18 677
港、澳、台商合作经营企业		7 088	7 724	1 732	210	16 384
港、澳、台商独资经营企业		91	233	142	56	2 293
外商投资企业	51	18 578	44 334	25 755	1 562	29 175
中外合资经营企业		581	1 122	541	131	2 985
中外合作经营企业	51	5 758	7 452	1 694	8	6 794
外资企业		9 364	26 682	17 318	1 172	11 982
外商投资股份有限公司		2 876	9 078	6 203	252	7 414
3. 按控股情况分						
国有控股	5 037	79 061	93 131	32 784	6 209	105 687
集体控股		56	155	99	99	539
私人控股	1 456	76 193	96 198	21 817	2 724	189 010
港澳台商控股		7 178	7 957	1 874	266	18 677
外商控股		12 821	36 882	24 061	1 555	22 381
其　　他		2 000	4 252	2 350	369	9 880
4. 按经营形式分						
独立门店	6 493	173 891	233 899	81 727	10 944	338 593
连锁总店		1 829	2 191	362	121	4 171
连锁门店		451	613	162	82	1 998
其　　他		1 138	1 872	733	75	1 411
5. 按星级分						
五　　星	495	25 723	36 012	10 289	1 367	45 524

注：该表数据为法人口径年报。

13－10 续表2－2

指 标 名 称	长期投资合 计	固定资产合 计	固定资产原 价	累计折旧	#本年折旧	资产总计
四 星	5 421	43 147	73 035	30 320	3 926	87 065
三 星	207	24 457	31 664	9 661	1 097	66 784
二 星		351	786	435	49	1 215
一 星		24 556	51 935	27 379	2 026	30 076
其 他	371	59 075	45 143	4 901	2 757	115 510
二、餐 饮 业	15 372	43 965	59 236	18 191	3 110	123 518
1. 按餐饮行业小类分						
正餐服务	15 372	37 322	50 694	14 802	3 082	109 885
快餐服务		6 643	8 542	3 389	28	13 633
2. 按登记注册类型分						
内资企业	15 372	34 008	44 947	12 368	2 677	93 157
国有企业		235	310	77	9	361
股份合作企业		50	517	467	33	2 361
有限责任公司	654	9 846	11 826	2 114	354	17 747
其他有限责任公司	654	9 846	11 826	2 114	354	17 747
私营企业	14 718	22 448	30 422	9 254	2 034	70 227
私营独资企业	14 623	13 828	18 552	5 745	1 128	43 722
私营合伙企业	82	3 060	3 463	620	334	5 367
私营有限责任公司	14	5 222	7 893	2 712	525	20 493
私营股份有限公司		338	515	178	46	644
其他企业		1 429	1 872	457	247	2 461
港、澳、台商投资企业		3 422	5 814	2 392	388	15 632
港、澳、台商合资经营企业		2 622	4 299	1 677	255	9 360
港、澳、台商独资经营企业		264	729	465	108	2 768
港、澳、台商投资股份有限公司		535	785	250	24	3 505
外商投资企业		6 535	8 475	3 431	45	14 729
中外合资经营企业		19	127	108	3	158
外资企业		6 279	8 035	3 245	36	14 220
外商投资股份有限公司		237	313	78	6	351
3. 按控股情况分						
国有控股		235	310	77	9	361
私人控股	15 372	32 767	43 715	12 375	2 644	90 960
港澳台商控股		3 368	5 748	2 380	380	14 814
外商控股		6 517	8 348	3 323	42	14 570
其 他		1 078	1 114	36	34	2 813
4. 按经营形式分						
独立门店	15 372	36 552	49 319	14 185	2 942	103 922
连锁总店		7 336	9 824	3 977	160	19 464
其 他		77	93	29	8	132

注：该表数据为法人口径年报。

13－10　续表3－1

指　标　名　称	流动负债合计	#应付帐款	长期负债合计	负债合计	所有者权益合计	#实收资本	1.国家资本
总　　计	**188 134**	**29 602**	**91 869**	**289 227**	**180 464**	**167 270**	**38 572**
一、住　宿　业	143 953	20 021	88 278	236 846	109 328	109 214	38 369
1. 按住宿行业小类分							
旅 游 饭 店	108 977	12 638	50 638	161 562	68 430	59 119	11 474
一 般 旅 馆	34 975	7 383	37 640	75 284	40 897	50 095	26 894
2. 按登记注册类型分							
内 资 企 业	130 200	18 550	75 309	209 720	88 602	88 487	38 369
国 有 企 业	39 434	5 206	382	39 816	22 544	20 181	20 181
集 体 企 业	309	6		309	230	920	
股份合作企业	15	15		15	397	120	
有限责任公司	72 487	8 699	72 333	145 009	36 829	40 993	4 914
其他有限责任公司	72 487	8 699	72 333	145 009	36 829	40 993	4 914
股份有限公司	1 866	276	172	4 535	12 567	16 367	13 274
私 营 企 业	16 088	4 348	2 423	20 035	16 036	9 905	
私营独资企业	5 907	562	1 123	7 030	4 511	1 359	
私营合伙企业	109	10		109	246	213	
私营有限责任公司	8 004	3 658	1 300	10 829	10 708	7 984	
私营股份有限公司	2 068	119		2 068	571	350	
港、澳、台商投资企业	9 427	413		9 427	9 250	2 444	
港、澳、台商合作经营企业	4 951	130		4 951	11 433	2 070	
港、澳、台商独资经营企业	4 476	283		4 476	2 183	374	
外商投资企业	4 326	1 058	12 968	17 699	11 476	18 284	
中外合资经营企业	1 448	133		1 448	1 537	1 802	
中外合作经营企业	1 040	137	3 590	4 630	2 164	2 280	
外资企业	822	284	3 385	4 207	7 776	11 952	
外商投资股份有限公司	1 017	505	5 994	7 414		2 250	
3. 按控股情况分							
国 有 控 股	56 630	7 435	1 128	60 256	45 431	39 569	38 369
集 体 控 股	309	6		309	230	920	
私 人 控 股	67 656	9 260	77 771	147 141	41 869	47 366	
港澳台商控股	9 427	413		9 427	9 250	2 444	
外 商 控 股	3 287	922	9 378	13 069	9 312	16 004	
其　　他	6 644	1 987		6 644	3 235	2 912	
4. 按经营形式分							
独 立 门 店	142 359	19 707	88 278	234 892	103 701	95 188	38 369
连 锁 总 店	375	167		546	3 625	11 385	
连 锁 门 店	1 110	137		1 110	888	1 000	
其　　他	109	10		298	1 114	1 641	
5. 按星级分							
五　　星	7 355	4 313	33 663	41 017	4 507	7 875	500

注：该表数据为法人口径年报。

13－10 续表3－2

指 标 名 称	流动负债合计	#应付帐款	长期负债合计	负债合计	所有者权益合计	#实收资本	1.国家资本
四 星	42 202	7 023	7 113	49 719	37 346	19 764	5 328
三 星	32 080	1 874	6 450	40 073	26 711	17 077	3 545
二 星	463	4		463	752	400	300
一 星	28 303	580	3 412	31 714	－1 639	14 303	2 351
其 他	33 551	6 227	37 640	73 859	41 650	49 795	26 344
二、餐 饮 业	44 181	9 581	3 591	52 381	71 137	58 056	203
1. 按餐饮行业小类分							
正餐服务	39 220	8 269	3 582	47 401	62 484	55 197	203
快餐服务	4 961	1 312	9	4 980	8 652	2 859	
2. 按登记注册类型分							
内资企业	29 835	5 361	3 481	36 678	56 479	41 541	203
国有企业	80		77	165	196	203	203
股份合作企业	102	44		102	2 259	272	
有限责任公司	5 124	1 279	2 018	8 781	8 966	6 367	
其他有限责任公司	5 124	1 279	2 018	8 781	8 966	6 367	
私营企业	23 839	3 608	1 386	26 919	43 308	33 345	
私营独资企业	12 024	1 564	1 350	14 739	28 983	16 929	
私营合伙企业	1 420	597		1 731	3 636	3 437	
私营有限责任公司	10 318	1 426	36	10 372	10 122	12 203	
私营股份有限公司	77	21		77	567	775	
其他企业	690	431		710	1 751	1 353	
港、澳、台商投资企业	9 068	2 581	61	10 316	5 316	12 776	
港、澳、台商合资经营企业	4 975	391	61	5 873	3 487	7 413	
港、澳、台商独资经营企业	2 478	577		2 478	290	5 000	
港、澳、台商投资股份有限公司	1 614	1 613		1 966	1 539	364	
外商投资企业	5 278	1 640	49	5 387	9 341	3 739	
中外合资经营企业					158	280	
外资企业	5 231	1 592	9	5 240	8 980	3 209	
外商投资股份有限公司	47	47	40	147	204	250	
3. 按控股情况分							
国有控股	80		77	165	196	203	203
私人控股	28 462	5 124	3 404	35 219	55 741	40 918	
港澳台商控股	9 027	2 569	61	10 275	4 538	11 876	
外商控股	5 278	1 640	49	5 387	9 183	3 459	
其 他	1 334	249		1 334	1 478	1 600	
4. 按经营形式分							
独立门店	38 174	8 213	3 582	46 257	57 665	50 302	203
连锁总店	5 991	1 361	9	6 030	13 434	7 634	
其 他	17	7		95	38	120	

注：该表数据为法人口径年报。

指标名称	2. 集体资本	3. 法人资本	4. 个人资本	5. 港澳台资本	6. 外商资本	主营业务收入
总计	**920**	**7 660**	**86 587**	**14 880**	**18 652**	**259 724**
一、住宿业	920	4 923	47 366	2 444	15 193	103 805
1. 按住宿行业小类分						
旅游饭店	920	4 923	24 165	2 444	15 193	79 651
一般旅馆			23 201			24 154
2. 按登记注册类型分						
内资企业	920	4 112	45 086			89 523
国有企业						20 957
集体企业	920					471
股份合作企业			120			660
有限责任公司		3 912	32 167			46 753
其他有限责任公司		3 912	32 167			46 753
股份有限公司			3 093			3 515
私营企业		200	9 705			17 167
私营独资企业			1 359			4 299
私营合伙企业			213			1 146
私营有限责任公司			7 984			10 450
私营股份有限公司		200	150			1 272
港、澳、台商投资企业				2 444		2 241
港、澳、台商合作经营企业				2 070		1 144
港、澳、台商独资经营企业				374		1 097
外商投资企业		811	2 280		15 193	12 041
中外合资经营企业		811			991	4 489
中外合作经营企业			2 280			948
外资企业					11 952	4 974
外商投资股份有限公司					2 250	1 630
3. 按控股情况分						
国有控股		1 200				35 122
集体控股	920					471
私人控股			47 366			48 692
港澳台商控股				2 444		2 241
外商控股		811			15 193	11 094
其他		2 912				6 186
4. 按经营形式分						
独立门店	920	4 923	33 340	2 444	15 193	97 491
连锁总店			11 385			3 994
连锁门店			1 000			863
其他			1 641			1 457
5. 按星级分						
五星		1 974	5 402			19 073

注：该表数据为法人口径年报。

指标名称	2. 集体资本	3. 法人资本	4. 个人资本	5. 港澳台资本	6. 外商资本	主营业务收入
四　星		2 600	8 221	374	3 241	40 176
三　星	920	250	10 292	2 070		13 702
二　星		100				411
一　星					11 952	9 659
其　他			23 451			20 783
二、餐饮业		2 737	39 221	12 436	3 459	155 919
1. 按餐饮行业小类分						
正餐服务		2 737	38 571	12 436	1 250	116 544
快餐服务			650		2 209	39 375
2. 按登记注册类型分						
内资企业		2 497	38 841			102 017
国有企业						876
股份合作企业			272			2 045
有限责任公司		1 650	4 717			15 467
其他有限责任公司		1 650	4 717			15 467
私营企业		847	32 498			77 718
私营独资企业			16 929			50 008
私营合伙企业		277	3 161			8 542
私营有限责任公司		570	11 633			17 321
私营股份有限公司			775			1 847
其他企业			1 353			5 911
港、澳、台商投资企业		240	100	12 436		14 786
港、澳、台商合资经营企业		240	100	7 073		7 638
港、澳、台商独资经营企业				5 000		3 543
港、澳、台商投资股份有限公司				364		3 606
外商投资企业			280		3 459	39 115
中外合资经营企业			280			238
外资企业					3 209	38 107
外商投资股份有限公司					250	770
3. 按控股情况分						
国有控股						876
私人控股		897	39 221	800		101 523
港澳台商控股		240		11 636		13 657
外商控股					3 459	38 877
其　他		1 600				987
4. 按经营形式分						
独立门店		2 737	33 576	12 436	1 350	112 957
连锁总店			5 525		2 109	42 490
其　他			120			472

注：该表数据为法人口径年报。

指　标　名　称	主营业务成　本	主营业务税金及附　加	主营业务利　润	其他业务收　入	其他业务利　润	营业费用
总　　计	**119 234**	**13 610**	**125 234**	**1 805**	**385**	**75 703**
一、住 宿 业	35 049	5 531	61 963	1 289	392	37 010
1. 按住宿行业小类分						
旅 游 饭 店	21 986	4 313	52 328	1 243	364	30 649
一 般 旅 馆	13 063	1 218	9 635	46	28	6 361
2. 按登记注册类型分						
内 资 企 业	31 741	4 792	51 727	1 289	392	32 546
国 有 企 业	8 275	1 035	11 433	663		6 905
集 体 企 业	154	29	289			259
股份合作企业	131	36	493			323
有限责任公司	12 043	2 636	31 315	349	265	18 962
其他有限责任公司	12 043	2 636	31 315	349	265	18 962
股份有限公司	2 484	236	794	63	55	2 231
私 营 企 业	8 654	819	7 403	215	72	3 868
私营独资企业	2 704	152	1 443	191	55	257
私营合伙企业	900	82	164			31
私营有限责任公司	4 655	516	4 979	13	13	3 008
私营股份有限公司	395	71	817	10	3	572
港、澳、台商投资企业	1 365	130	746			808
港、澳、台商合作经营企业	180	75	888			808
港、澳、台商独资经营企业	1 185	55	－142			
外商投资企业	1 942	609	9 490			3 655
中外合资经营企业	921	224	3 344			1 454
中外合作经营企业	109	47	792			516
外 资 企 业	557	257	4 160			1 324
外商投资股份有限公司	356	81	1 193			362
3. 按控股情况分						
国 有 控 股	12 957	1 836	20 115	824	100	12 294
集 体 控 股	154	29	289			259
私 人 控 股	17 781	2 631	27 231	403	229	16 723
港澳台商控股	1 365	130	746			808
外 商 控 股	1 834	562	8 698			3 140
其　　他	959	343	4 885	63	63	3 786
4. 按经营形式分						
独 立 门 店	33 775	5 180	57 573	1 258	367	33 691
连 锁 总 店	367	202	3 125			2 438
连 锁 门 店	40	48	775	31	25	614
其　　他	867	101	490	1		267
5. 按星级分						
五　　星	3 947	1 033	14 093			7 078

注：该表数据为法人口径年报。

13-10 续表5-2

指标名称	主营业务成本	主营业务税金及附加	主营业务利润	其他业务收入	其他业务利润	营业费用
四星	11 986	2 173	25 207	975	233	15 186
三星	4 688	807	8 004	215	72	6 186
二星	131	26	255	63	63	138
一星	2 034	474	7 151			2 859
其他	12 263	1 019	7 253	36	25	5 564
二、餐饮业	84 185	8 079	63 272	516	-7	38 693
1. 按餐饮行业小类分						
正餐服务	69 675	6 115	40 371	411	43	25 184
快餐服务	14 510	1 965	22 901	105	-50	13 510
2. 按登记注册类型分						
内资企业	60 860	5 393	35 380	516	63	21 491
国有企业	476	47	353			269
股份合作企业	1 463	135	448			705
有限责任公司	8 683	878	5 907	112	26	4 926
其他有限责任公司	8 683	878	5 907	112	26	4 926
私营企业	46 069	4 025	27 210	405	37	14 709
私营独资企业	29 654	2 502	17 626	307	37	8 273
私营合伙企业	5 105	489	2 948			1 878
私营有限责任公司	10 483	932	5 719	98		3 929
私营股份有限公司	827	102	918			629
其他企业	4 170	309	1 462			882
港、澳、台商投资企业	9 253	748	4 786			3 383
港、澳、台商合资经营企业	4 745	385	2 508			1 825
港、澳、台商独资经营企业	2 319	177	1 047			830
港、澳、台商投资股份有限公司	2 189	185	1 231			728
外商投资企业	14 072	1 938	23 105		-70	13 820
中外合资经营企业	146	12	80			89
外资企业	13 635	1 881	22 591		-70	13 514
外商投资股份有限公司	290	46	434			217
3. 按控股情况分						
国有控股	476	47	353			269
私人控股	60 548	5 331	35 260	516	63	21 299
港澳台商控股	8 645	691	4 321			3 062
外商控股	13 925	1 927	23 025		-70	13 731
其他	591	84	312			332
4. 按经营形式分						
独立门店	67 384	5 774	39 416	516	63	24 478
连锁总店	16 437	2 292	23 761		-70	14 173
其他	364	13	95			42

注：该表数据为法人口径年报。

13－10 续表6－1

指标名称	管理费用	#税金	差旅费	工会经费	财务费用	#利息支出	营业利润
总计	**41 371**	**1 446**	**528**	**276**	**6 406**	**4 257**	**3 768**
一、住宿业	30 146	826	326	195	4 818	3 430	－8 175
1. 按住宿行业小类分							
旅游饭店	25 920	672	256	108	4 510	3 200	－6 989
一般旅馆	4 226	153	70	87	308	230	－1 186
2. 按登记注册类型分							
内资企业	23 358	807	290	190	3 874	3 325	－6 214
国有企业	5 815	392	50	69	303	254	－1 353
集体企业	71		7		8	8	－49
股份合作企业	187		9		5		－22
有限责任公司	13 103	275	172	51	3 128	2 961	－2 652
其他有限责任公司	13 103	275	172	51	3 128	2 961	－2 652
股份有限公司	1 177		2		153	－5	－2 829
私营企业	3 006	140	50	71	277	107	691
私营独资企业	165	63		1	21	21	1 055
私营合伙企业	78	8	9		1	1	53
私营有限责任公司	2 254	68	41	70	248	85	－514
私营股份有限公司	509		1		7		97
港、澳、台商投资企业	412		18		575	8	－1 050
港、澳、台商合作经营企业	285		18		12	8	－216
港、澳、台商独资经营企业	128				563		－833
外商投资企业	6 376	18	18	5	370	97	－911
中外合资经营企业	1 717	2	2	1	108	106	65
中外合作经营企业	454	14	1	3	2		－180
外资企业	3 151	2			－9	－9	－306
外商投资股份有限公司	1 053		15	1	269		－491
3. 按控股情况分							
国有控股	11 736	544	111	93	483	366	－4 060
集体控股	71		7		8	8	－49
私人控股	10 431	263	84	89	3 168	2 765	－2 026
港澳台商控股	412		18		575	8	－1 050
外商控股	5 922	4	17	2	368	97	－731
其他	1 574	16	90	11	217	186	－258
4. 按经营形式分							
独立门店	29 387	819	309	189	4 742	3 380	－8 439
连锁总店	453		6	5	18	－1	219
连锁门店	104	2	2	1	56	50	26
其他	201	4	9	1	3	1	19
5. 按星级分							
五星	5 363	28	81	12	1 732	1 689	－76

注：该表数据为法人口径年报。

13－10　续表6－2

指　标　名　称	管理费用	#税　金	差旅费	工会经费	财务费用	#利息支出	营业利润
四　　星	13 336	403	116	73	1 559	590	－3 480
三　　星	3 101	87	56	14	1 101	783	－2 077
二　　星	116	11		1			64
一　　星	5 270	168	6	16	138	138	－1 115
其　　他	2 961	129	66	80	289	231	－1 489
二、餐 饮 业	11 225	621	202	81	1 588	827	11 943
1. 按餐饮行业小类分							
正 餐 服 务	8 374	568	186	59	1 538	815	5 503
快 餐 服 务	2 851	53	16	22	50	12	6 440
2. 按登记注册类型分							
内 资 企 业	6 975	566	187	79	1 353	667	5 809
国 有 企 业	60		4		1	1	23
股份合作企业	154	57	2	3	16	13	－427
有限责任公司	1 194	37	32	6	367	80	－554
其他有限责任公司	1 194	37	32	6	367	80	－554
私 营 企 业	5 309	451	142	70	937	551	6 487
私营独资企业	2 951	331	92	60	526	283	6 081
私营合伙企业	740	11	9		97	40	233
私营有限责任公司	1 350	109	40	9	304	219	160
私营股份有限公司	268			1	9	9	12
其 他 企 业	258	22	8		33	23	280
港、澳、台商投资企业	1 369	7	12	2	176	139	－141
港、澳、台商合资经营企业	890	3	7	2	112	106	－320
港、澳、台商独资经营企业	16		2		32	32	168
港、澳、台商投资股份有限公司	462	4	3		31		－11
外商投资企业	2 882	48	3	1	60	21	6 275
中外合资经营企业	1			1	1	1	－11
外 资 企 业	2 870	46	3		56	19	6 081
外商投资股份有限公司	10	2			3	1	205
3. 按控股情况分							
国 有 控 股	60		4		1	1	23
私 人 控 股	6 911	565	176	79	1 315	641	5 982
港澳台商控股	1 244	7	12	2	170	139	－155
外 商 控 股	2 881	48	3		59	20	6 286
其　　他	129	1	8		44	26	－193
4. 按经营形式分							
独 立 门 店	8 253	599	171	35	1 501	818	5 240
连 锁 总 店	2 950	22	31	47	87	9	6 672
其　　他	22						31

注：该表数据为法人口径年报。

指标名称	补贴收入	营业外收入	利润总额	应交所得税	劳动、失业保险费	养老保险和医疗保险费	住房公积金和住房补贴
总计	**133**	**887**	**10 303**	**3 654**	**315**	**2 835**	**315**
一、住宿业	131	418	－2 499	391	147	2 023	285
1. 按住宿行业小类分							
旅游饭店	131	170	－2 796	296	84	1 830	242
一般旅馆		248	297	95	63	193	43
2. 按登记注册类型分							
内资企业	131	388	－1 517	391	139	1 694	264
国有企业	103	29	－746	69	44	583	191
集体企业						16	
股份合作企业			－22	3		30	
有限责任公司	28	101	－590	180	35	935	72
其他有限责任公司	28	101	－590	180	35	935	72
股份有限公司		41	－1 110	17		22	
私营企业		218	952	122	60	108	2
私营独资企业			1 169	61	9	1	1
私营合伙企业				6	1	9	1
私营有限责任公司		214	－411	51	50	96	1
私营股份有限公司		4	194	4		2	
港、澳、台商投资企业		2	－1 048			8	
港、澳、台商合作经营企业		1	－215			8	
港、澳、台商独资经营企业		1	－833				
外商投资企业		28	65		8	321	21
中外合资经营企业			65			84	1
中外合作经营企业		24				98	
外资企业		4			8	111	20
外商投资股份有限公司						29	
3. 按控股情况分							
国有控股	131	76	－1 532	126	48	907	208
集体控股						16	
私人控股		331	269	251	89	802	16
港澳台商控股		2	－1 048			8	
外商控股		4	65		8	223	21
其他		6	－253	14	1	67	41
4. 按经营形式分							
独立门店	131	205	－2 517	378	98	2 000	282
连锁总店		213	20	11	47	6	
连锁门店					1	16	2
其他		1	－2	2	1	1	1
5. 按星级分							
五星		28	－34	13	2	221	1

注：该表数据为法人口径年报。

13－10 续表7－2

指　标　名　称	补贴收入	营业外收入	利润总额	应交所得税	劳动、失业保险费	养老保险和医疗保险费	住房公积金和住房补贴
四　星	28	93	－847	206	66	1 065	169
三　星	103	39	－872	78	3	339	32
二　星		1	65	12	1	20	2
一　星		15	－799		15	216	40
其　他		243	－12	81	61	163	43
二、餐 饮 业	3	469	12 802	3 263	167	812	30
1. 按餐饮行业小类分							
正餐服务	3	401	6 050	1 556	167	776	30
快餐服务		68	6 752	1 707		36	
2. 按登记注册类型分							
内资企业	3	401	5 949	1 580	136	642	30
国有企业			23			49	
股份合作企业		6	83	51		37	
有限责任公司		14	－407	336	25	73	1
其他有限责任公司		14	－407	336	25	73	1
私营企业	3	381	6 160	1 074	66	484	10
私营独资企业	3	64	5 141	678	62	325	6
私营合伙企业		16	380	105		36	
私营有限责任公司		300	626	288	4	96	4
私营股份有限公司			13	3		26	
其他企业			91	119	46	1	19
港、澳、台商投资企业		1	289	75	31	45	
港、澳、台商合资经营企业		1	109	31		7	
港、澳、台商独资经营企业			168	42		24	
港、澳、台商投资股份有限公司		1	11	2	31	14	
外商投资企业		67	6 564	1 608		125	
中外合资经营企业						125	
外资企业		67	6 366	1 602			
外商投资股份有限公司			198	6			
3. 按控股情况分							
国有控股			23			49	
私人控股	3	396	6 126	1 574	136	716	30
港澳台商控股		1	279	72	31	38	
外商控股		67	6 564	1 608			
其　他		5	－189	10		10	
4. 按经营形式分							
独立门店	3	401	5 768	1 362	167	755	30
连锁总店		68	7 003	1 901		56	
其　他			31			2	

注：该表数据为法人口径年报。

指标名称	本年应付工资总额	#主营业务应付工资总额	本年应付福利费总额	#主营业务应付福利费总额	全部从业人员年平均人数（人）	资产减值损失
总计	**40 110**	**34 527**	**2 518**	**2 194**	**2 517**	**3**
一、住宿业	19 804	16 828	1 649	1 388	1 059	3
1. 按住宿行业小类分						
旅游饭店	14 747	12 143	1 310	1 103	754	
一般旅馆	5 057	4 686	339	285	305	3
2. 按登记注册类型分						
内资企业	16 899	14 152	1 280	1 019	925	3
国有企业	4 412	4 271	530	514	207	
集体企业	82				7	
股份合作企业	216	216	30	30	18	
有限责任公司	8 906	6 949	489	308	472	3
其他有限责任公司	8 906	6 949	489	308	472	3
股份有限公司	728	234	51		63	
私营企业	2 556	2 483	179	166	158	
私营独资企业	739	739	18	18	41	
私营合伙企业	81	52	20	8	7	
私营有限责任公司	1 441	1 407	140	139	94	
私营股份有限公司	295	285	2	2	17	
港、澳、台商投资企业	567	348	55	55	37	
港、澳、台商合作经营企业	348	348	55	55	22	
港、澳、台商独资经营企业	219				15	
外商投资企业	2 338	2 328	315	315	98	
中外合资经营企业	1 025	1 025	10	10	22	
中外合作经营企业	252	252	155	155	20	
外资企业	809	809	149	149	37	
外商投资股份有限公司	252	242			19	
3. 按控股情况分						
国有控股	7 718	6 798	641	591	373	
集体控股	82				7	
私人控股	8 154	6 408	753	542	512	3
港澳台商控股	567	348	55	55	37	
外商控股	2 086	2 076	159	159	78	
其他	1 197	1 197	41	41	53	
4. 按经营形式分						
独立门店	18 973	15 997	1 515	1 254	1 010	3
连锁总店	628	628	112	112	37	
连锁门店	95	95	13	13	4	
其他	109	109	9	9	8	
5. 按星级分						
五星	2 998	2 063	184	42	155	

注：该表数据为法人口径年报。

13-10 续表8-2

指标名称	本年应付工资总额	#主营业务应付工资总额	本年应付福利费总额	#主营业务应付福利费总额	全部从业人员年平均人数（人）	资产减值损失
四　　星	8 049	6 647	649	610	355	
三　　星	2 817	2 535	337	311	204	
二　　星	81	64	5	5	4	
一　　星	1 607	1 607	149	149	78	
其　　他	4 252	3 912	324	271	263	3
二、餐　饮　业	20 306	17 698	869	806	1458	
1. 按餐饮行业小类分						
正餐服务	17 708	15 100	811	748	1153	
快餐服务	2 598	2 598	58	58	305	
2. 按登记注册类型分						
内资企业	15 979	13 704	723	660	1044	
国有企业	559	559	78	78	27	
股份合作企业	312	312	21	21	23	
有限责任公司	2 140	1 727	62	61	145	
其他有限责任公司	2 140	1 727	62	61	145	
私营企业	12 279	10 417	496	434	789	
私营独资企业	8 151	7 010	267	245	501	
私营合伙企业	1 671	1 275	69	44	107	
私营有限责任公司	2 001	1 675	161	146	151	
私营股份有限公司	457	457			30	
其他企业	689	689	65	65	60	
港、澳、台商投资企业	1 691	1 358	57	57	116	
港、澳、台商合资经营企业	1 035	872	19	19	76	
港、澳、台商独资经营企业	287	287	38	38	19	
港、澳、台商投资股份有限公司	369	199			21	
外商投资企业	2 636	2 636	90	90	298	
中外合资经营企业	31	31			3	
外资企业	2 516	2 516	90	90	291	
外商投资股份有限公司	90	90			4	
3. 按控股情况分						
国有控股	559	559	78	78	27	
私人控股	15 374	12 956	637	574	1021	
港澳台商控股	1 528	1 358	57	57	100	
外商控股	2 605	2 605	90	90	295	
其　　他	239	220	8	7	15	
4. 按经营形式分						
独立门店	17 034	14 426	779	716	1106	
连锁总店	3 148	3 148	87	87	344	
其　　他	125	125	3	3	8	

注：该表数据为法人口径年报。

13－11　批发和零售业连锁经营情况

单位：万元

指标名称	连锁总店（总部）个数（个）	门店总数（个）					
		合计		直营店		加盟店	
		2009年	2008年	2009年	2008年	2009年	2008年
总　　计	**31**	**572**	**617**	**558**	**617**	**14**	
一、批　发　业	4	115	117	115	117		
1. 按批发行业小类分							
食品、饮料及烟草制品批发	1	15	16	15	16		
矿产品、建材及化工产品批发	2	96	97	96	97		
机械设备、五金交电及电子产品批发	1	4	4	4	4		
2. 按登记注册类型分							
内资企业	4	115	117	115	117		
有限责任公司	2	19	20	19	20		
国有独资公司	1	15	16	15	16		
其他有限责任公司	1	4	4	4	4		
股份有限公司	2	96	97	96	97		
3. 按控股情况分							
国有控股	3	111	113	111	113		
私人控股	1	4	4	4	4		
4. 按零售业态分							
专业店	3	111	113	111	113		
二、零　售　业	27	457	500	443	500	14	
1. 按零售行业小类分							
综合零售	7	29	27	29	27		
食品、饮料及烟草制品专门零售	1	28	63	15	63	13	
纺织、服装及日用品专门零售	3	15	12	14	12	1	
文化、体育用品及器材专门零售	2	23	22	23	22		
医药及医疗器材专门零售	6	321	326	321	326		
汽车、摩托车、燃料及零配件专门零售	3	17	17	17	17		
家用电器及电子产品专门零售	5	24	33	24	33		
2. 按登记注册类型分							
内资企业	26	455	497	441	497	14	
国有企业	2	15	14	15	14		
有限责任公司	15	143	185	129	185	14	
国有独资公司							
其他有限责任公司	15	143	185	129	185	14	
股份有限公司	3	275	276	275	276		
私营企业	6	22	22	22	22		
私营独资企业	1	5	5	5	5		
私营有限责任公司	3	8	8	8	8		
私营股份有限公司	2	9	9	9	9		
外商投资企业	1	2	3	2	3		
中外合资经营企业	1	2	3	2	3		
3. 按控股情况分							
国有控股	4	291	291	291	291		
私人控股	16	100	142	87	142	13	
其　　他	7	66	67	65	67	1	
4. 按零售业态分							
便利店	1	28	63	15	63	13	
超　　市	2	6	6	6	6		
大型超市	1	2	2	2	2		
百货商店	4	21	19	21	19		
专业店	13	376	389	376	389		
#加油站	2	15	15	15	15		
专卖店	6	24	21	23	21	1	

注：该表数据为法人口径年报。

13－11 续表1

指标名称	年末零售营业面积（平方米）		年末从业人员数（人）		连锁门店商品购进总额		#统一配送
	2009年	2008年	2009年	2008年	2009年	2008年	2009年
总　　计	**676 944**	**744 355**	**13 598**	**13 570**	**1 059 764**	**1 069 767**	**770 853**
一、批发业	216 853	219 698	2 210	2 145	320 273	292 437	318 741
1. 按批发行业小类分							
食品、饮料及烟草制品批发	672	800	961	936	254 532	231 407	254 532
矿产品、建材及化工产品批发	214 981	217 698	1 210	1 170	64 209	60 002	64 209
机械设备、五金交电及电子产品批发	1 200	1 200	39	39	1 532	1 028	
2. 按登记注册类型分							
内资企业	216 853	219 698	2 210	2 145	320 273	292 437	318 741
有限责任公司	1 872	2 000	1 000	975	256 063	232 435	254 532
国有独资公司	672	800	961	936	254 532	231 407	254 532
其他有限责任公司	1 200	1 200	39	39	1 532	1 028	
股份有限公司	214 981	217 698	1 210	1 170	64 209	60 002	64 209
3. 按控股情况分							
国有控股	215 653	218 498	2 171	2 106	318 741	291 409	318 741
私人控股	1 200	1 200	39	39	1 532	1 028	
4. 按零售业态分							
专业店	215 653	218 498	2 171	2 106	318 741	291 409	318 741
二、零售业	460 091	524 657	11 388	11 425	739 491	777 330	452 112
1. 按零售行业小类分							
综合零售	295 400	346 100	5 937	5 635	423 026	443 148	155 920
食品、饮料及烟草制品专门零售	905	2 037	130	128	4 833	2 354	
纺织、服装及日用品专门零售	14 309	4 567	816	297	26 727	5 631	24 818
文化、体育用品及器材专门零售	14 310	13 190	524	537	42 574	40 623	42 574
医药及医疗器材专门零售	41 703	43 408	2 658	2 890	34 122	31 818	29 748
汽车、摩托车、燃料及零配件专门零售	24 050	24 050	337	326	88 063	125 367	88 063
家用电器及电子产品专门零售	69 414	91 305	986	1 612	120 148	128 390	110 990
2. 按登记注册类型分							
内资企业	459 741	524 157	11 346	11 382	732 697	769 083	445 318
国有企业	11 983	10 983	450	450	25 689	23 859	25 689
有限责任公司	270 812	248 392	5 378	5 171	376 272	378 848	250 049
国有独资公司							
其他有限责任公司	270 812	248 392	5 378	5 171	376 272	378 848	250 049
股份有限公司	158 016	161 652	4 584	4 686	204 178	200 227	52 180
私营企业	18 930	103 130	934	1 075	126 558	166 150	117 401
私营独资企业	10 300	93 700	620	672	112 334	151 784	112 334
私营有限责任公司	7 600	8 600	250	304	12 922	12 813	3 765
私营股份有限公司	1 030	830	64	99	1 302	1 553	1 302
外商投资企业	350	500	42	43	6 794	8 246	6 794
中外合资经营企业	350	500	42	43	6 794	8 246	6 794
3. 按控股情况分							
国有控股	56 129	58 765	2 585	2 846	83 933	96 547	79 558
私人控股	203 368	289 419	4 677	5 104	441 978	484 096	308 506
其他	200 594	176 473	4 126	3 475	213 581	196 687	64 048
4. 按零售业态分							
便利店	905	2 037	130	128	4 833	2 354	
超市	7 400	7 400	224	213	3 765	3 617	3 765
大型超市	17 500	17 500	262	226	11 624	11 950	4 803
百货商店	270 500	321 200	5 451	5 196	407 637	427 580	147 353
专业店	112 390	133 866	4 039	4 901	193 000	224 593	188 625
#加油站	15 050	15 050	157	213	39 996	56 356	39 996
专卖店	51 396	42 654	1 282	761	118 634	107 235	107 567

注：该表数据为法人口径年报。

13－11　续表2

指　标　名　称	商品购进额	#自有配送商品购进额		连锁门店商品销售额		#零　售　额	
	2008年	2008年	2009年	2009年	2008年	2008年	2009年
总　　计	**795 889**	**84 588**	**78 249**	**1 697 275**	**1 642 071**	**1 098 981**	**1 118 792**
一、批　发　业	291 409			779 054	748 058	280 350	360 092
1. 按批发行业小类分							
食品、饮料及烟草制品批发	231 407			337 545	303 888	3 144	6 971
矿产品、建材及化工产品批发	60 002			434 917	439 187	270 615	348 138
机械设备、五金交电及电子产品批发				6 592	4 984	6 592	4 984
2. 按登记注册类型分							
内 资 企 业	291 409			779 054	748 058	280 350	360 092
有限责任公司	231 407			344 137	308 872	9 736	11 954
国有独资公司	231 407			337 545	303 888	3 144	6 971
其他有限责任公司				6 592	4 984	6 592	4 984
股份有限公司	60 002			434 917	439 187	270 615	348 138
3. 按控股情况分							
国 有 控 股	291 409			772 462	743 074	273 758	355 109
私 人 控 股				6 592	4 984	6 592	4 984
4. 按零售业态分							
专　业　店	291 409			772 462	743 074	273 758	355 109
二、零　售　业	504 480	84 588	78 249	918 220	894 013	818 631	758 700
1. 按零售行业小类分							
综 合 零 售	187 842	4 803	4 938	528 454	538 169	467 485	450 718
食品、饮料及烟草制品专门零售				4 854	2 364	4 854	2 364
纺织、服装及日用品专门零售	3 628	6 736	3 628	30 486	6 557	21 019	4 408
文化、体育用品及器材专门零售	40 623	42 574	40 623	52 258	48 796	52 258	48 796
医药及医疗器材专门零售	27 826	26 851	25 437	46 517	41 108	46 517	41 108
汽车、摩托车、燃料及零配件专门零售	125 367	3 624	3 624	136 203	123 144	120 364	95 858
家用电器及电子产品专门零售	119 194			119 448	133 876	106 133	115 448
2. 按登记注册类型分							
内 资 企 业	496 234	84 588	78 249	911 241	885 246	815 013	754 030
国 有 企 业	23 859	25 689	23 859	26 966	22 613	26 966	22 613
有限责任公司	276 058	41 402	38 425	444 886	393 393	415 526	351 215
国有独资公司							
其他有限责任公司	276 058	41 402	38 425	444 886	393 393	415 526	351 215
股份有限公司	39 362	17 498	15 965	290 371	276 776	234 559	221 150
私 营 企 业	156 954			149 018	192 463	137 963	159 052
私营独资企业	151 784			133 093	171 538	127 937	143 677
私营有限责任公司	3 617			14 234	19 423	8 335	13 873
私营股份有限公司	1 553			1 691	1 503	1 691	1 503
外商投资企业	8 246			6 980	8 767	3 618	4 670
中外合资经营企业	8 246			6 980	8 767	3 618	4 670
3. 按控股情况分							
国 有 控 股	92 556	43 186	39 824	103 692	105 540	103 692	105 540
私 人 控 股	374 113	32 048	28 954	502 665	512 555	468 354	435 017
其　　他	37 811	9 354	9 471	311 864	275 919	246 585	218 143
4. 按零售业态分							
便　利　店				4 854	2 364	4 854	2 364
超　　市	3 617			3 375	3 593	3 375	3 593
大 型 超 市	4 938	4 803	4 938	7 100	12 039	7 100	8 075
百 货 商 店	179 287			517 979	522 537	457 011	439 049
专　业　店	220 602	73 049	69 683	217 682	240 152	210 266	227 275
#加　油　站	56 356	3 624	3 624	49 283	58 694	49 283	58 694
专　卖　店	96 036	6 736	3 628	167 230	113 328	136 025	78 343

注：该表数据为法人口径年报。

13－12　住宿和餐饮业连锁经营情况

单位：万元

指标名称	连锁总店（总部）数（个）	门店总数（个）		年末从业人员数（人）		连锁门店商品购进额		#统一配送商品购进额	
		2009年	2008年	2009年	2008年	2009年	2008年	2009年	2008年
总　　计	**7**	**70**	**58**	**4 186**	**3 668**	**41 267**	**39 643**	**39 430**	**37 893**
一、住宿业	2	14	10	448	367	947	1 492	920	1 474
1. 按住宿行业中类分									
一般旅馆	2	14	10	448	367	947	1 492	920	1 474
2. 按登记注册类型分									
内资企业	2	14	10	448	367	947	1 492	920	1 474
有限责任公司	1	8	6	245	183	27	18		
其他有限责任公司	1	8	6	245	183	27	18		
私营企业	1	6	4	203	184	920	1 474	920	1 474
私营有限责任公司	1	6	4	203	184	920	1 474	920	1 474
私人控股	2	14	10	448	367	947	1 492	920	1 474
二、餐饮业	5	56	48	3 738	3 301	40 321	38 151	38 510	36 419
1. 按餐饮行业中类分									
正餐服务	2	7	7	559	519	3 381	2 691	2 432	1 743
快餐服务	3	49	41	3 179	2 782	36 940	35 460	36 079	34 676
2. 按登记注册类型分									
内资企业	4	15	15	760	804	4 844	4 186	3 033	2 454
有限责任公司	1	2	2	64	95	602	710	602	710
其他有限责任公司	1	2	2	64	95	602	710	602	710
私营企业	3	13	13	696	709	4 242	3 475	2 432	1 743
私营独资企业	2	9	9	413	432	1 810	1 732		
私营有限责任公司	1	4	4	283	277	2 432	1 743	2 432	1 743
外商投资企业	1	41	33	2 978	2 497	35 477	33 966	35 477	33 966
外资企业	1	41	33	2 978	2 497	35 477	33 966	35 477	33 966
3. 按控股情况分									
私人控股	4	15	15	760	804	4 844	4 186	3 033	2 454
外商控股	1	41	33	2 978	2 497	35 477	33 966	35 477	33 966
4. 按餐饮活动分									
正餐	2	7	7	559	519	3 381	2 691	2 432	1 743
快餐	3	49	41	3 179	2 782	36 940	35 460	36 079	34 676

注：该表数据为法人口径年报。

13－12 续表1

指标名称	自有配送商品购进额		非自有配送商品购进额		年末餐饮营业面积（平方米）		客房数（间）	
	2009年	2008年	2009年	2008年	2009年	2008年	2009年	2008年
总计	**38 828**	**37 183**	**602**	**710**	**28 219**	**24 934**	**1 177**	**893**
一、住宿业	920	1 474			1 201	978	1 177	893
1. 按住宿行业中类分								
一般旅馆	920	1 474			1 201	978	1 177	893
2. 按登记注册类型分								
内资企业	920	1 474			1 201	978	1 177	893
有限责任公司					800	600	500	370
其他有限责任公司					800	600	500	370
私营企业	920	1 474			401	378	677	523
私营有限责任公司	920	1 474			401	378	677	523
3. 按控股情况分								
私人控股	920	1 474			1 201	978	1 177	893
二、餐饮业	37 908	35 709	602	710	27 018	23 956		
1. 按餐饮行业中类分								
正餐服务	2 432	1 743			7 350	7 350		
快餐服务	35 477	33 966	602	710	19 668	16 606		
2. 按登记注册类型分								
内资企业	2 432	1 743	602	710	9 570	10 170		
有限责任公司			602	710	520	520		
其他有限责任公司			602	710	520	520		
私营企业	2 432	1 743			9 050	9 650		
私营独资企业					5 550	6 150		
私营有限责任公司	2 432	1 743			3 500	3 500		
外商投资企业	35 477	33 966			17 448	13 786		
外资企业	35 477	33 966			17 448	13 786		
3. 按控股情况分								
私人控股	2 432	1 743	602	710	9 570	10 170		
外商控股	35 477	33 966			17 448	13 786		
4. 按餐饮活动分								
正餐	2 432	1 743			7 350	7 350		
快餐	35 477	33 966	602	710	19 668	16 606		

注：该表数据为法人口径年报。

13－12 续表2

指标名称	床位数（个）		餐位数（位）		连锁门店营业额		#餐费收入和商品销售额	
	2009年	2008年	2009年	2008年	2009年	2008年	2009年	2008年
总　　计	**1 829**	**1 381**	**11 835**	**10 632**	**46 841**	**44 379**	**41 275**	**39 838**
一、住　宿　业	1 829	1 381	416	266	4 438	3 306	219	102
1. 按住宿行业中类分								
一般旅馆	1 829	1 381	416	266	4 438	3 306	219	102
2. 按登记注册类型分								
内资企业	1 829	1 381	416	266	4 438	3 306	219	102
有限责任公司	800	590	160	120	1 695	1 557	1	2
其他有限责任公司	800	590	160	120	1 695	1 557	1	2
私营企业	1 029	791	256	146	2 744	1 750	218	100
私营有限责任公司	1 029	791	256	146	2 744	1 750	218	100
3. 按控股情况分								
私人控股	1 829	1 381	416	266	4 438	3 306	219	102
二、餐　饮　业			11 419	10 366	42 403	41 073	41 056	39 736
1. 按餐饮行业中类分								
正餐服务			4 330	4 330	4 145	4 230	3 145	3 242
快餐服务			7 089	6 036	38 258	36 843	37 911	36 494
2. 按登记注册类型分								
内资企业			5 521	5 615	6 926	7 108	5 579	5 770
有限责任公司			391	485	1 768	1 770	1 669	1 670
其他有限责任公司			391	485	1 768	1 770	1 669	1 670
私营企业			5 130	5 130	5 158	5 338	3 910	4 100
私营独资企业			4 100	4 100	2 368	2 438	1 695	1 773
私营有限责任公司			1 030	1 030	2 791	2 900	2 216	2 327
外商投资企业			5 898	4 751	35 477	33 966	35 477	33 966
外资企业			5 898	4 751	35 477	33 966	35 477	33 966
3. 按控股情况分								
私人控股			5 521	5 615	6 926	7 108	5 579	5 770
外商控股			5 898	4 751	35 477	33 966	35 477	33 966
4. 按餐饮活动分								
正　　餐			4 330	4 330	4 145	4 230	3 145	3 242
快　　餐			7 089	6 036	38 258	36 843	37 911	36 494

注：该表数据为法人口径年报。

13－13 成品油批发企业能源商品购进、销售与库存

（2009 年） 单位：吨

能源品种	年初库存量	本年购进量	#购自省（区、市）外	本年销售量	#售予批发和零售企业	年末库存量
汽油	17 620	299 032	277 640	364 743	166 789	37 370
#93"	6 795	69 596	57 273	182 414	20 369	16 743
柴油	61 723	723 132	639 328	806 557	363 811	40 607
#0"	61 322	923 132	639 328	803 812	363 804	39 757
煤油	5 804	87 672		86 345		7 131
燃料油	26			6 444		848
润滑油	811			3 707	189	939

13－14 成品油零售企业（单位）能源商品销售与库存

（2009 年） 单位：吨

能源品种	年初库存量	本年销售量	年末库存量
汽油	4 281	266 181	7 089
#93"	2 721	191 163	4 474
柴油	5 165	579 521	8 135
#0"	5 072	579 092	7 972
润滑油	3	4	

13－15 亿元以上商品交易市场主要经济指标

(2009 年)

	市场成交总额 (亿元)	营业面积 (平方米)	年末出租摊位数 (个)
合　　计	**534.47**	**1 468 187**	**25 586**
东 湖 区 (6 个)	**90.92**	**118 045**	**1 794**
江西钢材大市场	68.07	6 900	152
南昌水产品综合交易批发市场	12.06	43 000	832
南昌市香江家俱光彩大市场	4.50	50 000	430
江西省旧机动车交易中心	3.60	11 000	135
南昌市墩子塘农产品综合市场	1.63	3 145	214
南昌市移动通讯广场	1.06	4 000	31
西 湖 区 (10 个)	**254.50**	**361 536**	**14 155**
南昌市洪城大市场	208.37	148 500	7 597
江西省联信大市场	14.26	9 648	669
江西省五华批发市场	12.87	21 060	1 004
江西东方电脑城	5.43	9 600	253
南昌市洛阳路建材市场	3.80	30 000	716
南昌长运商贸城	3.45	30 620	582
南昌市万寿宫商城	2.85	49 000	1 755
江西省华东商贸城	1.40	17 234	508
江西家电市场	1.06	23 374	593
江西鸿顺德国际商贸城	1.01	22 500	478
青云谱区 (5 个)	**140.92**	**208 064**	**3 092**
南昌深圳农产品中心批发市场	85.66	86 760	731
江西省装潢建材大市场	33.79	42 924	607
南昌市废旧钢材交易市场	8.94	8 880	544
南昌市肉类联合加工厂食品批发市场	6.80	4 600	155
南昌建材大市场	5.73	64 900	1 055
青山湖区 (4 个)	**15.71**	**557 442**	**2 725**
南昌市郊区佛塔生猪交易批发市场	8.64	134 000	30
南昌市京东家俱城	3.49	130 000	448
南昌香江商贸城	1.99	278 442	1 829
江西旧货大市场	1.59	15 000	418
南 昌 县 (4 个)	**21.19**	**72 100**	**1 388**
南昌县小蓝禽蛋批发市场	13.41	18 000	218
江西洪城汽配城	3.23	38 500	360
南昌县莲塘综合市场	2.38	7 600	732
南昌县农机大市场	2.17	8 000	78
新 建 县 (1 个)	**2.76**	**19 000**	**1 403**
新建县集贸市场	2.76	19 000	1 403
经济开发区 (1 个)	**1.32**	**110 000**	**1 009**
江西国际汽车城	1.32	110 000	1 009
红谷滩新区 (1 个)	**7.15**	**22 000**	**20**
江西红谷滩汽车广场	7.15	22 000	20

13-16 零售企业（单位）排位

（按商品销售额）

2008年		2009年	
位次	企业（单位）名称	位次	企业（单位）名称
1	南昌百货大楼股份有限公司	1	南昌百货大楼股份有限公司
2	南昌洪城大厦股份有限公司	2	江西南华医药有限公司
3	江西南华医药有限公司	3	南昌洪城大厦股份有限公司
4	沃尔玛深国投百货有限公司南昌店	4	江西洪客隆百货投资有限公司
5	江西洪客隆实业有限公司	5	江西运通汽车技术服务有限公司
6	江西高速实业开发有限公司	6	江西百盛中山城百货有限公司
7	江西鹏润国美电器有限公司	7	南昌市天虹商场有限公司
8	江西运通汽车技术服务有限公司	8	江西鹏润国美电器有限公司
9	江西百盛中山城百货有限公司	9	沃尔玛深国投百货有限公司南昌店
10	南昌市天虹商场有限公司	10	江西高速实业开发有限公司
11	南昌富源丰田汽车销售服务有限公司	11	江西五菱汽车销售有限公司
12	江西苏宁电器有限公司	12	江西东维汽车销售有限公司
13	江西财富广场有限公司	13	江西财富广场有限公司
14	南昌亨得利有限责任公司	14	江西苏宁电器有限公司
15	南昌同驰丰田汽车销售服务有限公司	15	江西德奥汽车销售服务有限公司
16	江西黄庆仁栈华氏大药房有限公司	16	南昌欧亚汽车销售公司
17	锦江麦德龙现购自运有限公司南昌青山湖商场	17	江西新运通销售服务有限公司
18	江西国力汽车贸易有限公司	18	江西国力汽车贸易有限公司
19	江西大众汽车销售维修服务有限公司	19	江西大众汽车销售维修服务有限公司
20	南昌恒隆丰田汽车销售服务有限公司	20	江西华宏汽车有限公司

注：2009年按法人口径年报数排序。

13－17　亿元以上商品交易市场排位

（按市场成交额）

2008年		2009年	
位次	市场名称	位次	市场名称
1	南昌市洪城大市场	1	南昌市洪城大市场
2	南昌深圳农产品中心批发市场	2	南昌深圳农产品中心批发市场
3	江西钢材市场	3	江西钢材大市场
4	江西省装潢建材大市场	4	江西省装潢建材大市场
5	南昌县小蓝禽蛋批发市场	5	江西省联信大市场
6	江西省五华批发大市场	6	南昌县小蓝禽蛋批发市场
7	江西洪城汽配城	7	江西省五华批发市场
8	江西省联信大市场	8	南昌水产品综合交易批发市场
9	南昌市郊区佛塔生猪交易批发市场	9	南昌市废旧钢材交易市场
10	南昌市建材大市场	10	南昌市郊区佛塔生猪交易批发市场
11	江西国际汽车城	11	江西红谷滩汽车广场
12	江西红谷滩汽车广场	12	南昌市肉类联合加工厂食品批发市场
13	南昌市香江家俱光彩大市场	13	南昌建材大市场
14	南昌市万寿宫商城	14	江西东方电脑城
15	南昌市废旧钢材交易市场	15	南昌市香江家俱光彩大市场
16	南昌长运商贸城	16	南昌市洛阳路建材市场
17	南昌市洛阳路建材市场	17	江西省旧机动车交易中心
18	江西省旧机动车交易中心	18	南昌市京东家俱城
19	江西东方电脑城	19	南昌长运商贸城
20	南昌县莲塘综合市场	20	江西洪城汽配城
21	南昌市京东家俱城	21	南昌市万寿宫商城
22	新建县集贸市场	22	新建县集贸市场
23	南昌县农机大市场	23	南昌县莲塘综合市场
24	南昌市墩子塘集贸市场	24	南昌县农机大市场
25	南昌香江商贸城	25	南昌香江商贸城
26	江西省华东商贸城	26	南昌市墩子塘农产品综合市场
27	江西家电市场	27	江西旧货大市场
28	江西鸿顺德国际商贸城	28	江西省华东商贸城
29	南昌市肉联厂食品交易市场	29	江西国际汽车城
30	江西旧货大市场	30	南昌市移动通讯广场

13－18 个体工商业基本情况

（2009 年）

项目	户数（户）	#城镇	从业人员（人）	#城镇	注册资金（万元）	#城镇	#本期开业 户数（户）	#本期开业 从业人员（人）	#本期开业 资金数额（万元）	本期注销 户数（户）	本期注销 #城镇
合计	**95 758**	**83 705**	**230 356**	**202 384**	**232 382**	**201 174**	**23 402**	**60 001**	**53 750**	**9 309**	**7 560**
一、农、林、牧、渔业	517	195	1 706	568	3 529	1 137	258	631	597	135	16
二、采矿业	6	1	27	1	31	1	1	5	10		
三、制造业	3 999	3 117	11 599	8 994	13 284	9 718	1 014	2 131	2 176	808	665
四、电力、燃气及水的生产和供应业	1	1	4	4	2	2					
五、建筑业	19	18	53	40	177	167	6	10	30	450	442
六、交通运输、仓储和邮政业	6 235	6 061	13 992	13 577	25 448	24 630	418	908	1 376	139	139
七、信息传输、计算机服务和软件业	517	416	1 242	991	2 134	1 499	34	103	86	6 214	5 158
八、批发和零售业	61 990	53 603	145 138	125 581	130 477	113 912	16 724	44 141	38 278	399	283
九、住宿和餐饮业	8 706	7 819	20 826	19 225	25 831	22 683	1 456	3 710	3 960		
十、金融业	3	3	9	9	2	2	1	1		26	26
十一、房地产业	67	67	139	139	113	113	9	40	19	48	46
十二、租赁和商务服务业	636	601	1 684	1 609	2 562	2 502	216	573	933		
#广告业	74	73	87	86	83	83	15	24	22		
十三、科学研究、技术服务和地质勘查业	6	6	8	8	1	1	3	5	1		
十四、水利、环境和公共设施管理业	2	2	7	7	11	11	2	7	11	938	648
十五、居民服务和其他服务业	9 655	8 717	24 646	22 760	19 139	16 557	2 612	5 927	5 023		
十六、卫生、社会保障和社会福利业	3	3	9	9	3	3					
十七、文化、体育和娱乐业	304	292	797	781	1 261	1 250	17	42	42	51	51
十八、其它行业	3 092	2 783	8 470	8 081	8 377	6 986	631	1 767	1 208	101	86

资料来源：南昌市工商局。

13－19　个体工商业生产经营情况

（2009 年）　　单位：万元

项　　目	总产值	#城　镇	销售总额或营业收入	#城　镇
合　计	**3 510 669**	**3 317 658**	**5 198 748**	**3 991 520**
一、农、林、牧、渔业	7 493	2 819	5 584	2 328
二、采矿业	2 326	1 848		
三、制造业	3 500 850	3 312 991		
四、交通运输、仓储和邮政业			32 280	27 821
五、信息传输、计算机服务和软件业			56 908	54 345
六、批发和零售业			4 519 954	3 367 363
七、住宿和餐饮业			369 550	349 924
八、金融业				
九、房地产业			927	860
十、租赁和商务服务业			7 899	5 672
十一、科学研究、技术服务和地质勘查业				
十二、水利、环境和公共设施管理业				
十三、居民服务和其他服务业			127 872	116 001
十四、卫生、社会保障和社会福利业				
十五、文化、体育和娱乐业			66 699	61 165
十六、其它行业			11 075	6 041

资料来源：南昌市工商局。

13－20 私营企业基本情况

（2009 年）

项目	户数（户）	#城镇	投资者人数（人）	#城镇	雇工人数（人）	#城镇	注册资本（出资金额）（万元）	#城镇
合计	**41 202**	**34 737**	**93 651**	**16 969**	**284 886**	**50 017**	**6 830 422**	**5 846 380**
一、农、林、牧、渔业	786	456	1 908	361	3 225	300	163 094	101 576
二、采矿业	20	12	47	5	107		5 877	2 623
三、制造业	5 010	3 418	12 058	1 656	33 085	7 250	968 903	582 479
四、电力、燃气及水的生产和供应业	41	31	115	3	296		11 044	10 296
五、建筑业	2 572	2 258	5 777	975	4 459	893	529 810	458 967
六、交通运输、仓储和邮政业	665	477	1 528	230	1 725	230	60 422	50 706
七、信息传输、计算机服务和软件业	2 326	2 033	5 102	823	8 177	1 619	230 343	221 536
八、批发和零售业	17 789	15 611	39 838	7 906	209 595	33 302	2 321 887	2 096 819
九、住宿和餐饮业	499	407	1 048	134	1 631	235	67 099	58 931
十、金融业	212	207	618	110	495	4	181 131	179 781
十一、房地产业	1 781	1 516	4 030	557	4 181	411	980 305	843 681
十二、租赁和商务服务业	5 617	4 836	12 371	2 448	7 971	3 181	673 302	628 447
#广告业	1 399	1 234	3 126	388	796	158	99 054	92 955
十三、科学研究、技术服务和地质勘查业	731	676	1 790	416	607	459	93 240	88 380
十四、水利、环境和公共设施管理业	216	187	551	65	236		69 486	66 191
十五、居民服务和其他服务业	1 479	1 307	3 090	610	6 481	1 541	110 165	105 343
十六、教育	64	59	159	95	186	171	2 479	2 091
十七、卫生、社会保障和社会福利业	12	11	22		63		2 289	2 289
十八、文化、体育和娱乐业	184	143	398	74	702	226	18 208	16 648
十九、其它行业	1 198	1 092	3 201	501	1 664	195	341 338	329 596

资料来源：南昌市工商局。

13－20 续表1

项目	独资企业				合伙企业				
	户数（户）	投资者人数（人）	雇工人数（人）	出资额（万元）	户数（户）	投资者人数（人）	雇工人数（人）	认缴出资金额（万元）	实缴出资金额（万元）
合计	**698**	**698**	**3 581**	**27 797**	**748**	**1 629**	**6 125**	**37 863**	**40 554**
一、农、林、牧、渔业	29	29	178	1 817	19	44	135	237	911
二、采矿业									
三、制造业	117	117	693	3 107	229	586	1 834	5 897	7 210
四、电力、燃气及水的生产和供应业									
五、建筑业	1	1	3	20	10	16	56	2 141	2 151
六、交通运输、仓储和邮政业	17	17	80	310	20	46	125	244	249
七、信息传输、计算机服务和软件业	289	289	1 427	8 275	36	65	207	385	465
八、批发和零售业	98	98	530	9 966	199	464	2 086	11 557	11 653
九、住宿和餐饮业	66	66	310	1 411	39	91	227	1 086	1 109
十、金融业					69	69	482	10 680	10 680
十一、房地产业	5	5	3	1 287	18	27	113	525	545
十二、租赁和商务服务业	16	16	44	119	40	85	246	560	608
#广告业	1	1	3						
十三、科学研究、技术服务和地质勘查业				300	7	14	42	86	86
十四、水利、环境和公共设施管理业									
十五、居民服务和其他服务业	34	34	184	394	49	92	485	4 184	4 592
十六、教育									
十七、卫生、社会保障和社会福利业	1	1	5	10	1	3	10	6	6
十八、文化、体育和娱乐业	20	20	110	453	12	27	77	275	289
十九、其它行业	5	5	14	328					

资料来源：南昌市工商局。

13－20　续表2

项　　目	有限责任公司 户数（户）	投资者人数（人）	雇工人数（人）	注册资本（万元）	实收资本（万元）	股份有限公司 户数（户）	投资者人数（人）	雇工人数（人）	注册资本（万元）	实收资本（万元）
合　　计	**39 608**	**90 636**	**275 148**	**6 508 370**	**5 875 967**	**148**	**688**	**32**	**256 392**	**252 927**
一、农、林、牧、渔业	738	1 835	2 912	161 040	152 288					
二、采　矿　业	20	47	107	5 877	5 777					
三、制　造　业	4 662	11 347	30 550	948 100	854 262	2	8	8	11 800	11 800
四、电力、燃气及水的生产和供应业	41	115	296	11 044	9 394					
五、建　筑　业	2 558	5 757	4 400	527 649	490 690	3	3			
六、交通运输、仓储和邮政业	628	1 465	1 520	59 868	55 668					
七、信息传输、计算机服务和软件业	1 997	4 723	6 535	215 682	120 448	4	25	8	6 000	6 000
八、批发和零售业	17 474	39 231	206 963	2 270 709	2 109 794	18	45	16	29 654	29 654
九、住宿和餐饮业	394	891	1 094	64 602	58 516					
十、金　融　业	91	268	13	72 318	67 338	52	281		98 133	97 633
十一、房 地 产 业	1 756	3 990	4 065	976 893	920 124	2	8		1 600	1 600
十二、租赁和商务服务业	5 551	12 244	7 681	665 825	581 410	10	26		6 798	5 133
#广告业	1 398	3 125	793	99 054	93 284					
十三、科学研究、技术服务和地质勘查业	723	1 774	565	92 354	83 950	1	2		500	100
十四、水利、环境和公共设施管理业	216	551	236	69 486	67 501					
十五、居民服务和其他服务业	1 394	2 958	5 812	102 314	56 199	2	6		3 273	3 273
十六、教　　育	64	159	186	2 479	2 287					
十七、卫生、社会保障和社会福利业	9	17	48	2 273	1 290	1	1			
十八、文化、体育和娱乐业	152	351	515	17 480	12 557					
十九、其 它 行 业	1 140	2 913	1 650	242 377	226 474	53	283		98 634	97 734

资料来源：南昌市工商局。

13－20　续表 3

项　　目	本期开业				本期注销		
	户数（户）	投资者人数（人）	雇工人数（人）	注册资本（万元）	户数（户）	#城镇	注册资本（出资金额）（万元）
合　计	**7 635**	**16 969**	**50 017**	**1 293 314**	**889**	**222**	**101 487**
一、农、林、牧、渔业	145	361	300	27 230	12	1	1 112
二、采　矿　业	2	5		900	4	4	113
三、制　造　业	683	1 656	7 250	139 630	46	7	7 696
四、电力、燃气及水的生产和供应业	1	3		100	2	1	50
五、建　筑　业	428	975	893	93 698	39	2	3 780
六、交通运输、仓储和邮政业	106	230	230	10 156	6	1	63
七、信息传输、计算机服务和软件业	454	823	1 619	40 407	75	1	9 151
八、批发和零售业	3 504	7 906	33 302	407 872	387	72	45 010
九、住宿和餐饮业	70	134	235	7 002	13	6	1 700
十、金　融　业	66	110	4	122 327	43	41	200
十一、房 地 产 业	239	557	411	88 017	44	12	7 476
十二、租赁和商务服务业	1 136	2 448	3 181	170 183	155	54	5 157
#广告业	177	388	158	13 272	26	1	1 168
十三、科学研究、技术服务和地质勘查业	184	416	459	26 970	6	1	420
十四、水利、环境和公共设施管理业	29	65		4 460	4		560
十五、居民服务和其他服务业	275	610	1 541	12 032	39	17	18 101
十六、教　　育	35	95	171	1 233			
十七、卫生、社会保障和社会福利业							
十八、文化、体育和娱乐业	42	74	226	2 363	2	1	15
十九、其 它 行 业	236	501	195	138 734	12	1	883

资料来源：南昌市工商局。

13－21　私营企业生产经营情况

（2009年）　　　　单位：万元

项　　目	总产值	#城　镇	销售总额或营业收入	#城　镇
合　　计	**2 993 179**	**2 376 306**	**5 944 482**	**5 125 161**
一、农、林、牧、渔业	404 606	173 318	92 166	62 992
二、采　矿　业	535 482	532 257		
三、制　造　业	1 986 563	1 604 480		
四、电力、燃气及水的生产和供应业	66 528	66 251		
五、交通运输、仓储和邮政业			1 893 823	1 727 923
六、信息传输、计算机服务和软件业			320 686	287 762
七、批发和零售业			1 890 149	1 613 393
八、住宿和餐饮业			182 671	175 601
九、房 地 产 业			854 957	602 679
十、租赁和商务服务业			148 943	143 744
十一、居民服务和其他服务业			74 188	60 835
十二、卫生、社会保障和社会福利业			35 447	35 092
十三、文化、体育和娱乐业			415 221	379 891
十四、其 它 行 业			36 231	35 249

资料来源：南昌市工商局。

13－22 商品交易市场分类情况

（2009年）　　　　　　　　　　　　　　　　　　　　单位：个

市场名称	合计	城市	农村
合计	**215**	**105**	**110**
一、消费品市场	203	97	106
（一）消费品综合市场	42	36	6
（二）农副产品市场	140	49	91
农副产品综合市场	130	46	84
农副产品专业市场	10	3	7
（三）工业消费品市场	21	12	9
#工业消费品综合市场	16	10	6
（四）其他消费品市场	5	2	3
二、生产资料市场	10	8	2
（一）工业生产资料市场	8	7	1
1. 机动车交易市场	3	2	1
2. 木材交易市场	1	1	
3. 其他工业生产资料市场	4	4	
（二）农业生产资料市场	1		1
农业生产资料专业市场	1		1
（三）其他生产资料市场	1	1	
三、生产要素市场	2		2
（一）劳动力市场	1		1
（二）技术市场	1		1

资料来源：南昌市工商局。

主要统计指标解释

社会消费品零售总额 指各种经济类型的批发零售贸易业、餐饮业和其他行业对城乡居民和社会集团的消费品零售额总和。这个指标反映通过各种商品流通渠道向居民和社会集团供应的生活消费品来满足他们生活需要，是研究人民生活、社会消费品购买力、货币流通等问题的重要指标。对居民的消费品零售额：指售给城乡居民用于生活消费的商品。对社会集团的消费品零售额：指售给机关、团体、部队、学校企业、事业单位和城市街道居民委员会、农村村民委员会用公款购买的用作非生产、非经营使用的消费品。社会消费品零售额包括：（1）售给城乡居民作为生活用的商品及修建房屋建筑材料；（2）售给机关、团体、学校、部队、企业、事业单位的职工食堂和旅店（招待所）附设专门供本店旅客食用，不对外营业的食堂的各种食品、燃料；企业、单位和国营农场直接售给本单位职工和职工食堂的自己生产的产品；（3）售给部队干部、战士的生活粮食、副食品、衣着品、日用品、燃料；（4）售给来华的外国人、华侨、港澳台同胞的消费品（包括友谊商店、在海关前后设立的免税商店、外轮供应公司等）；（5）居民自费购买的中、西药品，中药材及医疗用品；（6）报社、出版社直接售给居民和社会集团的报纸、图书、杂志，集邮公司（包括邮局集邮专柜）出售的新、旧（盖销的）纪念邮票、特种邮票、首日封、集邮册、集邮工具等；（7）旧货寄售商店自购、自销部分的商品；（8）煤气公司、液化石油气站售给居民和社会集团的煤气灶具和罐装液化石油气；（9）售给社会集团的办公用品、纸张、帐册、文印用品、计算工具、书报杂志和奖品；公共用品和纺织品、针织品；学校用的教学用具；文体用品；有明确专用的劳动保护用品。

（一）按行业分的社会消费品零售额

1、批发和零售业零售额 指专门从事商品转卖业务的各种经济类型独立核算的批发零售贸易企业、产业活动单位单位直接售给居民和社会集团的消费品零售额。

2、住宿和餐饮业零售额 指从事食品的烹饪、调制并直接零售给居民饮食的各种宾馆、旅社、饭馆、酒馆、茶馆等餐饮业的零售额。包括各种企业单位附设对外营业的饭馆、火车餐厅、轮船餐厅、车站食堂、机场餐厅的零售额。不包括旅店（招待所）专供本店旅客食用，不对外营业的食堂，机关、团体学校、企业、事业单位的职工食堂出售饭菜的收入。

3、其他行业零售额 指批发零售贸易业、餐饮业、工业制造业以外的其他行业的直接零售额。包括各种经济类型的交通运输业、邮电业、建筑业、居民服务业、公用事业、出版社等行业的零售额（跨行业的经济联合组织的零售额，按其主营活动确定其所属行业，列入该行业的零售额内）。

（二）按销售地区分的社会消费品零售额

1、市的零售额 指设立在中央直辖市，省、地辖市的市区和郊区以及县级市的市区的各行业消费品零售额，不包括市属县的消费品零售额。

2、县的零售额 指设立在县城关区的各行业消费品零售额。

3、县以下的零售额 指设立在县城关区以及县级市的市区以外的集镇和农村的各行业消费品零售额。但不包括分布在农村的独立工矿、林区的商品零售额，这部分零售额，凡属市直辖的列入“市的零售额”中，凡属县直辖的列入“县的零售额”中。

商品购进总额 指从本企业以外的单位和个人购进（包括从国外直接进口）作为转卖或加工后转卖的商品金额。本指标由从生产者购进额、从批发零售贸易业购进额、进口额和其他项目组成。这个指标反映批发零售贸易业从国内、国外市场上购进商品的总量。

从生产者购进额 指直接从工农业生产者购进的各种工矿产品、农副产品。

进口 指直接从国外进口的商品和委托外贸部门代理进口的商品。

商品销售总额 指对本企业以外的单位和个人出售的商品（包括售给本单位消费用的商品）金额。

本指标由对生产经营单位批发额、对批发零售贸易批发额、出口额和对居民和社会集团商品零售额项目组成。这个指标反映批发零售贸易业在国内市场上销售商品以及出口商品的总量。

批发 指除零售以外的一切商品销售活动，包括对生产经营单位批发、对批发零售贸易业批发和出口。

对生产经营单位批发 指售给国民经济和社会各部门作为生产或经营使用的商品。

出口 指直接向国（境）外出口商品和委托外贸部门代理出口的商品。

零售 指售给城乡居民直接用于生活消费的商品和社会集团直接用于公用消费的商品。

期末库存 指批发零售贸易业已取得所有权的全部商品。这个指标反映批发零售业的商品库存情况，以及对市场商品供应的保证程度。

年末从业人数 指在该企业工作并取得劳动报酬的年末实有人员数。包括在岗职工、再就业的离退休人员、在该企业工作的外方人员、港、澳、台方人员、兼职人员、借用的外单位人员和第二职业者。不包括离开本单位但仍保留劳动关系的职工。

年末营业面积 零售业按建筑面积计算的直接对顾客销售商品的固定场地，不包括办公室、仓库、加工场地等面积。住宿和餐饮业对外提供就餐服务的门店建筑面积和从事食品加工、烹饪、调制的厨房面积，不包括办公用房和仓库等面积。该指标按年末实有面积统计。

住宿和餐饮业营业额 指住宿和餐饮业法人企业、产业活动单位在经营活动中因提供服务或销售商品等取得的收入。包括客房收入、餐费收入、商品销售额（含增值税）和其他收入。

客房收入 指住宿和餐饮业法人企业、产业活动单位在经营活动中因提供住宿服务取得的收入。

餐费收入 指住宿和餐饮业法人企业、产业活动单位因为顾客提供就餐服务取得的收入。包括经烹饪、调制后出售的各种食品，如主食、炒菜、凉拌菜等的收入。

商品销售额 指住宿和餐饮业法人企业、产业活动单位出售商品的销售总额（含增值税）。

其他收入 指营业额中除客房收入、餐费收入、商品销售额（含增值税）以外的其他收入。包括：娱乐、健身和商务服务等。

床位数 指宾馆、饭店、酒店、旅馆等供应旅客使用的床位数，不包括临时加的床位和宾馆、饭店、酒店、旅馆等内部工作人员使用的床位。该指标按年内正常情况下的实有数统计。

餐饮数 指住宿和餐饮业法人企业、产业活动单位为顾客提供就餐服务时，正常可同时容纳就餐人员的餐位数量，不包括临时加的餐位。该指标按年内正常情况下的实有数统计。

批发和零售业、住宿和餐饮业的限额以上统计划型标准为：

1、批发业：全年销售额2000万元及以上

2、零售业：全年销售额500万元及以上

3、餐饮业：全年主营业务收入200万元及以上

4、住宿业：星级宾馆、饭店

连锁企业（或称连锁店、连锁公司） 指在核心企业或总店的领导下，由分散的、经营同类商品或服务的企业或活动单位，采取共同方针，实行集中采购和分散销售的有机结合，通过规范化经营，实现规模效益的经济联合组织形式。一般连锁店应由若干个分店组成。其经营特征：（1）经营同类商品；（2）使用统一商号；（3）统一采购配送，采购与销售相分离（部分商品可根据物流合理和保质保鲜原则由供应商直接送货到门店，其余均由总部统一配送）。连锁店总店（总部）指连锁店的核心企业或管理中心。连锁店分店指连锁店所属各分散经营的企业或活动单位，也可称分店或成员店。

连锁店包括下列两种形式：

（1）直营连锁：也叫正规连锁。连锁门店均由总部全资或控股开设，在总部的直接领导下统一经营。连锁总店或核心店作为一个直营店统计。

（2）加盟连锁：包括特许连锁和自由连锁。特许连锁：各连锁门店（被特许人）通过合同形式，取得使用总部（特许人）商标、经营技术和销售总部开发的商品的特许权，各加盟连锁门店为独立法人，但无自主经营权，在总部指导下统一经营。自由连锁：也称自愿连锁，连锁公司的门店均为独立

法人，各自的资产所有权关系不变，在公司总部的指导下共同经营。各成员店使用共同的店名，与总部订阅相关购、销、宣传等方面的合同，并按合同开展经营活动。在合同规定的范围之外，各成员店可以自由活动。根据自愿原则，各成员店可自由加入连锁体系，也可自由退出。

能源消费量 指能源使用单位在报告期内实际消费的一次能源或二次能源的数量。

商品交易市场 指有固定场所、设施，有若干经营者入场实行集中、公开交易各类实物商品的市场。

亿元以上商品交易市场 指全年成交额在一亿元及以上的商品交易市场。

市场成交总额 指该市场所有摊位商品交易总额之和。

十四、教育·文化

SCIENCE, EDUCATION AND CULTURE

本篇内容包括：

1. 专业技术人员及其行业分布
2. 教育事业情况
3. 文化事业情况

资料整理	微机处理
余学军	余学军
姜同文	夏　慧
彭艳红	彭艳红

高等学校在校学生数

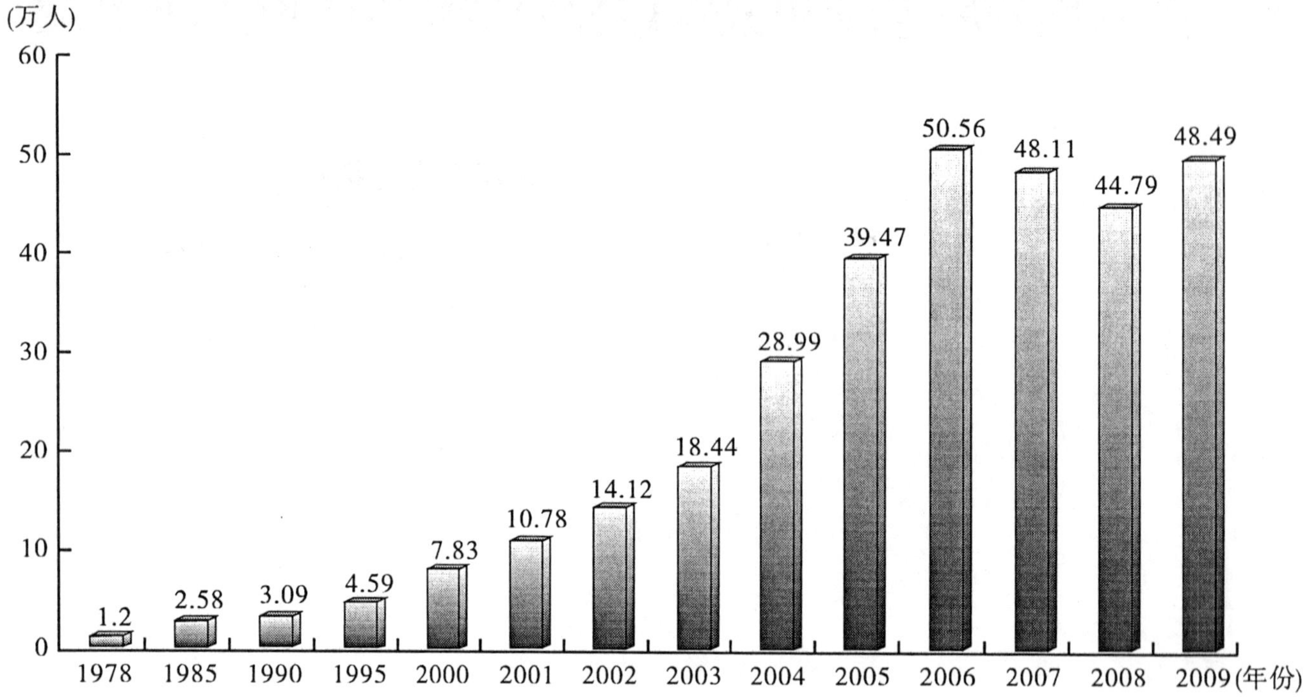
(万人)
60
50
40
30
20
10
0
1.2
2.58
3.09
4.59
7.83
10.78
14.12
18.44
28.99
39.47
50.56
48.11
44.79
48.49
1978
1985
1990
1995
2000
2001
2002
2003
2004
2005
2006
2007
2008
2009
(年份)

14－1 各类专业技术人员

（市属国有、集体单位，2009 年）

项目	合计		女性	
	人数（人）	比重（%）	人数（人）	比重（%）
总计	**70 999**	**100.0**	**32 242**	**100.0**
按职称分				
高级职称	7 601	10.7	2 711	8.4
中级职称	25 219	35.5	11 165	34.6
初级职称	33 563	47.3	16 419	50.9
未聘	4 616	6.5	1947	6.1
按类别分				
工程技术人员	9 112	12.8	1 966	6.1
农业技术人员	1 290	1.8	248	0.8
科学研究人员	129	0.2	44	0.1
卫生技术人员	9 724	13.7	5 694	17.7
教学人员	40 040	56.4	19 780	61.3

14－2 专业技术人员学历状况

（市属国有、集体单位，2009 年）

单位：人

项目	合计	研究生	大学本科	大学专科	中专	高中及以下
总计	**70 999**	**1 166**	**24 823**	**27 932**	**13 195**	**3 883**
按职称分						
高级职称	7 601	273	4 872	2 330	93	33
中级职称	25 219	462	8 883	10 165	5 097	612
初级职称	33 563	348	9 232	13 753	7 575	2 655
未聘	4 616	83	1 836	1 684	430	583
按类别分						
工程技术人员	9 112	182	4 060	3 267	1 023	580
农业技术人员	1 290	11	268	610	270	131
科学研究人员	129	11	99	15	4	
卫生技术人员	9 724	192	2 659	3 202	2 970	701
教学人员	40 040	654	15 123	16 206	7 597	460

14－3 专业技术人员年龄状况

（市属国有、集体单位，2009年）

单位：人

项　　目	合　计	31岁至35岁	36岁至40岁	41岁至45岁	46岁至50岁	51岁至54岁	55岁及以上
总　计	**70 999**	**28 162**	**12 073**	**10 393**	**8 955**	**6 936**	**4 480**
按职称分							
高级职称	7 601	175	942	2 094	1 950	1 400	1 040
中级职称	25 219	5 047	5 950	4 806	3 998	3 313	2 105
初级职称	33 563	19 699	4 487	3 230	2 829	2 086	1 232
未　聘	4 616	3 241	694	263	178	137	103
按类别分							
工程技术人员	9 112	4 033	1 946	1 440	837	537	319
农业技术人员	1 290	620	205	169	130	99	67
科学研究人员	129	32	40	28	8	12	9
卫生技术人员	9 724	4 181	1 558	1 535	1 280	681	489
教学人员	40 040	16 207	6 284	5 259	4 964	4 454	2 872

14－4 专业技术人员行业状况

（市属国有、集体单位，2009年）　　单位：人

项　　目	合　计	农林牧渔　业	制造业	电力燃气及水的生产和供应业	建筑业	交通运输仓储和邮政业	信息传输计算机服务和软件业	批发和零售业	住宿和餐饮业
总　　计	**70 999**	**2 594**	**6 443**	**594**	**2 045**	**1 929**	**114**	**897**	**55**
按职称分									
高级职务	7 601	167	348	39	151	70	11	12	2
中级职务	25 219	768	1 578	254	617	604	62	243	23
初级职务	33 563	1 573	2 563	281	1 259	1 248	37	636	30
未　　聘	4 616	86	1 954	20	18	7	4	6	
按类别分									
工程技术人员	9 112	594	3 511	244	1 583	573	53	39	2
农业技术人员	1 290	929	1	54		15		17	
科学研究人员	129					3			
卫生技术人员	9 724	187	89	5	11	45		3	
教学人员	40 040	36	53	6	10	32		5	

14－5 各类全日制学校基本情况

（2009 年）

单位：人

项目	学校数（个）	招生数	毕业生	在校学生	教职员工	#专任教师
合计	**1 471**	**422 045**	**365 098**	**1 449 357**	**97 573**	**74 964**
高等学校	44	149 479	131 282	484 890	45 658	29 453
中等学校	29	38 510	32 675	95 311	3 460	2 111
技工学校	38	49 033	23 928	107 521	4 909	3 781
普通中学	263	105 678	92 992	296 619	19 680	17 144
职业高中	25	5 679	7 811	17 588	1 068	813
小学	1 064	73 389	76 158	445 798	22 599	21 472
特教学校	8	277	252	1 630	199	190

14－6 普通高等学校基本情况

（2009 年）　　　　单位：人

校　　名	毕业生数	招 生 数	在　校 学 生 数	毕 业 班 学 生 数	教 职 工 数 合　计	 #专任教师
合　　计	**131 282**	**149 479**	**484 890**	**133 285**	**45 658**	**29 453**
南昌大学	11 652	13 038	49 495	12 307	5 921	2 630
华东交通大学	5 050	5 280	19 518	4 846	1 591	1 130
南昌航空大学	5 004	5 239	19 244	4 703	2 018	1 258
江西农业大学	4 242	4 778	17 309	4 158	2 769	901
江西护理职业技术学院	1 948	1 509	5 012	2 594	635	566
江西中医学院	2 889	2 938	11 374	3 029	1 048	786
江西师范大学	7 586	8 086	30 659	8 330	2 615	1 848
江西财经大学	5 628	5 780	21 389	5 772	2 200	1 332
江西工业职业技术学院	2 049	2 638	9 291	3 021	552	359
江西科技师范学院	4 692	6 213	20 701	5 755	1 337	1 064
江西公安专科学校	1 361	1 889	5 278	1 736	432	301
江西旅游商贸职业学院	7 161	4 694	13 624	5 111	1 299	892
江西泰豪动漫职业学院		373	731		109	77
江西艺术职业学院	57	437	1 280	335	165	116
江西信息应用职业技术学院	1 065	1 836	4 885	1 496	273	188
江西交通职业技术学院	2 468	2 649	7 057	2 318	509	362
江西工程职业学院	1 348	1 823	5 917	1 960	353	278
江西现代职业技术学院	3 191	3 565	9 072	2 609	1 071	915
江西机电职业技术学院	2 368	2 258	5 918	1 732	426	341
江西生物科技职业学院	1 042	1 439	4 660	1 681	384	285
江西建设职业技术学院	1 508	1 448	4 223	1 489	310	197
江西外语外贸职业学院	3 035	3 256	9 429	3 342	702	579
江西行政管理干部学院	966		1 648	789		
南昌大学共青学院	2 978	2 470	9 009	2 555	700	465
江西蓝天学院	2 534	6 881	20 392	5 720	2 758	2 063
江西管理职业学院		669	669		453	111
江西新闻出版职业技术学院		236	236		116	46
南昌理工学院	8 078	5 898	10 886	762	1 563	1 138
江西电力职业技术学院	2 393	2 841	8 269	2 826	632	433

14－7 高等学校研究生

(2009年)

单位：人

院　　校	毕业生	招生数	在校研究生
合　　计	**4 402**	**6 264**	**15 277**
南昌大学	1 654	2 312	5 999
南昌航空大学	244	512	1 095
江西农业大学	254	384	1 010
江西中医学院	210	282	735
江西师范大学	1 192	1 188	2 841
江西财经大学	620	1 090	2 520
华东交通大学	228	421	907
江西科技师范学院		75	170

14－8 普通中等专业学校基本情况

(2009 年) 单位：人

学校	招生数	毕业生	在校学生	教职员工	#专任教师
合计	**38 510**	**32 675**	**95 311**	**3 460**	**2 111**
江西工程学校	820	872	2 224	161	120
南昌女子中专学校	727	203	1 457	83	43
江西电力职业技术学院（中专部）	166	274	856		
江西中山舞蹈学校	56	15	235	40	23
江西工业职业技术学院（中专部）	280	90	419		
南昌保险学校	112	245	225	45	16
江西省医药学校	2 891	1 370	8 005	261	176
江西省水利水电学校	2 184	1 369	5 081	190	122
江西交通职业技术学院（中专部）	315	544	1 156		
江西赣江职业技术学院（中专部）	41	101	68		
江西外语外贸职业学院（中专部）	151	553	829		
江西青年职业学院（中专部）	38	267	178		
江西化学工业学校	1 358	899	3 216	183	94
江西省建设工程学校	384	20	946	79	57
南昌工业学校	661	994	2 055	115	74
江西南昌城市建设学校	127	257	320	50	24
江西城市职业学院（中专部）			76		
南昌理工学院（中专部）	175	170	362		
江西泛美艺术中专学校	301	121	483	90	26
南昌市卫生学校	1 855	2 099	5 220	159	116
江西省商务学校	1 636	1 215	4 051	160	89
江西大宇职业技术学院（中专部）	68	77	184		
江西广播电视学校	318	150	684	37	29
南昌汽车机电学校	691	332	1 335	97	79
南昌市广播电视中等专业学校	141	161	742	16	11
江西省建筑工业学校	628	473	1 916	118	70
先锋软件职业技术学院（中专部）	273	244	425		
南昌市第一中等专业学校	1 604	1 361	4 411	151	104

14－9 技工学校基本情况

（2009 年）　　单位：人

学　　　校	招生数	毕业生	在校学生数	教职员工	#女　性	#专任教师
合　　计	**49 033**	**23 928**	**107 521**	**4 909**	**1 934**	**3 781**
江西省新闻出版职业技术学院	906	812	1 267	106	55	71
核工业南昌技工学校	769	994	2 055	113	44	90
江西电力技师学院	592	1 382	1 812	248	98	94
江西机械高级技工学校	832	1 408	3 156	363	148	287
江西现代技师学院	8 201	1 666	13 787	426	158	423
江西省工业贸易职业技术学院	1 082	2 133	4 037	252	96	223
江西省交通技工学校一部	36	45	167	62	26	45
江西省交通技工学校二部	129	52	189	38	13	27
江西省交通技工学校三部	179	87	269	81	47	53
江西省建筑工程高级技工学校	1 017	689	3 066	90	25	107
江西省医药技工学校	1 623	823	3 823	160	78	160
江西省化学工业技工学校	1 108	877	1 873	72	30	58
江西省兵器高级技工学校	2 262	482	5 179	84	17	53
南昌科技技工学校	295	146	664	16	7	16
江西航空高级技工学院	548	485	1 360	154	60	44
核工业南昌技工学校	769	994	2 066	113	44	90
江西工程高级技工学校	1 067	912	2 546	150	64	60
江西省电子商务技工学校	2 531		8 834	127	86	127
江西工业技工学校	412	422	1 179	78	31	51
南昌市工业技工学校	623	189	1 274	49	24	36
江西清华泰豪技工学校		88	548	109	38	77
江西赣江技工学校	1 363		1 882	66	9	56
江西制造技工学校	189	100	1 112	26	9	26
江西省城市建设高级技工学校	895	653	2 030	53	19	45
江西省中医药高级技工学院	45	79	141	37	11	18
江西德能制造技工学校	158		1 289	29	10	19
江西省技师学院	1 910	1 654	5 568	189	66	144
南昌市建筑工程技工学校	97	49	426	35	15	22
南昌县技工学校	41	40	74	12	6	12
江西省石油技工学校	252	282	555	37	17	29
江西省科学院技工学校	214	99	787	24	8	20
江西新东方烹饪技工学校	706	243	1 029	102	27	68
江西新华电脑技工学校	191	699	1 121	173	69	144
江西省商务技工学校	1 539		2 783	185	92	82
南昌市轻工技工学校	143	67	530	30	17	30
江西城市技工学校	10 072		10 072	584	212	552
江西省电子信息技师学院	4 100	4 035	14 231	247	100	236
南昌华中汽车技工学校	320		320	17	6	17
江西省安义技工学校	299		299	82	16	11
江西水利工程技师学院	1 518	1 242	4 121	90	36	58

14－10 普通中学基本情况

（2009年）　　单位：人

学校	招生数	毕业生	在校学生数	教职员工数	#专任教师
合计	**105 682**	**92 992**	**296 619**	**19 680**	**17 144**
#女性	45 169	38 880	127 007	8 526	7 592
按城乡分					
城市	40 441	34 881	114 980	8 399	6 912
县镇	38 097	35 743	105 628	6 422	5 780
农村	27 144	22 368	76 011	4 859	4 452
按层次分					
初中	74 294	63 924	218 076		
城市	24 930	22 325	74 155		
县镇	23 382	20 546	70 474		
农村	25 982	21 053	73 447		
高中	31 388	29 068	78 543		
城市	15 511	12 556	40 825		
县镇	14 715	15 197	35 154		
农村	1 162	1 315	2 564		
按地区分					
市区	47 701	41 553	135 079	9 904	8 251
南昌县	19 537	17 467	54 313	3 274	2 943
新建县	17 714	15 349	48 964	2 597	2 372
安义县	5 172	5 050	14 291	965	899
进贤县	15 558	13 573	43 972	2 940	2 679
按部门分					
教育部门办	92 742	81 097	258 620	16 539	15 026
社会力量办	9 024	8 988	27 423	2 485	1 575
其他部门办	3 916	2 907	10 576	656	543

14－11 职业高中基本情况

（2009年）

单位：人

类别	招生数	毕业生	在校学生数	教职员工数	#专任教师
合计	**5 679**	**7 811**	**17 588**	**1 068**	**813**
#女性	2 492	3 171	7 288	477	403
按城乡分					
城市	3 433	6 594	11 612	852	641
县镇	2 246	1 217	5 976	216	172
按部门分					
教育部门办	4 645	4 549	14 116	800	660
社会力量办	1 034	3 262	3 472	268	153

14－12　小学、特殊教育、工读学校基本情况

（2009 年）　　单位：人

类　　别	招 生 数	毕 业 生	在校学生数	教职员工数	#专任教师
一、小　　学	73 389	76 158	445 798	22 599	21 472
#女　　性	32 011	33 001	192 632	12 769	12 337
按城乡分					
城　　市	18 824	20 210	123 592	6 183	5 711
县　　镇	17 508	20 270	111 671	5 247	4 984
农　　村	37 057	35 678	210 535	11 169	10 777
按县、区分					
市　　区	27 465	29 830	178 302	9 101	8 471
南 昌 县	15 004	17 148	82 531	4 717	4 610
新 建 县	12 990	14 354	84 607	3 343	3 219
安 义 县	3 301	4 110	23 469	1 147	1 053
进 贤 县	14 629	10 716	76 889	4 291	4 119
按部门分					
教育部门	68 806	72 348	420 269	20 898	20 197
社会力量办	3 553	2 603	18 365	1 385	975
其他部门办	1 030	1 207	7 164	316	300
二、特殊教育	277	252	1 630	199	190
#女　　性	91	73	495	138	132
特教学校	277	252	1 630	199	190
三、工读学校				4	

14－13 幼 儿 园 基 本 情 况

（2009 年）

单位：人

类别	幼儿园（个）	在园幼儿	教职员工数	#教师
总计	**531**	**92 379**	**7 730**	**4 598**
#女性		38 900	7 304	4 572
按城乡分				
城市	215	40 712	4 487	2 503
县镇	240	34 067	2 660	1 762
农村	76	17 600	583	333
按部门分				
教育部门和集体办	67	26 112	1 459	977
社会力量办	433	57 045	5 231	3 040
其他部门办	31	9 222	1 040	581

14－14 南昌市成人高校基本情况

（2009年）

单位：人

校名	毕业生数	招生数	在校学生数	教职工数	#专任教师
总计	**22 150**	**23 445**	**66 245**	**2 013**	**1225**
江西财经大学	2 535	3 883	9 196		
江西教育学院	1 294	1 912	3 445	480	282
南昌钢铁公司职工大学				130	75
江西行政管理干部学院	69	131	171	371	94
南昌市业余大学	31	96	120	78	59
江西广播电视大学	379	840	1 053	295	223
南昌教育学院	726	267	941	165	140
江西经济管理干部学院	632	1 358	1 806	380	280
南昌职工科技大学	589	686	1 398	114	72
南昌工程学院	1 867	2 163	6 156		
江西中医学院	1 239	1 640	5 597		
江西工业职业技术学院	43	8	29		
华东交通大学	591	449	1 768		
南昌大学	3 373	1 361	7 440		
江西航空职业技术学院	16	55	82		
江西师范大学	3 375	3 080	9 905		
南昌航空工业大学	1 954	1 312	4 245		
江西农业大学	1 203	1 707	5 642		
南昌理工学院	11		22		
江西电力职业技术学院	332	284	941		
江西现代职业技术学院	39		230		
江西科技师范学院	1 590	2 066	5 632		
江西公安专科学校	122	29	237		
江西司法警官职业学院	5	85	85		
江西旅游商贸职业学院	4	9	19		
江西信息应用职业技术学院	26	24	42		
江西交通职业技术学院	105		43		

14－15 广 播 电 视 情 况

（2009 年）

项目	2009
一、广　播	
1. 广播电台（座）	2
2. 中短波发射台和转播台（座）	2
3. 调频广播台和传输台（座）	89
4. 广播覆盖率（%）	97.45
二、电　视	
1. 电　视　台（座）	2
2. 电视转播发射台和差转台（座）	30
3. 卫星电视地面站（个）	1 950
4. 全年自制电视节目（小时）	33 889
5. 电视覆盖率（%）	98.85
6. 有线电视用户（万户）	64.37
其中数字电视（万户）	33.24
7. 南昌农村广播电视“村村通”工程完成村（个）	21

注：1. “电视”含有线电视台，不含教育台。
2. 调频广播台和传输台包括了乡村的小调频台。

14－16 艺 术 剧 团 和 剧 院

（2009 年）

项目	合计	省级	市级	县级
一、艺术表演团体				
剧团个数（个）	13	6	4	3
职工人数（人）	1 075	660	270	145
演出场数（场）	1 123	583	133	407
年末固定资产原值（万元）	54 143	19 535	32 082	2 526
当年创作首演剧目（个）	2	1	1	
全年收入（万元）	70 274	48 398	18 246	3 630
#演出收入	4 952	3 956	438	558
全年支出（万元）	65 237	43 450	17 800	3 987
二、艺术表演场数				
表演场所（个）	9	3	4	2
座席数（个）	5 650	2 940	1 090	1 620
演映场次（场）	395	10	380	6
观众人数（万人次）	11.6	3.5	7.3	0.8

14－17 群众艺术馆和文化馆

（2009 年）

项目	合计	省级	市级	县级
群艺馆、文化馆数（个）	11	1	1	9
举办展览（次）	52	2	5	45
组织文艺活动次数（次）	320	12	28	280
举办训练班结业人数（人次）	14 955	6 500	1 250	7 205
公用房屋建筑面积（平方米）	24 573	1 214	1 934	24 125
职工人数（人）	198	36	32	130

14－18 博物馆

（2009 年）

项目	合计	省级	市级	县级
博物馆（个）	10	2	4	4
公用房屋面积（平方米）	62 976	43 694	14 685	4 597
藏品（件）	70 810	55 686	6 665	8 459
陈列个数（个）	35	12	16	7
展览次数（次）	41	21	13	7
参观人次（万人次）	360.6	242.5	97.2	20.9
职工（人）	7 167	7 067	71	29

14－19 图书、报纸、杂志出版

（2009年）

项目	种数（种）	总印数（万册、份）	总印张数（千印张）
一、图书合计	**3 672**	**15 949**	**982 060**
书籍	2 969	9 217	618 232
课本	703	6 732	363 828
二、报纸合计	**21**	**51 647**	**2 181 778**
省级	18	43 017	1 841 200
市级	3	8 630	340 578
三、杂志合计	**137**	**6 359**	**22 595**

14－20 博物馆

（2009年）

项目	合计	省级	市级	县级
图书馆（个）	11	1	1	9
藏书（万册）	424.4	268.26	94.53	61.61
公用房屋建筑面积（平方米）	57 891	22 500	21 000	14 391
发放借书证（个）	86 602	52 303	26 163	8 136
总流通人次（万人次）	107.82	51.19	26.00	30.63
书刊外借册数（万册次）	93.67	38.81	31.20	23.66
经费支出合计（万元）	3 080.6	1 534.9	830.8	714.9
#购书支出	444.8	300	95.9	48.9
职工（人）	288	142	62	84

主要统计指标解释

专业技术人员 指已取得科学技术职称，或大学、中专的理、工、农医科系毕业，以及国民经济各部门从工作实践中提拔，从事理、工、农、医等自然科学技术的研究、数学、生产的专业人员和在机关、企业、事业单位中从事科学技术业务管理工作的专业人员。

科技活动 指在所有科学技术领域内，即在自然科学、农业科学、医药科学、工程与技术科学、人文与社会科学中，与科技知识的产生、发展、传播和应用密切相关的全部有系统的活动。

研究与发展活动 指增加知识总量（包括人类、文化和社会方面的知识），以及运用这些知识去创造新的应用而进行的系统的创造性的工作。

企业办科技机构 指企业自办、或与外单位合办、管理上同生产系统相对独立的，或单独核算的专门技术开发机构（如企业办研究所、开发中心、开发部等专门技术开发机构）。

企业科研项目 指当年立项并开展研究工作的项目、以前年份立项当年仍继续进行的项目（课题）、当年完成及通过鉴定的项目（课题），包括年内研究开发工作已告失败的项目。

获奖成果 指企业在本年度内从地（市）及以上政府科技管理部门获得的各种科技成果奖。获奖成果分为：国家级奖、省部级奖和地市级奖。

新产品 指采用新技术原理，新设计构思研制、生产的全新产品或在结构、材质、工艺等某一方面比老产品有明显改进，从而显著提高了产品性能或扩大了使用功能的产品。

从事科技活动人员 指企业在报告期内，从事科技活动的时间（不包括加班时间）占全年工作时间 10% 及以上的工程技术人员、管理人员、工人及其他人员。

从事研究与发展活动人员 指报告期参与研究与发展项目（课题）研究、管理和辅助工作的人员，具体包括直接参加研究与发展项目（课题）组人员，直接参与上述项目（课题）的行政管理人员和直接为上述项目（课题）活动提供服务的辅助人员。

工程技术人员 指负担工程技术和工程技术管理工作，并具有工程技术能力的人员。

高中级职称人员 指企业从业人员中具有高级职称和中级职称的人员数。高级职称指高级工程师、讲师、正、副教授，正、副研究员，高级统计师，高级会计师，高级经济师，以及相当于这一级的其他技术职务的人员。中级职称指工程师、讲师、助理研究员、技师、统计师、会计师、经济师，以及相当于这一级的其他技术职务的人员。

无高中级职称的大学本科及以上学历人员 指企业从业人员中具有大学本科及以上学历，但没有高中级职称的人员数。具体包括没有高中级职称的大学本科毕业生、硕士研究生、博士研究生、博士后研究生等。

普通高等学校 指按照国家规定的审批程序批准举办，通过全国统一招生考试，招收高中毕业生为主要培养对象，实施高等教育的全日制大学、独立设置的学院和高等、专科学校、短期职业大学。

成人高等学校 指按照国家有关规定审批，招收通过全国成人高教统一招生考试的具有高中毕业或同等学历的在职从业人员全脱产、半脱产、业余或函授等多种形式对其实施高等学历教育，培养高等教育专科或本科毕业水平的专门人才，修业年限、课程设置等均按高等学历教育要求付诸实施的学校。包括广播电视大学、职工高等学校、农民高等学校、管理干部学院、教育学院、独立设置的函授等。

小学学龄儿童入学率 指调查范围内已入小学学习的学龄儿童占校内外学龄儿童总数（包括弱智儿童在内，但不包括盲聋哑儿童）的比重。计算公式：

$$小学学龄儿童入学率 = \frac{已入学的小学学龄儿童数}{校内外小学学龄儿童总数} \times 100\%$$

艺术表演团体 指从事戏曲、音乐、舞蹈、杂技等专业艺术表演，有独立帐户、实行单独核算的团体。不包括半工半艺，半农半艺的业余剧团。

艺术表演观众人数（人次） 指售票、包场演出或民族地区免费演出的艺术表演观众人次数。不包括彩排审查和内部观摩演出的观看人次数。

十五、卫生·体育·其他

PUBLIC HEALTH, SPORTS AND OTHERS

本篇内容包括：

1. 医疗卫生事业情况
2. 体育事业
3. 婚姻情况
4. 民政事业
5. 社会保险情况
6. 司法情况
7. 交通事故、火灾事故、职工伤亡事故

资料整理

姜同文

微机处理

夏　慧
彭艳红

医生人数

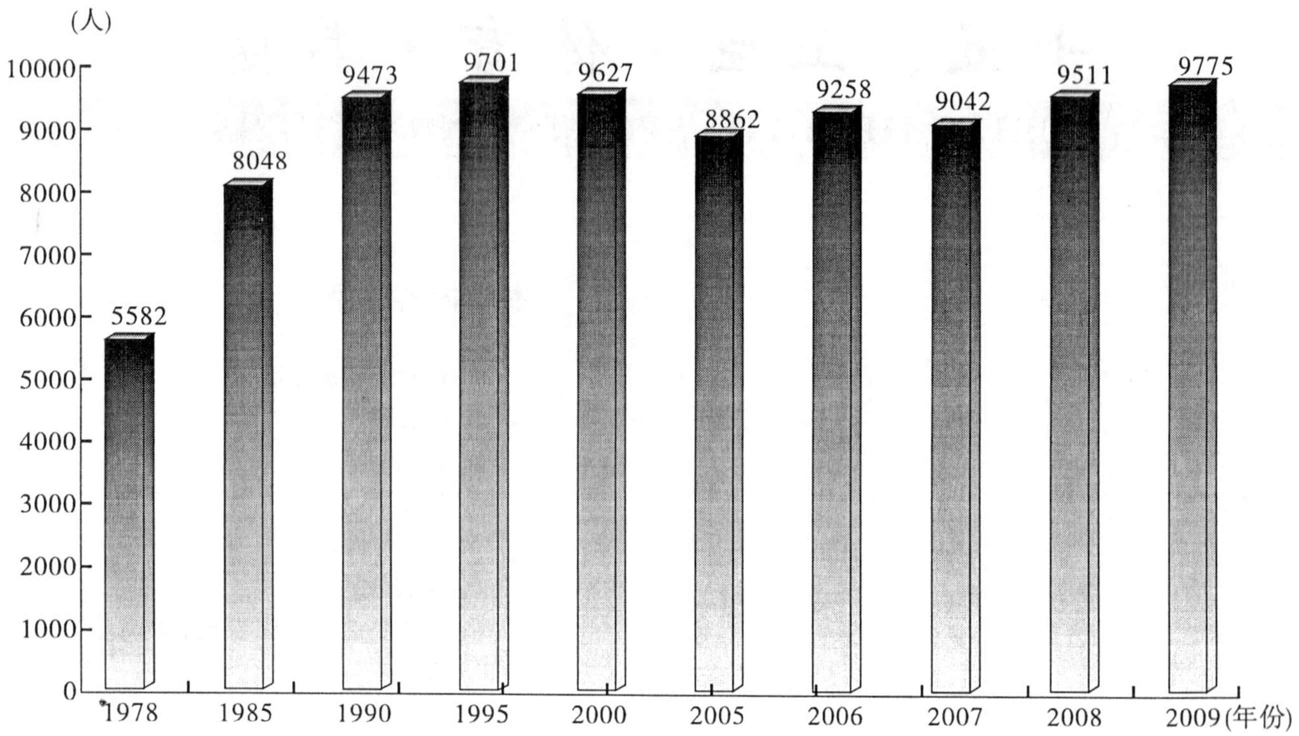

医疗卫生机构床数

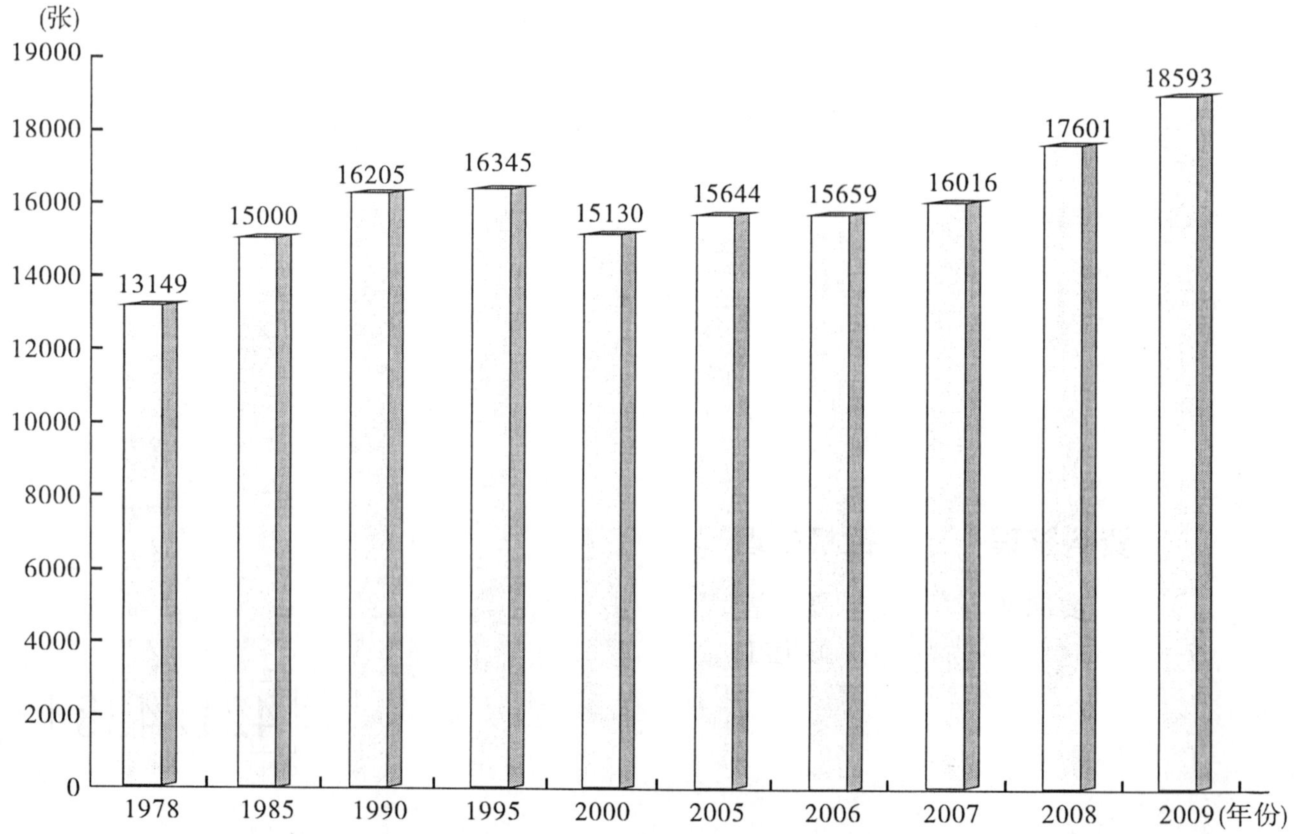

15－1 卫生机构、床位、人员数

（2009 年）

类　　　　别	机构数（个）	床位数（张）	人员数（人）	#卫生技术人员	#医　生
总　　计	**821**	**18 593**	**33 019**	**26 187**	**9 775**
省、市	575	14 075	25 408	20 238	7 620
县、区	246	4 518	7 611	5 949	2 155
按机构类别分					
（一）各类医院及医学教育科研机构	313	18 051	30 524	23 917	8 692
1. 医　　院	93	14 480	21 561	17 040	6 181
综合医院	58	9 429	13 662	10 961	4 085
中医医院	9	1 341	2 105	1 679	643
其他医院	26	3 710	5 794	4 400	1 453
2. 卫　生　院	93	1 442	3 181	2 453	835
3. 疗　养　院	1	60	39	16	9
4. 门　诊　部	25	36	342	256	149
5. 专科防治所、站	8	231	365	264	108
6. 卫生防疫机构	11		890	660	351
7. 妇幼保健机构	11	827	1 587	1 298	446
8. 卫生监督检验机构	11		407	290	
9. 医学科学研究机构	4		404	242	86
10. 医学在职培训机构	1		11	1	
11. 健康教育所	2		39	13	7
12. 社区卫生服务中心	44	801	1 401	1 206	469
13. 急救中心	1		75	30	16
14. 采供血机构	2		136	93	14
15. 其他卫生机构	6		86	55	21
（二）诊所、卫生保健所、医务室	312		1 092	1 054	543
（三）县、区社区卫生服务站	196	542	1 403	1 216	540

卫生：2009 年底，全市卫生机构 821 个，床位 18 593 张；卫生技术人员 2.62 万人。其中，执业医师、执业助理医师 0.98 万人，注册护士 1.06 万人。

15－2 体　育　事　业

（2009 年）

项　　目	2009
一、举办综合（单项）运动会次数（次）	204
参加运动会人数（百人次）	9 874
二、等级裁判员发展人数（人）	74
三、等级运动员发展人数（人）	105
四、参加省级及其以上和同等城市比赛次数（次）	25
参加比赛人数（人次）	736
获得奖牌数（枚）	425
金　牌	217
银　牌	102

15－3 市属共青团组织情况

年　份	基层团支部（个）	共青团（人）	#女团员	专职干部（人）
1990	5 809	133 041	47 227	644
1991	5 809	145 713	51 034	646
1992	5 232	144 709	53 956	713
1993	5 243	121 532	48 012	609
1994	5 478	126 645	46 222	1 100
1995	5 315	139 734	50 626	1 198
1996	5 362	141 483	48 581	1 198
1997	5 667	122 177	45 095	1 198
1998	5 867	113 818	47 481	1 392
1999	5 667	113 718	47 481	1 392
2000	5 636	113 758	47 461	1 402
2001	5 626	112 467	46 321	1 398
2002	5 271	112 467	46 321	1 392
2003	5 636	112 960	46 642	1 404
2004	5 659	113 082	46 813	1 400
2005	5 731	102 431	46 813	1 400
2006	5 731	100 166	46 813	1 420
2007	5 738	112 488	40 795	1 438
2008	5 765	132 625	53 454	1 432
2009	5 503	126 352	50 919	1 144

15－4　2000—2009年妇联系统组织情况

单位：个

项目	2000	2001	2002	2003	2004	2005	2006	2007	2008	2009
城镇街道基层妇代会	792	340	375	375	388	560	359	531	531	521
农村基层妇代会	1 197	1 197	1 078	1 078	1 560	1 133	1 153	1 133	1 133	1 158
乡镇（街办）妇联	137	165	108	108	109	85	139	114	114	114
机关、事业单位妇委会	72	72	199	199	353	202	223	232	224	224

15－5　2000—2009年工会组织情况

项目	2000	2001	2002	2003	2004	2005	2006	2007	2008	2009
工会基层组织数（个）	1 713	2 441	2 636	1 973	6 872	7 132	5 664	6 059	6 452	7 316
已建工会组织的基层单位职工人数（万人）	37.01	38.38	38.52	40.25	72.68	74.68	53.98	56.6	57.26	54.59
已建工会组织的基层单位工会人数（万人）	33.01	37.32	37.91	36.24	63.57	71.73	49.2	51.9	57.24	52.76

15－6 历届南昌市人民代表大会的代表人数

单位：人

项目	一届 (1954)	二届 (1956)	三届 (1958)	四届 (1960)	五届 (1963)	六届 (1965)	七届 (1968)	八届 (1982)	九届 (1987)	十届 (1992)	十一届 (1997)	十二届 (2001)	十三届 (2006)
代表总数	**233**	**239**	**253**	**307**	**375**	**385**	**724**	**555**	**495**	**489**	**434**	**421**	**438**
代表中													
女代表	52	49	68	77	99			150	102	98	89	90	90
占代表总数%	22.3	20.5	27.0	25.1	26.4			27.0	20.6	20.0	20.5	21.4	20.5
代表中													
少数民族代表										8	7	8	9
占代表总数%										1.6	1.6	1.9	2.1

注：国家政治生活处于不正常的文化大革命时期，1968年2月18日成立了南昌市革命委员会。根据江西省人民代表大会常务委员会的规定，将革命委员会作为南昌市第七届人民代表大会。七届代表构成为革命委员会成员、人民解放军代表、群众组织推举的代表。

15－7 历届南昌市政治协商会议的委员人数

单位：人

项目	一届 (1955)	二届 (1958)	三届 (1959)	四届 (1962)	五届 (1963)	六届 (1965)	七届 (1982)	八届 (1987)	九届 (1992)	十届 (1997)	十一届 (2001)	十二届 (2006)
委员总数	**129**	**189**	**299**	**288**	**300**	**302**	**458**	**405**	**413**	**403**	**405**	**419**
委员中												
中国共产党代表	22	47	63	81	82	87	175	171	169	157	149	165
占代表总数%	17.05	24.87	21.07	28.13	27.33	28.81	38.21	42.22	40.92	38.9	36.8	39.4
委员中												
少数民族代表	3	3	3	3	4	4	6	8	10	11	6	6
占代表总数%	2.33	1.58	1.00	1.04	1.33	1.32	1.31	1.98	2.42	2.70	1.50	1.43
委员中												
女性代表	20	29	54	54	58	64	108	100	89	103	119	115
占代表总数%	15.50	15.34	18.06	18.75	19.33	21.19	21.19	24.69	20.09	25.60	29.40	27.4

15－8 社会福利事业单位基本情况

（2009年）

项　　目	院　数（个）	工作人员（人）	床　位（张）	年末在院人　数（人）	#女　性	#儿　童
全市总计	**95**	**978**	**12 577**	**11 960**	**2 970**	**601**
一、收养类社会福利单位	91	902	12 049	11 865	2 954	591
按单位类别分						
复员军人疗养院	1	26	120	73	12	
光　荣　院	1	1	4	4		
社会福利院	6	202	1 107	976	587	465
儿童福利机构	1	10	144	138	60	74
社会福利医院	1	119	228	228	63	
城镇老年收养性福利机构	21	264	510	510	152	
农村老年收养性福利机构	60	280	9 936	9 936	2 080	52
二、优抚类收养性单位	2	26	130	65	16	10
三、救助类收养性单位	2	50	398	30		

15－9 社会福利企业基本情况

项　　目	2008	2009
单位数（个）	45	52
职工人数（人）	2 480	3 016
#残疾职工	1 545	1 746

15－10 城镇社区服务和农村服务网络

（2009年）　　单位：个

地区	城镇社区服务设施	从业人员（人）	安置下岗人员数（人）	城镇便民利民服务网点	社区服务志愿者组织	社区服务志愿者（人）
总计	**655**	**173**	**155**	**881**	**132**	**120**
东湖区	213			149		
西湖区	264			672		
新建县	27	50	32	60	132	120
安义县		123	123			
进贤县						
经济开发区	5					
青山湖区	126					
青云谱区	20					

15－11 享受国家补助、救济人员情况

项目	2008	2009
优抚对象		
抚恤、补助优抚对象总计人数（人）	14 429	10 761
#享受定期抚恤金人数	423	220
享受定期补助人数	11 093	7 830
城市居民最低生活保障家庭数（户）	49 875	51 234
城市居民最低生活保障人数（人）	110 626	110 879
#登记失业	39 296	13 944
#老年人	21 554	20 708
传统救济情况		
农村居民最低生活保障人数（人）	113 898	120 811
#老年人	39 268	33 558
未成年人	18 064	18 565
残疾人	34 784	31 043
农村居民最低生活保障家庭数（户）	64 956	58 262
农村民政部门医疗救助总人次数（人次）	66 034	1 032 356
城市医疗救助人次数（人次）	136 768	119 663

15－12 婚 姻 登 记 情 况

（2009 年）

地　　区	结婚登记（人）	初　婚	再　婚	#女　性	#复　婚	离婚登记（对）
南　昌　市	**107 958**	**91 342**	**16 616**	**8 356**	**1 199**	**7 326**
东　湖　区	18 054	13 000	5 054	3 500	292	1 685
西　湖　区	10 736	7 424	3 312	1 406	258	1 371
青　云　谱　区	5 236	4 392	844	422	114	668
湾　里　区	1 460	1 307	153	74	10	125
青　山　湖　区	14 680	12 585	2 095	931	182	1 216
南　昌　县	18 170	16 981	1 189	594	137	766
新　建　县	17 034	14 023	3 011	968	125	734
安　义　县	4 974	4 630	344	172	21	248
进　贤　县	17 614	17 000	614	289	60	513

15－13 1995—2009 年婚姻登记情况

单位：对

年份	结婚	#复婚	离婚
1995	22 583	116	1 481
1996	23 559	168	1 713
1997	24 190	220	2 096
1998	26 367	160	2 389
1999	25 269	189	2 199
2000	25 486	253	2 610
2001	25 732	196	5 649
2002	25 080	192	5 398
2003	20 950	261	6 610
2004	30 547	279	8 330
2005	29 898	847	7 447
2006	43 424	286	8 607
2007	5 201	2 153	9 329
2008	55 610	212	6 747
2009	53 979	1 199	7 326

15－14 社会保险情况

单位：人

项目	2008	2009
失业保险参保人数	**539 168**	**566 617**
#企业	404 504	427 374
国有企业	270 103	261 064
集体企业	45 599	46 235
港、澳、台及外资企业	20 695	25 772
其他企业	68 107	94 303
事业单位	132 371	135 611
其他单位	2 293	3 632
领取失业保险金人数	**10 440**	**6 436**
基本养老保险参保人数	**738 831**	**784 350**
#企业	561 953	589 035
国有企业	303 392	307 224
集体企业	68 061	70 770
其他企业	167 548	185 686
港、澳、台及外资企业	22 952	25 355
机关事业单位	4 680	5 191
其他	172 198	190 124

15－15　律师、公证和人民调解基本情况

（市属）

项　　　目	2008	2009
一、律 师 工 作		
律师事务所（个）	48	51
律　师（人）	505	541
专　　职	478	501
兼　　职	27	40
聘请担任常年法律顾问的单位（处）	812	861
刑事诉讼辩护及代理（件）	2 015	1 336
民事诉讼代理（件）	2 129	3 987
办理非诉讼法律事务（件）	1 596	3 247
解答法律咨询（件）	7 147	3 569
代理法律文书（件）	2 563	798
二、公 证 工 作		
公证处（个）	11	11
公证人员（人）	81	85
#公　证　员	45	45
助理公证员		17
办理公证文书（件）	33 998	39 147
#经济合同文书	5 328	
三、人民调解工作		
专职司法助理员（人）	280	280
人民调解委员会（人）	1 804	1 804
调解工作人员（人）	9 272	9 272
调解民间纠纷（件）	7 416	3 520

15－16　1996—2009 年南昌市消协受理投诉情况

项　　目	1996	1997	1998	1999	2000	2001	2002	2003	2004	2005	2006	2007	2008	2009
一、投诉案件数（件）	4 079	3 957	4 043	3 199	2 088	2 086	1 710	2 343	1 548	1 409	1 447	1 151	1 176	1 165
按行业分														
家用电器类	371	348	642	386	140	209	504	498	295	342	338	273	229	229
家用机械类	269	233	278	350	110	123	80	121	60	108	106	63	80	69
日用百货类	818	694	532	589	345	378	756	865	754	510	489	349	347	347
房屋及装修建材							89	110	69	129	127	109	94	94
服务类	111	11	118	52	40	44	25	36	32		27	12	298	298
农用生产资料类	310	243	698	652	163	188	223	322	203	151	248	211	6	6
其它类	809	750	692	405	276	627	33	391	124	169	112	134	122	122
按内容分														
质量	1 289	915	1 746	1 833	964	1 025	778	1 106	826	940	905	688	518	513
价格							75	110	83		77	57	57	57
虚假广告	579	603	677	352	266	73	133	136	98	65	76	79	20	20
假冒商品	339	664	330	168	466	165	103	167	95	101	23	14	5	6
计量	206	278	79	88	34	47	53	73	36	2	15	20	9	9
安全	657	512	261	164	164	70	141	132	51	48	32	9	139	139
其它	937	840	804	510	146	654	427	619	359	253	319	284	428	431
二、当年解决件数（件）	3 958	3 805	3 973	3 199	2 047	2 024	1 682	2 311	1 508	1 372	1 354	1 100	1 101	1 039
解决率（%）	97	96.2	98.3	100.0	98	97	98.4	98.6	97.4	97.4	93.6	94	93.6	89.2
三、消费者免受损失(万元)	140	90.7	98.0	148	98.6	117	104	111	101	102	144	256	137	180

15－17　南昌市消协受理投诉案件

（2009 年）

单位：件

项　　目	合　计	质　量	安　全	价　格	计　量	虚假广告	假冒商品	其　它
总　　计	**1 165**	**513**	**139**	**57**	**9**	**20**	**5**	**431**
一、家用电子电器类	229	166	6	5		4		48
#电　视　机	28	19	2					7
电冰箱（柜）	24	18						6
洗　衣　机	13	10						3
通信类产品	61	49	1	2				9
空　调　器	36	24	1					11
其　　他	67	46	2	3		4		12
二、家用机械类	69	41	3				1	24
#汽　　车	24	13					1	10
摩　托　车	29	19	1					9
热　水　器	12	5	2					5
其　　他	4	4						
三、百货类	347	192	84	3	4	8	3	63
#家　　俱	27	17	1					9
服装、鞋帽	79	61	1				2	15
食　　品	102	57	29		3			23
化　妆　品	4	3			1			
其　　他	135	54	53	3		8	1	16
四、房屋及装修建材	94	40	5	4	3	1		41
#房　　屋	36	7	3	1	1	1		23
装饰材料	44	23	1	3	2			15
其　　他	14	10	1					3
五、服　务　类	298	29	39	45		3	2	179
#医　　疗	4	1	2	1				
美　　容	18	5	1	1			1	10
邮　　电	58		2	19		1		36
食宿、娱乐	34	3	18	5				8
旅　　游	2	1		1				
物业、装修业	10	2	2	2				4
其　　他	172	18	14	16		2	1	121
六、农用生产资料类	6	5						1
七、其　它　类	122	39	2		2	4		75

15－18 南昌“12315”受理举报申诉情况

项目	2008	2009
一、受理申诉（件）	8 396	7 303
商品	5 556	5 345
服务	2 840	1 958
二、申诉内容（件）		
质量	4 732	3 785
价格	408	75
广告	297	78
计量	109	59
售后服务	1 372	1 024
其他	1 478	2 282
三、挽回损失（万元）	286	365

15-19 社会治安案件

(2009年)

单位：件

项目	全市	#市区
受理数	23 341	16 656
查处数	19 630	12 964

15-20 交通事故

(2009年)

项目	合计	市区	四县
一、交通事故次数（次）	449	227	222
二、死亡人数（人）	237	105	132
三、受伤人数（人）	387	179	208
四、经济损失（万元）	94.85	38.97	55.88

15-21 火灾事故

(2009)

项目	合计	市区	四县
一、火灾次数（次）	1 422		
二、死亡人数（人）	5		
三、受伤人数（人）	3		
四、经济损失（万元）	1 065.1		

15－22　2001—2009年人民法院一审案件结案情况

单位：件

项　　目	2001	2002	2003	2004	2005	2006	2007	2008	2009
合　　计	**11 557**	**11 959**	**9 847**	**13 741**	**13 480**	**18 524**	**14 358**	**13 845**	**15 363**
刑事案件	2 069	1 721	2 081	2 155	2 584	2 397	2 806	2 536	2 476
民事案件	4 024	5 250	7 663	11 475	10 676	10 049	11 404	11 182	12 752
经济纠纷案件	5 324	4 830							
行政案件	140	158	103	111	220	90	148	127	135

15－23 职工伤亡事故

单位：人

项目	2008	2009
总计	**28**	**20**
高处坠落	7	6
机械伤害	2	2
物体打伤	5	3
触电	5	4
坍塌	2	3
车辆伤害	1	1
灼烫	4	
淹／溺	1	
其他	1	1

主 要 统 计 指 标 解 释

医院 指名称为医院，设有固定床位能收容病人住院并能为病人提供医疗、护理服务的医疗机构。包括县及县以上医院、农村乡卫生院、其他医院三部份。按所属性质分为卫生部门、工业及其他部门、集体所有制三类。其中县及县以上医院按业务性质分为综合医院和专科医院。

卫生技术人员 指卫生事业机构支付工资的全部固定职工和合同制职工中现任职务为卫生技术工作人员。包括中医师、西医师、中西医结合高级医师、护师、中药师、西药师、检验师、其他技师、中医士、西医士、护士、助产士、中药剂士、西药剂士、检验士、其他技士、其他中医、护理员、中药剂员、西药剂员、检验员、其他初级卫生技术人员。

医生 指经卫生部门审查合格，从事医疗工作的专业人员。分为中医医生和西医医生、包括卫生技术人员中的中医师、西医师、中西医结合高级医师、中医士、西医士和其他中医。

等级运动员人数 指经考核正式批准授予等级运动员称号的人数。运动员等级分为国际级运动健将、运动健将、一级运动员、二级运动员、三级运动员、少年级运动员。

等级裁判员人数 指经考核正式批准授予等级裁判员称号的人数。裁判员等级分为国际裁判、国家级裁判、一级裁判、二级裁判、三级裁判。

体育场 指有 400 米跑道（中心含足球场）和固定道牙，跑道 6 条以上，并有固定看台的田径场地。以看台容纳观众人数分：甲级 25000 人以上，乙级 15000－25000 人，丙级 5000－15000 人，丁级 5000 以下，共四级。

律师 指受聘参加法律顾问处工作，提任法律顾问、刑（民）事代理人，刑事辩护人，办理非诉讼事件、解答法律询问，代写法律事务文书等主要从事律师业务的专职法律工作者和兼职律师。

公证人员 指在国家公证机关依法办理公证事务的司法人员。包括公证员、助理公证员和公证处工作的其他人员。

办理公证文书 指公证处一定时期内办结的公证文书件数。公证文书系按司法部规定或批准的格式制作。包括国内公证和涉外公证两部分。其中国内公证分为经济合同公证和民事法律体系公证两大类。

调解人员 在人民调解委员会担负调解民间一般民事纠纷和轻微违法行为所引起的纠纷的工作人员。包括调解委员会的委员和调解小组的调解员。

调解民间纠纷 指调解委员会依照法律规定，根据自愿原则，用说服教育的方法调解民间发生的有关民事权利和义务的争执，促成当事双方达到协议和谅解，解决纠纷。包括婚姻家庭纠纷，财产权益纠纷等。包括法院管理调解的民事案件数。

收养性福利性单位 指提供食宿的，不以盈利为目的的革命伤残军人休养院、复员军人慢性病疗养院、复退军人精神病院、光荣院、社会福利院、精神病人福利院、老年收养机构（敬老院、养老院、老年公寓）等收养性的社会福利事业单位的总称。

十六、企业调查

ENTERPRISE INVESTIGATION

本篇内容包括：

1. 企业家信心指数
2. 企业景气指数

资料整理
胡素强
刘跃青

微机处理
胡素强
邓萍萍

企业景气指数

(2009年)

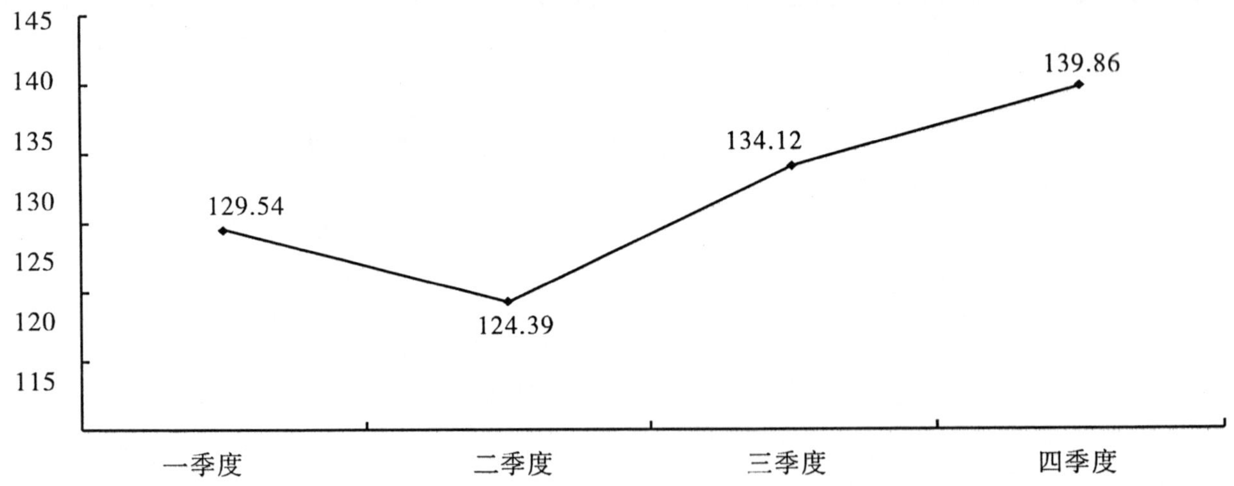

企业家信心指数

(2009年)

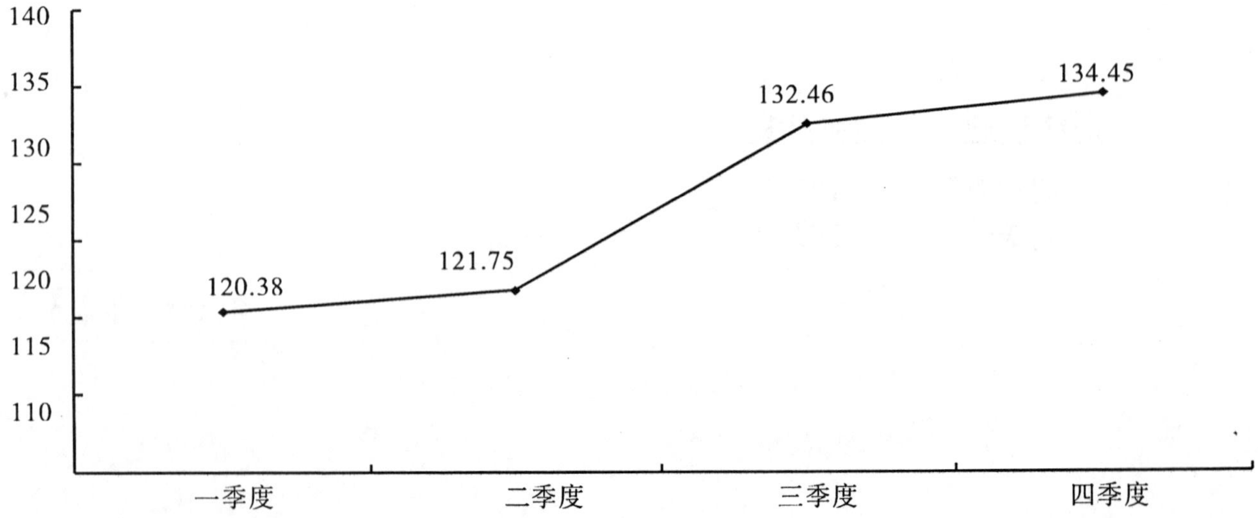

16－1 南昌市企业家信心指数

（2009年）

单位：%

	一季度	二季度	三季度	四季度
企业家信心指数	**120.38**	**121.75**	**132.46**	**134.45**
一、按行业门类分				
工　　业	123.45	118.62	138.13	137.16
建 筑 业	128.00	147.07	138.33	133.54
交通运输、仓储及邮政业	106.01	103.70	116.01	126.01
批发和零售业	113.04	105.55	113.85	127.85
房 地 产 业	96.31	96.31	103.45	132.08
社会服务业	114.03	122.20	128.31	134.43
信息传输、计算机服务和软件业	164.78	162.99	177.10	138.91
住宿和餐饮业	92.23	92.31	107.69	123.79
二、按企业登记注册类型分				
国有企业	98.82	98.47	105.66	107.70
集体企业	176.23	175.19	173.07	174.06
股份合作企业	82.60	180.00	160.00	100.00
联营企业	100.00	100.00	100.00	100.00
有限责任公司	103.25	114.58	123.83	142.74
股份有限公司	134.63	109.55	146.01	146.49
私营企业	112.24	121.29	121.29	136.51
外商及港、澳、台投资企业	109.17	109.17	146.75	133.97
三、按企业规模分				
总 大 型	124.55	121.15	135.50	133.98
中 小 型	94.87	94.81	109.21	120.00

16－2 南昌市企业景气指数

（2009年） 单位:%

	一季度	二季度	三季度	四季度
企业景气指数	**129.54**	**124.39**	**134.12**	**139.86**
一、按行业门类分				
工　　业	131.12	127.26	136.67	142.04
建 筑 业	123.17	127.53	128.37	135.68
交通运输、仓储及邮政业	118.23	116.01	118.33	116.01
批发和零售业	120.74	124.65	127.39	138.77
房 地 产 业	103.45	110.65	117.79	131.71
社会服务业	142.60	114.29	142.60	148.71
信息传输、计算机服务和软件业	177.78	169.57	169.42	148.33
住宿和餐饮业	100.63	92.31	107.61	116.02
二、按企业登记注册类型分				
国 有 企 业	99.37	99.62	103.18	108.84
集 体 企 业	153.52	154.28	165.93	160.50
股份合作企业	100.00	100.00	120.00	120.00
联 营 企 业	100.00	100.00	100.00	100.00
有限责任公司	134.57	126.09	135.29	147.33
股份有限公司	152.84	144.38	148.24	155.46
私 营 企 业	138.74	160.97	141.90	174.62
外商及港、澳、台投资企业	76.80	104.38	146.75	161.55
三、按企业规模分				
总 大 型	140.79	133.17	136.36	138.60
中 小 型	143.85	100.00	109.21	124.00

主 要 统 计 指 标 解 释

企业景气调查简介

企业景气调查是为适应我国社会主义市场经济需要，借鉴西方国家的成功经验而建立起来的一种新的统计调查制度。它通过对企业家进行定期的问卷调查，并根据他们对企业经营情况及宏观经济状况的判断和预期来编制企业景气指数，由此反映企业的经营状况和经济运行情况，预测未来经济发展的变化趋势，为党政领导进行宏观管理，企业家制定经营决策提供参考依据。景气指数又称景气度，它是对企业景气调查中定性指标的量化描述，其最大的特点是具有信息超前性和预测功能，可靠性较强。景气指数的数值介于0和200%之间，一般地讲，当景气指数为100，即临界值时，则说明经济处于景气与不景气的边缘；大于100时，则表示经济处于景气状态。越接近200%状态越好；小于100时，则表示经济处于不景气状态，越接近0，状态越差。

南昌调查队根据国家统计局的统一部署，开展了南昌企业景气调查工作。企业景气调查为季度性资料，调查企业涉及工业、建筑业、交通运输仓储及邮政业、批发和零售业、房地产业、社会服务业、信息传输、计算机服务和软件业、住宿和餐饮业八大国民经济行业。

景气指数的计算方法

在计算景气指数过程中，对不同规模的企业采用不同的加权方法计算。首先对大型企业依据上年销售收入进行加权（中小企业不加权），然后通过大型企业与中小型企业的样本比例再进行加权，总加权后得到景气指数。计算景气指数的基本方法是：用选择“上升”的企业比例减去选择“下降”的企业比例，所得的值即为景气指数。

企业景气指数的计算方法如下：

第一、分别计算工业、建筑业、交通运输仓储及邮政业、批发和零售业、房地产业、社会服务业、信息传输、计算机服务和软件业、住宿和餐饮业的景气指数；

第二、计算各行业上年增加值占这些行业增加值之和的比重；

第三、利用各行业的景气指数，以各行业上年增加值占这些行业增加值之和的比重为权数计算企业景气总指数。

附　　　　　录

APPENDIX

本篇内容包括：

1. 中华人民共和国 2009 年国民经济和社会发展统计公报
2. 全国各省市主要经济指标
3. 省会城市主要经济指标
4. 江西省 2009 年国民经济和社会发展统计公报
5. 江西省各设区市主要经济指标

资料整理　　**微机处理**

储尚志　　储尚志

445/499

中华人民共和国
2009 年国民经济和社会发展统计公报

中华人民共和国国家统计局

2010 年 2 月 5 日

2009 年，全国各族人民在党中央、国务院的领导下，以邓小平理论和“三个代表”重要思想为指导，深入贯彻落实科学发展观，认真贯彻积极的财政政策和适度宽松的货币政策，全面落实应对国际金融危机的一揽子计划和政策措施，国民经济形势总体回升向好，各项社会事业取得新的进展。

一、综　　合

初步核算，全年国内生产总值 335 353 亿元，比上年增长 8.7%。分产业看，第一产业增加值 35 477 亿元，增长 4.2%；第二产业增加值 156 958 亿元，增长 9.5%；第三产业增加值 142 918 亿元，增长 8.9%。第一产业增加值占国内生产总值的比重为 10.6%，比上年下降 0.1 个百分点；第二产业增加值比重为 46.8%，下降 0.7 个百分点；第三产业增加值比重为 42.6%，上升 0.8 个百分点。

图1　2005-2009年国内生产总值

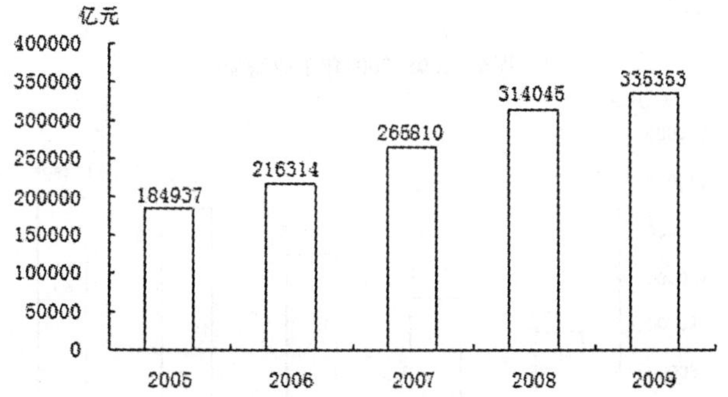

全年居民消费价格比上年下降 0.7%，其中食品价格上涨 0.7%。固定资产投资价格下降 2.4%。工业品出厂价格下降 5.4%，其中生产资料价格下降 6.7%，生活资料价格下降 1.2%。原材料、燃料、动力购进价格下降 7.9%。农产品生产价格下降 2.4%。农业生产资料价格下降 2.5%。70 个大中城市房屋销售价格上涨 1.5%，其中新建住宅价格上涨 1.3%，二手住宅价格上涨 2.4%；房屋租赁价格下降 0.6%。

图2　2005-2009年居民消费价格涨跌幅度

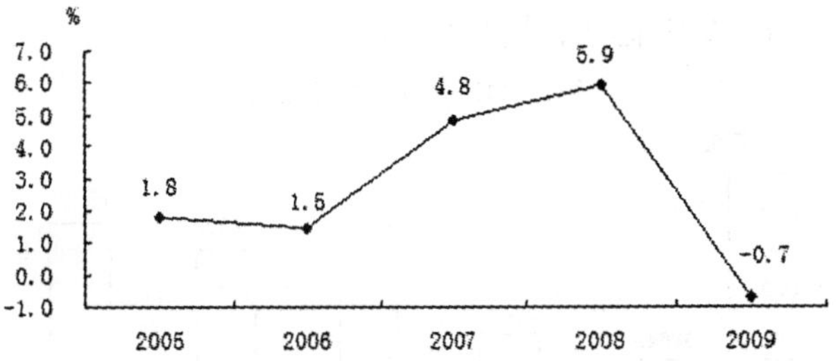

表 1　2009 年居民消费价格比上年涨跌幅度

单位:%

指　　标	全　国		
		城　市	农　村
居民消费价格	-0.7	-0.9	-0.3
食　　品	0.7	1.0	0.1
其中：粮　食	5.6	5.7	5.5
肉禽及其制品	-8.7	-8.5	-9.2
油　脂	-18.3	-17.9	-18.8
鲜　蛋	1.5	1.3	2.0
鲜　菜	15.4	15.0	16.7
鲜　果	9.1	9.0	9.5
烟酒及用品	1.5	1.7	1.3
衣　　着	-2.0	-2.2	-1.6
家庭设备用品及服务	0.2	0.3	
医疗保健及个人用品	1.2	1.1	1.5
交通和通信	-2.4	-2.7	-1.8
娱乐教育文化用品及服务	-0.7	-1.2	0.6
居　　住	-3.6	-4.6	-1.5

年末全国就业人员 77 995 万人，比上年末增加 515 万人。其中城镇就业人员 31 120 万人，增加 910 万人，新增加 1 102 万人。年末城镇登记失业率为 4.3%，比上年末上升 0.1 个百分点。

年末国家外汇储备23 992 亿美元，比上年末增加4 531 亿美元。年末人民币汇率为1 美元兑6.8282 元人民币，比上年末升值0.1%。

图3　2005-2009年年末国家外汇储备

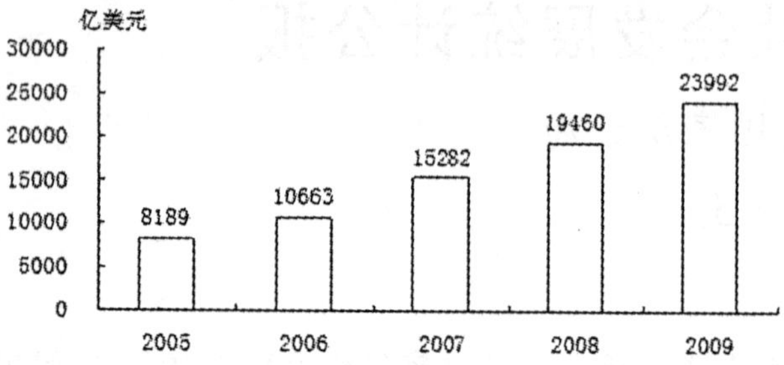

全年财政收入68 477 亿元，比上年增加7147 亿元，增长11.7%；其中税收收入59 515 亿元，增加5 291 亿元，增长9.8%。

图4　2005-2009年财政收入

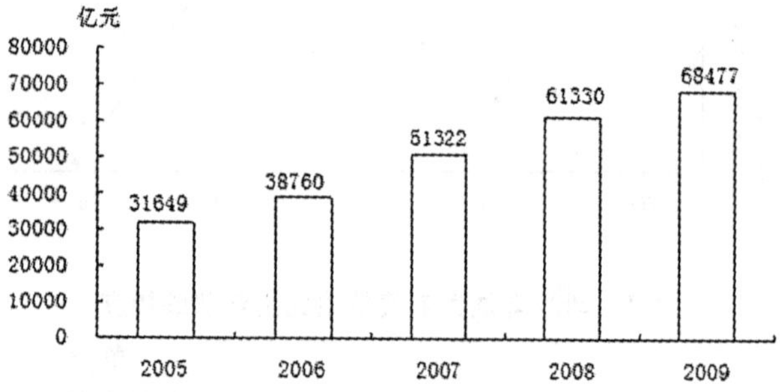

二、农　　业

全年粮食种植面积10 897 万公顷，比上年增加217 万公顷；棉花种植面积495 万公顷，减少80 万公顷；油料种植面积1 360 万公顷，增加76 万公顷；糖料种植面积188 万公顷，减少11 万公顷。

全年粮食产量53 082 万吨，比上年增加211 万吨，增产0.4%。其中，夏粮产量12 335 万吨，增产2.2%；早稻产量3 327 万吨，增产5.3%；秋粮产量37 420 万吨，减产0.6%。

图5　2005-2009年粮食产量

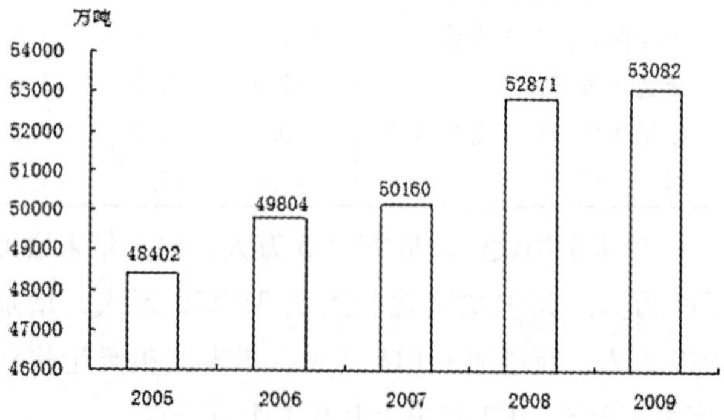

全年棉花产量640 万吨，比上年减产14.6%。油料产量3 100 万吨，增产5.0%。糖料产量12 200 万吨，减产9.1%。烤烟产量280 万吨，增产6.7%。茶叶产量135 万吨，增产7.1%。

全年肉类总产量7642 万吨，比上年增长5.0%。其中，猪肉产量4889 万吨，增长5.8%；牛肉产量636 万吨，增长3.6%；羊肉产量389 万吨，增长2.4%。生猪年末存栏46 985 万头，增长1.5%；生猪出栏64 507 万头，增长5.7%。牛奶产量3518 万吨，下降1.1%；禽蛋产量2741 万吨，增长1.4%。

全年水产品产量5 120 万吨，增长4.6%。其中，养殖水产品产量3 635 万吨，增长6.5%；捕捞水产品产量1 485 万吨，增长0.1%。

全年木材产量6 938 万立方米，比上年下降14.4%。

全年新增有效灌溉面积147.1 万公顷，新增节水灌溉面积182.6 万公顷。

三、工业和建筑业

全年全部工业增加值134 625 亿元，比上年增长8.3%。规模以上工业增加值增长11.0%，其中国有及国有控股企业增长6.9%；集体企业增长10.2%，股份制企业增长13.3%，外商及港澳台商投资企业增长6.2%；私营企业增长18.7%。分轻重工业看，轻工业增长9.7%，重工业增长11.5%。

图6　2005-2009年工业增加值

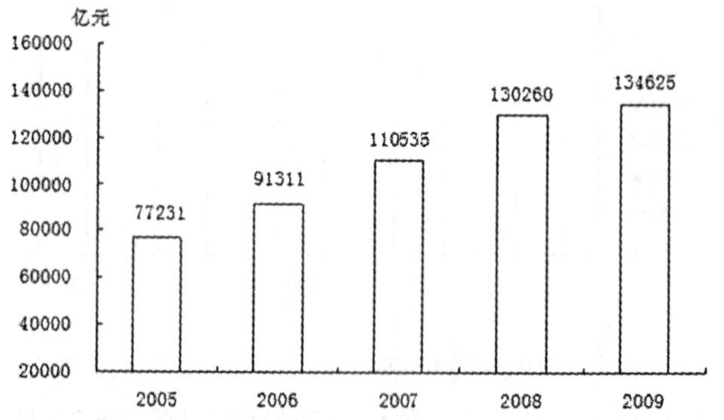

全年规模以上工业中，煤炭开采和洗选业增加值比上年增长8.3%；石油和天然气开采业增长4.8%；农副食品加工业增长15.9%；纺织业增长8.5%；通用设备制造业增长11.0%；专用设备制

造业增长 13.0%；交通运输设备制造业增长 18.4%，其中汽车制造增长 20.3%，船舶制造增长 20.7%；通信设备、计算机及其他电子设备制造业增长 5.3%；电气机械及器材制造业增长 12.0%。6 大高载能行业比上年增长 10.6%，其中，非金属矿物制品业增长 14.7%，化学原料及化学制品制造业增长 14.6%，有色金属冶炼及压延加工业增长 12.8%，黑色金属冶炼及压延加工业增长 9.9%，电力、热力的生产和供应业增长 6.0%，石油加工、炼焦及核燃料加工业增长 5.2%。高技术制造业增加值比上年增长 7.7%。

表 2　2009 年主要工业产品产量及其增长速度

产品名称	单　位	产　量	比上年增长%
纱	万吨	2 393.5	12.7
布	亿米	740.0	4.2
化学纤维	万吨	2 730.0	13.0
成品糖	万吨	1 321.2	-8.9
卷　烟	亿支	22 901.5	3.2
彩色电视机	万台	9 898.8	9.6
其中：液晶电视机	万台	6 765.3	85.2
家用电冰箱	万台	5 930.5	24.7
房间空气调节器	万台	8 078.2	-1.9
一次能源生产总量	亿吨标准煤	28.0	5.8
原　煤	亿吨	30.50	8.8
原　油	亿吨	1.89	-3.1
天然气	亿立方米	851.7	6.1
发电量	亿千瓦小时	37 146.5	6.3
其中：火电	亿千瓦小时	29 827.8	10.2
水　电	亿千瓦小时	6 156.4	-3.3
核　电	亿千瓦小时	701.3	2.5
粗　钢	万吨	56 803.3	12.9
钢　材	万吨	69 626.3	15.2
十种有色金属	万吨	2 650.1	5.2
其中：精炼铜（电解铜）	万吨	413.5	9.1
原铝（电解铝）	万吨	1 296.5	-1.5
氧化铝	万吨	2 379.3	3.3
水　泥	亿吨	16.5	16.0
硫　酸	万吨	5 960.2	16.9
纯　碱	万吨	1 938.4	3.0
烧　碱	万吨	1 832.4	-1.1
乙　烯	万吨	1 066.3	8.0
化肥（折 100%）	万吨	6 599.7	9.8
发电机组（发电设备）	万千瓦	1 1729.3	-11.9
汽　车	万辆	1 379.5	48.2
其中：基本型乘用车（轿车）	万辆	748.5	48.6
大中型拖拉机	万台	37.1	30.6
集成电路	亿块	414.4	-0.7
程控交换机	万线	4 147.4	-9.5
移动通信手持机	万台	6 1924.5	10.7
微型计算机设备	万台	18 215.1	33.3

1－11 月全国规模以上工业企业累计实现利润 25 891 亿元，比上年同期增长 7.8%。

表 3　2008 年 1－11 月规模以上工业企业实现利润及其增长速度

单位：亿元

指　标	利润总额	比上年同期增长%
规模以上工业	25 891	7.8
其中：国有及国有控股企业	7 514	-4.5
其中：集体企业	545	10.3
股份制企业	13 890	4.2
外商及港澳台商投资企业	7 511	16.9
其中：私营企业	6 849	17.4

全年全社会建筑业增加值 22 333 亿元，比上年增长 18.2%。全国具有资质等级的总承包和专业承包建筑业企业实现利润 2 663 亿元，增长 21.0%，其中国有及国有控股企业 697 亿元，增长 23.9%。

图7　2005-2009年建筑业增加值

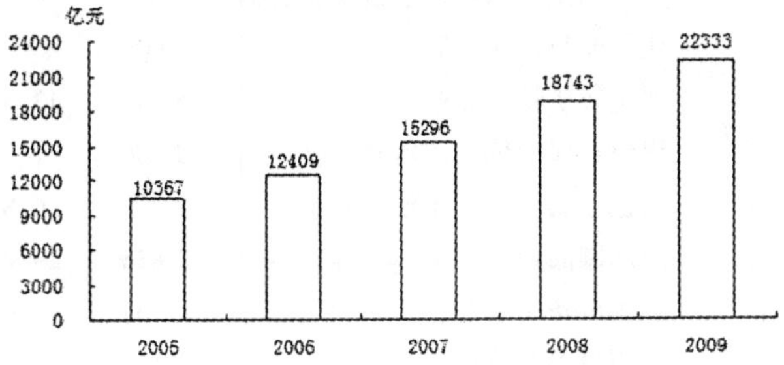

四、固定资产投资

全年全社会固定资产投资 224 846 亿元，比上年增长 30.1%。分城乡看，城镇投资 194 139 亿元，增长 30.5%；农村投资 30 707 亿元，增长 27.5%。分地区看，东部地区投资 95 653 亿元，比上年增长 23.0%；中部地区投资 49 846 亿元，增长 35.8%；西部地区投资 49662 亿元，增长 38.1%；东北地区投资 23 733 亿元，增长 26.8%。

图8　2005—2009年全社会固定资产投资

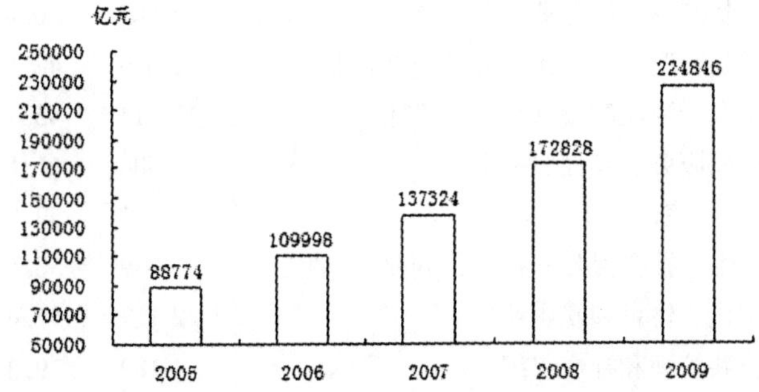

在城镇投资中，第一产业投资3 373亿元，比上年增长49.9%；第二产业投资82 277亿元，增长26.8%；第三产业投资108 489亿元，增长33.0%。

表4　2009年分行业城镇固定资产投资及其增长速度

单位：亿元

行　　业	投资额	比上年增长%
总　　计	**194 139**	**30.5**
农、林、牧、渔业	3 373	49.9
采 矿 业	8 093	18.2
其中：煤炭开采及洗选业	3 021	25.9
石油和天然气开采业	2 793	4.4
制 造 业	58 817	26.8
其中：农副食品加工业	2 826	38.2
食品制造业	1 513	32.4
纺 织 业	1 768	14.8
纺织服装、鞋、帽制造业	1 051	17.0
石油加工、炼焦及核燃料加工业	1 835	0.4
化学原料及化学制品制造业	6 006	26.9
非金属矿物制品业	5 948	43.5
黑色金属冶炼及压延加工业	3 206	-1.3
有色金属冶炼及压延加工业	2 202	16.8
金属制品业	2 836	29.2
通用设备制造业	4 465	37.6
专用设备制造业	3 111	37.3
交通运输设备制造业	4 965	31.3
电气机械及器材制造业	3 545	51.2
通信设备、计算机及其他电子设备制造业	2 627	6.7
电力、燃气及水的生产和供应业	13 482	28.5
其中：电力、热力的生产与供应业	11 078	22.8
建 筑 业	1 884	57.6
交通运输、仓储和邮政业	23 278	48.3
信息传输、计算机服务和软件业	2 515	18.0
批发和零售业	4 451	39.4
住宿和餐饮业	2 333	34.4
金 融 业	349	38.2
房地产业	43 065	19.9
租赁和商务服务业	1 887	50.4
科学研究、技术服务和地质勘查业	1 066	48.5
水利、环境和公共设施管理业	17 814	45.1
居民服务和其他服务业	506	61.8
教　　育	3 231	37.2
卫生、社会保障和社会福利业	1 689	58.5
文化、体育和娱乐业	2 117	47.4
公共管理和社会组织	4 189	29.3

表5　2009年固定资产投资新增主要生产能力

指　　标	单　位	绝对数
新增发电机组容量	万千瓦	8 970
22万伏及以上变电设备	万千伏安	27 161
新建铁路投产里程	公里	5 557
增建铁路复线投产里程	公里	4 129
电气化铁路投产里程	公里	8 448
新建公路	公里	121 013
其中：高速公路	公里	4 391
港口万吨级码头泊位新增吞吐能力	万吨	31 318
新增光缆线路长度	万公里	149
新增数字蜂窝移动电话交换机容量	万户	27 580

全年房地产开发投资36 232亿元，比上年增长16.1%。其中，商品住宅投资25 619亿元，增长14.2%；办公楼投资1 378亿元，增长18.1%；商业营业用房投资4 172亿元，增长24.4%。

表6　2009年房地产开发和销售主要指标完成情况

指　　标	单　　位	绝 对 数	比上年增长%
投资完成额	亿元	36 232	16.1
其中：住宅	亿元	25 619	14.2
其中：90平方米以下住宅	亿元	8 351	24.1
其中：经济适用房	亿元	1 139	17.3
房屋施工面积	万平方米	319 650	12.8
其中：住宅	万平方米	250 804	12.5
房屋新开工面积	万平方米	115 385	12.5
其中：住宅	万平方米	92 463	10.5
房屋竣工面积	万平方米	70 219	5.5
其中：住宅	万平方米	57 694	6.2
商品房销售面积	万平方米	93 713	42.1
其中：住宅	万平方米	85 294	43.9
本年资金来源	亿元	57 128	44.2
其中：国内贷款	亿元	11 293	48.5
其中：个人按揭贷款	亿元	8 403	116.2
本年购置土地面积	万平方米	31 906	-18.9
完成开发土地面积	万平方米	23 006	-19.9
土地购置费	亿元	6 039	0.7

五、国内贸易

全年社会消费品零售总额125 343亿元，比上年增长15.5%。分地域看，城市消费品零售额85 133亿元，增长15.5%；县及县以下消费品零售额40 210亿元，增长15.7%。分行业看，批发和零售业零售额105 413亿元，增长15.6%；住宿和餐饮业零售额17 998亿元，增长16.8%；其他行业零售额1 932亿元，增长2.5%。

图9 2005-2009年社会消费品零售总额

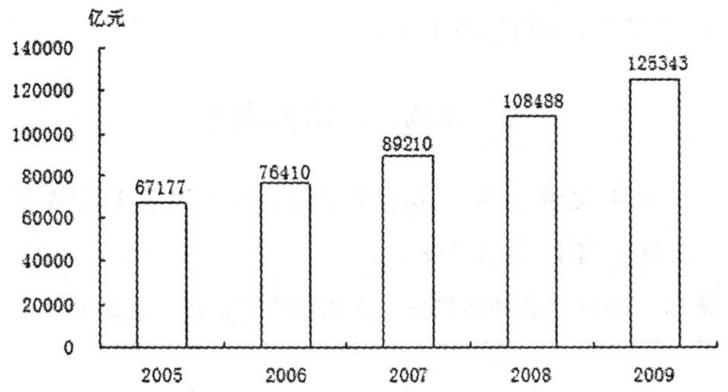

在限额以上批发和零售业零售额中，汽车类零售额比上年增长32.3%，粮油类增长13.0%，肉禽蛋类增长8.3%，服装类增长20.8%，日用品类增长15.6%，文化办公用品类增长6.7%，通讯器材类下降1.3%，化妆品类增长16.9%，金银珠宝类增长15.9%，中西药品类增长21.7%，家用电器和音像器材类增长12.3%，家具类增长35.5%，建筑及装潢材料类增长26.6%。

六、对外经济

全年货物进出口总额22072亿美元，比上年下降13.9%。其中，货物出口12 017亿美元，下降16.0%；货物进口10 056亿美元，下降11.2%。进出口差额（出口减进口）1 961亿美元，比上年减少1 020亿美元。

表7 2009年货物进出口总额及其增长速度

单位：亿美元

指标	绝对数	比上年增长%
货物进出口总额	**22 072**	**-13.9**
货物出口额	12 017	-16.0
其中：一般贸易	5 298	-20.1
加工贸易	5 870	-13.1
其中：机电产品	7 131	-13.4
高新技术产品	3 769	-9.3
其中：国有企业	1 910	-25.8
外商投资企业	6 722	-15.0
其他企业	3 384	-11.6
货物进口额	1 0056	-11.2
其中：一般贸易	5 339	-6.7
加工贸易	3 223	-14.8
其中：机电产品	4 914	-8.7
高新技术产品	3 098	-9.4
其中：国有企业	2 885	-18.5
外商投资企业	5 452	-12.0
其他企业	1 719	7.9
进出口差额（出口减进口）	1 961	—

表8 2009年主要商品出口数量、金额及其增长速度

单位：亿美元

商品名称	单位	数量	比上年增长%	金额（亿美元）	比上年增长%
煤	万吨	2 240	-50.7	24	-54.7
钢材	万吨	2 460	-58.5	223	-64.9
纺织纱线、织物及制品	—	—	—	600	-8.4
服装及衣着附件	—	—	—	1 071	-11.0
鞋类	—	—	—	280	-5.7
家具及其零件	—	—	—	253	-6.0
自动数据处理设备及其部件	万台	131 331	-8.5	1 224	-9.4
手持或车载无线电话	万台	58 280	9.4	396	2.7
集装箱	万个	69	-77.2	19	-78.6
集成电路	百万个	56 608	16.8	233	-4.2
液晶显示板	万个	192 414	-5.1	192	-14.1
汽车(包括整套散件)	万辆	35	-45.2	47	-47.3

表9 2009年主要商品进口数量、金额及其增长速度

单位：亿美元

商品名称	数量（万吨）	比上年增长%	金额（亿美元）	比上年增长%
谷物及谷物粉	315	104.6	9	22.7
大豆	4 255	13.7	188	-13.9
食用植物油	816	8.4	59	-30.1
铁矿砂及其精矿	62 778	41.6	501	-17.4
氧化铝	514	12.1	13	-26.6
煤	12583	211.9	106	201.3
原油	20 379	13.9	893	-31.0
成品油	3 696	-5.4	170	-43.7
初级形状的塑料	2 381	34.5	348	2.2
纸浆	1 368	43.7	68	2.1
钢材	1 763	14.3	195	-16.9
未锻造的铜及铜材	429	62.7	226	18.0

表10 2009年对主要国家和地区货物进出口额及其增长速度

单位：亿美元

国家和地区	货物出口额	比上年增长%	货物进口额	比上年增长%
欧盟	2 363	-19.4	1278	-3.7
美国	2 208	-12.5	774	-4.8
中国香港	1 662	-12.8	87	-32.6
东盟	1063	-7.0	1067	-8.8
日本	979	-15.7	1 309	-13.1
韩国	537	-27.4	1 026	-8.5
印度	297	-6.1	137	-32.3
中国台湾	205	-20.8	857	-17.0
俄罗斯	175	-47.1	213	-10.7

图10 2005-2009年货物进出口总额

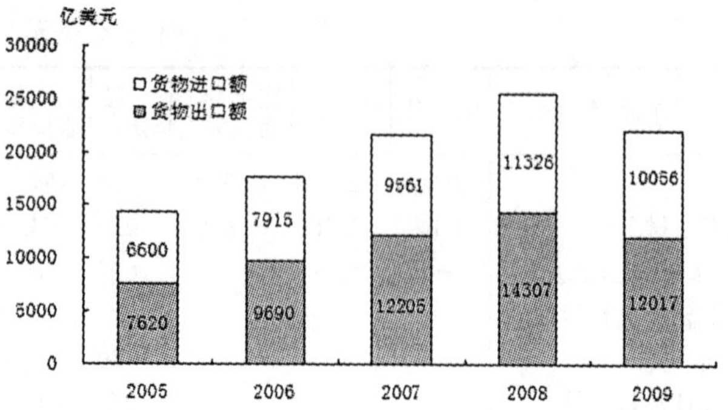

全年非金融领域新批外商直接投资企业23 435家，比上年减少14.8%。实际使用外商直接投资金额900亿美元，下降2.6%。其中，制造业占52.0%；房地产业占18.7%；租赁和商务服务业占6.8%；批发和零售业占6.0%；交通运输、仓储和邮政业占2.8%。

表11 2009年分行业外商直接投资及其增长速度

行业名称	企业数（家）	比上年增长%	实际使用金额（亿美元）	比上年增长%
总　　计	**23 435**	**-14.8**	**900.3**	**-2.6**
农、林、牧、渔业	896	-2.3	14.3	20.0
采矿业	99	-33.6	5.0	-12.6
制造业	9 767	-15.6	467.7	-6.3
电力、燃气及水的生产和供应业	238	-25.6	21.1	24.5
建筑业	220	-16.0	6.9	-36.7
交通运输、仓储和邮政业	395	-24.5	25.3	-11.4
信息传输、计算机服务和软件业	1 081	-15.9	22.5	-19.0
批发和零售业	5 100	-12.9	53.9	21.6
住宿和餐饮业	502	-20.7	8.4	-10.1
金融业	52	108.0	4.6	-20.3
房地产业	569	25.9	168.0	-9.7
租赁和商务服务业	2 864	-8.7	60.8	20.2
科学研究、技术服务和地质勘查业	1 066	-42.0	16.7	11.2
水利、环境和公共设施管理业	183	32.6	5.6	63.4
居民服务和其他服务业	207	1.0	15.9	178.3
教育	20	-16.7	0.1	-63.0
卫生、社会保障和社会福利业	18	80.0	0.4	127.0
文化、体育和娱乐业	158	-7.1	3.2	23.0
公共管理和社会组织	—	—	—	—
国际组织	—	—	—	—

全年非金融类对外直接投资额433亿美元，比上年增长6.5%。

全年对外承包工程业务完成营业额777亿美元，比上年增长37.3%；对外劳务合作完成营业额89亿美元，增长10.6%。

七、交通、邮电和旅游

全年交通运输、仓储和邮政业增加值17058亿元，比上年增长3.7%。

表12 2009年各种运输方式完成货物运输量及其增长速度

指　　标	单　　位	绝对数	比上年增长%
货物运输总量	亿吨	278.8	7.5
铁　　路	亿吨	33.3	1.9
公　　路	亿吨	209.7	9.4
水　　运	亿吨	31.4	3.0
民　　航	万吨	445.5	9.3
管　　道	亿吨	4.4	1.3
货物运输周转量	亿吨公里	121 211.3	9.8
铁　　路	亿吨公里	25 239.2	0.5
公　　路	亿吨公里	36 383.5	10.7
水　　运	亿吨公里	57 439.9	14.0
民　　航	亿吨公里	126.3	5.6
管　　道	亿吨公里	2 022.4	4.1

表13 2009年各种运输方式完成旅客运输量及其增长速度

指　　标	单　　位	绝对数	比上年增长%
旅客运输总量	亿人	297.7	3.8
铁　　路	亿人	15.2	4.3
公　　路	亿人	278.0	3.6
水　　运	亿人	2.2	2.9
民　　航	亿人	2.3	19.7
旅客运输周转量	亿人公里	24 773.6	6.8
铁　　路	亿人公里	7 878.9	1.3
公　　路	亿人公里	13 450.7	7.8
水　　运	亿人公里	69.1	5.8
民　　航	亿人公里	3 374.9	17.1

全年规模以上港口完成货物吞吐量69.1亿吨，比上年增长8.2%，其中外贸货物吞吐量21.4亿吨，增长8.6%。港口集装箱吞吐量12 082万标准箱，下降5.8%。

年末全国民用汽车保有量达到7 619万辆（包括三轮汽车和低速货车1 331万辆），比上年末增长17.8%，其中私人汽车保有量5 218万辆，增长25.0%。民用轿车保有量3 136万辆，增长28.6%，其中私人轿车2 605万辆，增长33.8%。

全年完成邮电业务总量27 313亿元，比上年增长14.6%。其中，邮政业务总量1 632亿元，增长16.4%；电信业务总量25 681亿元，增长14.4%。全年局用交换机容量减少1 644万门，总容量49 219万门；新增移动电话交换机容量27 580万户，达到142 111万户。固定电话年末用户31 369万户。其中，城市电话用户21 178万户，农村电话用户10 191万户。新增移动电话用户10 614万户，年末达到74 738万户。年末全国固定及移动电话用户总数达到106 107万户，比上年末增加7 947万户。电话普及率达到79.9部/百人。互联网上网人数3.8亿人，其中宽带上网人数3.5亿人；互联网普及率达到28.9%。

图11　2005—2009年年末电话用户数

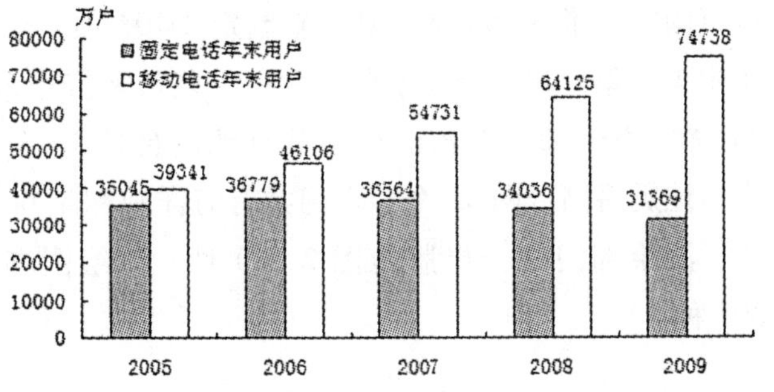

全年国内出游人数达19.0亿人次，比上年增长11.1%；国内旅游收入10 184亿元，增长16.4%。入境旅游人数12 648万人次，下降2.7%。其中，外国人2 194万人次，下降9.8%；香港、澳门和台湾同胞10 454万人次，下降1.1%。在入境旅游者中，过夜旅游者5 088万人次，下降4.1%。国际旅游外汇收入397亿美元，下降2.9%。国内居民出境人数达4 766万人次，增长4.0%。其中因私出境4 221万人次，增长5.2%，占出境人数的88.6%。

八、金　　融

年末广义货币供应量（M2）余额为60.6万亿元，比上年末增长27.7%；狭义货币供应量（M1）余额为22.0万亿元，增长32.4%；流通中现金（M0）余额为3.8万亿元，增长11.8%。

年末全部金融机构本外币各项存款余额61.2万亿元，比年初增加13.2万亿元。其中人民币各项存款余额59.8万亿元，增加13.1万亿元。全部金融机构本外币各项贷款余额42.6万亿元，增加10.5万亿元。其中人民币各项贷款余额40.0万亿元，增加9.6万亿元。

表14　2009年全部金融机构本外币存贷款及其增长速度

单位：亿元

指　　标	年末数	比上年末增长%
各项存款余额	612 006	27.7
其中：企业存款	224 357	36.5
城乡居民储蓄存款	264 761	19.5
其中：人民币	260 772	19.7
各项贷款余额	425 597	33.0
其中：短期贷款	151 353	17.7
中长期贷款	235 579	43.5

图12　2005—2009年城乡居民人民币储蓄存款余额

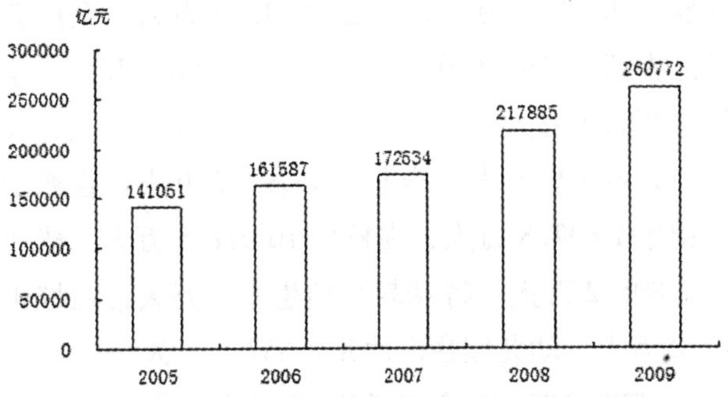

全年农村金融合作机构（农村信用社、农村合作银行、农村商业银行）人民币贷款余额4.7万亿元，比年初增加9 727亿元。全部金融机构人民币消费贷款余额5.5万亿元，增加17 976亿元。其中，个人短期消费贷款余额0.6万亿元，增加2 465亿元；个人中长期消费贷款余额4.9万亿元，增加15 511亿元。

全年上市公司通过境内市场累计筹资3 653亿元，比上年增加1 255亿元。其中，首次公开发行A股99只，筹资2 062亿元，增加995亿元；A股再筹资（包括配股、公开增发、非公开增发、认股权证）筹资1 591亿元，增加259亿元；上市公司通过发行可转债、可分离债、公司债筹资813亿元，减少185亿元。全年首次公开发行创业板股票36只，筹资204亿元。

全年发行非上市公司企业（公司）债券4252亿元，比上年增加1 885亿元。企业发行短期融资券4 612亿元，增加281亿元；中期票据6 987亿元，增加5250亿元。发行中小企业集合票据12.7

亿元。

全年保险公司原保险保费收入11 137亿元，比上年增长13.8%，其中寿险业务原保险保费收入7 457亿元；健康险和意外伤害险业务原保险保费收入804亿元；财产险业务原保险保费收入2 876亿元。支付各类赔款及给付3 125亿元，其中寿险业务给付1 269亿元；健康险和意外伤害险赔款及给付281亿元；财产险业务赔款1 576亿元。

九、教育和科学技术

全年研究生教育招生51.1万人，在学研究生140.5万人，毕业生37.1万人。普通高等教育本专科招生639.5万人，在校生2 144.7万人，毕业生531.1万人。各类中等职业教育招生873.6万人，在校生2 178.7万人，毕业生619.2万人。全国普通高中招生830.3万人，在校生2 434.3万人，毕业生823.7万人。全国初中招生1 788.5万人，在校生5 440.9万人，毕业生1 797.7万人。普通小学招生1 637.8万人，在校生10 071.5万人，毕业生1 805.2万人。特殊教育招生6.4万人，在校生42.8万人。幼儿园在园幼儿2 657.8万人。

图13　2005—2009年普通高等教育、中等职业教育及普通高中招生人数

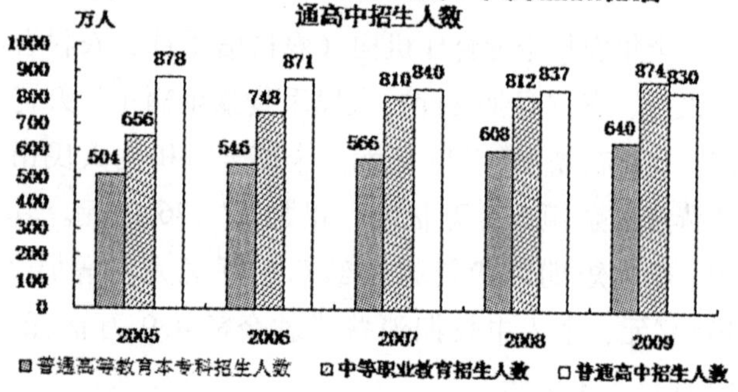

全年研究与试验发展（R&D）经费支出5 433亿元，比上年增长17.7%，占国内生产总值的1.62%，其中基础研究经费272亿元。全年国家安排了639项科技支撑计划课题，1 328项“863”计划课题。累计建设国家工程研究中心127个，国家工程实验室85个。国家认定企业技术中心达到636家。省级企业技术中心达到5 011家。启动实施新兴产业创投计划，支持设立20家创业投资基金。全年受理国内外专利申请97.7万件，其中国内申请87.8万件，占89.9%。受理国内外发明专利申请31.5万件，其中国内申请22.9万件，占72.8%。全年授予专利权58.2万件，其中国内授权50.2万件，占86.2%。授予发明专利权12.8万件，其中国内授权6.5万件，占50.9%。截至2009年底，有效专利152.0万件，其中国内有效专利119.3万件，占78.5%；有效发明专利43.8万件，其中国内有效发明专利18.0万件，占41.1%。全年共签订技术合同21.4万项，技术合同成交金额3 039亿元，比上年增长14.0%。全年成功发射卫星6次。首台千万亿次超级计算机系统“天河一号”研制成功；嫦娥一号卫星成功受控撞月。

年末全国共有产品检测实验室25 000个，其中国家检测中心414个。全国现有产品质量、体系认证机构168个，已累计完成对4.1万个企业的产品认证。全国共有法定计量技术机构3 760个，全年强制检定计量器具4 560万台（件）。全年制定、修订国家标准3 158项，其中新制定2 102项。全年中央气象台和省级气象台共发布气象预警信号2 737次，警报3 950次。全国共有地震台站1 457个，地震遥测台网32个。全国共有海洋观测站66个。测绘部门公开出版地图2 060种，测绘图书307种。

十、文化、卫生和体育

年末全国共有艺术表演团体2 478个，文化馆3 214个，公共图书馆2 833个，博物馆1 996个。广播电台251座，电视台272座，广播电视台2 087座，教育台44个。有线电视用户17 398万户，有线数字电视用户6 200万户。年末广播节目综合人口覆盖率为96.3%；电视节目综合人口覆盖率为97.2%。全年生产故事影片456部，科教、纪录、动画和特种影片102部。出版各类报纸437亿份，各类期刊31亿册，图书70亿册（张）。年末全国共有档案馆4 035个，已开放各类档案7 991万卷（件）。

年末全国共有卫生机构28.9万个，其中医院、卫生院6.0万个，社区卫生服务中心（站）2.6万个，妇幼保健院（所、站）3 013个，专科疾病防治院（所、站）1 315个，疾病预防控制中心（防疫站）3 543个，卫生监督所（中心）2 706个，诊所及其他19.3万个。卫生技术人员522万人，其中执业医师和执业助理医师216万人，注册护士174万人。医院和卫生院床位396万张。乡镇卫生

院3.9万个，床位91万张，卫生技术人员89.8万人。全年甲、乙类法定报告传染病发病人数377.6万例，报告死亡15 105人；报告传染病发病率284.34/10万，死亡率1.14/10万。

全年运动健儿在30个项目中共获得142个世界冠军，11人3队22次创22项世界纪录。在第十一届全国运动会上，共有7人9次创超5项世界纪录；12人3队21次创16项亚洲纪录；29人5队52次创39项全国纪录。

十一、人口、人民生活和社会保障

年末全国总人口为133 474万人，比上年末增加672万人。全年出生人口1 615万人，出生率为12.13‰；死亡人口943万人，死亡率为7.08‰；自然增长率为5.05‰。出生人口性别比为119.45。

表15 2009年人口数及其构成

单位：万人

指 标	年末数	比 重（%）
全国总人口	133474	100.0
其中：城 镇	62 186	46.6
乡 村	71 288	53.4
其中：男 性	68 652	51.4
女 性	64 822	48.6
其中：0－14岁	24 663	18.5
15－59岁	92 097	69.0
60岁及以上	16 714	12.5
其中：65岁及以上	11 309	8.5

全年农村居民人均纯收入5 153元，剔除价格因素，比上年实际增长8.5%；城镇居民人均可支配收入17 175元，实际增长9.8%。农村居民家庭食品消费支出占消费总支出的比重为41.0%，城镇为36.5%。按2009年农村贫困标准1 196元测算，年末农村贫困人口为3 597万人。

图14 2005—2009年农村居民人均纯收入

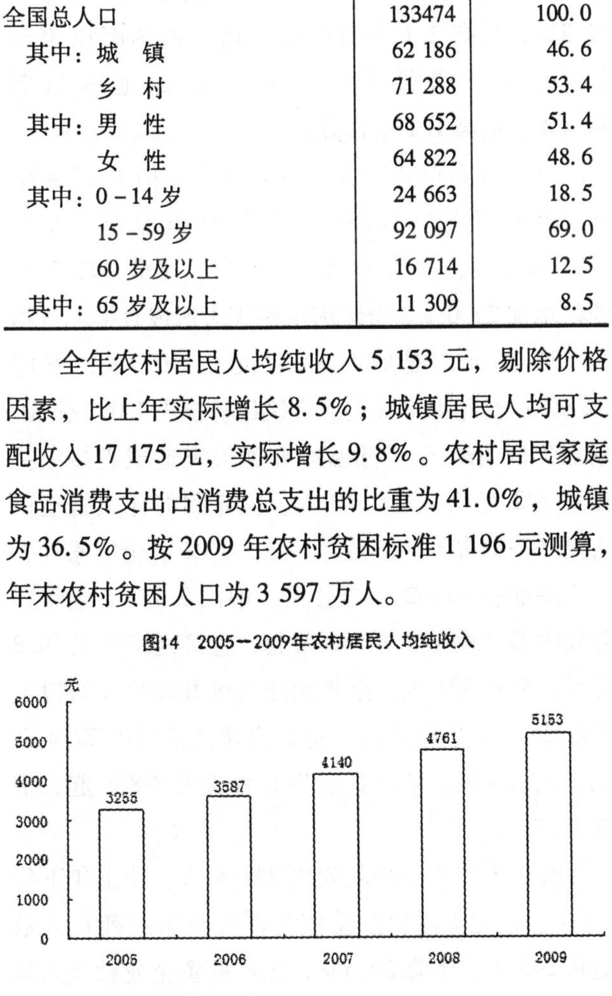

年末全国参加城镇基本养老保险人数23 498万人，比上年末增加1 607万人。其中参保职工17 703万人，参保离退休人员5 795万人。参加城镇基本医疗保险的人数40 061万人，增加8 239万人。其中，参加城镇职工基本医疗保险人数21 961万人，参加城镇居民基本医疗保险人数18 100万人。参加城镇医疗保险的农民工4 335万人，增加69万人。参加失业保险的人数12715万人，增加316万人。参加工伤保险的人数14 861万人，增加1 074万人。其中参加工伤保险农民工5 580万人，增加638万人。参加生育保险的人数10 860万人，增加1 606万人。2 716个县（市、区）开展了新型农村合作医疗工作，新型农村合作医疗参合率94.0%。新型农村合作医疗基金累计支出总额为646亿元，累积受益4.9亿人次。新型农村社会养老保险试点顺利启动。年末全国领取失业保险金人数为235万人。

年末全国共有各类提供住宿的收养性社会服务机构3.9万个，床位275.4万张，收养各类人员208.8万人。其中，农村养老服务机构3.0万个，床位188.5万张，收养各类人员151.1万人。各类不提供住宿的社区服务设施14.0万个，其中，社区服务中心9726个，社区服务站2.5万个。全年2 347.7万城市居民得到政府最低生活保障，比上年增加12.9万人；4 759.3万农村居民得到政府最低生活保障，增加453.8万人；554.3万农村居民得到政府五保救济，增加5.7万人。全年救助城市医疗困难群众417.2万人次，救助农村医疗困难群众688.4万人次；资助1 047.8万城镇困难群众参加城镇医疗保险，资助3 689.8万农村困难群众参加新型农村合作医疗。全年销售社会福利彩票756亿元，直接接收社会捐赠款41亿元。

十二、资源、环境和安全生产

全年土地整理复垦开发补充耕地26.9万公顷。

全年全国国有建设用地供应总量31.9万公顷，比上年增长44.2%。其中，工矿仓储用地11.9万公顷，增长44.1%；房地产用地10.3万公顷，增长36.7%；基础设施等其他用地9.7万公顷，增长53.0%。全年全国105个重点监测城市综合地价比上年上涨5.0%，其中商业地价上涨5.6%，居住地价上涨7.9%，工业地价上涨1.6%。

全年水资源总量23763亿立方米，比上年减少13.4%；人均水资源1 784.9立方米，减少13.8%。全年平均降水量583.1毫米，减少10.9%。年末全国大型水库蓄水总量1 805亿立方米，比上年末少蓄水156亿立方米。全年总用水量5 933亿立方米，比上年增加0.4%。其中，生活用水增加2.9%，工业用水减少0.6%，农业用水增加0.6%，生态补水减少9.8%。万元国内生产总值用水量209.3立方米，比上年下降7.6%。万元工业增加值用水量116.4立方米，下降8.2%。人均用水量445.7立方米，下降0.1%。

国土资源调查及地质勘查新发现大中型矿产地398处，其中，能源矿产地107处，金属矿产地177处，非金属矿产地109处，水气矿产地5处。有65种矿产新增查明资源储量，其中，石油11.2亿吨，天然气7234亿立方米，原煤503.6亿吨。

根据第七次全国森林资源清查结果，截至2008年，森林面积19 545万公顷，森林覆盖率20.36%，活立木总蓄积量149.13亿立方米，森林蓄积量137.21亿立方米。

全年完成造林面积588万公顷，其中人工造林389万公顷。林业重点工程完成造林面积447万公顷，占全部造林面积的76.0%。全民义务植树24.8亿株。截至年底，自然保护区达到2 529个，其中国家级自然保护区319个。新增综合治理水土流失面积4.8万平方公里，新增实施水土流失地区封育保护面积2.7万平方公里。截至2009年底，已确权集体林地面积为10 093万公顷，其中发放林权证的面积为7 573万公顷。

全年平均气温为9.8℃，共有9个台风登陆。

初步测算，全年能源消费总量31.0亿吨标准煤，比上年增长6.3%。煤炭消费量30.2亿吨，增长9.2%；原油消费量3.8亿吨，增长7.1%；天然气消费量887亿立方米，增长9.1%；电力消费量36 973亿千瓦小时，增长6.2%。全国万元国内生产总值能耗下降2.2%。主要原材料消费中，钢材消费量6.9亿吨，增长22.4%；精炼铜消费量753万吨，增长39.7%；电解铝消费量1 439万吨，增长14.4%；乙烯消费量1 066万吨，增长8.0%；水泥消费量16.3亿吨，增长17.0%。

七大水系的408个水质监测断面中，Ⅰ~Ⅲ类水质断面比例占57.1%，比上年提高2.1个百分点；劣Ⅴ类水质断面比例占18.4%，比上年下降2.4个百分点。七大水系水质总体上持续好转，部分流域污染仍然严重。

近岸海域299个海水水质监测点中，达到国家一、二类海水水质标准的监测点占72.9%，比上年上升2.5个百分点；三类海水占6.0%，下降5.3个百分点；四类、劣四类海水占21.1%，上升2.8个百分点。

在监测的612个城市中，有504个城市空气质量达到二级以上（含二级）标准，占监测城市数的82.4%；有100个城市为三级，占16.3%；有8个城市为劣三级，占1.3%。在监测的327个城市中，城市区域声环境质量好的城市占4.9%，较好的占70.0%，轻度污染的占23.9%，中度污染的占1.2%。

年末城市污水处理厂日处理能力达8664万立方米，比上年末增长6.9%；城市污水处理率达到72.3%，提高2.1个百分点。集中供热面积35.6亿平方米，增长2.0%。建成区绿地率达到34.4%，提高1.1个百分点。

全年各类自然灾害造成直接经济损失2524亿元，比上年下降78.5%。全年农作物受灾面积4721万公顷，增加18.1%。其中，绝收492万公顷，增加22.0%。全年因洪涝灾害造成直接经济损失655亿元，增加0.5%；死亡902人，下降10.8%。全年因旱灾造成直接经济损失1 099亿元，增加2.58倍。全年低温冷冻和雪灾造成直接经济损失172亿元，死亡40人。全年因海洋灾害造成直接经济损失100亿元，下降51.3%。全年累计发生赤潮面积14102平方公里，增加2.7%。全年实际发生各类地质灾害1.0万起，直接经济损失18.3亿元，死亡331人。全年大陆地区共发生5级以上地震24次，成灾8次，造成直接经济损失27.4亿元，死亡3人。全年共发生森林火灾8 808起，下降37.7%。

全年生产安全事故死亡83196人，比上年下降8.8%。亿元国内生产总值生产安全事故死亡人数为0.248人，下降20.5%；工矿商贸企业就业人员10万人生产安全事故死亡人数为2.4人，下降

14.9%；煤矿百万吨死亡人数为0.892人，下降24.5%。全年共发生道路交通事故23.8万起，造成6.8万人死亡，27.5万人受伤，直接财产损失9.1亿元；道路交通万车死亡人数为3.6人，减少0.7人。

注：

1. 本公报中数据均为初步统计数。

2. 各项统计数据均未包括香港特别行政区、澳门特别行政区和台湾省。

3. 部分数据因四舍五入的原因，存在着与分项合计不等的情况。

4. 国内生产总值、各产业增加值绝对数按现价计算，增长速度按不变价格计算。

5. 6大高载能行业分别为：化学原料及化学制品制造业、非金属矿物制品业、黑色金属冶炼及压延加工业、有色金属冶炼及压延加工业、石油加工炼焦及核燃料加工业、电力热力的生产和供应业。

6. 钢材产量及消费量数据中均含部分使用钢材加工成其他钢材的重复计算因素。

7. 固定资产投资按东部、中部、西部和东北地区计算的合计数据小于全国数据，是因为有部分跨地区的投资未计算在地区数据中。其中：东部地区是指北京、天津、河北、上海、江苏、浙江、福建、山东、广东和海南10省市；中部地区是指山西、安徽、江西、河南、湖北和湖南6省；西部地区是指内蒙古、广西、重庆、四川、贵州、云南、西藏、陕西、甘肃、青海、宁夏和新疆12省（区、市）；东北地区是指辽宁、吉林和黑龙江3省。

8. 房地产业投资除房地产开发投资外，还包括建设单位自建房屋以及物业管理、中介服务和其他房地产投资。

9. 表11中“金融业”是指国民经济行业分类中的证券分析与咨询、保险辅助服务和其他金融活动等。

10. 原保险保费收入是指保险企业确认的原保险合同保费收入。

11. 特种影片是指那些采用与常规影院放映在技术、设备、节目方面不同的电影展示方式，如巨幕电影、立体电影、立体特效（4D）电影、动感电影、球幕电影等。

12. 城镇职工基本医疗保险人数包括参保职工和参保退休人员。城镇居民基本医疗保险的参保对象是不属于城镇职工基本医疗保险覆盖范围的城镇非从业人员。

13. 农村五保救济是指老年、残疾或者未满16周岁的村民，无劳动能力、无生活来源又无法定赡养、抚养、扶养义务人，或者其法定赡养、抚养、扶养义务人无赡养、抚养、扶养能力的村民，在吃、穿、住、医、葬方面得到的生活照顾和物质帮助。

14. 建设用地供应总量是指报告期市、县人民政府根据年度土地供应计划依法以出让、划拨、租赁等方式将国有建设用地使用权提供给单位或个人使用的国有建设用地总量。

15. 地价是指根据《城市地价动态监测技术规范》，以城市监测点地价为基础，综合土地市场和房地产市场交易价格测算反映城市整体状况的土地价格水平。综合地价是指同一城市或地区的不同用途土地的平均价格水平。

16. 万元国内生产总值用水量按2005年不变价格计算，邮电业务总量按2 000年不变价格计算。

各省（市、区）行政区划

（2009 年底）

单位：个

区划名称	地级区划数	#地级	县级区划数	#县级	#辖区	#县	#自治县
全国	**333**	**283**	**2 858**	**367**	**855**	**1 464**	**117**
北京市			18		16	2	
天津市			16		13	3	
河北省	11	11	172	22	36	108	6
山西省	11	11	119	11	23	85	
内蒙古自治区	12	9	101	11	21	17	
辽宁省	14	14	100	17	56	19	8
吉林省	9	8	60	20	20	17	3
黑龙江省	13	12	128	18	64	45	1
上海市			18		17	1	
江苏省	13	13	106	26	55	25	
浙江省	11	11	90	22	32	35	1
安徽省	17	17	105	5	44	56	
福建省	9	9	85	14	26	45	
江西省	11	11	99	10	19	70	
山东省	17	17	140	31	49	60	
河南省	17	17	159	21	50	88	
湖北省	13	12	103	24	38	38	2
湖南省	14	13	122	16	34	65	7
广东省	21	21	121	23	54	41	3
广西壮族自治区	14	14	109	7	34	56	12
海南省	2	2	20	6	4	4	6
重庆市			40		19	17	4
四川省	21	18	181	14	43	120	4
贵州省	9	4	88	9	10	56	11
云南省	16	8	129	9	12	79	29
西藏自治区	7	1	73	1	1	71	
陕西省	10	10	107	3	24	80	
甘肃省	14	12	86	4	17	58	7
青海省	8	1	43	2	4	30	7
宁夏回族自治区	5	5	22	2	9	11	
新疆维吾尔自治区	14	2	98	19	11	62	6
香港特别行政区							
澳门特别行政区							
台湾省							

注：本表资料由民政部提供。

续表　　　　(2009年底)　　　　单位：个

区划名称	乡镇级区划数	镇数	乡数	#民族乡	街道办事处	区公所
全国	**40 858**	**19 322**	**14 848**	**1 099**	**6 686**	**2**
北京市	322	142	40	5	140	
天津市	243	116	20	2	107	
河北省	2 228	992	968	52	267	1
山西省	1 397	563	633		201	
内蒙古自治区	863	463	179	18	221	
辽宁省	1 504	577	357	75	570	
吉林省	897	425	196	28	276	
黑龙江省	1 272	467	429	58	376	
上海市	210	109	2		99	
江苏省	1 334	911	107	1	316	
浙江省	1 513	735	445	14	333	
安徽省	1 520	905	357	9	258	
福建省	1 102	591	338	19	173	
江西省	1 535	778	620	8	137	
山东省	1 872	1 096	269	1	507	
河南省	2 361	904	978	12	479	
湖北省	1 227	740	204	10	283	
湖南省	2 409	1 106	1 056	97	247	
广东省	1 584	1 137	11	7	436	
广西壮族自治区	1 232	702	424	58	106	
海南省	222	183	21		18	
重庆市	1 009	578	267	14	164	
四川省	4 660	1 821	2 586	98	253	
贵州省	1 555	689	757	252	109	
云南省	1 366	597	689	148	80	
西藏自治区	692	140	542	8	10	
陕西省	1 745	921	649		175	
甘肃省	1 350	464	762	34	124	
青海省	396	137	229	28	30	
宁夏回族自治区	233	99	93		41	
新疆维吾尔自治区	1 005	234	620	43	150	1
香港特别行政区						
澳门特别行政区						
台湾省						

各省（市、区）人口

（2009 年）

地　　区	年末总人口（万人）	出生率（‰）	死亡率（‰）	自然增长率（‰）
全　国	**133 474**	**12.13**	**7.08**	**5.05**
北　京	1 755	8.06	4.56	3.50
天　津	1 228	8.30	5.70	2.60
河　北	7 034	12.93	6.43	6.50
山　西	3 427	10.87	5.98	4.89
内蒙古	2 422	9.57	5.61	3.96
辽　宁	4 319	6.06	5.09	0.97
吉　林	2 740	6.69	4.74	1.95
黑龙江	3 826	7.48	5.42	2.06
上　海	1 921	8.64	5.94	2.70
江　苏	7 725	9.55	6.99	2.56
浙　江	5 180	10.22	5.59	4.63
安　徽	6 131	13.07	6.60	6.47
福　建	3 627	12.20	6.00	6.20
江　西	4 432	13.87	5.98	7.89
山　东	9 470	11.70	6.08	5.62
河　南	9 487	11.45	6.46	4.99
湖　北	5 720	9.48	6.00	3.48
湖　南	6 406	13.05	6.94	6.11
广　东	9 638	11.78	4.52	7.26
广　西	4 856	14.17	5.64	8.53
海　南	864	14.66	5.70	8.96
重　庆	2 859	9.90	6.20	3.70
四　川	8 185	9.15	6.43	2.72
贵　州	3 798	13.65	6.69	6.96
云　南	4 571	12.53	6.45	6.08
西　藏	290	15.31	5.07	10.24
陕　西	3 772	10.24	6.24	4.00
甘　肃	2 635	13.32	6.71	6.61
青　海	557	14.51	6.19	8.32
宁　夏	625	14.38	4.70	9.68
新　疆	2 159	15.99	5.43	10.56

注：1. 全国数据根据抽样误差和调查误差进行了修正。

2. 全国数据为 31 个省、自治区、直辖市和中国人民解放军现役军人数据，不包括香港、澳门特别行政区和台湾省的数据。分省数据中未包括中国人民解放军现役军人数。

各省（市、区）地区生产总值及增长速度

（2009 年）

地区	地区生产总值（亿元）	第一产业	第二产业	工业	建筑业
北京	11 865.9	118.3	2 743.2	2 191.0	552.1
天津	7 500.8	131.0	4 110.5	3 749.8	360.7
河北	17 026.6	2 218.9	8 874.9	7 902.1	972.8
山西	7 365.7	477.6	4 021.2	3 551.9	469.3
内蒙古	9 725.8	929.0	5 101.4	4 503.3	598.1
辽宁	15 065.6	1 414.9	7 821.7	6 841.0	980.7
吉林	7 203.2	980.5	3 492.0	3 004.6	487.3
黑龙江	8 288.0	1 154.3	3 920.4	3 412.9	507.5
上海	14 900.9	113.8	5 940.0	5 349.8	590.1
江苏	34 061.2	2 201.6	18 416.1	16 464.7	1 951.4
浙江	22 832.4	1 161.7	11 843.3	10 457.1	1 386.2
安徽	10 052.9	1 495.6	4 902.8	4 064.2	838.5
福建	11 949.5	1 182.9	5 812.4	4 918.1	894.3
江西	7 589.2	1 098.3	3 890.3	3 170.1	720.2
山东	33 805.3	3 226.6	19 035.0	17 032.7	2 002.3
河南	19 367.3	2 769.0	10 968.6	9 858.4	1 110.2
湖北	12 831.5	1 795.9	5 909.4	5 059.1	850.3
湖南	12 930.7	1 969.7	5 682.2	4 814.4	867.8
广东	39 081.6	2 006.0	19 270.5	17 946.3	1 324.1
广西	7 700.4	1 458.7	3 377.7	2 863.8	513.9
海南	1 646.6	461.9	443.4	300.6	142.8
重庆	6 528.7	606.8	3 447.5	2 917.4	530.1
四川	14 151.3	2 240.6	6 711.9	5 678.2	1 033.6
贵州	3 893.5	554.0	1 474.3	1 252.7	221.7
云南	6 168.2	1 064.0	2 580.3	2 088.3	492.0
西藏	441.4	64.0	136.2	32.7	103.5
陕西	8 186.7	789.6	4 312.1	3 579.0	733.1
甘肃	3 382.4	497.5	1 511.0	1 191.3	319.7
青海	1 081.3	107.4	576.3	471.3	105.0
宁夏	1 334.6	127.1	680.2	538.3	141.9
新疆	4 273.6	759.7	1 951.9	1 579.9	372.0

注：本表绝对数按当年价格计算，增长速度按不变价格计算。

续表

(2009 年)

地区	第三产业	#交通运输、仓储和邮政业	#批发和零售业	地区生产总值比上年增长(%)	人均地区生产总值(元)
北京	9 004.5	468.5	1 570.9	10.1	68 788
天津	3 259.3	464.4	840.2	16.5	62 403
河北	5 932.8	1 513.9	1 124.4	10.0	24 284
山西	2 867.0	513.4	557.9	5.5	21 544
内蒙古	3 695.4	773.3	915.8	16.9	40 225
辽宁	5 829.0	789.9	1 433.2	13.1	34 898
吉林	2 730.7	318.3	673.8	13.3	26 319
黑龙江	3 213.3	430.1	713.1	11.1	21 665
上海	8 847.2	642.1	2 183.9	8.2	78 225
江苏	13 443.4	1 396.8	3 530.8	12.4	44 232
浙江	9 827.5	856.6	2 162.5	8.9	44 335
安徽	3 654.5	466.2	710.8	12.9	16 391
福建	4 954.2	758.4	1 020.9	12.0	33 051
江西	2 600.6	389.4	541.0	13.1	17 185
山东	11 543.7	1 801.4	2 951.2	11.9	35 796
河南	5 629.7	859.6	1 046.5	10.7	20 477
湖北	5 126.2	642.2	911.6	13.2	22 450
湖南	5 278.8	682.2	1 107.5	13.6	20 226
广东	17 805.1	1 722.2	3 903.2	9.5	40 748
广西	2 863.9	356.9	546.0	13.9	15 923
海南	741.2	88.0	169.7	11.7	19 166
重庆	2 474.4	348.0	524.4	14.9	22 916
四川	5 198.8	520.7	869.0	14.5	17 339
贵州	1 865.2	396.7	292.5	11.2	10 258
云南	2 523.9	175.0	546.1	12.1	13 536
西藏	241.2	20.7	27.1	12.4	15 295
陕西	3 084.9	415.2	669.2	13.6	21 732
甘肃	1 373.9	213.6	231.2	10.0	12 852
青海	397.5	49.3	66.1	10.1	19 454
宁夏	527.2	98.1	79.5	11.6	21 475
新疆	1 562.0	188.9	252.2	8.1	19 926

各省（市、区）地方财政收支

（2009年） 单位：亿元

地区	收入合计	支出合计
地方总计	**32 580.7**	**75 874.0**
北京	2 026.8	2 319.4
天津	821.4	1 124.3
河北	1 066.2	2 347.6
山西	805.8	1 561.7
内蒙古	850.8	1 926.8
辽宁	1 591.0	2 682.4
吉林	487.1	1 479.2
黑龙江	641.6	1 877.7
上海	2 540.3	2 989.7
江苏	3 228.6	4 017.4
浙江	2 142.4	2 653.3
安徽	863.9	2 141.9
福建	932.3	1 411.8
江西	581.2	1 562.4
山东	2 198.5	3 267.7
河南	1 126.1	2 905.8
湖北	800.4	2 090.9
湖南	845.0	2 210.4
广东	3 649.2	4 334.4
广西	620.8	1 621.8
海南	178.2	486.1
重庆	655.6	1 292.1
四川	1 174.2	3 590.7
贵州	416.5	1 272.3
云南	698.2	1 952.3
西藏	30.1	470.1
陕西	733.9	1 841.6
甘肃	286.7	1 246.3
青海	87.7	486.7
宁夏	111.5	432.4
新疆	388.8	1 346.9

各省（市、区）规模以上工业主要经济指标

（2009年）

单位：亿元

地区	主营业务收入	主业务成本	主营业务税金及附加	营业费用	税金总额	利润总额
全国总计	**474 608.6**	**403 816.3**	**7 292.8**	**11 991.7**	**21 129.2**	**25 890.8**
北京	10 606.3	9 096.2	149.6	402.7	451.9	561.1
天津	11 470.2	10 034.2	121.2	279.2	338.4	612.1
河北	21 213.0	18 621.6	228.9	360.8	777.1	1 112.7
山西	7 968.8	6 559.8	89.5	262.8	588.7	339.8
内蒙古	9 366.2	7 644.1	133.8	225.7	534.2	653.2
辽宁	24 322.9	21 030.2	505.2	420.6	989.6	781.8
吉林	8 007.9	6 921.1	195.4	240.7	432.2	455.5
黑龙江	6 612.3	5 072.7	204.9	156.0	556.2	761.4
上海	22 271.9	18 847.7	382.0	777.1	940.8	1 246.0
江苏	64 061.9	56 505.7	486.2	1 356.3	2 137.2	3 198.2
浙江	33 972.0	29 193.4	393.4	863.4	1 283.6	1 742.5
安徽	10 737.2	9 179.0	190.2	328.0	516.2	416.4
福建	14 438.6	12 439.1	164.9	374.6	451.4	652.2
江西	8 618.3	7 371.8	121.9	163.6	392.9	402.6
山东	64 463.1	55 217.4	742.2	1 259.9	2 581.8	3 936.7
河南	25 153.6	21 276.8	347.1	552.6	1 212.5	2 062.3
湖北	13 235.1	11 015.2	312.5	397.6	697.6	675.8
湖南	11 141.0	8 871.9	357.5	288.2	715.6	488.5
广东	56 467.7	48 160.1	540.7	1 842.2	1 789.5	2 643.1
广西	5 486.2	4 691.8	91.5	151.5	299.2	196.8
海南	886.7	668.6	68.4	26.6	119.1	85.3
重庆	5 796.8	4 834.9	87.6	194.9	267.4	269.7
四川	15 299.5	12 808.1	203.3	459.0	729.1	794.3
贵州	2 727.4	2 149.1	111.5	92.2	257.7	153.2
云南	4 367.2	3 257.5	417.8	124.4	676.3	265.4
西藏	42.5	32.8	0.7	2.8	4.5	5.6
陕西	6 985.4	5 271.1	263.8	188.0	616.8	679.6
甘肃	3 351.1	2 778.8	163.6	61.0	294.0	140.8
青海	939.6	756.1	20.0	19.6	67.3	80.8
宁夏	1 207.9	1 008.5	25.1	42.8	71.2	57.3
新疆	3 390.4	2 500.8	172.7	77.1	339.2	420.3

注：本表为2009年1－11月快报数据（下表同）。

续表 （2009 年） 单位：亿元

地区	亏损企业亏损总额	应收账款净额	产成品	资产总计	负债合计	全部从业人员平均人数（万人）
全国总计	**3 270.3**	**52 555.8**	**23 636.3**	**470 700.8**	**278 667.5**	**8 346.3**
北京	159.9	1 901.1	529.9	19 009.2	9 676.7	120.8
天津	102.3	1 426.8	445.6	11 619.6	7 584.2	128.4
河北	130.1	1 457.5	974.3	19 325.1	12 025.0	308.5
山西	209.6	940.4	636.2	15 330.2	10 365.4	210.3
内蒙古	73.5	729.8	412.3	11 491.6	7 163.9	106.0
辽宁	208.0	2 309.8	1 207.6	23 436.4	14 335.7	346.9
吉林	77.3	759.5	345.8	8 299.0	4 864.2	122.8
黑龙江	67.0	745.5	368.5	8 744.0	5 284.5	141.3
上海	218.1	4 028.3	1 235.9	24 278.2	12 895.4	278.5
江苏	293.7	8 316.5	2 783.5	51 430.9	30 341.5	972.8
浙江	176.9	5 461.4	2 333.7	38 224.1	23 576.9	769.8
安徽	63.6	1 126.9	623.7	11 458.8	7 181.7	214.7
福建	94.0	1 659.2	790.1	12 993.5	7 050.1	347.2
江西	29.6	483.1	310.5	6 494.3	3 741.6	165.6
山东	133.4	3 135.2	2 276.0	43 324.1	23 420.2	877.0
河南	155.7	1 454.2	700.6	19 096.0	11 003.7	417.4
湖北	81.4	1 306.3	777.7	16 145.5	9 003.4	242.1
湖南	75.6	829.6	495.0	9 396.4	5 732.8	221.0
广东	349.7	8 819.6	3 044.2	49 171.1	29 459.8	1 351.5
广西	65.4	533.7	419.6	6 484.3	4 165.6	112.8
海南	11.6	90.2	53.7	1 264.2	732.0	11.2
重庆	28.9	653.9	311.0	6 283.0	3 869.7	130.3
四川	96.5	1 581.1	820.6	16 771.9	10 655.3	290.7
贵州	68.4	362.9	194.9	4 864.6	3 245.8	74.3
云南	63.6	512.5	344.6	7 973.6	4 702.8	83.0
西藏	3.4	9.2	4.0	247.1	59.0	1.7
陕西	94.5	988.9	467.8	11 423.4	6 724.5	129.4
甘肃	42.4	279.0	261.1	4 849.9	2 995.5	66.7
青海	15.0	122.3	113.8	2 528.4	1 681.5	17.6
宁夏	24.8	159.6	122.1	2 589.2	1 767.0	26.2
新疆	56.5	371.8	232.4	6 153.3	3 362.0	60.0

各省(市、区)城镇固定资产投资

单位：亿元

地　　区	2003年	2004年	2005年	2006年	2007年	2008年	2009年
全国总计	**45 811.70**	**59 028.19**	**75 095.10**	**93 368.68**	**117 464.47**	**148 738.30**	**194 138.62**
北　京	1 999.91	2 333.00	2 595.41	3 012.40	3 597.29	3 520.95	4 149.63
天　津	931.74	1 128.68	1 364.00	1 678.98	2 192.17	3 175.14	4 446.83
河　北	1 772.81	2 441.98	3 307.77	4 403.23	5 690.31	7 463.77	10 472.25
山　西	998.82	1 315.21	1 666.47	2 055.69	2 600.22	3 194.57	4 509.56
内蒙古	1 097.10	1 707.50	2 555.25	3 264.86	4 255.00	5 327.04	7 144.35
辽　宁	1 771.23	2 580.28	3 666.52	4 977.84	6 576.05	8 881.95	11 605.17
吉　林	872.91	1 059.35	1 581.26	2 366.06	3 340.19	4 592.71	5 958.62
黑龙江	1 069.48	1 316.97	1 581.22	2 040.41	2 591.69	3 354.82	4 696.08
上　海	2 245.54	2 862.95	3 198.57	3 497.48	4 045.10	4 404.95	4 718.76
江　苏	4 011.59	5 008.21	6 218.89	7 479.60	9 161.37	11 609.71	14 266.88
浙　江	3 198.51	3 998.77	4 784.68	5 429.28	5 996.93	6 551.10	7 453.64
安　徽	1 184.52	1 613.01	2 126.69	3 050.15	4 444.58	5 948.61	7 940.55
福　建	1 229.28	1 594.54	1 958.30	2 692.36	3 829.02	4 601.50	5 548.61
江　西	1 099.10	1 477.89	1 902.66	2 375.39	2 954.87	4 325.38	6 006.69
山　东	4 163.90	5 418.55	7 275.06	8 715.50	10 153.56	12 528.96	15 439.10
河　南	1 677.17	2 434.88	3 461.23	4 840.80	6 609.16	8 721.19	11 455.01
湖　北	1 573.73	2 005.15	2 387.41	3 038.49	3 927.36	5 148.76	7 183.68
湖　南	1 235.27	1 679.39	2 203.95	2 718.44	3 609.54	4 879.96	6 880.09
广　东	4 145.12	5 029.44	5 890.11	6 553.67	7 368.69	8 640.87	10 238.46
广　西	791.26	1 094.62	1 480.92	1 947.81	2 596.74	3 325.95	4 689.88
海　南	246.24	291.02	339.24	397.00	472.77	668.02	942.57
重　庆	1 040.65	1 400.58	1 777.07	2 251.98	2 937.07	3 715.90	4 855.11
四　川	1 835.07	2 322.91	2 991.77	3 927.37	5 043.42	6 362.08	9 061.43
贵　州	667.92	780.24	899.33	1 052.79	1 289.13	1 609.34	2 040.02
云　南	839.22	1 112.97	1 592.29	2 001.80	2 443.79	3 106.33	4 117.53
西　藏	133.96	162.36	181.39	200.65	230.83	271.25	328.66
陕　西	1 071.04	1 378.46	1 740.86	2 285.71	3 168.82	4 286.42	5 890.47
甘　肃	553.72	660.76	786.05	923.92	1 177.46	1 510.75	2 076.38
青　海	236.94	272.74	310.84	384.61	443.69	514.05	689.12
宁　夏	263.14	316.83	381.99	438.73	527.69	735.71	964.16
新　疆	892.59	1 046.43	1 210.01	1 418.01	1 659.19	2 025.64	2 418.51
不分地区	962.22	1 182.51	1 677.90	1 947.56	2 530.77	3 734.93	5 950.85

各省（市、区）全社会固定资产投资

单位：亿元

地区	2003年	2004年	2005年	2006年	2007年	2008年	2009年
全国总计	**55 566.6**	**70 477.4**	**88 773.6**	**109 998.2**	**137 323.9**	**172 828.4**	**224 845.6**
北京	2 169.3	2 528.2	2 827.2	3 296.4	3 907.2	3 814.7	4 616.9
天津	1 039.4	1 245.7	1 495.1	1 820.5	2 353.1	3 389.8	4 738.5
河北	2 478.0	3 218.8	4 139.7	5 470.2	6 884.7	8 866.6	12 267.0
山西	1 100.9	1 443.9	1 826.6	2 255.7	2 861.5	3 531.2	4 943.2
内蒙古	1 174.7	1 788.0	2 643.6	3 363.2	4 372.9	5 475.4	7 318.9
辽宁	2 076.4	2 979.6	4 200.4	5 689.6	7 435.2	10 019.1	12 292.6
吉林	969.0	1 169.1	1 741.1	2 594.3	3 651.4	5 038.9	6 411.3
黑龙江	1 166.2	1 430.8	1 737.3	2 236.0	2 833.5	3 656.0	5 029.2
上海	2 499.1	3 050.3	3 509.7	3 900.0	4 420.4	4 823.1	5 143.7
江苏	5 233.0	6 557.1	8 165.4	10 069.2	12 268.1	15 300.6	18 950.0
浙江	4 740.3	5 781.3	6 520.1	7 590.2	8 420.4	9 323.0	10 741.6
安徽	1 418.7	1 935.2	2 525.1	3 533.6	5 087.5	6 747.0	8 985.8
福建	1 496.4	1 892.9	2 316.7	2 981.8	4 287.8	5 207.7	6 231.2
江西	1 303.2	1 713.2	2 176.6	2 683.6	3 301.9	4 745.4	6 642.4
山东	5 315.1	6 970.6	9 307.3	11 111.4	12 537.7	15 435.9	19 034.5
河南	2 263.0	3 099.4	4 311.6	5 904.7	8 010.1	10 490.6	13 704.6
湖北	1 809.5	2 264.8	2 676.6	3 343.5	4 330.4	5 647.0	7 866.9
湖南	1 590.3	2 072.6	2 629.1	3 175.5	4 154.8	5 534.0	7 703.5
广东	4 813.2	5 870.0	6 977.9	7 973.4	9 294.3	10 868.7	12 941.5
广西	921.3	1 236.5	1 661.2	2 198.7	2 939.7	3 756.4	5 237.2
海南	280.0	317.0	367.2	423.9	502.4	705.4	988.2
重庆	1 161.5	1 537.0	1 933.2	2 407.4	3 127.7	3 979.6	5 214.3
四川	2 336.3	2 818.4	3 585.2	4 412.9	5 639.8	7 127.8	11 387.3
贵州	748.1	865.2	998.3	1 197.4	1 488.8	1 864.5	2 401.7
云南	1 000.1	1 291.5	1 777.6	2 208.6	2 759.0	3 435.9	4 526.4
西藏	134.0	162.4	181.4	231.1	270.3	309.9	379.4
陕西	1 200.7	1 508.9	1 882.2	2 480.7	3 415.0	4 614.4	6 249.0
甘肃	619.8	733.9	870.4	1 022.6	1 304.2	1 712.8	2 363.0
青海	255.6	289.2	329.8	408.5	482.8	583.2	798.3
宁夏	318.0	376.2	443.3	498.7	599.8	828.9	1 075.9
新疆	973.4	1 147.1	1 339.1	1 567.1	1 850.8	2 260.0	2 710.9
不分地区	962.2	1 182.5	1 677.9	1 947.6	2 530.8	3 734.9	5 950.8

各省（市、区）社会消费品零售总额

单位：亿元

地区	2005年	2006年	2007年	2008年	2009年	2009年比上年增长（%）
全国总计	**68 352.6**	**79 145.2**	**93 571.6**	**114 830.1**	**132 678.4**	**15.5**
北京	2 911.7	3 295.3	3 835.2	4 645.5	5 309.9	14.3
天津	1 201.6	1 383.1	1 650.6	2 078.7	2 430.8	16.9
河北	2 969.5	3 435.7	4 053.8	4 991.1	5 764.9	15.5
山西	1 410.7	1 635.4	1 953.3	2 421.1	2 809.0	16.0
内蒙古	1 358.1	1 628.6	1 964.0	2 463.0	2 855.3	15.9
辽宁	3 014.4	3 471.6	4 097.8	5 032.4	5 812.6	15.5
吉林	1 470.3	1 697.6	2 038.3	2 549.2	2 957.3	16.0
黑龙江	1 773.8	2 029.0	2 386.2	2 928.3	3 401.8	16.2
上海	2 979.5	3 375.2	3 873.3	4 577.2	5 173.2	13.0
江苏	5 735.5	6 706.2	7 985.9	9 905.1	11 484.1	15.9
浙江	4 645.9	5 358.0	6 271.3	7 533.3	8 622.3	14.5
安徽	1 776.7	2 056.5	2 451.9	3 045.2	3 527.8	15.8
福建	2 351.7	2 717.6	3 212.3	3 866.7	4 481.0	15.9
江西	1 244.9	1 448.2	1 718.9	2 142.0	2 484.4	16.0
山东	6 166.9	7 217.1	8 607.5	10 658.8	12 363.0	16.0
河南	3 380.9	3 932.6	4 690.3	5 815.4	6 746.4	16.0
湖北	2 985.9	3 461.1	4 115.8	5 109.7	5 928.4	16.0
湖南	2 474.3	2 869.4	3 419.2	4 222.6	4 913.7	16.4
广东	7 915.5	9 194.3	10 731.3	12 986.6	14 891.8	14.7
广西	1 405.5	1 620.3	1 932.7	2 395.8	2 790.7	16.5
海南	270.8	313.4	370.9	463.2	537.5	16.0
重庆	1 227.8	1 431.5	1 711.1	2 147.1	2 479.0	15.5
四川	3 003.5	3 472.5	4 105.6	4 944.8	5 758.7	16.5
贵州	615.7	710.0	858.2	1 075.2	1 247.3	16.0
云南	1 041.3	1 204.8	1 422.5	1 764.7	2 051.1	16.2
西藏	73.2	90.0	112.6	130.0	156.6	20.5
陕西	1 331.3	1 542.4	1 837.3	2 317.1	2 699.7	16.5
甘肃	638.1	729.5	854.4	1 023.6	1 183.0	15.6
青海	161.6	182.6	212.6	259.7	300.5	15.7
宁夏	175.8	202.5	239.5	295.4	339.3	14.9
新疆	640.2	733.2	857.5	1 041.5	1 177.5	13.1

各省（市、区）居民消费价格分类指数

地区	居民消费价格指数	食品	烟酒及用品	衣着	家庭设备用品及服务	医疗保健和个人用品	交通和通信	娱乐教育文化	居住
全国	**99.3**	**100.7**	**101.5**	**98.0**	**100.2**	**101.2**	**97.6**	**99.3**	**96.4**
北京	98.5	102.4	102.2	98.4	100.3	99.9	95.9	97.6	89.8
天津	99.0	101.2	104.7	97.3	99.7	102.6	96.3	96.1	94.9
河北	99.3	101.0	101.9	96.4	99.8	101.5	97.0	97.8	98.4
山西	99.6	101.8	101.9	96.9	99.5	101.1	97.8	99.2	97.4
内蒙古	99.7	101.3	100.8	99.7	99.3	101.0	97.2	98.7	98.0
辽宁	100.0	102.8	101.1	93.8	100.7	101.8	97.5	98.4	99.0
吉林	100.1	101.0	101.1	99.2	102.1	101.2	97.6	99.3	99.0
黑龙江	100.2	101.2	101.0	96.8	99.3	102.4	99.0	99.4	101.0
上海	99.6	102.1	100.8	99.3	101.5	99.4	97.5	98.0	96.6
江苏	99.6	100.9	101.7	99.0	101.3	100.7	96.7	99.9	97.5
浙江	98.5	100.7	100.5	98.2	99.8	102.4	96.0	98.4	92.7
安徽	99.1	100.8	101.2	97.1	99.0	101.2	97.9	100.3	94.0
福建	98.2	99.0	102.1	96.3	100.3	101.3	96.9	98.3	94.8
江西	99.3	100.1	100.4	99.0	101.1	101.1	97.3	100.3	96.5
山东	100.0	101.3	102.4	97.2	100.1	101.3	98.1	100.8	98.8
河南	99.4	101.3	101.7	99.7	100.4	101.9	97.8	101.2	93.9
湖北	99.6	100.5	101.4	99.1	100.2	101.4	98.4	98.9	97.7
湖南	99.6	100.3	100.2	100.0	100.5	100.2	98.2	101.1	96.9
广东	97.7	98.5	102.7	97.3	99.3	100.9	97.4	98.0	93.5
广西	97.9	98.5	100.8	97.8	98.6	100.5	97.9	99.8	92.0
海南	99.3	99.9	100.9	98.6	101.9	104.3	98.1	99.6	94.0
重庆	98.4	100.0	101.6	94.7	97.2	99.4	98.2	98.5	95.9
四川	100.8	102.0	101.8	98.1	100.8	101.1	99.3	101.2	99.7
贵州	98.7	98.5	100.9	95.6	99.6	100.9	98.2	100.2	98.4
云南	100.4	101.6	100.1	98.1	100.3	101.5	97.4	98.8	101.9
西藏	101.4	103.9	101.9	101.6	99.3	101.4	97.0	99.1	100.0
陕西	100.5	102.3	101.5	99.3	99.6	101.6	99.4	98.8	99.2
甘肃	101.3	103.5	102.6	99.8	101.4	101.4	97.5	100.3	101.0
青海	102.6	103.0	101.4	107.0	101.5	102.5	99.3	100.4	104.4
宁夏	100.7	101.6	102.1	99.2	100.9	101.7	98.4	100.0	101.7
新疆	100.7	102.1	101.5	98.6	101.9	101.9	99.0	99.9	99.9

各省（市、区）城镇居民家庭人均收支情况

（2009年）

地区	总收入（元）	#可支配收入	总支出（元）	消费性支出	非消费性支出	恩格尔系数（%）
全国总计	**18 858.1**	**17 174.7**	**17 248.3**	**12 264.6**	**4 983.8**	**36.5**
北京	30 673.7	26 738.5	25 413.1	17 893.3	7 519.8	33.2
天津	23 565.7	21 402.0	22 136.6	14 801.4	7 335.3	36.5
河北	15 675.8	14 718.3	12 681.4	9 678.8	3 002.6	33.6
山西	14 983.2	13 996.6	13 212.5	9 355.1	3 857.4	32.8
内蒙古	16 951.4	15 849.2	16 097.7	12 369.9	3 727.8	30.5
辽宁	17 757.7	15 761.4	17 799.9	12 324.6	5 475.4	38.0
吉林	15 155.2	14 006.3	14 194.1	10 914.4	3 279.7	33.3
黑龙江	13 689.9	12 566.0	12 869.8	9 629.6	3 240.2	35.3
上海	32 403.0	28 837.8	39 506.2	20 992.4	18 513.9	35.0
江苏	22 494.9	20 551.7	18 992.9	13 153.0	5 839.9	36.3
浙江	27 119.3	24 610.8	24 110.8	16 683.5	7 427.3	33.6
安徽	15 691.9	14 085.7	15 283.6	10 234.0	5 049.6	39.6
福建	21 692.4	19 576.8	19 925.3	13 450.6	6 474.8	39.7
江西	15 047.2	14 021.5	12 836.8	9 740.0	3 096.8	39.9
山东	19 336.9	17 811.0	16 072.8	12 012.7	4 060.1	32.9
河南	15 408.0	14 371.6	12 902.1	9 567.0	3 335.2	34.2
湖北	15 698.1	14 367.5	13 868.2	10 294.1	3 574.1	40.4
湖南	16 078.1	15 084.3	14 956.3	10 828.2	4 128.1	38.6
广东	24 116.5	21 574.7	23 245.6	16 857.5	6 388.1	36.9
广西	17 032.9	15 451.5	14 787.1	10 352.4	4 434.8	39.9
海南	14 909.3	13 750.9	12 820.1	10 086.7	2 733.5	44.7
重庆	16 990.3	15 748.7	15 683.6	12 144.1	3 539.5	37.7
四川	15 323.8	13 839.4	14 727.3	10 860.2	3 867.1	40.4
贵州	13 793.4	12 862.5	12 085.9	9 048.3	3 037.6	41.5
云南	15 680.3	14 423.9	13 802.9	10 201.8	3 601.1	43.7
西藏	14 979.0	13 544.4	11 711.0	9 034.3	2 676.7	50.7
陕西	15 311.3	14 128.8	14 307.8	10 705.7	3 602.1	37.3
甘肃	12 918.0	11 929.8	11 260.0	8 890.8	2 369.2	37.8
青海	14 150.3	12 691.9	12 117.9	8 786.5	3 331.4	40.4
宁夏	15 550.8	14 024.7	16 162.8	10 280.0	5 882.8	33.4
新疆	13 602.2	12 257.5	12 601.4	9 327.6	3 273.8	36.3

各省（市、区）农村居民家庭人均收支情况

（2009年）

地区	总收入（元）	#纯收入	#现金收入	总支出（元）	#生活消费	#现金支出	恩格尔系数（%）
全国总计	**7 115.6**	**5 153.2**	**6 270.2**	**6 333.9**	**3 993.5**	**5 694.8**	**41.0**
北京	13 844.9	11 668.6	13 496.9	11 607.4	8 897.6	11 522.4	31.6
天津	11 688.6	8 687.6	11 070.5	7 462.2	4 273.2	7 338.0	43.2
河北	7 228.5	5 149.7	6 526.5	5 618.9	3 349.7	5 265.6	35.7
山西	5 496.7	4 244.1	4 939.9	4 875.8	3 304.8	4 532.8	37.1
内蒙古	8 403.4	4 937.8	7 155.3	8 146.5	3 968.4	7 072.2	39.8
辽宁	9 912.6	5 958.0	9 219.6	9 146.2	4 254.0	8 508.9	36.7
吉林	8 644.0	5 265.9	7 977.9	8 689.5	3 902.9	8 129.7	35.1
黑龙江	9 385.2	5 206.8	8 779.9	9 729.2	4 241.3	9 265.5	31.4
上海	13 186.5	12 482.9	13 022.8	11 435.8	9 804.4	11 261.7	37.1
江苏	9 746.9	8 003.5	9 019.7	8 027.6	5 804.5	7 467.9	39.2
浙江	13 421.9	10 007.3	13 133.7	11 730.1	7 731.7	11 472.6	36.4
安徽	6 000.6	4 504.3	5 224.7	5 378.0	3 655.0	4 899.2	40.9
福建	8 204.9	6 680.2	7 459.0	6 850.5	5 015.7	6 310.0	45.9
江西	6 552.7	5 075.0	5 627.6	5 306.2	3 532.7	4 675.1	45.6
山东	8 683.8	6 118.8	8 057.9	7 258.2	4 417.2	6 886.8	36.6
河南	6 414.4	4 807.0	5 232.5	5 220.1	3 388.5	4 773.4	36.0
湖北	6 663.1	5 035.3	5 718.4	5 537.6	3 725.2	4 723.5	44.8
湖南	6 628.3	4 909.0	5 763.1	6 024.2	4 020.9	5 130.9	48.9
广东	8 264.5	6 906.9	7 543.1	6 556.2	5 019.8	5 934.0	48.3
广西	5 535.1	3 980.4	4 537.1	4 957.7	3 231.1	4 146.3	48.7
海南	6 195.8	4 744.4	5 411.7	4 569.0	3 088.6	3 879.0	53.1
重庆	5 798.8	4 478.4	4 624.9	4 753.3	3 142.1	3 750.9	49.1
四川	6 238.5	4 462.1	4 978.6	6 330.5	4 141.4	5 217.9	42.0
贵州	4 050.4	3 005.4	3 188.3	3 862.8	2 422.0	3 039.2	45.2
云南	5 105.3	3 369.3	3 876.0	4 855.5	2 924.9	3 781.3	48.2
西藏	4 497.4	3 531.7	3 395.8	3 304.9	2 399.5	2 489.9	49.6
陕西	4 830.7	3 437.6	4 270.4	5 245.8	3 349.2	4 847.6	35.1
甘肃	4 291.0	2 980.1	3 517.2	4 255.0	2 766.5	3 540.8	41.3
青海	4 430.6	3 346.2	3 752.6	4 626.5	3 209.4	3 934.9	36.3
宁夏	6 627.3	4 048.3	5 379.9	6 411.0	3 347.9	5 423.5	41.7
新疆	7 269.5	3 883.1	6 231.8	6 847.5	2 950.6	6 218.9	41.5

各省会城市土地、人口资料

（2009 年）

城市	土地面积		总人口（年末数）	
	平方公里	位次	万人	位次
南昌	7 402	23	497.33	17
合肥	7 047	24	491.43	18
长沙	11 819	14	651.59	12
郑州	7 446	21	731.50	8
武汉	8 494	17	835.55	4
太原	6 988	25	365.12	20
济南	8 177	18	603.27	15
南京	6 582	26	629.77	14
杭州	16 596	7	683.38	11
福州	11 968	13	638.33	13
广州	7 434	22	794.62	5
海口	2 305	27	158.24	25
南宁	22 112	3	697.90	10
成都	12 121	12	1 139.60	1
贵阳	8 034	19	367.08	19
昆明	21 015	4	533.99	16
哈尔滨	53 068	1	991.60	2
长春	20 571	5	756.50	7
沈阳	12 860	11	716.50	9
石家庄	15 848	8	977.41	3
呼和浩特	17 224	6	227.37	23
西安	10 108	15	781.67	6
兰州	13 086	10	323.59	21
西宁	7 690	20	193.94	24
银川	9 555	16	155.00	26
乌鲁木齐	13 788	9	241.19	22
拉萨	29 052	2		

各省会城市地区生产总值

（2009 年）　　　　单位：亿元

城市	地区生产总值			
	全年	位次	比上年增长（%）	位次
南昌	1 837.50	16	13.1	12
合肥	2 102.12	15	17.3	1
长沙	3 744.76	7	14.7	5
郑州	3 308.34	9	11.2	20
武汉	4 620.18	3	13.7	9
太原	1 545.24	19	2.6	26
济南	3 351.40	8	12.2	17
南京	4 230.26	6	11.5	18
杭州	5 098.66	2	10.0	24
福州	2 524.28	14	12.8	15
广州	9 112.76	1	11.5	18
海口	489.55	26	10.8	22
南宁	1 492.38	20	15.0	3
成都	4 502.60	4	14.7	5
贵阳	902.61	23	13.3	10
昆明	1 808.65	17	12.8	15
哈尔滨	3 258.10	10	13.0	13
长春	2 848.6	12	15.0	3
沈阳	4 268.5	5	14.1	8
石家庄	3 114.90	11	11.0	21
呼和浩特	1 634.99	18	15.9	2
西安	2 719.10	13	14.5	7
兰州	925.98	22	10.8	22
西宁	501.07	26	13.3	10
银川	578.15	24	13.0	13
乌鲁木齐	1 094.52	21	9.5	25
拉萨				

续表 1　　（2009 年）　　单位：亿元

城市	第一产业			
	全年	位次	比上年增长（%）	位次
南昌	111.90	15	7.7	3
合肥	108.69	17	6.2	9
长沙	179.40	10	6.5	7
郑州	103.09	18	3.9	20
武汉	149.06	12	1.6	24
太原	31.10	23	4.1	18
济南	187.10	9	5.2	14
南京	129.18	13	4.1	18
杭州	190.25	8	3.2	23
福州	241.78	4	5.2	14
广州	172.55	11	3.9	20
海口	34.09	21	8.1	1
南宁	211.24	6	5.8	12
成都	267.78	3	3.7	22
贵阳	47.21	20	8.1	1
昆明	114.09	14	5.8	12
哈尔滨	417.40	1	6.8	6
长春	223.9	5	-0.7	26
沈阳	207.1	7	7.3	4
石家庄	305.20	2	0.2	25
呼和浩特	78.09	19	4.3	17
西安	110.38	16	6.3	8
兰州	30.55	24	6.2	10
西宁	19.18	25	5.3	16
银川	32.33	22	6.9	5
乌鲁木齐	16.00	26	6.0	11
拉萨				

续表 2 （2009 年） 单位：亿元

城市	第二产业			
	全年	位次	比上年增长（%）	位次
南昌	1 016.44	16	14.6	10
合肥	1 104.98	15	22.5	1
长沙	1 893.59	7	16.3	7
郑州	1 786.5	8	11.2	20
武汉	2 142.14	3	16.0	8
太原	675.54	18	-6.2	26
济南	1 453.55	10	12.1	17
南京	1 930.66	6	10.1	22
杭州	2 434.89	2	6.8	25
福州	1 197.84	13	13.6	13
广州	3 394.65	1	8.8	24
海口	119.78	26	9.1	23
南宁	527.46	20	17.0	4
成都	2 001.80	5	17.7	2
贵阳	402.24	23	12.6	16
昆明	824.59	17	12.9	15
哈尔滨	1 226.90	12	13.3	14
长春	1 442.8	11	16.8	5
沈阳	2 127.4	4	16.4	6
石家庄	1 558.50	9	11.6	18
呼和浩特	593.25	19	17.3	3
西安	1 148.77	14	14.4	11
兰州	433.62	22	10.2	21
西宁	249.34	25	14.3	12
银川	285.79	24	15.1	9
乌鲁木齐	452.68	21	11.5	19
拉萨				

续表3　　(2009年)　　单位：亿元

城市	第三产业			
	全年	位次	比上年增长(%)	位次
南昌	709.16	20	11.7	20
合肥	888.45	16	12.4	17
长沙	1 671.78	8	13.9	7
郑州	1 418.75	11	11.7	20
武汉	2 328.98	3	12.2	19
太原	838.60	18	10.2	25
济南	1 710.74	7	13	15
南京	2 170.42	5	13.5	11
杭州	2 473.52	2	13.9	7
福州	1 084.66	14	13.5	11
广州	5 545.56	1	13.6	10
海口	335.69	24	11.7	20
南宁	753.68	19	16.3	1
成都	2 233.04	4	13.4	13
贵阳	450.30	23	14.5	5
昆明	869.97	17	13.7	9
哈尔滨	1 613.80	9	14.4	6
长春	1 181.80	13	16.0	3
沈阳	1 934	6	12.3	18
石家庄	1 251.10	12	13.0	15
呼和浩特	972.65	15	16.1	2
西安	1 459.95	10	15.1	4
兰州	461.81	22	11.6	23
西宁	232.55	26	13.1	14
银川	260.02	25	11.5	24
乌鲁木齐	625.47	21	8.2	26
拉萨				

各省会城市全社会固定资产投资

（2009 年）　　　　　　　　　　　　　　　　　　　　单位：亿元

城市名称	全社会固定资产投资完成额			
	全年	位次	比上年增长%	位次
南昌	1 479.32	17	34.6	6
合肥	2 468.42	7	34.3	8
长沙	2 441.78	8	30.3	13
郑州	2 289.1	12	29.1	14
武汉	3 001.1	3	33.3	10
太原	782.02	21	11.3	26
济南	1 655.37	14	17.0	22
南京	2 647.98	5	22.9	20
杭州	2 291.65	11	15.7	24
福州	1 646.72	15	31.5	11
广州	2 659.85	4	26.3	16
海口	227.03	26	25.1	17
南宁	1 043.91	18	50.5	2
成都	4 025.9	1	34	9
贵阳	782.64	20	23.1	19
昆明	1 600.66	16	51.9	1
哈尔滨	1 892.1	13	41.1	4
长春	2 300.3	10	26.5	15
沈阳	3 519.95	2	17	22
石家庄	2 436.50	9	41.3	3
呼和浩特	834.63	19	25	18
西安	2 500.13	6	31.2	12
兰州	506.18	22	17.2	21
西宁	312.04	25	41	5
银川	492.1	23	34.6	6
乌鲁木齐	412.05	24	12.6	25
拉萨				

各省会城市规模以上工业增加值

（2009年）

单位：亿元

城市名称	规模以上工业增加值			
	全年	位次	比上年增长%	位次
南昌	615.10	15	18.0	7
合肥	767.51	13	27.2	1
长沙	1 158.20	10	19.8	4
郑州	1 332.50	7	11.2	18
武汉	1 656.15	4	18.5	6
太原	470.14	18	-9.9	26
济南	1 154.00	11	11.2	18
南京	1 459.48	6	12.1	16
杭州	1 790.00	3	6.1	24
福州	906.63	12	14.1	13
广州	2 938.52	1	9.7	23
海口	75.21	26	5.7	25
南宁	320.61	21	14.6	9
成都	1 477.10	5	21.5	2
贵阳	290.50	23	10.1	20
昆明	534.74	17	10.1	20
哈尔滨	581.70	16	14.5	10
长春	1 202.50	9	14.4	11
沈阳	2 017.50	2	19.1	5
石家庄	1 203.24	8	13.0	15
呼和浩特	395.40	19	16.2	8
西安	725.33	14	20.5	3
兰州	308.17	22	9.8	22
西宁	184.97	25	13.6	14
银川	228.05	24	14.3	12
乌鲁木齐	378.00	20	11.5	17
拉萨				

各省会城市社会消费品零售总额

（2009年）　　　　单位：亿元

城市	社会消费品零售总额			
	全年	位次	比上年增长%	位次
南昌	634.43	20	20.0	3
合肥	703.42	18	19.6	6
长沙	1 524.91	8	19.7	4
郑州	1 434.80	10	18.9	11
武汉	2 164.09	2	17.0	19
太原	721.70	17	16.4	20
济南	1 617.87	7	19.3	7
南京	1 914.51	3	15.9	22
杭州	1 804.93	5	14.4	24
福州	1 335.79	12	18.0	17
广州	3 647.76	1	14.4	24
海口	277.20	24	18.5	14
南宁	757.02	16	17.7	18
成都	1 949.90	4	20.3	2
贵阳	412.72	23	16.0	21
昆明	864.61	15	23.4	1
哈尔滨	1 507.90	9	19.3	7
长春	1 089.40	14	15.2	23
沈阳	1 778.60	6	18.1	16
石家庄	1 190.60	13	18.4	15
呼和浩特	641.21	19	19.0	9
西安	1 381.12	11	19.7	4
兰州	469.77	22	18.9	11
西宁	201.60	25	18.6	13
银川	185.48	26	19.0	9
乌鲁木齐	473.42	21	13.1	26
拉萨				

各省会城市实际利用外资

（2009年）

单位：亿美元

城市名称	实际利用外资			
	全年	位次	比上年增长%	位次
南昌	15.83	10	12.2	13
合肥	13.00	12	8.4	17
长沙	20.33	8	12.9	12
郑州	16.24	9	18.6	8
武汉	29.35	4	14.1	10
太原	2.62	21	-16.2	23
济南	9.81	14	13.4	11
南京	23.92	7	0.8	21
杭州	40.14	2	21.2	5
福州	10.32	13	3.1	19
广州	38.75	3	2.7	20
海口	6.48	17	15.7	9
南宁	2.78	20	23.4	3
成都	27.97	5	24.6	1
贵阳	1.12	23	19.1	7
昆明	7.3	16	21.3	4
哈尔滨	6.00	18	11.4	14
长春	24.30	6	19.5	6
沈阳	54.10	1	-9.8	22
石家庄	5.60	19	10.8	15
呼和浩特	7.76	15	9.7	16
西安	13.20	11	5.6	18
兰州	0.43	24		
西宁	0.30	25	-55.2	25
银川	0.30	25	-22.1	24
乌鲁木齐	1.25	22	23.8	2
拉萨				

各省会城市出口总值

（2009年）　　　　　　　　　　　　单位：亿美元

城市名称	出口总值（海关数）			
	全年	位次	比上年增长%	位次
南昌	21.30	17	－14.9	7
合肥	44.48	7	－18.1	11
长沙	24.46	14	－29.7	19
郑州	21.99	16	－25.2	16
武汉	58.25	6	－16.0	9
太原	19.44	18	－67.3	26
济南	30.47	11	－33.7	20
南京	184.59	3	－21.8	13
杭州	271.80	2	－19.1	12
福州	120.12	4	－11.6	4
广州	374.05	1	－13.0	5
海口	9.98	22	－23.7	15
南宁	23.84	15	50.3	1
成都	104.98	5	15.5	2
贵阳	12.63	20	－10.4	3
昆明	29.69	12	－16.1	10
哈尔滨	14.70	19	－15.7	8
长春	10.90	21	－33.9	21
沈阳	35.20	9	－14.3	6
石家庄	43.09	8	－23.0	14
呼和浩特	3.47	24	－29.1	18
西安	33.30	10	－25.5	17
兰州	3.06	25	－47.8	25
西宁	2.15	26	－44.0	23
银川	4.70	23	－46.3	24
乌鲁木齐	29.69	13	－38.2	22
拉萨				

各省会城市地方财政一般预算收入

（2009年）　　单位：亿元

城市	地方财政一般预算收入（不含上划中央收入+基金收入）			
	全年	位次	比上年增长%	位次
南昌	115.88	19	13.4	17
合肥	180.97	14	12.4	20
长沙	246.29	8	19.8	7
郑州	301.92	7	16.0	11
武汉	316.07	6	14.0	16
太原	117.53	18	0.5	26
济南	210.19	9	13.0	18
南京	434.51	3	12.4	20
杭州	520.05	2	14.4	14
福州	195.26	11	15.6	12
广州	702.65	1	13.0	18
海口	38.44	25	23.9	4
南宁	120.46	17	29.7	2
成都	387.50	4	9.3	25
贵阳	105.36	22	18.3	9
昆明	201.61	10	15.2	13
哈尔滨	193.40	12	17.9	10
长春	142.70	15	19.8	8
沈阳	320.21	5	10.0	24
石家庄	125.96	16	14.2	15
呼和浩特	106.79	21	29.9	1
西安	181.40	13	24.6	3
兰州	57.04	23	12.2	23
西宁	28.15	26	20.0	6
银川	44.06	24	23.0	5
乌鲁木齐	113.54	20	12.4	20
拉萨				

各省会城市城乡居民储蓄存款

（2009 年）

单位：亿元

城市	城乡居民储蓄存款余额			
	全年	位次	比年初增长%	位次
南昌	1 197.27	17	23.5	7
合肥	1 031.81	21	22.6	11
长沙	1 857.18	15	26.1	3
郑州	2 511.20	9	21.5	14
武汉	3 010.11	6	24.0	6
太原	2 085.00	11	20.6	17
济南	1 911.50	14	20.3	18
南京	3 056.35	5	22.0	12
杭州	4 223.58	3	23.5	7
福州	2 047.60	12	19.8	20
广州	7 954.22	1	15.8	26
海口	610.94	24	17.6	25
南宁	1 116.20	18	25.6	5
成都	4 233.71	2	29.7	2
贵阳	921.94	22	20.2	19
昆明	1 945.41	13	25.9	4
哈尔滨	2 249.50	10	18.0	23
长春	1 834.20	16	21.7	12
沈阳	2 948.50	7	19.3	22
石家庄	2 583.19	8	17.7	24
呼和浩特	775.89	23	21.4	16
西安	3 084.20	4	22.7	9
兰州	1 089.97	19	32.3	1
西宁	480.22	26	21.4	15
银川	519.40	25	22.7	9
乌鲁木齐	1 040.71	20	19.3	21
拉萨				

各省会城市城镇居民人均可支配收入

（2009 年）

单位：元

城市	城镇居民人均可支配收入			
	全年	位次	比上年增长%	位次
南昌	16 472	16	9.0	15
合肥	17 158	13	10.1	9
长沙	20 238	7	13.1	3
郑州	17 417	12	8.0	21
武汉	18 385	11	10.0	11
太原	15 607	21	2.5	26
济南	22 722	4	9.2	13
南京	25 504	3	10.3	7
杭州	26 864	2	11.5	5
福州	20 289	6	6.7	24
广州	27 610	1	9.1	14
海口	15 237	22	7.7	22
南宁	16 254	17	12.5	4
成都	18 659	9	10.1	9
贵阳	15 041	23	8.9	16
昆明	16 496	15	13.9	2
哈尔滨	15 887	19	8.9	16
长春	16 072	18	7.1	23
沈阳	18 474	10	8.6	19
石家庄	16 607	14	10.3	7
呼和浩特	22 397	5	10.5	6
西安	18 963	8	24.7	1
兰州	12 761	26	9.3	12
西宁	12 911	25	8.2	20
银川	15 715	20	8.7	18
乌鲁木齐	13 075	24	6.1	25
拉萨				

各省会城市农民人均纯收入

（2009 年）

单位：元

城市	农民人均纯收入			
	全年	位次	比上年增长%	位次
南昌	6 296	15	9.1	18
合肥	6 065	17	13.0	6
长沙	9 432	4	17.9	3
郑州	8 121	6	7.6	23
武汉	7 161	10	12.8	7
太原	6 828	12	7.4	24
济南	7 805	7	8.7	21
南京	9 858	3	10.1	13
杭州	11 822	1	10.6	10
福州	7 669	9	7.4	24
广州	11 067	2	12.6	8
海口	5 643	20	8.2	22
南宁	4 385	25	9.6	15
成都	7 129	11	10.0	14
贵阳	5 316	22	10.3	11
昆明	5 080	23	10.2	12
哈尔滨	6 776	13	13.7	5
长春	5 662	19	7.0	26
沈阳	8 753	5	9.0	19
石家庄	5 977	18	9.3	17
呼和浩特	7 802	8	10.7	9
西安	6 275	16	20.4	1
兰州	4 001	26	14.2	4
西宁	4 699	24	19.2	2
银川	5 389	21	9.6	15
乌鲁木齐	6 666	14	9.0	19
拉萨				

副省级（非省会）城市主要经济指标

（2009 年）

指　　　　标	深　　圳	大　　连	宁　　波	厦　　门	青　　岛
地区生产总值（亿元）	8 201.23	4 348.70	4 214.60	1 737.23	4 853.87
比上年增长（%）	10.7	15.0	8.6	8.0	12.2
全社会固定资产投资（亿元）	1 709.15	3 273.50	2 004.20	882.12	2 458.90
比上年增长（%）	16.5	30.2	16.0	-5.3	21.8
社会消费品零售总额	2 598.68	1 396.70	1 434.40	566.12	1 730.22
比上年增长（%）	15.4	18.1	15.9	14.2	15.9
外贸出口（海关数，亿美元）	1 619.79	221.76	386.51	276.68	272.99
比上年增长（%）	-10.6	-12.6	-16.6	-5.9	-16.3
实际利用外资（亿美元）	41.60	60.17	22.05	16.87	18.64
比上年增长（%）	3.2	20.2	-13.1	-17.4	-29.4
地方财政一般预算收入（亿元）	880.82	400.20	432.77	240.56	376.99
比上年增长（%）	10.1	18.0	10.9	9.2	10.1
工业总产值（亿元）	16 283.76			2 914.95	10 255.60
比上年增长（%）	2.4			-5.7	15.2
工业销售产值（亿元）	14 088.79		7 824.88	2 827.22	9 290.80
比上年增长（%）	-5.6		-5.5	-3.8	18.9
城镇居民可支配收入（元）	29 245	19 014	27 368	26 131	22 368
比上年增长（%）	9.4	8.7	8.2	9.1	9.3
居民消费价格指数（%）	98.7	100.2	99.4	97.3	100.5

江西省2009年
国民经济和社会发展统计公报

江西省统计局　国家统计局江西调查总队

2009年，是新世纪以来我国经济社会发展最为困难的一年，也是我们应对国际金融危机取得显著成效的一年。在省委、省政府的坚强领导下，全省人民坚持以科学发展观为指导，全面贯彻落实胡锦涛总书记视察我省提出的“三保一弘扬”总体要求，全力以赴保增长，千方百计保民生，加大力度保稳定，全省经济社会保持平稳较快发展，主要经济指标好于年初预期，多项指标在全国位次前移，经济发展呈现回升向好、逆势上扬的良好态势，各项社会事业取得了新的成就。

一、综　　合

初步核算，全年全省生产总值7 589.2亿元，比上年增长13.1%，连续三年实现13%以上增长。分产业看，第一产业增加值1098.3亿元，增长4.5%；第二产业增加值3 890.3亿元，增长17.1%；第三产业增加值2 600.6亿元，增长10.7%。三次产业结构调整为14.5：51.2：34.3，二三一结构进一步强化和巩固。三次产业对经济增长的贡献率分别为5.0%、68.1%和26.9%。非公有制经济快速发展，实现增加值4 090.6亿元，增长16.0%，占GDP的比重达53.9%。

2005年-2009年全省生产总值绝对数及增长率走势图

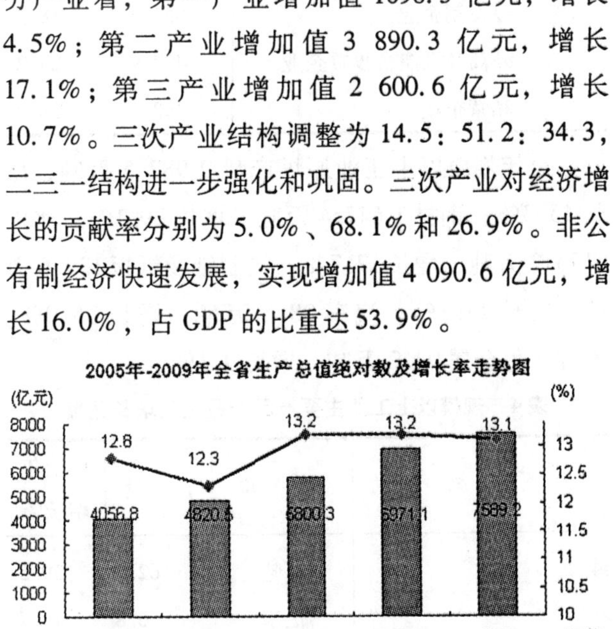

全年财政总收入突破900亿元，达928.7亿元，比上年增长13.7%。其中，地方财政收入581.2亿元，增长18.9%。税收收入实现较快增长。税收总收入777.5亿元，增长13.3%。财政收入较快增长为加强和改善宏观调控、大力实施“民生工程”等提供了强有力的财力支持。全年地方财政支出1 548.6亿元，增长28.0%。其中，医疗卫生支出增长44.3%，农林水事务支出增长35.7%。

全年居民消费价格下降0.7%。其中，城市下降0.6%，农村下降0.8%。从八大类别看，食品类价格上涨0.1%，烟酒及用品类上涨0.4%，家庭设备用品及服务类、医疗保健及个人用品类均上涨1.1%，娱乐教育文化用品及服务业上涨0.3%，其他类价格均呈不同幅度下降。商品零售价格下降0.9%。工业品出厂价格下降7.0%。原材料、燃料、动力购进价格下降9.3%。固定资产投资价格下降3.9%。农产品生产价格下降3.2%。

表1　居民消费价格比上年涨跌幅度

单位:%

项　　目	涨跌幅度
居民消费价格	-0.7
食　　品	0.1
其中：粮　食	3.6
油　脂	-21.2
肉禽及其制品	-9.3
蛋	2.6
烟酒及用品	0.4
衣　　着	-1.5
家庭设备用品及维修服务	1.1
医疗保健和个人用品	1.1
交通和通信	-2.7
娱乐教育文化用品及服务	0.3
居　　住	-3.5

年末从业人员 2445.2 万人，比上年增加 40.7 万人。全年城镇新增就业人员 47.5 万人。年末城镇登记失业率为 3.4%。

二、农　　业

粮食连续六年实现增产，全年总产量首次突破 400 亿斤，达 400.5 亿斤，增长 2.3%。全年粮食种植面积 3604.6 千公顷，比上年增长 0.7%；油料种植面积 716.4 千公顷，增长 8.7%；棉花种植面积 75.5 千公顷，增长 13.4%；蔬菜种植面积 509.7 千公顷，减少 0.6%。

全年完成造林面积 243.2 千公顷。全年肉类总产量 300.9 万吨，增长 15.0%，其中猪肉增长 15.4%。生猪出栏 2814.5 万头，增长 10.9%。年末生猪存栏 1680.1 万头，增长 9.8%。全年水产品产量 205.3 万吨，增长 7.8%。

表 2　主要农产品产量及其增长速度

单位：万吨

产品名称	产量	比上年增长%
粮　食	2 002.6	2.3
其中：稻　谷	1 905.9	2.4
油　料	102.0	11.8
其中：油菜籽	61.0	18.2
棉　花	12.5	11.6
烟　叶	4.3	-10.4
茶　叶	2.6	13.0
水　果	327.1	18.8
蔬　菜	1 088.6	0.3
肉　类	300.9	15.0
水产品	205.3	7.8

年末省级以上龙头企业 407 家，全年实现销售收入 1 200.1 亿元，比上年增长 13.3%；实现利润 48.5 亿元，增长 9.0%。规模以上农产品加工企业 2 192 家，增长 19.0%；实现销售收入 1 293 亿元，增长 20.1%。农民专业合作组织 8 416 个，增长 90.1%；合作组织成员 8.9 万户，增长 84.4%。

全年农田有效灌溉面积达 1 840.4 千公顷，新增有效灌溉面积 14.0 千公顷。年末农业机械总动力 3 358.9 万千瓦，比上年末增长 14.0%，其中农用排灌动力机械 825.9 万千瓦，增长 20.2%；联合收割机达 3.8 万台，增长 31.0%。实际机耕面积达 2 579.4 千公顷；机械收获面积 1 994.6 千公顷，占农作物总播种面积的比重达 37.1%，提高 1.7 个百分点。农用化肥施用量（折纯）135.8 万吨，增长 2.1%。

三、工业和建筑业

全年工业增加值 3 170.1 亿元，比上年增长 18.4%，占生产总值的比重达 41.8%。其中，规模以上工业增加值 2 610.8 亿元，增长 20.1%。支柱产业保持较快发展。六大支柱产业完成工业增加值 1 484.5 亿元，增长 18.6%，对规模以上工业增长的贡献率为 53.9%。

表 3　规模以上工业增加值及其增长速度

单位：亿元

指　标	增加值	比上年增长%
规模以上工业	2 610.8	20.1
其中：轻工业	877.1	20.9
重工业	1 733.6	19.7
其中：国有及国有控股企业	629.5	4.6
其中：集体企业	26.1	1.0
股份制企业	851.6	18.2
外商及港澳台投资企业	427.9	23.2
私营企业	998.3	26.9

全年规模以上工业原煤产量 2 982.5 万吨，增长 15.3%；钢材 1 647.4 万吨，增长 29.1%；水泥 6153.2 万吨，增长 17.7%；机制纸及纸板 139.6 万吨，增长 18.8%；汽车 28.5 万辆，增长 35.0%；十种有色金属 94.2 万吨，增长 9.1%。

表 4　规模以上工业主要产品产量及其增长速度

产品名称	单位	产量	比上年增长%
纱	万吨	62.0	39.5
布	亿米	6.8	11.7
机制纸及纸板	万吨	139.6	18.8
卷　烟	亿支	529.0	5.0
彩色电视机	万台	91.0	103.9

产 品 名 称	单 位	产 量	比上年增长%
家用电冰箱	万台	91.3	20.1
房间空气调节器	万台	132.7	1.6
原 煤	万吨	2 982.5	15.3
原油加工量	万吨	450.1	10.0
发电量	亿千瓦小时	496.4	12.7
火 电	亿千瓦小时	447.4	16.1
水 电	亿千瓦小时	48.6	-11.9
粗 钢	万吨	1 620.9	30.8
钢 材	万吨	1 647.4	29.1
十种有色金属	万吨	94.2	9.1
水 泥	万吨	6 153.2	17.7
硫 酸	万吨	213.6	12.9
烧 碱	万吨	24.5	-28.0
汽 车	万辆	28.5	35.0
其中：轿车	万辆	8.1	21.5
大中型拖拉机	台	3 904.0	13.2
工业锅炉	蒸发量吨	1 144.3	44.3
金属切削机床	台	959.0	-29.7

全年规模以上工业产品销售率98.8%，比上年提高0.3个百分点；实现主营业务收入9814.2亿元，比上年增长16.3%；实现利润496.8亿元，增长49.5%；实现利税942.7亿元，增长34.0%。在37个行业中，有34个行业实现了盈利，其中利润增长20%以上的有32个。工业经济效益综合指数233.8%，提高14.9个百分点。

年末入园投产工业企业达7 936家，比上年增长4.9%；全年安置从业人数139.1万人，增长3.2%。全年园区完成工业增加值2 102.7亿元，增长21.6%；主营业务收入、利润、利税分别完成6687.3亿元、348.0亿元和627.6亿元，分别增长19.4%、34.9%和25.4%。年主营业务收入超100亿元的园区达20家，比上年增加7家，其中南昌高新技术产业开发区达537.8亿元，南昌经济技术产业开发区325.7亿元。

全年具有建筑业资质等级总承包和专业承包建筑业企业完成建筑业总产值1 285.0亿元，增长24.2%；按建筑业总产值计算，全员劳动生产率人均17万元，增长12.4%。

四、固定资产投资

全年全社会固定资产投资6 642.4亿元，比上年增长40.0%。其中，城镇固定资产投资6 006.7亿元，增长38.9%。分产业看，第一产业投资225.8亿元，增长67.5%；第二产业投资3 630.9亿元，增长40.7%，其中工业投资3 607.5亿元，增长40.7%；第三产业投资2785.7亿元，增长37.3%。非国有投资增势强劲，完成投资4 860.0亿元，增长43.3%，占全社会固定资产投资的比重由上年的71.5%提高到73.2%。

表5 分行业城镇固定资产投资及其增长速度

单位：亿元

行 业	投资额	比上年增长%
总 计	**6 642.4**	**40.0**
农、林、牧、渔业	225.8	67.5
工 业	3 607.5	40.7
采矿业	171.0	59.1
制造业	3 121.5	36.4
其中：化学原料及化学制品制造业	297.0	59.3
非金属矿物制品业	463.5	34.8
黑色金属冶炼及压延加工业	95.9	-34.0
有色金属冶炼及压延加工业	239.7	12.3
电气机械及器材制造业	339.0	45.4
通信设备、计算机及其他电子设备制造业	178.2	65.8
电力、燃气及水的生产和供应业	315.0	85.9
建筑业	23.4	42.2
交通运输、仓储和邮政业	357.1	40.0
信息传输、计算机服务和软件业	48.3	48.2
批发和零售业	170.3	89.8
住宿和餐饮业	160.7	38.6
金融业	21.6	182.9
房地产业	921.6	21.2
租赁和商务服务业	57.7	49.7
科学研究、技术服务和地质勘查业	27.1	85.6
水利、环境和公共设施管理业	576.6	45.0
居民服务和其他服务业	34.3	125.7
教 育	110.9	1.3
卫生、社会保障和社会福利业	52.3	105.2
文化、体育和娱乐业	74.4	56.4
公共管理和社会组织	172.8	44.8

德兴至南昌、上饶至武夷山等7条高速公路相继开工；鹰潭至瑞金、石城至吉安等高速公里进展顺利；瑞金至赣州高速公路建成通车。全年新增高速公路通车里程117公里；硬化改造农村公路11 500公里。衡茶吉铁路全面开工，昌九城际、向莆等铁路建设进展顺利，京九（北段）、峰福等铁路电气化改造全面完成。全年改造铁路281.8公里。昌北机场扩建加快推进。贵溪电厂、景德镇电厂“上大压小”项目开工建设，华能井冈山电厂二期、新昌电厂1号机组建设投运，统调电力装机新增162.5万千瓦。500千伏鄂赣Ⅲ回建成投运。江西艺术中心、江报传媒大厦等重大社会公益性项目进展顺利。

全年房地产开发投资634.5亿元，比上年增长15.9%。商品房竣工面积1 646.8万平方米，增长3.8%；商品房销售额602.8亿元，增长63.4%。

五、国内贸易

全年社会消费品零售总额2 484.4亿元，比上年增长19.3%。分城乡看，城市市场1 330.6亿元，增长19.4%；县及县以下市场1 153.8亿元，增长19.2%。住宿和餐饮业快速增长，实现零售额278.6亿元，增长22.3%；批发零售贸易业实现零售额2 185.6亿元，增长19.0%。在限额以上批发零售业零售额中，汽车类实现零售额114.3亿元，增长70.3%；家具类3.6亿元，增长1.5倍；金银珠宝类7亿元，增长20.1%；化妆品类5.7亿元，增长35.3%；电子出版物及音像制品类2.5亿元，增长26.4%。

年成交额在亿元以上的商品交易市场88家，实现成交额1 047.6亿元。其中，年成交额在10亿元以上的有23家，成交额825.2亿元。

六、对外经济

全年进出口总额126.65亿美元，比上年下降7.0%，比上半年收窄9.4个百分点。其中，出口73.64亿美元，下降4.7%；进口53.01亿美元，下降10.0%。在出口中，外商投资企业出口额32.26亿美元，下降14.6%；私营及其他企业30.97亿美元，增长32.8%；国有企业出口额10.40亿美元，下降35.8%。

全年纺织服装、鞋类等传统大宗商品出口分别增长12.7%、18.5%。机电产品出口19.33亿美元，增长24.5%。对美国、香港、东盟等国家或地区出口保持增长，分别增长29.9%、9.7%和8.9%。

表6　进出口总额及其增长速度

单位：亿美元

指　　标	绝对数	比上年增长%
进出口总额	126.65	-7.0
出口额	73.64	-4.7
其中：一般贸易	49.49	-6.6
加工贸易	20.89	-7.9
其中：机电产品	19.33	24.5
其中：高新技术产品	13.92	-7.8
进口额	53.01	-10.0
其中：一般贸易	32.17	-4.3
加工贸易	11.67	-7.3
其中：机电产品	17.32	30.0
其中：高新技术产品	8.47	63.7

全年新批外商投资企业821个，增长19.2%，其中新批合同外资1 000万美元以上大项目94个。实际使用外商直接投资40.24亿美元，增长11.7%。全年新增具有世界500强投资背景的企业1家，总数达37家。实际引进省外单项投资5 000万元以上工业项目资金1 367.1亿元，增长24.2%。

九江城西港、上饶“无水港”建成运营；开通南昌—宁波、吉安—厦门、吉安—深圳铁海联运班列，铁海联运线路增加至9条，江西至沿海主要口岸的出海通道全部打通；新增南昌—仁川定期包机和南昌—台北空中直航两条国际（地区）航线。国际友好城市增加8对。

全年对外承包工程、劳务合作和设计咨询合同项目233个，合同金额10.67亿美元，增长39.5%；完成营业额7.56亿美元，增长34.4%。

七、交通、邮电和旅游

全年铁路、公路、水运完成旅客运输量70 491.7万人，增长7.0%；完成货物运输量85 630万吨，比上年增长6.7%。机场旅客吞吐量453.8万人，增长21.0%。其中，昌北机场旅客吞吐量

393.8 万人，增长 18.3%。

表 7　各种运输方式完成客货运输量及其增长速度

指　　标	单　位	绝对数	比上年增长%
旅客运输量	万人	70 491.7	7.0
铁　路	万人	5 469.6	4.9
公　路	万人	64 769.0	6.9
水　运	万人	253.1	133.7
旅客周转量	亿人公里	790.1	-0.1
铁　路	亿人公里	510.5	-3.7
公　路	亿人公里	279.2	7.1
水　运	亿人公里	0.4	31.8
货物运输量	万吨	85 630.3	6.7
铁　路	万吨	5 228.9	-3.0
公　路	万吨	75 102.0	6.9
水　运	万吨	5 299.4	14.8
货物周转量	亿吨公里	2 350.6	2.3
铁　路	亿吨公里	675.7	-1.2
公　路	亿吨公里	1536.5	2.8
水　运	亿吨公里	138.4	16.3

全年完成邮电业务总量 624.2 亿元，比上年增长 26.3%。其中，邮政业务量 31.1 亿元，增长 15.9%；电信业务量 593.1 亿元，增长 26.8%。年末局用电话交换机总容量 619.5 万门。固定电话用户 748.5 万户，其中城市电话用户 448.0 万户，乡村电话用户 300.5 万户。新增移动电话用户 270 万户，年末达到 1 547.3 万户。宽带网用户达 245.9 万户，增长 36.2%。

全年共接待国内旅游人数 9 303.3 万人次，比上年增长 16.0%；国内旅游收入 655.5 亿元，增长 21.0%。共接待入境旅游人数 96.4 万人次，增长 20.2%；旅游外汇收入 2.9 亿美元，增长 15.1%。

八、金融、证券和保险业

年末金融机构人民币存款余额 9 296.4 亿元，比上年增长 29.0%，同比加快 6.9 个百分点。其中，企业存款余额 2 598.3 亿元，增长 40.8%；城乡居民储蓄存款余额 5092.7 亿元，增长 22.2%。金融机构贷款余额 6347.0 亿元，增长 39.7%，同比加快 21.5 个百分点。其中，短期贷款余额为 2 666.7 亿元，增长 36.8%；中长期贷款为 3 368.4 亿元，增长 45.6%。全年金融机构现金收入 18 589.1 亿元，金融机构现金支出 18 155.6 亿元，收支相抵，净回笼货币 433.5 亿元，下降 3.5%。

新组建省信用担保公司及农业产业化、科技、旅游、外贸等专业性担保公司，全年担保融资 53 亿元。批准设立小额贷款公司 31 家，提供贷款 12.4 亿元。引进 14 家金融机构入赣。全年境内上市公司直接募集资金 42.8 亿元。年末证券公司营业网点 130 家，全年证券交易额 1.7 万亿元。年末期货公司营业部 17 家，全年成交金额 7147.3 亿元，比上年增长 61.8%。

全年保险公司保费收入 187.1 亿元，比上年增长 9.2%。其中，财产险保费收入 44.1 亿元，寿险保费收入 130.1 亿元，健康险保费收入 8.7 亿元，意外伤害险收入 4.3 亿元。支付各类赔款及给付 55.8 亿元，下降 3.2%。其中，财产险赔款 22.5 亿元，寿险给付 28.0 亿元，健康险赔款和给付 4.0 亿元，意外险赔款 1.2 亿元。

九、教育和科学技术

全年研究生教育在校研究生 1.8 万人，比上年增长 17.6%。普通高校在校生 79.3 万人。普通高中、初中、小学在校生分别达 77.2 万人、189 万人和 422.7 万人。特殊教育在校生 2.2 万人。在园幼儿 112.2 万人。高等教育毛入学率达到 24.0%，比上年提高 0.8 个百分点；初中毕业生升高中段的比例为 96.0%，提高 3.0 个百分点；初中适龄人口入学率为 98.8%，提高 1 个百分点；小学适龄儿童入学率为 99.9%。各类民办学校 605 所，在校学生 69.5 万人，其中，民办普通高校 26 所。

表 8　各类学校招生、在校生和毕业生人数

单位：万人

指　　标	招生数	在校生数	毕业生数
研究生	0.8	1.8	0.5
普通高校	24.6	79.3	21.3
成人高校	4.1	12.0	4.0
中等职业学校	26.6	63.9	18.4
普通高中	25.1	77.2	27.9
普通初中	69.7	189	51.9
普通小学	71.5	422.7	69.5

全年研究与试验发展（R&D）经费支出 78.8 亿元，比上年增长 25.2%，占生产总值的 1.04%，同比提高 0.07 个百分点。国家级重点实验室 1 家，

省级重点实验室40家；国家工程（技术）研究中心3家，省工程（技术）研究中心69家。全年受理专利申请5224件，增长39.5%；授权专利2 915件，增长27.0%。全年技术市场合同成交金额9.9亿元。高新技术产业增加值613.2亿元，占GDP的8.1%。

共有37个实验室通过国家实验室认可。全年共获3777张管理体系认证证书，其中获质量管理体系认证证书3 084张；共有359家企业获得1 547张3C证书；共获172张自愿性产品认证证书。法定计量技术机构94个，全年强制检定计量器具67.6万台件，开展定期产品质量监督抽查4 215批次。截止2009年底，共发放工业产品生产许可证1557张。年末拥有气象雷达观测站点5个，卫星云图接收站点9个。全年测绘部门为经济社会发展提供各种基本比例尺地形图5 660张，大地成果8 357点。

十、文化、卫生和体育

年末共有艺术表演团体83个（含个体），文化馆101个，公共图书馆105个，博物馆101个。共有广播电台12座，中短波广播发射台16座，广播综合人口覆盖率96.1%；电视台12座，有线电视用户407.0万户，电视综合人口覆盖率97.5%。全年共出版各种图书、期刊、报纸4 002种；期刊出版量6 285万册，图书15 460万册，报纸70 490万份。

年末共有各类医疗卫生机构7 070个（未含诊所、卫生所、医务室、卫生保健院）。其中，医院、卫生院2 076个，妇幼保健院（所、站）111个，专科疾病防治院（所、站）109个，疾病预防控制中心（防疫站）121个，卫生监督检验所109个。卫生技术人员14.7万人。其中，执业医师和执业助理医师5.6万人，注册护士4.8万人。医院和卫生院床位10.5万张。

年末共有全民健身中心6个，青少年俱乐部93个，晨晚炼健身活动点5488个。农民体育健身工程1 912个，老区和贫困地区“雪炭工程”设施建设项目12个。全民健身活动广泛开展，健身意识不断加强，全年参加健身活动人数达2 200万人次。全年在国际和国内的重大比赛中共获得40枚金牌、25枚银牌和27枚铜牌。

十一、人口、人民生活和社会保障

根据人口变动情况抽样调查统计，年末常住人口为4432.16万人，比上年末增加32.0万人。65岁及以上老年人口为375.85万人，占总人口的比重为8.5%，比上年提高0.1个百分点。全年出生人口61.25万人，出生率为13.87‰；死亡人口26.41万人，死亡率为5.98‰；自然增长率为7.89‰。

表9　人口数及其构成

单位：万人

指　　标	年末数	比重%
常住人口	4 432.16	100
其中：城　镇	1 913.81	43.2
乡　村	2 518.35	56.8
其中：男　性	2 271.71	51.3
女　性	2 160.45	48.7
其中：0－14岁	982.61	22.2
15－64岁	3 073.70	69.3
65岁及以上	375.85	8.5

全年农民人均纯收入5 075元，比上年增长8.0%；城镇居民人均可支配收入14 022元，增长9.0%。农村居民恩格尔系数为45.6%，城镇居民恩格尔系数为39.9%，比上年分别下降3.8个和1.8个百分点。年末农村居民人均住房面积39.53平方米，城镇居民人均住房建筑面积38.6平方米，比上年末分别增加1.97平方米和1.36平方米。

全年“4 050”人员实现再就业6.7万人。共发放小额担保贷款36.5亿元，累计总额继续保持全国领先地位，直接扶持个人创业6.4万人次，带动就业人数18.2万人次。年末参加城镇基本养老保险人数为581.9万人，比上年末增加31.6万人。其中，参保职工446.0万人，参保离退休人员135.9万人。行政事业单位离退休费和企业单位养老金月平均水平为1279元。向城市低保户发放低保金18.2亿元，月人均补差161元；向农村低保户发放低保金11.7亿元，月人均补差68元。向城市居民发放社区公共卫生服务券7 003万元。为全省城乡597万名义务教育阶段公办学校学生全面免除学杂费和免费提供教课书。新开工建设经济适用住房137万平方米，廉租住房295万平方米，受益户数分别新增1.98万户和5.9万户。

年末共有各类收养性社会福利单位1 967个，提供床位16.8万张，收养人数16.8万人。全年销售社会福利彩票10.7亿元，筹集社会福利资金1.8亿元。

十二、资源、环境与安全生产

全年自产地表水资源量1133.4亿立方米，比上年减少15.1%。人均拥有水资源量2 557立方米，减少17.0%。平均降水量1 391.2毫米，减少9.4%。年末25座大型水库蓄水总量68.9亿立方米。全年总用水量238.3亿立方米，增长1.7%。人均用水量为538立方米，增长1.1%。

年末共有县级以上环境监测站107个。对环境空气质量进行监测的11个设区市城区环境空气质量全部达到二级（达标）。南昌市和九江市城市环境空气质量优良天数分别为347天和363天。城镇地表水集中式饮用水源地水质达标率100%。

年末已建有自然保护区172个，其中国家级自然保护区8个；自然保护区总面积达10 310平方公里，占全省土地面积6.2%。已批准国家级生态示范区12个，已批准全国环境优美乡镇10个。

初步核算，全年万元生产总值综合能耗0.88吨标准煤，比上年下降4.5%；万元规模以上工业增加值能耗1.67吨标准煤，下降10.1%；万元生产总值电耗622.5千瓦时，下降1.5%。

全年生产安全事故10 577起。其中，道路交通事故4 262起，工矿商贸事故199起，铁路交通事故88起，水上交通事故7起，火灾事故5889起。全年生产安全事故死亡2 025人，比上年6.9%。其中，道路交通事故死亡1664人，下降7.5%；工矿商贸事故277人，增长14.9%；铁路交通事故死亡60人，下降30.2%；水上交通事故死亡9人，下降25.0%；火灾事故死亡23人，与上年持平。亿元生产总值生产安全事故死亡人数为0.267人，下降20.3%。

注：

1. 本公报所列各项数据均为初步统计数。

2. 部分数据因四舍五入的原因，存在着与分项合计不等的情况。

3. 生产总值、各产业增加值绝对数按现价计算，增长速度按不变价格计算。

4. 公路旅客和货物运输量、周转量统计口径进行了调整。

5. 2005年－2009年生产总值绝对数及增长速度根据第二次经济普查数据进行了调整。

全省各市常住人口

地区	单位	2009年
江西省	**万人**	**4 432.16**
南昌市	万人	464.89
景德镇市	万人	157.66
萍乡市	万人	186.43
九江市	万人	478.95
新余市	万人	114.03
鹰潭市	万人	111.54
赣州市	万人	842.88
吉安市	万人	483.02
宜春市	万人	548.43
抚州市	万人	390.57
上饶市	万人	653.77

全省各市地区生产总值

(2009年)

单位：亿元

地区	地区生产总值	第一产业	第二产业	第三产业
江西省	**7 589.22**	**1 098.31**	**3 890.31**	**2 600.60**
南昌市	1 837.50	111.90	1 016.44	709.16
景德镇市	364.03	33.64	211.98	118.41
萍乡市	421.49	36.85	259.80	124.84
九江市	831.36	92.00	441.09	298.27
新余市	484.17	33.18	283.31	167.68
鹰潭市	256.52	30.68	151.92	73.92
赣州市	940.02	195.24	398.07	346.71
吉安市	584.11	129.97	274.09	180.05
宜春市	700.24	146.00	370.75	183.49
抚州市	502.91	109.23	237.76	155.92
上饶市	728.50	135.40	357.80	235.30

全省各市农业总产值

单位：亿元

地　区	2009年	比上年增长%
江西省	**1 733.82**	**4.6**
南昌市	187.20	8.9
景德镇市	50.86	6.5
萍乡市	58.22	10.6
九江市	147.60	9.8
新余市	56.88	8.3
鹰潭市	49.46	7.7
赣州市	305.38	5.2
吉安市	218.96	8.2
宜春市	261.75	7.1
抚州市	194.92	5.4
上饶市	223.74	7.5

全省各市规模以上工业增加值

单位：亿元

地　区	2009年	比上年增长%
江西省	**2 610.75**	**20.1**
南昌市	615.10	18.0
景德镇市	145.19	21.5
萍乡市	177.68	21.2
九江市	271.66	20.7
新余市	226.46	20.4
鹰潭市	128.82	15.8
赣州市	250.49	20.2
吉安市	209.01	21.9
宜春市	247.93	20.5
抚州市	133.60	22.0
上饶市	221.08	20.4

全省各市社会消费品零售总额

单位：亿元

地　　　区	2009年	比上年增长%
江 西 省	**2 484.43**	**19.3**
南 昌 市	634.43	20
景德镇市	118.54	19.4
萍 乡 市	133.64	19.4
九 江 市	240.51	19.1
新 余 市	94.83	19.6
鹰 潭 市	72.67	18.6
赣 州 市	317.14	18.8
吉 安 市	171.00	19
宜 春 市	226.10	18.7
抚 州 市	199.21	18.9
上 饶 市	276.36	19.4

全省各市50万元以上固定资产投资

单位：亿元

地　　　区	2009年	比上年增长%
江 西 省		
南 昌 市	1 466.32	35.0
景德镇市	326.70	42.1
萍 乡 市	501.96	42.1
九 江 市	654.34	42.9
新 余 市	498.30	40.5
鹰 潭 市	182.48	40.9
赣 州 市	522.24	40.0
吉 安 市	580.26	41.2
宜 春 市	484.43	41.9
抚 州 市	455.90	40.6
上 饶 市	603.01	40.7

全省各市财政收支

（2009年）

单位：亿元

地区	财政总收入	#地方财政一般预算收入	财政支出
江西省	**928.73**	**581.23**	**1 548.60**
南昌市	249.88	115.88	181.14
景德镇市	35.55	24.33	55.78
萍乡市	46.94	27.31	68.64
九江市	86.19	50.50	130.81
新余市	56.58	33.03	57.89
鹰潭市	37.08	18.11	40.49
赣州市	111.29	68.09	208.24
吉安市	64.36	39.74	126.59
宜春市	80.61	47.66	135.86
抚州市	50.87	35.60	104.99
上饶市	83.49	48.08	153.13

全省各市在岗职工人数及工资

（2009年）

地区	职工人数（万人）	平均工资（元）	国有
江西省	**289.63**	**24 696**	**26 247**
南昌市	62.06	30 452	32 407
景德镇市	15.85	20 345	23 068
萍乡市	12.87	22 163	21 829
九江市	29.79	21 050	22 703
新余市	9.49	27 082	26 655
鹰潭市	9.3	24 026	25 481
赣州市	40.01	20 732	22 962
吉安市	18.42	20 614	21 331
宜春市	26.26	21 212	23 277
抚州市	20.45	18 203	19 836
上饶市	26.94	20 759	21 407

全省各市海关进出口总额

（2009年）

单位：亿美元

地区	进出口总额	#出口
江西省	**126.65**	**73.66**
南昌市	34.73	21.30
景德镇市	5.62	4.81
萍乡市	2.56	2.49
九江市	7.10	4.62
新余市	23.81	10.47
鹰潭市	20.39	1.90
赣州市	12.07	9.74
吉安市	5.25	4.42
宜春市	3.93	3.30
抚州市	4.77	4.74
上饶市	6.44	5.84

全省各市城镇居民人均可支配收入

单位：元

地区	2009年	比上年增长%
江西省	**14 022**	**9.0**
南昌市	16 472	9.0
景德镇市	14 996	10.4
萍乡市	14 825	9.0
九江市	14 203	10.2
新余市	15 610	10.4
鹰潭市	14 140	10.4
赣州市	12 901	9.0
吉安市	14 095	9.5
宜春市	13 006	8.9
抚州市	13 119	6.7
上饶市	13 989	10.4

全省各市农民人均纯收入

单位：元

地区	2009年	比上年增长%
江西省	**5 075**	**8.0**
南昌市	6 296	9.1
景德镇市	5 705	8.6
萍乡市	6 344	8.0
九江市	4 819	9.1
新余市	6 445	9.1
鹰潭市	5 510	8.0
赣州市	3 856	8.0
吉安市	5 019	8.2
宜春市	5 077	8.4
抚州市	5 117	8.5
上饶市	4 701	8.0

全省各市居民消费价格指数

（上年＝100）

地区	2009年
江西省	**99.3**
南昌市	99.7
景德镇市	100.0
萍乡市	99.3
九江市	100.0
新余市	99.6
鹰潭市	99.3
赣州市	100.1
吉安市	99.2
宜春市	99.9
抚州市	97.9
上饶市	98.8